DOCTEUR CH. HÉLOT

NÉVROSES

ET

POSSESSIONS

DIABOLIQUES

DEUXIÈME ÉDITION

PARIS

BLOUD ET BARRAL, LIBRAIRES-ÉDITEURS,

4, RUE MADAME, ET 59, RUE DE RENNES

1898

Névroses Et Possessions Diaboliques...
– Primary Source Edition

Charles Hélot

NÉVROSES

ET

POSSESSIONS DIABOLIQUES

Docteur Ch. HÉLOT

NÉVROSES

ET

POSSESSIONS

DIABOLIQUES

DEUXIÈME ÉDITION

PARIS

BLOUD et BARRAL, Libraires-Éditeurs,

4, RUE MADAME, ET 59, RUE DE RENNES

1898

RAPPORT .

ADRESSÉ A MONSEIGNEUR SOURRIEU,

ARCHEVÊQUE DE ROUEN

―――――

Monseigneur,

Votre Grandeur a bien voulu confier à mon appréciation, au point de vue théologique, l'ouvrage de M. le docteur Hélot intitulé :

Névroses et Possessions

Depuis longtemps l'incrédulité savante niait la réalité des phénomènes que la raison laissée à elle-même ne pouvait expliquer naturellement. On dédaignait de s'occuper sérieusement des faits merveilleux et de contrôler scientifiquement la vérité objective de ces histoires rapportées cependant par des témoins nombreux, intelligents et honnêtes.

De nos jours, l'étude des sciences occultes est entrée dans une phase nouvelle. Les phénomènes ont été soumis à la plus rigoureuse critique, et force a été de reconnaître la réalité d'un grand nombre de faits d'occultisme admis depuis longtemps par la Théologie.

Mais si la science ne peut pas révoquer en doute l'existence d'un grand nombre de faits merveilleux, les savants sont loin d'être d'accord sur les causes de ces faits étranges.

Deux systèmes d'explication se partagent les esprits. Le premier est celui de la science athée. Plutôt que de reconnaître dans certains phénomènes l'intervention d'une puissance supérieure, divine ou diabolique, qui fait de l'œuvre merveilleuse un miracle ou un prestige, elle a recours aux explications les plus fantastiques aux théories les plus inconsistantes. Les gens aveuglés d'avance par la négation systématique de l'action, autour de nous, d'une puissance supérieure ne la voient pas, ou feignent de ne pas la voir, et mentent même en affirmant qu'ils ne l'ont jamais vue. Déjà l'apôtre disait d'eux à son époque : *Dicentes se esse sapientes stulti facti sunt.* Ils vantent leur sagesse et ne montrent que de la folie.

Bien différent est le procédé de la science chrétienne. Elle a pour apprécier les phénomènes occultes, outre la lumière de la raison, celle de la foi, et le plus souvent elle arrive à conclure avec certitude à la cause, soit naturelle, soit diabolique, soit divine de ces phénomènes.

M. le docteur Hélot s'est placé résolument sur le terrain de la science catholique et n'apporte dans l'examen des faits merveilleux aucun des préjugés de la science athée.

La partie théologique de son œuvre est, en tout, conforme aux enseignements de l'Eglise. Elle constitue un véritable et complet traité de la possession diabolique, des marques auxquelles on la reconnait et de la manière dont on la fait cesser.

L'auteur se meut à l'aise au milieu de ces questions délicates qui relèvent à la fois de la physiologie, de la psychologie et de la théologie. Il a pris connaissance des travaux scientifiques les plus en renom, tant anciens que modernes ; il est également familiarisé avec les meilleurs écrivains de la Théologie et de la Mystique. A ces qualités il joint celles d'un fin observateur et les avantages d'une rare expérience.

En effet, Monseigneur, la confiance de vos illustres prédécesseurs avaient choisi le docteur Hélot comme médecin-expert et témoin dans les séances d'exorcisme, toutes les fois qu'il s'est produit dans le diocèse un cas de possession diabolique. Il a étudié de près les mœurs des esprits infernaux et soutenu leurs assauts avec une force d'âme qui faisait notre admiration.

On ne peut reprocher à M. le docteur Hélot un excès de crédulité. Les phénomènes certainement naturels sont mis par lui hors de cause. Les faits qui portent véritablement la signature de Satan sont discutés avec soin et, après un examen où la critique scientifique la plus exigeante est pleinement satisfaite, attribués à l'intervention du démon. Là, enfin, où l'œuvre ne porte nettement ni l'une ni l'autre de ces garanties d'origine, M. Hélot ne conclut rien et se contente d'inviter les savants et les théologiens à chercher une cause naturelle et plausible.

En résumé, l'ouvrage du docteur Hélot est une critique scientifique des théories naturelles, inventées par la science athée pour nier le surnaturel, en même temps qu'il est une exposition claire de la doctrine de l'Eglise. C'est le langage d'un médecin chrétien dont les études ont affermi et justifié la foi.

Daignez agréer, Monseigneur, l'hommage du profond respect avec lequel j'ai l'honneur d'être,

Monseigneur,
de Votre Grandeur le très humble serviteur.

Jacques BUND, des Sacrés Cœurs,

PROFESSEUR DE THÉOLOGIE MORALE
AU GRAND SÉMINAIRE

Rouen, le 15 Janvier 1897.

———

APPROBATION

DE

Son Eminence le Cardinal SOURRIEU,

ARCHEVÊQUE DE ROUEN

———

L'ARCHEVÊQUE DE ROUEN

est tout heureux d'avoir à transmettre à M. le docteur Hélot un rapport si élogieux sur l'Etude qu'il vient de faire à propos des Névroses et Possessions ; il lui souhaite le succès qu'un livre si consciencieux et si empreint de foi chrétienne mérite.

———

Voir àla fin du volume les *errata* et *addita*

AVANT-PROPOS

I

Quoi ! vous osez parler encore de diables et de possessions !

— Pourquoi pas, cher lecteur ?

— Dans un siècle où des savants titrés, des professeurs, des académiciens se proclament athées !...

— Qu'est-ce que cela prouve ?

— Où ceux même qui reconnaissent un Dieu, pour la plupart, nient la révélation !

— Nier n'est pas détruire.

— Mais parmi les croyants eux-mêmes il est presque de mode de rejeter *à priori* toute manifestation surnaturelle.

— Les modes passent si vite !

— N'allez-vous pas, sans grand profit, troubler la quiétude des fidèles, exciter le sourire des indifférents, les sarcasmes des incrédules et les blasphèmes des impies ?

— Si la quiétude est un danger, l'indifférence une faute, il faut oser le dire et braver les sarcasmes. Quant aux blasphèmes, ils ne nuisent qu'à leurs auteurs.

— Mais ne craignez-vous pas d'être confondu avec ces spéculateurs éhontés qui, par leurs contes fantastiques, ont dupé tant de gens honnêtes et crédules ?

2

— Honnis soient ces mystificateurs cyniques qui ne craignent pas de salir leur nom, leur honneur et leurs titres, par des rétractations tardives aussi suspectes et plus méprisables encore que leurs œuvres !

— Cependant...

— Cependant, pour un catholique qui se préoccupe de sa foi, l'existence personnelle du diable ne saurait être indifféremment niée, admise ou mise en doute. Les traditions, les Ecritures, les Pères de l'Eglise, les Conciles nous parlent sans cesse de ses agissements et de l'action néfaste, qu'avec la permission de Dieu, il peut encore exercer sur les hommes.

— Pourquoi tant s'occuper de ces questions troublantes ? En ces temps d'incrédulité, ne vaudrait-il pas mieux s'en tenir à la parole de Marescot : « *A natura multa, plura ficta, à dæmone nulla ?* » (*) Le Père Debreyne lui-même n'a pas craint de reprendre pour lui cet aphorisme d'un sceptique.

— On ne saurait trop regretter les défaillances de ces théologiens d'ailleurs recommandables. Et si l'on s'explique qu'un Littré ait pu dire : « La science tua la magie, » un catholique instruit s'étonnera toujours du mot de l'abbé Mullois : « Un sorcier est un fripon et celui qui l'écoute est un sot. » Pareille affirmation dans la bouche d'un prêtre et d'un catéchiste aurait au moins besoin d'être expliquée.

Un abbé de cour, esprit fort, voulant un jour, devant Voltaire, faire parade de son libéralisme, prétendait qu'en restant catholique, on pouvait faire bon marché de la croyance aux anges et au démon :

« Prenez-y garde, Monsieur l'abbé, lui dit le philosophe. *Pas de Satan, pas de Rédempteur !* »

Beaucoup de chrétiens de nos jours pourraient profiter

(*) « Beaucoup de faits extraordinaires sont naturels, plusieurs sont simulés, aucuns ne viennent du démon. »

de la leçon de Voltaire : « Satan, c'est tout le christianisme, » disait-il ailleurs, et un philosophe du même siècle ajoutait : « Montrez-moi une griffe du diable et je souscris au symbole de Nicée. » Les modernes sont moins logiques et surtout bien moins braves.

On reproche sans cesse au moyen âge la peur qu'il avait des démons ; fut-elle jamais comparable à la terreur que le diable inspire aux savants de nos jours ? Plutôt que d'admettre son existence, ils ne reculeront devant aucun sophisme, aucune absurdité ; ils nieront les faits les mieux établis et refuseront de contrôler ceux qu'on leur présentera ; ou bien ils les mutileront, les falsifieront, et, pour les expliquer, se contenteront des hypothèses les plus insuffisantes, les moins scientifiques.

Hélas ! ils sentent trop que Condorcet avait raison. Si l'on croyait au diable, il faudrait croire au Dieu de l'Evangile, et ses préceptes sont parfois gênants. On préfère douter, et de crainte d'être éclairé par une lumière si dure à supporter, on ferme les paupières, ou l'on se jette dans les yeux la poussière irritante et vaine d'objections cent fois réfutées. Après tout, n'est-ce pas dans cette faculté que nous avons tous de tourner le dos au soleil que consiste cette prétendue liberté de penser dont on est si jaloux de nos jours ?

En présence d'une science sceptique qui veut tout expliquer, il n'est donc pas indifférent de montrer qu'il existe des faits *naturellement* inexplicables.

L'époque actuelle n'est peut-être pas des plus favorable à cette démonstration ; car, selon la remarque très judicieuse du P. Ventura : « Le diable, après s'être fait adorer et craindre pendant des siècles, en est venu au comble de l'adresse ; il s'est fait nier. » Et dans ce rôle, vis-à-vis des incrédules, il ne montre pas moins de puissance et d'habileté que dans les prodiges qui séduisaient jadis ses partisans.

Singer les vrais miracles et ses propres prestiges par des phénomènes en apparence naturels, qui permettraient de se passer de son intervention et de celle de Dieu pour les expliquer, telle est sa tactique nouvelle, aussi perfide que l'ancienne ; mais dans laquelle pourtant il n'est pas impossible de le reconnaître et de le poursuivre.

Qu'importent les négations intéressées des incrédules de parti pris, les niais sourires de l'indifférence ou les sottises de l'impiété? Quand on possède une vérité, c'est un devoir de l'affirmer. *Disons vrai, disons vrai toujours ; il en restera quelque chose.*

Je ferai donc de suite et franchement ma profession de foi. Je crois au diable, parce que je crois en Jésus-Christ ; je crois aux possessions, parce que je crois à l'Évangile ; et si j'avais le malheur de douter du Christ et de la révélation, je croirais encore à l'action manifeste d'êtres invisibles, étrangers à notre nature, parce qu'il y a des faits indéniables qui le prouvent.

Ces faits, ces évènements, ces phénomènes parfois se montrent spontanément ; on peut les provoquer, les empêcher de se produire, les combattre, les faire cesser. Sont-ils réels ou bien imaginaires ? Sont-ils utiles ou dangereux ? Sont-ils purement accidentels et sans portée, ou ne pourraient-ils pas nous éclairer sur notre nature, notre origine, nos destinées ? Sont-ils contraires aux vérités que la raison et la révélation nous font connaître, ou les confirment-ils? Rentrent-ils dans les lois primitivement posées par le Créateur et sont-ils naturels, ou s'en écartent-ils avec sa permission ; sont-ils surnaturels? Autant de questions qui valent bien la peine d'être étudiées et que j'invite le lecteur à sonder avec moi.

Frappé de l'ignorance à peu près complète de nos savants et de nos maîtres, en ce qui concerne la doctrine et la pratique de l'Église, j'ai voulu mettre, en regard des conclusions aussi variables que stériles de la science profane, les affirmations positives de la théologie chrétienne et les remèdes dont elle dispose.

J'espère que cette étude, toute incomplète qu'elle soit, ne sera inutile ni aux médecins, ni aux théologiens ; car tous ces faits relèvent à la fois de la médecine et de la théologie, et ces deux sciences, en bien des cas particuliers, se doivent un mutuel concours.

Néanmoins si, dans ce travail, il m'arrivait d'émettre une opinion contraire à la doctrine de l'Eglise, je déclare me soumettre humblement et très sincèrement à ses décisions.

Au point de vue de la science et de la médecine en particulier, tout prêt à reconnaître mes erreurs comme à confesser mes faiblesses, j'accepterai toujours avec reconnaissance les contradictions et les observations de mes confrères. Je n'ai pas d'autre but que de chercher la vérité et de la proclamer, sans parti pris ni défaillance.

II

Comme médecin, de 1870 à 1880, il m'a été donné d'observer dans ma clientèle une véritable épidémie de faits très extraordinaires dont la relation pourra servir à fixer le diagnostic des phénomènes naturels et surnaturels. Je les livrerai simplement et de bonne foi à l'appréciation de mes confrères et au jugement des théologiens.

Peut-être me trouvera-t-on quelque peu naïf et minutieux dans les détails. Au risque d'exciter la pitié des incrédules, j'ai voulu tout dire ; car, dans les circonstances et dans les symptômes les plus futiles en apparence, se trouve quelquefois un précieux élément de diagnostic.

Je commencerai par le récit d'un cas fort curieux de *somnambulisme acrobatique*, à l'occasion duquel j'ai dû faire mes premières recherches sur la question des possédés. Je raconterai ensuite quinze faits semblables plus ou moins extraordinaires, tirés, comme le précédent, de ma clientèle privée.

J'y ajouterai l'histoire d'une maison hantée et la constatation juridique, dans la propriété, d'un cadavre enfoui depuis longtemps, dont l'inhumation en terre sainte fit cesser tous les phénomènes.

Puis je rapporterai une observation d'hystérie manifeste, dans laquelle le somnambulisme, provoqué par moi, d'une façon presque inconsciente, fut l'occasion des phénomènes les plus curieux pendant près d'une année.

Il m'eut été facile de joindre à ces faits de nombreuses observations du même genre. Elles ne manquent pas dans la science. Pour ne pas surcharger cette étude, je m'en tiendrai dans cette première partie à mes observations personnelles. Elles n'ont d'autre mérite que d'être publiées pour la première fois et d'ajouter une nouvelle pierre à l'édifice de mes devanciers.

A la suite de ces faits, dont je ne veux point exagérer la portée, je me propose de montrer les regrettables confusions qui se sont introduites dans la science, à propos du diagnostic médical.

Ensuite j'exposerai le plus clairement possible la doctrine de l'Eglise au sujet des possessions diaboliques, et je rappellerai les règles admirables fixées par elle pour le diagnostic et le traitement de ce terrible fléau.

Reprenant alors mes observations à la lumière des principes posés, je les comparerai à celles que la science a déjà recueillies, et je m'efforcerai de conclure.

De là les trois parties dont se compose cet ouvrage :

1° Les faits à juger ;
2° Le Jugement de la Science ;
3° Le Jugement de l'Eglise.

Dans une autre publication sous forme d'appendice, avec l'a.de de Dieu et la permission de l'autorité ecclésiastique et des intéressés, je montrerai l'application de ces principes à un cas de possession certaine et avérée que j'ai pu suivre et étudier moi-même, comme témoin dans les exorcismes.

Cette relation, dont la publication se trouve forcément retardée, sera la conclusion pratique et la confirmation de cet ouvrage.

PREMIÈRE PARTIE

QUELQUES FAITS A JUGER

(DIX-SEPT OBSERVATIONS INÉDITES)

OBSERVATION I. — Clémence M... — *Maléfice probable.* — *Somnambulisme acrobatique.* — *Double condition.* — *Crises provoquées par un séjour dans un lieu déterminé ou par des images.* — *Symptômes douteux de possession.* — *Guérison subite, complète et définitive au bout de trois ans, par le changement de domicile et diverses pratiques de piété.*

Clémence M..., âgée de dix ans, était d'une bonne santé habituelle, d'une constitution physique et d'une intelligence ordinaires, d'un caractère doux et affectueux, sans la moindre surexcitation nerveuse.

Ses parents, ouvriers aisés, habitaient en 1870 une commune voisine de Bolbec, arrondissement du Havre. Ils ont toujours été d'une santé excellente et n'ont jamais présenté le moindre symptôme de somnambulisme ou d'autres névroses du même genre.

Vers la fin de cette même année 1870, Clémence fut un soir, dans son premier sommeil, subitement prise de peur. Elle prétendait entendre sonner les cloches et se sentait, disait-elle, tirée par les pieds. Pendant près de deux heures, elle resta dans cet état et c'est à grand'peine qu'on parvint à la maintenir dans son lit.

Vers onze heures, on frappa à la porte. Les cris de
l'enfant redoublèrent. C'était une voisine qui, ayant un
nourrisson malade, venait prier le père de Clémence d'aller
à quelques kilomètres de là chercher les parents. Ce
dernier ayant refusé, elle s'approcha de la petite fille et lui
dit doucement : « C'est moi ; n'aie donc pas peur. Ne me
reconnais-tu pas ? » L'enfant parut s'éveiller complètement,
se calma aussitôt, se rendormit et, le lendemain au réveil,
elle ne se rappelait rien de ce qui s'était passé.

Dans le courant du mois de septembre, une heure ou
deux après qu'elle fut couchée, Clémence se leva et marcha
pendant près d'un quart d'heure dans la chambre, pro-
nonçant des paroles incohérentes ; puis elle se recoucha,
dormit tranquillement et cette fois encore ne conserva au
réveil aucun souvenir de sa promenade nocturne.

Le même accès de somnambulisme se répéta au commencement et à la fin de décembre de la même année.

Vers la même époque, la religieuse chargée de l'école
communale remarqua à plusieurs reprises des bizarreries
dans le caractère de l'enfant. Clémence cessait tout à coup
son travail ; ses yeux prenaient une expression étrange et
elle restait dans un état d'absence intellectuelle d'où elle ne
sortait qu'au bout de quelques minutes.

Ses compagnes elles-mêmes s'en aperçurent plusieurs
fois. Pendant les récréations, elle était devenue tellement
impérieuse qu'elle brouillait tous les jeux pour entraîner
les autres enfants à des courses et à des sauts extraordinaires. Elles avaient fini par refuser de jouer avec elle.

Un jour ses compagnes vinrent trouver leur maîtresse et
lui dirent que Clémence était folle, qu'elle se promenait et
parlait seule, sans voir personne ; mais quand la religieuse
arriva près d'elle, Clémence était dans son état naturel,
n'ayant aucune idée de ce qu'on voulait lui dire. Les

enfants racontèrent depuis qu'elles l'avaient vue plusieurs fois dans cet état.

A la fin de Janvier 1871, Clémence se plaignit tout à coup d'un violent point de côté. Elle y sentait, disait-elle, quelque chose qui se détendait subitement comme un ressort et la faisait tomber. La douleur durait quelque temps et la quittait ensuite brusquement pour la reprendre au bout de quelques minutes. Ce point de côté presque continuel persista huit jours environ.

Le 4 février, la femme qui s'était trouvée présente à la première crise de l'enfant revint de nouveau à la maison. A la vue des douleurs que Clémence accusait : « C'est, dit-elle à la mère, *un sort* qu'on a jeté à votre petite fille ; mais, si vous aviez un cierge bénit, je me chargerais bien de la guérir. »

La mère, après quelques hésitations, sortit pour aller dans une pièce voisine chercher le cierge demandé, et lorsqu'elle revint, elle vit cette femme tenant Clémence embrassée et lui marmottant à l'oreille des paroles inintelligibles. L'enfant se débattait mollement et la repoussait en disant: « Laissez-moi tranquille ; je ne veux pas. » Cependant après avoir fait quelques passes sur la petite fille, la vieille lui fit tracer le signe de la croix avec la main gauche, lui souffla dans la bouche, puis se retournant vers la mère, elle lui demanda le cierge que celle-ci refusa. La femme alors se retira en disant : « Je m'en vais ; car vous seriez capable de dire que c'est moi qui ai donné le *tour* à votre enfant. » Clémence, en racontant cette scène, prétendait avoir éprouvé un malaise indéfinissable lors de l'étreinte de cette femme et n'avoir rien compris de ce qu'elle lui disait.

Le lendemain, 5 février, tout à coup l'enfant se mit à sauter avec rage d'un lit à l'autre ; puis, d'une seule enjambée, montant sur la table, elle s'élançait jusqu'à un point déterminé qu'elle marquait d'avance et montrait un grand dépit, quand elle n'atteignait pas le but. D'autres fois elle sautait en l'air pour toucher les solives du plafond, montait sur les métiers à tisser ou sur la porte coupée qui ferme la maison, s'y tenait en équilibre et dansait quelque temps en s'appuyant aux murs, puis elle courait se cacher sous les lits, dans le fond des armoires. Elle en sortait subitement pour sauter, chanter, danser, tourner sur elle-même et continuait ces exercices fatigants pendant des heures entières. Elle ne reconnaissait personne, ni son père, ni sa mère ; elle parlait sans cesse, souvent d'une manière inintelligible, frappait à tour de rôle les personnes présentes, les tutoyait, les injuriait par des paroles gros-sières entremêlées de blasphèmes qu'on ne lui avait jamais entendu prononcer. Revenue à elle, elle se plaignait parfois d'être suivie par quelque chose de noir qu'elle ne pouvait désigner autrement.

Tant que dure l'accès, sa figure et son regard ont une expression toute particulière ; ses paupières et sa bouche se plissent légèrement, comme dans un sourire moqueur et elle regarde tout le monde avec une effronterie qui contraste avec l'air timide qu'elle montre habituellement. Sa voix elle-même est changée, elle zézaye en parlant comme un petit enfant.

Au milieu de ses exercices les plus violents, elle est prise tout à coup d'une petite toux sèche suivie de sputation, et subitement elle rentre dans son état normal. Elle regarde alors avec étonnement les personnes présentes, appelle sa mère et se porte vers elle en chancelant. Elle dit avoir dormi et ne se souvient de rien.

Ce réveil dans les premiers jours durait quelques minutes, pendant lesquelles elle se plaignait d'une grande fatigue. Puis elle fermait les yeux, penchait la tête à droite et à gauche, comme pour se bercer et en moins d'une

demi-minute elle était retombée dans son sommeil pathologique et reprenait ses évolutions.

Au bout de quelques jours elle cessa de cracher pour se
réveiller, mais elle conserva toujours le toussottement
caractéristique du réveil.

Pendant les accès, elle est très irascible et c'est à grand'-
peine qu'on arrive à l'empêcher de faire ce qu'elle a résolu.
Deux ou trois fois elle s'échappa de la maison et fit courir
son père et sa mère assez loin, avant qu'on pût l'atteindre.

L'heure du coucher venue, elle se déshabille en même
temps que ses parents, se met au lit près de sa mère et
dort assez tranquillement jusqu'au lendemain. Avec le
jour elle se lève, et sa toilette finie, les crises la reprennent.
Jamais elle ne passe de son état de somnambulisme au
sommeil naturel, sans s'éveiller préalablement.

Les sauts et les danses ne durèrent que les premiers
jours. On les fit cesser en enlevant de l'appartement la
table et le lit qui lui servaient de préférence, et les intervalles des crises furent un peu plus longs. Cependant
quand on la laissait sortir, Clémence cherchait immédiatement des compagnes et les forçait de sauter sans cesse
avec elle du haut d'un mur de terre de plus d'un mètre,
qui borde la cour. Dès qu'elle toussait et se réveillait, elle
se plaignait de grandes douleurs dans les pieds et pouvait
à peine se tenir debout ; mais, le sommeil revenu, elle
recommençait avec plus d'acharnement encore, et ne
paraissait pas souffrir.

Plusieurs fois aussi elle a présenté des phénomènes de
catalepsie mal accusés. Elle tombait en s'endormant, ou
même au milieu de ses crises, et restait pendant quelques
minutes immobile ; mais sans rigidité.

Dans tous ces exercices, jamais on ne la vit faire des tours
de force ou d'adresse bien au-dessus de son âge. Jamais

non plus elle ne présenta de phénomènes de surintelligence. Cependant, au dire des parents, elle aurait plusieurs
fois fait preuve d'une énergie physique qui devait surpasser
celle dont elle eut été capable dans son état normal.

Je l'ai vue saisir à bras le corps son père ou sa mère et
les porter l'espace de quelques pas.

Une autre fois, montant sur le pied de son lit, elle aurait
saisi entre ses deux mains posées à plat une solive du
plafond et s'y serait, pendant quelques minutes, suspendue
et balancée par la seule pression des extrémités, défiant sa
mère et les personnes présentes d'en faire autant ; mais je
n'ai pu constater le fait par moi-même et, malgré les affirmations très nettes et très sincères des parents, je ne puis
m'empêcher de douter de sa complète exécution. Ils ne me
paraissent pas l'avoir étudié d'assez près.

L'intelligence de Clémence endormie a paru aussi plusieurs fois plus claire et plus active que dans l'état normal.
J'ai vu l'enfant, sur la proposition de sa maîtresse d'école,
faire très rapidement une multiplication qu'après son
réveil, elle ne put recommencer seule.

Mais le phénomène le plus étonnant de cet état bizarre
consiste dans un fait déjà observé dans presque tous les
cas de somnambulisme : c'est, pendant le sommeil pathologique, l'oubli à peu près complet de ce qui s'est passé
dans l'état de veille, et réciproquement, au réveil, l'ignorance absolue de tout ce qui s'est dit et fait pendant le
sommeil. Il semble qu'il y ait chez cette enfant comme une
double vie, comme deux existences indépendantes l'une
de l'autre. On dirait le même corps alternativement animé
par deux esprits distincts. Les médecins ont donné récemment à cet état, dont les exemples ne sont pas absolument
rares, le nom de *double condition*. Rien n'empêche d'adopter
cette appellation qui donne bien l'idée de la chose, sans
préjuger en rien des causes ou de la nature du fait.

Dès que Clémence est endormie, c'est-à-dire en *condition seconde* (on réserve le nom de *condition première* à l'état qu'on suppose normal), elle ne reconnaît plus personne. Son père et sa mère sont des étrangers qu'elle désigne par le terme générique d'homme et de femme. Si l'on insiste, elle dit que ses parents sont morts. Elle donne à ses compagnes d'autres noms que les leurs et aux grandes personnes des appellations en rapport avec leur tournure ou leurs faits et gestes observés pendant son sommeil. Elle garde le souvenir de ceux qui lui ont résisté ou qui l'ont contrariée dans ses crises et elle cherche à s'en venger, en les frappant ou en les injuriant, bien qu'aussitôt réveillée elle soit disposée à leur témoigner le respect ou l'affection qu'elle leur doit.

Un homme s'étant trouvé écrasé par une voiture, en face même de la maison habitée par Clémence, on avait déposé le cadavre dans un bâtiment voisin. Clémence n'en avait eu connaissance qu'en état de somnambulisme. Réveillée, elle parut ignorer complètement ce fait et l'on se garda de lui en parler; mais, quelque temps après, s'étant rendormie, elle réussit à s'échapper et courut immédiatement à la porte du bâtiment, où s'étant réveillée subitement, elle fut extrêmement surprise et effrayée de se trouver en présence du mort.

Dans le but de constater cette absence de mémoire, je l'ai soumise à de nombreuses expériences. Par exemple, je remarquais, sans en rien dire, un objet qu'elle avait rangé dans son état de veille et qu'elle déplaçait pendant son sommeil. Dès qu'elle s'éveillait, je le lui demandais et constamment elle allait le chercher à l'endroit où il n'était plus. Jamais je n'ai pu la prendre en défaut.

De la fin de février au commencement d'avril, Clémence manifesta une horreur presque invincible pour les choses saintes et les personnes adonnées au culte. Dans son état

naturel, elle entrait volontiers à l'Eglise ; mais elle n'y
pouvait rester dès qu'elle s'y endormait. Elle refusait éner-
giquement d'y aller ou de visiter le curé et la religieuse,
quand on lui en faisait la proposition dans ses crises. Elle
refusait de même l'eau bénite et s'essuyait le front avec
rage, quand sa mère lui en donnait de force. On fut obligé
de cacher dans la maison les crucifix, chapelets, médailles
et images saintes qu'elle jetait à terre et voulait détruire.
Quand ses parents s'agenouillaient pour prier, elle se jetait
sur eux, les frappait et voulait les en empêcher. Plusieurs
médailles bénites qu'on lui mit au cou disparurent. Dès
qu'elle en sentait une, elle se hâtait d'en couper le cordon
et de la jeter. Elle garda cependant jusqu'à la fin de sa
maladie une médaille cousue dans ses vêtements et ne s'en
est jamais aperçue. Cette médaille était-elle bénite ?

Un jour ses parents la réprimandaient des injures dont
elle accablait la religieuse, elle montra avec horreur la
croix que cette dernière portait sur sa poitrine, en faisant
signe que c'était là ce qui lui déplaisait.

Une autre fois la mère de Clémence ayant mis dans le
verre de l'enfant quelques gouttes d'eau bénite, sans
qu'elle s'en aperçût, celle-ci prit le verre, le porta à ses
lèvres, et le reposant brusquement sur la table, saisit celui
de sa mère qu'elle vida d'un trait. La même expérience
ayant été renouvelée, Clémence but le cidre mêlé d'eau
bénite ; mais, au dire des parents, se plaignit immédiatement d'une douleur très vive au creux de l'estomac et fut
prise de vomissements.

Cependant cette répulsion pour les choses saintes
souffrit quelques intermittences et plus tard Clémence put
aller à l'église, prendre de l'eau bénite   réciter ses prières,
embrasser les médailles qu'on lui présentait, sans en
témoigner le moindre malaise, même pendant les accès ;
mais dans ce dernier cas elle faisait toujours ces actes

comme par habitude et en affectant une indifférence voisine du mépris.

Un autre phénomène bizarre que j'ai constaté par moi-même, c'est l'expression de souffrance et d'anxiété que la malade manifesta à plusieurs reprises, lorsque les cloches sonnaient pour un décès. Elle tournait sur elle-même avec des gémissements plaintifs. Rien de semblable ne se produisait lorsque les cloches sonnaient pour une autre cause. Je lui demandai un jour, à cette occasion, ce qui la faisait souffrir. Elle partit d'un éclat de rire, et depuis jamais le glas des morts ne lui causa extérieurement le moindre trouble.

Constatons en passant que cette impression douloureuse causée par le son des cloches bénites a été plusieurs fois notée chez les possédés, entr'autres chez ceux de Morzine.

Clémence était prise indistinctement partout où on la conduisait ; cependant on avait remarqué que plus elle s'éloignait de la maison de son père, moins les crises étaient fortes et fréquentes.

Du 5 février au commencement de mai 1871, l'état de somnambulisme dura presque sans autre interruption que le sommeil naturel de la nuit. Dans la journée, elle se réveillait de dix à trente fois, plus ou moins, mais elle se rendormait aussitôt.

Pendant le mois de mai, les intervalles de veille devinrent plus longs, et durant un séjour de six semaines qu'elle fit au Havre, où elle prit quelques bains de mer, elle n'eut pas un seul accès.

La semaine qui avait précédé son départ, on l'avait conduite en pèlerinage à Caillouville. Les parents disent que le mieux datait de cette époque ; est-ce une illusion de leur part ? On verra dans la suite les accès cesser complètement dès que Clémence se sera éloignée de son pays d'une distance notable.

Du reste ce pèlerinage, une messe de saint Benoît et quelques prières faites pour Clémence dans la communauté de saint Aubin et par ses parents sont à peu près les seules choses que l'on ait tentées dans cet ordre d'idées.

Après les six semaines passées au Havre sans le moindre accès, Clémence revint chez elle et ne tarda pas à être reprise quoique moins souvent. Et pendant toute la durée d'une petite vérole volante qui la saisit à cette époque, elle n'eut pas une seule crise. Cette particularité est remarquable ; car le silence des névroses pendant les maladies aigües est un fait tellement commun qu'on pourrait presque l'ériger en loi.

Dans la convalescence, le somnambulisme reprit son cours, et ne présenta rien de particulier que la cessation des accès pendant une partie des mois de juin et de juillet.

C'est à cette époque que Clémence fit sa première communion. Les crises s'écartèrent pendant la retraite préparatoire et cessèrent complètement quelques jours avant la cérémonie. L'enfant fut à cette occasion une quinzaine tranquille, puis les accès revinrent de plus en plus forts et au mois de janvier 1872, ils étaient tellement insupportables, que les parents, obligés de surveiller sans cesse la malade, durent presque cesser leur travail.

Je leur conseillai alors de la reconduire au Havre. Elle partit avec sa mère le premier février 1872. Avant d'arriver à la station, Clémence eut encore deux ou trois accès de courte durée. Une fois en chemin de fer, ils cessèrent et ne reparurent plus pendant toute la durée de son absence.

Dans cette première période de la maladie, comme moyen curatif, j'employai successivement plusieurs médicaments, sans le moindre succès. L'électricité seule parut avoir une certaine action, mais sans résultat au point de vue de la guérison.

Les premières secousses firent jeter les hauts cris à la petite malade ; mais je diminuai la force des courants et aussitôt elle toussa et se réveilla pour quelques instants. L'expérience répétée un grand nombre de fois réussit toujours et presque d'autant mieux que les secousses étaient plus faibles. Dès qu'on s'arrêtait, Clémence se rendormait; mais si l'on continuait quelque temps, on ne tardait pas à constater une lutte pénible contre le sommeil. L'enfant, les yeux fermés, comme pour s'endormir, était prise d'un toussottement continuel et ne pouvait ni s'éveiller complètement, ni passer à l'état de somnambulisme. C'est du reste tout ce qu'on put obtenir.

Au bout de la quinzaine passée au Havre, il fallut revenir, et Clémence se mit en route, enchantée de rentrer chez elle ; mais en mettant le pied au niveau du fossé qui borne la cour, elle s'arrêta, ferma les yeux et se mit à gémir en tournant sur elle-même. Elle était reprise.

On la fait sortir dans la rue ; elle tousse et s'éveille. Vingt fois on recommence, tantôt par une barrière, tantôt par une autre, en essayant de la distraire ; on tente même de la faire passer par dessus les fossés ; mais dès qu'elle a posé le pied sur la limite de la propriété qu'habite son père, elle s'arrête et s'endort. On l'entre de force; elle pousse des cris, se raidit, a presque des convulsions. A peine en dehors de la ligne, elle s'éveille et ne comprend rien aux hésitations que l'on manifeste. Elle veut rentrer, se précipite et ne se rend aucun compte de la force qui l'arrête.

En désespoir de cause, on la conduit chez une voisine, où elle passe la nuit avec sa mère.

Pendant une vingtaine de jours, on essaya souvent de ramener Clémence au domicile paternel. Chaque fois le même phénomène se reproduisit.

On bénit la maison et la cour ; ce fut sans succès. On mit

au cou de Clémence une relique de la vraie Croix; les crises furent manifestement plus douloureuses et accompagnées de tremblements et de rage ; mais elles eurent lieu quand même et, au bout de quelques minutes, on était obligé de reprendre la relique dans la crainte qu'elle ne fut souillée ou brisée.

Dès lors, Clémence n'est jamais prise en dehors de cette cour, où elle veut sans cesse revenir et d'où malgré ses pleurs il faut chaque fois l'emmener.

On conseille aux parents de changer de maison. Le père se décide à payer un terme d'avance, pour obtenir congé, et il en loue une autre à l'extrémité de la commune.

Quoique bien convaincu, après toutes les expériences que j'avais faites, qu'il ne pouvait y avoir en tout cela de supercheries, ni de la part des parents, ni de la part de l'enfant, je résolus de tenter une nouvelle épreuve pour lever tous les doutes et me rendre compte s'il n'y avait pas chez la malade une de ces idées obsédantes, si fréquentes chez les névrosés, qui leur font souvent regarder comme impossibles les actes les plus simples de la vie commune.

Je me rendis donc chez Clémence avec un témoin très intelligent, peu crédule, fort prévenu contre la réalité de ces faits, et que sa profession de magistrat rendait plus apte que tout autre à découvrir les fraudes plus ou moins conscientes qui pourraient se glisser au milieu de ces mystérieux phénomènes.

Nous trouvâmes le père à son ancienne maison, occupé à terminer son déménagement. Il nous apprit que, depuis quatre jours, sa fille habitait son nouveau logement et que pas une seule crise ne s'y était produite.

Nous envoyâmes chercher Clémence et, après nous être assurés que la même force l'arrêtait toujours, nous lui bandâmes soigneusement les yeux, ayant soin de garnir le bandeau de deux tampons de ouate, pour garantir l'occlusion complète des paupières. Puis, après l'avoir fait tourner sur elle-même et marcher dans divers sens pour la désorienter, nous priâmes son père de la porter, afin qu'elle ne pût reconnaître les accidents de terrain.

Toutes ces précautions furent inutiles. Dès que le père, dirigé par nos signes, mettait le pied sur la limite fatale, l'enfant s'endormait et ne s'éveillait qu'en la franchissant de nouveau pour sortir. La seule différence que j'aie pu remarquer, c'est que ses plaintes étaient moins fortes et ne s'accentuaient qu'après quelques pas faits dans l'intérieur de la cour, bien qu'un léger mouvement, une inspiration plus profonde avertit chaque fois le porteur et les spectateurs que l'enfant était prise au moment même où l'on passait la ligne.

Après plusieurs tentatives infructueuses pour la tromper, je la fis porter jusque dans la maison. Les plaintes et les pleurs redoublèrent et l'on dût sortir ; mais le réveil se fit attendre près de dix minutes. Je jugeai prudent de ne pas prolonger l'expérience.

Tout alla bien pendant quelque temps. Clémence habitait le nouveau logis avec ses parents et paraissait enchantée de reprendre la vie commune. Mais au bout de neuf jours quelques accès nouveaux se montrèrent dans la maison. Il suffisait de faire sortir la malade à l'air pour la réveiller. Deux ou trois jours plus tard, elle fut prise aussi dans la cour. Enfin bientôt la nouvelle maison et la cour se trouvèrent pour Clémence dans le même cas que l'ancienne. Il lui était impossible d'y pénétrer et d'y demeurer sans entrer en crise. Elle reprenait ses sens dès qu'elle sortait de l'enceinte.

Mais les limites réelles de cette propriété n'étaient nullement en rapport avec ses limites apparentes. Comme dans

la plupart des fermes normandes, la cour quadrilatérale
était entourée des quatre côtés par une terrasse ou mur de
terre épais et planté d'arbres. Deux côtés regardaient la
campagne, et suivant la coutume, le propriétaire possédait
en dehors une bande d'un mètre de large pour l'entretien
du mur. Le troisième côté bordant une rue, la face extérieure du terrassement était placée sur la limite même de
la propriété ; mais le fossé du quatrième côté appartenait
au propriétaire voisin, qui se trouvait ainsi avoir en dedans
de la cour occupée par le père de Clémence un mètre de
terrain pour le relevage de son mur. Rien ne distinguait
d'ailleurs cette bande de terre du reste de la cour que
deux bornes très peu apparentes placées aux deux extrémités.

Clémence ne pouvait connaître ces particularités assez
difficiles à comprendre ; on ne lui en avait jamais parlé ;
cependant, lorsque, en état de somnambulisme, elle pouvait
gagner cette bande appartenant au voisin, elle s'éveillait
aussitôt et restait dans son état normal, tant qu'elle
demeurait à moins d'un mètre du terrassement. Mais du
côté des champs, pour retrouver sa connaissance, elle
devait franchir les murs et s'en éloigner de plus d'un
mètre, afin de sortir complètement du terrain loué par son
père. Du côté de la rue, dès qu'elle avait dépassé le pied
même du mur et se trouvait sur le chemin, qui appartient
à tout le monde, elle recouvrait sa liberté d'esprit..

Quand elle était éveillée au contraire et hors de chez
elle, les mêmes limites fixées par la coutume du pays, que
rien ne désignait à l'œil, ne pouvaient être franchies sans
que la pauvre enfant ne fût reprise. Et même lorsque sans
l'avertir on la faisait marcher sur la ligne fatale, un pied
dehors, un pied dedans, on la voyait à chaque pas jeter
alternativement le gémissement initial et la petite toux du
réveil, selon le pied qui touchait terre.

J'ai remarqué aussi que le retour à l'état normal se faisait d'autant plus attendre qu'on avait fait séjourner l'enfant plus longtemps dans l'enceinte pernicieuse.

J'ai soigneusement constaté tous ces faits avec plusieurs témoins, entre autres avec M. l'abbé Morel, curé-doyen de Bolbec, aujourd'hui décédé. Nous avons répété avec lui les expériences que j'avais faites dans l'autre cour, en bandant les yeux de la patiente et en la faisant porter. Le résultat fut absolument le même. Jamais l'enfant ne s'est trompée, quoique, à plusieurs reprises, nous ayons essayé de l'induire en erreur par nos paroles, en lui faisant croire qu'on entrait dans la cour, quand au contraire on s'en éloignait. Le porteur la prévenait-il d'une façon plus ou moins consciente ? Je l'épiai longtemps sans rien découvrir.

Un moment même, en causant avec lui pour le distraire, je le fis reculer insensiblement ; il posa sans y prendre garde un pied sur la limite et l'y laissa à peine l'espace d'une seconde. Clémence n'eut pas le temps de faire entendre le gémissement initial, elle fit seulement l'inspiration anxieuse qui le précède ordinairement, ferma les yeux et les rouvrit aussitôt, en toussant, comme pour annoncer qu'elle avait failli s'endormir. Evidemment le porteur était étranger à cette impression mystérieuse.

Cet état dura une semaine. Clémence, pour éviter les crises, passait les jours et les nuits chez la voisine, où elle restait dans son état normal, appelant sans cesse sa mère par dessus le terrassement et s'échappant quelquefois pour venir la rejoindre; mais retombant toujours sur la limite infranchissable, sans pouvoir se rendre compte de ce qui l'arrêtait ainsi.

Le huitième jour, au grand contentement de tous, Clémence put rentrer dans la cour sans perdre connaissance; mais la maison restait toujours inabordable, et le lendemain vers le soir la malade était prise chez la voisine, où elle passait les nuits. La cour contigüe, à partir de ce moment, fut à son tour frappée d'interdit. Par contre l'ancienne maison abandonnée était devenue libre. Clémence appelée par un ami de son père y était rentrée sans difficulté.

Depuis lors les crises n'ont plus la même régularité. La patiente est constamment prise dans la maison de son père, souvent arrêtée sur le seuil, d'autres fois au milieu de la cour ; mais lorsque le soir arrive, les accès prennent une telle intensité qu'il faut aller quêter l'hospitalité dans quelque maison voisine, encore doit-on changer de domicile au moins tous les deux jours. La première nuit seule est tranquille.

Les parents se décident alors à garder Clémence coûte que coûte. Les accès sont continuels, entremêlés d'espèces de syncopes cataleptiformes qui durent quelques minutes et se répètent, tantôt au début, tantôt dans le cours de la crise.

C'est alors que survint une nouvelle bizarrerie. Clémence regardait avec son frère les images d'une publication illustrée. Toup à coup elle pousse un cri d'effroi et se met à pleurer. La feuille qu'on venait de tourner la mettait en présence d'une gravure représentant un diable armé de cornes et de griffes et les parents se souviennent alors qu'une petite image, où figurait un diable foudroyé, lui avait déjà produit le même effet.

Le lendemain on me raconte cette particularité à laquelle j'attache peu d'importance. Je prends cependant le livre et je l'ouvre devant Clémence, qui dans ce moment était éveillée. Elle le parcourait avec moi sans inquiétude. Tout à coup nous tombons sur l'image terrible. Aussitôt l'enfant pousse un cri, véritable hurlement suivi de pleurs, de menaces et d'efforts pour s'enfuir. Je montre l'autre image ; redoublement de cris et de larmes. On fait sortir

Clémence pour la réveiller. Elle tousse et rentre dans l'état normal.

Je prends alors un papier et crayonne devant elle une figure grotesque. Elle la regarde en riant et me prie de la lui donner. D'un coup de crayon j'ajoute subitement deux cornes et deux ailes. Même scène que tout à l'heure. Clémence est en présence du diable et toutes les fois que je le tourne de son côté, même de loin et sans le vouloir, les hurlements et les lamentations recommencent. Si elle est éveillée, elle entre immédiatement en état de crise, sans passer par le fugace sommeil qui les précède ordinairement.

Trois jours après je revois la malade. Les terribles images restent sans effet. Elle reconnaît le diable et le regarde sans émotion. Elle se rappelle pourtant que les jours passés, elle ne pouvait le voir sans ressentir un coup, comme l'impression d'une grande terreur. Elle ne peut en dire davantage.

Mais une autre manie s'est montrée beaucoup plus dangereuse. On la tient enfermée dans la maison, où son état a peu varié ; mais, quand on lui permet de sortir dans la cour, en général elle se réveille. Puis tout à coup elle se rendort et part comme un trait du côté de la mare pour s'y précipiter. C'est à grand'peine qu'on la retient. On ne peut la laisser d'un pas ; car elle profite de la moindre distraction pour s'échapper et montre une extraordinaire habileté à tromper toute surveillance.

Ici se place encore une nouvelle particularité curieuse :

En dehors de la cour occupée par la famille, se trouve du côté des champs une rangée de pommiers, à deux ou trois mètres du fossé. L'ombrage porté par ces arbres ne permettant pas de cultiver utilement le terrain en céréales, le propriétaire permit au père de Clémence d'y faire du jardinage. Dès le jour même la bande de terre fut comprise dans la prohibition mystérieuse qui empêche la jeune fille de rentrer chez elle. Elle ne peut y mettre le pied sans être reprise immédiatement.

On a remarqué encore qu'en dehors de cette délimitation bizarre, il existe un point qu'elle ne peut franchir sans entrer en somnambulisme. Dans ses crises elle articule souvent les noms de plusieurs femmes ou filles assez mal famées, qu'elle a l'air de croire présentes et de vouloir chasser. Toutes les fois qu'elle passe dans un chemin qui borde l'habitation de l'une d'elles (celle dont les simagrées coïncidèrent avec le début de la maladie), elle ne manque pas d'être prise jusqu'à ce qu'elle ait dépassé la propriété. Cependant en son état normal elle ne parait avoir aucune répulsion particulière pour cette femme.

Enfin, pour ne rien omettre, je veux raconter encore un fait caractéristique qui m'a laissé l'impression d'une véritable scène de possession. Le lecteur jugera.

J'avais longtemps tourmenté et fatigué Clémence pour obtenir d'elle quelques-uns de ces actes extraordinaires dont les parents m'avaient parlé et que j'ai racontés sous réserve. Je voulais en particulier la voir se suspendre aux solives, comme elle disait elle-même l'avoir fait ; mais à toutes mes sollicitations, elle répondait invariablement : « Fais-le toi, tu ne pourras pas le faire. » Et comme, en me hissant sur la pointe des pieds et saisissant deux solives entre le pouce et les doigts, j'avais réussi à me soulever : « Tu te sers des pouces, me dit-elle, et tes pieds touchent à terre. Ça n'est pas comme moi. — Eh bien, alors montre-moi comment tu faisais. — Non, non, je ne veux pas, tu es trop malin. »

Or, quelque temps auparavant, dans le compte-rendu d'un cas de possession, j'avais lu la même réponse faite mot pour mot dans une circonstance analogue. Cette coïncidence m'avait frappé, et je résolus de tenter une épreuve qui pût devenir décisive, j'avais écrit en latin les lignes suivantes que je me proposais de faire lire à Clémence pour observer l'effet qu'elle en ressentirait :

« *Si quis adest in Clementiâ spiritus immundus, Jesum-Christum qui discipulos, si crediderent, dæmonia in nomine suo dixit ejecturos, humillimè precor ut spiritus iste se præsentem aliquo signo non ambiguo revelet.* » (*)

Je n'eus pas la peine de donner le papier à l'enfant. Pendant que je le relisais à part moi, cherchant à m'en pénétrer, elle allait et venait par la maison avec une anxiété manifeste. Tout à coup sa mère entra dans la chambre avec un crucifix que je lui avais demandé :

« Ah bien ! c'est cela, s'écria Clémence, donnez-moi çà ; vous allez voir. » Et elle se précipite pour le saisir ; mais, arrivée à un mètre environ de la croix, elle s'arrête subitement, prise d'un tremblement nerveux, les bras tendus, la figure bouleversée, avec une expression indéfinissable de haine et de terreur, et reste comme pétrifiée pendant quelques minutes. « Donnez-lui le Christ, puisqu'elle le veut, dis-je à la mère. » Celle-ci s'approche ; le tremblement et la rigidité redoublent. « Mettez-le lui dans la main, ajoutai-je. » La mère lui pose alors la tête de la croix dans la main gauche qui se crispe, et paraissant faire un suprême effort, Clémence rapproche la main droite, saisit convulsivement le pied de la croix et la brise sur son genou, avec un ricanement de triomphe que je n'oublierai jamais de ma vie.

Cette scène provoquera sans doute le sourire de nom-

(*) « S'il existe en Clémence quelque esprit immonde, je prie très humblement N. S. Jésus-Christ qui promit à ses disciples, s'ils croyaient en lui, qu'ils chasseraient les démons, en son nom, de forcer cet esprit mauvais à se révéler par quelque signe non douteux. »

breux incrédules. Toujours est-il que le lendemain, comme la mère de Clémence rapportait devant moi un *nouveau Christ*, et que je lui recommandais de ne pas le donner à sa fille qui était en crise, celle-ci s'écria : « Oh ! aujourd'hui il n'y a pas de danger ; ça n'est pas la même chose ; je le prendrai bien et je ne lui ferai pas de mal. » En effet, le saisissant avec la plus complète indifférence, elle le fit tourner plusieurs fois devant elle et me le rendit intact.

L'impulsion au suicide dont j'ai parlé plus haut ne dura que quelques jours. Elle fut remplacée par un hoquet continuel et très bruyant qui saisissait la malade dès qu'elle mettait le pied dans l'enceinte prohibée et persistait même en dehors des crises. La pauvre enfant en souffrait tellement qu'elle sortait d'elle-même de la cour pour échapper à ce supplice.

Pendant plusieurs semaines, elle passa ses journées sur la grande route, où sa mère lui portait ses repas et elle ne rentrait que le soir pour se coucher. Le hoquet la reprenait aussitôt et l'empêchait absolument de dormir elle et ses parents.

On était alors au mois de juin 1873. Dans le but de l'examiner de plus près, je la pris chez moi pendant quinze jours. Elle s'occupa du service de la maison, sans avoir une seule crise. On avait peine à la fixer longtemps sur le même travail ; mais je n'eus aucun reproche sérieux à lui faire et je ne remarquai aucun de ces caprices que je m'attendais à trouver chez elle à un haut degré. Son hoquet l'avait complètement quittée.

En sortant de chez moi, Clémence alla directement passer cinq semaines à Sanvic, près du Havre, où on lui avait trouvé une place ; mais elle s'y ennuya tellement qu'on fut obligé de la rappeler. On la croyait guérie, et de fait elle passa cinq jours chez ses parents sans la moindre crise.

Le sixième jour, elle eut un accès le matin, et le hoquet la reprit aussi incessant et aussi cruel qu'avant son départ. Il dura trois jours et trois nuits.

Enfin, le 27 juillet 1873, le père de Clémence se décide à quitter le pays. Il paye son terme et part pour Manéglise, dans une maison qu'il loue à la hâte.

Depuis ce temps, Clémence n'a jamais été reprise, qu'une seule fois au bout de dix-huit jours. Ce fut la dernière. Dès le lendemain Clémence avait reçu le saint Scapulaire et avait été affiliée à une congrégation de la sainte Vierge.

Je la revis au bout de quatre ans; c'était une forte fille, pleine de santé, ne paraissant nullement nerveuse. Après ces quatre ans d'absence, elle put retourner impunément dans son ancien pays ; mais elle évita les premières années d'y séjourner longtemps et surtout d'y coucher.

En 1894, vingt et un ans après sa guérison, j'eus l'occasion de la revoir encore. Mariée depuis huit ans, elle n'avait pas eu d'autre maladie que deux fausses couches et pas le moindre accident nerveux.

Je profitai de la circonstance pour rechercher chez elle les principaux stigmates de l'hystérie. Je ne trouvai aucune trace d'anesthésie ; les réflexes, palpébraux, pharyngiens, tendineux étaient normaux; le champs visuel était d'une remarquable étendue.

Elle n'a conservé de ses crises que le souvenir d'un accablement subit, d'une torpeur invincible qui la saisissait, dit-elle, quand elle voulait rentrer dans la cour de son père.

En présence de ces faits insolites, on ne sera pas surpris de voir l'imagination des témoins se frapper et les attribuer, quoi qu'on pût leur dire, à une action surnaturelle.

Cette présomption fut encore confirmée dès le début par l'affirmation positive d'un homme que ses travaux ont rendu célèbre. L'auteur du livre *Des Esprits*, le marquis de Mirville, chez lequel on conduisit Clémence, n'hésita pas à affirmer l'action diabolique.

Curieux de connaître au juste l'opinion d'un homme qui devait avoir sur ce sujet une grande compétence, je lui écrivis pour lui demander sur quelles raisons il fondait une affirmation aussi grave.

Je reçus de lui cette réponse : « .... Vous avez en Clémence un vrai spécimen, non de *possession*, qui fort heureusement est assez rare ; mais de l'*obsession* qui court les rues et nos maisons d'aliénés... »

Peu convaincu par une affirmation qui me paraissait gratuite et pour le moins entachée d'exagération, je lui écrivis de nouveau pour lui développer les raisons qui me faisaient penser autrement que lui. C'était avant le second séjour de Clémence au Havre. Elle n'avait pas encore présenté les phénomènes plus sérieux qui caractérisèrent la seconde période de sa maladie.

Je croyais Clémence simplement atteinte de *somnambulisme pathologique*, de la forme dite *acrobatique* et je fondais mon opinion :

1° Sur ce que l'enfant n'avait jamais montré les caractères que l'Eglise assigne aux faits surnaturels : pas de *surintelligence*, pas d'*exaltation surhumaine des forces physiques* bien constatée, et surtout pas de constance dans la *répulsion pour les choses bénites*, etc.

2° La malade présentait au contraire tous les phénomènes assignés par la science au somnambulisme acrobatique, soit dans les antécédents (accès de somnambulisme ordinaire précédant de quelques mois les grandes crises,) soit dans la marche et dans la succession des symptômes,

(double condition, oubli de tout ce qui se passe dans le sommeil, etc.)

3° Enfin, en vertu de l'adage : *Naturam morborum curationes ostendunt,* (*) je regardais comme un argument péremptoire l'action de l'électricité pour ramener Clémence dans son état normal. Pouvait-on supposer qu'un esprit se laissât influencer par un agent purement physique ?

Ma lettre à M. de Mirville ne réussit pas à le convaincre. Il avouait que les signes certains de la possession manquaient absolument ; mais les circonstances de détail, qu'il avait, disait-il, observées dans d'autres cas irrécusables de possession ou d'obsession, ne lui permettaient pas de mettre en doute l'intervention diabolique : « Ne vous arrive-t-il pas tous les jours, ajoutait-il, de reconnaître, à des symptômes insignifiants pour d'autres, une maladie à peine déclarée, avant même d'en avoir constaté les signes pathognomoniques ? »

L'action des médicaments et de l'électricité ne lui paraissait nullement probante, surtout avec un résultat négatif au point de vue de la guérison. Une maladie naturelle pouvait, selon lui, favoriser l'action de l'esprit, un agent physique ou physiologique pouvait l'entraver, sans qu'on en pût rien conclure.

Les alternatives d'horreur et d'indifférence pour les choses saintes n'étonnait pas non plus M. de Mirville. Cette inconstance se retrouve habituellement, même dans les cas de possession avérée, excepté peut-être pendant les exorcismes. Le démon dissimule ainsi quelquefois son action pour faire douter de sa présence ou la faire nier.

Le marquis de Mirville affirmait dès lors que Clémence ne serait guérie que par l'exorcisme, ou peut-être par son départ de la commune. Quelquefois pourtant, disait-il, de

(*) Le traitement des maladies souvent en montre la nature.

simples prières ou d'autres pratiques de piété suffisent dans les cas légers ; mais il croyait que pour Clémence elles seraient impuissantes.

Lorsque je lui annonçai le premier changement de domicile et l'amélioration produite dans les premiers jours, il ne fut pas complètement rassuré : « On eut mieux fait, dit-il, de s'éloigner de la commune. L'amélioration durera quelques jours ; mais je crains qu'elle ne soit pas définitive. » Il me reprocha comme une grave imprudence l'expérience que j'avais faite en ramenant Clémence à son ancienne maison.

On peut certainement critiquer le diagnostic précipité du marquis de Mirville ; mais son pronostic si précis et si *poncluellement réalisé* ne manquera pas de frapper le lecteur. Il me paraît donner à son opinion une importance considérable.

Quoi qu'il en soit, par respect pour la réserve de l'autorité ecclésiastique, j'ai conservé dans le titre de cette observation l'indication de symptômes douteux de possession.

En effet, malgré les instances qui furent faites à plusieurs reprises près du cardinal de Bonnechose, archevêque de Rouen, jamais il ne voulut permettre les exorcismes qui eussent peut-être fixé le diagnostic.

Un rapport fait en 1871 sur les données que j'avais fournies, avant l'apparition des phénomènes plus caractéristiques, avait conclu contre M. de Mirville à l'existence d'une simple névrose.

Le Cardinal avait cependant plus tard chargé le Curé de Bolbec de faire une seconde enquête ; mais, avant que ce dernier s'en fut occupé, Clémence avait quitté la commune et était guérie.

L'impossibilité d'admettre la supercherie chez des gens

que cette affection condamna à des sacrifices énormes pour eux, l'origine suspecte de la maladie, la répulsion temporaire de la malade pour les choses saintes, la cessation des phénomènes au moment de la première communion, la ressemblance des symptômes avec ceux que présentent les vrais possédés, comme la double condition, l'impression produite par le son des cloches, etc., ne parurent pas des raisons suffisantes pour reconnaître l'action diabolique.

Plus tard la difficulté d'expliquer physiquement ou physiologiquement l'interdit bizarre jeté sur un espace limité de terrain, variant avec les conditions d'un bail ; la scène dramatique du crucifix brisé, etc., auraient peut-être modifié cette première impression.

Nous reviendrons sur ce sujet.

OBSERVATION II.— Blanche...— *Accès de Somnambulisme provoqués par le passage et le séjour dans un appartement ou par l'action de vouloir prier.*

En vue de la contagion fréquente de ces affections nerveuses, j'avais à plusieurs reprises expressément défendu de recevoir à la classe la petite fille dont je viens de raconter l'histoire. Je ne voulais même pas qu'on la laissât jouer avec d'autres enfants.

Ces recommandations ne furent pas suivies, surtout au début. Clémence, dans les courts moments que lui laissait sa maladie, et dans la seconde période, alors qu'elle n'était prise que chez son père, allait de temps en temps à l'école.

Elle était intimement liée avec une petite fille de son âge, nommée Blanche... et dans le commencement les deux enfants ne se quittaient pas. Clémence alla même plusieurs fois coucher chez les parents de sa compagne et fut souvent prise devant elle.

Dans les premiers jours de juin 1872, Blanche se plaignit plusieurs fois d'un mal de tête subit et violent qui durait à peine trois ou quatre minutes. Cette céphalagie s'accompagnait de troubles de l'intelligence que les parents comparaient à ceux de Clémence. Blanche semblait s'endormir puis se mettait à divaguer et ne paraissait conserver aucun souvenir de ce qui s'était passé pendant l'accès.

Au début, c'était toujours dans la cuisine ou près de son lit qu'elle était prise, et les crises se répétaient plusieurs fois par jour. Plus tard elle ne fut atteinte que le soir, en arrivant à son lit pour se coucher, mais l'accès durait plus longtemps. Elle ne pouvait faire sa prière.

Le 22 juin, on la fit changer de chambre. Elle n'eut pas de crise ; mais le lendemain et les jours suivants, en traversant le premier appartement occupé par ses parents, et en s'y arrêtant pour prier avec eux, elle fut reprise avec tous les symptômes de double condition que présentait Clémence. Non seulement elle ne pouvait articuler une prière, mais elle se jetait sur ses parents pour les en empêcher.

Le 25, elle eut encore dans la cuisine une crise plus longue et plus accentuée que les autres.

Ces symptômes disparurent d'eux-mêmes, malgré les relations qui ne cessèrent jamais avec Clémence.

Nota. — Je donne cette observation telle que je l'ai rédigée en 1872 ; mais j'ai plus tard appris que les choses ne s'étaient passées ni si simplement, ni si vite que je viens de le dire.

Les parents de Blanche, dans la crainte de voir venir chez eux les curieux qui abondaient chez Clémence, laissèrent croire à la guérison de leur fille. Ils recoururent aux conseils d'un prêtre de leur famille qui fit prier et pria lui-même pour l'enfant; mais le secret en fut gardé religieusement, et jamais je ne pus savoir au juste ce qui s'était passé.

Si les paysans sont crédules, ils sont encore plus méfiants. Le prêtre et le médecin, leurs premiers confidents, se gardent de donner d'emblée dans leurs superstitions; ils les écoutent avec impatience, affectent le doute, se moquent de leurs idées, et les plus sages veulent au moins prendre le temps d'étudier les faits avant de se faire une opinion. Ils ne sont bientôt plus, pour les intéressés, que des ignorants, ou des obstinés qui ne veulent pas dire ce qu'ils savent. On ne tarde pas à les laisser pour recourir aux prétendus sorciers qui tendent aux malheureux une oreille attentive et les flattent par leurs promesses. Quelquefois ces devins complaisants guérissent les patients qu'eux-mêmes ils ont rendus malades; plus souvent ils aggravent le mal; mais quel que soit le résultat, il est bien difficile de reconquérir près de leurs victimes la confiance que l'on a perdue.

S'il se rencontre un prêtre qui veuille bien s'occuper de ces malheureux, la peur du ridicule et, il faut bien le dire aussi, la crainte des cancans et des histoires désagréables qui peuvent en résulter, le fait se cacher comme un criminel. Faut-il l'en blâmer?

Quant aux médecins, pour la plupart, quand ils ont dit : « C'est de l'hystérie, c'est une névrose », ils ne veulent plus s'en occuper.

Dans cette observation toute simple et peut-être incomplète, on aura sans doute remarqué le somnambulisme provoqué, comme chez Clémence, par le passage dans un lieu déterminé et la *difficulté de prier*. Les préparatifs de la prière n'étaient-ils pas ici la cause principale de l'invasion?

On retrouvera les mêmes particularités mieux accusées dans quelques-unes des observations suivantes.

OBSERVATION III. — Florestine... — *Maléfice douteux, — Somnambulisme acrobatique. — Symptômes douteux d'obsession. — Guérison par le changement de domicile.*

Quelques mois après le départ et la guérison de Clémence... (Obs. I) je reçus la visite d'un ouvrier de la même commune, qui avait succédé au père de la malade, dans sa première maison. Il me raconta que sa fille, nommée Florestine, âgée de quatorze ans, paraissait prise de la même maladie.

Dans les premiers jours de janvier 1874, la même fille qu'on accusait d'avoir ensorcelé Clémence offrit à Florestine un biscuit que celle-ci mangea. A la suite l'enfant se plaignit de malaises mal définis. Quinze jours après, la même personne lui faisait avaler un morceau de sucre. Les malaises augmentèrent, accompagnés de céphalalgie.

Enfin au bout de quelques semaines, les crises s'accentuèrent. Florestine se plaignait souvent d'être prise comme si on l'assommait. Elle frissonnait de tous ses membres, restait absorbée pendant un quart d'heure ou une heure et parlait alors comme en délire de choses incohérentes. Elle paraissait étrangère à ce qui se passait autour d'elle. On ne pouvait fixer son attention.

C'était surtout les jours de fête et les dimanches que ces crises se répétaient. Elle refusait alors avec énergie d'aller à l'église et de faire ses prières. Elle blasphémait, se jetait sur ses parents, les insultait, les frappait, répétait avec rage qu'il fallait qu'elle leur fît du mal. Elle prétendait qu'on la battait elle-même et qu'une bête qu'elle avait dans l'estomac lui commandait de ne pas travailler.

Dans les crises les plus fortes, elle se mettait à danser, à tourner ; elle montait sur les tables, sautait au plafond, en un mot répétait, sans les avoir jamais vues, les scènes d'acrobatisme que nous avons décrites chez Clémence.

Pendant sept semaines consécutives, elle ne parut prendre aucune nourriture. Elle vivait uniquement de liquides, eau et lait en très petite quantité.

Dans les intervalles de lucidité, elle paraissait ne pas se souvenir de ce qui s'était passé ; mais dès qu'on lui en parlait, la crise recommençait et l'on évitait d'y faire allusion.

Les nuits étaient tranquilles, quoique il lui arrivât de parler haut pendant son sommeil. Elle se levait généralement vers onze heures du matin. C'est alors que les crises la reprenaient.

Quand elle pouvait jouer avec de jeunes enfants, elle paraissait moins agitée ; mais si on lui jetait de l'eau bénite, ou si une personne adonnée au culte paraissait devant elle, elle entrait en fureur. Elle arrachait et jetait les médailles ou les images de piété qu'on lui faisait toucher.

Sachant par expérience qu'un changement de domicile pouvait faire cesser les accidents, je conseillai au père de ne pas garder Florestine chez lui, et de ne lui permettre de revenir qu'après plusieurs semaines. Ce conseil s'étant trouvé conforme à celui d'un homme faisant métier de *lever les sorts*, qu'on avait aussi consulté, on se rendit à cet avis, et on plaça la jeune fille chez un boulanger de Bolbec, où elle resta six semaines sans avoir le moindre accès. Elle avait retrouvé de suite son caractère doux et facile, et jamais depuis on ne s'aperçut qu'elle avait eu cette maladie, même lorsqu'elle fut rentrée chez son père.

Mais, en quittant la maison paternelle, elle avait été prise d'une des plus fortes crises qu'elle eut jamais eues. Elle criait tout le long de la route, nommait et accusait sans cesse, comme présente auprès d'elle, cette fille dont nous avons parlé. Ce n'est qu'à un kilomètre environ de Bolbec que l'accès et l'hallucination cessèrent pour ne plus revenir.

Le dimanche suivant, elle se trouva cependant à l'église de Bolbec près de cette fille qu'elle accusait de son mal, et que chez ses parents elle ne pouvait voir même de loin sans être reprise.

Les parents de Florestine, persuadés que sa maladie avait une cause surnaturelle, avaient prié et fait prier pour elle, en même temps qu'ils s'en étaient séparés.

OBSERVATION IV. — Louise... — *Maléfice probable. — Symptômes d'Obsession. — Somnambulisme acrobatique déterminé par le toucher d'un meuble, l'action de prier, etc. — Impossibilité de prononcer certaines prières. — Convulsions. — Guérison instantanée, complète et définitive par le Sacrement de Confirmation.*

Louise..., âgée de neuf ans, demeurant dans la même commune que les précédentes, avait toujours été d'une excellente santé. Pas d'antécédents hystériques dans la famille.

Vers le commencement de juillet 1872, on remarque un changement dans son caractère. Elle ne travaille plus et prétend qu'il lui est impossible d'apprendre ses leçons, surtout le catéchisme et l'Evangile. Lorsque chez elle ou à la classe on commence une prière, elle prétexte un malaise et s'enfuit.

Au bout d'une quinzaine passée dans cet état qui contrastait avec sa docilité et son application habituelles, le vendredi 19 juillet, vers huit heures du matin, elle est prise tout à coup d'un frisson intense accompagné de tremblement de tous les membres, qui dure trois quarts d'heure environ, sans perte de connaissance et sans grande sensation de froid. A la suite pas de sueurs; mais une faiblesse considérable dans les jambes. Elle ne peut marcher ; on est obligé de la porter. Ce tremblement se renouvelle les jours suivants, plusieurs fois dans la journée, et s'accompagne alors de perte de connaissance, avec fixité du regard.

Le dimanche 21, elle a la sensation, dit-elle, d'une bête qui lui marche dans le ventre, et la force à étendre les membres et à se raidir. Elle aperçoit aussi par instant un homme noir qui la suit.

Le tremblement alors est remplacé par une raideur tétanique et des convulsions. Elle tombe, perd connaissance, se traîne par terre, se tord, s'accroche aux barreaux des chaises, se fourre sous les meubles ; sa figure exprime la frayeur.

Lorsque les crises sont faibles, elle se souvient incomplètement de ce qui se passe autour d'elle.

Ces convulsions auxquelles j'ai assisté plusieurs fois, ressemblent assez au premier abord à des accès d'hystérie ou d'éclampsie : clignottements et grimaces saccadées au début, puis grands mouvements en tous sens, sans prédominance d'un côté à l'autre. Mais, dans l'hystérie et dans l'éclampsie, les mouvements sont désordonnés et involontaires ; les convulsions poussent le malade le plus souvent dans un seul sens ; il frappe à tort et à travers, s'accroche aux objets qui tombent sous sa main, les repousse ou les attire automatiquement, sans but déterminé.

Chez la petite Louise, au contraire, on remarque bien les grimaces et les convulsions saccadées de l'éclampsie ou les grands mouvements de l'hystérie; mais ils semblent ordinairement coordonnés pour un but déterminé.

Par exemple, si Louise veut passer en rampant entre les barreaux d'une chaise, ce qui est un de ses exercices de prédilection, tous les membres, quoique convulsionnés en apparence, concourront à ce but. Si l'on veut la maintenir, tous les membres tendent simultanément à la résistance. Elle se cache sous un meuble ; si on veut la retirer, elle s'arqueboutera des pieds et des mains, elle s'accrochera aux pieds du meuble, et l'on devra vaincre, pour ainsi dire, les quatre membres l'un après l'autre et à plusieurs reprises, pour la forcer à sortir de son réduit. Par contre, qu'on lui jette de l'eau bénite, non sur la figure, où le saisissement pourrait expliquer le mouvement, mais sur les vêtements, ou qu'on lui présente de loin un Christ ou une médaille bénite, elle fuira, en se traînant comme un serpent avec toutes les marques de la frayeur, en regardant l'objet de ses yeux fixes et hagards, mais non convulsés. D'autres fois, sans le regarder, elle en devinera la présence et ne s'enfuira que plus vite.

A partir du 26 juillet, un autre symptôme se produit. Elle ne peut entrer dans son lit. Toutes les fois qu'elle le touche, même du bout du doigt et involontairement, la bouche se contracte, elle cligne des yeux, comme au début d'une crise. Si l'on persiste, la convulsion arrive.

Plusieurs fois, lui ayant soigneusement bandé les yeux, je lui ai fait toucher alternativement d'autres meubles et son lit. Chaque fois qu'on la ramène à ce dernier, le phénomène se reproduit. On est obligé de la mettre coucher ailleurs.

Mais un symptôme plus étonnant encore et plus caractéristique s'était montré dès les premiers jours de la maladie. Lorsque l'enfant persistait à vouloir dire sa prière, elle récitait sans difficulté le *Pater* et l'*Ave* ; mais arrivée au *Credo*, à ces paroles : « Je crois au Saint Esprit, » elle entrait immédiatement en convulsion et ne pouvait les prononcer. Elle disait bien séparément les mots : *Saint Esprit* et *je crois*, mais, dès qu'elle voulait les réunir, ses lèvres se crispaient et, si elle insistait, la crise commençait.

L'expérience en fut faite plusieurs fois devant moi, et cependant sur ma demande, elle répétait facilement : *Credo in spiritum sanctum* ou *Je crois au Saint Paraclet*, bien que je lui eusse expliqué que ces paroles avaient le même sens, et qu'elle m'eut répondu elle-même en toutes lettres : «Cela veut dire *Je crois au Saint Esprit.* »

Ne pouvant réussir à lui faire réciter ces paroles du *Credo* en français, j'essayai de les lui faire écrire. Elle écrivit sans peine ; *Je crois au*..., mais à peine eut-elle fait la liaison de l'S, que ses doigts se raidirent et qu'elle ne put continuer. Je lui fis cependant écrire sur une autre feuille de papier le mot : ... *Saint Esprit*, et sur mon ordre elle ajouta en avant : *Je crois au*... Je lui fis remarquer alors qu'elle avait écrit la formule tout entière. A partir de ce moment il lui fut impossible d'écrire : *Saint Esprit*, même isolément.

Elle avait aussi beaucoup de peine à faire le signe de la croix ; cependant en y mettant toute la force de sa volonté, et en répétant plusieurs fois de suite : « Je veux... Je veux... Je veux.... » elle finissait par y réussir, et la crise, qui avait l'air de commencer, avortait aussitôt.

La même force de volonté, accompagnée de signes de croix répétés avec de l'eau bénite, lui permit aussi bientôt de réciter tranquillement ses prières.

Cet état dura sans grand changement jusqu'au 6 août, environ un mois. Elle avait peur de quitter la maison et ne voulait pas sortir. Elle était cependant chez elle reprise infailliblement, toutes les fois qu'elle touchait son lit ou le coin d'une table dans la cuisine.

Vers cette époque, au moment où les crises étaient les plus fortes et les plus fréquentes, on conduisit l'enfant en pèlerinage à Mannevillette. On y dit une messe à son intention. Une amélioration parut coïncider avec ces prières.

Du 6 au 17 août, elle n'eut que quelques crises insignifiantes la nuit, et, le 15 août à l'église, elle fut sur le point de sortir; mais elle résista et put entendre tranquillement la messe.

Cette rémission incomplète dura cinq semaines environ. Elle n'avait de crises que tous les deux ou trois jours. Les accès ne consistaient plus qu'en grimaces involontaires, accompagnées de rigidité des membres pendant quelques minutes. Ces phénomènes se produisaient toujours à l'occasion de ses prières, lorsqu'on lui montrait un crucifix ou quand elle prenait son livre d'office. Elle entrait cependant alors assez facilement à l'église, et faisait ses prières, à la condition d'affirmer extérieurement par ses paroles l'acte de sa volonté, mais elle ne pouvait rester à la classe, où les crises étaient plus fréquentes.

Du mois d'août au mois de décembre, les parents retournèrent trois fois à Mannevillette, toujours à l'occasion d'une aggravation. Chaque fois l'amélioration se produisit; mais pas de guérison complète.

Au mois de décembre de la même année 1872, une tante de l'enfant vint à mourir dans une commune voisine. Depuis plusieurs années, les parents de Louise étaient brouillés avec leur sœur, qui avait toujours montré une grande jalousie à leur endroit. Son mari était mort en prison quelques semaines auparavant. Le père de Louise, unique héritier des défunts, dut emporter chez lui le chétif mobilier qu'ils laissaient. Au milieu d'objets sans valeur, il découvrit cachés quelques vieux livres de magie et les porta chez son curé. Ce dernier, ayant reconnu les grimoires du *Grand* ou du *Petit Albert*, les jeta séance tenante au feu.

Les crises de Louise avaient continué après la mort de sa tante; mais, à partir du jour où furent brûlés les livres suspects, elles cessèrent entièrement.

On se souvint alors que, quelques jours avant le début de la maladie de Louise, elle était allée, en qualité de marraine, offrir des dragées à sa tante et que celle-ci lui avait donné en retour une légère collation. Depuis, bien qu'on eut tenue secrète l'étrange maladie de l'enfant, la tante ne cessait de demander à tout le monde des nouvelles de sa nièce, qui, disait-elle, devait être malade.

Tout alla bien jusqu'au 4 mai 1873. Louise, s'étant rencontrée ce jour là chez l'épicier du bourg avec Clémence M... (Obs. I), les deux enfants furent poursuivies et injuriées par une personne que Clémence accusait dans ses crises. Deux jours après, Louise se plaignit de nouveau d'un grand mal aux jambes et d'une bête qui lui remuait dans le ventre. Elle ne pouvait manger sans être reprise de ses convulsions. Dans l'après-midi cependant elle sortit, et une fois hors de la cour de son père elle se sentit beaucoup mieux. Elle mangea sans difficulté chez une voisine; mais en rentrant le mal aux jambes la reprit. Le soir elle ne put avaler sa soupe. Une aggravation analogue se fit aussi sentir chez Clémence.

Le lendemain à la même heure, Louise se plaignait encore de malaises moins forts, et ce fut tout jusqu'au mois de juin 1875.

A cette époque elle se préparait à sa première Communion. Trois fois environ en quinze jours, elle fut saisie d'un sommeil invincible, accompagné de secousses dans les membres et de vomissements. Chaque fois elle se réveilla guérie juste à l'heure du catéchisme préparatoire.

Enfin, le jour de l'Ascension, elle eut une nouvelle et dernière crise. Voici dans quelles circonstances.

Les enfants de la commune devaient se rendre en procession dans un village voisin, pour y recevoir la Confirmation. Louise se prépara comme les autres ; mais, au moment de passer la barrière de la cour, pour se joindre à ses compagnes, elle tomba comme une masse, sans perdre connaissance ; elle se plaignait d'une faiblesse extrême dans les jambes, qui semblaient paralysées.

On la relève, et, dans l'impossibilité de la mettre debout et de la faire marcher, on prend une voiture. Elle arrive avec les autres à l'église. Là, soutenue par deux personnes qui la portent pour ainsi dire, on la traîne jusqu'à sa place. Interrogée par le cardinal de Bonnechose, à l'examen qui précède la cérémonie, elle répond avec lucidité ; mais en restant assise. Au moment de se présenter au Prélat, elle se plaint de nouveau de faiblesse, de gonflement dans le ventre. Elle paraît, en effet, démesurément ballonnée, elle est rouge écarlate, et croit se trouver mal. Elle insiste avec l'énergie qu'elle a toujours montrée dans sa maladie, et soutenue par ses compagnes, elle s'agenouille devant le Cardinal.

Elle reçoit le Sacrement. La rougeur de la face cesse immédiatement, et avec elle la faiblesse et le ballonnement. Louise revient seule et sans peine à sa place. Elle est guérie, et depuis lors elle ne s'est jamais ressentie de sa maladie. Mariée depuis plusieurs années, sa santé est restée excellente.

On aura sans doute remarqué l'impossibilité de prononcer, au début de la maladie, un acte de foi au Saint Esprit et la guérison par le Sacrement qui donne le Saint Esprit. Phénomène de suggestion, diront les incrédules. Personne dans la famille de Louise et dans son entourage n'y avait pensé, et le rapprochement ne fut fait qu'après la guérison. Où donc serait la suggestion ?

Un détail important distingue cette observation de celles qui précèdent, c'est l'invasion moins brusque des accès et la persistance de la conscience et de la volonté qui permit plusieurs fois à la patiente de résister et de faire avorter la crise commençante. Nous retrouverons le même phénomène chez une autre malade.

Notons encore l'aggravation produite chez Louise et chez Clémence par la rencontre d'une prétendue sorcière. Bien que les deux enfants n'aient présenté que des symptômes probables d'obsession, la guérison si caractéristique de Louise ne permet guère de douter de l'origine surnaturelle de sa maladie; mais que penser alors de la liaison qui semble exister entre ces différents faits ?

L'esprit d'imitation qu'on pourrait invoquer chez des petites filles habitant le même village ne saurait expliquer les ressemblances que nous allons trouver dans les observations suivantes, recueillies vers la même époque, mais dans des pays éloignés entre eux de six à seize kilomètres et dans des familles n'ayant aucune relation avec les premières.

OBSERVATION V. — Berthe... — *Somnambulisme acroba-tique.* — *Guérison par le changement de domicile.*

Berthe..., âgée de onze ans, habite un autre village à six kilomètres de Bolbec. Bien portante habituellement, elle fut prise vers la fin de septembre 1876 d'un violent mal dans l'oreille. Elle pleura toute la nuit et la journée du lendemain. Vers onze heures, elle eut un évanouissement, à la suite duquel elle se mit à parler, crier, pleurer, avec une expression de visage étrange, comme si elle était en délire. La Sainte Vierge venait, disait-elle, la chercher. Elle allait mourir et demandait à grands cris un prêtre et tous ses parents. Elle voulait s'enfuir, et c'est avec peine qu'on la retenait dans son lit.

Cette crise dura environ une demi-journée, à la fin de laquelle Berthe parut s'endormir naturellement, et s'éveilla quelques temps après, sans conserver aucun souvenir de ce qui s'était passé et sans se rendre compte du temps écoulé.

Les jours suivants, les mêmes accès se renouvellent, va-riables de durée, d'intensité et de fréquence, mais toujours avec les mêmes caractères.

Je l'ai vue plusieurs fois dans ses crises. Elle semble d'abord s'endormir, pâlit, tombe en syncope. On s'élance pour la retenir ; mais elle se réveille tout à coup et cherche à s'enfuir. Quand elle y parvient, elle court à l'aventure dans la cour, se roule sur l'herbe, se tord aux pieds des arbres ; ou bien ses mouvements prennent le caractère de véritables convulsions cloniques ou toniques ; d'autres fois, dans son lit, elle se cache sous sa couverture, mord et déchire ses vêtements, crie, chante et se livre à toutes sortes d'excentricités.

Au bout de deux jours, ce n'était plus la Sainte Vierge

qui venait la chercher, c'était le diable qui voulait l'emporter. Alors elle se mettait à blasphémer, à injurier les personnes présentes, disant qu'elle voulait se jeter à la mare, ou tuer ceux qui la retenaient.

Une fois elle se plaignit d'être poursuivie par une voisine qui lui voulait du mal.

L'accès finit, tantôt remplacé, comme la première fois, par un sommeil normal, tantôt subitement. Elle s'éveille alors en sursaut, sans paraître se douter de ce qui s'est passé.

Les fortes crises duraient, au début, le plus souvent quelques heures, quelquefois une journée entière.

Généralement elle dormait tranquille de minuit à six heures du matin. Elle poussait cependant assez souvent des cris dans son sommeil.

Pendant deux mois, elle ne passa pas un seul jour sans crise. Elle partit alors pour quelques semaines chez une tante dans un village voisin. Elle n'y eut pas un seul accès.

Revenue chez ses parents, les crises reparurent, d'abord une ou deux fois par semaine, et même à la classe, puis une ou deux fois par mois.

Enfin au bout d'un an, sur mon conseil, elle quitta définitivement la maison paternelle; ses parents la mirent en apprentissage à près d'une lieue de la commune.

Sa maîtresse se plaignit à plusieurs reprises de son caractère irascible; mais l'enfant n'eut pas un seul accès.

Au bout de six mois, étant revenue accidentellement à la maison, elle eut une forte crise, à la suite d'une contrariété. Etait-ce une simple colère, une attaque de nerfs ou une crise semblable à celles du début ? Je n'ai jamais pu le déterminer.

Depuis, son caractère s'est très amélioré et elle n'a pas été reprise une seule fois, jusqu'à sa mort, qui eut lieu près de vingt ans plus tard.

L'eau bénite et les objets pieux paraissent n'avoir en sur elle aucune action sensible ; cependant les parents crurent devoir recourir aux prières. Ils firent une neuvaine à saint Benoît, terminée par une messe à l'intention de la malade. Au début de la neuvaine, la maladie parut plutôt s'aggraver. C'est pourtant à la suite qu'ils constatèrent la fréquence moins grande des accès que nous avons notée.

Après le départ de l'enfant, bien que les crises eussent déjà cessé par le simple changement de domicile, on fit encore quelques prières pour son entière guérison.

OBSERVATION VI. — Marie... — *Somnambulisme acrobatique.*

Marie..., âgée de dix-huit ans, voisine de la précédente, fut prise au mois d'août de la même année 1876, de maux d'estomac et de tête qui la forçaient à se coucher.

Au bout de quelques minutes, elle se mettait à faire des grimaces, à frapper des mains, à jeter loin d'elle tout ce qu'elle pouvait attraper.

Ces crises se renouvellent, et bientôt on voit survenir, comme chez Berthe, des syncopes suivies de cris, de chants, de sauts, de cabrioles, de danses sur son lit et sur les meubles. Comme Berthe elle mord et déchire ses vêtements, elle les coupe avec des ciseaux, elle cherche à s'enfuir et à se jeter dans la mare.

Le plus souvent elle tombe au milieu de sa course et reste pendant deux ou trois heures sans parler.

Au début de la crise, elle commence ordinairement par se gratter la main, ou elle se mord un doigt. Les yeux deviennent fixes et l'accès commence. Ses paroles sont incohérentes, souvent inintelligibles. Elles sont entremêlées de blasphèmes... : « Que le diable m'étouffe, etc. » Elle dit aussi très souvent que la même voisine accusée par Berthe, (Obs. V), la prend par la main et la force à faire toutes ces excentricités. D'autres fois elle imite des cris d'animaux, en particulier le chant du coq. A la fin elle s'évanouit ordinairement, et revient à elle en ne gardant le souvenir que du commencement de la crise.

L'eau bénite paraissait d'abord l'exciter; mais la calmait ensuite et abrégeait l'accès. Elle réussissait quelquefois à la faire avorter. Dans ce cas la jeune fille semblait se réveiller en poussant un long soupir, et souvent elle disait: « Elle est partie, je suis guérie », et elle rentrait aussitôt dans son état normal. Au début elle arrachait avec violence les médailles bénites qu'on lui faisait porter. Au bout de quelque temps les choses saintes lui furent indifférentes.

Comme sa voisine, elle voit le diable qui veut l'enlever. Souvent aussi elle est prise en commençant ses prières, et elle refuse obstinément de prier dans ses crises.

Les accès se renouvelèrent plusieurs fois par jour, et même la nuit, pendant près d'un mois.

A la suite de prières et de pèlerinages répétés, une amélioration se produisit chaque fois plus manifeste.

Bien qu'on ait tenu aussi secrètes que possible ces pratiques religieuses, on a remarqué que chaque fois, au retour, on ne manquait pas de rencontrer la voisine suspectée, qui tantôt par des questions indifférentes, tantôt par des injures, cherchait à lier conversation ; mais on évitait de lui répondre. Ces provocations paraissaient d'autant plus étonnantes qu'habituellement cette femme affectait de ne jamais parler aux parents de Marie.

Cette dernière resta d'abord plusieurs semaines, puis plusieurs mois sans crises; mais en 1879 elle n'était pas encore complètement guérie. Depuis les crises ont entièrement cessé.

Berthe et Marie, quoique voisines, avaient peu de rapport ensemble. Une seule fois pendant leur maladie, Marie vint chez Berthe et immédiatement toutes les deux furent prises. On leur fit éviter depuis de se rencontrer.

J'ai cru devoir rapporter jusqu'ici les soupçons de maléfices que les victimes de ces affections extraordinaires sont trop portées à formuler sans preuves suffisantes contre des personnes peut-être très innocentes. Il y a certainement à prendre et à laisser dans tous ces racontars, et n'ayant pu pousser suffisamment l'enquête nécessaire, je n'y attache qu'une croyance limitée; mais, narrateur fidèle, après les avoir plusieurs fois effacés, de crainte de paraître trop crédule, je les répète pour ce qu'ils valent. Comparés à ce qui se passe ailleurs, ils ne sont pas indifférents.

OBSERVATION VII. — Pauline L... — *Somnambulisme acrobatique.*

Pauline L..., âgée de neuf ans, fille d'un cultivateur des environs de Bolbec, fut prise de somnolence le 18 août 1878, vers six heures et demie du soir. Tout à coup elle jette les hauts cris et accuse une grande frayeur. On ne peut la calmer. Elle se débat avec force et n'entend rien de ce qu'on lui dit. Ce n'est qu'à onze heures du soir, à la suite d'une oppression subite, qu'elle parut se calmer et qu'elle s'endormit. Le lendemain elle sembla se rappeler vaguement ce qui s'était passé la veille; mais la chose est douteuse.

Les parents attribuèrent ce premier accès à un cauchemar du genre de ceux qu'ils avaient déjà remarqués chez leurs autres enfants, assez sujets à crier la nuit en rêvant.

Mais la crise se renouvelant chaque soir avec la même violence, la même durée, et, chose bizarre, une avance de cinq minutes par jour, ils se décidèrent au bout d'une semaine à me consulter.

Je prescrivis 60 centigrammes de sulfate de quinine à prendre le matin aussitôt son réveil. (Les fièvres intermittentes sont assez communes dans le pays).

Le jour même la crise avance encore, et se double d'une petite dans l'après-midi. Les jours suivants elle se renouvelle toujours vers la même heure; mais moins forte. On parvint même plusieurs fois à la faire avorter, en ne permettant pas à l'enfant d'entrer dans la maison, et en la faisant agir pour la distraire aussitôt que la peur paraissait la saisir.

Cette amélioration ne dura pas, malgré l'emploi continué du médicament. L'état parut même bientôt s'aggraver.

Le début de l'accès s'accompagne toujours de bâille-
ments, de regards fixes et hagards, de somnolence. Aussitôt l'enfant semble étrangère à tout ce qui se passe autour
d'elle. Elle court, saute, gambade et s'occupe parfois avec
acharnement des travaux de la ferme, entreprenant des
choses au-dessus de ses forces et de son intelligence. Elle
veut monter sur les chevaux, les conduire, etc., et cette
activité fébrile contraste avec la tranquillité et la douceur
habituelle de son caractère.

Dans son état normal elle se plaint fréquemment de
maux d'estomac, d'étouffements, d'obscurcissements de la
vue, et lorsque l'heure arrive, elle parle sans cesse, pour
éviter, dit-elle, d'être prise.

Après avoir essayé sans succès de plusieurs médicaments, le 22 août, je conseillai le changement de domicile,
et les accès devenant de plus en plus forts et plus fréquents,
au point qu'elle ne pouvait rester dans la maison, ni surtout entrer dans son lit, les parents à bout de fatigue se
décidèrent à la conduire chez un oncle, curé d'une paroisse
voisine.

Là les crises continuent, mais irrégulièrement. Elle est
prise même dans la rue, se jette sur sa mère, sur son oncle,
accuse une grande peur de mourir et se plaint une fois
d'avoir des bêtes qui courent sur son visage.

Son oncle parvient cependant à la dominer en se montrant sévère et impérieux. Il lui ordonne avec force de
cesser ses grimaces, de se taire, de se tenir tranquille et de
s'éveiller lorsqu'il la voit s'endormir, ce qui lui arrive continuellement. L'enfant résiste d'abord, mais finit par se
laisser dompter. Est-ce là de la suggestion ? A cette
époque, on n'en parlait guère. Dans tous les cas jamais
on n'eut recours aux passes et aux préliminaires de
l'hypnotisme.

Peu à peu les crises s'éloignèrent et le 10 septembre on put ramener Pauline chez ses parents. Elle semblait guérie.

A son retour cependant elle eut une petite crise en entrant dans la maison et une plus forte en se couchant.

Trois jours après, on la fit partir pour le Havre, chez une tante, où l'on ne remarqua rien d'anormal pendant plusieurs semaines.

· Revenue chez son père, une crise paraît s'annoncer. Ce dernier la menace de lui jeter un verre d'eau à la figure. Elle se calme, comme elle le faisait chez son oncle, en promettant de ne plus recommencer, et depuis elle n'a plus montré qu'une somnolence invincible accompagnée d'oppression, qui la reprenait tous les soirs et dura encore un mois ou six semaines. Depuis elle paraît complètement guérie.

On évitait ordinairement de lui parler de ses crises et l'on n'a pu se rendre compte si elle en conservait le souvenir. Elle n'en parlait jamais et sa mère croit qu'elle ne se rappelait guère que le début et peut-être la fin de l'accès.

Dans cette observation on peut constater comme chez Louise (Obs. IV), l'action relative de la volonté du sujet sur le commencement et la durée des crises. L'ascendant pris sur la malade par son oncle et par son père eurent un résultat d'autant plus remarquable que chez elle on n'eut *ostensiblement* recours ni aux prières ni aux pèlerinages employés par les autres. Son oncle le curé ne parut jamais croire qu'il pouvait y avoir quelque chose de surnaturel dans l'état de sa nièce. Rien, en effet, n'autorisait cette croyance; mais la conviction du bon prêtre était-elle aussi ferme qu'il s'efforçait de le montrer ? N'a-t-il jamais employé secrètement des pratiques pieuses qu'il n'avouait pas ouvertement, pour rassurer son entourage ? Il me fut impossible de le savoir.

OBSERVATION VIII. — Agathe... — *Maléfice très douteux.* — *Crises hystériformes.* — *Acrobatisme.*

Dans le courant du mois de mai 1875, Agathe... (13 à 14 ans) se trouve accidentellement, avec une de ses sœurs, chez une fille X..., qui jouit dans la ville de la meilleure réputation. On leur offre un verre de vin qu'elles acceptent. Celui d'Agathe vient d'une bouteille à part, qui se trouvant vide, est mise de côté, tandis qu'on en débouche une seconde pour les autres personnes.

Au moment du départ, Agathe remarque que la fille X... lui prend la main et lui fait dans la paume un signe avec son doigt, comme pour la chatouiller. En même temps cette fille lui souffle sur la figure. Agathe en éprouve un léger malaise, auquel elle ne fait pas attention.

Cette scène avait lieu un samedi. Le lundi suivant, vers trois heures, la jeune fille est prise de son premier accès, à la fabrique où elle travaille. Elle fait mille singeries et grimaces et paraît étrangère à tout ce qui se passe autour d'elle. Elle tient les propos les plus grossiers, accable d'injures un jeune parent de la fille X..., et les accuse tous deux de l'avoir mise dans cet état. Puis elle s'arrête et prend des poses extatiques, se roule sur la table où on l'étend, tombe, se relève, remonte, retombe et recommence indéfiniment ce manège sans retrouver sa connaissance.

A sept heures la crise durait encore. On la ramène chez

elle dans le même état. Tout le long de la route, elle n'adresse la parole à personne, marche automatiquement, comme à l'aventure, mais se laisse guider tant bien que mal.

Ce n'est qu'à dix heures du soir qu'elle rentre subitement dans son état normal ; elle ne se souvient de rien.

Pendant une quinzaine, les mêmes accès se renouvellent à la maison une ou deux fois par jour, et durent depuis une demi-heure jusqu'à deux, trois et même sept heures de suite.

Le début s'annonce toujours par un mal de tête, puis les yeux deviennent fixes ou se ferment. Elle paraît s'endormir. Alors elle se met à genoux, récite ses prières, l'Evangile ou le catéchisme, le tout entremêlé de blasphèmes, se traîne sur les genoux, se déshabille, se rhabille, se sauve et court dans la maison; mais toujours elle finit par revenir à l'endroit où le sommeil l'a prise pour se réveiller.

L'aspersion d'eau froide l'exaspère et paraît augmenter la crise. L'eau bénite la réveille subitement une première fois. Plus tard elle parut sans action, aussi bien que l'application des médailles et des autres objets de piété.

Quelques médicaments furent employés sans succès. La valériane coïncida cependant avec une amélioration.

Quinze jours environ après le début de la maladie, les crises ne revenaient plus guère qu'une ou deux fois par semaine. Elles cessèrent même pendant près de trois mois. Mais à la même époque on avait fait dire pour la malade des messes et des prières, auxquelles elle s'unissait avec toute la famille.

Au bout de ces trois mois, les accès recommencèrent moins fréquents et moins longs. On crut remarquer qu'ils étaient liés avec l'apparition des règles. C'est douteux, car ils se produisaient aussi dans l'intervalle des époques, et plusieurs fois la malade prédit dans ses crises le jour et l'heure de ses rechutes.

Lorsque ces crises arrivaient à la fabrique, le parent de la fille X... était toujours l'objet de ses injures et de ses reproches.

De nouvelles prières eurent encore raison de la maladie qui disparut pendant dix-huit mois. — Depuis des crises hystériformes, mais présentant toujours les mêmes caractères d'acrobatisme qu'autrefois, se présentèrent de loin en loin. — Enfin en 1880 la malade avait depuis deux ou trois ans repris son travail et se considérait comme guérie ; mais une phtisie pulmonaire à marche rapide l'emporta quelques temps après.

———

OBSERVATION IX. — Odette... — *Extase et Somnambulisme acrobatique.*

Odette..., âgée de onze ans, sœur de la précédente, fut atteinte de la même maladie, quatre mois environ après Agathe. Elle travaillait dans une autre fabrique que ses sœurs.

Vers la fin d'octobre 1875, après le travail, elle est prise tout à coup de rires inextinguibles et sans cause. On la ramène chez elle, où elle retrouve connaissance ; mais au bout d'une heure, elle recommence.

Elle paraît d'abord s'endormir, puis elle se met tout à coup à agir, sans s'occuper de ce qui se dit ou se fait autour d'elle. Elle prend des poses extatiques, joint les mains, se traîne à genoux, singe sa première Communion, récite ses prières, chante des cantiques, jusqu'à près de minuit.

A cinq heures du matin, elle se relève de nouveau et se met à danser toute nue, à sauter, à frapper les meubles et les murailles, et la crise dure jusqu'à midi. Comme sa sœur, elle n'entend rien de ce qu'on lui dit, et ne se souvient pas de ce qui s'est passé pendant la crise. Le retour à l'état normal se fait subitement et complètement.

Pendant trois mois les accès se renouvellent chaque jour une ou plusieurs fois, même hors de la maison. Une fois elle fut prise à l'église pendant le catéchisme. C'était une semaine environ avant sa première Communion. Elle eut encore une petite crise quelques temps après la cérémonie. Ce fut la dernière.

Ses accès avaient une grande ressemblance avec ceux de sa sœur, et souvent elles étaient prises ensemble. Cependant Odette blasphémait moins. Elle se montrait toujours insensible à l'action de l'eau bénite et des images saintes.

On employa les mêmes moyens thérapeutiques et les mêmes prières, avec le même résultat.

Jamais la maladie ne reparut.

OBSERVATION X. — Gustave M... — *Somnambulisme acrobatique.* — *Convulsions épileptiformes.* — *Mutité périodique.* — *Double condition.*

Le 17 juillet 1875, vers deux heures de l'après-midi, Gustave M..., âgé de onze ans, sortit de la fabrique où il travaillait, et vint se promener, pendant l'heure du repas, dans un bois, qu'il est obligé de traverser pour se rendre chez lui. Il ne rentra pas à l'heure du travail, et le soir on le retrouva couché sur la lisière du bois, près d'un tas de colza, les vêtements souillés de boue, comme s'il s'était roulé et débattu dans une convulsion. Il paraissait endormi.

Son frère le réveille, et il raconte alors qu'il a rencontré dans le bois cinq voyageurs en état d'ivresse, qui lui avaient demandé le chemin pour sortir. L'enfant pris de peur, s'était enfui, et avait remonté le bois en courant, poursuivi par ces individus, qui le frappaient, pour le faire marcher plus vite. Arrivés près de la lisière où il se trouvait, ils l'aidèrent à franchir un fossé, et le laissèrent, pour s'en aller à travers la plaine. A partir de ce moment, il ne se souvient plus de rien.

Qu'y avait-il de vrai dans ce récit ? On ne le sut jamais. Personne dans le pays n'avait rencontré les cinq voyageurs. Etait-ce un conte, un rêve, une hallucination ? L'enfant n'en persista pas moins dans son dire et le soutient encore aujourd'hui avec conviction.

On le ramena à la maison tout tremblant et tellement troublé, qu'il en était, dit sa mère, comme imbécile et paraissait à peine comprendre ce qu'on lui disait.

On le fit marcher, pour le calmer, jusqu'à près de minuit. Il se couche alors et dort tranquillement jusqu'à huit heures du matin.

Réveillé par sa mère, il paraît être à peu près dans le même état que la veille ; mais aux premières paroles qu'on lui adresse, il s'évanouit, et à partir de ce moment il a perdu la parole, et ne s'exprime plus que par signes.

A chaque nouvelle personne qui entre dans la maison, il accuse une grande frayeur et se jette en criant dans les bras de son père ou de sa mère, se débat, se traîne par terre, se fourre sous les lits, se blottit dans les coins, ou s'échappe et court dans la campagne, jusqu'à ce qu'il tombe de lassitude et perde connaissance.

Quelques minutes après, il semble se réveiller, se frotte les yeux, s'étire les membres, et paraît revenir à lui, mais la mutité persiste toujours et son intelligence reste comme enfantine. Il ne reconnaît personne et présente les symptômes caractéristiques que nous avons notés chez nos malades en *condition seconde*. Dans cet état il entend et comprend tout ce qu'on lui dit et répond par signes. Il paraît se plaindre de l'estomac et de la gorge. Il montre que c'est une boule, un *bloc*, comme il le dit plus tard, qui l'empêche de parler. Il coupe avec acharnement des planchettes de bois pour fabriquer des jouets grossiers, avec lesquels il s'amuse, comme le ferait un enfant de cinq ou six ans. Lorsqu'on lui parle de son travail à la fabrique ou qu'on essaye de le raisonner, il semble ne rien comprendre à ce qu'on lui dit.

Quelquefois il prend plaisir à se regarder dans un miroir, dresse deux doigts au-dessus de son front en guise de cornes, et faisant mille grimaces, semble dire qu'il voit le diable dans son image.

Les jours suivants, surviennent des crises convulsives auxquelles j'ai plusieurs fois assisté. Il s'arrête au milieu de ses amusements, porte la main à la tête, paraît s'endormir, tombe et se débat dans des convulsions épileptiformes, du genre de celles que j'ai déjà décrites (Obs. IV), puis il revient à lui et reprend ses amusements où il les a laissés.

Pendant six mois il tomba ainsi de dix à quinze fois par jour, sans jamais retrouver la parole et son intelligence normale. Il frappait souvent à tort et à travers les personnes présentes, surtout les enfants plus jeunes que lui, renversait les meubles, les brisait, et n'obéissait que très difficilement aux observations qu'on lui faisait.

Les nuits étaient tranquilles; cependant il parlait souvent dans son sommeil.

Au bout de six mois, il dit tout à coup : « Mon *bloc* est descendu.» Et à partir de ce moment la parole est revenue; il est dans son état naturel ; mais ne se rappelle de rien de ce qui s'est passé, sauf la scène du début, qu'il raconte en détail. Cependant presque tous les jours, il est encore pris de crises épileptiformes, mais elles durent peu de temps, et dans l'intervalle il retrouve la raison et la parole, sans jamais présenter le coma caractéristique qui termine ordinairement les attaques d'épilepsie. Quelquefois le réveil est incomplet, il reste comme égaré et recommence ses jeux enfantins, s'échappe du côté des bois, ou dans la direction d'une mare où il veut se jeter. Dans ce cas une nouvelle convulsion est nécessaire pour le remettre dans son état normal.

On essaya un jour de le faire tomber dans la mare où il avait plusieurs fois tenté de se jeter. On espérait tirer quelque avantage de ce bain de surprise. Il en sortit furieux, mais nullement amélioré.

L'eau froide, l'eau bénite, l'application des médailles ou des images saintes, les pèlerinages et les prières paraissent sans action immédiate sur lui. Cependant on doit noter que, dans le courant de l'année 1876, où il fit sa première Communion, il passa tout le temps de la retraite préparatoire sans crises, et que cette amélioration persista quelques semaines après. L'année suivante il renouvela sa première Communion dans les mêmes conditions. C'est la troisième fois que nous avons noté cette amélioration manifeste à l'époque de la première Communion.

Peu à peu son état parut s'amender. Les convulsions s'éloignèrent. Il resta quelques fois un mois ou six semaines sans crises, et put même par intervalle reprendre son travail à la fabrique, avec autant de liberté d'esprit qu'avant son accident.

Mais dans le courant d'avril 1877, il est repris plus violemment encore qu'au début. Quoique privé de la parole, tant que le jour dure, il crie, court, se débat, saute, danse, renverse les meubles, frappe les enfants et invente toute espèce de malices pour vexer ou effrayer ses parents.

On est obligé de cacher les allumettes qu'il cherche avec une persistance d'autant plus effrayante qu'il paraît vouloir mettre le feu partout et le figure par ses signes.

Un jour il disparaît, et son père le trouve dans le grenier, la corde au cou, cherchant à se pendre.

Ces manies finissant par devenir inquiétantes, on parle de le mettre dans une maison de fous. L'enfant entend, et par ses signes, demande lui-même à partir. On se résigne à cette extrémité. Il part très content, et le soir même de son arrivée, la parole lui revient avec son intelligence normale. Il se souvient des préparatifs de départ ; mais c'est à peu près tout. Cette récidive avait duré six semaines.

Au bout de cinq jours, il eut encore à l'asile de Quatre-Mares une crise légère, et n'ayant montré pendant trois mois aucune autre trace de folie, on le renvoya à ses parents.

La guérison se maintint pendant plusieurs mois, sans autre symptôme qu'une céphalalgie mensuelle, sans évanouissement.

Au bout de trois ou quatre mois, une nouvelle crise est encore suivie de perte de la parole pendant plusieurs jours. En janvier, février, mars et avril 1878, il a jusqu'à quatre ou cinq accès par jour ; mais sans mutité persistante. — En juin de la même année, à la suite d'un pèlerinage à saint Guillaume d'Allouville, on croit remarquer une amélioration. Les crises s'éloignent de plusieurs semaines. — Enfin au mois de septembre, on change de maison et l'on va habiter une commune voisine, où les accès ne sont ni plus ni moins fréquents.

Le 19 août 1879, nouvelle récidive avec perte de la parole. Comme au début, il s'occupe à faire des jouets. Il organise une voiture avec une chaise cassée, qu'il met sur quatre roues, et s'amuse à traîner des enfants, sans s'occuper de ce qui se passe autour de lui. Souvent il porte la main à la tête et s'interrompt comme frappé par un coup subit, puis il recommence aussitôt.

Au bout de quatre jours, il entend son frère se préparer à sortir pour aller au devant de son père. Il fait signe qu'il veut l'accompagner et on le laisse faire, parce qu'on a remarqué que les longues crises cessaient souvent lorsqu'il sortait de chez lui.

Arrivé à une certaine distance, il tombait ordinairement de nouveau et à son réveil il rentrait dans son état normal. Cette fois-ci, l'attaque se produisit pendant qu'il se préparait à sortir. La parole et la connaissance lui reviennent aussitôt ; mais il ne se souvient de rien, pas même de la voiture qu'il a mis, la veille, plusieurs heures à confectionner. Il ne se rend aucun compte des jours écoulés.

Au mois de mai 1880, nouvelle crise le soir. Au moment de se coucher, il tombe comme une masse, se relève au bout de quelques minutes. Est-ce fini ? lui demande sa mère. Oui, répond-il immédiatement. Depuis il a repris

le travail, même celui de la moisson plus fatigant que celui
de la fabrique. Il n'a été repris qu'à des intervalles très
éloignés; mais en 1882, il n'était pas guéri complètement.
Depuis, il s'est marié ; je l'ai perdu de vue, mais on m'a
assuré qu'il était complètement guéri.

Les trois observations suivantes semblent encore se
rapporter au même ordre de faits. On y verra cependant
survenir un nouvel élément. La névrose y est accompagnée
de phénomènes extérieurs évidemment liés à la maladie ;
mais plus difficiles à expliquer naturellement.

OBSERVATION XI. — Justine... — *Maléfice douteux.* —
Crises hystériformes. — *Somnambulisme acrobatique.* —
Phénomènes extérieurs d'obsession.

Au commencement de 1873, je fus consulté par Justine...,
âgée de vingt et un ans, bien portante et bien réglée
jusque-là, pour un hoquet convulsif et persistant, extrêmement fatigant pour elle et pour son entourage. Ce
hoquet la prenait à chaque instant et durait des heures
entières, le jour et la nuit.

Je fus frappé au premier abord de la ressemblance de ce
hoquet avec celui de Clémence... (Obs. I), que je traitais à
la même époque. Ces deux jeunes filles n'habitaient pas la
même commune. Eloignées de plus de dix kilomètres,
elles ne se connaissaient pas et n'avaient jamais entendu
parler l'une de l'autre.

En novembre 1872, Justine avait été prise d'une toux
creuse, sonore, presque convulsive, qui dura plusieurs
semaines et contre laquelle on n'employa aucun remède. Le

hoquet, accompagné de constriction à la gorge et d'étouffe-ment, *boule hystérique*, (?) avait succédé à cette toux nerveuse et l'avait remplacée.

N'éprouvant aucun soulagement de l'éther, du chloro-forme, de vésicatoires à la région épigastrique, de la noix vomique et d'autres remèdes que je prescrivis pendant plusieurs mois, on va en pèlerinage à Manéglise.

Le soir même la malade est prise d'une crise, pendant laquelle elle perd la conscience de ce qui se passe autour d'elle. C'est la première.

Elle se débat, me dit-on, veut se sauver et présente assez bien les caractères déjà décrits dans les observations pré-cédentes. Pas de convulsions proprement dites ; mais des mouvements violents combinés entre eux et tendant manifestement à un but, celui de sortir de son lit et de s'échapper, de se suspendre aux solives du plafond, de fuir une apparition fantastique. Ses paroles sont incohé-rentes ; mais accusent la frayeur : « Le vois-tu ? l'as-tu vu passer ? » répète-t-elle sans cesse. A la suite, elle se plaint d'une extrême faiblesse. Le même accès se reproduit presque tous les jours. Quand elle reprend connaissance, elle n'a aucun souvenir de ce qui s'est passé. Le hoquet devient continuel.

Après quelques semaines passées dans cet état, les parents de Justine font un nouveau pèlerinage. La malade, restée au logis sous la garde d'une voisine, a pendant l'absence de son père et de sa mère une série de crises ; elle dit voir des bêtes et des fantômes qu'elle ne peut décrire.

Les accès continuent encore les jours suivants, toujours accompagnés du hoquet, et pendant trois mois il se répè-tent deux ou trois fois par jour, avec une durée d'un quart d'heure en moyenne. Les sauts et les gambades du pre-mier accès se renouvellent à chaque crise.

Pendant cette période les habitants de la maison furent à plusieurs reprises réveillés la nuit en sursaut par des bruits étranges, soit dans la cheminée, soit à la porte, comme si la maison se démolissait, ou qu'on vint mettre en pièces de grandes poteries destinées à recevoir l'eau des gouttières. Les enfants se précipitaient effrayés dans la chambre des parents aussi tremblants qu'eux ; mais le matin on ne trouvait aucune trace des dégâts qu'on s'attendait à voir.

L'amélioration de la malade et le calme s'établirent progressivement, à la suite de prières et de neuvaines répétées.

Les parents attribuent le début de cette maladie à un verre de vin qu'un homme se vantant d'être sorcier avait offert à la jeune fille. La nuit suivante elle avait été réveillée en sursaut par une clameur effrayante accompagnée d'un vacarme terrible, comme si une tempête passait en renversant tout auprès de la maison. Quelques jours après la maladie se déclarait.

Au bout de deux ans d'une amélioration qu'on pouvait considérer comme définitive, Justine se maria. La famille avait conservé des relations avec l'individu suspect qu'on n'osait éconduire. Ce dernier du reste paraissait se plaire dans la terreur qu'il inspirait. Il parlait sans cesse de sa science et de son pouvoir : « Si je voulais, disait-il à la jeune femme, je te ferais chanter comme un rossignol ; si je voulais je te ferais venir où je voudrais, etc... »

Justine ne tarda pas à être reprise. Trois mois après son mariage, elle eut une première crise, suivie de plusieurs autres assez rapprochées. Cependant elles cessèrent presque complètement et se réduisirent à de rares syncopes pendant toute la durée de trois grossesses successives. Nous retrouverons la même immanité pendant les grossesses dans une des observations suivantes.

4

Devenue enceinte une quatrième fois, elle eut deux accès assez forts dans les premiers mois, puis elle fut complètement tranquille pendant neuf mois.

Enfin au mois de septembre 1883, les accès revinrent plus intenses et plus rapprochés, toujours avec les mêmes caractères, le même hoquet, les mêmes hallucinations. Justine croit voir à chaque instant près d'elle le fantôme noir de son persécuteur. Elle le voit toujours dans ses crises, et l'on remarque que celles-ci reviennent surtout lorsqu'elle ou son mari se sont rencontrés avec lui.

Toutes ces circonstances et ces coïncidences qu'on pourrait raisonnablement croire entachées d'exagération, ou même forgées de toute pièce dans une imagination surexcitée par les vanteries du compère, ont par elles-mêmes peu d'importance; mais on ne saurait traiter aussi légèrement le retour des phénomènes extérieurs caractérisés par des bruits de piles de bois renversées la nuit dans le grenier et dégringolant jusque dans l'escalier pour venir ébranler la porte qui le ferme. Ces vacarmes, perçus fréquemment par le mari, la mère et d'autres témoins, rien ne pouvait les expliquer, puisqu'au matin on ne trouvait absolument rien de dérangé ; mais ils étaient toujours le signal d'une nouvelle crise pour la malade et pendant les vingt-huit jours de service militaire que fit le mari, ils se répétaient toutes les nuits avec une violence telle que la tante de la jeune femme, couchée près de sa nièce, refusa bientôt de revenir à la maison, à cause de la frayeur qu'elle en éprouvait.

D'autres fois ces tintamares étaient remplacés par des bruits d'ailes comme d'un oiseau captif qui voudrait s'échapper, ou par des cris indéfinissables que la jeune femme parfois entendait seule, et qui étaient aussi souvent perçus par son mari et par d'autres témoins.

Farces de villageois, dira-t-on, roueries d'hystérique, malices de jeune fille ou de femme infidèle ; rien n'autorise à le penser, loin de là, et la persistance de ces phénomènes liés à une maladie inconnue de ces braves gens, et difficile à simuler avec autant de perfection, porte avec soi un gage très important de sa réalité.

Cette femme était-elle véritablement hystérique ? On peut le croire, et cependant dans son état normal, qu'elle reprenait subitement comme les précédentes, elle retrouvait toutes ses facultés et jamais elle n'a présenté le moindre trouble intellectuel en dehors de ses crises. Sa conduite est irréprochable.

OBSERVATION XII et XIII. — Julie N... et sa Mère. — *Convulsions hystériformes. — Hallucinations variées chez la mère et la fille. — Phénomènes extérieurs d'obsession.*

Quelques semaines après le début de sa maladie, la jeune fille qui fait l'objet de l'observation précédente vint me consulter avec une de ses amies, Julie N..., âgée de quatorze ans et demi, que je connais depuis son enfance, et qui pas plus que sa compagne n'avait présenté jusque-là la moindre trace de névrose.

Cette jeune fille était prise, comme Justine, d'un hoquet persistant et très fatigant.

Craignant l'influence contagieuse de l'imitation, je recommandai aux deux amies de cesser toute relation entre elles.

Cette prescription n'étant pas du goût de Julie, je ne la

revis plus, et ce ne fut que plus tard que je pus compléter les renseignements qui vont suivre.

Le vendredi Saint de l'année 1873, un homme (le même que Justine accusait de l'avoir ensorcelée avec un verre de vin) entra dans la boutique tenue par les parents de Julie. Il venait emprunter cinq sous, que la mère lui déposa sur le comptoir ; mais il voulait, disait-il, les recevoir de la main de la jeune fille. Celle-ci répondit simplement à cette galanterie équivoque en lui mettant l'argent dans la main. Au même instant il lui souffla sur la figure. (C'est la troisième fois que nous avons à noter le souffle sur la figure ou dans la bouche au début de cette singulière affection). Julie eut un saisissement désagréable, un malaise passager, et le lendemain à sept heures du matin elle avait une première crise. Elle avait perdu connaissance, ses membres se raidirent, elle se débattait dans une convulsion, dont il est assez difficile de définir la nature, sur les renseignements incomplets qui me furent donnés.

L'accès se répéta plusieurs fois, puis vint le hoquet, qui se transforma bientôt en un véritable bêlement, dont la jeune fille avait quelquefois conscience, mais qui se produisait le plus souvent à son insu et toujours involontairement à la suite de ses convulsions. Elle restait alors dans un état analogue à celui que nous avons décrit sous le nom de somnambulisme, agissant et parlant sans en avoir conscience. Cependant elle conservait le souvenir de ce qui se passait au début et à la fin des crises, quelquefois même pendant toute leur durée ; mais elle affirmait avec énergie qu'elle avait alors parlé et agi contre sa volonté, poussée par une force à laquelle elle ne pouvait résister.

Les crises étaient souvent précédées ou accompagnées de véritables hallucinations. Tantôt c'était un personnage invisible, mais dont elle sentait la présence, qui se jetait sur elle et lui comprimait les tempes de ses deux mains, ou lui serrait la nuque de ses doigts osseux. Elle entendait le bruit de son passage près de son lit, voyait ses rideaux s'agiter, etc... Une autre fois, c'était une flamme qui illuminait la fenêtre au dehors, et comme elle criait au feu, le météore traversait la vitre sous forme d'un globe ardent et disparaissait subitement, tandis que sa mère disait voir une ombre noire se jeter sur elle, la saisir à la gorge et à diverses parties du corps.

Cette dernière finit aussi par avoir comme sa fille des crises moins prononcées, mais non moins bizarres. Elles s'accompagnaient d'une violente céphalalgie, ou d'une douleur dans le flanc gauche, au niveau des fausses côtes, qui persista très longtemps.

Une fois elle vit, dit-elle, distinctement un homme noir qui se tenait devant un meuble, à l'entrée de sa chambre. Prise de frayeur, elle se mit à crier. L'homme se jeta sur elle et lui comprima les tempes comme à sa fille ; mais à ses objurgations, il disparut tout à coup, sans qu'elle sache comment. Sa fille au même instant était prise d'une de ces crises habituelles.

D'autres faits parurent encore assez étranges à ces pauvres gens, par exemple la présence presque journalière de vers et de limaces dans les lits occupés par la mère et la fille.

Je note ce récit sans y attacher une grande importance. Rien n'est plus facile que de lui trouver une explication naturelle ; mais, fidèle à ma résolution de tout dire, je le répète pour ce qu'il vaut.

J'en dirai autant des régiments de poux que Julie vit toute une après midi se promener sur son ouvrage, et qui semblaient naître sous son aiguille. En vain, pour échapper aux sarcasmes d'une voisine, changea-t-elle son travail, le

même phénomène se reproduisit. Ces poux lui parurent
plus gros que des poux ordinaires. Quelques-uns portaient, disait-elle, comme une petite queue d'un millimétre
environ. C'était sans doute l'oviducte des femelles, qui
prend par exception ce développement anormal. Restée
seule, elle jeta au feu cette dégoûtante vermine, en grattant
l'étoffe avec son couteau, et les poux disparurent comme
ils étaient venus, sans qu'elle put s'expliquer le fait.

Pour qui connaît la malice de nos paysans, et les grosses
farces qui se jouent entre eux, il serait facile de trouver
une explication plausible à cette dégoûtante aventure. Ce
n'est qu'avec une grande réserve qu'il faut enregistrer de
pareilles histoires. Si je raconte celle-ci, c'est que d'une
part la bonne foi et la véracité des témoins me paraissent
très complètes, et que de l'autre, liée à un ensemble de faits
qu'on peut difficilement simuler, comme les convulsions,
le hoquet, le tic bizarre qui forçait cette jeune fille à imiter
le bêlement d'un mouton, etc., elle est loin d'être nouvelle
et isolée dans les histoires de sorcellerie. Nous en verrons
d'autres exemples, plusieurs fois répétés, dans l'appendice
que j'ai promis.

Comme dans l'observation précédente, ne trouvant aucun
soulagement des prescriptions de son médecin, la famille
de Julie eut recours aux prières et aux neuvaines avec un
plein et rapide succès.

Guérie une première fois pour quelques mois, la maladie
parut vouloir recommencer, les mêmes moyens l'enrayè-
rent complètement, et depuis trois ans, Julie et sa mère
paraissent définitivement guéries.

Cette dernière eut pourtant à la suite une fièvre typhoïde
très grave, accompagnée d'hémorrhagies intestinales abondantes dont elle a triomphé non sans peine. La douleur au
côté gauche dont j'ai parlé plus haut, et qui n'est certaine-

ment pas ovarienne, seule, persista jusqu'à la fin. Etait-ce un clou hystérique ? C'est très possible.

Quelques temps après, elle mourut diabétique. Julie complètement guérie se maria et devint, mère sans que les phénomènes précédents se soient reproduits.

OBSERVATION XIV et XV. — Ernest... et son Père. — *Maléfice douteux. — Somnambulisme acrobatique. — Double condition. — Hallucinations, etc., chez le père et le fils. — Symptômes extérieurs d'obsession. — Prédictions réalisées. — Guérison.*

En 1875, quinze jours environ avant le mardi gras, le nommé Ernest..., âgé de 13 ans, ouvrier de fabrique, est pris subitement pendant son travail d'un évanouissement avec perte complète de connaissance, sans convulsion, et il reste dans cet état près de trois quarts d'heure. Rapporté chez lui, il ne se rend aucun compte de ce qui s'est passé.

Au bout de quinze jours, il est repris de la même manière, seulement la syncope est suivie de discours incohérents, dans lesquels on croit comprendre qu'il parle d'une femme vêtue de noir, qui tournerait autour de lui, et à laquelle il défend d'approcher. Revenu à lui, il ne conserve aucun souvenir de cette scène et de l'hallucination qui l'accompagnait, il ne sait ce qu'on veut lui dire.

Huit jours après, la même crise se reproduit et l'on remarque bientôt que tous les jeudis, dans l'après-midi, il tombe de la même manière.

Après un mois de crises hebdomadaires, les accès

deviennent quotidiens, et pendant la semaine Sainte, ils sont presque continuels. On est obligé de le garder à la maison.

L'enfant paraît s'endormir ; il se raidit, sans convulsions proprement dites; puis il se met à crier, à chanter des cantiques, des complaintes, et, après son réveil, il ne s'en souvient plus. Il s'interrompt de temps en temps pour chasser plusieurs femmes qu'il croit voir autour de lui, et auxquelles il recommande de ne pas l'approcher de plus de quinze pas. Enfin il se réveille subitement, demande à boire et à manger, boit et mange avidement, et rentre dans son état normal.

Il ne nomme dans ses crises aucune des personnes qu'il croit voir ; mais il les désigne par leurs vêtements, leur habitation, et parle le plus souvent de l'une d'elles qui porte le deuil et demeure dans les environs.

Quelques jours avant le début de son mal, il avait accepté et mangé chez elle une pomme qu'elle lui avait offerte. C'est encore un de ces maléfices que les victimes sont trop portées à voir sans raison dans les actes les plus insignifiants ; cependant cette femme, pour laquelle il est complètement indifférent dans son état normal, est dans ses crises le but principal de ses invectives, il veut la battre, la tuer, s'entoure de pierres pour la lapider quand elle passera ; il arrache des pieux et se précipite chez elle pour enfoncer sa porte et l'étrangler. Entre deux il se livre à toutes sortes de sauts et de gambades. Il grimpe et redescend sur un talus presque à pic, comme le ferait un clown, et souvent ces exercices durent des heures entières. Plusieurs fois en se réveillant il resta complètement aveugle pendant une heure ou deux. La vue lui revient alors progressivement. Il prétend que depuis il a conservé une certaine faiblesse de cet organe.

En même temps que ces choses se passaient, le père, la

mère et une petite bonne habitant la même maison étaient continuellement effrayés par des bruits et des vacarmes extraordinaires. Tantôt c'est un roulement qu'on entend au premier étage, comme si quelqu'un traînait les lits sur le plancher. On monte en courant et l'on trouve tout en ordre, sans la moindre trace de dérangement. Quand on est dans une chambre, le même bruit se produit dans l'autre. On se précipite pour surprendre le mauvais plaisant, toujours invisible, et, pendant qu'on le cherche, le tapage éclate dans l'appartement qu'on vient de quitter.

La nuit on voit et on entend les chaises s'agiter, se balancer, les portes remuer, comme si on voulait les ouvrir, etc.

Il n'y avait dans la maison aucun animal, et ces faits se reproduisaient si souvent, qu'on ne pouvait supposer qu'un chat ou un chien enfermé par mégarde put en être l'auteur.

Presque tous les soirs à la tombée de la nuit, quand la famille montait pour se coucher, on entendait distinctement heurter violemment à la porte de la maison. On se précipitait à la fenêtre, on faisait le guet, on surveillait les alentours, la rue était déserte, et jamais on ne put surprendre l'auteur de ces mauvaises plaisanteries. L'enfant seul voyait parfois quelqu'un arriver et s'enfuir, mais ne pouvait le distinguer suffisamment pour le reconnaître.

Un parent du jeune homme voulut un jour se rendre compte de la cause de tous ces bruits. Il se cacha pendant l'après-midi dans une petite loge placée en face de la maison, et il attendit patiemment. Le soir, à l'heure dite, il entendit un animal rôder autour de la loge, flairer bruyamment à travers les planches et se retirer. Pris de peur, il rentra aussitôt dans la maison. Comme il fermait la porte, bien sûr que personne ne se trouvait dans la rue, les coups ordinaires se firent entendre et le glacèrent d'effroi.

Ce vacarme était ordinairement le signal d'une crise pour l'enfant.

Un jour la mère désolée, le voyant pris dans son lit, jeta sur lui quelques gouttes d'eau bénite. Ernest fit un soubresaut et se réveilla subitement. Au même instant un coup effroyable se fit entendre contre la fenêtre qui occupait la tête de sa couche. Elle était fermée, mais le père, la mère et une voisine témoins du fait crurent qu'elle volait en éclats. Pas une vitre pourtant n'était brisée, seulement le rideau de mousseline, tendu devant la fenêtre, fut soulevé jusqu'au dessus du lit comme poussé par un violent coup de vent. Ernest se rappelle avoir vu le rideau voler au-dessus de sa tête.

On fut tellement impressionné que jamais on n'osa recommencer.

Quelques temps après Pâques, le père fut pris de la même manière que son fils. Comme lui, il criait, parlait, chantait pendant des heures entières, et n'en conservait aucun souvenir.

La même femme qu'accusait le fils revenait sans cesse dans les discours du père et plusieurs fois on fut obligé de le retenir parce qu'il voulait aller la frapper chez elle. Dans leur état normal, ils ne se souvenaient de rien et cette femme leur était très indifférente. Tant que durait la crise ils semblaient complètement étrangers à ce qui se passait autour d'eux. Très souvent ils étaient pris ensemble, et l'on a remarqué que, séparés l'un de l'autre, Ernest semblait être averti de la crise de son père et y faisait allusion dans ses discours.

Pendant une quinzaine le père fut pris plusieurs fois par jour. Dans les trois mois qui suivirent, il n'eut guère que deux ou trois crises par semaine. Enfin il ne lui resta plus qu'un sommeil invincible, qui le reprenait presque tous les jours à la fabrique. Il dormait littéralement debout, et sa vue s'étant en même temps considérablement affaiblie, il fut obligé d'abandonner ce genre de travail. Jamais il ne s'est ressenti depuis de cette bizarre affection.

Sur mon conseil, on fit partir Ernest pour la campagne. On eût recours d'ailleurs à des prières et à des neuvaines, et les crises parurent s'éloigner, mais ne disparurent pas entièrement. A la fin de juin, Ernest tombait encore tous les quinze jours ou toutes les trois semaines. Les phénomènes extérieurs cessèrent aussi vers cette époque.

Mais pendant son séjour à la campagne, le jeune Ernest avait fait la connaissance d'une personne qui lui avait promis la guérison. Le secret, qu'il dit lui être imposé par serment, l'empêche de divulguer les pratiques qui lui furent ordonnées. Toujours est-il qu'à son retour, il parut entretenir avec cette personne une correspondance mystérieuse, qui intrigua beaucoup ses parents ; mais l'enfant jetait au feu les lettres aussitôt lues et n'en communiqua aucune.

Les crises à partir de cette époque prirent un autre caractère. Elles étaient précédées et suivies d'un état particulier dans lequel Ernest, très surexcité, paraissait conserver en partie sa connaissance et son libre arbitre. Dans son état normal il se souvenait imparfaitement de ce qu'il avait dit et fait pendant cette période d'excitation ; c'est du moins l'opinion de ses parents ; mais il évitait d'en parler et ne voulait pas qu'on y fit allusion.

D'après ses réponses, lorsque je l'interrogeai, je suis convaincu qu'il n'en conservait aucun souvenir et qu'il était déjà en *condition seconde*.

Il prétendait alors qu'il avait le pouvoir de faire venir à son gré les personnes qui lui faisaient du mal. Plusieurs fois même il lui arriva de montrer la voisine suspecte, travaillant devant sa porte, ou sortant de chez elle, et de dire:

« Vous verrez qu'elle ne sera pas longue à rentrer. » Effectivement la femme rentrait chez elle, et l'enfant se dirigeant du côté d'une prairie voisine, disait qu'elle allait y venir avec ses compagnes : «Les voilà, s'écriait-il,» et il se mettait à courir comme à leur poursuite, escaladant les meules de foin, les haies et les broussailles, frappant l'air d'un bâton ou d'un instrument très aigu ressemblant à l'alène d'un cordonnier. Les assistants ne voyant que le jeune homme, entendaient distinctement des hurlements, partant de divers points de la prairie, et qui ne pouvaient, disaient-ils, venir de l'enfant.

Une particularité que l'on doit noter encore, c'est que la voisine, accusée principale, venait après chacune de ces courses, passer et repasser devant la maison, la tête enveloppée d'un bandeau, l'accablant d'injures, auxquelles personne ne répondait, suivant la recommandation du guérisseur.

Cette comédie plusieurs fois répétée devant le père, la mère et les voisins, impressionnait tellement les témoins, que le guérisseur, prévenu, défendit au jeune homme de recommencer; mais par ses pratiques, il devait, disait-il, le guérir complètement, sauf une ou deux crises par an, ce qui arriva en effet.

A chaque accès nouveau, Ernest annonçait l'époque de celui qui devait suivre. Ils finissaient généralement par des convulsions ; mais ils s'éloignèrent assez pour que le jeune homme put reprendre ses travaux habituels.

Dans la première période de sa maladie, étant sorti un jour pour promener son petit frère, âgé d'un an, il le rapporta sans connaissance et presque mourant. D'après les détails incomplets qui me furent donnés, je pensai qu'il était dans le coma qui suit d'ordinaire une attaque d'éclampsie.

Vers les dix heures du soir, il parut s'endormir tranquillement, et le lendemain il n'y paraissait plus. Cependant
il lui était resté une véritable paralysie des jambes, qui
fléchissaient lorsqu'on voulait le mettre debout, et restaient
immobiles dans la position qu'on leur donnait. Cet état de
choses dura près d'un an et l'enfant passait ses journées
assis sur une petite chaise, prenant pour tout traitement
une cuillerée d'huile de foie de morue chaque matin.

Au mois de juillet de l'année suivante, Ernest ayant
aperçu, au milieu d'une crise, son jeune frère toujours
paralysé, s'écria : « Pauvre petit Jules ! Est-il assez malheureux, lui aussi, d'être privé de ses jambes ! mais au moins
le dernier jour d'août sera pour lui un bon jour. Il pourra
marcher. »

Les parents, habitués à voir se réaliser les prédictions
qu'il faisait sur lui-même, restèrent persuadés que son
frère marcherait le 31 août.

Cependant ses jambes étaient toujours dans le même
état, et le jour arrivé, il n'y avait guère apparence que la
prédiction put se réaliser. Vingt fois dans la journée, la
mère prit l'innocent, et s'efforçant de le mettre en équilibre, elle voulait à toute force le faire avancer ; mais les
jambes, molles et sans mouvement fléchissaient et se laissaient traîner sur le sol. — « A moins d'un miracle, disait
la mère, il ne marchera pas ; ses jambes sont comme en
caoutchouc. »

Vers huit heures du soir, désespérant de réussir, on avait
replacé l'enfant sur son petit fauteuil, et son frère Ernest
cherchait à l'amuser à travers le dossier d'une chaise qui
lui servait de table. Tout à coup l'enfant se lève de lui-
même, repousse son fauteuil et se met à marcher sans le
moindre soutien. Il n'a jamais cessé depuis, et ne s'est nullement ressenti de cette paralysie momentanée. Son déve-

loppement physique et intellectuel se fit régulièrement sans lui laisser le moindre signe de dégénérescence.

Ernest eut encore une crise, en janvier 1880. La suivante, selon sa prédiction, devait avoir lieu dix huit mois après, au mois de juillet 1881.

Je recommandai aux parents d'éviter pendant cet intervalle de parler au jeune homme de ce qui devait arriver, et, le cas échéant, de me prévenir dès qu'il serait repris.

Je ne sais si ces recommandations furent suivies; mais j'évitai moi-même d'y faire la moindre allusion, et le mois de juillet et d'août se passèrent sans que j'entendisse parler du malade. J'espérais que, dans une si longue période, il aurait eu le temps d'oublier sa prédiction et qu'elle ne se réaliserait pas.

Au mois de septembre, j'eus l'occasion de retourner dans la famille et j'appris alors qu'au mois de juillet, les symptômes d'obsession s'étaient reproduits; mais on ne m'avait pas prévenu, parce que le jeune Ernest avait défendu avec insistance qu'on en reparlât.

Voici ce qui s'était passé. La famille d'Ernest avait encore une fois changé de domicile. Depuis plus d'un an, elle habitait une petite maison au milieu de la ville. Ernest avait retrouvé sa santé habituelle et travaillait en fabrique.

Vers la fin d'avril ou de mai, il apprit par hasard la mort de la personne qui lui avait promis sa guérison. C'était un prêtre qui, au dire de l'enfant, n'avait pas tardé à se repentir de ses agissements et lui avait recommandé de ne confier à personne son nom et ses manœuvres, parce que, disait-il, il avait tellement souffert que jamais il ne voudrait recommencer.

La nouvelle de cette mort impressionna beaucoup Ernest, et depuis ce moment il parut sombre, préoccupé, passa la plus grande partie de son temps libre à l'église et répéta souvent qu'il ne tarderait pas à être repris.

Cette anxiété augmenta encore dans les premiers jours de juillet.

Enfin un jour qu'il était allé voir des parents, en dehors de la ville, surpris par la nuit, il n'osa revenir seul et pria son oncle de l'accompagner.

Ce dernier s'y prêta de bonne grâce ; mais à moitié route, dans un endroit où le chemin s'assombrissait sous de grands arbres, Ernest se vit subitement entouré de fantômes noirs qui semblaient les suivre avec des formes monstrueuses et menaçantes.

L'oncle, saisi de frayeur au récit de son neveu, l'abandonna pour retourner chez lui.

Ernest revint seul, il ne sait trop comment, et pendant qu'il racontait à son père ses aventures, toute la famille entendit distinctement trois énormes coups frappés à la porte de la rue, comme ceux qu'on avait entendus au début de cette maladie. Au même instant Ernest tomba sans connaissance sur le lit de son père, il était repris.

La même scène se reproduisit plusieurs jours de suite et chaque fois Ernest annonçait que c'était la fin et qu'il serait bientôt guéri.

Effectivement, au bout de quelques jours, le même bruit se faisant entendre, le père laissa son fils pour en chercher la cause ; mais Ernest le suivit et dans l'escalier il eut un vomissement tellement fétide que, malgré le soin que l'on prit de laver la place à grande eau, l'odeur en resta plusieurs jours dans toute la maison.

Le malade s'écria aussitôt qu'il était guéri et qu'il n'aurait plus de crises. En effet, jamais il ne fut repris complètement et les autres symptômes d'obsession disparurent du même coup.

Cependant plusieurs fois, il eut encore des accès d'insomnie et quelques pertes de connaissance avec raideur tétanique ; mais à des intervalles très éloignés et généralement les crises étaient de courte durée. Avant et après ces dernières manifestations, son caractère semblait changé, il devenait très susceptible, ne pouvait supporter une observation ; son intelligence même semblait momentanément atteinte. Il avait peine à comprendre ce qu'on lui disait et paraissait distrait et absorbé ; mais il ne tardait pas à rentrer dans son état normal et jamais il n'interrompit son travail.

Depuis il s'est marié et je ne l'ai plus revu ; mais je sais que ses crises ont disparu.

Cette dernière observation, dont certains détails (ceux surtout qui regardent les correspondances d'Ernest avec son guérisseur et les apparitions des prétendues sorcières) auraient eu besoin d'un contrôle plus sévère, reste cependant très remarquable par les symptômes extérieurs d'obsession affirmés par des témoins sérieux, nombreux, désintéressés, voisins ou parents de la famille.

Pour les lecteurs qui douteraient encore de la réalité de ces mouvements et de ces bruits si souvent mêlés aux maladies étranges que nous étudions, j'ajouterai à ces observations celle d'une maison hantée qui pourra jeter quelque jour sur l'origine possible de ces mystérieux phénomènes.

On aura sans doute aussi remarqué la curieuse guérison (prédite plus d'un mois d'avance) d'une paralysie chez un enfant de moins de trois ans, inaccessible à toute suggestion.

J'ai pris pour constater ces deux faits les précautions les plus minutieuses. Je les regarde comme incontestables et je prie le lecteur de les retenir.

OBSERVATION XVI. — *Maison hantée.*

Dans le courant de l'année 1879 ou 80, me trouvant chez un de mes clients à Saint-Jean-de-la-Neuville, près Bolbec, on vint mystérieusement me prier de vouloir bien me rendre chez un voisin qui désirait me consulter. La maison était à *deux pas*, c'est-à-dire à près de trois cents mètres. Je m'y rendis en maugréant.

Je fus reçu par des gens à la mine sérieuse et préoccupée, qui s'étant enfermés avec moi, me racontèrent à voix basse, avec beaucoup de circonlocutions, que la vie n'était pas tenable dans leur maison. Toutes les nuits ils étaient réveillés en sursaut par des coups frappés dans le grenier au-dessus de leur tête. Tantôt isolés et secs, mais retentissants, tantôt prolongés comme si l'on renversait une charge de bois sur le plancher ou dans l'escalier. Rien ne pouvait expliquer ces coups puisque le grenier était absolument vide. Quelquefois il s'y joignait des bruits de pas, comme si quelqu'un montait et descendait. Même dans la journée sous la remise et à l'étable, éloignées d'une trentaine de mètres, le mari, pendant son travail, la femme, en s'occupant de sa vache, avaient entendu les mêmes coups frappés contre les murailles au point de les ébranler. Les bestiaux eux-mêmes témoignaient leur frayeur par leurs bonds ou leur refus d'avancer.

On avait bien prévenu ces braves gens qu'il se passait des choses extraordinaires dans cette maison, que leurs prédécesseurs s'étaient plaints de ces bruits et n'avaient pas voulu renouveler leurs baux, ou les avaient résiliés ; mais les habitants actuels avaient regardé ces histoires comme des contes de bonne femme et s'étaient bien promis de ne pas se laisser effrayer pour si peu.

Au début ils avaient fait le guet, tendu des pièges, fait des remarques pour surprendre le mystificateur ; mais ils

n'avaient rien découvert et voulaient savoir si je ne pourrais pas leur donner de ces faits une explication acceptable
et surtout les *débarrasser*.

Furieux de m'être dérangé pour entendre ces balivernes,
je commençai par me moquer de leur crédulité et je leur
donnai toutes les raisons que l'on répète en pareil cas. Les
rats, les chats, les hiboux, les chiens, les lapins, les bestiaux,
les échos, la transmission de bruits éloignés, un voisin
facétieux, etc. ; mais à toutes ces explications, ils avaient
des réponses pleines de bon sens et la persistance de ces
bruits pendant des années, leur nature spéciale et toujours
la même, malgré le changement des locataires, étaient des
arguments difficiles à résoudre. Je finis par être intrigué
moi-même et je conçus le désir de me rendre compte personnellement de ces faits, en venant passer une nuit ou
deux dans la maison. On accepta ma proposition ; mais en
me recommandant le secret, pour ne pas éloigner les ama-
teurs ; car les malheureux étaient bien décidés à sous-louer
leur ferme pour échapper à cette obsession. Le propriétaire
savait à quoi s'en tenir, puisque tous ses locataires s'étaient
plaints de la même chose, mais il feignait de ne pas y
croire, pour refuser toute concession.

J'avoue que cette reflexion m'ouvrit des horizons nouveaux. La ferme était petite et peu avantageuse. Aucun des
fermiers précédents n'y avait fait fortune ; cette obsession
étrange n'était-elle pas une invention que successivement
ils avaient exploitée pour forcer la main à leur propriétaire
et se tirer d'un mauvais pas ? Je craignis moi-même d'être
la dupe de ces grossières malices et je me gardai bien de
me mêler à cette histoire qui pouvait me couvrir de ridicule. Je me retirai, sans mot dire de mes soupçons et
j'oubliai bien vite des confidences auxquelles je n'attachais
qu'une croyance relative.

Je dus cependant me les rappeler un an ou deux plus tard.

Le 20 mai 1881, j'étais requis par le juge de paix de Bolbec à l'effet de visiter des ossements trouvés enfouis dans une étable, chez un sieur H... à Saint-Jean-de-la-Neuville. Je me transportai immédiatement à l'adresse indiquée, accompagné de M. Lemaréchal, juge de paix, de son greffier et du brigadier de gendarmerie.

Le sieur H... avait succédé au fermier qui s'était plaint à moi et habitait la même maison. Il nous dit tout d'abord que, depuis son entrée dans la ferme, il s'était trouvé en butte aux mêmes vexations que son prédécesseur et les raconta presque dans les mêmes termes.

Le jour même, pendant qu'il sciait du bois sous la remise, on avait frappé à plusieurs reprises de grands coups contre le mur. Il ne s'était même pas dérangé, certain de ne trouver personne. Il s'était habitué à ces bruits, dont, pas plus que ses prédécesseurs, il n'avait pu surprendre l'auteur, et puisque personne dans la maison n'en éprouvait de mal, il supportait ces agaceries en philosophe, sans se casser la tête à pénétrer le mystère.

Une chose pourtant lui avait paru plus extraordinaire. La vache qu'il avait amenée avec lui et qui était d'une douceur et d'une tranquillité à toute épreuve, avait manifesté dès le premier jour une résistance presque invincible à l'entrée de l'étable. On ne lui avait pas cédé ; mais toutes les fois qu'on rentrait l'animal, il était pris d'une terreur folle, en regardant le seuil, et ne le passait jamais qu'à force de coups, en sautant par dessus, au risque de renverser son conducteur. La même peur le saisissait quand on voulait le faire sortir et ce n'était jamais qu'en bondissant qu'il s'élançait dehors.

« Il faut, s'était dit le brave homme, qu'il y ait quelque chose d'enfoui sous ce seuil dont l'odeur trouble ainsi le bétail. » Et un beau jour il résolut de sonder le sol pour s'en assurer.

En relevant la litière qu'il s'étonnait de trouver toujours sèche, il aperçut un trou semblable à un terrier de rat, par où les urines se perdaient sans mouiller le fumier. Un bâton introduit lui révéla une cavité assez large s'enfonçant obliquement en travers de la porte à près d'un mètre de profondeur. Quelques coups de pioche l'eurent bientôt mise à jour, et H... trouva dans le fond des ossements desséchés qu'il recueillit soigneusement pour les montrer à la gendarmerie aussitôt prévenue.

Tels sont les faits qui nous réunissaient dans son domicile. Les ossements me furent présentés et je ne puis mieux faire que de reproduire le certificat que je remis le jour même à M. le Juge de paix :

« . . . .

« Je reconnus d'abord :

« 1° Un os frontal à peu près entier, appartenant évidemment à l'espèce humaine. La suture sagittale, qui sépare les deux pièces de cet os dans la jeunesse, avait presque complètement disparu, ce qui permettait de conclure que le sujet était adulte ;

« 2° Un os pariétal gauche entier, et des fragments du pariétal droit, séparés des os voisins ; signe probable que le squelette n'appartenait pas à un vieillard, chez lequel les os du crâne eussent été plus intimement soudés ;

« 3° Un os occipital, sur lequel on retrouvait encore une mèche de cheveux d'un brun foncé tirant sur le roux et de quelques centimètres de long. La couleur de ces cheveux peut avoir été altérée par le séjour du cadavre dans une terre imprégnée de l'urine des bestiaux, surtout dans la partie qu'occupait la tête du cadavre. La chaux, dont on a cru reconnaître des traces autour du squelette, peut encore avoir modifié cette coloration. L'absence de cheveux blancs confirme cependant l'idée que le sujet enterré était jeune, et leur briéveté fait supposer que c'était plutôt un homme qu'une femme ;

« 4° Un maxillaire inférieur presque entier. Une seule dent restait, la canine du côté gauche qui m'a paru cariée; les incisives n'ont pu être retrouvées : les alvéoles seules attestaient leur existence au moment de la mort ;

« 5° Une clavicule gauche presque entière de 13 centimètres de long, plus courbée qu'elle n'est d'ordinaire chez la femme ;

« 6° Deux fragments des omoplates ;

« 7° Huit à dix vertèbres plus ou moins complètes ;

« 8° Le sacrum passablement altéré ;

« 9° Un os iliaque gauche ne présentant qu'un côté du trou sous-pubien, mais indiquant vaguement la forme ovalaire allongée de cette ouverture, telle qu'elle existe chez l'homme. Le pubis était complètement détruit ;

« 10° Deux humérus, moins la tête, d'une longueur présumée de 30 centimètres ;

« 11° Les cubitus et les radius presque entiers ;

« 12° Quelques os du métacarpe et des doigts ;

« 13° Quelques débris des côtes ;

« 14° Un fémur entier d'une longueur de 43 centimètres, ce qui permet d'assigner à la taille totale de l'individu, d'après les tables dressées par Orfila, en ajoutant quatre centimètres pour l'épaisseur des parties molles, environ un mètre soixante-quatre centimètres.

« D'après ces données je crois pouvoir affirmer :

« 1° Que les débris de squelette qui m'ont été présentés appartenaient à un cadavre humain ;

« 2° Que ce squelette est très probablement celui d'un homme. La taille et la longueur des cheveux, la courbure de la clavicule, le fémur plus droit qu'il ne l'est d'ordinaire chez la femme, sont des preuves très importantes de cette opinion, mais le mauvais état du bassin ne permet pas de l'affirmer d'une manière positive ;

« 3° Que le sujet pouvait avoir de 20 à 30 ans au moment de la mort ;

« 4° Quant à l'époque de cette mort et de l'enfouissement, il est difficile de la préciser. Les causes qui peuvent avancer ou retarder la décomposition d'un corps, dans un terrain à l'abri des intempéries, mais exposé au moins passagèrement aux infiltrations d'urine, sont difficiles à évaluer, et ce n'est qu'avec de grandes réserves qu'on peut assigner une période de 15 à 30 ans comme durée probable de son séjour en cet endroit ;

« 5° Nous n'avons trouvé sur les os aucune trace de coups ayant pu occasionner la mort ; mais leur petit nombre et le mauvais état de leur conservation ne permettent de tirer de ce fait aucune conséquence pour ou contre la probabilité d'un crime ;

« 6° Quant aux particularités qui pourraient servir à la constatation de l'identité, nous ne pouvons fournir d'autres renseignements que la coloration et la longueur des cheveux, la taille et l'âge assez problématique du sujet.

« En foi de quoi, etc....

« Le 20 mai 1881. »

Ces conclusions, que j'avais en partie exposées verbalement séance tenante, permirent de procéder immédiatement à l'enquête, dont voici le résultat :

Une vingtaine d'années avant la funèbre découverte, la ferme en question était occupée par un homme veuf de près de 60 ans, qui l'habitait seul avec sa fille, âgée d'une trentaine d'années.

Cet homme avait un fils qui l'avait quitté depuis long-temps, pour se placer on ne sait où, et qui ne revenait guère au logis paternel que lorsqu'il y était forcé par la misère. Sa vie était irrégulière et ses apparitions, quoique rares, étaient toujours l'occasion de disputes violentes dont les voisins furent plusieurs fois témoins.

Un jour, il arriva selon son habitude, dans un piteux état, demander à son père de nouveaux secours. Il était sans place et sans argent. Le père, fatigué des sacrifices que son fils réclamait sans cesse, le reçut assez mal, et pendant plusieurs jours, ce furent des scènes continuelles dont on entendait le bruit jusque dans la plaine ; mais auxquelles on se gardait bien de se mêler.

Enfin le fils disparut, et le père interrogé dit que le malheureux était retourné au Havre et qu'on ne le verrait plus, qu'il s'était embarqué pour ne plus revenir.

Cette réponse parut suspecte à plusieurs ; mais le père et la fille passaient pour de braves gens, estimés de leurs voisins ; on s'abstint de pousser plus loin les investigations. Cependant un doute défavorable, entretenu par l'air sombre et préoccupé du couple soupçonné, par l'isolement et le mutisme affecté qu'il gardait dans ses relations, pesa toujours sur le père et la fille.

Au bout de deux ans, ils avaient quitté sans raison la ferme qu'ils occupaient pour se retirer à quelques lieues de là, et tous deux étaient morts dans le marasme et l'abandon qu'ils semblaient rechercher avec obstination.

Il ne restait de la famille que des cousins très éloignés qu'on jugea inutile d'interroger, et cette affaire se termina par une ordonnance de non-lieu qu'on pourra retrouver au greffe du tribunal du Havre.

Quant aux phénomènes d'obsession qui avaient été cause de la découverte, il va sans dire que dans aucun rapport il n'en fut fait mention. On se serait couvert de ridicule; mais il reste constant qu'ils ont été affirmés par tous les locataires qui se sont succédé dans l'espace de vingt ans, depuis le départ des deux premiers, jusqu'au jour où, par ordre de la justice, les ossements recueillis furent enterrés dans le cimetière de la paroisse.

Jamais depuis on n'en parla. La maison et l'étable ont retrouvé leur tranquillité, bien qu'on ait négligé de retirer et d'inhumer les deux jambes restées enfouies à la même place.

OBSERVATION XVII. — Madame X... — *Hystérie grave.* — *Perte successive ou simultanée des sens ; Contractures et Paralysies diverses ; Catalepsie; Aliénation; Hémoptysie; Hématurie; Anurie, etc. — Somnambulisme provoqué.*

Mme X... a eu dans sa jeunesse quelques petites attaques de nerfs. Personne cependant dans sa famille n'a montré de prédisposition manifeste aux névroses.

Mariée à 21 ans, elle ne tarda pas à donner des signes non équivoques d'hystérie.

Les grandes crises furent rares au début ; mais, dès la seconde année de son mariage, elle accusait fréquemment de fortes douleurs dans la région occipitale, et perdait subitement connaissance. Elle portait alors constamment ses mains à la nuque, comme pour arracher ce qui la faisait souffrir, et restait ainsi parfois de douze à trente heures sans accomplir aucune des fonctions où l'intelligence et la volonté ont quelque part.

L'année suivante, 1860, des hémoptysies fréquentes et abondantes succédèrent à ces crises nerveuses et les remplacèrent pendant plusieurs années.

En 1864, à la suite d'un accouchement, son intelligence, qui au milieu de toutes ces perturbations paraissait intacte, sembla s'obscurcir. Des manies plus ou moins dangereuses pour elle et pour son entourage nécessitèrent son admission dans un hôpital spécial, où elle demeura une année dans un état inconscient, voisin de l'idiotie. Dans les derniers mois cependant une certaine lucidité se fit dans son esprit, et son mari étant venu la voir, elle parut retrouver subitement sa raison, demanda sa sortie, et depuis lors ne présenta aucun signe d'aliénation. — Cette période a laissé dans l'esprit de Mme X... une lacune, dont elle n'a gardé qu'un vague souvenir, si ce n'est des dernières semaines de son séjour à l'hôpital.

Rentrée chez elle, elle reprit immédiatement ses travaux interrompus, et ses crises ordinaires ne revinrent qu'au bout d'une année environ.

Pendant son séjour à l'hôpital, une luxation de la machoire s'était produite à la suite d'une crise. Les internes et le médecin, habitués à voir sur sa figure une expression d'hébétude qui ne la quittait pas, n'y firent aucune attention, et ce n'est que plusieurs mois après, sur l'observation du mari, qu'on reconnut la lésion; mais ni les internes, ni le médecin en chef ne purent y remédier, et la luxation ne fut réduite que plus tard imparfaitement par le médecin ordinaire de la malade.

Le même accident s'étant reproduit plusieurs fois en l'absence de ce praticien, quelques confrères essayèrent en vain la réduction, qui ne put jamais être faite que par le premier, et plus tard par moi, comme je le raconterai en temps et lieu.

En 1869, la maladie subit encore une autre transformation. La patiente était prise plusieurs fois par mois d'éva-
nouissements passagers, causés par une douleur très vive
dans le flanc gauche. A la suite de ces syncopes, elle se
réveillait le plus souvent avec une contracture d'un ou
plusieurs membres, qui devenaient raides et inflexibles
dans la position où ils avaient été saisis. Les pieds étaient
toujours dans l'extension forcée, les doigts dans la flexion.
La main gauche se portait constamment au niveau de la
fosse iliaque du même côté, et se crispait en pinçant fortement la peau du ventre. On fut obligé de mettre habituellement sur cette région un plastron pour la protéger.

A ces symptômes s'ajoutait souvent la perte de la vue ou
de l'ouïe, quelquefois des deux à la fois, l'impossibilité
d'articuler une parole, ou la contracture des masséters et
des muscles de la déglutition, qui empêchait absolument
la malheureuse d'ouvrir la bouche et d'avaler. D'autres
fois c'était au contraire une luxation subite de la machoire
inférieure qui se produisait.

Mme X... retrouvait cependant sa connaissance, après le
fugace évanouissement qui marquait toujours le début de
la crise, et dont les personnes présentes s'apercevaient à
peine, mais les contractures et les troubles sensoriels per-
sistaient plus ou moins longtemps. Elle trouvait alors le
moyen de correspondre avec son entourage, tantôt par
signe, tantôt par écrit, quand elle conservait la liberté de
son bras droit. Elle put même, un jour qu'elle était étendue
dans une raideur tétanique généralisée, privée de la vue,
de l'ouïe et de la parole, sentir la main d'une domestique
prendre sous son oreiller un porte-monnaie, et le remettre
allégé de quelques menues pièces.

Au début de la maladie, une nouvelle crise, survenant
après un temps variable, rendait à la malade l'intégrité de
ses fonctions. L'électricité avait aussi le pouvoir de resti-

tuer instantanément l'ouïe et la parole. On ne l'essaya pas d'abord pour les autres sens ; mais la vue revint aussi plusieurs fois au moyen d'un verre ou d'un objet brillant tenu quelque temps en face de l'œil.

Cet état dura plusieurs années, et les crises plus ou moins longues, plus ou moins fréquentes, ne cessaient complètement que pendant les grossesses. Cette suppression des accès était tellement subite et sensible que, plusieurs fois, Mme X... put annoncer sa grossesse même avant que la cessation des règles l'en eussent rendue certaine.

Aussitôt après l'accouchement, quelquefois même avant la sortie du placenta, les crises reprenaient leur cours, et chaque fois avec plus d'intensité.

Après le quatrième accouchement, elles devinrent si fréquentes et si longues, que la malade était obligée de porter habituellement un coin de gutta percha entre les machoires, pour éviter leur rapprochement, et permettre, le cas échéant, l'introduction d'une sonde œsophagienne, seul moyen qu'on avait de la nourrir.

A la suite d'une crise plus forte que les autres, on dût l'alimenter ainsi pendant sept semaines consécutives que dura la contracture du pharynx et de l'œsophage.

Un autre accès la priva pendant près d'une année de l'usage de l'œil droit. Elle recouvra la vue subitement à la suite d'une forte crise.

A ces diverses affections se joignaient à intervalles variables d'autres troubles plus sérieux. Plusieurs fois la malade donna des signes de catalepsie incomplète et demeura même pendant quelques heures dans un état très voisin de la léthargie.

D'autres fois, à la constriction du pharynx se joignait un véritable spasme de la glotte. L'inspiration très laborieuse, sonore, sifflante, était suivie d'une expiration un peu plus facile, mais presque aussi bruyante. Une anxiété extrême, avec menace de suffocation, accompagnait cet état qui se prolongeait souvent une demi-heure ou une heure entière.

Lorsque le traitement se faisait attendre, des symptômes d'asphyxie progressive ne tardaient pas à se montrer. Une syncope, une nouvelle crise, ou le plus souvent une hémoptysie abondante mettait subitement fin à ce supplice.

Plus rarement, des douleurs de reins, accompagnées d'hématurie ou d'anurie complète, survenaient sans cause connue, et la malade restait parfois plusieurs jours n'urinant que du sang presque pur, ou cessait d'uriner, sans que le cathétérisme, pratiqué plusieurs jours de suite, put ramener une goutte d'urine.

Le traitement employé contre ces accidents fut d'abord composé de tous les médicaments dits antispasmodiques ou narcotiques. Les opiacés, les solanées vireuses, l'éther, le chloroforme, la valériane, l'asa fœtida et le castoreum, pris à l'intérieur, n'amenèrent aucun soulagement.

Seul le laudanum, à la dose de deux ou trois cuillerées à café, mélangé à de la poudre d'amidon et appliqué directement sur le col utérin parut éloigner les crises; mais sans les faire disparaître entièrement.

Une amélioration passagère suivit aussi la guérison de quelques granulations du col traitées par la cautérisation.

Les injections hypodermiques de morphine et d'atropine (surtout les premières) firent aussi plusieurs fois cesser les crises; mais elles avaient besoin d'être aidées par des inhalations de chloroforme, qui finirent par constituer le principal traitement, tout palliatif du reste, et souvent impuissant.

Le symptôme le plus fréquent des crises était la constriction spasmodique du pharynx et de l'œsophage. Sous l'action du chloroforme, lorsque la malade arrivait à s'endormir, on remarquait d'abord la résolution des membres contracturés ; puis venait le relâchement des muscles de la machoire ; enfin lorsque l'anesthésie était complète, il se produisait comme un mouvement de déglutition à vide et bruyant. C'était le signe du retour à l'état normal. L'ouïe, la vue, la phonation revenaient ordinairement du même coup, et la malade se hâtait de manger et de profiter des quelques heures de répit que lui laissait la maladie, car il se passait peu de jours sans qu'elle fut prise au moins une fois. Heureuse quand le chloroforme, amenant une résolution complète, lui évitait de recourir à la sonde œsophagienne pour s'alimenter.

Quant aux spasmes de la glotte, un seul traitement se montra toujours efficace. C'était la saignée. Dès que la veine était ouverte, la respiration devenait progressivement plus facile, et le retour à l'état normal se faisait ordinairement après l'émission de deux cents à deux cent cinquante grammes de sang. Mais si l'on arrêtait l'écoulement de la veine avant la cessation complète du spasme, il ne tardait pas à se reproduire et ne finissait que par une nouvelle émission sanguine ou une hémoptysie abondante.

L'hématurie, et l'anurie qui lui succédait ordinairement, n'étaient de même combattues utilement que par les ventouses scarifiées appliquées dans la région lombaire ; le succès de ce traitement n'a jamais fait défaut.

Vers la fin de l'année 1873, la malade vint me consulter pour la première fois. Elle était alors dans un état de grossesse avancée, et comme toujours elle n'avait eu aucune crise depuis qu'elle était enceinte. Son état général était excellent. Toutes les fonctions s'accomplissaient normalement.

Elle avait un certain embonpoint, ne paraissait nullement anémique, et de toutes ses souffrances passées il ne lui restait qu'une luxation incomplète du maxillaire qui ramenait les incisives inférieures au niveau des dents supérieures et l'empêchait de fermer complètement la bouche. Depuis la luxation qu'on avait méconnue à l'hôpital, jamais on n'avait pu la réduire entièrement, lorsqu'elle se complétait. Cette difformité donnait à la figure une expression particulière. Il fallait à la malade un effort pour rapprocher les lèvres, et la partie inférieure du visage paraissait allongée. Les mouvements de la mastication se faisaient cependant assez bien, et Mme X..., habituée depuis longtemps à cette infirmité, n'en souffrait en aucune manière.

L'accouchement se fit dans le mois de décembre. Il dura près de soixante douze heures, à cause de la lenteur des douleurs, qui n'amenèrent la dilatation du col qu'au bout de deux jours. Il paraît que dans les couches précédentes pareil phénomène s'était produit.

Dès que la dilatation fut suffisante, on dut recourir au forceps, qui n'amena, après quelques tractions modérées, qu'un enfant mort. La délivrance suivit presque aussitôt, et la présence d'un caillot volumineux adhérent au placenta, dont il recouvrait presque entièrement la surface externe, me fit penser qu'un décollement prématuré, pendant le travail, avait amené la mort de l'enfant, parfaitement constitué du reste et à terme. Les manœuvres, qu'on avait été obligé de faire, n'avaient produit aucune lésion et n'étaient certainement pour rien dans ce résultat.

Quelques instants avant l'application du forceps, une petite crise, dont je ne m'étais pas même aperçu, mais que le mari avait remarquée, avait amené la contracture des masséters et du pharynx. Quelques inhalations de chloroforme en eurent raison comme à l'ordinaire.

Cette absence de crises pendant les grossesses, et leur retour annonçant dans cette circonstance la mort de l'enfant, même avant qu'il soit expulsé, semble extraordinaire. On pense malgré soi aux possédés de Morzine déclarant au médecin de la localité que sa femme n'avait rien à craindre *parce qu'elle était grosse.*

« Ce respect des esprits possesseurs pour la femme *enceinte,* dit M. de Mirville, respect qu'ils disent tous leur être imposé d'*office,* se retrouve souvent dans les procès de sorcellerie, et n'est pas un des traits les moins consolants de la surveillance angélique, qui plane au-dessus de ces horribles libertés et sait les enchaîner. »

Mais dans le cas qui nous occupe les symptômes de l'hystérie pure sont tellement tranchés, la marche de la maladie est si normale, quelque bizarre qu'elle paraisse, qu'en l'absence de phénomènes plus accusés, on ne peut guère s'arrêter à ce fait.

Rien n'est plus commun et plus naturel que l'aggravation, l'amélioration et même la guérison de certaines affections, surtout nerveuses, pendant la grossesse.

La douleur ovarique du côté gauche suffirait presque à elle seule pour trancher le diagnostic. Je dois noter cependant qu'à plusieurs reprises j'ai recherché vainement l'anesthésie localisée, si fréquente chez les hystériques. Je croyais la trouver, à un haut degré, chez une malade présentant à elle seule des phénomènes qu'on n'eut peut-être pas rencontrés sur vingt hystériques choisies parmi les plus profondément atteintes. Mon attente fut trompée. Je n'ai constaté l'insensibilité sur aucune des parties où elle se montre le plus souvent.

Après l'accouchement, la série des crises recommença, et presque tous les jours, souvent plusieurs fois dans la même journée, j'étais appelé pour chloroformer la malade et lui rendre la vue, l'ouïe, la parole ou l'usage de ses membres contracturés; mais surtout la faculté d'avaler, dont

elle ne manquait jamais d'être privée par le moindre
accès.

La contracture des membres inférieurs était particulièrement douloureuse. Lorsqu'elle existait, je commençais
par redresser les pieds, par une pression continue et croissante sur la plante du pied, en maintenant la jambe au
niveau des malléoles. Au bout de quelques instants, le
membre était pris de tremblement, puis il se détendait
tout d'un coup, et la contracture cessait.

Cette pratique avait déjà été employée par le médecin
qui m'avait précédé ; mais jusqu'alors on n'avait pas osé
se servir du même moyen sur les autres membres.

L'extension des doigts de la main était extrêmement
douloureuse. Il semblait qu'on les eut luxés plutôt que
de les redresser. Une circonstance m'obligea cependant
bientôt à tenter l'aventure.

A la suite d'une crise, la malade avait perdu la faculté
d'avaler (ce qui ne manquait jamais), puis l'ouïe, la vue et
la parole. Les bras restant libres, elle avait demandé par
signes de quoi écrire. On lui avait donné un bout
de crayon très court, et prise d'un nouvel accès avant d'en
faire usage, les doigts s'étaient contractés si malheureusement que la pointe du crayon, appuyée fortement dans le
fond de la main, lui causait une vive douleur, et menaçait
même de pénétrer dans les chairs.

Il fallait agir : Je comprimai fortement les muscles de
l'avant-bras pour les engourdir et j'essayai en même temps
de fléchir le poignet pour tendre les extenseurs. Le tremblement ne tarda pas à se manifester, et, après quelques
secousses, la main s'ouvrit subitement. Le coude était resté
rigide ; la compression des muscles du bras fit cesser cette
contracture.

J'enseignai séance tenante au mari le procédé que j'avais
employé, l'engageant à y recourir au besoin ; mais, quelque

force qu'on y mit, ni lui ni d'autres personnes de la maison ne purent réussir ; tandis qu'une pression modérée faite par moi amenait immédiatement le tremblement et la résolution.

Cependant les crises continuaient toujours, et la quantité de chloroforme nécessaire pour amener le sommeil et le mouvement de déglutition final augmentait chaque jour.

L'électricité à courants interrompus avait été employée autrefois pour rendre l'usage des sens, et avait plusieurs fois réussi. Je tentai le même remède, d'abord avec quelque succès. Pour la vue j'appliquais un des électrodes sur chaque œil ou sur les tempes. Dès les premières secousses, un clignottement pénible se produisait, et tout d'un coup, à la suite d'une contraction musculaire plus forte, la malade s'écriait: « J'y vois », et l'on pouvait constater immédiatement la sensibilité de l'iris à la lumière. Pour les oreilles, on plaçait les électrodes sur les deux apophyses mastoïdes ; pour la parole on les mettait de chaque côté du larynx ; mais jamais on ne put ramener la déglutition par l'électricité.

Du reste, ce moyen lui-même ne tarda pas à devenir moins puissant. Il fallait toujours recourir à des doses croissantes de chloroforme.

Étonné du privilège que j'avais seul de faire cesser par une pression légère la contracture des membres, j'essayai un jour de comprimer le cou de chaque côté et en arrière du larynx, pour voir si je ne réussirais pas à rendre de cette manière la déglutition.

Au bout de quelques minutes, la malade se plaignit d'un sommeil invincible, comme si on la chloroformait : « Eh bien, ne résistez pas, lui dis-je, endormez-vous. » Immédiatement la résolution arriva, le mouvement de déglutition caractéristique se fit entendre, et toute contracture cessa ; mais la malade était profondément endormie. J'eus quelque peine à la réveiller en la secouant fortement.

Je crus dès lors avoir tout gagné. J'endormis en effet Mme X... plusieurs fois par le même procédé, et la détente se produisait chaque fois subitement, au grand étonnement des personnes présentes. Je parvins même à rendre de la même manière la vue, en appliquant le pouce et l'index sur les deux yeux, et l'ouïe, en saisissant la tête entre les deux mains.

Chaque fois la malade percevait un frémissement comparable à celui que donnerait un appareil électrique à courants faibles et rapidement interrompus.

Au bout de quelques jours, ce moyen ne tarda pas à s'user. La malade s'endormait ; mais le mouvement de déglutition ne se produisait qu'incomplètement, et finit même par ne pas se montrer du tout. Cependant la compression de la gorge paraissait aider manifestement l'action du chloroforme et l'on arrivait à faire cesser la crise avec une dose beaucoup moins forte du médicament. J'étais toujours seul à produire ce résultat.

Je pensai alors que ces phénomènes pouvaient avoir quelques rapports avec ceux que l'on attribue au magnétisme. Fort ignorant, je l'avoue, dans cet art, je me procurai le manuel du magnétiseur, où je trouvai très peu de renseignements utiles; mais, au milieu de dissertations longues et diffuses sur l'âme universelle, les fluides, le panthéisme, j'appris la manière de faire les passes pour endormir et réveiller le sujet, et je m'y conformai avec plein succès.

Pour l'endormir, le plus souvent il me suffisait de lui prendre les mains et de la regarder fixement. Le frémissement dont j'ai parlé plus haut ne tardait pas à se produire. Je le sentais moi-même jusque dans les avant-bras, accompagné d'une tension involontaire et désagréable des muscles. La malade paraissait ne pouvoir supporter mon regard ; elle détournait les yeux, et se sentait comme invinciblement poussée à les ramener sur moi. Dès que nos regards se rencontraient, elle ressentait une secousse accompagnée d'une inspiration subite, comme un saisissement, et après trois ou quatre soubresauts de ce genre, elle fermait les yeux, les bras raidis par le tremblement initial se détendaient subitement, un masque d'impassibilité se répandait sur sa figure ; elle était endormie. J'éprouvais moi-même alors une dépression comparable à celle qu'on éprouve après un effort prolongé que la fatigue oblige de cesser progressivement. Cette sensation était un soulagement momentané ; mais elle laissait toujours un sentiment de faiblesse et d'énervement très pénible.

D'autres fois j'employais les passes. Etendant les deux mains horizontalement à une certaine distance du front, je les abaissais lentement, en les écartant le long des bras ou du tronc, sans toucher la malade, et les ramenant vers moi comme pour recueillir un fluide ambiant, je repliais les doigts, et je les ouvrais brusquement au niveau du front ou de l'épigastre, comme pour l'en asperger. A chaque passe, elle recevait une secousse, accusée par un soubresaut, et ne tardait pas à s'endormir.

Enfin je suis arrivé plusieurs fois à procurer le sommeil au moyen de l'eau magnétisée. Je tenais pendant quelques minutes un verre d'eau dans les mains et je le lui donnais à boire. Elle trouvait à cette eau un goût désagréable, une odeur de putridité, mais la première fois, quoique ayant perdu la faculté de la déglutition, elle put l'avaler et, à la première gorgée, elle s'endormit. Au troisième essai elle ne put avaler l'eau et le sommeil ne vint pas. Plus tard, je ne pus l'endormir par ce moyen que lorsqu'elle était dans son état normal. N'en éprouvant aucun soulagement, la malade y renonça d'elle-même.

Une fois le sujet endormi, le manuel prétendait que le magnétiseur devait l'interroger, qu'il répondait infailliblement et donnait sur son état et sur le traitement de précieux renseignements.

Je doutais tellement du succès de cette tentative que j'attendis encore quelque temps avant de me décider à lui adresser la parole.

Enfin un beau jour je lui dis, sans la prévenir autrement : « M'entendez-vous ? — Oui, répondit-elle, à ma grande surprise. — Pourquoi donc ne me parliez-vous pas ? — Vous ne m'interrogiez pas, je n'avais rien à dire. »

A ce moment le mari voulut se mêler à la conversation ; mais elle n'entendait pas même le murmure de ses paroles. Elle ne pouvait converser qu'avec son magnétiseur.

J'avais entendu parler de faits semblables ; mais sans y attacher d'importance. Ils étaient complétement nouveaux pour moi. Je doutai longtemps ; je craignais, je l'avoue, une mystification. Nombre de fois pourtant j'ai pu constater la sincérité de la malade et jamais je n'ai pu la prendre en défaut, quels que soient les pièges que je lui aie tendus. Elle distinguait vaguement les bruits de la rue et de la maison, qui s'accompagnaient d'un certain ébranlement ; elle comptait les heures qui sonnaient à l'église et entendait le son des cloches ; lorsque je parlais à une autre personne, elle percevait le bruit de ma voix ; mais ne pouvait comprendre mes paroles que lorsque je la touchais.

Si je m'absentais, la laissant endormie, (ce que j'ai fait une fois pendant trois jours et trois nuits pour éviter des crises,) elle se parlait souvent à elle-même, se levait, s'habillait, faisait sa toilette, se mettait dans son fauteuil ou se recouchait, buvait et mangeait ; mais son mari et les personnes de la maison ne pouvaient correspondre avec elle que par le toucher.

Elle adressait quelquefois en l'air des questions, ou exprimait un désir. Pour lui faire savoir qu'on avait compris, ou pour affirmer ce qu'elle demandait, on lui inclinait la tête de haut en bas, et on l'agitait latéralement pour exprimer une négation.

Généralement je ne l'endormais que lorsqu'elle était en état de crise, c'est-à-dire avec toute son intelligence ; mais privée des sens ou du mouvement. Au bout de quelques jours le magnétisme ne suffisant plus pour la ramener à son état normal, il fallut y joindre le chloroforme en inhalation et bientôt après les injections hypodermiques de morphine, sans préjudice des pansements au laudanum, des ventouses, des saignées, etc.

A mesure que le chloroforme agissait sur la malade préalablement endormie par le magnétisme, les caractères de ce dernier sommeil s'effaçaient peu à peu. Elle finissait par entendre parler les autres personnes, et comprendre ce qu'elles disaient ; mais cette substitution d'un sommeil à l'autre se faisait lentement et progressivement jusqu'à ce qu'elle fut profondément chloroformée. Le même phénomène se produisait au réveil en sens inverse. A mesure que la connaissance revenait, les caractères du sommeil magnétique devenaient plus tranchés, et pour remettre la malade dans son état normal, je devais la réveiller moi-même complètement, sans quoi elle se replongeait dans son état somnambulique.

Il m'est arrivé plusieurs fois d'y être trompé. La malade magnétisée et chloroformée, revenant peu à peu à elle, répondait aux questions de son mari et semblait éveillée. Je m'en allais ; mais l'action chloroformique se dissipant complètement, elle retombait dans le sommeil magnétique et l'on était obligé de me chercher pour la remettre en communication avec le monde extérieur.

Ce fait pourrait faire penser à quelque supercherie de la

malade, qui dans l'ivresse chloroformique oublierait de jouer son rôle. C'est la première idée qui me vint à l'esprit. L'analyse et l'examen attentifs des circonstances concomitantes ne tardèrent pas à me convaincre de la bonne foi de la malade.

D'ailleurs ce phénomène de l'action exclusive du magnétiseur sur la magnétisée, et ce privilège d'être seul entendu par elle sont tellement constants qu'il n'est plus permis de les révoquer en doute. (*)

Une autre particularité, aussi connue du reste, et attestée par tous les magnétiseurs, c'est l'oubli complet de ce qui s'est passé dans le sommeil magnétique.

On remarquera sans doute ce point de ressemblance avec le somnambulisme pathologique ; mais une distinction qu'il faut noter, c'est qu'à l'inverse des somnambules dont nous avons donné quelques observations, la magnétisée se souvenait parfaitement dans son sommeil de ce qui se passait dans son état normal.

J'ai dit, en rapportant l'observation de Clémence (Obs. I), qu'elle semblait animée par deux esprits indépendants et presque étrangers l'un à l'autre : de telle sorte que non seulement Clémence, dans son état normal, ne se souvenait

---

(*) Pour ceux qui douteraient encore, je pourrais citer un fait authentique, où le charlatanisme et la fraude sont encore plus impossibles que dans l'ivresse chloroformique.

Il s'agit d'une jeune fille sourde et muette de naissance, nièce d'un magistrat très distingué de la cour de Rouen, qui, soumise à l'action d'un magnétiseur, put entendre, répéter et *retenir, sur son ordre formel*, les paroles qu'il lui disait. On expliquait à la jeune fille, à son réveil, le sens des mots qu'elle prononçait, et la sourde-muette put ainsi apprendre un certain nombre de phrases usuelles, telles que : Bonjour Monsieur ; Bonjour Madame ; Je vous remercie, etc., et elle les appliquait avec assez d'à-propos, pour donner le change sur son infirmité aux personnes qui ne la connaissaient pas. Malheureusement on ne put pousser bien loin cette *éducation magnétique*, à cause de la surexcitation nerveuse que les séances amenaient chez la patiente.

nullement de ce qui s'était passé dans son sommeil pathologique ; mais qu'en état de somnambulisme, elle paraissait
n'avoir qu'une connaissance très vague de ce qu'elle avait
fait dans son état normal. Elle ne connaissait plus ni ses
parents, ni ses amis.

Au contraire chez Mme X... c'était, en apparence au
moins, toujours la même personnalité. Elle donnait des
détails sur son état, indiquait les précautions à prendre.
La double condition était bien moins tranchée et cependant elle existait, car la magnétisée recommandait par
dessus tout qu'on ne lui parlât pas dans son état normal
des questions qu'on lui adressait pendant son sommeil,
affirmant qu'elle ne consentirait jamais à se laisser endormir, si elle pouvait supposer qu'on abusât ainsi de son
sommeil. Quelle bizarrerie !... N'est-ce que bizarre ?

Pour éveiller Mme X..., au début, je la secouais violemment en lui ordonnant de s'éveiller ; plus tard j'employai
avec économie de temps le moyen donné par mon manuel.

Mettant dos à dos les deux mains, au niveau du front, je
les écartais vivement, comme pour rejeter en dehors le
fluide que j'avais accumulé dans les passes, et, après une
série de mouvements semblables sur tout le corps, la
magnétisée s'étirait les membres et semblait se réveiller
naturellement.

Dès les premières séances je l'avais interrogée sur sa
santé. Depuis son accouchement (environ trois mois), elle
n'avait pas revu ses règles, et rien ne faisait prévoir leur
apparition prochaine. La malade cependant affirmait pendant son sommeil que du 5 au 15 avril suivant elles repa-
raîtraient. C'était les prédire environ trois semaines
d'avance. Deux jours avant leur retour, elle annonça
qu'elles commenceraient à six heures du soir, dureraient
jusqu'à huit, reprendraient à sept heures du matin pendant

un quart d'heure, et l'évènement vérifia la prédiction de point en point, au grand étonnement de la malade elle-même, qui non prévenue ne s'attendait nullement à ce retour.

Elle annonçait de même les crises futures, en prédisait l'heure et la durée, disait en quoi elles consisteraient, marquait la succession des phénomènes, contractures, hémorragies, perte de tel ou tel sens, etc. Elle indiquait les remèdes qu'on devait employer, et dictait même la dose nécessaire pour amener la guérison.

Je dois avouer que ces prédictions, en ce qu'elles annonçaient de mal, étaient rarement en défaut. La crise prédite arrivait à l'heure, avec tout son cortège prévu ; et, quoi qu'on en puisse penser, la plupart de ces affections ne pouvaient ni se prévoir naturellement, ni se simuler. Ainsi la *cécité*, que l'immobilité de l'iris rendait pour ainsi dire tangible à l'insu de la malade, *l'apparition des règles*, *leur durée*, la présence du *sang dans les urines*, leur plus ou moins grande abondance, la *quantité* exacte et la *qualité* de celles qu'on devait retirer au moyen de la sonde. Tous ces phénomènes était prédits avec une précision presque mathématique; mais, en revanche, les annonces de guérison définitive ou temporaire, qu'elle faisait toujours en même temps, ne se vérifiaient jamais complètement, et sa *lucidité* sur ce point était toujours en défaut.

Du reste pour donner au lecteur une idée exacte de son état, je ne puis mieux faire que de raconter *in extenso* quelques-unes de ses journées.

Le 24 mars 1874, étant magnétisée, elle annonce pour le 25, entre deux et trois heures de l'après-midi, une crise plus forte que les autres.

« Je perdrai, dit-elle, la vue, l'ouïe et la déglutition. En même temps il y aura contracture dans tous les membres.

On ne pourra la faire cesser, ni par la compression comme d'habitude, ni en les forçant, ni par le magnétisme. Les jambes et les bras reviendront dans leur état normal, en même temps que les yeux et la déglutition, par le chloroforme. Il en faudra 90 à 100 grammes pour arriver à rendre la vue. En continuant les inhalations, on me rendrait l'ouïe; mais il serait préférable qu'elle ne revînt pas pour que je n'entende rien pendant la léthargie qui doit suivre. Les souffrances, supportables dans l'après-midi, s'exaspèreront vers six heures, et avant huit heures l'oppression (spasme de la glotte) commencera. Il faudra me saigner; rien autre chose ne la ferait cesser. On pourra m'endormir, quand j'aurai retrouvé la vue. Je ne sais si à ce moment je serai plus lucide. Après la crise d'oppression, j'aurai perdu de nouveau la faculté d'avaler et l'on ne pourra me faire rien prendre; mais on devra me faire une injection de morphine à la base du cou pour atténuer la crise. Quand je commencerai à me refroidir, on me mettra des sinapismes aux jambes et sur la poitrine, on m'entourera de bouteilles d'eau chaude, on fera tout au monde pour ranimer la circulation. Je conserverai ma connaissance jusqu'à onze heures; mais à partir de ce moment je ne vois plus rien, c'est le vide, c'est l'ombre, c'est comme la nuit. Le cœur cesse de battre; le sang circule encore, mais si lentement......... Je ne peux pas aller plus loin. »

La malade paraît en effet redouter beaucoup cette léthargie, et elle en craint les suites au point de demander qu'on fasse venir un prêtre dans la maison, en cas de besoin. Lorsque je la presse d'en dire plus long, sa figure se décompose, elle pâlit, la circulation s'affaiblit et se ralentit, elle dit avec effroi : « Ce n'est pas possible..... » Il semble que la crise qu'elle prévoit va commencer.

Le 25 mars, tout se passe comme elle l'a prédit, et à onze heures du soir, la léthargie avec refroidissement, cessation

des battements du cœur et des mouvements respiratoires
se produit, et dure environ cinq minutes ; puis les signes de
la vie reviennent progressivement ; mais la malade est toujours dans l'impossibilité d'avaler. Il faut recourir encore
au magnétisme et au chloroforme pour lui permettre de
prendre quelque nourriture dont elle a grand besoin.

Le 26 au matin, nouvelle crise avec perte de la déglutition. Magnétisme, chloroforme, injection d'un centigramme de chlorhydrate de morphine. La malade enfin
peut manger ; mais à la dernière cuillerée de son potage,
elle est reprise. On recommence. Elle annonce un nouveau
spasme de la glotte qui arrive à l'heure dite. Nouvelle
saignée. « Il faudra, dit-elle, en pratiquer une nouvelle à
deux heures trois quarts, sous peine de voir revenir le
spasme, qu'on ne pourrait alors arrêter et qui se termine-
rait par une hémoptysie plus grave que la saignée. » Elle
insiste et supplie qu'on ne manque pas de la saigner. Elle
pourra manger ensuite et réparer ses forces.

Habitué déjà par expérience au danger qu'il y avait à ne
pas suivre ses indications, je pratique une saignée à deux
heures trois quarts, c'était la troisième depuis vingt quatre
heures ; cependant la faiblesse ne me parut jamais en rapport avec ces pertes de sang répétées. Au bout de quelques
jours, elle avait repris ses couleurs et ses forces.

Mais à la suite de cette crise devait venir, disait-elle, une
ère de santé presque complète. Elle pourrait avoir une
maladie nouvelle ; mais jamais de crises comme les précédentes. Les urines, qui depuis plusieurs jours étaient complètement arrêtées, reviendraient d'elles-mêmes le lendemain soir, ce qui arriva ponctuellement ; mais la période
de santé tant promise et tant désirée se fit attendre encore
longtemps.

Un autre jour, elle avait indiqué la dose d'un demi centigramme de morphine qu'on devait lui injecter près du

cou pour lui rendre infailliblement la déglutition avec
l'aide de quelques gouttes de chloroforme en inhalation.
Dans la matinée j'avais dû injecter déjà deux centigrammes
pour faire cesser une crise. J'hésitais, et sans la prévenir je
n'injectai qu'un quart de centigramme.

Après quelques inhalations, elle fait un demi mouvement
de déglutition, mais ne peut l'achever.

« Vous n'avez pas mis la dose, me dit-elle. Il faut recommencer avec un centigramme entier, ou vous ne réussirez
pas. » Force me fut d'obéir.

Toutes les fois que je voulais résister, des crises plus
fortes ou plus longues, des spasmes de la glotte, des
hémoptysies ne tardaient pas à me punir de mon peu de
confiance. Je devais au contraire plutôt forcer les doses
indiquées, et quand elle parlait d'un quart d'heure d'inhalation, je pouvais compter sur une demi-heure et quelque
fois plus.

Mais ce qui était désespérant, c'était la fréquence de
plus en plus grande des crises, leur tenacité et l'impuissance progressive des moyens et des doses qui avaient
d'abord réussi.

Certains remèdes lui étaient particulièrement odieux, la
sonde, la saignée, les ventouses, les pansements du col
utérin. Je remarquai souvent qu'elle me cachait les symptômes qui les nécessitaient; mais après des essais infruc-
tueux, elle finissait par avouer sa faute. Ainsi un jour
qu'elle n'avait pas uriné depuis soixante-douze heures, elle
m'avoua dans son sommeil que la véritable cause de notre
insuccès était là. Elle ne voulait pas être sondée et avait
défendu à la domestique de nous avertir; mais elle se
sentait forcée de recourir à ce moyen désagréable. On
devait trouver dans la vessie une simple cuillerée de sang
pur; le lendemain matin il n'y aurait encore que deux ou

trois cuillerées d'urine sanguinolente, et le soir un verre
d'urine naturelle, puis on n'aurait plus besoin de la sonde ;
tout rentrerait dans l'état normal. Ces indications suivies
de point en point furent justifiées par l'évènement.

Il est à remarquer cependant que jamais elle n'indiqua
que des remèdes dont elle connaissait déjà les effets par
expérience ; mais elle prétendait avoir une aptitude extraordinaire à juger de leur qualité. Plusieurs fois on fut
obligé de prendre du chloroforme ou de la morphine dans
d'autres pharmacies. Presque toujours elle s'en apercevait
et faisait augmenter ou diminuer les doses, selon le degré
de pureté qu'elle leur attribuait.

L'éther employé plusieurs fois, à la place du chloroforme
qui manquait, eut d'abord une action beaucoup plus
prompte ; mais son usage était fréquemment suivi de
spasmes de la glotte, que la malade savait prévoir. On dut
y renoncer.

Vers le mois d'août de la même année, la contractur. du
pharynx et de l'œsophage, qui caractérisait le plus petit
accès, était devenu telle que l'usage de la sonde œsophagienne était impossible. Sous peine de laisser la malade
mourir de faim, il fallait bon gré malgré obtenir la résolution. J'en étais réduit à passer près d'elle trois ou quatre
heures chaque jour, et souvent je ne réussissais à lui faire
manger un potage qu'après lui avoir rendu successivement
l'usage de ses membres, de ses yeux, de ses oreilles, de sa
langue, lui avoir réduit sa machoire luxée ; puis il fallait
l'endormir par les passes, pratiquer une, deux, trois injections de morphine, au cou ou sur le ventre ; faire un
pansement avec deux ou trois cuillerées à café de laudanum, et par dessus tout conduire une inhalation de deux
ou trois cents grammes de chloroforme. Et cependant la
malade à la fin d'une pareille séance paraissait moins fati-
guée que moi.

C'est vers cette époque qu'en essayant de réduire la luxation de la machoire, comme je le faisais depuis quelque temps, pendant son sommeil magnétique, en pressant simplement les deux masséters entre le pouce et les doigts, tandis que l'autre main refoulait le menton en haut et en arrière, je réussis sans effort à la réduire complètement. La malade, à son réveil, fut tout étonnée de ne plus retrouver sa machoire en demi luxation, comme elle était auparavant.

Au mois d'octobre, harassé de fatigue, obligé de négliger pour une seule malade une partie de ma clientèle, et persuadé du reste que l'usage du magnétisme, auquel j'avais été conduit sans le vouloir, n'avait fait qu'aggraver l'état de la patiente, sans lui procurer le moindre soulagement, je l'avertis qu'il m'était impossible de continuer à lui donner mes soins.

Je provoquai une consultation avec son premier médecin et un autre confrère de la localité. Il fut convenu que la malade irait passer une quinzaine à son pays pour l'éloigner de son magnétiseur.

On exécuta le projet ; mais, au bout de huit jours, mon confrère me télégraphiait pour me supplier de venir près de la malade. Dès son arrivée, elle avait perdu l'usage de la déglutition, l'ouïe et la vue.

Morphine, chloroforme, laudanum, tout avait échoué. L'introduction de la sonde œsophagienne étant elle-même impossible, la malheureuse n'avait pu depuis une semaine avaler une seule goutte d'eau.

On ne pouvait sans barbarie attendre plus longtemps. Au grand étonnement de mon confrère, j'appliquai immédiatement le pouce et l'index sur les deux yeux et au bout de quelques secondes, après le frémissement et le clignottement habituels, la malade voyait et l'iris avait retrouvé sa sensibilité. Je rendis l'ouïe de la même manière, et la malade étant endormie, on lui fit, sur ses propres indications, une injection morphinée à la base du cou, et moyennant l'inhalation de 120 à 130 grammes de chloroforme, elle retrouva la déglutition.

Les jours suivants, le même accès se reproduisit, mais le chloroforme et la morphine en firent justice.

Au bout d'un mois, Mme X..., sensiblement mieux, revint chez elle; mais, malgré ses instances et celles de son mari, je refusai de la voir.

Ce fut alors que ce dernier essaya lui aussi de magnétiser la malade. Ses efforts n'eurent d'abord aucun résultat; mais un jour que, harassé de fatigue, il s'était endormi sur le bord de son lit en lui tenant les mains, il fut réveillé par le frémissement dont j'ai déjà parlé, et faisant aussitôt un grand effort de volonté, il réussit à l'endormir.

Dès lors il put obtenir d'elle les renseignements qu'elle me donnait autrefois, et crut pouvoir diriger lui-même le traitement.

Cependant son influence paraissait moindre que la mienne. Il endormait la patiente plus difficilement et la réveillait avec encore plus de peine. Un beau jour il l'endormit si bien qu'il ne put la réveiller. Force me fut encore de retourner près d'elle pour la ramener à l'état normal, ce que je ne pus obtenir qu'après l'avoir magnétisée moi-même par le procédé ordinaire.

Je recommandai à M. X... avec insistance de cesser toute tentative de magnétisme, et une personne étrangère ayant dit à la malade qu'on la faisait parler pendant son sommeil, celle-ci s'opposa formellement à ce qu'on la magnétisât de nouveau. Elle s'en trouva bien, car les crises devinrent manifestement moins fortes et moins fréquentes, et, une grossesse aidant, elles disparurent complètement.

Après l'accouchement elles revinrent encore à des intervalles assez éloignés : elles la laissèrent cependant dans un état de santé sinon parfait, au moins supportable, et la malade s'en contenta.

Tant que je crus le magnétisme utile à la malade, je l'employai presque à chaque crise ; mais je m'efforçai constamment de suivre les conseils donnés par les théologiens. J'évitais autant que possible les questions indiscrètes et oiseuses qui n'avaient pas de rapport avec la maladie ; mais, dans l'espace de dix mois que dura ce traitement, il était bien difficile de ne pas céder une fois ou deux à la curiosité.

Un jour je m'aperçus, après avoir endormi Mme X...., que j'avais oublié ma seringue de Pravaz, pour les injections de morphine, et je laissai la patiente sans l'éveiller. A mon retour, les personnes présentes me dirent qu'elle m'avait pour ainsi dire suivi dans ma course, haletant plus ou moins fortement, selon que je marchais plus ou moins vite, qu'elle avait signalé mon arrivée chez moi, etc. Sur ma demande elle me dit que j'avais cherché la seringue au rez-de-chaussée, dans la poche de divers vêtements, et que finalement je l'avais trouvée au premier étage dans un paletot brun. C'était la vérité.

Une autre fois je lui fis lire une lettre et un journal en les lui appliquant sur le front. Son mari, lorsqu'il fut parvenu à la magnétiser, répéta la même expérience avec succès, mais au bout de quelques lignes, elle se plaignait d'une telle fatigue que l'on devait cesser.

Enfin dans une autre séance, je venais de la magnétiser, lorsque son mari fut obligé de s'absenter. La sentant préoccupée de ce départ, dont je l'avais prévenue, je lui demandai ce qui le retenait si longtemps : « C'est mon frère, s'écria-t-elle, qui vient d'arriver. »

Elle ne l'attendait pas ; mais ce dernier, officier de marine, ayant obtenu un congé, était venu la surprendre. Elle l'avait reconnu à la distance du premier étage au rez-de-chaussée, sans l'avoir entendu, puisque moi-même je ne pouvais l'entendre et que d'ailleurs, en état de somnambulisme, elle ne percevait que le son de ma voix.

Son frère entra, et sur mon ordre, elle l'embrassa avec effusion ; mais elle ne pouvait l'entendre et c'était pour elle un supplice. Je voulais la réveiller ; mais, craignant que l'émotion n'aggravât la crise, je la consultai :

« Effectivement, dit-elle, j'aurai une nouvelle crise ; mais il faut le faire sortir, et quand je serai réveillée, vous m'apprendrez doucement la nouvelle ; vous le ferez venir ; sa vue me privera de nouveau de la faculté d'avaler. Vous me guérirez avec une injection morphinée et le chloroforme. » Les choses se passèrent ainsi qu'elle l'avait prédit.

Avant de publier cette observation, j'ai voulu la soumettre à M. X... qui prit la peine de corriger lui-même quelques inexactitudes de détail, et m'en affirma la parfaite véracité.

Depuis, malgré les chagrins et les péripéties nombreuses qui traversèrent la vie de la malade, les crises s'éloignèrent de plus en plus ; elles finirent même par disparaître à peu près complètement, et aujourd'hui, après avoir perdu toute sa fortune, Mme X..., par un travail assidu et des plus fatigants, a pu se refaire une confortable aisance.

Ses enfants, dont le dernier a près de 21 ans, n'ont jamais présenté le manque d'équilibre et les troubles profonds qui rendirent si pénible, pendant tant d'années, la vie de leur mère.

L'apparition isolée de cette maladie, dans une famille saine d'ailleurs et nullement dégénérée, est d'autant plus remarquable qu'elle est plus rare. La guérison ne l'est pas moins.

SECONDE PARTIE

LE JUGEMENT DE LA SCIENCE

CHAPITRE PREMIER

Les Variations de la Science moderne

Au siècle dernier, la plupart des médecins et des philosophes, voire même des académiciens, n'eussent pas été embarrassés pour classer ces faits mystérieux. A cette époque, ce qu'on ne pouvait toucher, disséquer, démontrer physiquement, mathématiquement, n'avait guère d'autre réalité que celle des contes inventés à plaisir. L'inexpliqué ne pouvait être que douteux ; l'inexplicable était nécessairement l'absurde. Seuls, de pieux charlatans ou d'infâmes escrocs étaient capables d'inventer de pareilles chimères.

Très humblement persuadés qu'eux seuls savaient voir et juger avec quelque bon sens, presque tous les savants d'alors n'avaient pas assez de mépris pour des témoins dont l'ignorance égalait la simplicité, ou dont la science incontestable s'était laissée surprendre à ces grotesques billevesées. S'ils n'allaient pas toujours jusqu'à parler de mauvaise foi, ils voulaient que ces faits, pour la plupart *indépendants de toute volonté humaine*, fussent répétés devant eux à telle heure, en tel lieu, devant telles personnes, dans des conditions souvent irréalisables. Et si l'on acceptait quand même le défi, le moindre échec dans l'accomplissement de ces *postulata*, la plus petite apparence de fraude ou d'exagération condamnaient non seulement le fait incriminé, mais tous ceux qui de près ou de loin se rapportaient à la même espèce. Qui donc eut osé dire alors que l'auteur principal de ces phénomènes pouvait avoir quelque intérêt à se dérober devant ces investigateurs, trop heureux de pouvoir douter et nier ?

Quelle que soit leur origine, les prodiges des anciens mages, des pythonisses et des prêtres païens se confondaient pour eux avec les fables mythologiques. Les prodiges des gnostiques et des alexandrins n'étaient que des légendes, parmi lesquelles on eut volontiers rangé les miracles du Christ et de ses disciples. Les vieilles histoires de sorcellerie et de possessions, les enfants prophètes du Dauphiné, les sorcières du moyen-âge, les convulsionnaires de Loudun, de Louviers, de Saint-Médard trouvaient juste autant de créance que *Peau d'âne* et que *Barbe bleue*. Quant aux fakirs de l'Inde, aux marabouts arabes, aux devins de tous les pays, ils venaient de bien loin ; ils avaient beau mentir.

Les *esprits forts*, héritiers de Voltaire et des encyclopédistes, avaient crié si haut, que les *esprits faibles* se taisaient, de peur du ridicule, ou même faisaient *chorus*.

Cependant, dès la fin du xviiime siècle, la prétendue invention du *magnétisme animal* avait ému les foules ; mais le *mesmérisme*, étouffé par la déclaration des commissaires royaux, ne put survivre au savant Court de Gébelin, dont un journaliste facétieux annonçait la mort en ces termes : « Monsieur C.... vient de mourir..... guéri par le magnétisme. »

L'arbre magnétisé de Puységur qui détermina presque autant de troubles nerveux que de guérisons; les sujets merveilleux de l'abbé Faria, parmi lesquels un fameux comédien de l'époque joua si bien, tout éveillé, le rôle de somnambule ; les études du général Noizet, de Deleuze, d'A. Bertrand, du baron du Potet et de tant d'autres suscitèrent dans le public des appréciations diverses et contradictoires ; ils ne purent convaincre les savants.

En 1826, Foissac parvint enfin à faire nommer par l'Académie de médecine une commission qui, durant cinq ans, examina les faits. C'était un progrès. Husson, le rapporteur, avait constaté la vision à travers un bandeau opaque et la prévision d'actes de l'organisme plus ou moins éloignés, plus ou moins compliqués, (faits analogues à ceux que j'ai retrouvés chez Ernest... (Obs. XVI) et chez Mme X... (Obs. XVII).

Le rapport parlait encore d'autres phénomènes extraordinaires qui avaient besoin d'être mieux étudiés pour qu'on pût se faire une opinion ; il était contresigné Bourdois de la Motte, président ; Fouquier, Guéneau de Mussy, Guersaut, Itard, Leroux, Marc, Thillaye. D'autres médecins célèbres, parmi lesquels Georget, Rostan, Récamier, avaient déjà reconnu la réalité de ces phénomènes, sans oser, plus que le professeur Husson, sauf Récamier, en chercher l'origine ailleurs que dans « la *psychologie* et l'*histoire naturelle.* »

L'académie ne se rendit pas et n'osa pas voter l'impression du rapport. Dubois (d'Amiens), en le ridiculisant, lui donna le coup de grâce.

Cependant, parmi les aliénistes surtout, quelques savants professeurs, comprenant qu'on ne pouvait nier absolument des faits si souvent observés par des maîtres dont le savoir, le bon sens, la bonne foi et la perspicacité ne faisaient doute pour personne, se hasardèrent à en publier quelques bribes choisies, isolées, mutilées, pour les faire

plus facilement entrer dans leur cadre pathologique.
D'après Calmeil, Esquirol, Brière de Boismont, Michea,
les hallucinations de la folie, les bizarreries et les convulsions des autres névroses (seuls symptômes qu'ils aient à
peu près retenus) suffisaient à tout expliquer.

Avec Braid, dont les expériences sur l'hypnose ne furent
guère connues en France qu'en 1883 ; avec les études pos-
térieures des docteurs Teste et Roth sur le somnambulisme et le corybantisme ; avec les courageuses révélations
de Charcot à la Salpêtrière, le revirement se fit de plus en
plus complet.

Les faits les plus extraordinaires de la haute magie et
des possessions, sauf *quelques détails* que l'on déclarait
apocryphes, furent proclamés véritables. On les reproduisait
à volonté devant le public ébahi. L'hystérie épileptiforme,
l'hystéro-démonopathie, l'hypnotisme, aidés par un entraînement progressif et facile, avait enfin donné la clef de
ces phénomènes.

Liébault et Bernheim de Nancy démontrèrent même
bientôt que la névrose était inutile et que sur cent individus
pris au hasard une quinzaine seulement étaient rebelles à
l'hypnose et à la suggestion, qui supplantèrent dès lors le
magnétisme.

L'hypnotisme et la suggestion, en partie expliqués par
la dynamogénie et l'inhibition de Brown-Séquard, devinrent dès lors les meilleurs chevaux de bataille de l'incrédulité. Non seulement le magnétisme, naguère tant
conspué, fut réhabilité ; mais les mystères antiques, les
diableries du moyen-âge, les possessions anciennes et
modernes, la magie, la thaumaturgie, le spiritisme lui-
même, à peine débarqué d'Amérique, trouvèrent enfin
une explication naturelle. Nous pouvons aujourd'hui tout
admettre, tout croire ; nous possédons la clef de ces mystères. Ce n'est pas autre chose que de l'hypnotisme et de

la suggestion, de la dynamogénie et de l'inhibition. On a mis six mille ans à s'en apercevoir.

Qu'est-ce donc que ces merveilles si puissantes et si cachées ?

Les simples *hypnotiseurs*, encore imbus des vieilles théories de leurs pères, parlent toujours du fluide électrique, éthéré, nerveux, odique, sympathique et universel, dont l'émission et les vibrations exaltent les facultés de l'âme et du cerveau, au point de relier entre elles les personnalités, sans le secours des sens.

Les *anatomistes*, avec Rumpf, Carpenter et plusieurs autres, nous montrent les différents territoires de l'encéphale irrégulièrement arrosés par des vaisseaux, dont les dilatations ou les contractions anormales produisent la cérébration inconsciente (le mot est de Cullerre) et toute espèce de troubles psychiques localisés.

Les *pathologistes*, avec Charcot, accusent les névroses mises en jeu ou surexcitées par des procédés plus ou moins scientifiques. M. A. Maury y ajoute l'action des narcotiques, des anesthésiques, des poisons, etc.

Les *physiologistes*, avec Brown-Séquard, invoquent les actions réflexes.

Les *psychologues* enfin n'y voient que « des songes provoqués par une préparation convenable, dans l'état de sommeil complet ou incomplet ; l'influence du moral sur le physique, de la volonté sur l'économie, de la contemplation prolongée sur le système nerveux, chez des personnes d'une organisation faible et excitable. » (A. Maury). Ou bien ils se contentent du mimétisme, de la distraction, de l'abstraction, du monoïdéisme... « Et voilà pourquoi votre fille est muette. »

Telle est, au moins dans ses grandes lignes, l'histoire des variations officielles des sociétés savantes depuis deux siècles. Les incrédules qui les ont précédées n'ont rien trouvé de mieux et n'ont rien dit de plus. Il est donc inutile de prolonger la liste de ces hypothèses gratuites et de ces pétitions de principes qui, sous le bénéfice de quelques vérités découvertes ou acceptées, cachent à peine leurs sophismes ou leur insuffisance.

Pour donner une idée des différents diagnostics proposés par l'école, nous aurons donc à reprendre successivement ces opinions diverses en les analysant. Nous tâcherons d'en tirer ce qu'elles contiennent de vrai et de bon, sans négliger de faire ressortir les préjugés et les erreurs qu'elles ont conservés ou entretenus.

CHAPITRE SECOND

Négation, Mutilation, Altération des Faits. —
Prétextes invoqués.

Nier les faits ou les altérer, c'est le procédé le plus commode.

Trouverait-on encore aujourd'hui, parmi les savants, quelques-uns de ces négateurs endurcis qui fourmillaient au siècle dernier? Je ne le pense pas. L'hypnotisme, la suggestion et l'inhibition sont désormais acquis à la science. Les phénomènes courants qui les caractérisent, si étranges qu'ils paraissent, sont généralement acceptés, même à l'Académie, et du même coup sont rentrés dans l'histoire tous les faits que l'hypnotisme, la suggestion et l'inhibition semblent expliquer.

Pourquoi donc s'arrêter en si bon chemin? Certes, il fallut un courage peu commun pour braver les sarcasmes et les injures dont on accablait les croyants et les magnétiseurs. Forcer l'attention des savants et des incrédules, c'était un grand succès; les amener à confesser les faits, ce fut une victoire; et nous pardonnons facilement aux premiers combattants la préoccupation qu'ils eurent de ne montrer à leurs adversaires que des faits, en apparence au moins, naturellement explicables. Il fallait ménager cette peur insensée du surnaturel qui les tenait tous; mais une fois lancé, pourquoi s'arrêter court et ne pas s'appliquer à soi-même les arguments si décisifs qu'on opposait aux autres?

« Certains esprits, s'écrie le docteur Bernheim, ont horreur du merveilleux ; ils ont raison *(on se demande pourquoi)*. Mais ils ont tort de considérer comme merveilleux
et de *nier* systématiquement les faits ne concordant pas
avec les conceptions *à priori* de leur cerveau. Les faits sont
inébranlables ; l'interprétation vient après ; si elle fait
défaut, n'accusons pas les faits, mais l'insuffisance de notre
savoir en psychologie et en physiologie. » (Bernheim, *De
la Suggestion*). Ajoutez, cher confrère, en histoire, en philosophie, en théologie, et prenez pour vous la leçon.

Comment, vous écrivez dans votre *Avant-propos :* « Je ne
parlerai dans mon livre ni de la suggestion mentale, ni des
hallucinations pressentiments,» ni, en un mot, on vous
comprend, d'aucun des phénomènes transcendants de
l'hypnotisme. Ce sont des faits pourtant. Et de quel droit
les retranchez-vous ? Ils appartiennent à l'hypnose, ou du
moins se produisent dans cet état; ils peuvent jeter sur
vos théories un jour que vous ne devez pas négliger. Que
penseriez-vous d'un pathologiste qui rejetterait obstinément une partie des symptômes et des complications qui
peuvent survenir dans une maladie ? Croyez-vous qu'il
ferait de cette espèce morbide une description utile ?

Vous ne vous occupez que de « la suggestion verbale, »
soit; mais, si la suggestion verbale vous conduit à d'autres
phénomènes nuisibles à votre malade, à des manifestations
que la morale réprouve, que la religion condamne, votre
conscience sera-t-elle bien à l'aise, parce que vous fermerez
les yeux pour ne pas voir et que vous vous abstiendrez
d'en parler ?

« Les hommes de science, dites-vous (page 154), ont
rejeté tout ce qui était la négation de la raison.» Les hommes de science ont certainement le droit et le devoir de
rejeter « ce qui nie la raison, » ou, pour parler plus correc-
tement, ce qui lui est contraire ; mais ce que notre raison

incomplète et bornée ne peut comprendre et expliquer, ce qui la dépasse en un mot, pourquoi le rejeter ? « Les faits sont inébranlables. » Vous l'avez dit vous-même.

« La science classique, ajoutez-vous, a repoussé ce qui n'était pas de son domaine. » Si par science classique vous entendez la science officielle, vous avez, hélas, trop raison ; les maîtres de nos Facultés ne pensent pas autrement que vous. Nous retrouvons chez eux la même prétention de tout expliquer et le même mépris pour tout ce qui leur semble inexplicable.

Quelques élèves de Charcot, comme le docteur Gibier, ont essayé pourtant de secouer le joug et de pousser les expériences plus loin que le maître ; mais sortis du « domaine assigné à la science, » leur témoignage a perdu toute valeur. Pauvres illuminés, « qui s'imaginent encore voir des convulsionnaires ailleurs que dans les hôpitaux ! » On les enverrait volontiers « à tel endroit... décoré de béquilles abandonnées, où *véritablement*, comme au tombeau du diacre Paris, les paralysies, les ankyloses, les hydropisies guérissent comme par enchantement. » (Dr Paul Regnard). Et pourquoi donc, très honorés confrères, n'y iriez-vous pas vous-mêmes ? Vous pourriez y trouver la condamnation de vos préjugés.

« Le domaine de la science, » de quel droit le restreignez-vous, et de quel droit rejetez-vous d'emblée tout ce qu'arbitrairement vous en avez retranché ? La théologie, la révélation, la mystique ne sont-elles pas aussi des sciences ? supérieures, il est vrai, aux sciences dites naturelles. Rien ne vous force à les étudier ; mais vous n'avez pas le droit de les écarter et de nier leur objet parce que vous ne voulez pas le voir. Votre procédé est léger et ne prouve qu'une chose, c'est que vous ne voulez pas être des savants complets.

« Rien de ce que j'ai vu, dit M. Bernheim, ne me paraît

contraire aux conceptions physiologiques et psychologiques » (page 151). C'est ce que nous examinerons lorsque nous étudierons sa théorie ; mais pourquoi ajouter : « Du merveilleux, tel que lucidité, prévision de l'avenir, vision intérieure, à distance, à travers les corps, l'instinct des remèdes, etc., je n'ai pas besoin de dire que je n'en ai rien vu ? » (page 154). Qu'est-ce que cela prouve, lorsqu'il avoue lui-même ne pas vouloir s'en occuper ? Que penseriez-vous de vos confrères, si, jetant vos livres au feu, ils vous disaient: « De pareils faits sortent évidemment des limites imposées à la science ; nous ne pouvons y croire ; nous ne les verrons pas ? »

Vous répondrez peut-être : « Nous ne nions pas les faits transcendants ; nous les écartons. » Oui, vous écartez ce qui vous gêne. Vous vous pipez, comme aurait dit Montaigne, et vous trompez les autres.

Ah ! ce qui vous tient, vous n'avez pas besoin de le dire, vous le montrez assez, c'est la Foi dont vous avez peur. Je n'ose vous en blâmer ; la plupart d'entre vous se font de la Foi un épouvantail si grotesque !

« La *crédivité*, que les théologiens appellent « la Foi », dit Durand, de Gros, nous est donnée pour que nous puissions *croire sur parole*, sans exiger des preuves rationnelles ou matérielles à l'appui... » (Citation de Bernheim, page 190).

Vraiment, doctes confrères, vous croyez l'homme atteint d'une pareille infirmité !

Les théologiens disent simplement : La Foi est un don de Dieu, mais en même temps un acte de l'intelligence et de la volonté. On ne croit pas sans le vouloir et sans raisons de croire ; si la Foi ne repose pas uniquement sur les preuves rationnelles et intrinsèques de la vérité qu'elle embrasse, lorsque ces preuves existent, elle s'en fortifie et, dans tous les cas, elle ne saurait exister sans la certitude de l'infaillibilité de celui qui affirme et de l'impossibilité pour lui de se tromper et de tromper.

Lorsqu'il s'agit d'un fait matériel, avant de s'imposer, la Foi réclamera toujours les preuves de l'authenticité, de l'intégrité de ce fait, et de la véracité des témoins. Le charbonnier lui-même ne croit pas sans raisons ; il se fie à l'Eglise et au jugement de plus savants que lui. La Foi, disent les théologiens, *sans motifs de crédibilité,* n'est pas raisonnable.

Que veut donc dire Monsieur Durand, quand il se résume dans cette affirmation digne de La Palisse : « En un mot, croire sans la *crédivité* serait aussi difficile que de voir sans la *vue ?*» Qu'est-ce que c'est que la crédivité ?... Une faculté, sans doute, que n'ont pas nos savants.

Voyons donc, en dehors de leur éternel : « Pour moi ceci n'est pas ; — pour moi ceci est faux,» quelles raisons plausibles ils pourront nous donner de leur *incrédivité.* D'un siècle à l'autre elles n'ont pas varié.

Lorsqu'on insiste auprès des incrédules pour avoir les raisons de leur incrédulité, on ne peut guère tirer d'autres prétextes que l'ignorance et la simplicité des témoins, leurs préjugés, leur insuffisance, leur mauvaise foi, la supercherie d'acteurs ou de mystificateurs plus ou moins intéressés. Voyons donc ce que valent toutes ces affirmations.

I. *L'Ignorance et la Simplicité des Témoins.* — Il est certain que bon nombre de témoins invoqués sont loin d'être des savants. Quelques-uns cependant, au point de vue du savoir et de l'intelligence, ne sont pas tant à dédaigner. Bon nombre sont parfaitement capables de comprendre et d'interpréter les faits qu'ils racontent, après les avoir étudiés souvent dans l'intention d'en démontrer l'absurdité. Pourquoi donc rejeter d'emblée leurs récits ou les falsifier?

Quant aux narrateurs moins instruits, lorsqu'il s'agit de faits qui ne relèvent pour la plupart que du témoignage des sens, ce serait encore une grande faute de les écarter systématiquement. Est-il donc besoin d'être académicien pour entendre le bruit qui se fait dans une chambre ou les coups frappés à une porte? pour en chercher l'auteur et constater qu'il est invisible? Faut-il être bachelier pour constater les prédictions ou les visions à distance d'un somnambule et les vérifier? pour mesurer ses sauts et ses gambades? N'y a-t-il au monde qu'un mathématicien ou un géomètre qui puisse marquer la limite et le meuble qu'un prétendu choréique ne pourra toucher sans entrer en crise? Exigerez-vous un physicien et un chimiste pour reconnaître les images, les médailles et les autres objets capables de provoquer ou d'interrompre les accès d'un halluciné? Mais le premier venu, pourvu qu'il soit sain de corps et d'esprit, constatera ces faits aussi bien que le plus savant. Il n'y a rien dans tout cela, et dans bien d'autres phénomènes que nous pourrions citer, qui ne soit exclusivement du domaine des sens, et, dans les cas ordinaires, il n'est pas un médecin qui ne s'en rapporte entièrement au dire des témoins. Pourquoi les récuser lorsqu'ils racontent des faits plus étonnants? On ne les charge pas d'apprécier les faits, de les peser, de les juger, d'en tirer toutes les conséquences; on ne leur demande que de rapporter fidèlement ce qu'ils ont vu et senti. Aux philosophes incombe le devoir de vérifier si les conditions requises par la logique pour qu'on doive croire aux témoins sont remplies.

Or, ces conditions quelles sont-elles? L'intégrité et l'usage normal des sens et de l'esprit; l'absence de raisons qui puissent porter les témoins à mentir; quelquefois la constatation que leur affirmation est contraire à leurs opinions personnelles ou à leurs intérêts; leur unanimité sur le même fait, etc. Nier qu'il soit possible de recueiller un témoignage dans ces conditions, ce serait refuser toute certitude aux sens; affirmer que ces conditions ne se sont jamais rencontrées à propos d'un fait surnaturel, ce serait nier le témoignage humain; dire que le fait est impossible, ce serait invoquer une pétition de principe. Nous n'insisterons pas.

La *simplicité* des témoins, loin d'être une raison de les récuser, est souvent une garantie de leur véracité.

II. *Préjugés des Témoins et des Narrateurs.* — Les préjugés!... Nous ne contestons pas la tendance qu'ont les illettrés et même quelques savants à attribuer aux faits les plus simples des causes occultes et mystérieuses. Qu'il faille se méfier des exagérations, des rapprochements forcés entre des faits parfois très indépendants l'un de l'autre; qu'on évite avec soin le trop fameux sophisme : *Post hoc, ergo propter hoc;* qu'on se tienne en garde contre les illusions qu'une recherche obstinée ou l'attente anxieuse de l'extraordinaire peut donner, rien de plus sage assurément; mais conclure d'une erreur possible, et d'ordinaire si facile à rectifier, au rejet systématique et complet d'une série de faits qui se confirment l'un l'autre avec une telle constance, une telle autorité, c'est dépasser toutes les limites d'un doute raisonnable.

Que l'incrédule essaye donc une bonne fois de se poser en face des faits, avec la ferme volonté de chercher, de trouver, d'embrasser la vérité quelle qu'elle puisse être, et il ne tardera pas à s'apercevoir que les préjugés, tant redoutés et critiqués par lui, ne sont auprès des siens que des fantômes sans consistance. Plût à Dieu que son parti pris de ne rien voir ne fût ni plus tenace, ni plus dangereux ! L'âme ne trouve pas la vérité par la seule force de l'intelligence, mais par la droiture et la sincérité du cœur.

Le plus souvent nous avons trouvé les témoins interrogés par nous très étonnés, embarrassés, surpris par l'explosion de faits dont ils n'avaient jamais entendu parler ; ils ne se doutaient pas pour la plupart que les détails racontés par eux eussent jamais eu leurs analogues ailleurs. Quelques-uns même étaient absolument réfractaires à la pensée d'une intervention surhumaine et, s'obstinant à rechercher des explications naturelles, se moquaient des prières et des pèlerinages, comme de pratiques indignes d'hommes raisonnables. Leurs affirmations cependant étaient identiques.

Combien de savants ne pourrait-on pas citer dont l'incrédulité très sincère fut vaincue par des faits étudiés dans le seul but de les expliquer naturellement ou de les nier ? N'est-ce pas en voulant confondre les partisans du magnétisme animal, que Braid, le père de l'hypnotisme, a découvert ce qu'il y avait de réel dans les faits qu'on lui imputait ?

Les témoignages de pareils hommes sont trop précieux et trop concluants pour qu'on puisse les rejeter à la légère.

III. *L'insuffisance des Témoignages.* — Incontestablement elle existe pour bon nombre de faits qu'on ne saurait admettre, parce qu'ils ne résistent pas au crible d'une sévère critique.

Lorsque les phénomènes du genre de ceux qui nous occupent se présentent dans une famille, le plus souvent ils sont tenus secrets ; leur révélation pourrait nuire à certaines alliances, exciter une curiosité indiscrète et dangereuse, provoquer des plaisanteries malséantes, compromettre les réputations les plus inattaquables ; et, lorsque plus tard on peut en dire quelques mots, c'est encore avec une grande réserve, et sous la condition de respecter l'incognito. Quelle que soit l'autorité du narrateur, il reste pour le public l'unique témoin, le seul juge sans app.1 comme sans contrôle. *Testis unus*, disent les légistes, *testis nullus*. (*) N'est-ce pas notre propre cas et celui de bien d'autres ?

Ce serait une présomption ridicule de vouloir imposer au lecteur une autorité qui ne vaut ni plus ni moins que celle de beaucoup ; mais il aurait tort cependant de nous considérer comme un témoin isolé dans l'espèce.

D'abord, si la réserve qui nous est imposée, et que tout le monde comprend, nous oblige à taire les noms propres et même à changer quelquefois les prénoms. Nous ne redoutons nullement une nouvelle enquête ; nous serions même heureux de guider dans leurs recherches des observateurs sérieux et discrets, et de les mettre directement en rapport avec les personnes capables de les renseigner.

Mais est-ce bien le cas d'invoquer le *Testis unus* ?

Devant un tribunal, lorsqu'il s'agit d'un fait particulier, exposé contradictoirement par deux témoins diversement intéressés, cet axiome peut s'expliquer et présente un sens acceptable ; mais devant l'histoire, si petite que soit la valeur d'un témoin isolé, cette valeur existe et ne saurait être absolument nulle. En certaines circonstances, elle pourrait même acquérir une très réelle importance ; par exemple, lorsque le témoin affirme un fait évidemment contraire à ses convictions ou à ses intérêts. Dans tous les cas, lorsqu'il s'agit d'un fait général comme celui qui nous occupe : Les possessions existent-elles ? le témoin isolé d'un fait particulier n'est plus un témoin unique ; car à son affirmation s'ajoutent naturellement celles de tous les témoins de faits analogues. Et ces derniers sont bien assez

---

(*) Un témoin unique est un témoin nul.

nombreux pour qu'on ne néglige pas de les comparer, de les discuter et de les juger. Plusieurs de ces faits sont devenus publics ; ils ont pu être étudiés et suivis par de nombreux témoins de toute catégorie ; quelle importance dès lors ne donnent-ils pas à ceux qui viennent les confirmer !

IV. *Mensonge* et *Mauvaise Foi*. — Tous les auteurs insistent sur la tendance de certains malades au mensonge et à la tromperie.

« Les hystériques (par exemple) ne désirent qu'une chose, c'est qu'on s'occupe d'elles, qu'on s'intéresse à leurs petites passions, qu'on prenne part à leurs affections ou à leurs colères, qu'on admire leur intelligence ou leur parure. Elles racontent des histoires invraisemblables, mentent effrontément, et quand on les convainc de mensonge, n'en sont pas froissées le moins du monde... Le plus souvent elles forgent toute une série de fables pour tromper la justice. Celle-ci se lacère avec des ciseaux et prétend qu'on lui a fait ces blessures ; cette autre simule la grossesse pour se faire épouser par une personne qu'elle connaît à peine ; cette autre encore a la manie du vol, et, chaque fois qu'elle se trouve dans un magasin, dérobe tout ce qui est à sa portée, accusant le premier individu venu d'avoir commis ce délit. » (Ch. Richet. *Revue des deux Mondes*, Janvier 1880).

Rien n'est plus vrai que ce tableau auquel on pourrait ajouter des traits à l'infini ; mais aussi rien n'est plus certain que la facilité avec laquelle on peut déjouer toutes ces inventions. Dès la première fois qu'on écoute cette série d'histoires enchaînées avec tant d'art, on ne tarde pas à reconnaître des contradictions flagrantes et des détails dont la saine appréciation fait complètement défaut chez le sujet. Les conteuses se laissent prendre aux pièges les plus grossiers, et d'autant plus facilement qu'on paraît les écouter avec plus d'intérêt et de confiance. Tout ce qu'il est permis de conclure de cette impulsion maladive, c'est qu'il faut se méfier surtout des hystériques, et l'on s'en méfie ; mais leurs contes à dormir debout ne sauraient infirmer les témoignages des autres, et d'ailleurs il est rare que ces fables absurdes ne contiennent pas quelques parcelles de vérité que d'autres témoins moins suspects pourront confirmer.

Parler de *mauvaise foi*, c'est un bien gros mot, de la part d'adversaires auxquels on pourrait reprocher tant d'omissions, de mutilations, d'interpolations bien voulues et bien calculées. Nous comprenons, ô libres penseurs, vos corrections intéressées ; elles vous sont nécessaires pour ne pas ébranler vos convictions ; mais nous, déjà croyants, qu'avons-nous besoin de mentir pour justifier notre foi ? Votre incrédulité vous est chère parce qu'elle est commode ; notre foi n'est pas moins gênante pour nous que pour les autres ; dans plus d'une occasion, nous ne serions pas fâchés de pouvoir douter comme vous. Et vous nous croyez assez simples pour nous imposer au prix d'un mensonge une servitude aussi dure ! Allons donc, vous ne le pensez pas.

Notre foi, c'est la garantie de notre loyauté ; car, vous ne l'ignorez pas, elle repousse et condamne le mensonge même pour sa défense, même pour éviter un mal, même pour procurer un bien ! Quel serait notre but, notre intérêt, notre espérance, en essayant de vous tromper ? L'espoir d'une conversion ? Hélas ! il serait bien fragile, bien incertain, bien mal servi, convenez-en. Et nous pécherions pour cela !... Allons, si vous voulez qu'on croie à votre intelligence, ayez au moins la charité de ne pas douter de la nôtre.

Mais nous ne sommes pas au bout de vos préjugés. La bonne foi naïve des fidèles, vous l'admettez peut-être ;

vous en avez pitié ; mais celle du clergé, des prêtres et des moines, qui vivent, dites-vous, de la foi des autres, vous n'y croyez pas. Que pourrait-il sortir de leur hypocrite ambition, de leur soif ardente du bien-être et de la domination, sinon la fraude et la supercherie leurs plus fermes appuis? Telles sont les arrière-pensées de beaucoup d'entre vous.

Descendons jusque-là.

V. *Fraudes, Supercheries, Charlatanisme.* — Fourberies des prêtres et des dévots ! Avez-vous réfléchi aux périls et aux difficultés que ces mystificateurs imprudents trouveraient sur leur route? à la quantité de comparses, de confidents, d'ennemis déclarés, d'amis dangereux qu'il faudrait réunir et gagner, pour s'exposer en fin de compte aux plus scandaleuses révélations ? Pas un homme de bon sens ne voudra s'arrêter un instant à cette supposition absurde autant qu'impie.

Nous avons assisté nous-même aux hésitations de l'autorité ecclésiastique ; nous avons suivi ses enquêtes au sujet de Clémence... (Obs. I) ; nous avons apprécié ses doutes, sa prudence, sa lenteur que nous trouvions exagérée. Dans un autre cas particulier, lorsqu'au bout de dix ans d'études et d'épreuves, on se décida à recourir aux exorcismes, nous avons vu l'évêque proposer cette charge aux prêtres les instruits et les plus pieux de son diocèse, et ceux-ci s'en renvoyer humblement l'honneur les uns aux autres, jusqu'à ce qu'un ordre formel eut enfin tranché la question. Trois médecins des hôpitaux, dont deux étaient professeurs, furent officiellement invités à donner leur avis et à suivre les exorcismes; plusieurs prêtres du diocèse, un évêque, trois religieux de divers ordres, huit ou dix religieuses de maisons différentes, quelques personnes notables y prirent part ou y furent admises pour divers motifs. D'autres, parents ou non de la malade, eurent connaissance du fait et en suivirent extérieurement l'évolution.

Se figure-t-on la supercherie possible dans un pareil cas ? A-t-on calculé le travail qu'une rouerie de cette nature eut imposé à ses inventeurs ? Et dans quel but ? Tout fut secret, et, comme toujours, les assistants et les personnes conviées furent astreints à la plus sévère discrétion. La réputation de l'exorcisée en dépendait ; or, dans les œuvres de l'Eglise, la charité et l'humilité primeront toujours les intérêts de gloire, de propagande et de publicité.

Rien n'est plus facile, nous en convenons, que de simuler les phénomènes qui nous occupent. Ils ont envahi les théâtres, les places publiques, les foires et les salons ; mais dans la plupart de ces exhibitions, les prétendus magiciens ne font nul mystère de leurs jongleries ; nous les voyons même souvent dévoiler au public, non sans quelque malice, les passe-passe de leurs confrères.

Que l'on puisse, au moyen de trucs, de compères, de tours d'adresse ou de physique, imiter la double vue, la divination des pensées, la danse des tables et bien d'autres merveilles, personne ne le conteste. S'en suit-il que les phénomènes *imités* n'existent pas ? En fait, toutes ces supercheries facilement soupçonnées sont tout aussi facilement avouées et déjouées.

En dehors des exhibitions publiques, toujours plus que suspectes, par les préparatifs qu'elles nécessitent et l'argent qu'elles rapportent, la fraude est rarement admissible. Ces affections étranges sont presque toujours la cause d'une grande gène dans les familles. Elles occasionnent des frais relativement considérables et l'on ne voit pas le bénéfice qu'elles pourraient procurer. Elles sont généralement cachées comme une honte.

Quant aux sujets eux-mêmes, ils peuvent se prêter, cela

va sans dire, à toutes les tromperies; mais ces grosses malices sont-elles donc si difficiles à reconnaître ? Un malade peut très naturellement faire la bête, bêler comme un mouton, aboyer comme un chien, chanter comme un coq, simuler le sommeil, le somnambulisme, la catalepsie, l'acrobatisme, l'anesthésie des sens et de la peau ; il peut même profiter d'une anesthésie naturelle et d'autres symptômes morbides pour en imposer; mais on est loin d'être désarmé contre ces fraudes grossières, et sans parler des mille petites ruses connues pour les surveiller, les surprendre, les percer à jour, il existe de nombreux phénomènes physiologiques ou pathologiques qui échappent à la conscience et à la volonté, et dont l'absence ou la présence mettra l'observateur sur ses gardes. Notons le tremblement musculaire dans la catalepsie feinte, les mouvements de l'iris dans la cécité simulée, l'accélération du pouls et des mouvements respiratoires dans l'acrobatisme non maladif, etc. La boîte de Flees et d'autres appareils de physique fréquemment employés pour confondre les simulateurs ont plutôt démontré la bonne foi des sujets que leur fourberie.

Celle-ci fut-elle prouvée, l'observateur devrait encore se prémunir contre un jugement précipité. Il en est parmi ces malades qui font parade de leurs bizarreries, et quelques-uns sachant combien sont inconstants les phénomènes qu'ils veulent montrer, n'hésitent pas à corriger par des fourberies les caprices de leur état. Pris en flagrant délit de mensonge sur un point. on s'imagine que tout chez eux n'est qu'imposture et l'on peut se tromper.

D'autres se posent en charlatans et mêlent à leurs tours facilement déjoués de vrais prestiges naturellement inexplicables.

Double cause d'erreur dont il faut se méfier et qu'on n'évitera qu'en laissant de côté tout parti pris, tout préjugé. C'est demander beaucoup.

Enfin souvent, des phénomènes extérieurs, étrangers au malade, indépendants de sa volonté, quoique liés à son état, viendront jeter un nouveau jour sur les symptômes qu'il éprouve ; mais, pour en tirer la lumière, il ne faudrait pas les rejeter et les supprimer, sous prétexte qu'ils sont inexplicables et ridicules.

Il y a donc certains faits qui ne peuvent être expliqués ni par la fraude, ni par la supercherie, ni par le charlatanisme, et contre lesquels on ne peut invoquer, ni l'ignorance et la simplicité des témoins, ni l'insuffisance des témoignages, ni les préjugés, ni le mensonge, ni la mauvaise foi.

Concluons que les médecins qui espèrent se tirer d'un diagnostic difficile, en niant ou en altérant les faits, n'ont aucune raison valable pour justifier leur conduite.

Voyons cependant quelles explications ces mutilations leur permettront de nous donner. Tâchons de bien comprendre et de juger enfin les solutions qu'ils nous proposent.

CHAPITRE TROISIÈME

Maladies multiples et simultanées

Si l'on essaye de raconter à des médecins quelques-uns de ces faits étranges qui nous occupent, on ne dira pas vingt mots sans être interrompu : « Ces faits-là sont connus ; c'est classique ; vous en trouverez bien d'autres dans la science. » Et chacun de chercher, dans sa tête ou dans ses auteurs, des faits analogues et souvent même plus extraordinaires : « Tel somnambule, telle hystérique, tel fou, tel choréique faisaient bien plus fort. Ne connaissez-vous pas l'ivresse du haschisch, de la belladone, de l'opium, de la mandragore ? Dans le simple rêve, dans l'hypnotisme et même dans l'état normal, on vous citera des originaux, des abstraits, des distraits, des suggestionnés, dont les actes ne sont pas moins curieux que ceux que vous racontez. »

Le fait est qu'il y a de tout dans ces singulières affections. Symptômes d'hystérie, d'épilepsie, de chorée, de folie.... Le médecin hésite et la multiplicité de ses diagnostics accuse l'embarras et le vague de son esprit. La plupart se contentent de cet à peu près. Ils connaissent les convulsions des épileptiques, les hallucinations des fous, les troubles psychiques des empoisonnés, des ivrognes et même des hommes sains ; ils ont vu des somnambules danser, sauter, cabrioler, des hystériques se livrer automatiquement à des actes plus ou moins ordonnés, faire des discours,

tomber en extase ; ils vous citeront même d'autres symptômes d'une explication plus difficile, admis par les
auteurs, non sans hésitation, mais attribués, *en désespoir
de cause*, aux maladies les plus diverses.

On ne dira pas que les différents sujets de nos observations étaient des fous, des hystériques ou des épileptiques;
ils seront à la fois tout cela. L'épilepsie, l'hystérie, la folie
pouvant expliquer séparément quelques-uns de ces phénomènes, on ne voit pas la nécessité d'en rechercher une
autre cause.

Ce procédé n'est pas scientifique et pratiquement n'est
pas sérieux.

Quelques auteurs ont admis, il est vrai, la coexistence et
la combinaison exceptionnelles de plusieurs maladies chez
le même individu. Ces faits sont rares, s'ils existent, et la
science affirme au contraire tous les jours des distinctions
plus radicales entre les différentes espèces morbides.

Expliquons-nous par un exemple. Le docteur Briquet a
écrit : « Dans l'hystérie épileptiforme il peut se présenter
trois cas : Tantôt la femme est primitivement hystérique,
puis elle est atteinte d'épilepsie ; tantôt cette dernière
maladie est la première en date ; enfin quelquefois, mais
plus rarement, les deux maladies apparaissent ensemble.
Dans les deux premiers cas, les malades auront des accès
distincts, tantôt d'hystérie, tantôt d'épilepsie, et il est
évident qu'alors ils seront atteints des deux névroses qui
coexisteront l'une à côté de l'autre ; c'est seulement dans
le troisième cas qu'on aura affaire à l'hystérie épileptiforme
véritable. » (Briquet, *Traité clinique et thérapeutique de
l'hystérie*).

En réalité, l'épithète d'épileptique ne sert ici, dans la
plupart des cas, qu'à caractériser la forme de la maladie,
et les convulsions épileptiformes chez des malades pourvus

d'ailleurs de tous les stigmates caractéristiques de l'hystérie, ne les feront jamais considérer comme épileptiques ; pas plus que les hallucinations du début de la crise et les troubles psychiques qui la terminent ne les feront confondre avec les fous. L'aliénation en ce cas sera symptomatique de l'hystérie et présentera des caractères spéciaux qui la distingueront de l'aliénation de la folie. Le pronostic lui-même sera très différent.

Dans le diagnostic d'une maladie, il ne faut pas seulement tenir compte d'un symptôme, ou même d'une série de symptômes. Tous les éléments constitutifs de l'espèce morbide, les causes prédisposantes ou occasionnelles, le début, la marche et l'agencement des symptômes, leurs caractères particuliers, la terminaison de la maladie, l'action même de telle médication, de tel médicament doivent entrer en ligne de compte.

Qu'on ne vienne donc pas nous dire que Clémence, par exemple (Obs. I.) était épileptique, quand elle avait ses contractures et ses convulsions ; qu'elle était hystérique, lorsqu'elle se livrait à ses grands mouvements et à ses attitudes passionnelles en face des images et du crucifix ; qu'elle était folle dans ses impulsions au suicide, ou choréique par ses danses, ses sauts et son hoquet nerveux.

Ce n'est pas tel symptôme ou tel phénomène isolé qu'il s'agit d'expliquer, c'est l'ensemble complet de tous les éléments qui constituent cet état très complexe. Telle maladie, dites-vous, donnerait la raison de tel ou tel symptôme ; mais comment se fait-il que les autres caractères essentiels de cette maladie fassent défaut, et qu'il s'en trouve d'autres qui ne lui appartiennent pas ?

Nous ne saurions donc accepter l'explication de ce mélange et de cette confusion baroque des espèces morbides, et nous montrerons tout à l'heure, en passant en revue ces diverses maladies, que fussent-elles toutes réunies, elles seraient encore insuffisantes à donner la clef du mystère.

Les névroses seules ayant quelques rapports avec les faits qui nous cccupent, c'est dans cette classe principalement que nous devons en rechercher l'origine.

Nous écarterons tout d'abord les espèces morbides dont les symptômes et la marche diffèrent tellement des phénomènes précités qu'elles ne peuvent être invoquées comme élément ou comme cause dans leur manifestation. Telles sont la démence, la paralysie générale, le tétanos, l'éclampsie, l'ataxie locomotrice, etc.

Mais nous retiendrons les empoisonnements, la folie, l'hystérie, l'épilepsie, l'hypocondrie, la chorée simple, la catalepsie, le somnambulisme, la grande chorée, qui s'en rapprochent davantage par les convulsions ou par l'aliénation mentale qui les caractérisent.

Puis abordant enfin la grande question de l'hypnotisme et de la suggestion, nous étudierons à fond leurs causes, leurs effets et les explications les plus en vogue.

Nous aurons ainsi passé en revue toutes les théories naturelles que les savants ont donné de ces faits, et nous les jugerons.

CHAPITRE QUATRIÈME

Empoisonnements

Divers poisons, la *belladone*, le *stramonium*, la *jusquiame*, la *mandragore*, l'*hellebore*, l'*opium*, l'*alcool*, le *haschich*, et peut-être aussi le venin de la *tarentule*, peuvent causer momentanément le sommeil, les hallucinations, le somnambulisme.

Les romanciers exploitent encore à l'envi une foule de poisons indiens, turcs ou chinois dont les effets les plus fantaisistes leur fournissent des scènes plus fantaisistes encore. Que faut-il en penser comme agents producteurs des faits qui nous occupent ?

Jamais un étudiant de première année n'aurait confondu les fugaces mais constants effets des poisons, toujours accompagnés de désordres du côté des voies digestives et de la circulation, avec les symptômes apyrétiques, rémittents et variables à l'infini dont nous avons donné quelques spécimens.

Que certains maléfices puissent s'expliquer par un empoisonnement, nous le concédons sans peine ; mais alors on retrouve les traces de la substance toxique et elle se décèle par les symptômes qui lui sont propres. Avez-vous oublié que les onguents, dans la sorcellerie, furent toujours trouvés inoffensifs par eux-mêmes, et qu'ils sont impuissants à rendre compte des phénomènes si variés dont ils paraissent être la cause?

Qu'on ne vienne donc pas nous conter les histoires plus ou moins authentiques de ces bandits qui endormaient leurs victimes avec des graines de *datura* pour les dévaliser, pendant le délire inconscient qui les troublait une heure durant. Pas plus au moyen-âge que chez nous on n'aurait pris ces ingénieux voleurs pour des sorciers, et les empoisonnés pour des énergumènes.

L'intoxication chronique, celle du hachisch, de l'alcool ou de l'opium ne pourrait-elle pas au moins par ses intermittences, se rapprocher des différents accès décrits par nous et des crises démoniaques qu'on remarque chez les sorciers ?

La *stimulation cérébrale* des fumeurs d'opium et des morphinomanes, par exemple, n'engendre-t-elle pas des hallucinations et des incohérences comparables à celles de nos malades et des possédés ?

Nous ferons remarquer d'abord que cette prétendue stimulation vient toujours à la suite d'une absorption nouvelle du poison, absorption nulle et inadmissible dans nos observations. Ensuite le délire des hachischinés, des alcooliques, des morphinomanes, etc., diffère essentiellement de celui de nos malades et des somnambules, *toujours inconscients*.

« Cette stimulation, dit le docteur Mathaut, à propos des fumeurs d'opium, n'est autre qu'une ivresse spéciale, qui fait arriver le sujet à une sorte d'état maniaque, l'*égotisme mégalomanique*. J'entends par là que l'habitude du poison, *même à très petites doses*, ne laisse à l'intoxiqué aucune espèce de défiance au sujet de ses qualités intellectuelles. Le fumeur se croit capable de tout ; ses facultés mentales lui semblent hypertrophiées au suprême degré, il n'a qu'à *vouloir pour pouvoir*.

« Cette erreur *subjective* prend son origine dans les effets de l'excitation circulatoire produite par l'opium au début de l'intoxication. L'individu à qui on vient de faire fumer quelques pipes (de 1 à 6 centigrammes) ressent un peu ce qu'on observe dans l'ivresse alcoolique; son activité cérébrale semble augmentée et il emploie son énergie avec une grande facilité au travail qu'il désire accomplir. Il fait facilement ce qu'il veut faire, mais cette facilité est purement suggestive, *elle n'existe que pour le sujet*.

« Comme preuve, l'expérience suivante. Priez un fumeur d'opium de se mettre dans les conditions qu'il croit les meilleures pour un travail qui lui est habituel. Demandez-lui, s'il se pique de littérature, de vous écrire quelques vers; exigez de lui un calcul très simple, si c'est un ingénieur; un rapport sur une question administrative, si c'est un fonctionnaire. L'expérience terminée, le fumeur ne voudra pas croire que la suite d'incohérences et d'inepties, que les erreurs grossières de calcul, produits de l'ivresse opiacée, ont été commises par lui.

« Il y a quelques années, l'émoi le plus grand régna au gouvernement général de l'Indo-Chine; on venait de recevoir un rapport administratif d'un des fonctionnaires les plus en vue par son mérite et ses capacités, et ce rapport tendait à faire croire au gouvernement que ce fonctionnaire était devenu subitement fou, tellement son rapport contenait d'incohérences. De son côté, le fonctionnaire en question était enchanté. « Je n'ai jamais écrit de rapport aussi lucide sur la question de...., disait-il; il est vrai que j'avais fumé toute la nuit, et j'avais l'esprit d'une clarté étonnante ! »

« On fut obligé d'envoyer en congé, pendant quelques mois, ce fonctionnaire à l'esprit si lucide. » (Dr Mathaut, *Correspondant médical*, 15 mars 1897).

En somme, les empoisonnements chroniques n'amènent jamais que des accès d'aliénation généralement *consciente*, comparable à celle des fous. Elle en diffère par ses causes, ses symptômes acccessoires et sa terminaison, mais elle n'a aucun rapport avec les phénomènes qui nous occupent.

Lors donc que M. Maury vient citer les poisons parmi les causes les plus ordinaires des affections prises autrefois pour des possessions, il plaisante, ou fait preuve qu'il ne connaissait pratiquement ni les uns ni les autres.

CHAPITRE CINQUIÈME

Folie

Parmi les aliénistes de ce siècle, le docteur CALMEIL fut le premier à réagir contre la plate incrédulité de ses prédécesseurs. Il admet les faits de sorcellerie et de possession ; mais il les explique par la folie, l'hystérie, les hallucinations, etc.

« L'on a cru faire preuve d'une haute supériorité d'esprit, dit-il, en affirmant que toutes les visions et apparitions avaient été inventées à plaisir et ne méritaient que le mépris et la pitié des vrais philosophes ; il est positif que les pathogistes voient journellement des faits tout à fait analogues (?) et qu'il n'y a pas de convictions et de bonne foi plus franche que celles des visionnaires. » (Calmeil, *De la Folie*, t. Ier, p. 95.)

Il pousse même la condescendance jusqu'à avouer que, « finalement, une théorie basée sur l'Ecriture sainte, appuyée sur une foule de témoignages... devait être très séduisante pour des spiritualistes *renforcés* ; » mais il s'étonne que des théologiens « qui n'étaient pas étrangers à la physiologie, » des jurisconsultes dont il loue l'intelligence et le savoir, des médecins surtout de la valeur des Sennert, des Willis, des Flater, etc., qui avaient si bien décrit la folie et ses différentes formes, aient écrit et pensé « que les esprits déchus peuvent porter le désordre dans l'organisme et que, d'après leurs longues observations, il soit possible de distinguer la folie démoniaque de la manie par des signes à peu près certains. » (Ibid. p. 375.)

Esquirol ne pense pas autrement que Calmeil. Tous deux citent des faits de folie véritable, comme l'observation de A. D..., qui, n'ayant pu épouser un jeune homme qu'elle aimait, fait vœu de chasteté. Y ayant manqué, elle souffre tous les feux de l'enfer et se croit damnée. Au bout de six ans, ayant recouvré sa raison, elle fut délaissée par un autre amant et fit un nouveau vœu. Un jeune homme s'introduit dans sa chambre, se fait passer pour Jésus-Christ et elle succombe. Se croyant obsédée, elle est envoyée à la Salpêtrière, où elle fait à tout venant le récit de ses malheurs. Le diable la serre au moyen d'une corde, la brûle, la pince, lui déchire les entrailles. Esquirol donne jour par jour l'exposé pathologique de la maladie de cette infortunée, jusqu'au moment où il en fait l'autopsie.

A côté de faits de ce genre, ces aliénistes rapportent des observations de sorciers, de possédés, de maléficiés ; mais en ayant soin d'en écarter tous les phénomènes naturellement inexplicables; ils s'efforcent de les confondre avec les précédents, et prétendent que les premiers eussent été autrefois brûlés tout aussi bien que les seconds. C'est une grave erreur.

Les « gens d'église » les plus enclins au merveilleux auraient beau voir des insensés persuadés qu'ils ont le diable au corps, ils n'en croiraient rien, tant que les signes exigés dans les rituels feraient défaut.

Dans les observations citées par Calmeil et Esquirol, on peut voir en effet des aliénés qui croient éprouver ce qu'ils ont lu dans les traités de démonologie. Le diable serre les uns avec des cordes, les entoure de flammes, les tient suspendus, leur donne le pouvoir de tuer d'un seul regard, etc.; mais ces pauvres fous sont seuls à le voir et à le croire.

Ceux qui les gardent n'ont jamais aperçu ni cordes, ni flammes, ni suspension, ni maléfice. Il en était autrement pour les possédés et les obsédés véritables ; parents, amis, spectateurs, exorcistes attestaient eux-mêmes les faits. L'obsédé était-il lié subitement par un agent invisible, la corde restait comme pièce de conviction, et il fallait que la suspension en l'air fut bien réelle, fréquente et manifeste, pour que les rituels en fissent mention parmi les signes révélateurs de la possession.

BRIÈRE DE BOISMONT, comme l'indique le titre de son livre, s'occupe surtout : *Des hallucinations*.

Nous y retrouvons à peu près les mêmes préjugés, les mêmes confusions, le même *oubli* des circonstances embarrassantes, les mêmes conclusions tout aussi peu logiques. Et cependant, malgré ses efforts, il en vient à avouer « qu'il y a des évènements qui semblent sortir des lois communes, ou qui du moins dépendent des rapports encore inconnus du moral et du physique. » (p. 224.) C'est presque un aveu. Il est regrettable que l'auteur n'ait pas eu le courage de pousser plus loin la franchise ou l'étude. Son livre, très remarquable par son érudition et l'analyse du symptôme hallucination en général, y aurait gagné en précision et en vérité. En affirmant (p. 433) « que les hallucinations pures, sans aucune complication de folie, sont très rares, et qu'il n'a jamais rencontré d'hallucinés dont l'erreur fût tellement circonscrite qu'en leur accordant leur idée on les trouvât raisonnables sur tout le reste, » il eut donné un des principaux signes de l'hallucination, s'il eut voulu séparer nettement cette dernière des apparitions diaboliques et divines ; mais le respect humain le retient dans l'erreur.

LEURET, dans ses *Fragments psychologiques sur la Folie,* déclare avoir cherché dans les asiles d'aliénés « l'idée qui lui paraîtrait la plus folle. L'ayant comparée à bon nombre de celles qui ont cours dans le monde, il a été aussi honteux que surpris de n'y pas trouver de différence. » Et c'est sur ce paradoxe, plus digne d'un satirique misanthrope que d'un médecin sérieux, que le savant docteur base sa théorie : « L'idée régnante décide si l'on est sage ou insensé. »

Les prophètes juifs, selon M. Leuret, « étaient jugés fous par leurs contemporains, *(ce qui est contestable)*, et tout prouve, à son avis, que ceux-ci ne se trompaient pas... »

« L'antiquité, dit-il ailleurs, devinait l'avenir dans les entrailles des animaux ; le boucher aujourd'hui qui voudrait en faire autant, au lieu d'être écouté, serait un fou ; ce serait cependant un augure en retard de vingt siècles ! »

Arrivant aux visions des sorciers, l'auteur prétend que les observations faites dans les hospices d'aliénés expliquent l'état de *ces visionnaires* qui disent des folies, quoiqu'ils paraissent sains d'esprit. Les visions des saints étaient identiques. « Ceux qui avaient de telles visions, poursuit-il, étaient des fous, bien que l'esprit du siècle concourut à les produire ; quoique dépendante d'une cause générale, une maladie ne cesse pas d'être maladie.» (p. 255.)

C'est toujours la même confusion voulue. L'auteur, en citant des hallucinations chez les fous et en leur assimilant les prophètes et les saints, omet les signes qui distinguent ces derniers : le don des miracles, les prédictions réalisées, etc. « Le boucher, dit Bizouard, qui consulterait aujourd'hui les entrailles des animaux, ne passerait pas longtemps pour un insensé, si ces mêmes entrailles, tantôt doubles, tantôt absentes aux yeux des spectateurs, lui permettaient de faire des prédictions qui se réaliseraient comme celles des aruspices. » (Bizouard, *Rapports de l'homme avec le démon.*)

En assimilant encore les sorciers et les possédés aux

aliénés, Leuret se trompe grossièrement; car les maléfices, les guérisons, les divinations des sorciers, les signes surhumains observés chez les possédés, creusent ici un abîme qu'il ne saurait combler.

Presque tous les aliénistes, depuis un siècle, méritent les mêmes critiques et les mêmes reproches.

L'école dite de la Salpêtrière, sous l'inspiration de Charcot, semble se rejeter de préférence sur l'hystérie. Cependant le docteur REGNARD, l'un des élèves les plus distingués du maître, dans son livre : *Des maladies épidémiques de l'esprit*, paraît d'abord se rapprocher de l'opinion des précédents. Et comme son livre illustré de riches gravures à la prétention d'apporter des preuves nouvelles, nous en dirons un mot, avant d'aborder l'étude même de la maladie.

Pour le docteur Regnard, comme pour ses prédécesseurs, les sorciers et les possédés ne sont que des fous. Il serait même tenté de ranger dans la même catégorie les juges et les témoins.

Il a lu, dit-il, tout au long une grande partie de ces pièces judiciaires et il nous confesse que rien n'est plus navrant : « L'absurde s'y mêle à l'odieux, le grotesque se rencontre auprès du sublime; le courage des accusés étonne, la stupidité des juges écœure; on sent qu'on vit au milieu des fous, mais on ne sait vraiment lequel l'est davantage du malheureux qui s'accuse à faux ou de celui qui le condamne. »

Voyons d'abord comment le docteur explique le début de la maladie. Pour lui elle est toujours, au moins chez les sorciers, qu'il distingue ici avec raison des simples possédés, l'effet d'une hallucination causée par la misère et le désir d'en sortir :

« Ainsi un jour le diable rencontre Louise Maréchal, près

de Douai, et lui donne une petite boule colorée qui aura la propriété de faire mourir tous ceux qu'elle touchera. Louise Maréchal, convaincue de s'être servie de cette boule dans sa famille, fut brûlée vive à Valenciennes. »

On ne dit rien de ce qui avait préparé cette hallucination ; mais admettons que le personnage mystérieux ne soit qu'un fantôme sorti tout entier de l'imagination de Louise, expliquera-t-on aussi facilement la petite boule qui lui resta bien réellement dans les mains ? L'avait-elle trouvée et ramassée inconsciemment ? C'est la première idée qui doit venir ; rien de plus naturel et de plus plausible. Mais elle, qui était sûre de son fait et certaine de n'avoir eu cette pierre en sa possession que depuis sa rencontre, ne devait-elle pas la considérer comme une preuve de la réalité de sa vision? Et, lorsque les juges virent les effets promis suivre l'application de ce talisman, pouvaient-ils douter de sa puissance et de son origine? Ceci n'est plus de la folie et jamais on n'a vu, dans les asiles d'aliénés, les fétiches des fous opérer les effets que ces malheureux leur attribuent.

C'est dur à croire, j'en conviens; mais un fait est un fait. Si celui-ci manque d'authenticité, on en trouvera cent du même genre qu'on ne peut récuser.

Faudra-t-il donc admettre encore les pactes et les signatures du diable? Peut-être.

Le docteur Regnard en reproduit deux spécimens tirés du livre de Gilbert de Vos (1625). L'une des signatures paraît être un simple trou fait au papier, avec des bords déchiquetés et roussis ; l'autre représente une croix dont l'un des bras est irrégulier, le tout surmonté d'une petite main noire de cinq à six centimètres. Pas de détails, pas de réflexions. L'auteur espère sans doute que ses lecteurs n'en demanderont pas davantage et riront avec lui de la simplicité des écrivains du dix-septième siècle.

Ces auteurs n'étaient pas aussi naïfs qu'il paraît le croire.
Les signatures diaboliques données dans le secret, et par
là même d'une authenticité douteuse, n'avaient de valeur
que par les faits qui les avaient suivies, ou par les circonstances qui accompagnaient leur découverte. Pourquoi
supprimer ces détails ? Ainsi isolés, ces seings apocryphes
ne sont plus que des curiosités paléographiques, et cependant dans un siècle où l'on a pu photographier des dessins
et des écrits tracés par des tables ou par des crayons qui
se meuvent d eux-mêmes (voyez le livre du Dr Gibier), on
serait mal venu de se moquer de la crédulité de nos pères.

Le docteur Regnard, d'après les vieux auteurs, énumère
les méfaits des sorciers contre Dieu et contre les hommes.
Son arme de prédilection est une ironie si mal accusée que
le lecteur se demande sans cesse s'il plaisante ou s'il écrit
l'histoire. L'incrédule rit sous cape avec lui ; mais le
croyant, qui reconnaît des fais exacts habilement mêlés à
des récits burlesques et douteux, se sent mal à l'aise, car
il faudrait des pages et des pages pour démêler cet imbro-
glio très perfide.

L'auteur décrit les poudres et les onguents que le diable
donnait à ses adeptes, il cite les paroles magiques, donne
des spécimens plus ou moins authentiques des caractères
employés dans les pactes, raconte agréablement les moyens
ridicules dont on usait pour appeler l'aide des démons,
reproduit des images tirées des vieux auteurs, répète les
aberrations sous lesquelles se cachaient de très criminelles
et de trop certaines réalités, et, négligeant les cruels résultats de cette burlesque fantasmagorie, il s'imagine avoir
gagné sa cause parce qu'il a fait rire.

« Chose curieuse, dit-il, ces poudres (données par le
diable) étaient absolument inoffensives entre des mains
ordinaires ; il fallait qu'elles fussent administrées par la

sorcière pour agir. C'est bien la preuve qu'elles étaient magiques, et l'innocuité même de ces préparations devenait contre la sorcière une charge écrasante, tant était grande la logique des juges. »

Mais, cher confrère, la logique des juges, sans vous offenser, était plus serrée que la vôtre. Si ces poudres étaient par elles-mêmes inoffensives et qu'il soit constant qu'elles aient nui, il ne suffit pas de dire comme vous le faites : C'est impossible, donc c'est faux. Les juges vous répondraient, preuves en main : Cela est ; donc cela est possible. *De actu ad posse valet consecutio.* (*)

Les preuves, dites-vous, sont insuffisantes ; que ne les reproduisez-vous pour les refuter ? Vous vous contentez de rendre les faits ridicules en relatant les croyances des sorciers, comme si elles étaient celles des juges et de l'Eglise. Votre argumentation tombe à faux.

Il ne s'agit pas de savoir si les espérances des sorciers qui, sur la foi de leur maître, prétendaient faire passer le lait d'une vache dans la mamelle d'une autre, ou la moisson du voisin dans leur propre champ, étaient réalisées ; mais bien de constater que la présence d'un maléfice, inoffensif par lui-même, avait tari ou altéré le lait de toute une étable, rendu malades ou fait mourir les bêtes et les gens qui y étaient soumis, et surtout de prouver que l'enlèvement et la destruction de ce maléfice remettait tout dans l'ordre. .

Ce fait et d'autres analogues furent constatés nombre de fois, dans tous les temps et dans tous les pays, ce qui exclut d'abord l'explication de la coïncidence et du hazard.

Si donc la supercherie recherchée avec soin et sans résultat ne pouvait être invoquée, comme la *multiplicité*

(*) De ce qu'un fait existe on doit conclure qu'il est possible.

des procédés et leur *contingence* ne permettaient pas d'expliquer leurs effets par une loi naturelle, toujours *identique* et *constante*, on avait raison de soupçonner une autre cause et dans tous les cas de punir les coupables. Ils l'étaient, puisqu'ils avaient voulu nuire et avaient réussi.

Dans la description générale des symptômes de la possession (pour lui simple aliénation,) le docteur Regnard s'appuie sur de vieilles gravures, empruntées au livre d'Abraham Palingh, publié en 1659 à Amsterdam. C'est toujours le même parti pris de s'en tenir aux phénomènes purement pathologiques des convulsions, des vomissements, du délire, etc., en laissant systématiquement de côté les circonstances du début, de la marche et de la terminaison de la maladie, en omettant surtout les phénomènes extérieurs et surnaturels, de beaucoup les plus importants. S'il ose en citer quelques-uns, c'est avec l'ironie du dédain et de l'incrédulité.

Attestés cependant par des témoignages nombreux et sérieux, ils méritent d'autant plus l'attention que la maladie ne saurait les expliquer et qu'ils détruisent absolument l'hypothèse d'une simple névrose ou de la suggestion.

Qu'importe l'apparence et la forme des contorsions que le docteur nous prie de remarquer sur ses images ? Qu'importe la reproduction qu'il en donne plus loin dans ses belles gravures tirées de l'*Iconographie de la Salpêtrière ?* Rien ne nous dit que l'imagination des peintres ne se soit pas inspirée des convulsions hystériques si fréquentes dans tous les temps. Et d'ailleurs ce n'est pas sur la similitude d'un ou de plusieurs symptômes qu'on peut baser l'identité de deux maladies.

Laissons de côté les plaisanteries assez anodines de notre auteur sur l'astuce et la fourberie du diable et venons à ses conclusions :

« En résumé, dit-il, comme toutes les formes de l'aliénation, la sorcellerie, ou mieux la démonopathie commence par une série d'hallucinations.... Autrefois on voyait des diables et des esprits ; les fous qu'on enferme aujourd'hui sont souvent persécutés par la physique et rêvent de bobines et d'électro-aimants.... C'est toujours l'actualité qui décide des formes de la folie. » (page 13.)

Cette réflexion très judicieuse est absolument exacte pour ce qui regarde la folie vraie ; mais elle n'est que spécieuse si on veut l'étendre à la possession.

Les médecins du moyen-âge et de la renaissance connaissaient aussi bien que nous la folie. S'ils n'ont pas cru devoir y faire entrer les phénomènes très différents de l'obsession et de la possession diabolique, c'est qu'ils avaient de très bonnes raisons pour les en distinguer.

Qu'est-ce que la folie ?

La *folie* est une maladie caractérisée par une variété spéciale de l'aliénation mentale, que son origine, ses symptômes, sa marche et sa terminaison distinguent des autres variétés.

L'*aliénation mentale*, généralement confondue avec la folie dont elle est le principal symptôme, ne peut être considérée comme une espèce morbide. C'est un syndrome que l'on rencontre dans plusieurs maladies et qui prend dans chacune d'elles des caractères particuliers.

Il sera donc utile d'en étudier d'abord d'une manière générale les éléments et les variétés, pour les mieux reconnaître et pour apprécier plus sûrement leur valeur sémiologique.

Trois éléments, réunis ou séparés, constituent l'aliénation mentale. Ce sont l'*hallucination*, l'*impulsion maladive* et l'*idée délirante*.

1º L'hallucination est une sensation dont l'objet n'existe pas, ou bien la perversion d'une sensation normalement perçue. Cette seconde forme de l'hallucination a aussi reçu le nom d'*illusion*. (Esquirol.)

Distinction toute artificielle au premier abord. En effet, au point de vue de la folie, la valeur du symptôme est la même. Le même malade, dans la même journée, aura les mêmes hallucinations avec ou sans impression préalable sur les sens externes. « Peu importe, dit le docteur Jousset, qu'il voie dans l'espace vide des fantômes errants ou qu'il transforme les nuages en êtres monstrueux, qu'il entende dans le silence des voix accusatrices, ou qu'il transforme en discours suivis le bruit de la pluie ou du vent; c'est toujours une sensation dont l'objet fait défaut. » (P. Jousset, *Eléments de médecine pratique.)*

Cependant il est remarquable que, chez nos malades et les possédés, le phénomène de l'illusion ne se présente presque jamais. Nous ne l'avons jamais rencontré d'une façon bien manifeste dans les nombreux cas que nous avons étudiés. Le possédé ne transforme pas une sensation en une autre, il voit, il sent, il entend des choses qui n'ont aucun rapport avec les objets extérieurs.

Peut-être pourra-t-on trouver dans ce fait une première distinction entre les hallucinations des fous et les visions des possédés. Nous ne l'avons encore vue indiquée nulle part.

Les caractères généraux de l'hallucination sont l'*étrangeté*, le *défaut de fixité* dans les formes et de *fermeté* dans les contours, l'*indécision*. L'hallucination est toujours *incomplète, tronquée;* ses *dimensions* ne sont *pas vraies;* elle est *involontaire* et *fatale;* elle *s'impose,* naît et disparait à ses heures. Elle est *personnelle* et, chose qu'il ne faut pas oublier, elle ne peut jamais reproduire qu'*un type déjà connu* du sujet.

Quant à l'halluciné lui-même, les aliénistes nous le représentent comme *inaccessible au doute, à l'étonnement, à la crainte.*

Peut-on dès lors considérer comme une simple hallucination les apparitions que racontent les sorciers et les démoniaques ?

Souvent ces sensations extravagantes sont éprouvées par des enfants, par des individus qui n'y avaient jamais pensé, qui n'en avaient même pas entendu parler, et l'on se demande comment leur imagination pouvait reproduire des scènes qu'elle ne connaissait pas et dont ils ne pouvaient se douter.

Tantôt ces hallucinations sont les mêmes pour plusieurs personnes qui n'ont pu s'entendre et qui les racontent avec les mêmes détails. Tels sont les récits identiques que font séparément les prétendus acteurs de la même scène du sabbat.

Tantôt, éprouvées séparément et purement personnelles, ces hallucinations reproduisent des types inconnus du sujet, mais déjà vus, connus et décrits par d'autres individus tellement étrangers l'un à l'autre qu'on ne peut invoquer ni l'imitation, ni la suggestion, ni le souvenir, ni l'influence persistante et monotone d'une affection morbide.

De plus, dans certains cas, ces prétendues fictions des sens laissent à leur suite des traces très matérielles de leur passage : des marques sur la peau, des contusions, des plaies, des objets apportés ou enlevés, des révélations dont on peut constater la véracité, et des prophéties même, dont l'accomplissement ne peut s'expliquer ni par les connaissances du sujet, ni par la prévision naturelle, ni par le pressentiment, ni par le hasard. (Obs. XIV et XVII.)

Enfin les possédés, lorsqu'ils sont conscients, conservent

le plein usage de leur intelligence et de leur jugement, *ils doutent, ils s'étonnent,* ou même *ils ont peur.* Dans les apparitions divines, ce triple caractère fait rarement défaut, au moins à la première apparition, et s'il n'est pas un signe absolument certain d'une action surnaturelle, on peut dire que son absence rendra bien probable l'existence de la folie. La Sainte Vierge elle-même *se troubla* aux premiers mots de l'ange Gabriel.

Dans l'aliénation, l'hallucination est toujours au service de l'idée délirante ; elle en est la base et la fin, la cause primitive ou l'effet ; aussi l'accompagne-t-elle toujours et se présente-t-elle toujours la même, avec une monotonie désespérante. *Son souvenir persiste,* comme celui de l'idée elle-même. Cette hallucination paraît à l'aliéné *toute naturelle* ; les contradictions, les absurdités les plus flagrantes *ne l'étonnent pas, ne le troublent pas ;* elle le réjouit ou le chagrine, mais généralement *ne lui fait pas peur,* et *jamais il n'hésite à l'accepter* comme un fait véritable ; pour lui *le doute est impossible.*

Chez nos malades et les possédés, les hallucinations, le plus souvent *inconscientes* et *variées,* sont accusées dans les crises à l'insu du patient qui n'a pas l'air d'y attacher la moindre importance. Elles sont souvent incomplètes, tronquées, mal définies, et elles se rapprochent ainsi des hallucinations de la folie ; mais elles s'en distinguent alors en ce que nos sujets n'en conservent *aucun souvenir.*

La XIIᵐᵉ et la XIIIᵐᵉ observation font seules exception à cette règle. Julie raconte qu'elle a vu des globes de feu et des mouvements étranges dans les objets qui l'entouraient, elle a senti la pression d'une main, etc. Sa mère a vu des personnages, a senti leur étreinte ; mais la mère et la fille étaient alors dans leur état normal, elles se rendaient parfaitement compte du caractère insolite et extraordinaire des impressions qu'elles subissaient ; elles en doutaient et appelaient le témoignages des autres ; elles en étaient troublées. C'est justement l'inverse de ce qui se passe chez les aliénés. Les plus beaux raisonnements ne sauraient les convaincre de la fausseté des objets révélés par leurs sensations.

Ernest..., lui aussi, (Obs. XIV) raconte ses visions, dont il conserve en partie le souvenir et auxquelles il accorde une confiance plus marquée, sinon comme à des réalités matérielles, au moins comme à des représentations mystérieusement liées à leur objet ; mais à côté des hallucinations personnelles, nous voyons d'autres individus, sains d'esprit et de corps, entendre tous ensemble des bruits, des coups, des hurlements, constater le mouvement d'objets inanimés, etc. Où a-t-on vu les assistants participer aux hallucinations des fous, et les objets inanimés atteints eux-mêmes de la névrose ?

Un seul fait isolé de ce genre ne saurait, j'en conviens, donner une conviction bien profonde ; mais il s'est reproduit pour Ernest une vingtaine de fois, devant des témoins différents et de bonne foi. De plus des phénomènes semblables sont attestés dans presque toutes les histoires de possession. Ce serait une faute de les négliger, une trahison de les passer sous silence.

En résumé, *absence complète de la conscience et de la mémoire, ou persistance de la raison qui se trouble, qui doute, qui discute et qui juge*, on trouvera toujours l'un de ces deux caractères dans les visions des possédés ; jamais on ne les rencontrera dans l'aliénation proprement dite. Seuls les malades troublés par le délire aigu perdent la conscience et la mémoire ; mais ils sont malades, fiévreux, atteints de lésions manifestes ; la santé de nos sujets, des démoniaques et des saints visionnaires reste relativement normale.

Inconscient, le visionnaire, au milieu de ses crises, fait encore preuve d'intelligence, d'une intelligence qui n'est pas la sienne et qu'il ne connaît pas ; *conscient*, il raisonne et juge dans la plénitude de ses facultés. L'aliéné au contraire, *toujours conscient*, et *gardant la mémoire*, divague et ne s'en aperçoit pas. C'est pour ne pas avoir saisi cette distinction que nos adversaires ont si malheureusement confondu des choses si différentes.

2° L'*impulsion maladive* est une déviation pathologique de l'impulsion animale. Cette dernière, dans l'état physiologique, nous porte naturellement à faire telle ou telle chose, en vertu d'un plaisir à atteindre ou d'une souffrance à éviter.

« L'impulsion maladive, au contraire, est caractérisée, soit par une absence complète du mobile extérieur, soit par la production d'actes contraires à la nature de son mobile, soit enfin par l'étrangeté et la dépravation du rapport entre l'acte et le mobile. » (P. Jousset, *Eléments de médecine pratique.*)

(a) Dans le premier cas (absence complète du mobile extérieur,) l'impulsion est purement subjective et inconsciente ; on l'a aussi appelée *automatique*. Elle se caractérise par l'irrésistibilité et l'instantanéité. C'est mû par une impulsion de cette nature que l'épileptique, en sortant de sa crise, frappe et tue la première personne qui lui tombe sous la main.

Quelques-uns de nos malades (Obs. I, V, VI et X) ont donné des signes d'impulsion suicide, sans mobile apparent. Revenus à eux, ils n'en avaient nulle conscience et même nul souvenir. Peut-on dire pourtant qu'ils agissaient automatiquement, quand on les voyait si bien se cacher et user de malice pour égarer la surveillance et lui échapper ?

L'aliéné aussi essaye de ruser ; il a de ses actes la conscience qui manque à l'épileptique, mais il en garde la mémoire, même dans ses actes les plus instantanés, les plus imprévus. Pourquoi donc le souvenir de leurs impulsions échappe-t-il à nos malades, comme à la plupart des possédés ? Ceux qui se souviennent de leurs actes et ont conscience de leurs discours savent parfaitement expliquer que leur volonté y est étrangère et que ce n'est pas eux qui parlent et qui agissent par leurs organes. Que faut-il en penser ?

Plus tard, en étudiant les *conditions multiples* et les altérations de la personnalité, nous verrons les explications données de ces phénomènes et nous rechercherons sa valeur sémiologique.

(b) La seconde catégorie des impulsions maladives, (celles qui tendent à produire des actes contraires à la nature de leur mobile) est spéciale à la folie ; elle est toujours consciente. On la trouve chez ces malades torturés par la pensée de se suicider, quoique ils redoutent la mort, ou de tuer une personne qu'ils aiment passionnément.

Ce qui caractérise ce genre d'impulsions chez les fous, c'est l'*anxiété* de la conscience qui les retient et les fait hésiter, ou l'*expansion*, la surexcitation qui les entraîne malgré eux, mais dont ils se rendent compte et dont ils se souviennent.

S'il s'agit des sorciers dont on veut à toute force faire des aliénés, peut-on croire causés par une impulsion maladive de ce genre des actes que les accusés eux-mêmes déclarent accomplis bien volontairement, avec une préméditation dont ils se vantent, que souvent ils annoncent d'avance et que, devant les juges, ils cherchent à dissimuler avec tant de finesse ?

Les fous se reconnaissent coupables, parfois même de crimes imaginaires. Ils cherchent à s'excuser, à se justifier par des raisons absurdes qui dévoilent leur maladie. Les sorciers montrent trop de malice, d'astuce, d'intelligence pour qu'on puisse jamais les considérer comme des fous. Non seulement ils sont conscients ; mais, quoi qu'en disent leurs défenseurs, ils conservent la juste appréciation de leurs actes.

Tout autre, il faut en conv nir, est la condition des possédés et de nos malades ; mais combien différente encore de celle des aliénés !

Clémence (Obs. I), Berthe (Obs. V), Marie (Obs. VI), Gustave (Obs. X), ont eu tous quatre la même impulsion à se jeter dans une mare. Dans leurs crises, nous l'avons déjà dit, ils laissaient deviner une préméditation qui les distinguait des aliénés inconscients, et cependant, lorsque dans leur état normal, on racontait leurs actes et leurs discours, la mémoire leur faisait défaut, ils refusaient d'y croire. Ce n'était pas eux qui agissaient en eux ; c'était une autre personne, et cette dualité était poussée si loin que dans leurs crises ils ne se reconnaissaient pas, se donnaient d'autres noms, d'autres parents, d'autres amis. (Obs. I.)

Le vrai fou au contraire conserve toujours la même personnalité vraie ou fausse. L'accès passé, il reconnaît ses actes, se souvient, se repent, recommence, mais il reste toujours le même. Jamais on n'observera chez lui ce dualisme complet qui semble faire du même individu deux personnes distinctes, agissant à part et comme à l'insu l'une de l'autre.

Voudra-t-on faire de cette *double condition*, comme disent les modernes, une forme de la folie? Personne à notre connaissance n'a jamais exprimé franchement cette idée. Les médecins qui se sont trouvés en présence de ce phénomène étrange paraissent plutôt portés à le considérer comme la manifestation d'une autre névrose qu'ils rattachent de préférence au somnambulisme, à la grande chorée, ou à l'épilepsie (Charcot). Nous nous occuperons particulièrement de cet état très caractéristique en étudiant plus loin ces maladies.

(c) La troisième catégorie des impulsions, (dans lesquelles le rapport entre l'acte et le mobile est étrange et dépravé,) se rencontre de préférence chez les hystériques. Tel serait par exemple le goût de certains malades pour les matières en putréfaction.

On rencontre aussi des impulsions semblables chez les démoniaques; mais nous ne manquerons pas d'autres signes pour les différencier. Notons seulement ici que cette aberration n'a jamais été considérée, lorsqu'elle existe seule, comme un signe de possession.

Passons enfin au troisième élément de l'aliénation.

3° L'*idée délirante* est une invention purement subjective, une simple fiction de l'imagination, tantôt créée de toute pièce par les sens internes, tantôt développée à propos d'une hallucination ou d'une suggestion préalables, mais entraînant toujours la croyance presque invincible à sa réalité.

« Dans l'état de santé, dit excellemment le docteur P. Jousset, auquel nous empruntons en grande partie cette analyse de la folie, si une idée de ce genre se produit dans l'imagination, aussitôt les autres sens externes interviennent pour démontrer que c'est une idée sans réalité objective; la raison n'en est jamais ébranlée, et les rêveurs peuvent se complaire à bâtir des *châteaux en Espagne*, sans jamais passer pour des fous dans le sens médical de ce mot; ils se réveillent gros Jean comme devant, et voilà tout.

« Mais chez le malade, la conscience sensible est troublée, et la fiction n'éveille plus les sensations qui la distinguent de la réalité. »

7

« Le *sensus communis* qui a pour mission de comparer entre elles ces sensations et de les rectifier l'une par l'autre ; qui, dans l'état normal, peut comparer ces sensations avec celles qui ont été antérieurement perçues et les juger par cette comparaison, — le *sensus communis* fait complètement défaut chez le malade atteint d'aliénation. » (*Ibid.*)

L'*estimativité*, pour parler le langage du jour, est obscurcie, quelquefois même absolument absente ; la mémoire elle-même peut être *supprimée*, *diminuée*, ou rester *entière*, ce qui constitue de l'idée délirante trois variétés utiles à retenir comme signes des diverses maladies dont l'aliénation mentale est un élément.

(a) Dans la première variété, on rencontre la *perte complète de la conscience et de la mémoire*, comme chez nos malades. C'est aussi cette variété qui constitue la partie principale du syndrome délire dans les maladies aiguës, et les pathologistes considèrent ce double caractère, inconscience et perte de la mémoire, comme le seul signe qui distingue le délire aigu des aberrations de l'aliénation proprement dite.

Personne, croyons-nous, n'aura l'idée de confondre avec les délirants des maladies aiguës nos malades et les possédés. Et cependant c'est à cette variété, où la conscience et la mémoire font défaut qu'il faudrait rapporter les prétendues idées délirantes qui paraissent les obséder.

Elles se distinguent du délire proprement dit par l'absence de lésions et par un désordre plutôt apparent que réel, où l'influence et la direction d'une intelligence étrangère se fait souvent sentir ; phénomène de *double condition* que nous étudierons plus loin.

(b) La seconde variété des idées délirantes est caractérisée par la *conservation de l'estimativité relative de l'obscurcissement de la mémoire.*

On ne la rencontre que dans la démence et la paralysie générale ; deux névroses que leurs symptômes particuliers, leur marche et leur terminaison distinguent suffisamment des affections décrites chez nos malades et chez les possédés. (*)

(c) Enfin, dans la troisième variété des idées délirantes, la *mémoire reste intacte,* mais *l'estimativité fait défaut.*

C'est cette variété qui, avec les hallucinations et les impulsions, constitue l'aliénation la plus fréquente : celle des fous, des hystériques, des empoisonnés, etc.

Elle se distingue de l'idée délirante des possédés et de nos malades par la persistance de la mémoire que ces derniers ne conservent presque jamais.

Et, pour ce qui regarde les possédés conscients et les sorciers, peut-on considérer comme une simple idée délirante cette conviction qui les porte à se croire en relation avec les démons, alors qu'eux-mêmes et les autres peuvent si souvent constater de ces relations des effets matériels et sensibles?

Au moyen-âge, comme aujourd'hui, on rencontrait des fous qui se croyaient le diable ou le bon Dieu, qui entretenaient avec les esprits des rapports et des conversations imaginaires, qui portaient sur leur tête, à leur cou, dans

(*) La démence est caractérisée par l'obscurcissement progressif et continu de l'intelligence, et elle s'accompagne habituellement de l'altération organique des couches corticales du cerveau, incompatible avec ces retours complets et subits à l'état normal, si caractéristiques dans nos observations.

Dans la paralysie générale, à l'affaiblissement progressif de l'intelligence s'ajoutent des paralysies incomplètes qui s'étendent à tous les organes et reconnaissent pour cause une méningo-encéphalite diffuse de forme, chronique et incurable. Jamais on ne rencontre non plus dans la paralysie générale de retours complets et subits à la santé. Ils ne s'expliqueraient pas avec la persistance de la lésion.

leurs mains les insignes burlesques de leur autorité, qui se fabriquaient des diplômes, des talismans et racontaient sérieusement leurs exploits fantastiques et les terribles effets de leur toute-puissance; mais alors, comme de nos jours, ils étaient seuls à voir ces merveilles; leurs menaces, leurs promesses, leurs simagrées, leurs attouchements, leurs foudres très innocentes n'ont jamais fait de mal à personne. Si, dans leur rôle, ils étaient entraînés à quelque violence, leurs moyens de nuire, comme ceux des fous d'aujourd'hui, étaient très naturels. Jamais on n'a pu les confondre avec les sorciers, dont les crimes prémédités, réels et annoncés d'avance ne pouvaient laisser aucun doute, malgré les procédés étranges de leur perpétration.

L'aliénation mentale, prise dans son ensemble, présente encore à étudier quatre variétés principales, dont quelques auteurs ont fait autant de formes de la folie.

Ce sont : 1° La *manie*, constituée par la succession rapide d'idées délirantes multiples, avec hallucinations en rapport et impulsions expansives.

2° La *monomanie*, caractérisée par un petit nombre d'idées délirantes, avec prédominance de l'une d'elles, hallucinations en rapport, et aussi impulsions expansives. La monomanie prend le nom de l'idée délirante principale : monomanie des grandeurs, des richesses, manie religieuse, démonomanie, etc.

3° La *lypémanie*, véritable monomanie, caractérisée et différenciée par l'impulsion anxieuse et triste qui l'accompagne toujours : lypémanie de persécution, de damnation, etc.

4° L'*impulsion maladive* qui peut exister seule, sans hallucination et même sans idée délirante, et que nous avons suffisamment décrite.

Nous pourrions maintenant aborder l'étude de la Folie

proprement dite, spécialement caractérisée par le syndrome aliénation mentale, dont nous connaissons les éléments et les variétés spéciales à diverses maladies.

Ces maladies se distinguent encore entre elles par les causes qui les produisent, les symptômes et les lésions qui les accompagnent, par leur marche et leur terminaison. Nous les retrouverons en temps et lieu.

Nous avons vu, en passant, que les éléments et les variétés de l'aliénation présentent aussi chez nos malades et chez les possédés des caractères particuliers qui peuvent déjà servir à les différencier des fous; mais si nous en venons à considérer les causes, les prodromes, la marche et la terminaison des diverses formes de folie, nous trouverons des différences encore plus sensibles.

L'analyse complète de ces formes *bénigne*, *commune*, *maligne*, *périodique*, nous entraînerait trop loin. Contentons-nous, pour éviter des redites fastidieuses, d'indiquer sommairement les caractères généraux qui distinguent nos malades des véritables fous, quelle que soit la forme de la folie.

1° Chez nos malades et chez les possédés, les causes sont inconnues, mystérieuses ou suspectes de sorcellerie. On n'y rencontre jamais l'hérédité. — La folie est ordinairement causée par les excès, les chagrins, les passions désordonnées, le trouble des fonctions particulières à l'âge adulte. Elle est héréditaire.

2° La possession se manifeste de préférence chez les enfants et les illettrés. — L'invasion de la folie est rare avant la puberté; elle est plus fréquente dans les nations civilisées et chez les gens instruits.

3° Le début de la possession est brusque, inattendu, sans prodrome — Dans la folie le début est lent, progressif, presque toujours accompagné de prodromes.

4° Les crises de nos malades et des possédés sont généralement courtes, séparées par des intervalles plus ou
moins longs, se reproduisant et cessant subitement. —
Chez les fous les accès sont au contraire prolongés, séparés
ou non par des rémissions périodiques incomplètes et
lentes.

5° L'insomnie est habituelle et insupportable chez les
fous. — Chez nos malades, le sommeil est normal ou somnambulique, mais réparateur.

6° Chez ceux-ci, on constate toujours l'absence de tout
mouvement fébrile, et l'on ne trouve presque jamais d'accélération du pouls, même après les mouvements les plus
violents. — La fièvre se montre fréquemment dans la folie,
surtout au début des accès.

7° Les guérisons de la folie sont traînantes, sujettes à
récidives, ou la maladie est absolument incurable, bien
qu'on puisse dans ces deux cas constater l'action manifeste
de certaines médications. — La curabilité des possédés est
incontestable ; leur guérison est généralement subite,
entière, définitive ; elle s'opère sans médicaments à la suite
de pratiques religieuses, de changement de domicile, etc.;
les médications ordinaires restent sans effet.

8° Dans la possession et chez nos malades on constate
presque toujours l'intégrité persistante et complète des
fonctions intellectuelles. — Dans la folie l'affaiblissement
constant et progressif de l'intelligence est la règle.

9° Le fou conserve jusqu'à la fin la mémoire et ses souvenirs, il est conscient. — Le possédé le plus souvent n'a
pas conscience de ses crises et n'en conserve aucun souvenir.

10° Enfin la folie se complique souvent de lésions appré-
ciables. — On ne constate jamais chez le possédé de lésions
capables d'expliquer la maladie. Nous n'en avons jamais
soupçonné chez nos malades et l'intégrité parfaite de leurs

facultés, en dehors des crises comme après leur guérison, est la meilleure preuve qu'il n'en existait pas.

Que faut-il de plus pour justifier, même au point de vue purement médical, l'opinion des vieux médecins qui refusaient de considérer comme fous les obsédés et les possédés de leur temps ?

Jamais ils n'auraient confondu, comme les modernes, les vrais démoniaques avec les aliénés dits démonopathes, qui n'ont des possédés que les vaines hallucinations et les accès de fureur ; car, outre les différences que nous avons notées, ils connaissaient les signes de la possession et se gardaient bien de négliger les phénomènes extrinsèques dont nous avons parlé.

Dans les cas douteux, ils ne rougissaient pas de recourir à l'application des reliques et des sacramentaux, voire même aux exorcismes probatoires, dont les effets, nuls ou efficaces, éclairaient merveilleusement leur diagnostic.

Mais n'anticipons pas.

S'il ne nous est pas permis d'assimiler complètement les malades de nos observations aux véritables possédés, on nous accordera sans peine qu'ils s'écartent autant qu'eux des véritables fous. Nous n'en demandons pas davantage.

CHAPITRE SIXIÈME

Hystérie

Lorsque nous avons recueilli les observations relatées plus haut, nous ne pouvions connaître les belles et savantes recherches du professeur Charcot à la Salpêtrière ; on en parlait à peine et ce n'est qu'en 1882 que son premier mémoire fut publié. Les travaux des docteurs Bourneville, Regnard, Paul Richer, Babinski, Gilles de la Tourette, ses élèves et ses collaborateurs, sont de la même époque, ou postérieurs, aussi bien que les études de MM. A. Binet et Féré, Magnin et Bérillon, Ch. Richet, Bernheim, Pierre Janet et de tant d'autres. James Braid, qui les avait précédés, en 1843, ne fut traduit qu'en 1883.

Au point de vue de la science actuelle, nous avouons que nos relations sont incomplètes, et, si j'avais à observer de nouveaux cas, mes investigations se porteraient avec plus d'attention sur certains points indispensables aujourd'hui pour préciser le diagnostic.

Je noterais avec plus de détails les diverses phases de chaque accès. Je rechercherais avec plus de soin les stigmates de l'hystérie, si bien décrits et précisés par les maîtres cités plus haut : l'anesthésie des sens et de la peau, l'hyperesthésie localisée, le rétrécissement du champ visuel, l'exaltation ou la disparition des phénomènes réflexes, les zones hystérogènes, etc.; je n'omettrais pas d'essayer la compression des ovaires qui détermine ou fait cesser parfois subitement une attaque d'hystérie ; je tiendrais compte des phénomènes d'hypnotisme et de suggestion, pour les surveiller de plus près, les éviter ou les analyser avec plus d'attention.

Je crois cependant que mes observations telles quelles suffisent amplement à établir les bases d'un diagnostic.

Pour éviter les redites, nous ne reviendrons pas sur les phénomènes extérieurs, qui se passent en dehors des malades, quoique liés à leur état. Les incrédules les *négligent* de plus en plus ; ces phénomènes ne sont pas les moins gênants pour eux, ni les moins importants ; mais est-il pire aveugle que celui qui ne veut pas voir ?

L'hystérie est surtout caractérisée par la multiplicité de ses symptômes ; une impressionnabilité excessive ; des hyperesthésies, c'est-à-dire une sensibilité telle qu'elle est souvent poussée jusqu'à la douleur ; des anesthésies, ou l'insensibilité d'une partie plus ou moins étendue du corps ; des attaques de nerfs, accompagnées de strangulation, de syncopes, souvent de léthargies, de paralysies diverses, quelquefois d'hallucinations, etc.

Qant à la marche elle est des plus irrégulière. Les symptômes s'accentuent, diminuent, se remplacent, se succèdent, se montrent et disparaissent, pour revenir encore, avec une persistance qu'on peu considérer, avec le manque complet d'équilibre dans les fonctions affectives et intellectuelles, comme la caractéristique de la maladie.

Mais c'est surtout dans les formes graves de l'hystérie, dans la forme convulsive ou épileptiforme qu'on trouve les symptômes qui se rapprochent le plus des phénomènes qui nous occupent.

J'en emprunterai la description de préférence aux médecins de la Salpêtrière, parce que leurs ouvrages plus récents, pleins d'aperçus nouveaux et très remarquables, malgré leurs préjugés, sont devenus classiques.

Nos adversaires se contentent le plus souvent de souligner les symptômes semblables, de *fragmenter* les maladies pour y trouver un *fond commun*. Nous sommes bien forcé de les suivre dans cette méthode fort peu scientifique; nous tâcherons, chemin faisant, de suppléer à ce qu'elle a de défectueux.

Commençons par le parallèle assez étudié que le docteur Regnard a fait de l'hystérie et de la possession. On le trouvera à la page 74 de son livre déjà cité : *Des maladies épidémiques de l'esprit*, au chapitre premier : *Des sorcières*.

Passons sur les premières analogies : Que l'hystérique aime les étoffes « rouges et criardes, » qu'en vieillissant elle devienne « assez malpropre, » cette tendance, très remarquable dans l'hystérie par son exagération, se rencontre un peu partout et dans toutes conditions, sans qu'on en puisse tirer de grandes conséquences ; elle n'est chez les possédés ni plus fréquente ni plus accentuée qu'ailleurs. Et si la malpropreté des sorcières est restée proverbiale, on rencontre aujourd'hui des *mages* très élégants et qui ne s'habillent pas en rouge.

Le docteur Regnard eut mieux fait de nous parler des causes de la maladie et du tempérament qui la caractérise. S'il les passe sous silence, c'est probablement que leur étude ne serait pas favorable à sa thèse. Nous y reviendrons. Suivons-le dans la description des symptômes et des crises qui sont, dit-il, les mêmes dans les deux cas :

« L'immense majorité des hystériques ont tout un côté du corps insensible... On peut les couper, les piquer, les brûler, elles ne sentent rien... Ceci a bien quelque importance pour nous, ajoute le docteur ; car voilà que nous retrouvons le *sigillum diaboli*, ce point insensible que le chirurgien muni d'une aiguille recherchait chez l'accusé et qui devenait une cause inévitable de condamnation. » (*Ibid.*, p. 77.)

Ce « point insensible » n'était qu'un point et ne ressemblait nullement à l'anesthésie hystérique toujours plus ou moins étendue. Certains juges laïques y ont peut-être attaché trop d'importance ; mais sa présence ne fut jamais pour l'accusé « une cause inévitable de condamnation ; » c'était au contraire un signe considéré comme très douteux par les théologiens.

L'anesthésie totale, si rare chez les hystériques, quoi qu'en dise le savant docteur, est toujours plus ou moins *persistante ;* peut-elle se comparer à l'insensibilité des sorcières *momentanément* soumises au « charme de taciturnité ? »

Non seulement certains possédés étaient anesthésiques, mais ils étaient *invulnérables, incombustibles*, etc. (Voyez l'histoire des camisards et des convulsionnaires de Saint Médard.) Du reste il est un fait constant, c'est que l'anesthésie ne se trouve presque jamais chez les possédés aux lieux d'élection. J'ai cherché ce stigmate de l'hystérie (le seul que l'on connût alors) chez la plupart des malheureux dont j'ai conté l'histoire et je ne l'ai jamais trouvé. On ne le rencontre que très rarement pendant l'attaque, et contrairement à ce qui se passe dans l'hystérie, il cesse subitement à la fin de l'accès, à moins qu'il ne constitue à lui seul une de ces possessions partielles, comme celle des muets de l'Evangile.

« Les hystériques, continue le docteur Regnard, sont enfin prises certains jours d'attaques qui, vous allez le voir, sont absolument identiques avec la crise de possession.

« Ces attaques sont annoncées par quelques prodromes. La malade entend tout à coup le son des cloches, il se passe comme des roulements dans sa tête, elle voit tout tourner autour d'elle. Cet état vertigineux peut durer plusieurs heures, quelquefois plusieurs jours. Puis arrivent des gonflements de la gorge, des sensations d'étouffement qui ne

sont que des contractions spasmodiques de l'œsophage...
Nous appelons cela aujourd'hui la boule hystérique. »
(*Ibid.* p. 77 et 78.)

D'autres auteurs ont encore noté la mélancolie, le dégoût,
l'irritation, des secousses, des contractures, une anesthésie
plus complète, plus étendue, des hallucinations, pour lesquelles Charcot a formulé une loi : « Ce sont ordinairement
des animaux, chats noirs, rats gris ou diversement colorés,
araignées, corbeaux, vipères, etc., qui passent devant les
malades de gauche à droite ou de droite à gauche, suivant
que l'anesthésie siège à gauche ou à droite. Le point de
départ est toujours le côté anesthésié. » (P. Richer, *Thèse
de Paris*, 1879.)

Ces prodromes ont constamment manqué et manquent
toujours, quoi qu'en dise le docteur Regnard, chez les possédés. Ces derniers « annonçaient l'arrivée de leur démon
et prédisaient (*quelquefois*) exactement le début de leur
mal ; » (*Ibid.* p. 78) mais cette annonce et ces prédictions
n'avaient aucune ressemblance avec les prodromes des
crises histériques. Elles avaient lieu le plus souvent dans
le cours des accès.

Parmi nos malades, seules Julie et sa mère (Obs. XII et
XIII,) et peut-être Pauline... (Obs. VII,) ont présenté accidentellement quelque chose d'analogue aux hallucinations
initiales. D'autres ont eu des sensations internes ou des
visions vagues et mal définies ; mais tous ces troubles se
montraient irrégulièrement avant, pendant ou après les
crises ; ce n'était plus là des prodromes.

Continuons la description classique :

Charcot distingue dans les attaques de l'hystérie épileptiforme trois périodes distinctes, et précisant encore
l'analyse, ses élèves divisent ces périodes en plusieurs
phases successives.

1° *Période tétanique*. — Brusquement, au milieu des prodromes, la première période commence. C'est une véritable attaque d'épilepsie, suivie d'un sommeil complet, stupide, profond, qui dure très peu de temps.

« L'hystérique, si elle est debout, tournoie sur elle-même et tombe lourdement par terre en poussant un grand cri. Tous ses membres se raidissent, ses yeux se convulsent ; elle est agitée de petites secousses des pieds à la tête, et l'écume vient à ses lèvres.

« Remarquez, continue le docteur Regnard, comme les mains sont convulsées en arrière, et souvenez-vous de cette image du seizième siècle que je vous montrais tout à l'heure. Vous voyez que, là encore, il y a identité entre la sorcière d'autrefois et celle d'aujourd'hui. » (p. 78.)

Identité, parce qu'un peintre a représenté un possédé les mains convulsées en arrière et qu'on retrouve le même symptôme dans l'*Iconographie de la Salpêtrière !* En vérité le docteur Regnard est prompt dans ses diagnostics. Assurément on a pu voir des possédés, et même des sorciers (bien que ce ne soit pas la même chose) convulsés les mains en arrière ; mais est-ce sur l'identité d'un ou de plusieurs symptômes qu'on peut confondre des affections morbides ?

Ce que nous pouvons affirmer, c'est que jamais nous n'avons vu les crises de nos malades présenter un semblable début. Jamais nous ne l'avons même rencontré dans les histoires de possession que nous avons lues, si ce n'est peut-être dans celle du lunatique de l'Evangile. Il n'est pas impossible qu'on la retrouve ailleurs ; mais le plus souvent les accès débutent par un assoupissement à peine saisissable immédiatement suivi de grands mouvements et de somnambulisme ; les chutes, les convulsions toniques ou épileptiformes, l'écume aux lèvres, etc., ne se présentent qu'irrégulièrement et accidentellement dans le cours des attaques. C'était le cas pour le seul de nos malades qui ait eu des attaques d'épilepsie assez caractérisées, quoique sans coma final. (Obs. X.)

Mais « cette période tétanique (de l'hystérie) se divise elle-même en deux phases : Dans la première (phase tonique,) l'hystérique demeure absolument rigide, la bouche ouverte, les doigts crispés. La connaissance, comme dans le reste de l'attaque, est totalement perdue. La contracture peut atteindre surtout les muscles postérieurs du tronc, de telle sorte que le corps de la malheureuse femme se courbe en arche de pont et ne repose plus que sur les talons et sur l'occiput. Souvenez-vous des possédés de Loudun et de Louviers. » (*Ibid.* p. 81.)

Effectivement les possédés de Loudun, de Louviers et d'ailleurs ont pris parfois de pareilles poses, aussi bien au début que dans le cours de leurs accès. Ces contractures ne caractérisaient ni une période, ni une phase, et elles étaient accompagnées de phénomènes tellement spéciaux, tellement en dehors des autres symptômes de l'hystérie qu'il était impossible de confondre ces deux états. Les religieuses de Loudun et celles de Louviers étaient véritablement possédées. Elles en avaient donné des preuves que nous retrouverons plus tard. Que diriez-vous de nous, si, suivant votre exemple, nous déclarions toutes vos hystériques des possédées, sur ce seul fait, qu'à l'exemple des religieuses de Loudun, elles se mettaient en arche de pont ? Nous ne commettrons pas cette faute, mais qu'il nous soit au moins permis de nous étonner de la... promptitude de votre jugement.

« Dans la seconde phase (phase clonique,) les membres sont pris de secousses violentes, toujours dans le même sens : la face présente des expressions horribles, des contorsions sans cesse changeantes, (?) que les anciens exorcistes déclaraient être la figure de chaque diable particulier venant à son tour se mirer dans les traits de la possédée. » (*Ibid.* p. 81.)

Quelle imagination, mon cher confrère! C'est de la vôtre que je parle. Quoi! vraiment vous croyez que les exorcistes ont jamais pris ces grimaces saccadées et convulsives, toujours les mêmes, quoi que vous en disiez, et « dans le même sens, » durant à peine quelques minutes, pour la figure des diables venant se mirer sur celle de la possédée! Relisez donc la description qu'ils ont donnée de ces différents masques, des changements de voix et de manières qui les accompagnent toujours, et vous pourrez juger dans quelle méprise vous êtes tombé.

Quant à cette seconde phase de la période tétanique en elle-même, je puis vous affirmer que je ne l'ai jamais rencontrée, pas plus que la première, à l'état de phase sur mes malades et sur les possédés. Ils présentent parfois des convulsions cloniques, mais elles alternent avec les convulsions toniques, elles ne sont pas *automatiques* et *dans le même sens*; au milieu de leur désordre apparent, on peut souvent reconnaître et suivre *une pensée, une intention*, ce que vous ne trouverez jamais dans cette phase de l'hystérie.

Voyons donc si vous serez plus heureux dans vos rapprochements avec les autres périodes que vous allez décrire.

2° *Période de clownisme.* (Charcot.) — « La période tétanique avec ses deux phases, tonique et clonique, ne dure pas longtemps... Après un repos de quelques minutes, la malade se met à pousser quelques cris stridents et commence le deuxième acte ou période des grands mouvements... L'hystérique se soulève brusquement, comme si un ressort la poussait, son corps entier quitte la terre; elle est projetée en l'air, elle retombe, rebondit et ainsi de suite plus de vingt fois sans s'arrêter.

« Cette période de grands mouvements, ajoute le docteur, se rencontrait chez les possédées. Les exorcistes ne manquent pas de faire remarquer que les diables les soulevaient de terre plusieurs fois de suite et les y rejetaient rapidement. » (Regnard, p. 82.)

Les diables en faisaient bien d'autres que vous ne nous dites pas. Sauter, bondir, ramper, se mettre en arc et présenter toutes les *contractures* dont vous faites un entr'acte, qui manque quelquefois, entre la seconde et la troisième période, « tirer une langue noire et desséchée, » figurer le « crucifiement » (?), c'était un jeu pour eux. «Les exorcistes ne manquaient pas de nous signaler la chose dans leurs narrations. » Vous avez bien raison ; mais à toutes ces grimaces s'ajoutaient d'autres phénomènes que vous oubliez et que jamais vos hystériques n'ont présentés, qu'elles ne présenteront jamais. Citons seulement pour mémoire la suspension éthérée et ces poses que les possédés conservaient des heures entières contre toutes les lois de la pesanteur et de l'équilibre (Voyez l'histoire des religieuses de Louviers ;) ces tours de force et de souplesse qui les faisait sauter, comme à Morzine, d'une cime à l'autre des sapins qu'ils avaient escaladés; ces transports incompréhensibles en des endroits inaccessibles tels qu'en subit à plusieurs reprises la bergère du Laus, etc.

Du reste, en s'en tenant aux *contorsions* et aux *grands mouvements* seuls retenus par les médecins de la Salpêtrière, nous avons déjà indiqué (Obs. IV.) quelques-uns des caractères qui les distinguent des convulsions de nos malades. On ne saurait trop le répéter.

Chez l'hystérique ces contractures et les grands mouvements purement automatiques, ou provoqués par l'excitation des réflexes, sont produits par des attouchements, des coups, des frictions, des sensations imposées aux malades ; ou s'ils surviennent spontanément, ils se reproduisent toujours les mêmes, dans le même ordre, et paraissent indépendants de toute espèce de conscience et de volonté même instinctive.

Chez nos malades, au contraire, les attitudes et les mouvements, quoique évidemment inconscients pour le sujet, semblent *guidés par une intelligence* indéniable vers un but facile à connaître et à déterminer. Les mêmes différences sont applicables aux possédés.

3° *Périodes des hallucinations et des poses plastiques.* — Après un temps variable, éclate enfin la dernière période, celle du *délire,* des *hallucinations,* du *somnambulisme* et des *poses plastiques.*

« C'est, dit le docteur Regnard, le point de beaucoup le plus intéressant de l'attaque.

« Après quelques minutes de repos, on voit la malade se lever ; elle est sans connaissance, ne voit rien, n'entend rien, et alors commence un délire entrecoupé d'hallucinations, toujours les mêmes pour la même malade, hallucinations qui dérivent de ses occupations habituelles ou de ses souvenirs.

« C'est à cette période que l'ancienne possédée voyait son diable. Nos hystériques voient aussi leur diable, seulement il a changé de nom : les malades de la Salpêtrière ne sont pas des religieuses ; ce sont des faubouriennes ; leur démon ne s'appelle pas Béhémot ou Asmodée, il va avec l'époque, et deux fois, à ma connaissance, il s'appelait Alphonse. » (Regnard, p. 89.)

Le rapprochement ne manque pas de sel ; malheureusement il pèche par la base. Non, les hallucinations des possédés et de nos malades ne dérivent pas « de leurs occupations habituelles ou de leurs souvenirs. » Loin de là. La

plupart n'avaient jamais entendu parler de possession, et
ne savaient nullement par quels symptômes cette affection
se révélait. Parmi les religieuses que nous connaissons (et
les religieuses ne sont pas les plus exposées à la possession)
combien en trouve-t-on qui aient entendu parler de Béhémot ou d'Asmodée ? Combien parmi les possédés répètent
ces noms et d'autres analogues, sans y avoir jamais pensé,
sans connaître surtout les mœurs et les habitudes de ces
personnalités fantastiques ? Comment peuvent-elles les
reproduire si exactement ? Nos malades, qui presque tous
avaient le blasphème à la bouche, qui insultaient les prêtres et les bonnes sœurs, déchiraient les images pieuses et
jetaient au feu leurs médailles, agissaient contrairement à
leurs habitudes, à leurs pensées, à leurs souvenirs. De
l'aveu même de nos maîtres, ils n'étaient point des hystériques.

La marche des hallucinations hystériques a-t-elle au
moins quelque rapport avec le somnambulisme qui constitue principalement les crises de nos malades ? Ecoutons
le docteur Richet :

« La vie cérébrale, écrit-il, qui, depuis le début de
l'attaque, avait été complètement abolie, est revenue et la
conscience a reparu au moins en partie. C'est le moment
où se dressent des hallucinations de toute sorte, tantôt
gaies, tantôt tristes, tantôt amoureuses, tantôt religieuses
ou extatiques. Chaque fois qu'une image a surgi dans
l'esprit, aussitôt les mouvements des membres, les traits
de la physionomie, l'attitude générale du corps, tout se
conforme à la nature de cette hallucination. Ces poses, ces
attitudes passionnelles ont une vivacité, une vigueur d'expression qu'on ne saurait retrouver ailleurs. Le plus habile
acteur ne sera jamais en état de représenter l'effroi, la
menace, la colère avec autant de vérité et de puissance que

ces pauvres filles hystériques qui se démènent agitées par un furieux et mobile délire. »

Cette description retrace assurément quelques-uns des traits que nous avons notés dans nos observations. Mais, ajoute le docteur Richet, « à mesure qu'on étudie de plus près les attaques d'hystérie épileptique, on s'aperçoit que malgré ce désordre violent la malade présente des périodes régulières bien distinctes. Rien n'est livré au hasard. Chaque symptôme, quelque désordonné qu'il paraisse, se manifeste à son heure, avec une régularité, je dirais presque une ponctualité surprenante. »

Cette ponctualité se retrouve dans les plus petits détails: « En général, chaque hystérique a une forme de délire qui lui est propre, de sorte que les divers accès se ressemblent toujours chez la même hystérique. Ce sont les mêmes personnages qui apparaissent, les mêmes scènes qui se reproduisent à toutes les attaques. L'ordre dans lequel les hallucinations ont lieu n'est pas modifié, et pour peu qu'on ait déjà assisté à quelques accès subis par la même malade, on peut prévoir la fin de son attaque par la nature de ses hallucinations... A entendre les vociférations, les hurlements des démoniaques, (*lisez des hystériques,*) à voir leurs contorsions furieuses, il semble que le hasard seul dirige cet effroyable drame. En réalité tout est prévu, réglé, déterminé ; tout ce désordre marche avec la précision mathématique d'une horloge bien remontée. » (Ch. Richet, *Les démoniaques d'autrefois et d'aujourd'hui*. Revue des Deux Mondes, février 1880.)

Aucun de nos malades n'a présenté cette régularité constatée chez les hystériques. On ne la trouvera jamais chez les possédés.

Agathe... et Odette... (Obs. VIII et IX) ont seules montré une certaine constance dans la reproduction de quelques symptômes, la première en revenant toujours se réveiller à l'endroit où elle s'était endormie, la seconde dans la répétition de ses fausses extases du début.

Etait-ce de simples hystériques ? Quelques-uns le penseront peut-être, bien que l'invasion brusque de la maladie, se révélant d'emblée par les symptômes les plus graves, sans cause appréciable et sans autres troubles intellectuels et moraux, soit aussi difficile à expliquer dans ce cas que leur guérison rapide et sans récidive.

Ni chez elles, ni chez les autres, jamais nous n'eussions pu classer méthodiquement les phénomènes et leurs différentes phases. Ils variaient non seulement d'un sujet à l'autre ; mais chez le même malade, les convulsions, les hallucinations, les impulsions avaient lieu chacune aussi bien au début ou à la fin des crises, et manquaient quelquefois. Les hallucinations, lorsqu'elles existaient, variaient souvent à chaque accès et se montraient même en dehors des attaques. (Obs. XII et XIII.)

Mais ce n'est pas seulement par la nature et la marche des crises que nos malades se distinguent des hystériques.

On se ferait une idée très fausse de ces malheureux dans leur état normal, si on les croyait occupés de ces mille rien qui agitent, amusent ou irritent les hystériques, dans l'intervalle de leurs accès. Jamais ils n'ont montré ces perversions du sens commun ou cette légèreté si fréquentes et si caractéristiques dans l'hystérie. Pas de ces discours interminables, de ces récriminations, de ces indignations noyées dans un flux de paroles. Pas de ces mensonges effrontés, de ces fables combinées avec tant d'art et que cependant il est si facile de déjouer. Revenus subitement à eux, ils retrouvent la plénitude de leur intelligence et toutes leurs facultés physiques et morales. Jamais on ne croirait qu'ils ont été malades.

L'hystérique est déséquilibrée, elle manque de jugement, de pondération, de convenance ; elle a des idées fixes; elle est impropre à tout travail sérieux; sa volonté est impuissante; c'est une malade sur le chemin de la folie. « Elle ne sait pas, elle ne peut pas, elle ne veut pas vouloir... », dit le docteur Huchard, médecin de l'hôpital Tenon. *(Caractère, mœurs, état mental des hystériques.)*

Les sujets de nos observations sont au contraire pour la plupart remarquables par leur intelligence, qui reste intacte, ni plus ni moins grande qu'elle ne l'était avant, et par la force de leur volonté. (Voyez surtout l'observation IV.) Tous travaillent dans l'intervalle de leurs crises et retrouvent instantanément toutes les facultés.

Le jeune Ernest... (Obs. XIV) est le seul qui dans l'intervalle de ses accès ait présenté quelques bizarreries de caractère, et cependant, son observation par les symptômes extérieurs d'obsession qui la caractérisent et par la prédiction réalisée de la guérison de son petit frère, est une des plus étonnantes et des plus difficiles à expliquer naturellement.

Nous avons emprunté ces principaux traits de la pathologie de l'hystérie principalement aux docteurs Regnard et Richet, parce que leur but principal et avoué était justement de démontrer l'identité de cette maladie avec « ce que les fanatiques et les ignorants appellent encore aujourd'hui la possession diabolique. »

D'autres auteurs se sont attachés surtout à décrire les différents procédés de l'*entraînement hypnotique.* Nous les retrouverons lorsque nous nous occuperons de cet état particulier.

Notons seulement ici que cet entraînement lui-même a été vivement critiqué, que bon nombre le considèrent comme la cause principale de ces phases, beaucoup moins régulières chez les hystériques laissées à elles-mêmes. (Bernheim.)

En transformant ainsi les malades en véritables auto-
mates, sans aucun profit pour leur guérison, ne s'expose-t-
on pas à compliquer leur affection par des phénomènes
complètement étrangers à leur mal et dangereux pour
elles ? C'est absolument notre avis. Si les hystériques de la
Salpêtrière ont quelque ressemblance avec les démoniaques, c'est qu'elles ont été entraînées dans ce sens.

Mais les crises, auxquelles nos adversaires s'attachent de
préférence, ne sont pas tout dans l'hystérie. Pourquoi ne
pas parler de ces stigmates qu'ils ont si bien décrits ? Les
vieux auteurs n'en disent rien ; ils ne les connaissaient pas
plus que nous, lorsque nous avons recueilli nos observations ; mais alors qui peut autoriser les modernes à supposer l'existence de ces phénomènes chez des malades
qu'ils n'ont jamais vus ?

Quant à moi, je n'ai rencontré qu'exceptionnellement,
dans l'intervalle des crises, sur les sujets de mes observations, les affections variées qui caractérisent si bien l'hystérie. Pas d'hyperesthésie, ni d'anesthésie de la peau et
des muqueuses, pas de douleurs ovariques, ni de paralysie
des membres et des viscères. On ne les trouvera qu'accidentellement dans l'observation IV, où Louise... présenta
momentanément des symptômes de paraplégie ; dans l'observation XIII, où la mère de Julie... se plaignit longtemps
d'un point de côté ayant quelque rapport avec le clou
hystérique, et dans l'observation XVII, dont le sujet était
une hystérique avérée. Faut-il voir encore la boule hystérique dans le *bloc* qui rendait le jeune Gustave muet ?
(Obs. X.) Nous le voulons bien. La présence de ces symptômes et des autres stigmates, comme le rétrécissement
du champ visuel, l'altération des mouvements réflexes,
etc., fut-elle constatée chez un sujet, présentant d'ailleurs
des signes certains de possession, ne pourrait en aucune
manière infirmer ce diagnostic. On peut être à la fois hys-

térique et possédé; mais l'absence de tout stigmate prouverait qu'on peut subir la possession sans être hystérique.

Cherchons ensemble, doctes confrères, cherchons sans parti pris, et je serais bien étonné si nous ne trouvions pas un jour ou l'autre la condamnation de vos préjugés.

Remarquez encore, en passant, que la plupart de nos malades sont des petites filles, à l'âge où l'on voit rarement l'hystérie se développer. La moitié n'avaient pas encore atteint la puberté, et elles auraient d'emblée présenté les symptômes les plus graves de l'hystérie ! On ne saurait l'admettre.

De plus aucun de ces sujets n'a eu d'antécédents capables de faire craindre une affection nerveuse, et chez leurs ascendants je n'ai rien découvert qui permette de supposer l'hérédité de l'affection.

Deux fois seulement (Obs. XII et XIII, XIV et XV,) la mère et la fille, le fils et le père furent pris simultanément; mais ils étaient encore des cas isolés au milieu de parents qui n'avaient présenté aucun signe de névrose. Or, d'après le docteur Richer, « dans l'hystérie l'hérédité est la règle.»

Quant aux vices et aux excès, auxquels on attribue avec raison la dégénérescence de la race et les névroses qui en sont la suite, je ne les ai rencontrés qu'une fois chez les ascendants de nos malades. Il est remarquable que presque tous appartenaient aux familles les plus recommandables par leurs mœurs et leur conduite.

Enfin, comme on l'a pu voir dans nos observations, une fois guérie, presque jamais la maladie ne récidive. Ce n'est pas le cas ordinaire dans l'hystérie. La guérison subite des symptômes les plus graves n'est pas rare chez les hystériques. Il n'est pas un médecin qui n'en puisse citer des exemples ; mais en général ces guérisons ne sont pas complètes ; elles ne durent pas, et l'on peut prédire presque à coup sûr que la maladie ne tardera pas à se manifester de nouveau sous une forme ou sous une autre.

Une dernière réflexion. Comment cette hystérie prétendue se rencontre-t-elle chez de jeunes garçons et même chez l'homme adulte ? On admet aujourd'hui que l'homme lui-même peut être atteint de cette maladie ; mais les observations sur lesquelles on s'appuie sont relativement rares, quelques-unes sont critiquables, et la névrose dans plus d'un cas ne saurait expliquer tous ces phénomènes. (Obs. XIV.)

Cependant on a, pour les besoins de la cause, tellement étendu, dans ces derniers temps, le domaine de l'hystérie, que si l'on néglige chez nos malades quelques détails peut-être contestables, nous accorderions volontiers qu'on rattachât, faute de mieux, quelques-unes de nos observations à cette maladie. Les IIme et IXme, dans lesquelles l'imitation semble avoir joué un rôle important, peuvent rentrer dans cette catégorie. Nous ferions même encore assez bon marché de quelques autres, où les phénomènes extra-pathologiques sont moins accusés ; mais il me paraît impossible de les rattacher toutes à la seule hystérie. Notons entre autres les numéros I, III, IV, XI, XIV et XV.

Or les symptômes de ces dernières observations ont avec les premières de telles analogies, de telles affinités, que malgré nous le doute nous poursuit et que nous prions le lecteur de bien vouloir attendre avant de se prononcer.

La plupart des médecins qui se sont occupés des névroses et de l'hystérie, dans ces dernières années, paraissent surtout préoccupés de trouver une explication naturelle à tous les faits extraordinaires attribués couramment à des causes mystérieuses et surnaturelles. De là viennent ces formes frustes, anomales, latentes, périodiques, que l'on peut invoquer à tort et à travers dans tous les cas embarrassants. De là ces recours si fréquents aux stigmates cachés, larvés, intermittents, qui expliquent merveilleusement l'absence des vrais stigmates quand on les cherche.

Nous ne nierons pas ce qu'il peut y avoir de vrai et d'utile dans ces découvertes; mais n'est-il pas à craindre qu'on en abuse, et qu'à l'aide de ces inventions trop commodes, on ait attribué à l'hystérie en particulier bien des phénomènes qui lui sont tout à fait étrangers? Contentons-nous pour le moment de ce point d'interrogation, applicable aux autres névroses presque aussi justement qu'à l'hystérie elle-même. Et s'il y a des cas douteux, n'oublions pas que pour les théologiens, comme pour les médecins croyants, ils resteront douteux, tant que les signes certains de possession demeureront absents.

Notre seul but en ce moment est de noter les différences qui pourraient guider le médecin, même en dehors des signes théologiques. Nous n'attachons à ces remarques qu'une importance secondaire. Nous indiquons la voie à suivre, voie encore hérissée de difficultés. De plus habiles pourront la déblayer.

Mais de grâce soyons sérieux. On ne peut s'empêcher de sourire, quand on voit le docteur Regnard comparer sans vergogne les centaines de coups de bûche que les convulsionnaires de Saint Médard se faisaient appliquer sur le ventre à la compression des ovaires qui fait cesser les crises hystériques dans nos hôpitaux. (V. Regnard, *Les maladies épidémiques de l'esprit.*) Combien ne pourrait-on pas citer de confusions pareilles!

Nous ne pouvons résister au désir d'en citer un exemple, qui nous écartera peut-être un peu de notre sujet, mais qui nous montrera à quelles aberrations la crainte du surnaturel peut entraîner les princes même de la science.

Il ne s'agit rien moins que de la dernière publication du

professeur Charcot : *Faith healing* (La foi qui guérit,) mémoire publié à Londres, en anglais, quelques mois seulement avant la mort du maître.

« On mène grand bruit, dit-il, autour de la guérison des tumeurs et des plaies qui sont, paraît-il, monnaie courante dans le domaine de la thérapeutique miraculeuse : S'il était démontré que ces tumeurs et ces plaies sont aussi de nature hystérique, c'en serait donc fini du miracle. »

S'il était démontré !.... ou si le ciel tombait !.... Pendez-vous tous, salpêtriens de France, on va tuer le miracle, et vous n'y êtes pas ! Plaies et tumeurs nerveuses, cela n'est pas banal. Pas un de vous n'avait trouvé cela.

Voyez-vous d'ici le bon Dieu, de par Monsieur Charcot, réduit à l'impuissance de se révéler, de se faire connaître, de glorifier ses saints, de récompenser ses amis, d'affirmer sa parole et ses commandements, de faire connaître son Eglise ?... Eh bien, non, ne vous pendez pas ; car si jamais le docteur Charcot a tué quelqu'un ou quelque chose, assurément ce n'est pas le miracle. Lui-même est mort dans une auberge de village, et ce n'est pas sa dernière œuvre qui le ressuscitera dans la postérité.

D'abord, en fait de miracle, il n'y a pas que des guérisons. Dieu s'est permis parfois de faire d'autres prodiges, comme les apparitions publiques et privées, le don des langues ou de prophétie, la suspension des lois de la nature, soit cosmiques, soit physiques, etc. Ces merveilles et bien d'autres accompagnent souvent les miracles de guérison et sont garants de leur origine. Quelle prétention de s'imaginer qu'un médecin seul peut en connaître et que « c'en est fini » du surnaturel, parce qu'on croit avoir trouvé une explication plus ou moins acceptable à quelques faits douteux de guérison !

« S'il était démontré, dit le grand professeur, que ces tumeurs et ces plaies sont aussi de nature hystérique... »

— Eh bien, cher maître, cela ne suffirait pas encore à prouver que ces plaies et ces tumeurs soient facilement curables, et que leur disparition ou leur cicatrisation *subites*, *complètes* et *sans récidive*, peuvent s'obtenir naturellement, *sans médication* et *sans crise*.

Vous devriez savoir que ce n'est pas la simple guérison qui constitue le miracle, ce sont les circonstances qui l'accompagnent, et non pas seulement une de celles que nous venons de citer, mais toutes ensemble. Si l'une d'elles faisait défaut, personne n'aurait le droit de crier au miracle.

Enfin, vous n'avez pas sans doute la prétention de dire que toutes les plaies et toutes les tumeurs sont « hystériques de nature. » S'il en existe qu'on puisse véritablement attribuer à cette névrose, elles doivent présenter des caractères certains qui permettent de les reconnaître et de les distinguer. Quels sont ces caractères? Vous n'en citez que deux : 1° On ne trouve ces plaies et ces tumeurs que chez les hystériques et les névrosés, (ce qui ne veut pas dire que toutes les plaies et les tumeurs que présentent les hystériques soient pour cela nerveuses; mais elles peuvent, paraît-il, être modifiées dans leur nature par le tempérament de la malade; si elles ne sont pas hystériques d'origine, elles le deviennent de nature.) Passons condamnation ; c'est le maître qui parle. 2° Ces plaies et ces tumeurs guérissent par suggestion. L'affirmation paraît hardie. Même sortie d'une telle bouche, beaucoup la trouveront très contestable.

Qu'est-ce qu'une plaie nerveuse ? Si cette locution peut avoir en pathologie un sens acceptable, elle ne saurait signifier que deux choses ; ou une solution de continuité intéressant les nerfs et le tissu nerveux, ou une séparation, un déchirement, une décomposition extérieurs et spontanés des différentes parties du corps causés par une altération fonctionnelle du système nerveux. Bien que le docteur Charcot ne donne nulle part une définition bien claire de ce qu'il entend par plaie nerveuse, c'est évidemment à cette dernière catégorie qu'on doit s'arrêter.

Mais alors une altération fonctionnelle du système nerveux capable de causer de semblables désordres ne paraît guère susceptible d'en favoriser la subite disparition. Même en admettant le rétablissement instantané de la fonction, ce qui se produit quelquefois dans les névroses, le malade serait remis dans son état normal, et la restauration des tissus altérés ne saurait se faire que *progressivement* comme elle se fait dans les parties parfaitement saines, séparées ou détruites par un instrument ou par une diathèse quelconque. Théoriquement pas un médecin n'oserait admettre une autre mode de guérison. Pratiquement pas un ne l'a trouvé ni publié. Sans doute le docteur Charcot, pour appuyer une thèse si extraordinaire, va nous donner quelques observations qui nous permettront de juger en connaissance de cause.

Depuis qu'il a passé par la Salpêtrière, on y a découvert tant de choses à peine croyables que nous devons attendre avant de rire ou de critiquer. Un homme de cette valeur qui découvre une affection nouvelle, qui oublie de la définir, qui néglige de la décrire et d'en donner les signes extérieurs, ne manquera pas de citer au moins des exemples qui justifient sa théorie. (*)

Il faut croire pourtant que la clinique de la Salpêtrière, si riche et si remarquable à plus d'un titre, et que ses élèves ont publiée avec un si grand luxe, n'a pu lui en fournir; car

---

(*) Nous ne pouvons admettre comme applicable aux plaies dites nerveuses la description des stigmates chez les extatiques. Il eut fallu d'abord prouver que tous les stigmatisés étaient des hystériques, et le docteur Imbert-Gourbeyre a magistralement fait justice de cette erreur. (V. Imbert-Gourbeyre, *La stigmatisation*, etc., deux volumes chez Vic et Amat, édit.)

il n'en parle pas. Mais, au siècle dernier, Carré de Montgeron, dans son livre conu : *La vérité des miracles opérés par
l'intercession de M. Pâris et autres appelants*, raconte un fait
des plus curieux que le docteur Charcot a retenu et qu'il
rapporte en l'abrégeant, sans trop le défigurer.

Il s'agit d'une demoiselle Coirin, atteinte depuis douze
ans d'un cancer ulcéré. Le 12 août 1731, elle frotte la plaie
avec un peu de terre recueillie sur le tombeau du diacre
Pâris. Dès lors elle s'aperçoit que le sein ne saigne plus et
que le trou *commence* à se reboucher. Cette amélioration
continua si bien, qu'*à la fin du mois*, la malade était complètement guérie. Telle est la déclaration faite par Mademoiselle Coirin, devant notaire, et confirmée par des
témoins sérieux.

Certainement il sera permis de contester le diagnostic.
Un cancer ulcéré qui se prolonge douze années ! Cela ne se
voit pas souvent. Admettons un abcès compliqué de trajets
fistuleux. C'est le diagnostic porté de loin par le docteur
Regnard, élève de Charcot. La description de Montgeron,
nous devons l'avouer, ne permet guère de faire une autre
supposition. Mais le mal alors n'était pas *incurable*, et je ne
vois pas la nécessité de recourir à l'origine nerveuse de la
maladie pour expliquer une guérison *qui met vingt jours* à
se compléter.

Les circonstances qui accompagnent cette guérison, le
milieu où elle s'est réalisée, pourront laisser quelques
doutes sur la simplicité de la maladie et du remède ; mais
il serait difficile, avec les données incomplètes qui nous
sont fournies, de tirer une conclusion pour ou contre une
intervention surhumaine. Sur quelles bases M. Charcot
peut-il appuyer son opinion que cet abcès, cette plaie, ce
phlegmon, ce cancer peut-être, était d'origine nerveuse ?

Mademoiselle Coirin, il est vrai, était paralysée du côté
gauche ; le bras et la jambe étaient atrophiés ; mais les

détails nous font encore défaut, et rien ne nous autorise à croire cette paralysie d'origine hystérique. Le professeur l'affirme parce qu'elle a guéri *presque subitement*. Est-ce suffisant pour en conclure que la plaie était de même nature?

Une affection nerveuse capable de causer la contracture et l'atrophie des membres peut-elle favoriser la cicatrisation d'une plaie ? L'altération fonctionnelle a disparu la première; nous voulons bien le croire, puisqu'un notaire et des témoins l'affirment; ce pouvait être une simple altération de fonction, sans lésion appréciable; mais les désordres bien matériels que cette altération avait causés dans les organes ne devaient-ils pas subsister ? Ils ont duré vingt jours, sans compter la convalescence, après la guérison de la paralysie, et c'est assez pour qu'on ne puisse assimiler leur cicatrisation aux vrais miracles.

Voilà cependant le seul exemple que le grand praticien ait trouvé dans la science, le seul au moins qu'il ait cité. Nous nous trompons; il en indique d'autres en bloc; mais il se garde bien de préciser les faits, de les analyser, de nommer même les acteurs: Les plaies nerveuses, mais rien n'est plus commun... allez à Lourdes; elles s'y donnent rendez-vous. — Je voudrais bien vous croire, ô maître vénéré. Vous y avez été vous-même... sans doute incognito... car les feuilles locales n'ont jamais parlé du bruit que vous auriez causé, si l'on vous y avait reconnu... Et vous en avez vu, des plaies nerveuses... et des tumeurs aussi... Vous les avez palpées, sondées, examinées. En quoi diffèrent-elles des autres? — Elles guérissent par suggestion. — C'est tout ? — N'est-ce pas assez ?

Qu'en pensez-vous, lecteur? Croyez-vous que la suggestion, l'imagination puissent guérir lentement ou subitement une plaie ou une tumeur, même *hystérique de nature?* Le sens commun et l'expérience disent non; les plus chauds partisans des suggestions se reconnaissent impuissants « à tuer les microbes, à crétifier les tubercules, à cicatriser un ulcère de l'estomac... à rétablir une fonction dont l'organe essentiel n'existe plus... » (Bernheim.) Et la suggestion pourrait reconstituer ou réparer un os, un muscle, une muqueuse, la peau, etc., détruits par une plaie ! Et elle le ferait subitement, complètement, sans aucune médication et sans récidive ! Allons, le maître a voulu rire, ou bien il s'est hypnotisé lui-même dans sa terreur ou dans sa haine de tout ce qui dépasse la nature. *Quandoque dormitat.*

Il n'a rien vu de ce qui se passe à Lourdes.

Mais la suggestion ne pourrait-elle agir au moins sur un des éléments morbides ? Quelques hypnotiseurs le pensent.

« La suggestion, dit le docteur Bernheim, attaque la maladie par un de ses éléments, et la suppression de cet élément morbide peut retentir heureusement sur tout l'appareil pathologique dont les éléments sont réciproquement subordonnés les uns aux autres. Et quelle autre chose fait la thérapeutique habituelle ? » (Bernheim, *De la suggestion,* p. 585.) Ici, d'après M. Bernheim et le docteur Delbœuf, (*De l'origine des effets curatifs de l'hypnotisme,*) il s'agirait de la suppression de l'élément *douleur ;* mais si la suggestion n'agit pas autrement que la thérapeutique habituelle, armée de la cocaïne ou des opiacés, elle ne pourra non plus guérir autrement qu'elle. Et si la cicatrisation d'une plaie ou la disparition d'une tumeur ne se peuvent obtenir que par la production de cellules nouvelles ou la transformation des tissus altérés, (phénomènes qui demandent nécessairement un temps plus ou moins long,) jamais la suggestion ou n'importe quelle médication ne pourront les transformer *instantanément.*

Ces guérisons *instantanées* des plaies et des tumeurs, on les rencontre à Lourdes et même ailleurs ; c'est donc qu'à

Lourdes et ailleurs elles proviennent d'une autre cause.

Le docteur Charcot n'est pas plus heureux dans le choix des guérisons de tumeurs « hystériques » qu'il veut bien rapporter. C'est en Amérique qu'il va les chercher :

« Je lisais dernièrement, dit-il, un mémoire fort intéressant du docteur Fowler (*Médical Record*, 15 février 1890.) On y trouvera l'exposé de huit cas dans lesquels il existait dans le sein des tumeurs uniques ou multiples dépassant parfois le volume d'un œuf de poule. » (Ce n'est pas énorme en comparaison des tumeurs ulcérées complètement et subitement guéries à Lourdes ; mais qu'à cela ne tienne.)

« *Plusieurs* des malades consultèrent des chirurgiens célèbres ; *la plupart* de ceux-ci considérèrent, *paraît-il*, l'affection du sein comme étant organique et proposèrent l'ablation de l'organe. Plus avisé que ses confrères, le docteur Fowler soumit ses patientes, *qui étaient toutes hystériques*, (?) à un traitement dont l'élément psychique fit *pour ainsi dire* tous les frais. »

Pour ainsi dire est excellent. Oui ou non, a-t-on employé d'autres médications? Vous ne dites pas non, c'est donc oui. Premier trait qui distinguera les guérisons américaines des guérisons miraculeuses.

« Les tumeurs qu'on avait jugées justiciables de l'instrument tranchant disparurent, *sans trop tarder*. » Elles ont donc eu quelque retard? Sans être trop curieux, je voudrais bien savoir de combien d'heures, de jours, de semaines ou de mois.

Nous pouvons être au moins certains que la disparition ne fut pas instantanée. Seconde différence, qui n'empêchera pas le docteur anglo-français d'ajouter hardiment:

« Si, munies des consultations concluant à une néophasie, à un cancer *peut-être*, les malades s'étaient rendues à un sanctuaire, comment révoquer en doute qu'elles eussent été guéries d'une maladie réputée incurable? Le docteur Fowler connaissait bien chez ces malades l'influence de la *faith healing*, car il nous dit en toutes lettres, *en parlant de l'une d'elles*, et il en était *probablement* ainsi des autres : « Comme toutes les femmes de même tempérament, *elle* « avait une sorte de foi fétichiste en son médecin ordinaire. » (*Ibid.*)

Probablement... peut-être... pour ainsi dire... à ce qu'il paraît... en parlant de l'*une d'elles....* Que de réticences et de suppositions pour un homme si sûr de son fait !

Ce n'était pas la peine d'aller en Amérique pour trouver des tumeurs, « réputées incurables par des chirurgiens très célèbres, » qui guérissent sans recourir à l'instrument tranchant. Au point de vue qui nous occupe, l'instantanéité de la guérison et l'absence de toute médication priment l'incurabilité absolue. La maladie peut-elle guérir subitement ? Si oui, jamais elle ne sera pour le théologien matière à miracle ; si non, c'est au médecin d'expliquer la guérison *subite* qu'on lui présente ; au théologien de juger. Mais opposer aux vrais miracles des guérisons de maux « réputés incurables » qui mettront des jours et des mois à disparaître, fût-ce avec la « foi la plus fétichiste, » c'est se moquer ou faire preuve d'une ignorance impardonnable chez un membre de l'Institut, que tout le monde a cru catholique.

Quant à la *faith healing* et à la suggestion, nous les retrouverons plus tard en étudiant les merveilles de l'hypnotisme.

En résumé l'hystérie n'a de commun avec les possessions diaboliques et les observations que nous avons publiées qu'une sorte de somnambulisme accompagné ou non de convulsions, pendant lequel les sujets perdent ordinairement la conscience de leurs discours et de leurs actes.

8

Cet état, qui chez nos patients paraît constituer toute la maladie, se distingue suffisamment des phénomènes hystériques pour que nous ayons pu noter au passage les caractères qui les séparent.

Convulsions intelligentes d'un côté, automatiques de l'autre. Prodromes et phases distinctes dans l'hystérie, absence de phases et de prodromes chez nos sujets. Stigmates caractéristiques chez les premières, pas de stigmates ordinairement chez les seconds ; santé persistante et parfaite chez ceux-ci, souffrances et troubles fonctionnels variés chez celles-là ; ici les facultés intellectuelles et morales sont intactes, là l'intelligence et le sens moral sont déséquilibrés ; l'hérédité se retrouve constante et caractéristique chez les hystériques, chez les autres, au contraire, nulle apparence d'hérédité. Enfin récidive ou simple transformation des symptômes d'un côté, guérison complète et sans traces de l'autre. N'est-ce pas assez pour conclure que l'hystérie n'entre pour rien ou pour bien peu de chose dans la production des phénomènes qui nous occupent.

Quant aux miracles proprement dits, laissons les plaies nerveuses pour ce qu'elles valent ; tant qu'on n'aura pas d'autres guérisons *subites* ou d'autres merveilles à nous montrer que celles de Lourdes, de Saint-Médard ou des stigmatisés, nous ne verrons dans l'argument du savant professeur qu'une *pétition de principe*, le plus sot de tous les sophismes.

CHAPITRE SEPTIÈME

Hypocondrie

L'hypocondrie confirmée, avec ses fausses sensations, ses hallucinations internes, ses idées fixes, ses impulsions, présente aussi quelques ressemblances avec nos malades. C'est chez elle surtout qu'on trouve ces illusions bizarres qui transforment les mouvements insensibles de nos organes en sensations de tumeurs, de corps étrangers, d'animaux vivants, etc.

L'hpocondrie arrivée à ce point ne se distingue plus guère de la folie que par son début, son tempérament spécial, les troubles imaginaires qui persistent jusqu'à la fin et son pronostic. Les différences que nous avons notées entre les possédés et les fous sont pour la plupart applicables aux hypocondriaques devenus fous. Nous y renvoyons le lecteur.

L'hypocondrie ne guérit guère; elle se développe lentement, progressivement, n'affecte que les adultes; les rémissions sont rares, toujours incomplètes et lentes. Son début seul, sa marche, sa terminaison et surtout la conscience qui n'abandonne jamais le sujet suffisent à différencier cette maladie.

CHAPITRE HUITIÈME

Épilepsie. — Automatisme comitial

L'épilepsie ne paraît guère jouer ici d'autre rôle que celui de symptôme concomitant.

Plusieurs de nos convulsionnaires ont eu dans leurs accès des traits de ressemblance avec les épileptiques ; mais il ne viendra jamais à l'esprit d'aucun médecin sérieux d'identifier les deux cas.

Verra-t-on dans la somnolence initiale ou dans les hallucinations dont nous avons parlé une espèce d'*aura épileptica* ?

L'épileptique a parfois au début de l'attaque une hallucination qui sert d'*aura ;* mais cette hallucination, fréquente dans l'hystérie épileptiforme, est toujours la même et ne fait jamais défaut.

Ce n'est pas le cas de nos observations, dans lesquelles on ne trouvera non plus, ni le coup de foudre du début, ni la chute sur la face, ni la perte subite de la connaissance, ni la morsure de la langue, ni les urines involontaires ; tous symptômes que l'on considère, sinon comme essentiels, au moins comme pathognomoniques dans l'épilepsie.

Signe d'ailleurs absolument distinctif, sans parler des nombreux phénomènes étrangers à l'épilepsie, jamais on ne constatera chez nos malades et chez les possédés la *période comateuse* (sommeil profond), qui termine toujours l'attaque d'épilepsie.

Mais si l'épilepsie classique ne paraît pas pouvoir s'identifier avec les affections variées que nous avons décrites, ne pourrait-on pas lui rapporter au moins quelques-uns des symptômes qui caractérisent ces dernières ?

L'épilepsie se présente parfois sous une forme larvée. Les convulsions si caractéristiques alternent alors avec d'autres phénomènes (absence intellectuelle, hallucinations, sommeil cataleptique ou somnambulique, etc.) qui les remplacent, tout en conservant plus ou moins les caractères de l'*aura* prémonitoire ou de l'invasion brusque, de l'inconscience, de l'amnésie et du coma propres à la maladie.

Il s'est même rencontré, dit-on, des malades chez lesquels ces symptômes concomitants ou *équivalents*, comme dit Charcot, se sont révélés seuls, sans que les convulsions proprement dites se soient jamais montrées.

Le type le plus curieux de cette forme de l'épilepsie serait certainement le nommé Men..., présenté par le docteur Charcot, dans ses *Leçons du Mardi à la Salpêtrière* (le 31 janvier 1888, p. 165, et le 21 février 1889, p. 303.)

Men..., employé à la livraison de marchandises à domicile, et jouissant d'ailleurs de la meilleure réputation, fut tout à coup, sans cause connue, à l'âge de trente-sept ans, soumis à des accès subits de somnambulisme, qui l'entraînaient, des journées entières, à des marches forcées, à la fin desquell.s il se retrouvait parfois à de grandes distances, les chaussures usées et salies, ne conservant de ces pérégrinations que de très vagues et douteux souvenirs.

Dans une de ces courses qui dura près de huit jours, il partit de Paris, vraisemblablement par le chemin de fer, et ne se retrouva qu'à Brest, où, toujours inconscient, il était descendu à l'hôtel, y avait mangé et passé plusieurs nuits, voyageant tout le jour, sans attirer autrement l'attention ou l'étonnement des personnes avec lesquelles il s'était mis en rapport.

D'autres, fois il lui arriva de se livrer dans le même état, à des travaux très compliqués et difficiles, comme de dépendre, de son propre chef, chez son ancien maître, un lustre fort lourd et de le rapporter à la maison de commerce qui l'employait.

Un jour, dans un de ses accès, monté sur l'impériale d'un omnibus qui traversait un pont, il avait sauté dans la Seine avant qu'on put le retenir, et, subitement réveillé, il avait gagné la rive à la nage.

Mais il faut lire dans son entier la relation curieuse et émouvante de ces fugues insensées et des tribulations qu'elles causèrent à la malheureuse victime.

Du reste, « absence des tares héréditaires et du moindre stigmate capable de dénoncer l'hystérie, pas d'antécédents de névrose, pas d'accidents épileptiques vulgaires dans l'intervalle des accès ambulatoires, pas de morsure de la langue, pas d'urination involontaire, etc., etc. ; les accès automatiques sont chez le sujet parfaitement isolés. J'ajouterai même, dit le savant professeur, qu'ils sont, si l'on peut parler ainsi, tout à fait silencieux, tranquilles, exempts, en d'autres termes, de ces manifestations émotives, violentes et bruyantes qui sont un des caractères habituels, presque classiques, des crises comitiales psychiques. » (*Ibid.* p. 309-310.)

Un seul fait paraît justifier le diagnostic de Charcot, c'est l'action des bromures à doses croissantes et prolongées sur la durée et la répétition des accidents ; action rendue plus manifeste encore par le retour des crises après la cessation temporaire de la médication.

Malgré l'aphorisme célèbre sur l'action des médicaments

révélant la nature des maladies, d'aucuns trouveront sans doute le signe assez douteux dans son isolement.

Si l'on compare cependant ce cas extraordinaire aux autres faits d'automatisme et d'amnésie survenus à la suite de chutes, d'accidents, d'émotions vives, etc., qu'on pourrait attribuer à quelque traumatisme cérébral; si surtout on le rapproche des cas d'automatisme précédés ou suivis de véritables attaques d'épilepsie ou d'hystérie convulsive, on ne saurait nier au moins la vraisemblance de l'hypothèse, et sa probabilité dans certains cas.

La théorie des « *équivalences comitiales* » invoquée par Charcot peut donc être acceptée d'une manière générale, car elle est confirmée par les faits : « L'automatisme, comme il le dit lui-même, avec ou sans impulsion à la déambulation, se rencontre pour ainsi dire à chaque pas dans l'histoire du mal comitial. » Mais les observations du savant professeur, bien décidé d'avance à écarter de parti pris tout ce qui pourrait révéler le surnaturel, sont-elles bien complètes ?...

Nous avouerons franchement que notre observation du jeune Gustave... (Obs. X.) laisse, au point de vue de l'épilepsie, quelques lacunes regrettables. Y avait-il chez lui une véritable alternance entre les accès de somnambulisme et les attaques d'épilepsie ? Pouvait-on considérer ces deux états comme des « équivalents, » suivant les idées de Charcot ? Les notes sur lesquelles j'ai rédigé cette observation sembleraient plutôt contredire cette hypothèse. Non seulement les convulsions se montraient pendant les accès de somnambulisme, sans rien changer à l'état du malade ; mais elles cessaient complètement lorsqu'il était en condition première, dans son état normal. On hésitera toujours à rapporter à l'épilepsie un automatisme qui dure plusieurs mois, avec des nuits normales et disparaît sans laisser de traces.

Quant au jeune Ernest... (Obs. XIV,) dans l'observation duquel on trouve aussi quelques symptômes imputables au *mal des comices*, l'épilepsie et n'importe quelle maladie seraient bien incapables de produire les bruits et les mouvements insolites qui se passaient dans la maison, et d'expliquer la prophétie si complètement réalisée de la guérison d'un enfant de deux ans. De pareils fait bien constatés tranchent la question.

Peut-être pourrait-on trouver une distinction entre l'*automatisme pathologique ou traumatique* et la *condition double* que nous avons décrite, dans ce fait que l'automatisme vrai ne s'écarte guère des habitudes du sujet et lui conserve sa personnalité ; tandis que la condition double proprement dite se caractérise le plus souvent par des actes très opposés aux idées, aux occupations, aux mœurs habituels du patient et semblent l'œuvre d'un étranger. Ce point mérite d'être étudié.

CHAPITRE NEUVIÈME

Chorée simple et Tics nerveux

Les mouvements désordonnés et conscients de la chorée, l'agitation continuelle qui la caractérise et ne cesse que pendant le sommeil, n'ont aucun rapport avec les mouvements réguliers et si précis qu'on rencontre chez nos malades. L'inconscience qui accompagne ceux-ci presque toujours suffirait seule à les différencier.

Mais quelques médecins, faute de mieux, ont encore attribué à la chorée différents tics ramenant, à des intervalles irréguliers, des mouvements brusques et involontaires qui simulent en les exagérant certains mouvements physiologiques : occlusion rapide des paupières, comme pour protéger les yeux contre l'invasion de corps étrangers, subite et bruyante expiration nasale, comme si l'on voulait expulser du nez un corps gênant qui s'y serait engagé, grimaces ou gestes variés et ridicules répétés sans raison et sans provocation, certains bruits laryngés, hoquet, aboiement ou cris d'animaux, quelquefois même des mots, des phrases articulés, etc. Mais, chose bizarre, dans ce cas, presque toujours ces sortes d'interjections se traduisent par un juron, un blasphème, un mot grossier ou ordurier. A tel point que M. Gilles de la Tourette a cru pouvoir caractériser ce tic extraordinaire par le nom de *coprolalie* (langage ordurier.)

La marquise de X..., dont Itard a rapporté l'histoire en 1825, criait, involontairement bien entendu, au milieu

d'une phrase qu'elle continuait ensuite sans s'arrêter :
« F..tu cochon, m..de, nom de D... ! »

Une jeune fille très bien élevée et fort instruite, dont le
professeur Pitres a communiqué l'histoire à Charcot,
laissait échapper bruyamment les mots qui suivent: « Va-
t'en, imbécile. N.. d. D.... F..tre, m..de ! »

Un jeune enfant, qu'on a pu voir à la clinique de la Salpêtrière, répétait aussi à chaque instant : « M..de, cochon,
imbécile ! »

Ces différents tics se produisent toujours par des secousses assez semblables à celles que provoquerait une décharge
électrique. Ils n'ont aucun rapport avec les gesticulations
lentes et permanentes de la chorée si bien décrite par
Sydenham. Le docteur Charcot les en sépare avec raison :
« Entre le tic et la chorée, dit-il, il y a un abime. » *(Leçons
du Mardi,* 1ʳᵉ leçon, p. 14.)

On aurait tort aussi, d'après le même auteur, de rattacher le tic à l'hystérie ; « Ce sont des choses totalement
différentes et il suffirait déjà pour établir une distinction,
de relever que le mouvement des tics survient inopinément,
à des intervalles très inégaux, et qu'on n'y constate pas par
conséquent le rythme et la mesure qui marquent souvent
quelques phénomènes hystériques. » (*Ibid.* p. 15.)

Le docteur Charcot est porté à croire que la coprolalie
n'est le plus souvent que de l'écholalie, répétition involontaire des mots autrefois entendus, phénomène que l'on
rencontre dans certaines affections cérébrales ; mais ordinairement pour des mots et des syllabes qu'un interlocuteur vient de prononcer.

Le maître insiste pour qu'on recherche avec attention,
chez ces malades, les *stigmates psychiques* (comme les
appelle M. Magnan dans son enseignement,) qui pourraient

les « placer dans la catégorie des dégénérés, ou, autrement dit des désiquilibrés. »

Les tiqueurs, selon lui, les grands tiqueurs principalement « seraient placés sous le régime mental des idées fixes, obsédantes, impulsives, » qui les rapprocheraient de la folie. « Chez les sujets, le tic moteur serait doublé d'un tic d'idée. » (*Ibid.* p. 16.)

Les exemples que cite le docteur Charcot à l'appui de son opinion semblent en effet lui donner raison, au moins dans certains cas.

D'autres ont pensé, lorsque la coprolalie est accompagnée de tics moteurs et douloureux, qu'elle pourrait résulter de l'habitude prise au début de prononcer ces mots orduriers ou ces interjections impies chaque fois que le tic se reproduisait.

Toutes ces explications plus ou moins ingénieuses paraissent peu satisfaisantes, et très insuffisantes dès qu'on essaye de les appliquer à la généralité des faits.

Quelle que soit l'opinion qu'on préfère, si l'on veut rapprocher du tic pathologique les cris d'animaux et les blasphèmes grossiers si souvent observés chez nos malades et chez les possédés, outre l'*absence des stigmates psychiques* décrits par le docteur Magnan, je crois qu'on pourrait encore invoquer pour les distinguer l'*absence du soubresaut* si caractéristique chez les tiqueurs, l'*inconscience* de la plupart des possédés, et cependant l'*à-propos* de leurs exclamations presque toujours provoquées par la présence d'objets bénits ou de personnes pieuses. Notons aussi chez nos malades la présence des symptômes concomitants et caractéristiques qui n'accompagnent jamais le simple tic.

L' « abîme » creusé par ces différents signes entre le tic pathologique et les vociférations démoniaques vaut bien assurément celui qui sépare le simple tiqueur du choréique.

C'est à tort que l'on applique communément à la chorée simple le nom de *Danse de Saint Gui*. Cette appellation ne convient en réalité qu'à la grande chorée, qui fit venir au moyen-âge, de tous les points de l'Europe, des milliers de malades au tombeau de ce saint, où ils trouvaient la guérison. (V. le Dr Roth, *De la musculation irrésistible.*) Nous lui consacrerons plus loin une étude particulière, à propos de l'acrobatisme avec lequel elle se confond.

CHAPITRE DIXIÈME

Somnambulisme naturel et grande Chorée

Nous voici enfin en présence d'une névrose qui se rapproche davantage par sa marche et par ses symptômes des affections mystérieuses qui nous occupent.

Le somnambulisme naturel, ou plutôt *spontané*, ainsi qualifié pour le distinguer du somnambulisme artificiel ou *provoqué*, qui mérite une étude à part, est une névrose caractérisée par un sommeil morbide, pendant lequel le malade parle, agit, tombe en extase ou en convulsions, et ne conserve aucun souvenir de ce qui se passe pendant les accès.

Le docteur P. Jousset distingue dans cette maladie quatre formes principales :

1° Le somnambulisme proprement dit ;

2° Le somnambulisme convulsif ;

3° Le somnambulisme cataleptique ;

4° Le somnambulisme acrobatique ou la grande chorée du quinzième siècle.

§ I. *Somnambulisme proprement dit.*

Cette variété du somnambulisme est caractérisée par l'exécution, pendant le sommeil, d'actes de la vie intellectuelle ou animale, qui ne laissent aucun souvenir, et, dans l'état de santé, ne se produisent que pendant la veille.

Cette variété survient toujours pendant le sommeil naturel ; c'est le caractère qui distingue cette forme du somnambulisme cataleptique, de la grande chorée et de l'hypnotisme dont nous parlerons plus tard.

Nous croyons devoir ajouter un autre signe qui appartient aussi aux deux formes suivantes, mais non à la quatrième ; c'est que, dans les accès, le malade conserve ordinairement sa personnalité et ne présente jamais le phénomène de *double condition* si remarquable dans la forme acrobatique et dans l'hypnose.

« Au milieu du sommeil le malade se lève, marche avec sûreté dans l'obscurité la plus profonde, souvent les yeux fermés ; il monte et descend les escaliers, ouvre les portes, va au loin, monte à cheval, quelquefois passe par des endroits périlleux et toujours avec plus d'audace et d'adresse que dans l'état de veille... D'autres fois, le malade écrit et se livre à un travail intellectuel qui dénote une grande surexcitation cérébrale... Plus rarement il parle, soit spontanément, soit lorsqu'on l'interroge, et ses discours comme ses écrits témoignent d'une certaine supériorité relative à ce qui existe pendant l'état de veille. Cette supériorité existe surtout pour deux facultés, l'*imagination* et la *mémoire*. Ainsi le malade se rappelle des langues dont il a perdu l'usage ou des morceaux autrefois appris par cœur. Souvent il lui arrive d'*improviser en vers* ou en prose, et toujours dans un style qui ne lui est pas habituel en dehors des accès. » (Jousset, *Eléments de médecine pratique.*)

Nous nous permettrons de douter que ce phénomène de l'improvisation en vers se produise d'une manière bien accusée dans le somnambulisme proprement dit.

L'*improvisation en vers* ne se manifestera jamais que chez un sujet bien au fait de la versification. Il est probable alors que la mémoire joue dans ce phénomène un rôle supérieur à celui de l'intelligence créatrice.

En somme, comme le dit très bien l'abbé Schneider, dans son livre sur *L'hypnotisme*, le somnambulisme n'est qu'un « *rêve en action.* » Il ne diffère du rêve que par la surexcitation morbide qui pousse le sujet à mettre en acte les divagations de sa mémoire et de son imagination, échappées au contrôle de la raison. Il est cependant remarquable que les divagations sont généralement moins prononcées et moins absurdes dans le somnambulisme que dans le rêve, quoique elles reconnaissent les mêmes causes.

(a) *Causes personnelles*, du côté de l'âme ; préoccupations habituelles, souvenirs favoris, secrètes alarmes, pressentiments; du côté du corps : troubles, gêne, douleurs locales.

(b) *Causes externes :* sensations venues du dehors, suggestions et direction données par les hommes, «les démons ou les anges. » (Saint Thomas.)

Comme signe distinctif de l'espèce d'aliénation mentale qui se produit quelquefois dans le somnambulisme, on notera que les hallucinations revêtent alors de préférence la forme de l'illusion.

C'est ainsi que Negretti, valet du signor Augustini, tous deux somnambules, allait parfois au devant de son maître, muni d'une torche éteinte, ou d'une bouteille, pour l'éclairer.

Le vieux sergent du docteur Mesnet prenait pour un fusil une simple canne.

Un séminariste, dont Maine de Biran a raconté l'histoire, ramenait sur le bord d'un torrent traversé à grand'peine son oreiller qu'il soignait ensuite comme un petit enfant sauvé par lui de l'inondation.

Nous avons déjà remarqué l'absence de ces *illusions* chez nos malades et chez les possédés. Leurs hallucinations sont en général des sensations purement internes, dans lesquelles les objets extérieurs ne sont pour rien, à moins que ces sensations ne soient vraiment objectives et causées par des êtres réels, dont la présence a pu être constatée plus d'une fois, soit par leurs actes, soit par leur apparition à plusieurs personnes à la fois.

Au dire de Bertrand, « chez le somnambule l'analgésie est à peu près complète. » Cette affirmation est exagérée. En réalité, les diverses sensibilités sont tantôt exaltées, tantôt diminuées, tantôt perverties, soit partiellement, soit totalement. (Schneider.) Nous avons constaté cette analgésie partielle chez Clémence, (Obs. I) qui, à la suite de ses gambades et de ses sauts, ne se plaignait de douleurs dans les pieds qu'en sortant de sa crise.

« L'activité du somnambule n'est surexcitée que sur un certain ordre de faits, d'actes, qui se rattachent précisément au rêve dont il est occupé... Il y a confiscation de toute l'activité au profit d'*une idée*... il dort pour tout ce qui n'est pas l'objet de son rêve... l'esprit perd la faculté de percevoir un certain nombre de choses à la fois, il se concentre... sur un seul objet. S'il y a exaltation de certaines fonctions nerveuses, c'est aux dépens d'autres ; il y a anesthésie en différents points, parce qu'il y a hyperesthésie sur d'autres. » (Despine, *Etude scientifique sur le somnambulisme*).

C'est par cette concentration, ce *monoïdéisme*, que les psychologues expliquent l'audace et l'adresse des somnambules engagés dans les endroits les plus périlleux. Ils ne voient pas le danger. Pour eux, ni éblouissement, ni vertige.

C'est sans doute le même état qui les empêche de voir certains objets, comme les lampes qui éclairent un appartement dans lequel ils ne peuvent se conduire et agir qu'avec la seule lumière qu'ils ont allumée.

Témoin cet étudiant en pharmacie, nommé Castelli, qui s'en allait en tâtonnant rallumer à la cuisine sa chandelle qu'on avait soufflée, sans s'apercevoir qu'il était encore éclairé par les chandelles des témoins. (A. Bertrand, *Traité de Somnambulisme.*)

Est-ce aussi, comme le voudrait l'abbé Schneider, ce monoïdéisme, « excluant toute association collatérale d'une représentation avec d'autres faits psychiques, » qui produit l'*oubli*, au réveil, de ce qui s'est passé dans le somnambulisme, bien que le *souvenir* en revienne dans les accès suivants ? Les exemples de ce double phénomène sont fréquents. Le somnambule, qui ne se doute pas au réveil de ce qu'il a fait dans sa crise, reprend la suite de son rêve dans les accès suivants et continue le travail commencé.

Le docte abbé appuie son opinion sur une explication ingénieuse donnée par M. P. Janet à propos de l'hystérie.

« Pour qu'il y ait, dit-il, impression sur un sens, il est nécessaire que l'organe de ce sens soit dans tel état, et pour qu'il y ait souvenir de cette impression, il est nécessaire que l'organe soit remis dans un état analogue ; la même fibre qui, vibrant au premier accès, a déterminé l'apparition de telle image, replacée dans les mêmes conditions par le deuxième accès vibrera de nouveau et de même manière, et déterminera la réapparition de la même image. » (Citation de Schneider, *L'hypnotisme*, p. 172.)

Nous reproduisons cette hypothèse parce qu'elle serait également applicable à nos malades ; mais après tout ce n'est qu'une hypothèse, exposant d'une façon plus ou moins plausible un mécanisme peut-être acceptable, mais nullement prouvé et contredit par certains faits.

M. A. Lemoine prétend que « si les rêves ordinaires naissent plus particulièrement dans le dernier sommeil, les accès somnambuliques, au contraire, se présentent presque aussitôt après l'assoupissement, et sont séparés du réveil par un sommeil long et immobile. » De là l'oubli.

L'abbé Schneider, qui trouve avec raison cette explication insuffisante, aussi bien que celle qu'il avait d'abord
formulée, en donne-t-il une meilleure en disant : « Que si
le somnambule oublie les péripéties de son accès, comme
le dormeur les chimères de son rêve, cela n'a rien d'étonnant, puisque, éveillés, nous oublierons tout à l'heure ce
que nous disons et pensons actuellement ; l'oubli, dit-il,
est un phénomène normal journalier. »

Il ne faut pourtant pas confondre toujours les phénomènes normaux avec ceux qui se produisent en dehors des
règles ordinaires et les croire de même nature. Sans doute
l'oubli est un phénomène journalier, mais on en peut dire
autant du souvenir. Ce qui distingue l'oubli normal de
l'oubli chez le somnambule, c'est que le premier est accidentel et quelquefois dépend de notre volonté, tandis que
le second est fatal. L'abbé Schneider constate le fait, sans
s'embarrasser de ses anomalies. Elles ne sont pas indifférentes.

Concluons donc que le somnambulisme existe, que ses
symptômes caractéristiques, dans sa forme ordinaire, se
rapprochent assez des phénomènes physiologiques et pathologiques connus, pour qu'on n'ait pas même l'idée de
lui substituer un agent mystérieux ou surnaturel que
rien d'ailleurs ne fait ordinairement pressentir.

Toutes les fois que nous rencontrerons le somnambulisme dégagé des phénomènes surnaturels, dont nous
indiquerons plus tard les caractères, nous devrons le
considérer comme une simple névrose.

Cependant, il ne faut pas oublier que saint Thomas et
les Pères de l'Eglise, d'accord avec les livres saints et la
tradition, n'hésitent pas à reconnaître que les rêves sont
quelquefois provoqués et modifiés par les esprits bons ou
mauvais. Les théologiens se sont même attachés à donner
de ces influences les caractères particuliers et distinctifs.

Cette opinion n'est pas à négliger, surtout si le somnambulisme s'accompagnait de phénomènes au moins douteux de possession. Certaines guérisons de cette névrose obtenues par de simples pratiques de piété, alors que jusque-là tous les remèdes de la médecine étaient restés impuissants, ne laissent pas de justifier cette croyance.

Nous avons connu un prêtre somnambule, professeur dans un pensionnat, qui se relevait assez souvent pour parcourir l'établissement, travailler ou jouer du piano, au grand ébahissement de ses collègues et des élèves. A la suite d'un pèlerinage à N.-D. de Liesse, il fut plusieurs années sans accès.

Etait-ce une grâce ou une suggestion déguisée ? Cette dernière explication ne saurait être invoquée dans le cas suivant :

Il y a quelques années, j'avais reçu à l'hôpital, pour une affection de peu d'importance, une jeune fille qui chez ses parents avait de nombreux accès de somnambulisme. Les premières nuits qu'elle passa dans nos salles, elle se leva dans son premier sommeil et se promena, l'air égaré, entre tous les lits, au grand effroi de ses compagnes. Chaque fois on la reconduisit non sans peine à sa couche, où elle se rendormit tranquillement, sans conserver à son réveil le moindre souvenir de ses excursions.

Une religieuse, sans lui parler de son dessein, lui fit cadeau d'une médaille bénite de saint Benoît, que la malade mit à son cou. Dès le premier jour, les accès disparurent. Je ne sais s'ils sont revenus.

Le somnambulisme naturel n'est pas toujours sans danger. Des accidents se sont produits dans ces pérégrinations inconscientes ; mais ils sont rares et quelques-uns laissent des doutes sur la réalité de la névrose qui les aurait produits.

On a noté même de véritables tentatives de meurtre ou de suicide :

Dom Duhaguet, prieur de Pierre Châtel, un soir qu'il ne s'était pas couché à l'heure ordinaire, vit entrer dans sa chambre un moine somnambule, armé d'un grand couteau. Sans voir le supérieur assis près de la table, le malheureux s'en fut tout droit plonger son arme à trois reprises dans le lit resté vide. Un fait semblable est raconté dans la vie de M. Emery.

L'abbé Schneider cite même d'autres somnambules qui furent plus adroits :

Bernard Schidmaizig qui tua sa femme, au dire de Hoffbauër ; Fraser, cité par Hack Tuke, qui fit mourir son fils.

De son côté le docteur Mesnet raconte les émouvantes tentatives de suicide d'une malade, qui faillit se pendre en état de somnambulisme, après avoir écrit une lettre d'adieu à sa famille. Dans les accès suivants, elle préparait un verre d'eau dans lequel elle jetait quelques sous, écrivait de nouveau pour annoncer sa résolution, et finalement, le dernier jour, jetait à terre l'eau sucrée qu'on avait substituée à l'autre, et achevait sa lettre en demandant pardon d'une faute si grande aux yeux de tous et aux siens.

Plusieurs de nos malades ont accusé la même tendance. Il va sans dire que ces faits en eux-mêmes n'ont rien qu'une maladie quelconque ne puisse expliquer très naturellement. Les circonstances seules et les symptômes concomitants peuvent donner l'éveil.

Mais jusqu'à présent les médecins incrédules sont incapables de fixer les limites qui séparent les phénomènes naturels et surnaturels ; ils ne les ont jamais cherchées ; ils ne veulent pas croire.

Depuis le malade qui s'assied dans son lit et répond

quelques mots, jusqu'à celui qui escalade les murs, va au loin, écrit, compose, *prophétise, voit à distance*, etc., combien de nuances ne pourrait-on pas observer? Nous ne sommes pas encore en mesure de les juger.

§ II. *Somnambulisme convulsif.*

« Cette forme est caractérisée par des accès de convulsions cloniques générales, qui ont la plus grande ressemblance avec les grandes attaques d'hystérie ; mais qui s'en distinguent en ce qu'elles se produisent toujours pendant le sommeil, sans prédominence d'un côté à l'autre. » (Jousset, *Ibid.*)

Ces convulsions se différencient de celles de nos malades par leur automatisme inintelligent, complet et persistant. Elles s'en rapprochent, comme les autres variétés du somnambulisme, par l'oubli de ce qui s'est passé dans les crises.

§ III. *Somnambulisme cataleptique, ou catalepsie*, (extases.)

La catalepsie est caractérisée par un sommeil morbide, pendant lequel les malades, sans connaissance et insensibles à toute espèce d'excitation, sont dans une immobilité complète et gardent indéfiniment les positions communiquées. C'est un symptôme assez commun dans l'hystérie, dans la folie et même dans certaines maladies aigües.

Nos malades n'ont jamais présenté qu'une catalepsie très incomplète. On la rencontre plus souvent chez les démoniaques, pendant l'*extase diabolique*.

Ce qui distingue cette dernière de la catalepsie pathologique, c'est que chez les possédés et surtout les sorciers, elle s'accompagne ordinairement de visions fantastiques (incubisme ou sabbat), *dont le souvenir persiste après la crise.*

C'est cette même extase cataleptique (fausse extase) que
les médecins incrédules ont si souvent confondue volontairement avec l'extase de source divine dont certains
saints ont été favorisés.

Physiologiquement, l'extase de source divine se distingue
de la catalepsie par la *rigidité des membres*. (Imbert-Gourbeyre, *La stigmatisation, l'extase divine et les miracles de
Lourdes*, tome II, p. 254.) Cette rigidité contraste avec la
souplesse relative que gardent les somnambules catalepti-
ques. Moralement, outre la *persistance de la mémoire et de
la conscience*, on trouve chez les saints, dans l'intervalle des
crises, l'équilibre parfait et constant des facultés intellectuelles, la haute raison et la sublimité des révélations, l'or-
thodoxie de la doctrine jointe à une vie irréprochable.
Mais il ne faut pas moins se méfier grandement de la fourberie et de l'ingérence possible des mauvais esprits.

Aussi le cardinal de Laurea, cité par Benoît XIV, disait-
il : « Quand il est question de canoniser un saint, on ne
tient pas compte des extases, à moins qu'elles ne se présentent avec quelque prodige évidemment surnaturel, »
comme serait la suspension éthérée, l'éclat lumineux du
visage et d'autres signes non douteux de l'intervention
divine.

Ce qui n'empêche pas M. A. Maury, qui ne voit dans
l'extase que les symptômes extérieurs et confond toutes
les espèces, de dire que « les théologiens ont regardé
l'extase comme l'une des faveurs les plus signalées qu'ait
jamais accordées le Créateur à la créature, et que Rome a
mis au nombre des saints la plupart de ceux qui l'ont
éprouvée. »

Un certain nombre de saints ont effectivement éprouvé
des extases ; mais ce n'est pas à cause de ce phénomène
qu'ils ont été canonisés. L'extase proprement dite n'est
pas un signe de sainteté ; c'est au contraire la sainteté qui
caractérise l'extase *divine*.

Une extase *purement extérieure*, et qui ne laisse aucun souvenir de l'extase *intérieure et intellectuelle*, est très probablement une simple catalepsie, même lorsqu'elle s'accompagne de discours plus ou moins sensés, mais inconscients.

Quant à l'*extase diabolique*, qui elle aussi s'accompagne parfois de l'oubli au réveil et de la rigidité des membres, elle se distingue alors des extases pathologiques et des extases divines par des caractères bien tranchés que nous étudierons plus tard avec les signes théologiques de la possession. Le plus souvent la mémoire persiste, comme dans l'extase divine ; mais son objet, ses causes et ses suites sont très différents.

Il existe encore une autre extase toute naturelle que nous mentionnerons pour mémoire ; car on ne la confondra jamais avec les précédentes. C'est celle qu'on pourrait appeler l'*extase d'attention*, celle d'Archimède ou d'un savant quelconque absorbé par la solution d'un problème qui le passionne, celle du premier venu, captivé subitement par un spectacle qui le ravit. Ces individus en arrivent assez facilement à l'immobilité et à l'aliénation des sens, comme dans un sommeil profond ; aliénation toute naturelle dont le sujet garde le souvenir et dont il reconnaît la cause.

§ IV. *Somnambulisme acrobatique, acrobatisme, corybantisme,*

danse de Saint Gui, grande chorée, chorée saltatoire,

musculation irrésistible, etc.

Toutes ces appellations sont synonymes.

Quelques médecins, peu satisfaits des tentatives de leurs confrères, pour assimiler certains aliénés aux fous, aux hystériques, aux névrosés en général, dont ils diffèrent essentiellement, ont trouvé plus logique d'en faire une espèce à part, sous un vocable particulier.

Cette classification est un progrès; elle serait même absolument acceptable, si les auteurs, au lieu de supprimer comme toujours les phénomènes embarrassants, pour faire entrer les possessions et les révélations divines dans le cadre tracé par eux, s'étaient contentés de retenir les observations que la pathologie peut expliquer.

A côté des possessions certaines et douteuses ou des extases divines, se trouvent un bon nombre de faits, qui, malgré leur analogie, n'ont aucune raison d'être confondus avec ces états d'origine surnaturelle, et peuvent très bien constituer une espèce morbide.

Malheureusement les auteurs qui se sont occupés de cette maladie n'ont guère cherché qu'à compiler des faits étranges, quelle qu'en soit la cause, et n'en ont tiré qu'une synthèse très incomplète et très confuse. Presque tous sont distraits de l'étude sérieuse de la maladie par les tours d'acrobate qui les étonnent, et qu'ils décrivent minutieusement. Très peu s'occupent des causes occasionnelles, du commencement et de la fin des accès, de la succession des symptômes et des rapports qui peuvent exister entre cette affection, les névroses connues et les possessions.

Le docteur Jousset, en rattachant ces faits au somnambulisme, a fait œuvre de pathologiste sérieux. Nous ne pouvons mieux faire que de donner *in extenso*, en y ajoutant quelques réflexions, la description malheureusement trop concise qu'il en a faite. Le lecteur jugera jusqu'à quel point elle correspond à nos observations et en quoi plusieurs d'entre elles s'en écartent.

« Cette espèce morbide, dit le docteur Jousset, est caractérisée : 1° par un sommeil pathologique qui marque le début des accès et rattache cette maladie au somnambulisme ; 2° par des accès pendant lesquels les malades sont pris, non de convulsions, mais de *mouvements parfaitement coordonnés*, extrêmement violents et rapides ; mouvements de danse, de culbute, de sauts semblables à ceux des acrobates. Le sommeil magnétique est expressément noté dans les observations de Kerner et de Dever. (Obs. 64 et 66 de Roth, *De la musculation irrésistible.*) » Cette influence du magnétisme sur la maladie est à retenir.

Nous serions tentés d'ajouter aux deux caractères donnés par le docteur Jousset un troisième signe ; c'est la tendance générale de presque tous les sujets à présenter le phénomène de la *condition double* plus ou moins accusée.

Une remarque encore qui n'est pas sans importance, c'est que cette forme de somnambulisme ne se montre presque jamais la nuit ; elle se produit le plus souvent dans la journée, au milieu des occupations ordinaires. Il y a cependant des exceptions ; mais le sommeil qui précède les accès est toujours *sui generis* et très différent du sommeil de la nuit avec lequel il ne se confond jamais. (V. Obs. I.)

« L'accès débute par la lourdeur de tête, la lenteur des réponses ; le regard devient vague, puis les yeux se ferment, la face se colore légèrement, la tête s'incline sur l'une des épaules ou sur la poitrine, le corps s'affaisse, la respiration s'accélère, le sommeil est profond ; puis, après quelques minutes de ce sommeil, tout à coup le malade se lève, et, avec une agilité surprenante, s'élance sur le haut d'un meuble. Il se livre aux sauts les plus extravagants ; puis, se jetant à terre et s'y tenant étendu, il roule avec rapidité d'une extrémité de la chambre à l'autre, et, après quelques minutes de cet exercice, il se relève tout d'une pièce, comme mû par un ressort ; alors il se renverse en arrière, ne touchant terre que par les pieds et le sommet de la tête, ou bien il prend une position inverse ; quelquefois dans cette position, ou en équilibre sur un pied, il tourne avec

une rapidité vertigineuse; enfin le corps s'affaisse de nouveau, puis l'accès cesse, sans laisser aucun souvenir au
malade, qui seulement reste brisé et courbaturé de tous
ces mouvements. Sauf la fatigue, l'appétit et le reste de la
santé semblent conservés. » (P. Jousset, *Eléments de médecine pratique.*)

Le docteur Jousset oublie dans cette description suc-
cincte plusieurs variétés qui cependant méritent d'être
notées : la *grimpade*, ou l'impulsion à monter aux arbres
et contre les murs, la *danse rythmée* et l'*imitation des cris
et des mœurs de certains animaux.*

Notons encore qu'au milieu de ces actes difficiles à
expliquer par une simple idée somniale, se produisent
souvent des *colloques* ou des discours somnambuliques,
des *vues à distance* et des *prophéties* (Obs. XIV), qui semblent sortir complètement de l'ordre naturel.

La fatigue elle-même dont parle le docteur Jousset fait
souvent défaut, et non seulement les forces et la santé,
mais l'intelligence elle-même conservent leur intégrité ;
caractère important qui distingue l'acrobatisme des autres
névroses et en particulier de l'hystérie, dont la période de
clownisme a quelque ressemblance avec cette affection.
Les stigmates particuliers et les troubles intellectuels et
moraux qui suivent les hystériques jusque dans l'intervalle
des crises les feront toujours reconnaître.

Le lecteur aura sans doute remarqué la ressemblance de
ces danses et de ces mouvements giratoires avec ceux des
fakirs et des marabouts si justement soupçonnés de possession. Ce qu'il y a de certain, c'est qu'on les trouve
décrits dans presque tous les procès verbaux d'exorcisme.
Jamais pourtant ils n'ont été considérés comme un signe
certain de l'intervention diabolique, et si l'on n'avait
eu sous les yeux que des sujets atteints de ces seuls

symptômes, jamais en aucun temps, ni médecins ni théologiens n'eussent pensé à en faire autre chose qu'une maladie.

Malheureusement, à cette danse souvent épidémique, comme la fameuse chorée qui fit courir au xvme siècle tant de pèlerins au tombeau de saint Gui, comme les rondes des tailleurs et des cordonniers allemands, vers la même époque ; à ces grimpades dont les possédés de Morzine ont donné récemment de si curieux spécimens (V. de Mirville, *Des Esprits*, t. III, et Hippolyte Blanc, *Le merveilleux dans le Jansénisme... l'épidémie de Morzine*, etc., p. 279) ; à ces cris d'animaux que nous avons retrouvés chez quelques-uns de nos malades, s'ajoutaient le plus souvent des actes et des symptômes plus difficilement explicables.

Se contentera-t-on des raisons de Calmeil qui ne voit dans la *fureur dansante* des cordonniers qu'un effet « de la jeunesse qui se passionne pour le bal et les fêtes ? » (Calmeil, *Folie*, t. II, p. 159.)

« Singulière chose, dit à ce propos M. de Mirville, que les cordonniers et les tailleurs de ce temps-là aient été tous assez jeunes pour que tous leurs *systèmes nerveux sensitifs fussent en même temps entraînés vers les mêmes fêtes !* » Et quelles fêtes, grand Dieu, « dont l'idée vint subitement à dix-neuf d'entre eux, en traversant un cimetière !... Du reste, costumes légers, calqués avec une grande fidélité archéologique par ces mêmes cordonniers sur les simples guirlandes des bacchantes et des anciens Galles; voluptés singulières se terminant souvent par les fureurs du suicide ! » (de Mirville, t. II, p. 160 et 191.)

Adoptera-t-on plus volontiers la seconde invention de Calmeil, peu satisfait lui-même de sa première explication: « un œstre, un insecte » qui pique et fait sauter ses victimes... telle semaine et tel jour tous les cordonniers, tel autre jour tous les tailleurs...? Quelle plaisanterie !

Revenons au somnambulisme qui restera toujours l'explication naturelle la plus acceptable pour les faits ordinaires.

Il nous reste à parler de cette fameuse *condition double* qui a tant exercé la sagacité des auteurs, dans ces dernières années, et dont nous avons nous-même raconté quelques exemples inédits.

« Par des retours spontanés, périodiques et prolongés du sommeil, l'existence bascule entre deux états très distincts, et pour les observateurs et pour le sujet lui-même. Celui-ci présente des allures, un langage, un caractère tout différents, suivant qu'il est éveillé ou somnambule.» (Schneider, *L'hypnotisme*, p. 59.)

Quelquefois même ce dédoublement de la personnalité, au lieu d'être successif, est simultané : « Le personnage numéro un s'entretient avec X et Y, pendant que le personnage numéro deux répond par écrit aux questions de Z. Ce phénomène tératologique est très fréquent chez les médiums spirites... » (*Ibid.*)

N'oublions pas cette circonstance.

La même particularité avait déjà été signalée par M. Taine : « Il y a une personne qui, en causant, en chantant, écrit, sans regarder son papier, des phrases suivies et même des pages entières, sans avoir conscience de ce qu'elle écrit. A mes yeux sa sincérité est parfaite ; or, elle déclare qu'au bout de sa page elle n'a aucune idée de ce qu'elle a tracé sur le papier; quand elle le lit, elle est étonnée, parfois alarmée... Certainement on constate ici un dédoublement du moi, la présence simultanée de deux séries d'idées parallèles et indépendantes, de deux centres d'action ou, si l'on veut, de deux personnes morales juxtaposées dans le même cerveau, chacune à une œuvre et une œuvre différente, l'une sur la scène, l'autre dans la coulisse.» (Taine,

De l'intelligence, I, p. 16. Cité dans la thèse du D⁣ʳ Bérillon et dans celle de M. Pierre Janet.)

Dans le dédoublement successif, et c'est le plus fréquent, le somnambule souvent n'est plus reconnaissable ; *on l'a changé ;* ses manières, sa figure, sa voix, son écriture, son caractère, ses idées, ne sont plus ceux qu'il avait tout à l'heure. C'est le même corps assurément ; le moi physique est-il encore le même ?

Du moment qu'on accepte le somnambulisme comme un simple rêve, on ne voit pas pourquoi le somnambule ne transporterait pas dans ses actes l'idée d'une personnalité fictive, comme celle que notre imagination débridée nous donne quelquefois dans nos rêves.

Ainsi que le remarque très justement l'abbé Schneider, nous devons distinguer « le *moi* d'avec l'*idée du moi,* le moi *sujet et cause* d'avec les *états du moi : Je* me sens tout autre, *je* suis tout changé, *je* ne me reconnais plus, *je* sens deux hommes en moi, *je* m'oublie, *je* me retrouve.... Toutes ces expressions par lesquelles se formulent les altérations de la personnalité indiquent, à côté d'une pluralité anormale dont les malades conservent la conscience » (*pas toujours*), « une unité psychique fondamentale dont ils n'ont pas moins conscience, et qu'ils expriment uniformément par le mot *je* appliqué à la totalité de leur existence.» (Schneider, p. 280 et s.)

C'est, philosophiquement exprimée, la spirituelle théorie de la *bête* et de l'*autre,* que décrivait si bien le chevalier de Maistre, dans son *Voyage autour de ma chambre.* Il n'est pas un homme sain d'esprit qui n'ait reconnu dans son être cette dualité terrible ou plutôt cet antagonisme entre nos instincts et la raison ; mais, jusque dans nos rêves, nos distractions et nos absences, la conscience, quoique troublée, reste *une,* et c'est elle qui nous permet de nous retrouver si vite, dès que par le réveil ou la réflexion notre jugement nous est rendu. Dans la double condition que nous révèle le somnambulisme, la *conscience* elle-même paraît *double*. (V. Azan, *Hypnotisme, double conscience et altération de la personnalité*, 1887.) C'est là qu'est le mystère.

Peut-on considérer comme troublée par une simple erreur de jugement une personne qui se croit simple à chaque moment de son existence et ignore toujours, comme Clémence M... (Obs. I), celui de ses deux *moi* qui est momentanément à l'état latent ? *Son entourage seul peut connaître le dédoublement de sa vie.* L'abbé Schneider lui-même donne ce dernier signe comme la marque certaine d'une véritable dualité. (*Ibid.*, p. 285.) C'est se rendre bien vite ; mais il ajoute « que cette condition n'est réalisée dans aucun cas parmi ceux auxquels on a appliqué trop légèrement les noms de *double conscience* et de *dédoublement de la personnalité.* » En est-il bien sûr ?

Outre le cas de Mac Nish, cité par lui et que M. Egger trouve douteux, nous pourrions en donner de nombreux exemples ; mais, comme nous, le savant et très orthodoxe abbé serait sans doute tenté de les rapporter à un tout autre ordre de faits.

Et que penser encore des *doubles conditions simultanées* dont parle Taine ? Le dédoublement du cerveau dont chaque hémisphère pourrait agir séparément, avec une seule âme chargée de recevoir en même temps des impressions si différentes et d'y répondre à la fois par des actes souvent contradictoires, pourrait-il donner de ce fait une explication acceptable ? Nous retrouverons ces problèmes à propos de l'hypnotisme et des suggestions ; nous essayerons de les résoudre.

Contentons-nous, pour le moment, de reconnaître que bon nombre de faits attribués au somnambulisme acrobatique peuvent, faute de renseignements suffisants, se ranger simplement dans la catégorie des phénomènes pathologiques. C'est tout ce qu'on peut raisonnablement accorder. Mais même pour ces derniers un doute nous poursuit.

Existe-t-il véritablement une espéce morbide à laquelle on puisse légitimement appliquer le nom et la description que nous avons donnés ? Il y a vingt ans, sur la foi de mes maîtres, je l'eusse soutenu jusqu'à la dernière goutte de mon encre. Aujourd'hui, j'y mettrais, je crois, plus de réserve.

« Tant que vous n'aurez pas trouvé chez vos malades, m'écrivait M. de Mirville à ce sujet, les caractères que l'Eglise assigne aux possessions, *vous êtes dans votre droit* de les croire atteints d'une simple maladie ; mais pour quiconque a vu et suivi des cas de possession véritable on ne peut nier qu'il y ait entre les somnambules acrobatiques et les possédés une bien grande affinité. L'Eglise, sur ce point, a ses règles et ses prescriptions très claires, très sages, très positives ; elle les suit et les suivra toujours ; mais en dehors que les savants discutent, s'entendent ou se divisent, peu lui importe ; elle leur laisse la liberté. »

C'est plus que notre droit de chercher une explication naturelle à des faits dont l'origine n'est pas évidemment surnaturelle, *c'est notre devoir*, pour ne pas compromettre une doctrine et des pratiques saintes qu'on ne doit jamais appliquer sans discernement. Il existe d'ailleurs une règle en philosophie pour l'interprétation des faits, c'est qu'en présence de deux causes également acceptables qui peuvent produire le même effet, la plus simple est la plus probable.

D'où vient donc notre doute et notre hésitation ?

C'est, comme le dit M. de Mirville, de la ressemblance

étonnante de l'acrobatisme avec les phénomènes de la possession, et surtout de la bonne foi douteuse des observateurs.

En présence de ces faits étranges, les auteurs incrédules ne dissimulent ni leur étonnement, ni leur embarras. Comment se fait-il donc que pas un n'ait osé parler de la possibilité d'une action surnaturelle et n'ait tenté d'en faire le diagnostic ? S'il se présente quelque phénomène transcendant qu'ils ne puissent nier, ils feront des efforts inouïs pour le travestir et le rattacher à l'essence morbide qu'ils viennent de créer ; pas un n'admettra l'hypothèse tout aussi vraisemblable que *les symptômes plus ordinaires qui le précèdent et l'accompagnent pourraient bien être les prodromes, les troubles concomitants et peut-être les signes douteux encore, mais non négligeables, d'une affection surnaturelle.*

On ne peut croire que, dans ces familles désolées et terrifiées par des phénomènes contre lesquels la science est restée jusqu'alors impuissante, il ne se soit pas trouvé une bonne âme qui n'ait pensé à la possession. Chaque jour nous sommes témoins de superstitions moins excusables, même dans la classe instruite de nos clients. Une servante, une parente pieuse ou simplement croyante, n'a-t-elle pas essayé, ne fût-ce qu'une fois, de jeter de l'eau bénite sur le patient, ou de lui faire toucher une médaille, une relique ? Quel fut l'effet de ces pratiques ? Soit parti pris, soit respect humain, pas un auteur n'ose en parler.

On aurait tort d'attribuer à ces essais la certitude d'action que leur donne en particulier le docteur Bataille dans son dernier ouvrage *Le Diable au XIXme siècle* (t. I, p. 927.) Les objets bénits, inertes par eux-mêmes, ne sont pas la grâce, ils ne sont que le signe de la grâce, et pour obtenir les effets de celle-ci, il faut avant tout la foi, la pureté d'intention, l'humilité et le désir sincère de les obtenir et d'en profiter. Dieu les refuse souvent à l'orgueil, à la vaine curiosité, à l'incrédulité voulue. Quels que soient les résultats de ces pratiques, on devrait au moins les noter.

Cette omission nous en fait craindre une autre, que nous avons du reste plus d'une fois constatée, c'est la suppression pure et simple des circonstances contraires aux vues particulières des incrédules. Ce procédé n'est pas honnête ; la vraie science n'y peut rien gagner ; mieux vaudrait en ce cas pécher par excès de crédulité que de priver le diagnostic de ses éléments les plus précieux d'appréciation.

Que le lecteur, avant de se scandaliser, veuille bien poursuivre sa lecture ; il trouvera peut-être au dénouement d'autres sujets d'étonnement.

Nous avons nous-même classé la plupart de nos observations sous la rubrique assez spécieuse de la grande chorée ou de l'acrobatisme ; mais nous ne connaissons ces affections que par leurs effets. Leur origine et leur nature nous sont suspectes. Voyons maintenant si l'*hypnotisme*, qui n'est autre chose que le *somnambulisme provoqué* artificiellement ne nous donnera pas quelque lumière.

9

CHAPITRE ONZIÈME

Somnambulisme provoqué. — Hypnotisme. —

Suggestion et Inhibition.

§ I. *Définition*

L'opinion courante des savants de nos jours peut se résumer dans la phrase suivante de l'abbé Schneider :

« Le rêveur, le somnambule et l'hypnotisé sont de la même famille. Entre le premier et le second il y a une différence de plus ou de moins ; entre le second et le troisième il n'y a que la différence de la nature et de l'art. » (Schneider, *L'hypnotisme,* p. 174.)

Nous ne sommes pas de son avis.

L'hypnose est un sommeil artificiel, anormal, cherché, voulu et provoqué par des procédés très divers, le plus souvent avec l'intervention d'un tiers qui prend le nom d'hypnotiseur.

Les principaux caractères de ce sommeil sont :

1° La nécessité d'un consentement au moins implicite, ou d'une recherche personnelle active et persistante pour l'obtenir.

2° La tendance à se transformer en somnambulisme et à subir les impulsions irrésistibles de la suggestion et de l'inhibition.

3° La production presque constante des phénomènes de double condition.

4° La difficulté et parfois même l'impossibilité pour le sujet d'entrer en relation avec les témoins et le monde extérieur, ou de se réveiller, sans le secours et la volonté de l'hypnotiseur.

5° La complication possible de phénomènes qui semblent absolument sortir de l'ordre naturel.

L'importance de la question nous obligera d'entrer à ce sujet dans des développements et des digressions que le lecteur nous pardonnera. Nous les jugeons indispensables pour apprécier sainement et complètement ce nouvel état très difficile à distinguer de ceux qui nous occupent et qui n'est pas sans quelque ressemblance avec les phénomènes d'ordre surnaturel.

Tous les auteurs sont aujourd'hui d'accord pour affirmer que les symptômes successivement attribués au mesmérisme, au magnétisme, à la fascination, à l'hypnotisme, à la suggestion, sont de même nature. « L'hypnotisme n'est pas autre chose que le magnétisme scientifiquement étudié. » (Imbert-Gourbeyre, *La stigmatisation.*)

Plusieurs même n'hésitent pas à étendre encore le domaine de cette étrange affection, et ne voient dans les prestiges des mages, des sybiles, des prêtres idolâtres, des gnostiques, des alexandrins, des sorciers et des possédés, que les effets de causes identiques à celles de l'hypnose. Quelques-uns vont même jusqu'à dire que les miracles n'ont pas d'autre origine.

Grosse imprudence de la part de ceux qui ne veulent admettre dans cet état que des symptômes naturels. S'il n'existe, en effet, aucune différence entre la simple hypnose et le magisme, n'est-il pas fort à craindre que la condam-

nation de la sorcellerie n'entraîne aussi celle de l'hypnotisme ?

Examinons les faits, avant de les juger, et voyons tout
d'abord quels sont les procédés de cet art, qui d'après nos
auteurs, doit seul différencier l'hypnose du somnambulisme naturel.

§ II. *Causes et conditions de l'hypnotisme*

On admet généralement aujourd'hui qu'une résistance
absolue et persistante du sujet peut empêcher la produc-·
tion du phénomène.

« J'ai magnétisé environ 30,000 personnes, a dit Donato,
et j'affirme qu'il est impossible d'endormir qui que ce soit
contre son gré. » C'est aussi l'avis de Broca, de Braid,
d'Elie Méric et du docteur Bernheim : « Nul ne peut être
hypnotisé contre son gré, s'il résiste à l'injonction.» (Bernheim.) Cette assertion est vraie pour toute personne qu'on
hypnotise *une première fois ;* mais, quand le consentement
a été donné, surtout s'il a été réitéré, le magnétiseur
exerce un tel pouvoir sur son sujet qu'il peut l'endormir à
son insu et contre sa volonté.

Chez les inconscients il n'est même pas impossible de
surprendre la volonté. On a magnétisé des animaux,
(Regnard), des enfants à la mamelle (Liébault), et le docteur Voisin, en soumettant les fous pendant de longues
heures à la même influence dormitive, dans une position
fixe, aurait quelquefois réussi à les hypnotiser.

Il est d'ailleurs certain que le seul fait de s'exposer bénévolement et plusieurs fois de suite aux manœuvres de
l'hypnotisme peut à la longue vaincre la résistance de la
volonté. Mais ces cas sont fort rares, et une volonté qui
laisse employer des manœuvres dont elle repousse les
effets peut-elle être bien énergique et bien persistante ?

D'autres sont entraînés par l'imitation. On cite même des cas où. par surprise, l'expérimentateur a pu transfor-. mer en véritables hypnotiques des personnes endormies naturellement, des somnambules pendant leurs crises (A. Bertrand, *Du Somnambulisme*, p. 499), des hystériques dans leurs accès (Charcot), et même des chloroformés (Schneider, *L'hypnotisme*, p. 13.) « Mais, dit l'abbé Schneider, j'ai cru remarquer que souvent il se produit, entre les deux phases du sommeil, un moment d'arrêt, un point mort, comme quand le mécanicien fait contre vapeur. Il arrive même souvent que le malade (c'est à l'hôpital de Nancy que nous sommes) se réveille une seconde, et alors seulement se rendort du sommeil hypnotique sur l'ordre brusque de dormir. »

Nous avons fait des remarques analogues chez Clémence (Obs. I) et chez Mme X... (Obs. XVII). Ces différentes espèces de sommeil peuvent se greffer l'une sur l'autre ; mais le temps d'arrêt, le point mort plus ou moins accusé qui les sépare semble indiquer qu'elles ne sont pas de même nature.

Le nombre considérable des individus réfractaires à l'hypnose, dans toutes les classes de la société et dans les conditions les plus diverses de santé, en est encore une nouvelle preuve.

« Sur cent individus pris au hasard, une quinzaine sont rebelles, autant peuvent devenir de parfaits somnambules et présenter des phénomènes extraordinaires, le reste oscille de la somnolence au sommeil profond. Cette statistique dressée sur des milliers d'expériences est à peu près celle de MM. Liébault, Liégeois, Bernheim, Beauvais, Ochorowicz, Bottey, etc. » (Schneider.) Si un sixième de l'espèce humaine est absolument réfractaire à l'hypnose, et si deux tiers en plus ne peuvent en subir que les premiers symptômes, on ne peut considérer cet état comme normal et le confondre avec le sommeil naturel, en lui assignant les mêmes causes.

Nous ne ferons qu'indiquer brièvement les divers procédés plus souvent employés pour amener l'hypnose.

Quelques sujets s'hypnotisent eux-mêmes par la fixation du regard sur une partie de leur corps, (le nombril, pour les moines du mont Athos; le nez, pour les joquis indiens, etc.) et le plus souvent de nos jours en regardant un objet brillant placé près des yeux, de manière à amener le strabisme convergent et la fatigue de l'organe.

D'autres chez les anciens s'endormaient et *prophétisaient* au bruit monotone des vagues de la mer; d'autres, au ronflement d'une toupie, comme les sorcières de Grèce; d'autres encore, au son continu ou rythmé de chants et d'instruments divers; d'autres enfin par des mouvements rapides de rotation sur eux-mêmes.

Il en est même qu'une attention prolongée et forcée fait tomber en catalepsie.

Témoin ce domestique de Braid qui s'hypnotisa en surveillant une expérience de chimie; témoin encore cet ami du même auteur, M. Walker, qui s'endormit en essayant d'hypnotiser un gentleman; telle encore cette jeune fille, qui, d'après M. Baillarger, tombait en catalepsie en se regardant dans une glace. (Cullerre.) Mais il faut ajouter que ces derniers faits avaient lieu chez des sujets déjà entraînés ou malades.

Les autres procédés, mouvements rythmés, chants monotones, objets brillants, parfois employés par les mères et les nourrices pour endormir leurs enfants, n'ont jamais procuré qu'un sommeil naturel, tant que le *délire divin* ou l'hypnose n'étaient pas spécialement et *volontairement recherchés*. La même remarque peut s'appliquer aux grands mouvements de danse ou de rotation en usage chez les orientaux. Nos valseurs ne s'endorment pas. .

Dans l'hypnotisme imposé par un tiers, le consentement tacite ou l'indifférence du patient peut suffire, mais il n'en faut pas moins chez le magnétiseur le même acte énergique de la volonté pour en assurer le succès. Retenons cette particularité, qui justifie notre définition. Le sommeil hypnotique doit être *voulu*.

Si, dans le cas de Mme X... (Obs. XVII,) j'ai paru l'endormir avec l'indifférence d'un expérimentateur qui va au hasard, en réalité la malade, à laquelle on avait parlé des merveilles du magnétisme, désirait l'employer, et moi-même, quoique peu convaincu, je n'étais pas fâché de trouver un sujet capable de satisfaire ma curiosité. Mes hésitations venaient plutôt de l'appréhension du ridicule que de la crainte de mal faire. Ce n'est pas là la saine recherche de la vérité, c'est l'amour dangereux de l'extraordinaire, du merveilleux, de l'inexplicable. Mauvaise note pour ces pratiques en elles-mêmes si innocentes. Elles ne le sont pas toutes.

Les procédés modernes, dont quelques-uns ont la prétention d'être plus scientifiques que les simagrées des anciens, sont-ils plus rassurants ? Baquets chargés de bouteilles, de ferrailles et de verre pilé (Mesmer); arbres longuement embrassés (Puységur); boissons et talismans magnétisés par un contact prolongé; parfums, gestes, passes, regards, attouchements, frictions et pressions sur des points limités, dits hypnogènes, fixes en apparence, mais en réalité variables au gré de chaque opérateur ; lumières ou bruits inattendus (Salpêtrière); congestion préalable par la rotation (Brémaud); simple commandement (Faria), ou suggestion motivée et douce (Nancy); tous ces moyens, dès le premier abord, semblent bien impuissants à produire les effets merveilleux qu'on leur demande. Leur multiplicité, leur

inconstance et leurs variations ne prouvent-elles pas leur
inutilité ? C'est donc ailleurs qu'il faut chercher la cause
efficiente de l'hypnose.

Sur ce point les savants ne sont pas d'accord.

L'école de la Salpêtrière, dont les études se sont portées
presque exclusivement sur des hystériques, croit trouver
dans cette maladie le principe de ces phénomènes, ramenés
par Charcot à trois états successifs :

(a) *La catalepsie* provoquée par une lumière, un bruit
inattendu ou la fixation d'un objet brillant ;

(b) *La léthargie* qu'on obtient chez le cataleptique en lui
fermant les yeux et chez l'hystérique éveillée en compri-
mant les globes occulaires à travers les paupières abais-
sées ;

(c) *Le somnambulisme*, qu'une simple pression sur le
vertex amène chez le léthargique et que diverses pratiques
peuvent provoquer directement.

Mais les choses, de l'aveu même des principaux élèves de
Charcot, sont loin d'être aussi simples, et M. Delbœuf se
demande si l'on a pu trouver à la Salpêtrière plus de quatre
ou cinq hystériques stylées et entraînées à ne jamais sortir
de ce cadre plus artificiel que réel. D'ailleurs, si la névrose
est une condition favorable à l'hypnose, elle n'en donne pas
l'explication. Charcot lui-même avoue qu'il n'a pu jusqu'à
présent donner une explication scientifique des expériences
de la Salpêtrière, et il déclare qu'il n'en connaît pas. *(La
nature*, 18 janvier 1879, p. 106.)

« Je dois avouer, disait Braid avant lui, qu'il m'est impossible d'expliquer le *modus operandi*, la production de
certains phénomènes, et je serais très obligé à celui qui
pourrait m'éclairer sur ce point. » (Braid, *Neurypnologie*,
p. 13.)

D'après l'école de Nancy, le sommeil hypnotique n'est

pas un phénomène morbide, il n'est même pas anormal : « Entre le sommeil spontané et le sommeil provoqué, il n'y a au fond aucune différence. » (Bernheim, p. 203.) « L'hypnotisme n'est pas réductible à trois types fixes, ajoute l'abbé Schneider ; sans doute il augmente la suggestibilité; mais il est lui-même un effet de suggestion plus ou moins directe. »

Qu'est-ce que la *suggestion ?*

M. Bernheim répond : « C'est l'idée conçue par l'opérateur qui, saisie par l'hypnotisé et acceptée par son cerveau, réalise le phénomène, à la faveur d'une suggestibilité exaltée, produite par la concentration d'esprit spéciale à l'état hypnotique. » (Bernheim, *Avant-propos*, p. VII.) Avez-vous bien compris, lecteur ?

Franchement le docteur Bernheim eut été plus clair et n'en eut pas moins dit, en répondant comme le malade imaginaire à la fameuse question : « *Quarè opium facit dormire ? — Quia est in eo vertus dormitiva.*»

Autant qu'on peut l'induire d'une pareille logomachie, la suggestion, telle que l'entendent les hypnotiseurs, n'est pas seulement une insinuation bonne ou mauvaise, une simple adresse de langage par laquelle on cherche à faire prévaloir son idée dans l'esprit des autres, c'est la *pénétration forcée* de cette idée *imposée* à un tiers par la parole, le geste, le regard, l'habitude ou l'imitation.

Quant à la cause de cette pénétration, c'est, dit le professeur de Nancy, « l'acceptation de l'idée par le cerveau... (p. VII) la concentration d'esprit spéciale à l'état hypnotique... (ibid.) un état psychique particulier, (p. 23)...c'est l'annihilation du veto que l'organe psychique (!) peut imposer à l'injonction, (p. 198). » Tranchons le mot, c'est la *virtus domitiva.*

Le docteur Bernheim fait de grands efforts pour prouver

que tous ses devanciers, y compris l'école de la Salpêtrière, n'ont jamais employé qu'une suggestion déguisée. Ses raisons sont spécieuses et l'on doit convenir qu'en la plupart des cas il peut avoir raison ; cependant, avant l'invention de la *suggestibilité*, on obtenait des phénomènes analogues par des *pratiques rituelles* très variées, depuis les amulettes jusqu'aux objets magnétisés, *à l'insu du patient* et *contre sa volonté*. Où se trouvait alors la suggestion ? Mais tous ces faits incontestables ne peuvent être admis par nos savants libres-penseurs.

Du temps où l'on croyait au diable, disent-ils, on obtenait des diableries ; avec le magnétisme, on constate des effets purement physiques et physiologiques ; la croyance aux fluides amena la nécessité de mouvoir ces fluides et de les diriger ; aujourd'hui rien ne se fait plus que par la suggestion. La suggestion *accompagne* effectivement une grande partie des phénomènes ; mais non pas tous et loin de là. Combien de temps cette hypothèse durera-t-elle ? N'est-elle pas déjà pour beaucoup détrônée par le spiritisme qui *suggestionne* jusqu'aux tables et déconcerte les plus savants ? Prenons patience.

Tout cela prouve que l'imagination peut jouer un grand rôle dans la production de ces phénomènes chez les humains, et qu'on ne peut se fier aux affirmations si variées des différents sujets. Il faut se défier des apparences et chercher ailleurs des preuves plus solides pour soutenir ses théories.

Jusqu'à présent les causes occasionnelles restent douteuses, la cause efficiente nous échappe. Nous reviendrons sur ce sujet en étudiant plus tard les théories elles-mêmes.

Contentons-nous de constater pour le moment, avec l'abbé Schneider, que « la suggestion » *au moins en ce qui regarde les premiers degrés de l'hypnose* « semble expli-

quer la grande généralité des faits (là dessus Nancy a
raison); il en est aussi qui viennent de la maladie, et habituellement la névrose accroît l'extension et l'intensité de la
suggestion (ici Paris n'a pas tort); » mais la maladie et la
suggestion ne sauraient encore expliquer tous les faits. Il
y a autre chose et nous allons le voir.

§ III. *Effets de l'hypnotisme*

(a) *Anesthésie et troubles sensoriels.* (Martyrs.) — Nous
connaissons déjà la classification des phénomènes de
l'hypnotisme donnée par le docteur Charcot; de son côté
le docteur Bernheim les divise en plusieurs degrés, depuis
l'impossibilité d'ouvrir les yeux sans la permission de
l'opérateur, jusqu'au somnambulisme avec oubli de ce qui
s'est passé, qui serait la plus complète expression de l'hypnose; mais, de leur propre aveu, ces phases progressives
sont loin d'être absolument régulières et ne se suivent pas
toujours dans le même ordre; on peut les négliger.

Un des premiers effets qui aient été notés dans le sommeil hypnotique, c'est l'anesthésie, dont quelques chirurgiens ont essayé de profiter pour leurs opérations. L'hypnose
cependant n'a plus la prétention de supplanter le chloroforme : « Tout le monde ne peut pas être magnétisé; tous
les hypnotiques ne sont pas insensibles; la plupart de ces
derniers... réagissent violemment comme s'ils éprouvaient
une douleur réelle; enfin l'émotion causée par la crainte
suffirait en certains cas... à faire échouer toute tentative
d'hypnotisation. » (Cullerre, *Magnétisme et hypnotisme*,
p. 309.)

Il n'en est pas moins vrai que la suggestion peut supprimer, augmenter, limiter, transporter d'un côté à l'autre,
même en dehors du sommeil hypnotique, non seulement
la sensibilité générale, mais aussi la sensibilité sensorielle

du toucher, de la vue, de l'ouïe, du goût, de l'odorat. Les expériences très curieuses et très bien conduites des docteurs Bernheim et Charpentier ne peuvent laisser aucun doute à ce sujet.

Les somnambules magnétisés se montrent même parfois insensibles aux agents les plus énergiques.

A Caen, en présence de vingt médecins, M. Lafontaine soumit son sujet à l'action d'une pile des plus fortes. M. de la Foy, professeur de physique, dirigeait les expériences. Le docteur Lebidoie, dans son incrédulité, prétendit qu'il soutiendrait le choc électrique comme le somnambule ; mais il fut renversé et resta quelques temps sans se remettre. Le sujet fut impassible. (V. Lafontaine, *Art de magnétiser*, p. 99.)

Ce dernier fait paraît exceptionnel, car généralement les magnétisés ne se montrent pas insensibles à l'électricité. Les somnambules spontanés sont même subitement réveillés par une décharge électrique.

Quant aux autres troubles de la sensibilité que nous notons plus haut, ils sont fréquents dans l'hystérie et n'ont rien qui doive nous étonner profondément. Beaucoup de faits pathologiques ont leurs analogues en état de santé, et l'on conçoit que dans les conditions anormales d'un sommeil provoqué et sous l'influence d'une autorité *acceptée sans raison* et *subie sans contrôle* ils puissent se reproduire naturellement.

Mais que penser de cette citation empruntée « sans commentaire » par le docteur Bernheim au docteur Charpignon ?

« Parmi les martyrs du Christianisme, beaucoup échappaient à la douleur par le ravissement de l'extase qui survenait par l'ardeur de leur foi, phénomène bien remarqué de leurs bourreaux qui redoublaient de fureur et d'inventions de supplice. De même, lors des tortures de la question légale, certains individus devenaient insensibles sous l'influence de leur foi dans la vertu somnifère de quelque talisman. » (Charpignon, *Etudes sur la médecine animique et vitaliste*. Paris 1864.)

Le docteur Bottey ne pense pas autrement : « C'est *incontestablement*, dit-il, à un état analogue à l'hypnotisme que sont dûs tous ces faits d'insensibilité à la douleur observés chez les martyrs du Christianisme. » *(Etude critique et expérimentale sur l'hypnotisme*, p. 197.)

Ce qui distinguera toujours les martyrs des suggestionnés et des auto-suggestionnés, ce sont les miracles qui accompagnaient habituellement leur *insensibilité*. Qu'une vierge, plongée dans un bain d'huile et de poix bouillantes, ne souffre pas, c'est étonnant ; mais qu'elle ne cuise pas et en sorte vivante, c'est inexplicable naturellement, et c'est en cela que consiste le vrai miracle. Les bourreaux ne s'y trompaient pas et parfois *se convertissaient*.

Cependant Dieu permet quelquefois aux démons d'imiter les vrais miracles par leurs prestiges. On a vu des camisards prêcher pendant une heure au milieu d'un bûcher ardent et en sortir sains et saufs. Leurs discours immoraux, absurdes, incohérents suffisaient à caractériser l'agent. (V. Peyrat, *Histoire des pasteurs du désert.)*

Le docteur Regnard raconte aussi à sa manière l'histoire de la *Salamandre* de Saint Médard :

Mademoiselle Sonet, étendue sur deux tabourets de fer, faisait allumer sous elle « *un peu de feu* » alimenté par quinze à vingt bûches de bois, et elle y demeurait « *quelques minutes*, » c'est-à-dire une demi-heure et plus. (Montgeron publie de ce fait un certificat signé de onze personnes, dont un lord anglais qui se convertit du coup.)

Il va sans dire que le docteur Regnard ne voit dans ce

phénomène que le résultat d'une anesthésie hystérique. Il oublie de dire que la Sonet mettait quelquefois dans ce brasier ardent ses deux pieds chaussés de souliers ; le feu réduisait en cendres la chaussure et les bas ; les pieds restaient intacts. (Voyez, pour plus amples détails et les preuves à l'appui, Bizouard, *Des rapports de l'homme avec le démon*, tome IV, p. 166.)

Les hystériques souvent ne ressentent aucune douleur au contact d'une boule d'eau bouillante qui leur brûle les pieds ; mais leur anesthésie n'empêche nullement les phlictènes de se produire.

Les hypnotiseurs ont aussi leurs petits prodiges que l'abbé Schneider lui-même n'ose ni révoquer en doute ni considérer comme extranaturels :

Le docteur Gibert trace un cercle sur le bras de L... et le rend insensible, tandis que le reste du membre demeure anormal. (Pierre Janet, *Automatisme*, p. 280.) Le même auteur pose au même sujet des sinapismes imaginaires de formes bizarres qui font rougir la peau en quelques heures, sur une surface exactement semblable à celle qu'il avait suggérée. *(Ibid.* p. 165.)

M. Focachon, pharmacien à Nancy, applique à Mademoiselle Elisa F... huit timbres-poste en guise de vésicatoires, et le lendemain on photographiait quatre pustules qui laissaient échapper une sérosité laiteuse sur un fond enflammé. (Beaunis, *Somnambulisme provoqué*, p. 73 et suiv.)

Le même expérimentateur a réussi à provoquer un phénomène plus extraordinaire encore. Il a pu par la suggestion neutraliser l'action d'un vésicatoire non plus imaginaire, mais réel. (Schneider, p. 44.)

Du plus au moins, c'est un petit bûcher rendu inoffensif par le seul fait de l'imagination. (?)

Ces phénomènes et d'autres encore que l'on pourrait citer sont-ils suffisants pour justifier l'assimilation des martyrs à de simples hypnotisés ? On oublie trop le *nombre* des martyrs, l'*universalité* et la *durée* de la persécution, et surtout la *diversité dans les conditions* des victimes.

Les théologiens reconnaissent les saints, sans doute à leurs *miracles*, mais cependant surtout à leur *humilité*, à la *défiance* qu'ils ont de leur faiblesse, à leur *douceur* et à leur *charité*, même envers leurs ennemis, en un mot à leurs vertus héroïques.

Aux qualités contraires qui caractérisent les sorciers, les sectaires et les fanatiques, on pourrait ajouter, pour les incrédules modernes, la *futilité*, l'*inutilité*, le *danger* de leurs expériences. Sont-ils en droit de considérer tous les phénomènes qu'ils produisent comme naturels ? Nous répondrons plus tard à cette question.

Les troubles sensoriels amenés par l'hypnose ne sont pas moins étranges que ceux de la sensibilité générale. Non seulement la suggestion peut faire apparaître à l'hypnotisé des personnes absentes, avec lesquelles il entretiendra de longues conversations, mais elle pourra lui rendre invisibles des personnes présentes ou modifier leur aspect de la façon la plus étrange. Elles apparaîtront au patient sans tête ou revêtues d'un accoutrement ridicule.

MM. Dumontpellier, Magnan, Bérillon déterminent dans un même sujet deux hallucinations différentes simultanément l'une à droite et l'autre à gauche. Ainsi, « on lui fera sentir le goût du rhum sur le côté droit de la langue et le goût d'un sirop sur le côté gauche ; on lui fera voir par un œil une scène horrible et par l'autre un riant tableau champêtre. »

Les hypnotiseurs ont la prétention, non seulement de supprimer ou de troubler les sens, mais même de leur

donner une accuité anormale et extraordinaire ; ils peuvent
à volonté les anesthésier ou les hyperesthésier et les rendre
plus sensibles. Ce dernier fait, que certains phénomènes
paraissent confirmer, pourraient bien n'être, dans la
plupart des cas, qu'une pure illusion. Nous reviendrons sur
ce sujet en parlant des prodiges de l'hypnotisme.

M. Bernheim a très bien démontré que dans l'hypnose
l'hallucination visuelle est une image toute subjective. Vue
à travers un prisme, elle ne se double pas ; on le comprend.
« Un prisme ne peut dédoubler que des rayons réels placés
devant lui et qui le traversent ; il ne peut dédoubler une
image vue derrière lui ;... née tout entière dans l'imagination du sujet ; celui-ci la voit comme il la conçoit, comme
il l'interprète ;... elle n'obéit pas aux lois de l'optique, mais
aux seuls caprices de l'imagination. » (Bernheim, *De la
suggestion*, p. 134.)

Il serait curieux d'appliquer l'expérience de Bernheim
aux hallucinations et aux visions des possédés et même
des saints ; mais un résultat négatif ne prouverait rien
pour ou contre l'action surnaturelle ; car les théologiens
admettent tous que ces apparitions peuvent se passer dans
l'imagination, ou être purement subjectives, produites par
l'action directe et immédiate de l'agent qui intervient, sur
la rétine du patient, pour obtenir la sensation visuelle
voulue.

Cependant l'expérience de Bernheim pourrrait, dans
certains cas, prouver l'objectivité manifeste de la sensation.

(b) *Modifications des fonctions organiques.* (Stigmatisés.)
— Ce n'est pas seulement la sensibilité générale et sensorielle que l'hypnose et la suggestion peuvent modifier. Les
fonctions organiques elles-mêmes peuvent être influencées.
La circulation, l'innervation, les sécrétions, etc , sur lesquelles notre volonté propre n'a qu'une action si restreinte,

à l'état normal, et que l'imagination ne saurait modifier, sensiblement, peuvent tomber par la suggestion à la merci complète des caprices d'un tiers.

Un verre d'eau pure donné pour du champagne produit l'ivresse, présenté comme un émétique ou un purgatif, il amènera des vomissements ou des selles.

« La suggestion agit sur les sécrétions comme la sueur, les larmes, le lait, l'urine. etc....; elle peut régulariser, diminuer, augmenter les évacuations naturelles, ralentir ou accélérer la respiration, la circulation, aiguiser ou émousser la faim, la soif, agir en un mot sur toutes les fonctions de la vie même végétative. Bernheim et Dumont-pallier, en approchant ou en éloignant la main, gonflaient ou dégonflaient le ventre, le sein, la gorge d'un de leurs sujets et cela d'une façon aussi sensible que rapide. » (Schneider, *L'hypnotisme*, p. 46.)

Les docteurs Bourru, Burot et Mabille de la Rochelle ont fait plus encore :

Sur un jeune soldat de marine hystéro-épileptique, ils provoquèrent, à heure fixe, par la suggestion, des hémorragies nasales et des exsudations sanguines sur l'avant-bras préalablement touché avec un stylet mousse.

Les faits de ce genre, quoique exceptionnels, ne sont pas isolés.

Et voilà d'après nos auteurs l'explication des fameux stigmates de la passion, que portèrent plusieurs saints et quelques dévotes dans ces derniers temps.

Les saints n'ont pas besoin d'être défendus ; la sainteté de leur vie et les miracles qui accompagnèrent ces phénomènes sont garants de leur origine divine. Nous verrons plus loin à quels signes on reconnaîtra l'action diabolique.

Contentons-nous pour le moment de dire avec le sens commun et l'expérience de tous les hommes, depuis le commencement du monde, que les phénomènes précités dépassent les limites du pouvoir de l'imagination ; qu'ils se sont produits dans l'hypnose et pourraient bien servir un jour à nous révéler sa nature.

(c) *Altérations de la motilité.* — Ainsi qu'on devait s'y attendre, la *motilité* elle-même peut dans l'hypnose subir l'action des suggestions les plus diverses. Elles produiront, au gré de l'hypnotiseur, « ici des contractures, là des paralysies, ici la flaccidité, là la rigidité... Levez le bras du sujet, maintenez-le quelque temps vertical, il se fixe immédiatement comme tétanisé dans cette attitude, le malade n'a pas d'initiative pour le changer... Un mouvement est-il communiqué au bras de l'hypnotisé, à sa tête, à son corps, le mouvement se répète et se continue indéfiniment ;... un peu mieux dressé, il exécutera tel acte qui vous plaira, tantôt avec l'uniformité d'un automate, tantôt en introduisant une foule de variantes, au gré de son imagination. De même que vous interdisiez à son œil de voir tel objet, vous pouvez défendre à ses membres de faire tel mouvement... Expérimentez sur le langage et vous ferez bégayer votre homme... vous rendrez muette votre victime, vous produirez l'aphasie... Généralisez la suggestion et vous fixez dans l'immobilité absolue, contre un mur, l'hypnotisé qui ne peut se débattre ni protester. » (Schneider, p. 53.) Pour s'éveiller ou pour changer de place, il attendra indéfiniment l'ordre de son maître.

Nous retrouverons ces phénomènes dans les possessions et les exorcismes, et nous verrons en quoi ils se rapprochent et en quoi ils diffèrent de ceux de l'hypnose.

(d) *Hallucinations générales.* — *Double condition, Suggestions anté et posthypnotiques, Inhibition.* — A propos du somnambulisme, nous avons dit un mot de la *condition double*. La répétition de ce phénomène étrange est un des triomphes de l'hypnotisme.

Déjà Dupotet, *(Journal du Magnétisme*, 1849, p. 591,) faisait parcourir à ses somnambules les différents âges de la vie; le sujet oubliait son âge, son sexe, sa position et jusqu'à son nom pour en accepter un d'emprunt.

M. Pierre Janet reporte ses sujets à telle époque de leur vie et leur fait retrouver des détails qu'on croyait à jamais perdus. L'hypnotisé « croit voir et entendre ce qui existait alors, il n'a plus d'autres souvenirs que ceux qu'il pouvait avoir à cette époque. » *(Automatisme psychique*, p. 83.)

M. Bernheim métamorphose son sujet en jeune fille, en général, en curé, en avocat, en chien. Mais « quand on *endosse* au patient une personnalité au dessus de ses moyens, il essaye en vain de la réaliser. Chaque somnambule joue comme il le comprend et comme il peut le rôle assigné, celui-ci sachant qu'il joue la comédie, celui-là prenant le drame pour la réalité. » (Schneider, p. 55.)

Le plus souvent, comme dans le somnambulisme non provoqué, le patient après le réveil a perdu la mémoire de tout ce qu'il a fait, vu, entendu, ou cru voir et entendre pendant son sommeil ; mais, sur l'ordre de l'hypnotiseur, il se souviendra de ses rêves suggérés et ne pourra les distinguer de la réalité. Bien plus, grâce à l'*inhibition* (de *inhibere*, empêcher) dont nous avons déjà constaté quelques exemples, l'hypnotiseur pourra imposer l'oubli de faits très réels dont le sujet avait connaissance, absolument comme il avait empêché sa rétine de percevoir l'image de tel objet, de telle personne. On voit d'ici les conséquences d'un pareil état. C'est ce qu'on appelle des suggestions ou des inhibitions *antéhypnotiques*, non parce qu'elles ont été faites avant l'hypnose, mais parce qu'elles se rapportent à des faits qui l'ont précédée.

« Au réveil point de souvenir spontané, mais la moindre occasion évoque le tableau tout entier devant l'imagination, et le sujet n'en connaissant pas l'origine, *croit que c'est arrivé ;* il se cantonne dans cette idée, aucune dénégation ne l'en tirera. » (Schneider, p. 62.)

On pourra de même faire au patient des suggestions et des inhibitions *posthypnotiques :*

« Chez certains hypnotisés hallucinables, l'opérateur a la redoutable puissance de retarder l'éclosion de la suggestion et d'en reporter l'exécution après le réveil ; à tel geste, à telles paroles, à telle heure, à tel jour, vous verrez ceci, vous ferez cela. Et cette idée emmagasinée, endormie dans la mémoire, se réveille au signal donné et obsède l'esprit jusqu'à ce qu'elle soit exécutée... L'échéance peut être retardée de plusieurs semaines, de plusieurs mois, et après ce long intervalle, l'idée latente apparaît, l'acte suit et, chose effrayante ! le sujet, au moment même de l'exécution, se croit autonome, il ne soupçonne pas l'origine de cette idée, étrange *(et criminelle)* parfois ; il la prétend sienne, il croit agir spontanément, de sa propre initiative. « Il s'en souvient, sans se douter « que c'est un souvenir » (Deleuze), et d'ordinaire, l'action accomplie, il l'oublie, à moins qu'on ne prenne soin d'en aviver la ressouvenance.» (Schneider, p. 60, 61.)

Cependant on admet généralement que l'hypnotisé peut jusqu'à un certain point résister à la suggestion. « Dans les choses qui lui déplaisent ou qui lui répugnent, l'hypnotisé ne cède, ni toujours, ni facilement. S'agit-il de choses indifférentes : simuler un vol, jouer au meurtre même ; il poussera la complaisance jusqu'à ne rien refuser. Mais s'il est question d'actes répréhensibles et *présentés comme tels* à un sujet qui conserve encore assez d'intelligence pour s'en rendre compte, ou bien le sujet est perverti, malhonnête, possédé par de mauvais instincts, de méchantes habitudes, il fera peu ou point de difficultés pour adhérer à la suggestion ; ou bien, au contraire, il est honnête, aussitôt se pré-

sente l'idée du devoir, de la conscience, de Dieu, aussitôt
se font sentir les bonnes habitudes, tout en lui se dresse
comme un obstacle au mal. *Mais, dans cette lutte du bien et
du mal, si, par un moyen ou par un autre, vous parvenez à
écarter, à faire oublier les idées antagonistes* d'ordre moral ou
autre, à suspendre tous les freins, l'individu en proie à une
idée fixe, impulsive, descend la pente comme une pierre
qui tombe; il se précipite sur l'écueil comme un navire
désemparé. » (Schneider, *Ibid.*, p. 67.) Toutes ces explications légèrement entachées de naturalisme demanderaient
quelques réserves ; mais les faits au moins sont bien présentés. Nous ne demandons pas autre chose pour le
moment.

Afin de ne pas allonger cette étude, nous nous abstenons
de citer des exemples, du reste connus de tous et publiés
dans les journaux scientifiques, politiques ou littéraires.
Nous nous apesantirons davantage sur les guérisons hypnotiques par lesquelles on voudrait expliquer les miracles
des saints et les prestiges diaboliques.

(e) *Guérisons hypnotiques.* (Miracles de Lourdes et guérisons diaboliques.) — Pour beaucoup de personnes, magnétiseur et charlatan sont deux mots synonymes, et l'on doit
avouer que bien souvent les faits ont justifié cette opinion.
Ce n'est pas cependant en éventant les trucs grossiers de
quelques misérables qu'on mettra à néant les faits incontestables de guérisons obtenues dans tous les temps par
les moyens les plus bizarres et les moins rationnels.

Nous n'avons pas seulement en vue les consultations
somnambuliques auxquelles nous nous sommes laissé
prendre (Obs. XVII); nous en avons reconnu l'inanité et
le danger, et nous avouerons franchement que rien ne
prête plus à la fraude et au charlatanisme. Mais on ne saurait nier, même dans ces différents cas, certains phéno-

mènes de vue intérieure bien difficiles à expliquer physiologiquement.

Il faut bien aussi admettre quelques guérisons authentiques, puisque les plus incrédules se sont donné la peine
d'en rechercher l'explication naturelle.

C'est aux docteurs Charcot, Bernheim et à leurs élèves
que revient la gloire d'avoir trouvé et démontré le mécanisme de ces guérisons le plus constant, le plus plausible
et le plus généralement accepté : *la suggestion.*

Au premier abord, en effet, tout semble s'expliquer par ce
moyen. Et l'on peut trouver dans le livre du docteur
Bernheim, *De la suggestion et de ses applications à la thérapeutique,* cent cinq observations de guérisons plus ou
moins complètes, plus ou moins durables, obtenues par ce
procédé. Cependant, de l'aveu du maître, « la suggestion,
pas plus que les autres médications, ne pourra rétablir
une fonction dont l'organe indispensable n'existe plus...
la suggestion ne tue pas les microbes, elle ne crétifie pas
les tubercules, elle ne cicatrise pas l'ulcère de l'estomac...
les agents thérapeutiques dont disposent les hypnotiseurs
ne sont que des médications fonctionnelles... »

On ne saurait mieux dire, tant qu'il s'agit de guérisons
d'ordre naturel, et les observations citées par les deux
savants professeurs ne paraissent pas généralement dépasser les lois de la nature ; nous le reconnaissons ; mais nous
ont-ils tout dit ? On pourrait en douter après toutes leurs
réticences.

Les guérisons que donne l'hypnotisme ne sont pas toutes
naturelles et nous le prouverons.

Mais quelle rage ou quelle peur pousse donc toujours les
magnétiseurs à comparer leurs prétendues merveilles d'hôpital, soit avec les miracles des saints et de Jésus-Christ
lui-même, soit avec les prestiges évidemment diaboliques ?

Qu'avait besoin M..Bernheim d'exhumer ces citations sceptiques de Paracelse et de Pomponazzi ?

· « Que l'objet de votre foi, dit le premier, soit réel ou
faux, vous n'en obtiendrez pas moins les mêmes effets ;
c'est ainsi que, si je crois en une statue de Saint Pierre
comme j'aurais cru en Saint Pierre lui-même, j'obtiendrai
les mêmes effets que j'aurais obtenus de Saint Pierre lui-
même. C'est la foi cependant qui produit ces miracles, et
soit qu'elle soit vraie, soit qu'elle soit fausse, elle produira
toujours les mêmes effets. » (Citation de Bernheim, *Ibid.*,
p. 282.)

« On conçoit facilement, dit Pomponazzi invoqué par
Hack Tuke, les effets merveilleux que peuvent produire la
confiance et l'imagination, surtout quand elles sont réci-
proques entre les malades et celui qui agit sur eux. Les
guérisons attribuées à certaines reliques sont l'effet de
cette imagination et de cette confiance. Les méchants et
les philosophes savent que si à la place des ossements d'un
saint on mettait ceux de tout autre squelette, les malades
n'en seraient pas moins rendus à la santé, que s'ils
croyaient approcher de véritables reliques. » *(Ibid.* p. 282.)

Si le docteur Bernheim avait vu et étudié dans les exorcismes les effets très différents des vraies ou des fausses
reliques, des médailles bénites et de celles qui ne le sont
pas, il n'eut pas approuvé ces paroles impies et serait plus
circonspect dans ses appréciations et ses rapprochements.

La suggestion et la confiance, la *faith healing* de Charcot
peuvent expliquer certains faits. L'abbé Schneider n'hésite pas à leur attribuer « et les maladies imaginaires et
les guérisons et les *sorts* et les *philtres* et les *apparitions
d'esprits* et jusqu'à ces *témoignages avec serment* et ces
aveux si compromettants pour le sorcier lui-même. » *(L'hypnotisme,* p. 311.)

C'est aller *un peu loin ;* mais vouloir comme MM. Bernheim et Charcot, bien d'accord tous deux sur ce point,
expliquer de la même manière tous les miracles, et ceux
de Lourdes en particulier, c'est faire preuve qu'on a étudié
bien légèrement cette question.

Nous reprochions naguère au docteur Bernheim de
rejeter les faits transcendants de l'hypnose et de ne vouloir
pas les étudier (ce qui enlève à ses affirmations une grande
partie de leur valeur), nous le blâmerons ici de choisir ses
citations de miracles dans le livre d'un narrateur qui,
n'étant ni médecin, ni théologien, se laisse quelquefois
emporter à des affirmations contestables au point de vue
de ces deux sciences.

Le livre de M. Lasserre, écrit pour tout le monde, n'a
aucune prétention scientifique. Il raconte l'histoire,
recueille les documents, et il le fait avec un rare mérite
littéraire et philosophique ; mais c'est aux hommes compétents de juger en dernière analyse.

Pourquoi M. Bernheim n'a-t-il pas utilisé, au moins
pour la dernière édition de son livre, l'ouvrage si sérieux
du docteur Boissarie ? Il eut trouvé dans *Lourdes médical*
plus de cinq cents observations, auxquelles pas une des
siennes ne saurait être comparée, et il y eut appris que les
théologiens, en fait de miracles, sont plus difficiles à satisfaire que les incrédules eux-mêmes. C'est ce que l'on voit
tous les jours au bureau des constatations médicales de
Lourdes.

Au moindre fait, les incroyants abasourdis demandent
des preuves impossibles, des photographies, des enquêtes
municipales, des attestations juridiques et jusqu'à la
reproduction du miracle devant un congrès de savants,
tandis que les médecins délégués, une fois l'authenticité du
fait constatée, se contentent d'enregistrer une *simple grâce,*

qui n'a pour eux d'autre valeur que de s'ajouter aux innombrables faveurs d'ordre naturel remportées par les pèlerins.

Le docteur Bernheim aurait pu trouver même dans l'histoire de M. Lasserre des faits plus concluants que ceux qu'il a choisis. Non seulement il a pris les moins remarquables; mais, sous prétexte d'abréger, il passe sous silence les symptômes les plus importants:

Catherine LATAPIE-CHOUAT, à la suite d'une luxation, « *a le pouce, l'index et le médius absolument recourbés.* »

Pourquoi M. Bernheim oublie-t-il de dire, qu'au moment de la guérison, à ces symptômes s'ajoutait une *atrophie musculaire*, et que non seulement le *mouvement* et la *souplesse*, mais aussi la *force* furent instantanément rendus à Catherine ?

« Il ne s'agit pas ici, dit le docteur Boissarie, d'une paralysie spontanée; mais d'une paralysie consécutive à une luxation de l'épaule. Aussi le bras, depuis longtemps contracturé et immobilisé, n'aurait pu reprendre ses fonctions que d'une façon lente et graduelle. » (Boissarie, *Lourdes depuis 1858 jusqu'à nos jours*, p. 94.)

C'est dans ce cas l'*instantanéité* de la guérison et la *restauration subite* et *complète* de l'organe atrophié et de ses fonctions qui constituent le miracle. De l'aveu même du docteur Bernheim, la suggestion n'y pouvait rien. « La suggestion ne saurait rétablir une fonction dont l'organe n'existe plus. »

Le docteur Bernheim compare ensuite la guérison *subite* et *complète* de Marie LANOU-DOMENGÉ, paralysée *depuis trois ans*, à celle d'une vieille femme qui *ne pouvait se tenir debout* depuis *deux mois*, dont la paralysie, selon l'expression du docteur, fut « manifestement *dynamique psychique*,» et qui ne marcha qu'après *plusieurs séances, sans recouvrer jamais l'usage complet de ses membres.* Est-il besoin de noter ici les différences ?

L'enfant Tambourné était atteint d'une coxalgie *qui pouvait être névropathique.*

« Nous savons, dit Charcot, par les observations de plusieurs auteurs, que ces *arthralgies psychiques* (?), soit d'origine traumatique, soit dépendant d'une autre cause, guérissent quelquefois tout à coup, à la suite d'une émotion vive ou d'une *cérémonie religieuse* frappant vivement l'imagination. »

Nous acceptons l'affirmation du savant professeur ; mais on y sent trop néanmoins la préoccupation de battre en brèche les cérémonies religieuses et le surnaturel.

La thèse du docteur Charcot serait très contestable s'il n'avait à produire en sa faveur que les guérisons survenues à Lourdes. Ce raisonnement ressemblerait fort à celui que nous avons déjà critiqué à propos de la *faith healing ;* les scholastiques l'appellent une pétition de principe. Et, si l'on se permettait de lire entre les lignes pour compléter la pensée du sceptique professeur, ne dirait-on pas que les maladies qui guérissent à Lourdes sont nerveuses parce qu'elles guérissent subitement, et qu'elles guérissent subitement parce qu'elles sont nerveuses ? C'est ce qu'on appelle encore en philosophie un cercle vicieux.

Heureusement pour la logique et pour le médecin, « les observations de divers auteurs » viennent à son secours. (?)

L'enfant était bien jeune (cinq ans) pour subir une *impression psychique* capable de produire une pareille maladie, et l'apparition de la Vierge qui accompagna la guérison imprime à cette dernière un cachet bien spécial. Cependant, en raison du doute exprimé plus haut, l'enfant Tambourné n'est même pas cité par le docteur Boissarie.

La guérison de Mademoiselle Massot-Bordenave, atteinte d'une contracture des extrémités probablement névropathique, est dans le même cas.

Quant à l'amaurose de Mademoiselle Marie Moreau, âgée de seize ans, nous regrettons que M. Bernheim n'ait pas cru devoir reproduire les certificats médicaux du docteur Brémont, occuliste à Bordeaux, reconnaissant « l'impuissance de la médecine à obtenir une telle guérison, qui a persisté et persiste encore. » Une pareille affirmation valait la peine d'être discutée.

La paraplégie de Mademoiselle de Fontenay, guérie une première fois avec récidive et une seconde fois définitivement, laissera toujours quelques doutes sur la nature de sa guérison.

Et voilà toutes les citations du docteur Bernheim. Deux seulement sur six ont été jugées dignes de figurer dans le livre du docteur Boissarie.

Que dirait donc M. Bernheim, si, suivant son exemple, nous ne voulions parler que de ses guérisons d'hystériques, ou de celles qui sont demeurées incomplètes. Je serai plus loyal.

Nous pourrions lui indiquer bon nombre de miracles, que, de son aveu, jamais il n'eut pu reproduire : Tumeurs, plaies, squirrhes, cancers, arthrites suppurées, ulcères, lupus, caries, fractures, lésions matérielles et apparentes de toute sorte. Le docteur Boissarie rapporte plusieurs cas de guérisons *complètes*, *subites* et *définitives*, dans chaque catégorie, et il en omet des plus mémorables.

Les miraculés de Lourdes sont indéfiniment suivis d'année en année, au moyen des pèlerinages périodiques qui les ramènent, eux ou leurs connaissances. Ceux dont on ne peut avoir de nouvelles sont classés avec ceux dont la guérison reste douteuse. Les *Annales* ne publient jamais *in extenso* une guérison qu'après une ou plusieurs années d'observation.

Parmi les maladies internes, le docteur Boissarie a recueilli personnellement trente observations de phthisiques au second et au troisième degré; quelques-uns même étaient arrivés à la période de cachexie, et tous furent *instantanément* si bien guéris que les médecins présents et ceux qui traitaient les malades ne pouvaient retrouver que des traces insignifiantes de la lésion, pur témoignage de la maladie primitive à jamais disparue. Ces malades sont généralement suivis jusqu'à leur mort ; la moindre récidive les ferait immédiatement rayer de la liste des miraculés.

« Or, la suggestion, pas plus que les autres médications, ne pourront jamais rétablir une fonction dont l'organe indispensable n'existe plus... elle ne crétifie pas les tubercules. » C'est M. Bernheim qui l'a dit. On ne saurait donc comparer ces guérisons à celles que produit l'hypnose.

Passons aux autres lésions internes moins faciles à constater, les hémorragies cérébrales, la sclérose en plaques et l'ataxie locomotrice, l'ulcère de l'estomac, etc., dont la lésion principale échappe au regard du médecin et dont le diagnostic repose uniquement sur les symptômes extérieurs.

C'est dans cette classe et dans celle des névropathies que le docteur Bernheim nous fournira les guérisons hypnotiques qui se rapprochent le plus de celles de Lourdes. Nous les comparerons; mais il importe d'abord de bien caractériser ces dernières.

D'abord il ne faut pas oublier qu'à Lourdes toute affection qu'on pourrait de près ou de loin rapporter à quelque névrose est systématiquement rangée parmi les maladies dont la guérison, fut-elle subite, complète et durable, ne saurait être considérée comme miraculeuse. Benoît XIV les avait depuis longtemps signalées à la méfiance des théologiens : « Il est, dit-il, certaines paralysies et maladies de nerfs que la nature et l'art peuvent guérir en un moment. »

Il ne sera pas inutile de rappeler ici, d'après ce grand docteur, les caractères que doit présenter une guérison pour qu'on puisse la regarder connue miraculeuse. Cette connaissance est indispensable pour juger les merveilles thérapeutiques de l'hypnotisme et celles du docteur Bernheim en particulier.

Retenons bien d'abord qu'un miracle est un fait sensible qui déroge à quelque loi comme de la nature, ou plus exactement qui contrarie profondément cette loi, dans un cas particulier, et qui est *opéré par Dieu ou au nom de Dieu.*

Ce dernier caractère, trop souvent oublié, est des plus importants ; car il distingue le miracle des prestiges diaboliques et pour peu que le fait supranaturel se répète avec cette condition, il ne tarde pas à mettre en question la véracité même de Dieu.

Mais cette apparence de l'action divine ne suffit pas ; il faut encore que cette modification soit telle qu'on ne puisse l'expliquer par l'intervention d'aucune autre loi naturelle du même ordre.

Ainsi, pour qu'une guérison puisse être admise au rang des vrais miracles, il faut d'après Benoît XIV :

1° Que les infirmités disparues soient *considérables, dangereuses, invétérées,* qu'elles résistent communément à l'efficacité des remèdes, qu'elles soient. si non incurables, au moins *longues* et *difficiles à guérir ;*

2° Que la maladie ne soit pas arrivée à sa *période de déclin ; qu'on n'en puisse raisonnablement attendre la guérison à brève échéance ;*

3° *Qu'on n'ait point encore employé de remèdes,* ou du moins qu'on soit assuré, par le temps et les circonstances de leur application, *que leurs vertus ne puissent plus influer sur la guérison ;*

4° Que la convalescence soit *subite* et *instantanée,* au lieu de se produire avec le temps et progressivement, comme dans les opérations de la nature ;

5° Que la guérison soit *entière* et *parfaite* (Une délivrance ébauchée n'est pas digne du nom de miracle) ;

6° Qu'il ne soit pas survenu de *crises* ou de *révolutions naturelles* (Comme une hémorrhagie, une évacuation, une attaque de nerfs, etc.), capables d'opérer seules la guérison ;

7° Que cette guérison soit *durable,* sans rechute et sans récidive.

Ailleurs Benoît XIV déclare encore qu'on ne doit jamais ranger parmi les miracles les faits dont la cause est ignorée, *s'il y a la moindre raison de penser qu'ils pourraient être l'effet de l'imagination.* Même lorsque les humeurs, le sang, les tissus, les os sont atteints et altérés, il admet que l'imagination (*la suggestion*) peut agir, mais *lentement, superficiellement* et *passagèrement,* et il recommande de ne pas précipiter le jugement. Avait-il donc prévu les guérisons de M. Bernheim et les théories de Charcot ?

Il nous serait facile de rapporter ici bon nombre de faits très authentiques arrivés à Lourdes et ailleurs, dans les conditions exigées par Benoît XIV et les théologiens. Pour ne pas allonger cette digression, nous nous contenterons de renvoyer le lecteur aux livres récents du docteur Boissarie : *Lourdes, Histoire médicale,* 1891 ; *Lourdes depuis 1858 jusqu'à nos jours,* 1896, et aux *Annales de Lourdes.*

Avant d'examiner les faits publiés par Bernheim, nous ne raconterons qu'une guérison que nous avons nous-même constatée. Les détails techniques qu'elle comporte ont empêché jusqu'à ce jour de la livrer au public. Elle trouvera sa place toute naturelle dans un ouvrage spécialement écrit pour les médecins et les théologiens.

Le 11 Septembre 1890, Madame LETIENNE, née Antoinette de GIRARDIN, femme de journée, domiciliée à Méricourt près Lens, Pas-de-Calais, se présentait au bureau des constatations de Lourdes, et racontait ce qui suit aux cinq médecins présents :

A la suite de plusieurs couches, elle avait été atteinte d'un prolapsus utérin qui s'était rapidement aggravé par le manque de soin et la fatigue dûe à sa profession. L'utérus complètement descendu formait extérieurement une tumeur qui ne disparaissait jamais entièrement, même dans le décubitus. La vessie entraînée par le déplacement ou comprimée par l'utérus ne pouvait se vider sans l'intervention fréquente de la sonde. La marche, extrêmement douloureuse, était presque impossible. La fièvre, des vomissements continuels et des troubles fréquents du côté des intestins avaient amené le marasme et l'épuisement.

Divers appareils de contention furent appliqués sans résultat, chez elle et à l'hôpital de Lens, par deux médecins différents. Elle ne put les supporter.

Au mois d'août 1890, après quatorze mois de repos et de soins, elle était dans le même état.

Ce fut alors qu'elle sollicita la faveur d'aller à Lourdes avec le pèlerinage que l'on organisait. N'ayant pu obtenir une place, elle pria un des pèlerins de lui rapporter de l'eau de la grotte, et, dans la nuit du Samedi 31 Août au 1er Septembre, elle put en prendre quelques gorgées. A partir de ce moment elle n'a plus vomi. Vers six heures du matin, le 1er Septembre, elle demanda à la religieuse de l'habiller pour aller à la messe; mais on ne crut pas devoir accéder à sa demande. A huit heures cependant, comme on devait porter la communion dans une salle voisine, la religieuse, sur les instances de la malade, la fit lever et la roula sur un fauteuil près de la porte. Au son de la clochette, Antoinette se jette à genoux, le prêtre la bénit avec le Saint Sacrement, et pendant que la sœur se demandait comment la malade pourrait se relever seule, celle-ci se met debout presque sans aide et se rassied dans son fauteuil qu'on ramène près de son lit.

Quelques instants après, la sœur étant absente, Antoinette demande qu'on la conduise jusqu'à l'autel de la Sainte Vierge dressé dans la salle; ses compagnes, sans se déranger, lui représentent qu'elle ne peut marcher; mais elle insiste: « La Sainte Vierge, dit-elle, me dit d'aller près d'elle.» Et, malgré les représentations de sa voisine qui la trouve déraisonnable, elle se lève et marche seule jusqu'à l'autel, où elle tombe à genoux et se met à prier.

La statue qui dominait l'autel était une Immaculée Conception vêtue d'un manteau bleu étoilé d'or; mais la vierge que voyait Antoinette était la vierge de Lourdes avec sa robe blanche et sa ceinture bleue. Elle dit à la malade de faire pendant neuf jours deux fois le tour de son chapelet *(sic)* et une fois le chemin de la croix, et elle lui prédit qu'elle serait guérie, mais qu'elle aurait beaucoup à souffrir.

Antoinette aussitôt se relève en criant: « Je suis guérie.» En ce moment, tout le personnel de l'hôpital sortait de la chapelle, où l'on venait de faire le chemin de la croix. Il était neuf heures et demie du matin. Ce fut un cri de joie dans toute la maison.

Pendant une heure, la miraculée courut de l'une à l'autre, et, après avoir entendu la messe de onze heures, elle passa le reste de la journée à faire plusieurs visites dans la ville, chez le doyen de Lens, chez son médecin et chez diverses personnes qui s'intéressaient à sa position. Elle ne se plaignait que de la sensibilité de ses pieds déshabitués de la marche, depuis plus de quatorze mois qu'elle gardait le lit.

Le lendemain, le médecin de l'hôpital constata, non sans étonnement, la guérison complète de la malade et quelques jours plus tard· elle partait pour Lourdes en action de grâce. Son récit nous était confirmé par les personnes qui l'accompagnaient et se portaient garant de son identité.

En descendant de wagon, elle avait fait une chute qui avait aggravé ses douleurs dans les pieds ; mais elle disait ne ressentir aucune gêne de son ancienne affection.

Les cinq médecins présents examinèrent la malade et signèrent séance tenante le certificat suivant rédigé par le docteur Tinel, médecin honoraire des hôpitaux de Rouen et professeur d'anatomie à l'école de médecine de la même ville :

« Nous soussignés, Moissenet, médecin honoraire des hôpitaux de Paris ; de Lézéleuc, médecin de l'hôpital civil de Brest ; Ch. Tinel, professeur à l'école de médecine de Rouen ; Ch. Helot, médecin en chef de l'hôpital de Bolbec, et de Saint-Maclou, médecin de la Grotte, certifions que nous avons examiné la nommée Antoinette de Girardin, femme Letienne, et que nous n'avons trouvé aucune trace de prolapsus utérin ou de hernie vaginale de la vessie.

« Lourdes, le 11 Septembre 1890.

« Signé : Moissenet, de Lézéleuc,
Ch. Tinel, Ch. Helot, de Saint-Maclou. »

Mais il ne suffisait pas de constater l'absence de tout déplacement et de toute lésion actuelle, il fallait avoir la certitude que l'infirmité dont on affirmait la disparition subite et complète, dans les circonstances relatées plus

haut, existait réellement, telle qu'on l'avait décrite, avant
la guérison.

Seul le médecin traitant pouvait fournir cette attestation. Bien qu'il n'eut en aucune manière dissimulé son
étonnement et l'impossibilité où il se trouvait d'expliquer
le fait naturellement, il s'était contenté de promettre un
rapport détaillé qu'il n'avait pas encore donné. Il le fit
attendre huit mois et l'on doit louer sa prudence. Avant
de se prononcer on devait s'assurer que la guérison serait
durable.

Ce ne fut donc qu'au mois de Septembre 1891, que le
docteur de Saint-Maclou put nous communiquer le rapport qu'il venait de recevoir. Nous le transcrivons en entier
dans sa forme quelque peu humoristique; nous craindrions,
en l'abrégeant, de lui ôter de sa valeur :

« En Septembre 1889, j'ai rencontré à Méricourt, Pas-de-
Calais, une malade dans l'état le plus alarmant :

« Fièvre, débilité profonde, vomissements continus,
rétention d'urine, abaissement prononcé de la matrice, à
tel point que le col de l'utérus franchissait la vulve. —
Après six semaines de soins sans résultat, j'ai obtenu l'admission de la patiente à l'hôpital de Lens, d'où elle ne
devait sortir guérie que quatorze mois plus tard.

« Guérie d'un abaissement aussi prononcé, sans opération, voilà de quoi mettre en défiance toute personne tant
soit peu au courant de la médecine; mais ce sera tout
autre chose lorsque j'aurai narré le fait ; il va s'agir de
neuvaines et d'eau de Lourdes. — Le plus indulgent me
traitera de Lourdaud. — Ce n'est pas cette épithète qui
m'*embête* ; ce qui m'*embête*, c'est de ne pouvoir expliquer le
fait avec mes modestes connaissances.

« Bref voici :

« Que je dise d'abord que mon confrère M. Bauduin

avait soigné la malade avant moi, qu'il lui avait appliqué des pessaires de différents volumes et de différentes formes, et que tous ces pessaires avaient été expulsés dans l'espace de quelques heures ; que je dise après cela que j'ai fait à mon tour plusieurs tentatives, dont la dernière eut lieu le 13 août 1890, la veille d'un congé de quinze jours que je devais prendre, et que mon pessaire ne resta que deux heures en place.

« Si j'ai mis un pessaire le 13 Août, c'est évidemment que la chute de la matrice n'était pas guérie par le décubitus dorsal que la malade avait gardé *forcément* pendant son séjour à l'hôpital. Je dis forcément, car à peine si on avait pu depuis deux mois la lever quelques heures par jour, pour la poser dans son fauteuil. L'état général lui-même ne s'était guère amendé, et la faiblesse était telle que la patiente ne pouvait faire deux pas sans être soutenue.

« Telle était encore la situation, le 31 Août, à ma première visite après mon congé.

« Le Dimanche, 1er Septembre, je ne fis pas à l'hôpital ma visite habituelle ; mais la malade est venue chez moi en mon absence.

« Le lendemain, à l'hôpital, elle vint à ma rencontre, rayonnante de joie, et me criant de loin qu'elle était guérie.

« Mon premier soin fut de la toucher et de déclarer ma stupéfaction de trouver la matrice en place ; mais je fus bien plus surpris de voir marcher, courir, danser cette femme qui, la veille, ne pouvait se permettre sans soutien le moindre déplacement, et aussi boire et manger tout ce qui lui était présenté, alors que vingt-quatre heures plus tôt, elle vomissait la plus grande partie des aliments légers qui lui étaient servis.

« Cette guérison pour ainsi dire instantanée s'est maintenue. Antoinette Letienne a pu réintégrer le domicile conjugal, quand la plante des pieds amollie, par le repos prolongé, cessa d'être douloureuse à la marche.

« Devenue enceinte, trois mois après sa rentrée chez elle, où elle avait repris ses lourds travaux de ménagère, la grossesse est arrivée au cinquième mois et n'a présenté jusqu'aujourd'hui aucun accident ; la santé est parfaite.

« Voilà le fait.

« Ennemi par nature de tout ce qui touche au merveilleux, j'ai hésité longtemps à le relater ; mais ai-je le droit de taire un fait que des centaines de personnes ont vu ?... Que les esprits forts me traitent d'imbécile ; je ne veux pas passer pour un lâche.

« Lens, le 24 Mai 1891.

Signé : « Lequette, D. M. P. »

La grossesse dont parle ce certificat s'est terminée aussi heureusement qu'elle avait commencé par la naissance d'un enfant bien portant.

Trois ans après, le 28 Septembre 1894, la supérieure de l'hôpital de Lens m'écrivait :

« ... J'ai vu aujourd'hui même Antoinette de Girardin, femme Letienne, sa santé ne s'est pas démentie depuis sa guérison ; elle a une mine superbe. »

Cependant la Sainte Vierge lui avait promis de grandes souffrances. Cette prédiction s'accomplit tous les jours par les chagrins répétés qui l'accablent dans son ménage, et qu'elle supporte avec une grande patience.

Après les francs et courageux aveux du docteur Lequette, on ne saurait douter de l'existence, chez Madame Letienne, d'un prolapsus utérin, déjà reconnu et traité par le docteur Bauduin. L'hésitation même du docteur Lequette à constater la guérison est une garantie de sa sincérité.

Nous sommes donc bien en présence d'une lésion matérielle, qui, pour n'être pas une plaie suppurante et n'occasionner aucune perte de substance, aucune transformation pathologique des tissus, aucune végétation anormale, n'en est pas moins grave et difficile à guérir. D'autant plus que cette affection arrivée à ce point s'accompagne presque toujours d'inflammation chronique et d'hypertrophie de l'organe, dont le docteur Lequette ne parle pas, mais que les symptômes décèlent suffisamment.

Tous les médecins attesteront qu'un tel déplacement est absolument incurable par les seules forces de la nature. Si dans un degré moins avancé, les troubles fonctionnels et les douleurs concomitantes peuvent à la longue disparaître ou devenir plus supportables, la lésion n'en persiste pas moins. Les pessaires et les appareils qu'on emploie habituellement pour remédier à ces inconvénients constituent un traitement purement palliatif et n'amènent jamais la guérison.

D'un autre côté, les opérations proposées pour arriver à la cure radicale étaient, il y a quelques années, tellement dangereuses et d'un résultat si problématique qu'on y avait généralement renoncé. Les quelques succès que l'on cite n'étaient obtenus qu'au prix d'une inflammation facile à produire, mais difficile à limiter, qui resserrait les ligaments et les consolidait par un tissu de nouvelle formation analogue à celui qui accompagne les cicatrices. En fixant tant bien que mal les organes, cette inflammation pouvait amoindrir les douleurs et supprimer les troubles fonctionnels ; mais, dans le cas d'une grossesse nouvelle, les adhérences ou la transformation fibreuse des tissus devenaient une entrave et une gêne très capables d'en empêcher le développement normal.

Les progrès de la chirurgie dûs à l'antiseptie permettront peut-être aujourd'hui de tenter une cure plus complète et moins dangereuse ; mais, qu'il soit opéré ou laissé à lui-même, le prolapsus utérin n'en restera pas moins une affection *instantanément incurable*.

Dans le cas actuel, contrairement à ce qui se passe naturellement, même avec le secours de l'art, non seulement la guérison fut *instantanée* et *complète*, mais elle fut *durable, sans la moindre récidive*, quoique une grossesse, cause ordinaire et très fréquente de ces déplacements, soit survenue presque immédiatement.

Nous ne demanderons pas au docteur Bernheim sa pensée sur des faits qu'il ne veut pas connaître. Contentons-nous de relever la déclaration suivante à propos de ceux qu'il a choisis :

« En relatant ces observations de guérisons *authentiques* obtenues à Lourdes, en essayant au nom de la science de les dépouiller de leur caractère miraculeux, en comparant, à ce point de vue *seul*, la suggestion religieuse avec la suggestion hypnotique, je n'entends ni attaquer la foi religieuse, ni blesser le sentiment religieux. Toutes ces observations ont été recueillies avec sincérité et contrôlées par des hommes honorables. Les faits existent ; l'interprétation est erronée. Les convictions religieuses sont profondément respectables, et la vraie religion est au dessus des erreurs humaines. » (Bernheim, *De la suggestion*, 3ᵐᵉ édition, p. 296.)

Au moment où parut le livre du docteur Bernheim, il fallait un certain courage pour admettre l'authenticité des guérisons obtenues à Lourdes. Aujourd'hui on ne les conteste plus guère. La publicité, le sérieux, la prudence qui accompagnent les constatations médicales sont généralement connus ; c'est à l'interprétation qu'on s'attaque, en protestant, comme le professeur de Nancy, de son respect pour la vraie Religion. Félicitons-nous de ce progrès en le constatant.

Mais où la trouverez-vous cette vraie Religion, sans les miracles qui la caractérisent ? Le respect de la Religion entraîne forcément le respect de ses preuves. On ne saurait les rejeter sans examen. Les amoindrir en les mutilant n'est pas l'œuvre d'un homme respectueux de la vérité.

S'il s'est fait à Lourdes de vrais miracles, on aurait plutôt le droit de conclure que ceux qui sont douteux, les simples grâces, qui s'obtiennent par les mêmes pratiques, ont la même origine et le même caractère. Dieu ne peut ni se tromper ni nous tromper, et s'il permettait que de pareilles et si nombreuses merveilles se fissent *naturellement*, en de telles circonstances que les foules sont *invinciblement portées* à y voir son intervention surnaturelle, il tromperait les foules, dont la simplicité naïve est peut-être plus près de la vérité que la science même orthodoxe qui discute et qui doute.

A Lourdes, comme dans l'Evangile, il y a des miracles de différentes classes ; mais, ainsi que l'expose le P. Monsabré, à propos des miracles de Jésus-Christ, « ils se rattachent tous à un ensemble de prodiges, entre lesquels s'établit une sorte de solidarité, de telle manière que les grands répondent pour les petits. » *(Introd. au dogme cath. Les miracles*, p. 93.)

Voyons maintenant les faits que le docteur Bernheim ose comparer à ces miracles. Nous analyserons d'abord les dix observations les plus importantes qu'il donne et qui ont pour objet « *les affections organiques du système nerveux.* »

Nous devons nous trouver ici en présence de lésions matérielles qui se peuvent révéler d'une manière certaine, au

moins par leurs symptômes, c'est-à-dire de maladies qui,
de ce fait au moins, pourraient être matière à miracle.
Cependant quelques-unes de ces lésions, en particuller
celles de la troisième et de la cinquième obervation,
seraient contestables. Admettons que le diagnostic ne
laisse rien à désirer. On ne saurait être plus large.

1re Observation de Bernheim. Hémorrhagie cérébrale,
hémiplégie, hémianesthésie avec tremblement et contracture. *Guérison.*

Ici la lésion ne fait pas de doute, car elle fut confirmée
par l'autopsie. Elle était au moins *instantanément* incurable et elle était *ancienne*, datant de près de trois ans,
au moment de l'emploi de la suggestion; mais, dix mois
avant cette tentative, on avait déjà obtenu une amélioration par l'emploi des *aimants* et de l'*iodure de potassium.*
On ne dit pas si ce dernier médicament fut continué.

Le malade était atteint d'une apoplexie cérébrale causée
par une hémorrhagie à foyers multiples. Il lui restait, après
trente-quatre mois de maladie, de la contracture dans le
membre supérieur gauche, du tremblement à droite et de
la raideur dans le membre inférieur. A ces symptômes
s'ajoutait de la dyspnée par accès, avec catarrhe bron-
chique.

Une première suggestion lui rend la force et l'usage du
bras contracturé. *Au bout de cinq jours*, la raideur du pied
diminue, et la marche devient *progressivement* normale. *En
quinze à vingt jours* il est guéri des accidents cérébraux, et
la guérison persiste pendant deux ans, jusqu'à la mort,
causée par l'emphysème pulmonaire et les accidents
asthmatiques que la suggestion *n'avait pu modifier.*

Cette observation très remarquable et très concluante
au point de vue de la suggestion peut-elle être comparée
aux vrais miracles? Cinq des caractères essentiels sur sept

lui font défaut : 1° la lésion n'était pas absolument incurable avec le temps ; 2° la maladie était à son déclin ; 3° des médicaments très actifs avaient été employés ; 4° la guérison, quoique rapide, ne fut pas instantanée ; 5° enfin elle ne fut pas complète. (*)

Du reste le savant professeur de Nancy s'est lui-même chargé de la juger. Retenons bien ses conclusions très justes et applicables de tout point aux observations qui vont suivre :

« Le trouble fonctionnel dans les maladies des centres nerveux dépasse souvent le champ de la lésion anatomique, et c'est contre ce dynamisme modifié, indépendant d'une altération matérielle directe que la psycho-thérapeutique peut être toute puissante ;....

« Mais elle reste efficace, ou n'a qu'une efficacité *passagère*, *restreinte*, lorsque le trouble fonctionnel est entretenu directement par la lésion....

« La suggestion, pas plus que l'aimant, ne restaure un organe détruit ; elle restaure la fonction, en tant que celle-ci est compatible avec l'état anatomique de l'organe. » (Bernheim, *De la suggestion*, p. 334.)

C'est la pensée de Benoît XIV appropriée aux théories modernes.

Nous nous contenterons de souligner, dans les observations suivantes, les circonstances qui différencient ces guérisons des vrais miracles.

2ᵐᵉ *Obs.* Affection cérébro-spinale : attaques apoplectiformes, névrite cubitale. Guérison.

_____

(*) Comparer cette observation avec celle de Mᵐᵉ Fouré que nous avons publiée dans les *Annales de Lourdes* de 1890. Hémiplégie suite d'hémorrhagie cérébrale, datant de deux ans, guérie *complètement* et *instantanément*, dans des circonstances qui excluent toute suggestion.

Lésion matérielle douleuse. Guérison totale obtenue par une *série de suggestions* du 2 au 7 Octobre 1882 ; mais suivie de *trois rechutes* consécutives qui prolongent le traitement *pendant plus d'une année*, pour obtenir une guérison complète qu'on suit pendant trois ans.

3ᵐᵉ Obs. Hémiplégie gauche incomplète, *datant de huit jours* (!). Amélioration rapide par suggestion. Guérison *presque complète* en *trois semaines*.

C'est peu concluant, même au point de vue de la suggestion.

4ᵐᵉ Obs. Commotion cérébrale. Fracture guérie du rachis. Attaques d'épilepsie d'origine traumatique. Disparition *graduelle* des douleurs par la suggestion. Avortement d'un accès d'épilepsie et guérison totale *en deux mois.*

5ᵐᵉ Obs. Hémiplégie avec hémianesthésie organique, datant d'*un jour* (!) ; Guérison *en vingt-deux jours*, par l'aimant, avec suggestion sans sommeil.

Quel fut le rôle de la suggestion ?

6ᵐᵉ Obs. Myélite diffuse rhumatismale, datant de *deux mois. Amélioration* notable par la *suggestion répétée* et *l'iodure de potassium* continués *plus d'un mois. Etat stationnaire.*

7ᵐᵉ Obs. Symptômes de sclérose en plaques cérébro-spinale, datant de *trois mois. Amélioration* très notable et enraiement de la maladie *pendant six mois*, à la suite de *quelques séances* hypnotiques pendant *quatorze jours.*

Le docteur Bernheim avoue, à propos de cette observation que « l'ataxie locomotrice, la sclérose en plaques, l'atrophie musculaire, affections de leur nature *progressives* et *incurables*, ne sauraient demander à la suggestion qu'une atténuation plus ou moins durable de certains troubles fonctionnels dynamique. » (*Ibid.* p. 365.)

Il trouvera dans *Lourdes médical* plusieurs guérisons *subites* et *complètes* de ces affections. « L'amélioration remarquable » obtenue dans l'observation suivante, sur laquelle il attire avec raison l'attention du lecteur, est loin d'en approcher.

8me Obs. D..., malade depuis *trois mois*, présente, le 9 Octobre 1884, un tremblement très accentué des deux membres supérieurs, semblable à celui de la sclérose en plaques, s'exagérant quand il veut faire un mouvement ; une raideur très marquée dans les membres inférieurs avec exagération des réflexes tendineux : phénomène du pied et du genou continuant indéfiniment le mouvement, etc. Le malade marche difficilement, lentement, en chancelant, tenant les membres raidis. Il accuse de plus des vertiges ; on constate une certaine difficulté dans l'articulation des mots. La sensibilité est normale.

Du 9 Octobre au 24 du même mois, on hypnotise le malade *huit ou dix fois* et les symptômes morbides *s'améliorent progressivement* au point de lui permettre de faire le service d'infirmier pendant plus de six mois. Il ne tremble plus et marche *convenablement*.

Mais, au bout de ce temps, la raideur et le tremblement *reviennent* peu à peu. Au mois d'Avril suivant, les symptômes de la sclérose en plaque se montraient de nouveau avec *aggravation manifeste*.

9me Obs. Troubles nerveux dans le plexus brachial gauche, s'irradiant quelquefois aux nerfs thoraciques et cardiaques, fourmillement, engourdissement, contracture, constriction, douleurs par accès. La suggestion dissipe instantanément les accès, mais *n'en prévient pas le retour*.

10me Obs. Blessé à la main, il y a trois mois, au niveau du pisiforme droit, Ch... ne peut écarter les doigts, ni ouvrir ou fermer spontanément la main. Au début, il y avait dans la sphère du cubital un certain degré d'anesthésie *qui a disparu*. Guérison complète et instantanée par la suggestion hypnotique. Mais l'affection était *récente, à son déclin* et certainement *curable* par le massage et l'électricité. On avait ajouté « la *manipulation* à la suggestion. »

11ᵐᵉ Obs. Saturnisme chronique. Paralysie des extenseurs datant de cinq mois. *Amélioration* rapide *en dix jours ;* mais, au bout de trois mois, une gangrène pulmonaire se greffe sur une broncho-pneumonie liée à une néphrite interstitielle *qui avait persisté* et emporte le malade.

. Voilà tout ce que M. Bernheim peut nous offrir de mieux en fait de guérisons d'affections organiques, de lésions matérielles et sensibles, généralement exigées par les théologiens.

Rendons justice au savant professeur. Il n'a nullement la prétention de faire des miracles. Bien loin de là, il s'en défend et ne perd aucune occasion de donner à ses plus beaux succès une explication scientifique et naturelle. Son unique tort est de vouloir appliquer à de vrais miracles ces mêmes explications qui ne leur conviennent en aucune manière.

Entre les suggestionnés de Nancy et les miraculés de Lourdes les différences sont capitales.

1° M. Bernheim ne peut nous présenter aucune guérison de *plaies apparentes*, aucune restauration d'*organes dégénérés ou détruits*. Lui-même s'en reconnaît justement incapable. Et nous avons vu que le docteur Charcot n'a pu lui-même justifier par aucun fait probant sa fameuse théorie de la *Faith healing* et des plaies nerveuses. — A Lourdes de pareils faits ne sont pas rares. Les *Annales de Lourdes* et le docteur Boissarie en rapportent un grand nombre.

2° On n'emploie à Lourdes ni passes magnétiques, ni

fixation d'objet brillant, ni aucun des procédés habituels de l'hypnotisme. Jamais les miraculés ne sont *endormis* et jamais on n'a constaté chez eux la *perte de la conscience* et le *somnambulisme*. Si quelques-uns ont des extases et des visions, au rebours des hypnotisés, *ils s'en souviennent* toujours et les racontent immédiatement, sans la moindre provocation, *sans rappel* et *sans suggestion*.

3° Les hallucinations de l'hypnotisme sont *provoquées* et *suggérées* jusque dans les détails, ou bien elles suivent les caprices désordonnés d'une imagination sans frein ; elles sont acceptées *sans surprise* et *sans trouble ; la raison est absente, la conscience elle-même fait défaut*. Les apparitions de Lourdes, comme toutes les apparitions divines ou diaboliques, *surprennent, étonnent, troublent, terrifient* même quelquefois ; elles *laissent des doutes* au sujet, jusqu'à ce qu'elles aient donné des signes incontestables de leur origine ou, ce qui est très rare, que Dieu lui-même donne aux visionnaires, dès le premier moment, une conviction irrésistible. Dans tous les cas *la raison perçoit et juge* les phénomènes et les signes.

4° Jamais à Lourdes on n'affirme aux malades qu'ils seront guéris, et leur guérison reste toujours dans leur esprit conditionnelle et subordonnée à la volonté d'en haut, à leurs mérites, à l'utilité pour eux et pour les autres de cette guérison. La *confiance* des malades, si grande et si *surexcitée* qu'elle soit, ne pourra jamais atteindre la *certitude* qu'on cherche à inculquer aux hypnotisés par tous les moyens possibles, et *qu'ils acceptent sans contrôle*, comme le feraient des aliénés. Aucune comparaison n'existe entre ces deux ordres de faits.

Dans les cas assez rares où les pèlerins paraissent *certains* de guérir, (autosuggestionnés, disent les libres-penseurs), bon nombre restent malades, et ceux qui guérissent n'obtiennent presque jamais leur guérison dans les conditions qu'ils s'étaient figurées. L'un ne croyait pas qu'il pût guérir ailleurs qu'à Lourdes, et sa maladie le quitte avant son arrivée, où après qu'il en est parti *résigné*, c'est-à-dire suggestionné en sens inverse. Un autre attend sa guérison à la piscine ; elle arrive à la grotte ou sur le passage du Saint-Sacrement. Tel attend un miracle et croit guérir subitement et complètement ; il s'en retourne amélioré ; sa maladie le quitte lentement, presque naturellement, sans miracle. La suggestion et l'autosuggestion ne sont donc pour rien dans les résultats obtenus.

6° Enfin on étonnera sans doute plus d'un incrédule en affirmant qu'une grande partie des malades guéris à Lourdes ne demandaient pas leur guérison ; quelques-uns en faisaient le sacrifice pour obtenir à d'autres des grâces plus importantes ; tous s'en remettaient à la volonté de Dieu qui mieux que nous connaît ce qui nous est utile et préférable ; on en vit même qui imposaient, pour ainsi dire, à Dieu la condition de ne les guérir que pour un plus grand bien. Loin de chercher à suggestionner les infirmes, la plupart des prédicateurs et des instigateurs de pèlerinage cherchent à les entraîner dans ces sentiments d'héroïque charité et de résignation, les exhortant plutôt à prier pour les autres que pour eux-mêmes, à s'abandonner tout entiers à la bonté divine plus facile à toucher par la charité que par les demandes personnelles.

Où voir dans tous ces faits « l'incalculable puissance d'une irrésistible suggestion ? » Non, ce n'est ni l'imagination des miraculés qui agit, ni celle des foules qui s'unissent à leurs prières. Une autre intelligence indépendante et libre régit ces phénomènes, une intelligence qui garde ordinairement le secret des motifs qui la font agir, mais qui les laisse assez souvent deviner, pour qu'on admire sa bonté, sa sagesse, sa miséricorde, sa justice, et qu'on ne puisse, à la vue de ses œuvres, rien laisser au hasard ou aux écarts d'une imagination sans frein.

Ainsi qu'on devait s'y attendre, les plus nombreux succès du docteur Bernheim ont pour objet les affections hystériques, (17 observations); les affections névropathiques, (18); les névroses diverses, (15); les parésies et paralysies dynamiques, (3); les affections (nerveuses) gastro intestinales, (4); les douleurs diverses, (12); les troubles nerveux sans lésion, qui succèdent aux rhumatismes, (19); les névralgies, (5); enfin, ce qui s'explique plus difficilement, les troubles menstruels, (2).

Quelques-unes de ces observations sont très curieuses et fort importantes, en ce qu'elles démontrent encore une fois que la suggestion peut atteindre même les organes dont les fonctions, à l'état normal, échappent entièrement à l'action de la volonté et au contrôle de la conscience. On lira avec intérêt, à ce point de vue, les modifications obtenues par la suggestion dans l'étendue du champ visuel. Mais toutes ces guérisons sont-elles naturelles? Assurément on ne peut les considérer comme des miracles divins; car aucune de ces affections ne sauraient être matière à miracle. En étudiant plus loin les prodiges de l'hypnotisme, nous aurons peut-être à rechercher le véritable agent de ces merveilles.

Quelques guérisons plus ou moins rapides de chorée sont aussi remarquables.

Enfin au point de vue moral, il faut noter encore la 44me observation, bien qu'elle n'ait pour objet qu'une *amélioration* physique et morale, obtenue en *cinq mois*, chez un enfant de dix ans, très indocile et paresseux, atteint d'inappétence. C'est peu probant.

Et c'est là tout ce que M. le docteur Bernhein peut nous offrir de mieux en comparaison des miracles de Lourdes. Charcot et ses élèves n'ont rien fait de plus fort.

Concluons qu'*en dehors de toute lésion matérielle*, l'hypnose, aidée de la suggestion, peut améliorer et guérir certaines affections *purement fonctionnelles* des centres nerveux, et plus sûrement encore bon nombre de névroses et de névropathies.

Mais qu'on se garde bien de comparer encore ces guérisons partielles des affections nerveuses à celles du même genre que l'on rencontre à Lourdes... beaucoup moins fréquemment qu'on ne le pense ordinairement. (Les guérisons les plus fréquentes qu'on a pu constater, dans ces derniers temps, sont celles des tuberculeux.)

1º Généralement le docteur Bernheim guérit le symptôme nerveux; quelquefois même il se contente de le changer de place ou de nature, sans bénéfice pour le malade, quand ce n'est pas à son détriment. « Il arrive parfois, dit M. Pitres, qu'un accident supprimé par la suggestion est remplacé par un autre plus désagréable que le premier, de telle sorte que les malades, qui ont en somme perdu au change, viennent demander en grâce au médecin de leur rendre le mal qu'ils avaient primitivement. »

A Lourdes, les névrosés sont presque toujours guéris de la maladie même et des symptômes concomitants. Les échanges sont inconnus.

2º Les guérisons de Nancy s'obtiennent en plusieurs séances; il faut des jours, des semaines, des mois, à moins que l'affection ne soit récente, pour arriver à un résultat souvent incomplet. Le tempérament des malades n'est jamais modifié. Les prédispositions aux troubles nerveux et psychiques persistent.

A Lourdes, les guérisons des maladies nerveuses, comme celles des autres, sont instantanées et totales. Beaucoup ont pour objet ces affections anciennes et invétérées que dans les hôpitaux on n'a jamais guéries, pas plus à Nancy qu'à la Salpêtrière. Elles s'accompagnent souvent d'un changement complet et durable dans le tempérament des malades. Que l'on rencontre à Lourdes de fausses guérisons, comme il s'en produit si souvent dans les névroses, le fait est incontestable; mais nous avons déjà dit que ces guérisons non confirmées, n'étaient jamais comptées.

3° A Nancy, on est souvent obligé d'user de subterfuges pour entraîner les malades; on change leur personnalité par la suggestion; on leur suggère une autre affection que l'on guérit avec la première, etc.

Rien de semblable n'arrive et ne se fait à Lourdes.

4° A Nancy, on poursuit les symptômes l'un après l'autre, et l'on recommence souvent la série; la rechute est presque la règle.

A Lourdes, la guérison se fait entière et d'un seul coup; la récidive est l'exception.

5° Enfin, le docteur Bernheim se hâte d'affirmer la guérison dès qu'elle semble établie; il suit peu ses malades, ne parle pas des récidives.

A Lourdes, une guérison dont on n'aurait pas de nouvelles ou qui serait suivie de récidive ne serait pas comptée. Ce n'est qu'au bout de plusieurs années *sans rechute* qu'on se décide à l'enregistrer; et encore, s'il s'agit de névrose, comme une *simple grâce*.

On a cependant reproché aux journaux religieux la précipitation qu'ils mettent à publier pêle-mêle, après chaque pèlerinage, toutes les guérisons qui se sont accomplies, avant même que la maladie, sa nature, l'identité de la personne, son état actuel et la persistance de la guérison puissent être constatés sûrement. Et l'on exploite encore, contre les miracles les moins attaquables, quelques faits de supercherie, quelques guérisons qui ne se sont pas confirmées ou que plus tard on put expliquer très naturellement. On voudrait en particulier qu'on ne parlât jamais des névroses dont la disparition laisse toujours dans l'esprit des doutes très fondés. Nous regrettons, comme tout le monde, cette hâte parfois compromettante ; mais il ne faut pas en exagérer les inconvénients.

D'abord le plus souvent l'identité des miraculés, la nature et la gravité de leur maladie sont, dès le premier jour, affirmées d'une façon suffisante par les certificats dont ils sont porteurs et par les personnes connues qui accompagnent les malades. Ensuite ces notes hâtives des journaux sont toujours accompagnées de restrictions conditionnelles répétées à satiété : sauf les certificats et les renseignements que nous attendons ; sauf la confirmation que doit apporter la persistance de la guérison ; sauf l'appréciation du bureau des constatations et des hommes compétents, etc.

De quel droit voudrait-on arrêter l'élan de reconnaissance et l'enthousiasme des malheureux qui, eux, ne constatent qu'une chose : Ils souffraient, ils ne souffrent plus ? Ils le publient à haute voix, à l'honneur de leur bienfaitrice. Quoi de plus naturel et de plus juste ? L'essentiel, c'est que les erreurs et les exagérations, qui ne peuvent manquer de se produire, puissent être corrigées, et elles le sont dès qu'elles sont reconnues. On les recherche avec grand soin. Elles sont immédiatement consignées sur le livre-journal des constatations. Les *Annales* de Janvier 1896 contiennent trois de ces rectifications importantes.

Ces constatations médicales faites au grand jour, *avec le concours de tous les médecins qui se présentent au bureau,* quels que soient leurs croyances, leurs opinions, leurs préjugés, ont justement pour but de contrôler et de juger les faits, en remettant chaque chose à son point. Le registre tenu pendant douze ans par le regretté docteur de Saint-Maclou, et continué par son successeur le docteur Boissarie, est à la disposition de quiconque veut s'éclairer, se renseigner, se faire une opinion. Parler de Lourdes sans l'avoir consulté, c'est s'exposer à se tromper grossièrement et à tromper les autres.

« Dans le premier moment, les preuves sont insuffisantes, je le reconnais, dit le docteur Boissarie ; elles ont besoin d'être complétées, confirmées. Voilà pourquoi je livre immédiatement toutes mes enquêtes à la presse. Ces publications hâtives n'autorisent aucune conclusion ; mais elles appellent la discussion sur tous les faits ; discussion libre, contradictoire, où se mêlent toutes les opinions, discussion immédiate au milieu de tous les témoins de ces guérisons. » (*Annales de Lourdes*, 30 avril 1894.)

Quoi de plus sage et de plus pratique ? Si l'on attendait, pour parler, que toutes les enquêtes fussent terminées, les témoins dispersés, les souvenirs moins nets, quelles objections ne nous ferait-on pas sur le secret de nos agissements ?

Nous avons tenu à rapporter toutes les guérisons hypnotiques obtenues par le docteur Bernheim, dans des conditions où le surnaturel semble pouvoir être écarté. Il n'en est pas toujours ainsi. Dans les prodiges de l'hypnotisme que nous allons examiner, nous retrouverons d'autres guérisons dûes aûx consultations somnambuliques, plus difficiles à expliquer, et cependant bien proches parentes de celles des hypnotiseurs.

§ IV. *Prodiges de l'hypnotisme*

Nous avons déjà vu que le docteur Bernheim et la plupart des médecins qui se sont occupés d'hypnotisme se refusent à croire aux faits transcendants, certifiés cependant par de nombreux magnétiseurs et par leurs propres élèves plus hardis, plus logiques ou plus persévérants.

L'abbé Schneider lui-même, trop ferme catholique et trop théologien pour ne pas admettre les miracles et les possessions, semble avoir pris à tâche de ne trouver dans l'hypnotisme que des phénomènes naturels et de révoquer en doute les faits plus extraordinaires qui gêneraient ses convictions. Nous examinerons ses raisons.

Mais est-il bien certain que parmi les phénomènes que nous venons d'exposer, et qu'il admet, aucun ne soit contraire aux lois de la nature ? Considère-t-il comme naturel que, par le seul effort de l'imagination, un homme puisse à volonté se faire saigner du nez ou provoquer une hémorrhagie sur telle partie du corps qu'on lui désignera ? que le seul fait d'approcher ou d'éloigner la main d'un organe fasse doubler le volume de cet organe ou le ramène à son état normal ? que la volonté seule puisse résister à l'action physique ou chimique d'un corps sur l'organisme, ou la remplacer ?

Une émotion fictive ou réelle peut colorer la face et, chez une personne prédisposée, déterminer la rupture de quelques capillaires préalablement altérés ; mais cette dilatation subite des vaisseaux est tout involontaire ; nous ne pouvons ni la produire, ni la régler, ni la suspendre à notre volonté ; comment obéit-elle à l'injonction d'un tiers encore plus impuissant ?

« L'hystérie, dit l'abbé Schneider, est du monde la maladie la plus étrange. La peau, la circulation, les vasomoteurs y sont en proie aux troubles les plus singuliers. » Nous n'en disconvenons pas ; mais les plus étranges singularités de nos maladies n'ont jamais produit autre chose que l'altération de nos organes et le trouble de nos facultés ; elles n'en sauraient changer le rôle et la fonction ; à plus forte raison ne pourraient-elles en créer de nouveaux.

Nous ne saurions admettre les concessions que le P. de Bonniot croit pouvoir faire aux physiologistes incrédules : « Les nerfs d'une même région, dit-il, ont des rôles divers ; les uns se rapportent à la vie organique, les autres à la vie

animale ; ceux-ci sont accompagnés de sensations conscientes, quand ils agissent ; l'exercice de ceux-là reste
sourd et insconscient. Mais il existe entre eux une telle
harmonie, une telle sympathie, que le jeu des uns provoque
celui des autres, et réciproquement... On sait que les effets
du vésicatoire ont pour cause immédiate les vaso-moteurs
qui président aux capillaires de la région où le vésicatoire
est appliqué, que cette opération est accompagnée d'un
picotement *sui généris* dont les nerfs sensibles de la même
région sont le signe ou le véhicule. On conçoit après cela
qu'un picotement semblable, vivement reproduit *par le
souvenir* d'un hypnotique, mette en jeu les vaso-moteurs,
comme ils l'ont été avec une sensation semblable. L'effet
du vésicatoire s'en suivra naturellement. » (de Bonniot,
Le miracle et ses contrefaçons, p. 273.)

Cette explication aurait besoin d'être au moins confirmée
par quelques expériences, en dehors de l'hypnotisme et
des stigmates dont l'origine divine ou diabolique est prouvée par les circonstances évidemment surnaturelles qui
les accompagnent.

Un physiologiste sérieux ne saurait admettre que dans
l'état normal un homme, par un seul effort de son imagination, puisse se faire saigner de telle ou telle partie du
corps, *circonscrite* et *désignée d'avance.* Jamais pareil phénomène ne s'est vu. Et l'on voudrait admettre qu'un étranger, qui ne peut avoir aucune action directe sur nos vaso-
moteurs, soit capable d'amener en nous un pareil désordre,
malgré nous et *à notre insu !* Vous n'en croyez rien. Car, il
ne faut pas l'oublier, si la suggestion a été imposée dans
l'hypnose, c'est après le réveil que l'imagination et « le
souvenir » de l'hypnotisé doivent agir, pour réaliser un
phénomène dont il n'a ni *conscience, ni souvenir.*

Si pareil fait est naturel, il faut chercher une autre explication.

Les expérimentateurs de la Salpêtrière et de Nancy n'en affirment pas moins sur tous les tons que jamais ils n'ont rencontré un seul fait en dehors des lois naturelles. A ne considérer que leurs observations telles qu'ils les publient, on pourrait les croire de bonne foi, mais nous ont-ils tout dit ? « Les limites du miracle thérapeutique, écrivait dernièrement Charcot, sont les limites mêmes des lois naturelles ; *aucune intervention* n'est susceptible de les lui faire franchir. » On ne saurait exprimer plus clairement que pour lui le *miracle d'hôpital* n'est et ne doit être qu'un phénomène naturel. Nous sommes de son avis; mais s'en suit-il que le vrai miracle, le *miracle surnaturel* ne puisse s'y rencontrer. Est-il même bien certain « qu'aucune intervention,» dans le champ restreint de la clinique, n'ait jamais franchi la limite des lois de la nature ?

Prenons un fait au milieu de cent autres. Le docteur Cullerre affirme son authenticité ; le nombre et la qualité des témoins en répondent. Vingt fois reproduit par les journaux, les revues, les traités spéciaux, il est presque classique et c'est un des premiers que l'on ait observés.

Il s'agit d'une jeune femme hystéro-épileptique, mise en état de somnambulisme, à laquelle M. Taguet présente en guise de miroir un carton brut et dépoli. Aussitôt la malade le pose devant elle et se met en devoir de faire sa toilette. Mais, pendant qu'elle était en crise convulsive, en catalepsie ou en léthargie, on avait imprimé sur son visage un certain nombre de taches au crayon ou à l'encre, les unes très nettes, les autres presque imperceptibles. Ses yeux ont à peine rencontré le plan du carton qu'elle s'étonne d'avoir la figure sale et efface une à une toutes les taches dont on l'avait maculée. En déplaçant le faux miroir, on lui faisait apercevoir celles qu'elle n'avait pas vues d'abord.

On présente en arrière de sa tête, mais de telle sorte

qu'ils ne soient pas masqués par elle, divers objets, tels qu'une montre, une bague, une pipe, de petits bonshommes en papier, un crayon, une pièce de monnaie ; elle en décrit la forme et la couleur.

Un interne se place derrière elle de manière à la dominer légèrement ; elle le salue et aucun des gestes du jeune homme ne lui échappe. Il lui envoie un baiser avec la main ; elle s'écrie qu'il se moque d'elle ; il insiste, elle se fâche et crache sur le miroir. On place en arrière de son front deux doigts légèrement écartés, elle devient triste et fait plusieurs signes de croix ; elle s'écrie qu'elle voit le diable avec ses cornes et se met à prier. La vue d'un crucifix, d'un chapelet, la comble de joie ; elle cherche à s'en emparer en portant ses mains en arrière.

Un objet quelconque est appliqué sur le carton, de manière à diminuer considérablement la partie faisant office de miroir ; la malade ne s'en aperçoit pas et continue à désigner les objets qui viennent se réfléchir devant ses yeux. Elle ne voit pas son scapulaire placé sur le carton ; elle le reconnaît et le réclame dès qu'on le substitue à l'objet placé derrière elle et qu'elle était en train de décrire.

Dix personnes connues ou inconnues passent successivement à la tête de son lit ; les yeux toujours fixés sur le carton, elle dit sur chacune d'elles un mot qui les caractérise ; pas un de leurs mouvements ne lui échappe. L'un prenant un cigare fait le simulacre de fumer : « Ne te gêne pas, » dit la malade. Un autre fait le signe de la croix, elle s'écrie : « Voilà un bon chrétien. »

On place au dessus de sa tête un écriteau avec ces mots : « Je suis le diable ! » Aussitôt qu'elle l'a aperçu, elle fait un signe de croix, embrasse ses médailles ; tout indique chez elle la frayeur la plus vive, le découragement le plus complet. On remplace cet écriteau par le suivant : « Je suis le bon Dieu. » Aussitôt sa figure s'éclaire et exprime la joie la plus grande. On varie ces inscriptions, chacun apportant la sienne ; l'expression de sa physionomie, les réflexions qui lui échappent indiquent d'une manière certaine qu'elle les a vues et comprises, bien que dans son miroir elle ne put les voir que renversées de droite à gauche.

Passons d'autres expériences, qu'on eut pu facilement rendre plus convenables, et laissons de côté les phénomènes attribués à l'hyperesthérie de l'odorat. Ce que nous venons de rapporter nous suffit.

Quelle explication donner à ces faits ? Le docteur Taguet et M. Cullerre n'y voient que l'exaltation de l'acuité visuelle. C'eût été le cas de répéter l'expérience de Bernheim et d'interposer entre l'œil de la malade et le faux miroir un prisme qui eut doublé l'image, si réellement elle était renvoyée par le carton, ou l'eut laissée simple, si elle était purement subjective ; mais le phénomène n'est pas plus compréhensible dans un cas que dans l'autre.

On admettrait assez facilement que l'imagination puisse reproduire sur un corps brut pris pour un miroir n'importe quel objet que l'œil est habitué à reconnaître dans les glaces ordinaires ; mais, à moins que ces fausses images ne soient suggérées par un acte quelconque, les illusions de la patiente ne pourraient avoir d'autres causes que les capricieuses données de ses pensées ou de ses souvenirs. Jamais on ne comprendra que son imagination seule puisse reproduire avec une telle exactitude des choses réelles dont elle n'aurait aucune perception, aucune connaissance.

D'un autre côté, quelle est la loi physique ou physiologique qui pourrait ainsi transformer un corps dépoli en un véritable miroir ? Aucun des assistants n'y découvraient la plus grossière image. Et, de fait, les rayons lumineux, dispersés en tout sens par les facettes imperceptibles du carton ne pouvaient réfléchir dans l'œil que des parties infimes, séparées, mêlées, déformées, désunies et méconnaissables. Quelle que soit « l'exaltation de l'acuité visuelle, » fût-elle aidée des instruments d'optique les plus perfectionnés, jamais elle ne pourra tirer de ce chaos qu'une confusion d'autant plus complète que l'organe sera plus parfait.

Alors quel est le sens, quelle est la faculté qui *naturellement* a révélé à la jeune fille les taches de sa figure, les objets qu'elle ne voyait pas, les grimaces qu'on lui faisait ?... Nous sommes en présence de l'inconnu, de l'incompréhensible, du mystère, que l'avenir expliquera sans doute à nos petits-enfants ?... C'est le mot de Charcot, poussé dans ses derniers retranchements par le docteur Boissarie, à propos des miracles de Lourdes.

Sachons gré au savant professeur de cet aveu *in extremis* et contentons-nous en, bien que nous ne puissions partager son espoir.

Quand il s'agit d'un fait formellement contraire à une loi connue de la nature, on ne peut espérer qu'une autre loi naturelle l'expliquera.

Les lois de la nature ne se contredisent pas ; ne s'annihilent pas ; elles se groupent, se combinent, se modifient les unes les autres, pour composer une résultante. Lorsque le groupement, la combinaison, la modification se fait entre des forces naturelles, la résultante est naturelle ; mais, s'il survient dans le problème une force hiérarchiquement supérieure à celles que possèdent naturellement les sujets qui la subissent, la résultante elle-même sera d'un ordre supérieur ; elle portera toujours l'empreinte de cette force étrangère et la fera connaître ou du moins soupçonner. C'est cette empreinte qui constitue pour nous ce que nous appelons le surnaturel.

Mais nous ne sommes pas au bout des phénomènes inexpliqués et naturellement inexplicables.

Sans remonter au paganisme, au moyen-âge, à la renaissance, prenons les faits les plus récents, admis et publiés par des hommes dont la bonne foi, le savoir et la loyauté ne sauraient faire un doute et voyons, sans aucun parti pris, les explications qu'ils en ont données.

L'abbé Schneider est un de ceux qui les ont le mieux présentées. Suivons-le dans sa discussion, dont la tendance manifeste est plutôt de conduire au doute et à la négation qu'à une affirmation positive, et dont les explications sont généralement empreintes d'un naturalisme exagéré.

I. *Consultations somnambuliques.* — Nous avons déjà pressenti le danger de se laisser duper par les charlatans, les escrocs, les somnambules même de bonne foi, entraînés par des suggestions plus ou moins conscientes.

Le docte abbé s'applique à montrer ces abus dans des faits bien choisis ; mais, à côté de ces fraudes stupides, grotesques ou criminelles, ne pourrait-on citer, sans compter « les maladies nerveuses ou imaginaires *guéries* par la suggestion », des faits incontestables de vue intérieure (Obs. XVII,) des descriptions très précises et très vraies de lésions internes dont les somnambules suivaient et indiquaient toutes les évolutions, des guérisons mêmes inespérées de maladies très extraordinaires par des remèdes non moins étranges et quelquefois manifestement dangereux et contraires ?

Les journaux, les revues, les traités spéciaux en regorgent. Comment se fait-il que le savant et très sincère abbé n'ait pas daigné en rapporter un seul exemple ? Ce n'est pas la peur du surnaturel qui l'arrête ; car il l'admet et le défend victorieusement dans son livre, au point de vue du miracle. Quelle fausse honte le porte donc à reléguer dans l'ombre les prestiges diaboliques, et tout ce qui de près ou de loin pourrait en approcher ? Cet oubli nous étonne de la part d'un théologien et d'un savant qui veut rester chrétien et catholique.

Dans les cures attribuées au magnétisme, à la magie, comme dans celles que revendique la suggestion, une seule chose reste *constante*, c'est l'*inconstance*, la singularité, le burlesque, la contradiction ; mais, quand on aura relevé tous les caprices, toutes les bizarreries, toutes les absurdités de cet agent insaisissable, il n'en restera pas moins très certain qu'il a produit des milliers de cures surprenantes sur des maladies très diverses et souvent des plus graves ; que des somnambules ont *vu* leurs propres maladies et celles des personnes qui les consultaient ; qu'ils les ont quelquefois guéries en prescrivant des remèdes capables de tuer les patients, et tout cela non sans danger pour les malades et les opérateurs. (Voyez de Puységur, *Recherches physiologiques* ; *Mémoires pour servir à l'histoire du Magnét.* ; *Détails des cures opérées à Busancy* ; — Teste, *Manuel prat. de Magnét.* — Comet, *La vérité aux médecins.* — Lafontaine, *Art de magnétiser.* — *Annales du magnét.* — *Revue magnétique*, etc.)

Nous ne pouvons rapporter en détail un grand nombre de faits. Beaucoup sont contestables et peu probants, parce que les maladies décrites paraissent plutôt imaginaires que réelles ; imaginaires aussi les guérisons ; mais lorsqu'on veut juger une doctrine, ce n'est pas seulement dans les faits qui la contredisent, ou dans ceux qui lui sont favorables, qu'il faut chercher une opinion ; l'ensemble seul pourra donner la vérité.

Nous avons rapporté *in extenso* les guérisons du docteur Bernheim, et nous avons jugé que la plupart nous semblaient naturelles. Nous devons maintenant examiner celles qui paraissent excéder les forces de la nature.

Qu'importent ici les insuccès, ou les succès douteux, s'il en existe d'incontestables ? En admettant avec l'abbé Schneider que les insuccès soient les plus fréquents, il n'en faudrait pas moins expliquer les succès véritables et les relater. Cinquante faits négatifs ne sauraient infirmer un seul fait positif.

Nous n'en rapporterons que quelques-uns pour en montrer le caractère constant de bizarrerie et d'incertitude, en même temps que le merveilleux relatif qui les accompagne presque toujours.

Mme Périer, atteinte depuis onze ans de fistules profondes et ulcérées du rectum, était abandonnée des médecins. Son mari, quoique prévenu depuis longtemps contre le magnétisme, consentit à en essayer ; mais la tête lui tourne quand il voit sa femme décrire son mal, s'ordonner des remèdes, annoncer la marche de la maladie, ses crises, etc. Puis, lorsqu'il la croit guérie, celle-ci voit de nouveaux abcès se former, et prédit leur évacuation à jour fixe ; elle lui enseigne à bien diriger son *fluide* : « C'est ce qui rendra la vie, lui dit-elle, à ce sang mort et pourri. » Elle prévoit tous les accidents qui doivent lui arriver jour par jour... et connaît les moyens de les détourner ou de les rendre inoffensifs. Impossible de rapporter ici toutes les péripéties de ce traitement extraordinaire ; bornons-nous à dire que, dès le début, la malade avait prédit la guérison de cette affection jugée incurable et qu'elle fut parfaitement guérie à jour fixe et de la manière qu'elle avait indiquée. (Teste, *Manuel prat. de Magnét.*, p. 362.)

Nous avons choisi cet exemple, qu'il faut lire tout entier, non parce que nous croyons à l'efficacité du fluide en lui-même, ou que la guérison progressive fût inexplicable, mais parce que la suggestion ne saurait rendre compte de ces vues intérieures et de ces prévisions si précises et si bien justifiées, dans une *lésion matérielle*, que l'autosuggestion ne pouvait ni produire, ni connaître, ni modifier sensiblement. Quel est donc l'agent qui révèle et guérit ?

L'observation suivante se rapporte à une affection nerneuse et n'a d'autre intérêt que de reproduire un type très fréquent dans les maladies traitées par le magnétisme. On la croirait calquée sur notre observation XVII. Nous en empruntons l'analyse à M. Bizouard, qui résume le docteur Teste: (V. Bizouard, t. V, p. 22 et Teste, p. 340 et suiv.)

Mme Comet, en état de somnambulisme, prédit qu'elle aura le 7 Décembre 1839 un point de côté. Sans avoir égard à ses règles, elle prescrit une saignée de vingt onces. Le 7, en effet, vive douleur au côté gauche ; le soir, on reconnaît une fluxion de poitrine, mais *compliquée d'un état fort extraordinaire* du système nerveux. La malade fait ajouter une énorme dose d'opium à la saignée, qui fut suivie d'extase et de catalepsie. Durant cet état, elle paraît en rapport avec *un être* que nul autre qu'elle ne voit et n'entend ; elle prédit enfin la marche de sa maladie et en indique le traitement : « Il faut encore une saignée d'une livre pour le lendemain. » Mais on hésite, on discute... En définitive, la malade est si mal qu'on suit ses ordonnances à la lettre. On lui tire dix-sept onces de sang : « Tout va bien. » Mais, le 12, elle ordonne une autre saignée pour le 15. Le docteur est aux champs, il veut résister ; mais il avait tant de foi aux somnambules qu'il y consentit. D'ailleurs les accidents étaient devenus tels qu'on ne savait que faire.

La veille de cette saignée, Mme Comet dit « qu'il faudra lui tirer encore vingt-quatre onces très fortes, car il faut une syncope. » Son mari se récrie, tout cela lui semble insensé ; le docteur a pris son parti : « Jamais somnambule, selon lui, ne s'est suicidée. » On tire près de vingt onces et la syncope ne vient pas, et l'extase qui devait tout guider fait défaut. Tout le monde, sauf le docteur, est désorienté; les accidents s'aggravent. Enfin l'extase survient: « Tout s'est bien passé, dit l'oracle, la saignée n'est pas trop forte; donnez la dose d'opium. »

Les extases, la catalepsie, la marche de la fluxion, tout est annoncé d'avance, et la délivrance, prédite pour le Mercredi 18 Décembre, eut lieu le jour dit.

La maladie nerveuse continuait ; un accès d'abord tous les jours. Puis, le 30 Décembre, elle en prédit un pour le 15 Janvier; le 15, un autre pour le 31, et tout se réalise. Enfin les accès s'éloignent; la convalescence arrive peu à peu, « et jusqu'à la fin *le génie tutélaire* de la malade ne cesse de la diriger. »

Maladie d'un diagnostic très douteux, guérison plutôt étrange qu'inexplicable, qu'on aurait sans doute obtenue d'un traitement plus rationnel, avec moins d'émotions et de perplexités; rien au fond qui paraisse excéder les forces naturelles, à part la prévision de lésions matérielles et de crises que rien ne pouvait annoncer et la guérison à jour fixe ; telle est, avec l'innocuité d'une médication absurde, le résumé de cette observation. Tel est aussi le résultat le plus ordinaire des consultations magnétiques.

Ici, ce n'est ni la maladie, ni la guérison qu'il faut expliquer; ce sont les circonstances qui les accompagnent. Malheureusement ce sont toujours ces détails incompréhensibles et mystérieux qu'on néglige et que l'on oublie.

Qui nous expliquera cette ressemblance manifeste de toutes ces affections, dans leurs symptômes, dans leur traitement et dans leurs guérisons, ces vues intérieures, ces prédictions qu'aucune suggestion ne peut prévoir ni réaliser, ces prescriptions toujours débilitantes et perturbatrices qu'on retrouve à chaque page dans les auteurs, sous la même forme, dans les mêmes termes, chez des sujets très différents, qui n'ont entre eux aucun rapport, et qui sont guidés et interrogés par des hommes dont les idées, les tendances, les convictions diffèrent du tout au tout?

Suggestion, dira-t-on! mais suggestion de qui? Tout l'entourage espère, désire, suggère le calme, la guérison ; tout le monde redoute, condamne, repousse un traitement absurde et dangereux ; le sujet seul s'obstine à voir des désordres nouveaux, à prédire des crises de plus en plus violentes, *à prescrire un traitement qui lui répugne*, contre lequel il se défend autant qu'il peut, dès qu'il est éveillé. L'autosuggestion elle-même ne saurait être invoquée.

Quoi qu'en dise M. Bernheim, tout n'est pas suggestion dans les effets de l'hypnotisme.

Un armurier, dont les journaux de magnétisme ont rapporté la cure, se présente à la Société philanthropique de Strasbourg, avec toutes les articulations des pieds et des mains ankylosées (?). Devenu très bon lucide, il commande qu'on lui ouvre la veine du pied, pour lui tirer trois livres et demie de sang. Les médecins s'effrayent, mais il continue ses prescriptions et dit que, le neuvième jour, il faudra lui en tirer encore trois livres, et autant dix jours après ; puis il ordonne quatorze purgatifs de suite, dicte la composition qu'il devra prendre, étant endormi (il n'en aurait pas le courage étant en état de veille,) et il annonce sa guérison au bout de six semaines.

Les neuf livres et demie de sang tiré dans l'espace de trois semaines et les quatorze purgatifs, loin de le débiliter, lui rendirent une si bonne santé qu'il put faire une poignée d'épée à son magnétiseur.

La mode était alors à la saignée et aux purgatifs ; aujourd'hui les remèdes proposés sont plus variés peut-être, mais les résultats sont les mêmes ; le traitement ne serait-il donc pour rien dans ces mystérieuses guérisons.

Mais ce n'est pas seulement dans leur propre corps que

les magnétisés peuvent voir les altérations des organes, ils les découvrent même chez les personnes qui se mettent en rapport avec eux, soit directement, soit indirectement au moyen de cheveux ou d'objets que les malades ont touchés.

J. Cloquet, visitant les somnambules de Puységur, était bien décidé à se tenir en garde contre toute illusion. Sans le connaître, une magnétisée lui fit l'exposé de son état. Un jeune incrédule voulut aussi la consulter ; elle lui dit qu'il souffrait de l'estomac et qu'il avait des engorgements dans le bas ventre, depuis une *certaine maladie*, ce qui était vrai. (V. *Détail des cures opérées à Busancy.*)

Le docteur Ochorowicz raconte, d'après Bertrand, l'histoire d'une somnambule qui, mise inopinément en présence d'un duelliste blessé récemment par une balle reçue en pleine bouche, s'écria au bout de quelques instants : « Non, non, ce n'est pas possible, si un homme avait une balle dans la tête, il serait mort. — Que voyez-vous donc ? demanda Bertrand. — Il faut qu'*il* se trompe, répondit-elle ; *il* me dit que monsieur a une balle dans la tête. »

Il, d'après la somnambule, était un être distinct, séparé d'elle qu'elle appelait son ange gardien, et dont la voix se faisait entendre au creux de l'estomac.

Comment ne serait-on pas frappé de ces explications bizarres données par un si grand nombre de somnambules dans tous les temps et dans tous les pays ? On ne saurait invoquer ici la suggestion, car le magnétiseur était loin d'être un spiritualiste et ne croyait guère plus aux bons anges qu'aux mauvais esprits.

La somnambule poussa l'exactitude jusqu'à indiquer les dents qui manquaient dans la bouche du blessé et que la balle avait enlevées, avant de pénétrer jusqu'à la partie postérieure du cou où elle était restée.

Il arrive quelquefois qu'il se fait un échange de maladie entre le somnambule et le consultant.

Mlle V..., traitée par le docteur Charles de Résimont, à Metz, est mise en rapport avec une somnambule, qui décrit très exactement l'état de la malade et même les lésions internes que, d'après les symptômes extérieurs, inconnus de la somnambule, la jeune fille devait avoir ; mais, le jour même, celle-ci était paralysée du côté droit, parce que la magnétisée était elle-même frappée d'hémiplégie. (*Revue magnét.*, p. 321 et suiv. : Extrait de l'ouvrage publié en 1844 par M. Ch. de Résimont.)

Quelques somnambules ressentent eux-mêmes les douleurs et les accidents dont souffrent les malades.

Tous ces faits sont connus et attestés par les magnétiseurs de toutes les écoles ; mais aucun d'eux n'ignore que les somnambules se trompent très souvent, qu'ils voient parfois ce qui n'existe pas et passent sans les voir près des lésions les plus apparentes. Ces caprices, ces erreurs, ces insuccès, ces fraudes inconscientes ne nous rassurent pas. Nous dirons volontiers avec l'abbé Schneider : « Méfiez-vous des somnambules..., même quand ils sont endormis ;» mais nous nous associons pleinement aux réflexions de M. Bizouard :

« Dans les nombreuses guérisons constatées par tant de certificats, rapportées dans les revues magnétiques, dans les annales, journaux, archives du magnétisme et traités divers, le tout formant une bibliothèque aussi curieuse qu'elle est immense, à chaque page on est stupéfait ; c'est un merveilleux qui nous fait croire que nous rêvons ; ce merveilleux nous attriste, il semble non seulement n'être pas de ce monde, mais d'un monde qui nous effraye et nous cause le frisson.

«... Que dire de ces moyens de guérison absurdes et de

tant d'autres merveilles ? de cette faculté de ressentir en touchant un malade la maladie qu'il éprouve, et ce qui est plus prodigieux d'ôter cette maladie et de la transporter en soi, comme un objet qu'on change de place ? Au lieu d'être une lutte dans l'organisme, la maladie serait-elle un être qu'on déplace, que l'on chasse à condition qu'il élira domicile dans un autre corps ? On se rappelle involontairement ce sytème absurde de la transplantation des maladies, cette croyance qu'elles étaient souvent causées par une intelligence maligne, et ces remèdes, capables de tuer les malades, ordonnés en songe dans les temples d'Esculape. »

Notons encore, pour accentuer le rapprochement, que les plus beaux succès du magnétisme ont été obtenus sur des maladies plus étranges encore que leurs guérisons ; les espèces morbides les mieux connues, lorsqu'on peut les diagnostiquer, sont tellement défigurées par les symptômes accessoires, seuls modifiés et souvent seuls guéris, qu'on a peine à se reconnaître dans ce tourbillon capricieux et mobile, où sont entraînés les médecins et les malades et les spectateurs de sang froid.

Citons encore un fait emprunté par Joseph Bizouard au *Manuel pratique* du docteur Teste, page 318 et suivantes :

Au mois d'Août 1819, le sieur Crooswijck, de Rotterdam, âgé de vingt ans, fut atteint d'épilepsie (?). Les accès de plus en plus violents se transformèrent au mois d'Octobre en véritables paroxysmes de frénésie, durant lesquels quatre hommes pouvaient à peine tenir le malade. Il brisait tout, démolissait tout.

Le savant docteur Sander, que l'on consulta en dernier ressort, après avoir reconnu l'insuccès de toute médication, décida le malade à se faire magnétiser dans un moment de calme. Le docteur Meijer, qui fut appelé, frappé d'étonnement et d'effroi en voyant cette fureur, faillit reculer d'abord, craignant pour sa propre vie. Cependant, plein de foi en sa puissance magnétique, il brave tout danger et commence son œuvre. Après un moment de calme, le malade entre en convulsion ; sa langue sort de sa bouche ; il a perdu la parole et *conserve cependant toute sa raison;* il est endormi enfin du sommeil magnétique.

Ce traitement est continué de deux jours l'un ; puis surviennent des accès terribles de rage que le docteur interrompt en soufflant sur le malheureux de toute sa force magnétique. Les spectateurs se réjouissent de voir le calme succéder aux accès ; mais la fureur devient bientôt si alarmante que l'entreprise est des plus périlleuses.

Pourtant on fait tomber le malade en somnambulisme, et, dans cet état, il déclare qu'il ne peut être guéri que par le magnétisme ; il prédit ses accès, le danger que court le magnétiseur, et donne les moyens de l'éviter. « Cette rage sera si violente, dit-il un jour, que je ne saurais répondre du péril. — Sa fureur sera excessive, il faudra la laisser aller pendant vingt minutes. Après avoir enfoncé les portes, on se jettera sur lui. Il n'ose assurer que cela réussira ; cependant, si on ne l'entreprend pas, c'en est fait, il périra. — Mais songez-y, ajoute-t-il, dans aucun cas vous n'en sortirez *sans casser des œufs.* » Le pauvre somnambule pleurait... Oubli complet au réveil.

Le jour redouté arrive, le docteur Meijer est accompagné du chirurgien Van Wagening. Il ôte sa cravate qu'il remplace par une bande de carton (!) ; il se prépare pour le terrible moment prédit. Un hurlement affreux commence l'accès ; le patient déchire sa chemise et ses draps ; on ôte les solives qui barricadaient la porte ; chacun fuit excepté le docteur, qui contemple de loin cette figure effrayante, cette langue pendant hors de la bouche, ces mains tendues vers lui comme des griffes. Cet aspect était épouvantable.

Le combat va commencer, la lutte s'engage... On n'essayera pas de la décrire. Les cheveux se dressent sur la tête du docteur : il souffle son fluide sur le furieux avec toute l'intensité possible. Ce souffle, si impuissant aux yeux de ceux qui ignorent sa vertu, terrasse au bout de six minutes le frénétique, qui tombe comme raide mort. Son magnétiseur tombe à ses côtés, épuisé, ses habits en lambeaux. « Reposez-vous un peu, lui dit alors le somnambule, deux accès plus violents vont suivre. »

C'est encore par son souffle que le docteur paralyse la rage de son malade... Il allait succomber, quand le calme survient. On s'en réjouissait ; on n'avait encore rien fait. L'affligé prédit « que, durant trois jours consécutifs, il sera atteint de rage et d'hydrophobie (?) ; le troisième jour, le mal sera à son comble ; si, avant quatre heures de relevée, il n'a pas bu trois fois, sa perte sera inévitable. »

.... Le fou enragé brise de ses mains les meubles les plus solides, démolit les cheminées, les croisées, sans se blesser aucunement. La terreur, le troisième jour, est au-dessus de toute conception ; le frénétique a demandé pour la troisième fois à boire. « Je prends la coupe, dit M. Meijer, mais il la renverse en tombant sur moi pour me déchirer à belles dents... L'heure fatale allait sonner, tout était perdu, le malheureux continuait ses démolitions, il allait briser la porte. Nous allions tous fuir dans la persuasion d'avoir fait pour le sauver tout ce qui était humainement possible. Quatre heures allaient sonner, quand d'une voix tonnante il crie : *A boire ! à boire ! à boire !*... Je cours vers lui, je lui présente la coupe, il hésite, il refuse ; j'épuise sur lui toute ma force magnétique, et il boit. »

Mais rien n'était fait encore... Il prédit dans le cours des magnétisations ultérieures trois autres accès plus terribles encore, qui eurent effectivement lieu dans une progression effrayante.

On avait pris la précaution de lui mettre une forte ceinture, à laquelle on avait scellé une chaîne de fer, attachée à un pieu par de forts crampons (!). Dans la première crise, il démolit tout ce que la longueur de sa chaîne lui permettait d'atteindre.

Avant la deuxième, avec le consentement de la Régence, on le plaça dans une maison en démolition ; rien ne put lui résister. Deux cents personnes furent témoins de ce délire épouvantable.

La veille de la troisième crise, on le transporta à Schiedam, dans un château inhabité ; on l'attacha à une *longue* chaîne fixée à un pilotage solide (!). Là, il put assouvir sa rage contre des murs épais en pierre de taille. Tout le monde y était en émoi : « Ici, comme à Rotterdam, dit le docteur, la police fut mise à ma disposition, et j'en avais grand besoin pour maintenir les curieux accourus de toute part. »

Ces trois crises furent aussi surmontées. Les accès calmés par le magnétisme sont allés en diminuant et n'ont plus reparu. *La santé du malade est parfaite, ainsi que ses facultés intellectuelles.*

Tout Rotterdam et Scheidam ont été terrifiés par cette maladie extraordinaire, guérie par le magnétisme. On peut lire dans l'ouvrage du docteur Teste les noms des fonctionnaires publics qui ont signé le rapport du docteur Meijer. (Bizouard, t. V, p. 26.)

Il était temps que cette épouvantable progression eut une fin ; les expressions commençaient à manquer pour la qualifier. Admirons la puissance du souffle humain, et plaignons sincèrement malade et médecin. Si la suggestion ici joua son rôle, lequel fut le suggestionné ? Tous deux n'étaient-ils pas plutôt le jouet d'une intelligence étrangère qui se moquait d'eux et des autres ?

Attendons d'autres preuves pour nous prononcer.

Ce qu'il y a de plus remarquable à notre avis dans ces simagrées grotesques et terribles, c'est d'y rencontrer partout et toujours cette *malicieuse malignité*, qui semble tour à tour justifier et contredire les hypothéses les plus baroques aussi bien que les données les plus certaines de la science.

Une des formes les plus communes de la superstition c'est de demander à des causes insignifiantes des effets qu'elles ne peuvent produire. O magnétiseurs, méfiez-vous!

II. *Médication à distance.* — Il ne s'agit pas ici d'un mode plus efficace, plus pratique, ou plus sûr d'administrer les médicaments, mais simplement encore d'une bizarrerie inutile et nouvelle, comme on en rencontre à chaque pas dans l'étude de l'hypnotisme.

MM. Bourru et Burot (de Rochefort) en furent les inventeurs. Le docteur Luys, longtemps sceptique à ce sujet, avait fini par se rendre à l'évidence, et le 20 Avril 1887, il exposait, devant ses confrères de l'Académie de médecine, le résultat de ses découvertes.

L'expérience consistait à enfermer diverses substances dans des tubes de verre fermés à la lampe. Si l'on approchait une de ces préparations à dix centimètres d'un sujet hypnotisé, au bout d'un temps plus ou moins long, l'individu qui ne pouvait ni voir, ni reconnaître le médicament, en ressentait manifestement les effets. L'alcool l'enivrait, l'ipéca le faisait vomir, la strychinine amenait des convulsions, la belladone des hallucinations, le laurier-cerise des extases, l'essence de thym des troubles tellement effrayants qu'ils épouvantaient l'expérimentateur et le forçaient à s'arrêter, pour éviter des accidents mortels.

Devant ses confrères, le docteur Luys expérimenta selon son habitude et réussit à merveille ; mais les délégués de l'Académie avait fait préparer par un pharmacien des tubes absolument semblables dont ils ignoraient le contenu. Approché du malade, c'est le tube vide (car il y en avait un) qui produisit l'effet le plus appréciable. Trois autres renfermaient de l'eau distillée ; tous trois eurent des effets sensibles, mais dissemblables. Enfin le même médicament appliqué au même hypnotisé, à quelques jours d'intervalle, eut un effet très différent. La théorie avait vécu ; mais comment expliquer les succès antérieurs ?

La bonne foi, la loyauté, la science, l'intelligence des expérimentateurs ne sauraient faire un doute. Etait-on en présence d'une suggestion mentale inconsciente ? Mais la suggestion mentale elle-même n'est pas d'une explication plus facile. D'autres caprices non moins étranges, à propos d'autres phénomènes, nous mettront peut-être sur la voie.

III. *Suggestions mentales. Communications à distance. Télépathie.* — « D'après certains auteurs, l'hypnotiseur, si éloigné qu'il soit du sujet, peut, sans entente préalable, sans moyen connu de communication, rien qu'en concentrant fortement sa pensée ou sa volonté, endormir le sujet, lui transmettre des idées, des sensations, des ordres, lui faire parcourir les différentes phases de l'hypnose, et enfin le réveiller à son gré ; l'hypnotisé qui ne peut ni le voir, ni l'entendre, ressent en lui-même le contre-coup des émotions, des sentiments, des pensées, des volitions qui agitent l'âme du magnétiseur ; et non seulement il a conscience de subir une action à distance, il sait aussi à qui la rapporter, il en connaît la cause. Voilà la *suggestion mentale*, par opposition à la suggestion verbale dont nous avons parlé jusqu'ici...

« La *télépathie* porte plutôt sur le côté affectif de notre nature et consisterait par exemple à ressentir ici à Nancy, le contre-coup du mal qui frappe à Londres. » (Schneider, p. 75.)

Presque tous les magnétiseurs ont vu et rapporté des faits très nombreux de ce genre, et leurs expériences ont généralement d'autant mieux réussi qu'ils s'y étaient moins préparés. Beaucoup sont très probants.

Sur 702 faits recueillis par MM. Gurney, Myers et Padmore, dont 357 par des témoignages de première main, ces auteurs en ont trouvé 48 où *une même hallucination affectait à la fois plusieurs personnes*, et quelques-uns, très rares, où *deux personnes apparaissaient l'une à l'autre* (le plus souvent la télépathie ne produit que l'idée de la personne aimée, sans aucune apparition de cette personne.) (V. *Les hallucinations télépathiques*, traduit de l'anglais par M. Marillier, 1890.)

Il est étonnant de voir l'abbé Schneider glisser si facilement sur ces faits, et sur les phénomènes d'*envoûtement moderne*, publiés par M. de Rochas. *(Cosmos*, numéro du 22 Octobre 1892.)

D'après ce dernier auteur, on parviendrait à localiser exactement la sensibilité d'une personne dans son image. Si on pique l'image au visage ou aux mains, la personne ressent la piqûre au visage et aux mains.

Quelles que soient les explications plus ou moins scientifiques que nous examinerons plus loin, l'abbé théologien devrait savoir qu'une même hallucination, *perçue avec les mêmes détails par plusieurs personnes à la fois*, ne saurait être une hallucination, et, quant à l'envoûtement, c'est bientôt fait de dire que la suggestion, le hasard, les coïncidences, etc., *paraissent* expliquer bien des choses. Si dans la conversation « les beaux esprits se rencontrent, » s'il existe entre certains jumeaux « une similitude de destinées surprenante, » si l'on peut faire quelquefois « des conjectures raisonnées,» d'aussi banales explications ne sauraient rendre compte de ces révélations inattendues, de ces inexplicables sensations, de ces actes surtout imposés par une volonté étrangère, que le sujet ne peut connaître et à laquelle il obéit ponctuellement.

Ici la statistique n'a rien à voir ; les insuccès, si nombreux qu'ils soient, ne détruiront jamais les faits bien constatés. Qu'importe que M. Ochorowicz, professeur de philosophie à Lemberg, n'ait rencontré, sur 806 essais, que 311 succès, demi-succès ou quart de succès (ce qui nous paraît déjà suffisamment remarquable ?) Les succès sont la preuve que le fait est possible puisqu'il existe ; les insuccès démontrent qu'il ne dépend pas d'une loi générale, identique et constante de la nature, et voilà tout.

Les expériences de MM. Pierre Janet, Richet, Gibert et Marillier instituées en commun sur Madame Léonie B... au Havre, dans ces dernières années, ont permis de compter 16 succès plus ou moins réussis, sur 22 expériences, en 1886 ; 16 succès sur 35, contre 19 échecs en 1887 ; 3 demi-succès seulement sur 7 essais en 1888. (V. *Revue philosophique*, Août 1886 et Avril 1888.)

Et encore, ajoute M. Richet, « nous ne sommes pas sûrs que nous n'avons pas triché quelque peu malgré nous, en donnant, sans le savoir et sans le vouloir, des indications quelconques à la somnambule.» Tous les expérimentateurs en sont là. « Quand on désire qu'une expérience réussisse, dit le même auteur, on tend à la faire réussir. » La réciproque est tout aussi vraie et c'est justement pour cela que l'on doit surtout se méfier des expériences organisées.

Quelques faits isolés et indépendants l'un de l'autre, surgissant *inopinément* en assez grand nombre pour qu'on ne puisse les expliquer par la supercherie ou par le hasard, sont à mon avis beaucoup plus probants que tous les essais méthodiques et combinés d'avance qui, dans l'espèce, ne provoqueront jamais que des effets contradictoires.

L'abbé Schneider, quoique évidemment plutôt disposé à nier qu'à reconnaître ces faits de communication à distance, n'a pas cru pouvoir se dispenser d'en citer quelques-uns. Il les choisit de préférence parmi ceux qui sont étrangers au magnétisme et rapporte, sans les juger, les explications du P. Gratry fondée sur la « communion des saints » et sur « l'omniprésence de Dieu, lien des âmes ; » celles d'autres auteurs qui recourent à l'intervention des anges; celle d'Avicenne, enseignant que l'âme s'échappe parfois du corps pour agir directement, sans l'intermédiaire des sens, sur une autre âme proche ou éloignée.

« Il importe de le remarquer, poursuit le docte abbé, les faits de vision à distance que nous avons rapportés et d'autres *assez bien constatés* sont en dehors de l'hypnotisme ; car la plupart, sinon tous, arrivent à des personnes éveillées ou endormies d'un sommeil naturel. » *C'est-à-dire que l'abbé Schneider ne cite que ceux-là.* «Ceux que rapportent les spirites, continue-t-il, sont les moins avérés. » *(Pourquoi ?)* « Ni les hypnotiseurs de Nancy, ni ceux de Paris, malgré de nombreuses tentatives, n'ont jusqu'ici constaté scientifiquement aucun phénomène de ce genre *tout à fait convaincant.* » (Schneider, p. 87.)

Traduisons : Aucun phénomène capable de convaincre ceux qui ne veulent pas être convaincus n'a été constaté par eux jusqu'ici ; cependant aucun fait, aucune série d'expérience n'a contredit positivement les affirmations des magnétiseurs et même des spirites.

Les expérimentateurs n'osent se prononcer ; et pour des incrédules de profession, ne pas nier, en pareil cas, n'est-ce pas un aveu ?

Pourquoi donc négliger l'opinion plus commune et plus

vraisemblable que les démons, dans la plupart des cas, sont les vrais agents de ces télépathies et de ces suggestions mentales ? Si nous ne pouvons encore affirmer cette thèse, il faut au moins convenir qu'elle devient de plus en plus probable.

IV. *Vision transopaque.* — Ce phénomène paraît avoir surtout préoccupé les savants. C'est lui principalement que les prestidigitateurs et les charlatans cherchent à imiter. C'est aussi l'un des plus importants, car il est considéré par les théologiens comme un des signes de la possession, ou du moins de l'intervention diabolique, et, s'il peut être facilement simulé, on peut aussi facilement poser des conditions qui ne laisseront aucun doute sur sa parfaite réalisation.

« Nous avons vu, dit le rapport de Husson (1831), deux somnambules distinguer, les yeux fermés, les objets que l'on a placés devant eux ; ils ont désigné, sans les toucher, la couleur et la valeur des cartes ; ils ont lu des mots tracés à la main ou quelques lignes de livres que l'on a ouverts au hasard. Ce phénomène a eu lieu alors même qu'avec les doigts on fermait exactement l'ouverture des paupières. »

A ces faits bien connus et répétés des milliers de fois l'abbé Schneider oppose les tours encore plus forts des somnambules de la foire qui lisent à travers bois, métal, murailles, jouent aux cartes avec vous et vous gagnent, les yeux bandés, sans retourner les cartes. « Otez-leur le bandeau, prenez un autre jeu, et ils perdront. » Est-ce bien sûr ?

Nous n'avons du reste jamais nié les tours de compérage ou de passe-passe ; c'est la fausse monnaie qui invite à regarder de plus près la véritable, mais ne la fait pas rejeter.

« Rappelez-vous, dit encore le savant abbé, le prix

Burdin qui ne fut pas gagné (3,000 fr. à quiconque, somnambule, magnétisé ou autre, pourrait lire sans les yeux ou
le toucher,) et encore le bandeau merveilleux de Léonide
Pigeaire (le lui ôter, c'était, au dire de son père, « briser
le rapport »,) et la somnambule du docteur Teste qui
réussit à lire dans une boîte fermée deux mots qui ne s'y
trouvaient pas. La vision transopaque a décidément joué
de malheur. »

C'est très vrai, et il en sera presque toujours de même
pour les phénomènes qu'on voudra provoquer dans le but
d'en chercher la nature, quand ils dépendent d'une intelligence qui peut avoir intérêt à ne pas livrer son secret. On
les constate quand on les voit, mais on est loin de les
reproduire à volonté. « Ils se manifestent rarement devant
les incrédules qui les cherchent, » remarque M. Charpignon.

L'agent consent à se révéler à ceux qu'il peut duper ;
mais il se cache souvent à ceux qui le reconnaîtraient ou
le démasqueraient. Il y a souvent plus d'avantage pour lui
à se faire nier, qu'il n'y en aurait à se faire connaître. L'inconstance de ces phénomènes est justement ce qui les distingue de tous ceux qui relèvent d'une loi naturelle.

Comme preuve qu'un somnambule ne peut voir à travers
les corps, l'abbé Schneider cite l'expérience suivante.

M. Bernheim suggère à un somnambule qu'une fois
réveillé il ne le verra plus. Effectivement, après le réveil,
M. Bernheim est en face du malade, il lui parle, il le
presse, il le touche, mais, pour le malheureux, il n'existe
plus, il est absent.

« Alors, raconte l'abbé Méric, je me place derrière M.
Bernheim, je présente ma montre au malade, entre les
épaules du docteur, et je lui dis : « Puisqu'il n'y a rien
« entre vous et moi et que M. Bernheim n'est pas ici,

« quelle heure est-il à ma montre ? » Le malade embarrassé déclare qu'il ne voit pas ma montre et qu'il ne peut pas me répondre. J'insiste, il ne voit rien. « Mais pourquoi donc « ne voyez-vous pas ma montre ? — Je ne sais pas. Entre « vous et moi il y a un brouillard épais qui me fatigue. » Et, tout en répondant, il passe la main sur ses yeux et sur son front, comme un homme qui veut se soustraire à une impression pénible. »

Que prouve cette observation ? Qu'un somnambule *réveillé* peut ne pas distinguer, ne pas entendre, ne pas sentir une personne qu'on lui a dit absente, et cependant ne pas voir non plus les objets cachés par ce corps invisible; mais elle ne prouve nullement que d'autres somnambules, *en état de crise*, n'aient pas vu, reconnu, décrit des objets à travers des bandeaux ou des corps absolument opaques.

Jamais les magnétiseurs n'ont prétendu que tous les somnambules avaient cette faculté, ils affirment au contraire que le même sujet *lucide* ne la présente pas toujours au même degré.

La *Revue philosophique* de Novembre 1886, citée par M. Schneider, prétend que c'est sur la cornée de leur magnétiseur, faisant office de miroir convexe, que les somnambules peuvent lire inconsciemment dans un livre qui leur est présenté par le dos. « Sans doute, ajoute-t-on, l'image réfléchie doit être d'une petitesse extrême... Mais une pareille hypothèse n'a rien d'invraisemblable, vu l'hyperesthésie singulière que l'on a pu constater dans l'hypnotisme » (!). On oublie que non seulement l'image dans ce cas devient microscopique, mais qu'elle est symétrique et que les lettres et les mots se trouvent retournés, ce qui complique passablement la lecture.

M. Boujeau pense, lui, que la célèbre somnambule Lully lisait sur les lèvres de son barnum, et remarque que l'on apprend aujourd'hui aux sourds-muets à suivre la parole aux mouvements des lèvres.

Toutes ces hypothèses seraient peut-être acceptables pour quelques cas particuliers ; elles expliqueraient certaines supercheries ; mais qu'importe, après tout, si elles ne sont pas applicables à tous les faits du même genre ? L'explication plausible de trente faits douteux ne contredira pas un seul fait authentique qui reste inexplicable.

Nous pourrions citer bon nombre de ces derniers et nous sommes surpris que l'abbé Schneider n'ait pas cru devoir en reproduire un seul chez les hypnotisés. Le désir d'affranchir l'hypnotisme de toute attache surnaturelle devait-il lui faire accepter aussi facilement des hypothèses presque aussi difficiles à admettre que le surnaturel lui-même ?

Je me contenterai de rapporter un fait que la qualité des acteurs rend des plus importants. On le trouvera *in extenso* dans le premier chapitre du premier volume de M. de Mirville : *Des esprits et de leurs manifestations diverses*. Il est intitulé : *L'expertise d'un grand maître*.

Le marquis de Mirville, après avoir sérieusement étudié le somnambulisme chez les magnétiseurs, fatigué d'entendre les savants se rejeter sans cesse sur le charlatanisme pour expliquer les faits les plus inexplicables, et peut-être craignant lui-même de s'être laissé duper par d'habiles faiseurs de tours, résolut de s'adjoindre l'un d'eux pour les percer à jour.

Il fut trouver le célèbre Robert-Houdin. L'artiste n'avait encore rencontré que deux magnétiseurs qui l'avaient suivi de ville en ville et dont la maladresse l'avait frappé. « Leurs tours étaient si mal faits, si pitoyables que, séance tenante, il eut pu leur donner une leçon. — Ainsi, pour vous, lui dit M. de Mirville, le somnambule est un *confrère* et souvent un confrère maladroit? — *Mais que voulez-vous donc que ce soit ?...* reprit Robert-Houdin. Après tout, je vous le répète, je n'ai vu que ces deux misérables... et je puis vous affirmer que. le lendemain de leurs séances, je dissipais toujours, comme par enchantement, leur triomphe de la veille... Cependant, pour être vrai, je dois ajouter que peu de jours après, et avec un courage que j'appellerai héroïque, ils sont revenus à la charge, et sont parvenus dans les mêmes villes à retourner l'opinion et à conquérir de nouveau ce que je venais de leur faire perdre. J'ai réfléchi souvent à cela depuis et sans pouvoir me l'expliquer. — En voulez-vous l'explication, et seriez-vous curieux de voir un *vrai* phénomène magnétique, ou plutôt somnambulique? — Je le désire depuis longtemps... Rien ne saurait me faire plus de plaisir... — N'oubliez pas alors d'apporter des cartes, *bien orthodoxes* (pas les vôtres), un livre, des cheveux, etc., enfin tout ce qui pourra le mieux asseoir vos convictions. — Ne craignez rien ; je m'y connais. Madame Houdin pourra-t-elle venir avec nous? — Pourquoi pas ? A une heure je reviendrai vous chercher. » L'artiste voulait avoir, pendant qu'il serait occupé avec son adversaire, un observateur compétent, qui pût surveiller celui-ci ainsi que les assistants et déjouer tout compérage.

A midi, on monte en voiture et M. Houdin entend *pour la première fois* (M. de Mirville insiste sur cette circonstance) indiquer le nº 42 de la rue de la Victoire. Chemin faisant, Robert-Houdin, toujours persuadé qu'il ne s'agissait que de *trucs*, s'amusait « à trahir les mystères, non pas de *sa* seconde vue, mais de *la* seconde vue de ses confrères, et, croyant s'apercevoir que son interlocuteur n'admettait nullement ses comparaisons avec *la seconde vue magnétique*, il s'arrêtait étonné, le fixait entre les deux yeux, et son regard scrutateur exprimait un soupçon qu'il était trop poli pour formuler davantage. »

Mis en présence du magnétisé, « Robert-Houdin, qui s'y connaît, demande à bander lui-même les yeux d'Alexis ; il le fait au moyen de ouate, qu'il examine avec soin, et qu'il applique depuis le haut du front jusqu'au bas des lèvres, puis, le recouvrant de deux foulards croisés, il néglige le troisième qu'on lui présente ; le roi des escamoteurs est moins défiant que certains médecins qui réclamaient un masque tout entier. Ces deux yeux si suspects, une fois bien bardés de ouate et recouverts de bandeaux redoublés, lui semblent suffisamment calfeutrés.

« Robert-Houdin tire alors de sa poche deux paquets de cartes portant encore l'enveloppe et le cachet de la régie, les ouvre, les mêle, et invite Alexis à couper... Puis il dépose cinq cartes devant son adversaire, qui se garde bien d'y toucher, en prend cinq pour lui-même et va les relever, quand Alexis l'arrête en lui disant : « C'est inutile, j'ai fait la vole ; » il lui nomme aussitôt les dix cartes qui, sans avoir été retournées, se trouvent encore sur la table. »

Une seconde partie, une troisième se succèdent dans les mêmes conditions, avec la même exactitude, la même infaillibilité.

« Robert Houdin fixe Alexis avec ces yeux qu'on lui connaît ; son teint commence à se décolorer, une sorte de mouvement nerveux vient altérer ses traits, puis, avec l'exaltation toute passionnée d'un artiste qui vient de rencontrer son maître : « Qu'est-ce que cela, s'écrie-t-il, où sommes-nous ? C'est magnifique ! »

On reprend la séance. L'escamoteur fait sauter les inutiles bandeaux du somnambule, tire de sa poche un livre à lui, l'ouvre au hasard et le prie de lire huit pages plus loin, à une hauteur indiquée. Alexis pique avec une épingle aux deux tiers de la page, et lit : « Après cette triste cérémonie... » Assez dit Robert Houdin, cela suffit, cherchons. Rien de semblable à la huitième page, mais à la suivante, même hauteur, on trouve: « Après cette triste cérémonie...»

Alexis lit ensuite dans le calepin de M. de Mirville, posé sur son front, deux ou trois lignes écrites au crayon qu'on retrouve à la page indiquée ; il désigne clairement, dans le même portefeuille, un carton entouré de petites gravures, couvert de lignes très courtes, comme une grande carte de visite..., un papier à plumes de fer..., une adresse de marchand ..; le génie du capricieux somnambule ne va pas jusqu'à deviner un calendrier ; mais à côté se trouve un papier ployé en quatre, il le lit sans difficulté : « C'est une quittance de MM. Sagner et Bray, libraires, rue des Saints-Pères, n° 64, portant 15 fr. 20 cent. »

Robert Houdin ouvre le papier et constate la chose ; nouveau surcroît d'étonnement. Mais il se ravise. Il est persuadé que M. de Mirville n'est pas d'accord avec le somnambule, cependant, avant d'émettre son opinion, il tient à ne s'en rapporter qu'à lui seul et poursuit avec Mᵐᵉ Houdin quelques expériences de vue à distance et de divination de pensée que nous retrouverons plus tard.

« C'est écrasant, s'écrie-t-il en sortant. — Et l'escamotage, qu'en faites-vous ? — Monsieur, *s'il y avait dans le monde entier un escamoteur capable d'opérer de semblables merveilles, il me confondrait mille fois plus, comme escamoteur, que l'agent mystérieux que vous venez de me montrer...* — Mais enfin j'entends toujours répéter que vos parties d'écarté ressemblent à celles-ci, comme un œuf ressemble à un autre œuf. — Ah ! Monsieur, *pour celui qui n'y entend rien,* pour l'homme du monde, oui peut-être, *et encore cela ne devrait pas lui être permis ;* mais pour le praticien !... Songez donc, Monsieur, que toutes mes cartes, à moi, sont frelatées, travaillées, souvent d'inégales grandeur, ou bien enfin artistement rangées. Puis n'ai-je pas mes signaux, mes télégraphes, mes compères ? Mais ici, Monsieur, des *cartes vierges,* des cartes dont je viens de déchirer l'enveloppe et que le somnambule n'a pu étudier ; et puis, ce qui ne saurait jamais nous tromper, la différence de manière de toucher les cartes, cette naïveté d'un côté, et de l'autre, *ce cachet du travail* que rien ne peut entièrement déguiser ; et par dessus tout cela, cette cécité complète !... Et puis d'ailleurs, *quand il y verrait, que ferions-nous de tout le reste ?* Quant à mes expériences de *seconde vue*, sans vous divulguer ici mon secret, rappelez-vous donc ce que j'ai soin de vous dire tous les soirs, que je n'ai promis qu'une *seconde vue*, et que par conséquent il m'en faut une *première*. »

Quinze jours plus tard, Robert Houdin voulut avoir une seconde séance. De plus en plus abasourdi, il en rendait compte à M. de Mirville dans une lettre qu'il terminait ainsi :

« ... Je suis donc revenu de cette séance aussi émerveillé que je puisse l'être, et persuadé qu'il est *tout à fait impossible que le hasard ou l'adresse puissent jamais paoduire des effets aussi merveilleux.*

« Recevez, Monsieur, etc.

                        « Signé : Robert HOUDIN.
    16 Mai 1847. »

Je ne dirai de mal, ni de mes confrères les médecins, ni de nos savants, mais avouons que les affirmations motivées de ce *grand maître en subtilités* valent bien, dans la balance, les dénégations si légères de la plupart d'entre eux.

« Est-ce donc désormais, se demande M. de Mirville, sous les galeries de nos escamoteurs que nous irons chercher la vérité ? »

Nous avions à peine terminé cet article que les journaux scientifiques annonçaient la découverte d'une lumière si subtile qu'on ne la voit pas, si pénétrante qu'elle traverse les corps les moins transparents, si réelle pourtant et si puissante qu'elle peut impressionner au travers de ces corps la plaque sensibilisée d'un appareil photographique.

Nous n'avons pas à nous occuper ici des procédés qui révèlent cette lumière dite *cathodique*. Acceptons le fait tel qu'il est : Un foyer lumineux, *dans certaines conditions*, peut émettre des rayons que notre œil à l'état normal ne percevra pas, mais dont l'action chimique se fera sentir même à travers les corps opaques qui arrêtent et réfléchissent les rayons ordinaires. Seuls les métaux paraissent jusqu'à présent leur opposer une barrière presque infranchissable.

Qui nous dit que ces *rayons noirs*, auxquels Roentgen a donné son nom, ne deviennent pas accidentellement lumineux, au moins pour des organes dont l'hypnotisme ou une autre cause aurait augmenté la sensibilité ? Qui sait si dans toute espèce de lumière ces rayons invisibles n'existent pas ? Un autre physicien, M. Lebon, prétend les avoir découverts, avant Roentgen, dans la flamme du pétrole. Qui oserait affirmer qu'avec les progrès de la science, on ne les trouvera pas autre part et qu'il n'existe aucun moyen de les faire tomber sous les sens ? Du même coup serait expliqué très naturellement la vision transopaque que nous regardons aujourd'hui comme surnaturelle. Les incrédules chantent victoire.

Ces rayons, il est vrai, ne se réfractent pas, ne se réfléchissent pas, et ne nous révèlent jusqu'à présent que l'ombre plus ou moins distincte des corps qu'ils ne peuvent traverser ; mais nous ne connaissons pas tous les secrets et toutes les lois de la nature, toutes les ressources de la science et la puissance des instruments qu'on pourrait inventer. Il serait donc prématuré de dire que la faiblesse actuelle de nos organes ne sera pas vaincue. Ne l'est-elle pas déjà au moins en partie par cette découverte aussi stupéfiante que certaine qui se présente après bien d'autres ?

Qui donc aurait prévu, il y a cinquante ans, que le téléphone nous ferait entendre à Paris le correspondant qui nous parle à Bordeaux? Et cependant nous usons tous du téléphone?

C'est toujours la grande objection de *la loi inconnue*, des *découvertes ultérieures*, des *explications que la science donnera*. Je ne suis pas fâché de la trouver sur mon passage appliquée à un fait important et nouveau qui me permette de la disséquer et de la résoudre d'une façon peut-être plus saisissante et plus claire.

Le nœud de la question se trouve justement dans les *certaines conditions* nécessaires à la production du phénomène.

Il ne s'agit pas ici de conditions quelconques et indéterminées; elles sont, au contraire, très précises et parfaitement définies. On les connaît, on les réunit, on les pose; elles sont indispensables, et l'absence de l'une d'elles suffirait à faire manquer l'expérience.

Dès lors, même en admettant la possibilité très hypothétique du perfectionnement accidentel de nos organes, ou la découverte de lois nouvelles et inconnues, le perfectionnement de nos organes et le fonctionnement de ces lois ne pourraient exister que dans des *conditions spéciales et nécessaires*. Tantôt l'étude et la connaissance de ces conditions conduisent le savant à la découverte du phénomène; tantôt l'apparition d'un fait extraordinaire oblige l'inventeur à rechercher les causes; mais ce n'est ni l'étrangeté du phénomène, ni l'ignorance de ses causes qui constituent le surnaturel. L'homme le moins instruit, en reconnaissant la constance et la nécessité de conditions toujours et partout identiques, ne peut manquer au moins de soupçonner la présence et l'action d'une loi naturelle.

Le premier qui vit un ballon s'élever dans les airs cria-t-il au miracle ? Il s'informa d'où l'appareil était parti, se fit raconter les préparatifs, et, fût-il incapable de comprendre les explications qui lui furent données, il ne douta pas un instant qu'il n'y eut dans ce fait l'application d'une loi naturelle mise en jeu par de plus savants que lui. Personne, il y a cinquante ans, n'avait prévu le téléphone, c'est vrai ; mais, en présence des appareils, le plus simple et le moins instruit des paysans ne doutera jamais de l'ingérence d'un physicien.

Fort bien, nous dira-t-on, si votre paysan est en présence de physiciens honnêtes qui ne cherchent pas à le tromper ; mais supposez un imposteur, seul au courant de ces découvertes, et qui veuille s'en servir pour duper ses semblables, qui leur cache ses appareils et ses préparatifs et les mette en présence de faits en apparence contraires aux lois connues de tous, que répondront les simples et les ignorants ?

D'abord nous n'avons jamais prétendu qu'il n'existe en ce monde ni imposteurs ni dupes. La science peut servir à toutes les infamies comme à tous les progrès ; mais l'humanité ne se compose pas seulement de simples et d'ignorants. Tôt ou tard l'imposteur sera percé à jour et l'on distinguera l'apparence de la réalité.

C'est justement ce que nous voulons faire, répliquent nos adversaires. Vous avez cru jusqu'à présent aux corps opaques ; les corps opaques n'existent pas. La loi que vous aviez posée est reconnue fausse et ce que vous regardez comme un prodige est une chose toute naturelle.

Pour des hommes qui, il y a vingt ans, ne trouvaient pas d'autre solution que de nier les faits, c'est s'avancer beaucoup.

Eh bien, que les savants se mettent à l'œuvre, qu'ils captent les rayons obscurs et les rendent visibles, qu'avec cette lumière ils nous fassent voir un jour à travers les murs des objets dont nous ne pouvons soupçonner l'existence, auront-ils expliqué la vision transopaque *immédiate, sans préparatifs, sans instruments, sans appareils ?* Quelles que soient leurs prétentions, ils ne pourront jamais changer ni supprimer les lois que nous connaissons, parce que les lois de la nature ne se contredisent pas. Les forces supérieures peuvent contrebalancer les forces inférieures, ou même les empêcher d'agir ; mais elles ne les n'annihilent pas.

Ainsi les lois physiologiques qui s'appliquent à un composé vivant, à la fois passif et actif, n'ont pas toujours la précision et la constance des lois purement physiques ou chimiques qui n'agissent que sur les corps inertes. Les forces intellectuelles et vitales peuvent réagir naturellement contre les forces matérielles, les modifier, annuler peut-être momentanément leurs effets ; mais ces écarts eux-mêmes sont contenus dans des *limites invariables.*

Que l'on expose un œuf non fécondé, c'est-à-dire non vivant, à un froid de quelques dixièmes de degré au-dessous de la glace fondante, il gèlera comme la plupart des matières organiques de même nature. C'est la loi. Au contraire un œuf fécondé, dont la composition matérielle est exactement la même, résistera et restera vivant, sans passer à l'état solide jusqu'à plus de trois degrés au-dessous de zéro. C'est encore une loi. Mais tous les œufs, dans les mêmes conditions, se comporteront de la même manière ; la seconde loi ne contredit pas la première, parce que les conditions sont changées. De nouvelles forces, de nouveaux éléments sont introduits dans le problème. Dans le cas actuel, c'est la force vitale, supérieure à la force physique, qui l'emporte mais n'en reste pas moins incapable de contrebalancer cette dernière au-delà des limites fixées.

Chez tous les animaux de même espèce, sauf quelques

différences négligeables, dues au tempérament, à la maladie, aux prédispositions de race, de famille ou d'individu, les mêmes agents médicamenteux, physiques ou physiologiques produiront les mêmes effets. C'est toujours une loi, et les êtres, même doués d'intelligence et de volonté, ne pourront résister que dans des limites précises et invariables à ces lois naturelles toujours fixes, constantes, identiques, pourvu qu'on les applique ou qu'on les étudie dans des conditions elles-mêmes bien définies. Et ce que nous disons des lois actuellement connues, on peut le dire d'avance de toutes les lois à découvrir.

L'homme, sur cette terre, dans son état normal, aux lumières que nous connaissons, ne peut rien voir au travers d'une planche de chêne. S'il y parvient plus tard, ce sera dans des conditions nouvelles et spéciales qui n'infirmeront en rien notre proposition. Et si rien n'est changé du côté de la source lumineuse ou des objets à percevoir, ou des moyens de perception, c'est qu'alors les organes eux-mêmes seront changés et modifiés par un état physiologique nouveau. Ce changement est-il possible?

Vous répondez : Peut-être. Ce n'est qu'une hypothèse, une hypothèse gratuite. Supposons qu'elle est légitime. Ce sera l'hypnotisme, si vous voulez. Mais alors cet état, s'il est naturel, sera le même pour tous, et tous pourront se le procurer. Or vous savez qu'un quart au moins de l'humanité s'y montre réfractaire. Sera-ce une exception? Nous l'accordons encore. Mais le sujet exceptionnel qui pourra subir l'hypnotisme devra, dans cet état, se retrouver toujours le même, avec les mêmes facultés modifiées et perfectionnées. Par quel caprice échappe-t-il si souvent à ces conséquences?

On ne peut comparer cette impuissance momentanée du somnambule aux perturbations accidentelles qui se passent à l'état normal dans nos facultés. Ces perturbations ont

leurs causes connues ; elles proviennent de la fatigue, de la
maladie, quelquefois de la volonté maîtresse de l'attention,
etc. Le sujet lui-même les constate ; il peut y remédier.
Mais chez le magnétisé, la volonté n'existe plus, la raison
est absente, l'imagination seule persiste, avec la mémoire
qui rappelle des faits oubliés et ne peut garder aucun souvenir du présent ; la conscience elle-même fait défaut ; et
ces facultés essentielles, *sans lesquelles l'homme n'existe pas*,
sont au service de l'hypnotiseur qui semble avoir deux
corps à diriger ; le sien d'abord, semblable à tous les autres,
et celui de l'hypnotisé pourvu de facultés nouvelles et
d'organes perfectionnés. Mais ces facultés inconnues et ce
perfectionnement d'organes d'où viennent-ils ? Ce n'est ni
de l'hypnotisé ni de l'hypnotiseur qui ne les possèdent
pas.

Dira-t-on que ces facultés sont latentes et sont mises en
jeu par l'hypnose qui les développe *naturellement* et les
manifeste *à l'insu du sujet* ? L'existence d'un pareil état naturel, presque impossible à distinguer, dans ses écarts et
ses absurdités, des rêves échappés au contrôle de la raison,
et cependant capable de produire d'aussi réelles et d'aussi
troublantes révélations, répugnerait à la sagesse, à la
bonté, à la véracité même du Créateur.

Cessons de finasser.

Que l'on demande au premier venu, savant ou ignorant,
sauvage ou civilisé : Croyez-vous que sans truc, sans préparation, sans compère et sans fraude, un homme puisse
jamais voir à travers un corps non transparent, ou qu'un de
ses semblables puisse lui donner cette faculté ? Il vous rira
au nez. Les termes sont contradictoires, et l'expérience
universelle de tous les temps et de tous les pays en atteste
l'absurdité. Une pareille unanimité dans le consentement
des hommes n'équivaut-elle pas à une preuve de premier
ordre ?

Pourtant la faculté existe dans l'hypnose. Alors c'est qu'elle vient d'un être supérieur à notre nature. C'est ce que nous appelons le surnaturel. L'hypnose serait alors surnaturelle.

Les découvertes actuelles et celles de l'avenir ne sauraient donc jamais infirmer notre proposition : La vision transopaque, *dans les conditions ordinaires de la vie*, est et sera toujours un phénomène surnaturel. Ces réflexions sont applicables à la plupart des faits qui nous restent à analyser.

V. *Vision à distance*. — Voilà encore une série de phéno mènes que tous les vieux magnétiseurs ont expérimentés. Les hypnotiseurs modernes les ont aussi rencontrés ; mais, avec leurs procédés ordinaires de négation, de mutilation, d'arrangements, ils les rapportent tous à la suggestion. L'imagination débridée des sujets fait le reste.

Eh bien, quoi qu'ils en disent, ni la suggestion, ni l'imagination ne sauraient les expliquer tous. Combien de choses perdues, volées, cachées n'ont-elles pas été découvertes par ce procédé, dans des circonstances où le compérage, le hasard ou la suggestion ne pouvaient être admis ? Combien de personnes noyées ou disparues n'ont-elles pas été retrouvées en des endroits où jamais on ne les eut cherchées, sans les indications précises des somnambules ? Combien de maisons, de propriétés, de personnes qu'ils n'avaient jamais vues, n'ont-elles pas été décrites par eux avec un luxe surprenant de détails, même inconnus des interrogateurs, et plus tard reconnus exacts ? Ils se trompent souvent, nous le savons bien ; mais comment se fait-il qu'ils disent parfois *si vrai ?*

Revenons à l'expertise de Robert Houdin dont nous avons à dessein interrompu la narration.

« Pouvez-vous me dire qui m'a écrit cette lettre ? demande le faiseurs de tours à son partenaire. »

Alexis sent la lettre, la pose sur le sommet de sa tête, sur son estomac, et désigne assez fidèlement celui qui l'a écrite ; mais, dit M. de Mirville, « il commet ce qu'un savant appellerait des erreurs..., il se trompe sur la nuance de ses cheveux, sur son état ; il en fait, par exemple, un libraire, parce qu'il le voit entouré de livres ; erreurs de détails, comme on en fait commettre à chaque instant aux somnambules trop vivement actionnés, mais qui, pour un esprit juste, doivent s'effacer devant les indications principales. »

Robert Houdin ne se laisse pas arrêter par ces menus détails. Revenant à sa lettre :

« D'où vient-elle ? — De ***. — Ah ! dit l'escamoteur, et le timbre ! Je n'y pensais pas... Mais puisque vous voyez cette maison, pouvez-vous me dire dans quelle rue elle se trouve ?... — Attendez ; donnez-moi donc un crayon... » Et après cinq minutes de réflexion, le somnambule écrit rapidement : rue d'A..., nº... tant.

« C'est trop fort, dit R. Houdin, je ne sais plus où j'en suis ; je n'en veux pas davantage. Cependant encore un mot. Que fait en ce moment celui qui l'a écrite ? — Ce qu'il fait ?... Prenez garde ; méfiez-vous. Il trahit votre confiance en ce moment même... — Oh ! pour cela, l'erreur est bien complète, car il s'agit du meilleur et du plus sûr de mes amis. — Prenez garde, répète Alexis, et cette fois d'un ton d'oracle : *il vous trompe odieusement.* — Sottise ! répond Houdin. »

Ce qui ne l'empêcha pas d'écrire à M. de Mirville qui lui soumettait le compte-rendu de cette séance :

« ... Je ne puis m'empêcher de déclarer que les faits rapportés ci-dessus *sont de la plus complète exactitude*, et que, plus j'y réfléchis, plus *il m'est impossible de les ranger parmi ceux qui font l'objet de mon art et de mes travaux.*

« Ce 4 Mai 1847.

Robert Houdin. »

Quelques années plus tard, M. de Mirville étant retourné chez Robert Houdin, avec un de ses amis, M. Lacordaire, directeur de l'établissement des Gobelins, le prestidigitateur lui dit aussitôt :

« Vous rappelez-vous, Monsieur, la fameuse lettre de mon ami de *** et toutes mes négations à Alexis ? — Oui ; eh bien ? — Eh bien, Monsieur, ce malheureux ami me volait dix mille francs au moment même de la séance.» On conviendra que tout ceci devenait plus sérieux. (V. M. de Mirville, *Des Esprits*, t. I, p. 25 et suiv.)

VI. *Transpositiou des sens.* — A ces phénomènes de double vue se rapportent encore ceux de la transposition des sens.

Certains malades dont le docteur Petetin de Lyon a publié les curieuses observations voyaient et entendaient par l'estomac, par le bout des doigts, etc. (V. Petetin, *Electricité animale*, 1808.)

D'autres en état de somnambulisme lisent par le front, le vertex, l'estomac. les orteils, le talon.'(V. Ricard, *Journal du Magnét.*, Août 1841. — du Potet, *Cours de Magnét.*, p. 415.)

L'abbé Schneider se donne beaucoup de mal pour prouver l'impossibilité de ces faits. Impossibles à l'état normal, nous sommes bien d'accord ; mais si ces faits existent accidentellement, et nos propres expériences ne nous permettent pas d'en douter. (V. Obs. XVII, Mme X...) il faut qu'ils soient possibles autrement.

Se contentera-t-on pour les expliquer de la *diffusion.* de

l'*irradiation nerveuse* inventée par Vulpian, ou de la *synes-thésie* de M. Despine? (*Etude scientifique sur le somnamb.*, p. 173, 175, 405.)

Préfèrera-t-on la supposition de M. Schneider : « deux nerfs afférents, courants à côté l'un de l'autre et *s'anasto-mosant* par hasard, comme des fils électriques réunis en faisceaux et qui ayant perdu, à un endroit donné, leur couche isolante, conduiraient à une tout autre destination la dépêche de leur voisin? »

Toutes ces hypothèses sont bien vagues, bien difficiles à prouver, bien problématiques. Elles contredisent les don-nées les plus certaines de la physiologie.

Passons encore sur ce nouveau mystère.

VII. *Divination de la pensée.* — « Rien n'entre dans l'âme qu'au moyen des sens, rien n'en sort qu'au moyen des signes, » dit le R. P. Pailloux, d'accord avec les plus grands philosophes. Sans les signes, on ne saurait connaître la pensée d'une personne que par la conjecture et la suppo-sition. Cependant la plupart des magnétiseurs sentent si bien où les conduiraient les différents prodiges que nous avons déjà examinés et l'insuffisance de leurs explications, qu'ils n'hésitent pas à admettre cette divination qui pour-rait leur donner la clef de tous les autres.

Dès lors, plus de véritables consultations somnambuli-ques, plus de médication à distance, plus de télépathie, plus de visions transopaques ou lointaines, plus de trans-position des sens, c'est uniquement dans la pensée de l'hypnotiseur ou des consultants que le somnambule voit les maladies de son propre corps ou des autres; c'est la pensée, la suggestion mentale du magnétiseur qu'il répète dans ses consultations, c'est dans le cerveau des assistants qu'il voit et lit la description des objets, des personnes et des localités qu'il ne connaît pas.

D'autres expérimentateurs, comprenant que l'explication de ce phénomène n'est pas moins difficile que celle des effets qu'on lui attribue, préfèrent le rejeter avec tout le reste. Pour ces derniers, ce n'est pas une véritable intuition de la pensée qui impressionne le sujet ; cette pensée, secrète pour tout le monde, se révèle au somnambule par une foule de signes inconscients, que l'exquise sensibilité de son tact, l'extraordinaire acuité de sa vue, l'extrême délicatesse de son tympan, l'incalculable finesse de son odorat, saisissent avec la plus grande facilité. (V. Schneider, p. 94 et suiv.)

Malheureusement toutes ces épithètes entassées sont encore loin de rendre compte de tous les faits, et l'intuition des pensées d'autrui restera toujours un des plus grands mystères de l'hypnotisme.

Comment expliquer les consultations, les visions, les révélations manifestement contraires à la pensée des magnétiseurs et des consultants, ou les descriptions de personnes et de localités inconnues de tous les assistants et du magnétisé lui-même ? Par l'imagination débridée du sujet ? Mais l'imagination livrée à elle-même divague, elle ne décrit pas des réalités.

Cependant, si les pensées à deviner ne sortent pas du domaine de l'intelligence, faculté absolument *inorganique*, les somnambules, pas plus que les possédés, ne peuvent les deviner, à moins qu'elles n'aient été exprimées d'une manière ou d'une autre, ou que le caractère du penseur et les circonstances ne puissent les faire conjecturer ; mais si ces pensées ont déjà pris une forme dans l'imagination, faculté *organique*, dont les divers actes modifient le cerveau qui lui sert d'organe, elles y sont imprimées, pour ainsi dire, comme les sons sur la feuille d'étain du phonographe. Un esprit étranger pourrait alors connaître ces pensées

ainsi exprimées par un signe sensible. Quelques philosophes au moins le prétendent.

Ainsi les religieuses de Loudun obéissaient aux injonc-
tions que l'exorciste leur faisait mentalement, en leur
disant simplement : « *Obedi ad mentem.* » (*) Quelquefois
aussi, dans ces expériences, le P. Surin, qui les rapporte,
avait soin de dire lui-même sa pensée ou de l'écrire à
quelqu'un des assistants, pour qu'on pût juger de l'exactitude de la réponse.

Les hypnotiseurs ne font pas autrement, et citent des
cas où le sujet, malgré la finesse de ses sens, ne peut avoir
directement la moindre connaissance de la pensée qu'il
doit interpréter ; mais il n'en est pas de même de l'agent,
quel qu'il soit, qui dicte la réponse ; car cette réponse très
souvent accuse une habileté de *conjecture* qui dépasse
incontestablement les forces naturelles.

L'expertise dont nous avons déjà parlé en est une preuve
manifeste. Citons encore le marquis de Mirville :

« A son tour, Madame Houdin s'avance : Pourriez-vous
me dire, Monsieur, à quoi je pense en ce moment ? —
Donnez-moi la main... A quoi vous pensez ?... Attendez...
Vous pensez à un enfant, un bien jeune enfant... Ah ! pauvre mère ! Que je vous plains !

« Et Madame Houdin qui jusque-là, pour lui donner le
change, s'était efforcée de sourire, laisse échapper quelques larmes...

« Mais, Monsieur, vous le voyez donc !... — Oui. Il est
mort le 15 Juillet dernier. — A quelle heure ? — Quatre
heures du matin. — A Paris ? — Non pas ; à trois lieues de
Paris... Attendez... Ah ! c'était trop tard. — Quoi donc ? —
Je veux dire que vous avez changé trop tard de nourrice...

(*) « Obéis à ce que je pense. »

vous le savez bien... — Oh ! comme c'est vrai, comme c'est exact !... Et pourriez-vous me dire à quoi je pense en ce moment ? — Hélas ! vous pensez à un enfant bien plus jeune..., car il n'existe pas encore.

« C'était effectivement la pensée de Madame Houdin,. dont les espérances maternelles devançaient l'avenir en ce moment. » (*Des Esprits*, t. I, p. 26.)

Ici la conjecture du fait en général était possible, les habits de deuil pouvaient mettre sur la voie, mais les détails ?... Où le somnambule en a-t-il pris connaissance ? Répétons-le encore une fois, un fait isolé de ce genre ne prouve rien ; mais, en présence des centaines d'analogues qu'on rencontre partout, un homme sérieux ne saurait nier l'existence du phénomène et sa nature, au moins quelquefois, supranaturelle.

Dans un livre récent, *Le diable apôtre, Biographie et documents sur la possession d'Antoine Gay*, par Victor C*** de Stenay, M. H... affirme qu' « Isacaron (le diable possesseur) a répondu vingt-et-une fois à sa pensée, et lui a donné des preuves surnaturelles de la possession de Gay, en lui parlant de cinquante-sept personnes toutes inconnues du possédé. » (V. p. 136.) Pas une seule fois, il ne s'était trompé. Il lui était même arrivé de rectifier dans le sens de la vérité la pensée de son interrogateur.

D'après les affirmations de nombreux témoins, dans ce cas particulier, il semble que la spécialité de ce démon ait été précisément de lire dans la conscience des assistants leurs plus secrètes pensées. Les conversions que ces révélations amenèrent ne sont-elles pas la preuve d'une intervention supérieure et surnaturelle dans cette faculté extraordinaire ? Les circonstances et les aveux du possesseur ne permettent pas d'en douter.

Dans les faits dûs à l'hypnotisme, où le plus souvent la

curiosité seule est en jeu, cette divination des pensées
dépasse rarement les forces attribuées aux esprits secon-
daires, mais elle n'en est pas moins encore très souvent au
dessus des facultés humaines. Et la meilleure preuve qu'on
puisse donner de sa réalité et de son importance, c'est le
soin que prennent certains savants d'éviter tout ce qui
pourrait leur en révéler l'existence. N'est-ce pas un aveu
que toutes leurs théories en seraient grandement compro-
mises ? Nous le croyons comme eux, et les explications
embarrassées de M. Schneider sont loin de nous faire penser autrement.

VIII. *Prédictions hypnotiques*. — L'abbé Schneider ne
croit pas plus aux prédictions hypnotiques qu'aux autres
prestiges dont nous venons de parler.

« Des hystériques prédisent leurs crises, dit-il, elles les
ont à l'heure dite, nature.lement. Autosuggestion. »

Dans la plupart des cas, cette explication est plausible ;
mais pourquoi donc toujours laisser de côté les faits qui
contredisent nos idées préconçues ?

Le docteur Georget magnétisait une femme à la Salpêtrière ; celle-ci en état de somnambulisme lui déclare
qu'elle voit l'heure de sa mort prochaine : Le Dimanche
elle sortira pour aller dîner chez ses parents. Le soir elle
sera incommodée, on la ramènera en voiture. Sa maladie
s'aggravera ; elle en décrit les phases, les accidents ; la
vessie se paralysera, puis viendront la fièvre, le délire, etc.
Elle fixe enfin *le jour et l'heure où elle rendra le dernier
soupir*. Tout se réalise à la lettre.

Croit-on qu'il n'y ait là qu'un phénomène de suggestion
ou d'autosuggestion ? Ce serait terrible à penser. Eh quoi !
une simple méditation sur la mort pourrait nous faire
mourir !... (V. A. d'Orient, *Accompl. de proph.*, p. 130. Cité
par Bizouard.)

Mais pourquoi, dira-t-on, l'âme humaine ne pourrait-elle d'avance voir les actions de son corps et même les modifications de ses organes qui dépendent de la volonté, si *cette volonté se trouve accidentellement actionnée par une suggestion presque irrésistible ?* (Schneider.) Ce serait encore bien hardi en fait d'hypothèse ; mais l'âme pourra-t-elle prévoir ce qui dépend de la libre volonté d'autrui et les évènements du futur contingent ?

Cet avenir, Dieu seul peut le connaître avec certitude, et celui-là seul pourra le prévoir qui possédera les données suffisantes ou la puissance de le préparer et de l'accomplir.

Quel sera l'être alors qui aura pu prévoir ou préparer l'avenir dans les trois cas suivants ?

Mademoiselle N..., en état de somnambulisme, annonce à Tardy de Montravel que, le 10 Juillet, elle voudra aller à la campagne, à cheval, et que, si elle y monte, elle fera une chute dont les suites lui seront funestes. Le 9 Juillet, elle reçoit une invitation, et, oubliant les promesses faites à son magnétiseur, elle accepte, n'ayant d'ailleurs aucune idée de sa prophétie. Le 10, un paysan lui amène un cheval ; mais on le retient et l'on empêche ainsi l'accident d'avoir lieu. La prédiction ne fut qu'incomplètement réalisée ; mais le commencement d'exécution n'en est pas moins remarquable, surtout en présence de ce qui s'était passé six mois auparavant.

Le 29 Septembre, la même demoiselle N... avait prédit que, le 22 Janvier suivant, quatre mois plus tard, elle voudrait courir après quelqu'un, dont elle aurait manqué la visite ; qu'ayant chaud et froid, il lui surviendrait une pleurésie.

Comme à l'état normal elle ignorait cette prédiction, Tardy de Montravel, sans la prévenir, prit toutes les précautions imaginables pour en empêcher la réalisation ; mais il ne put faire que, le 22 Janvier, Mademoiselle N..., n'apprit qu'un de ses parents de la campagne, à qui elle voulait parler, était venu la veille, et qu'il devait à peine avoir passé la rivière pour s'en retourner Espérant le rejoindre, elle n'hésita pas à le suivre, mais inutilement. Elle revint chez elle accablée de fatigue, et tout ce qu'elle avait prédit dans sa crise magnétique s'accomplit à la lettre. Elle eut une pleurésie bien caractérisée. (V. Tardy de Montravel, *Journal du traitement magnétique de la demoiselle N...)*

Théodore Bouys, qui a rapporté ce fait, fait observer qu'il en existe mille autres du même genre.

Il n'est pas difficile au démon, qui a inspiré une prédiction, de déterminer, par persuasion ou entraînement presque irrésistible, la volonté libre de laquelle dépend la réalisation de sa prédiction. — Mais cette manière de prévoir les futurs contingents est bien différente de celle dont Dieu seul est capable ; celle-ci est infaillible, l'autre ne l'est pas.

L'observation suivante nous fournira un exemple de la prédiction non infaillible et conditionnelle.

Mademoiselle Céline, mise en somnambulisme par le docteur Foissac, prédit, en Février 1830, qu'elle sera empoisonnée le 11 Mars, mais elle ne peut dire d'avance en quelles circonstances. La veille, elle dit que ce serait vers onze heures du soir : « Endormez-moi à dix, recommande-t-elle, » et dans ce dernier sommeil, elle voit que le poison est dans une tasse de lait.

Elle prenait tous les soirs une pilule de sulfate de quinine ; on savait qu'il n'en restait qu'une ; mais, par erreur, sa mère versa dans la tasse le contenu d'une boîte du mois précédent, qui renfermait douze pilules d'acétate de mor-

phine. Le docteur Foissac, après la révélation de la somnambule, ayant visité le liquide, y trouva les douze pilules
à moitié dissoutes, qui auraient infailliblement causé la
mort. (Charpignon, *Physiol. du magnét.*, p. 340. Voyez
aussi Bizouard, *Rapp. de l'homme avec le démon*, tome V, p.
64 et suiv.)

IX. *Surintelligence.* — Les faits de surintelligence, très
communs dans les possessions, sont plus rares chez les
magnétisés; mais, s'ils se produisent, quel jour nouveau ne
jetteront-ils pas sur les pratiques qui les ont provoqués?

Madame Hortense ***, dit Teste, raisonnait sur les sujets
métaphysiques les plus délicats et l'embarrassait souvent
par la subtilité de sa conversation. Cependant Madame ***
était, à son état normal, absolument étrangère à la philosophie qu'elle n'avait jamais étudiée, qu'elle eut été même
incapable de comprendre.

M. Ségouin *(Mystères de la Magie*, p. 81), en parlant de
Madame Bélisson, dit qu'en état de somnambulisme, « elle
raisonne sur des matières qui lui sont étrangères avec toute
la sagacité d'un savant; elle aborde les questions les plus
difficiles de la métaphysique, et les traite avec une clarté
qui ne le cède en rien aux plus belles intelligences... Dans
un salon de Paris,... elle fit une peinture si ravissante et
si vraie de l'âme, qu'un matérialiste fort connu s'écria : Si
mes convictions pouvaient être ébranlées, ce ne serait ni
les philosophes, ni les chrétiens que je redouterais, mais
je me mettrais en garde contre cette femme. »

Il faut croire que cette dissertation, toute sublime qu'elle
fût, laissait encore à désirer; mais, comme le remarque
très judicieusement M. Bizouard, ce qui mérite d'être particulièrement signalé, c'est que la somnambule la plus
ignorante, la plus étrangère aux discussions philosophi-
ques, la chrétienne la plus croyante dans son état naturel

développera souvent des doctrines toutes païennes. « Les somnambules enseignent la métempsycose, la fatalité, les doctrines de l'école d'Alexandrie... » Rarement leurs plus sublimes discours sont exempts d'erreur et de contradictions, et, nouveau point de ressemblance avec ce qui se manifeste dans les possessions, c'est, de l'aveu même de M. Teste, que « la vanité, l'amour-propre, la ruse, etc., se mettent en jeu. » *(Man. pr.*, p. 75.)

M. Ségouin dit encore « qu'il peut arriver à l'inspiré de parler des langues étrangères qu'il ne connaît pas. » Pour l'auteur, comme pour Bertrand et quelques autres, c'est une simple communication de pensée. Ce serait plus encore, ce serait, en même temps, la *communication des signes de la pensée;* mais comment expliquer cette communication, lorsque les pensées exprimées sont en complet désaccord avec celles du magnétiseur et que ce dernier ignore la langue parlée ou écrite par le magnétisé?

L'âme serait-elle, comme plusieurs l'ont prétendu, ramenée à l'état divin ? Qu'entendez-vous par cet état ? Et comment se fait-il alors qu'il y ait entre les doctrines des divers somnambules tant de diversités, et qu'on observe chez tous tant de contradictions? «Les somnambules mystiques, dit Charpignon, présentent les contradictions les plus évidentes sur des points de doctrine qui ne peuvent recevoir deux interprétations. » Quelle est donc la *divinité* qui les inspire. Est-ce de l'*état divin* des sibylles et des pythies que vous voulez parler ? Vous pourriez bien avoir raison.

La suggestion étant écartée de la plupart des cas, l'auto-suggestion n'est pas plus admissible, car l'intelligence qui se révèle chez ces malheureux est si étrangement supérieure qu'ils sont en cet état initiés souvent à des sciences qu'ils ignorent et ne pourraient même cultiver dans leur état normal. Quel est le maître qui parle par leur bouche ?

X. *Magnétisme transcendant*. — La plupart des médecins qui ne veulent voir dans l'hypnotisme qu'un état naturel ou de simples manifestations morbides ont soin de distinguer des espèces distinctes : Le *petit hypnotisme*, qu'ils retiennent pour eux, se compose uniquement des phénomènes normaux ou pathologiques que la suggestion ou la maladie pourraient expliquer. Les autres, plus embarrassants, constituent le *grand hypnotisme*, qu'ils admettront, si l'on y tient, pourvu qu'on ne lui cherche pas d'autres causes que celles du premier, et qu'on s'en tienne à leurs explications. Mais, s'il existe un *hypnotisme plus grand encore*, qui sorte évidemment des lois de la nature, ils ne veulent pas s'en occuper.

Le grand jeu, à coup sûr, sort des « limites imposées à leur science.» Le vrai savant devra le dédaigner et s'arrêter au premier signe de son apparition.

Nous arrêter au premier signe, nous ne demandons pas mieux, chers maîtres ; mais encore faudrait-il le connaître ce signe si précieux.

Nous avons lu vos classifications : Avec M. Liébault, nous produirons d'abord l'engourdissement, puis la catalepsie suggestive, puis l'automatisme rotatoire, ensuite la relation auditive du sujet avec l'opérateur seul ; après viendra le somnambulisme léger, pour finir dans le somnambulisme profond.

Avec M. Bernheim, nous aurons : 1º les phénomènes qui s'accompagnent de souvenir au réveil: la suggestibilité pour certains actes seuls ; 2º l'impossibilité d'ouvrir les yeux ; 3º la catalepsie suggestive avec possibilité de la rompre ; 4º la catalepsie irrésistible ; 5º la contracture suggestive ; 6º l'obéissance automatique ; 7º enfin viendront les phénomènes de somnambulisme sans souvenir au réveil; sans hallucinabilité, dans un premier degré ; avec hallucinabilité pendant le sommeil, dans le second ; avec hallucinabilité hypnotique et posthypnotique, dans un troisième, et nous nous arrêterons.

Nous avons cependant encore le choix de suivre les phases si bien décrites par Charcot et par ses élèves. Nous produirons alors d'abord la léthargie, puis la catalepsie, puis le somnambulisme avec tous ses mystères, et nous nous en contenterons.

Malheureusement, dans la pratique, si nous suivons vos expériences et vos observations, nous sommes loin de trouver constamment cette progression si simple qui nous permettrait de nous arrêter au point délicat.

De votre propre aveu, on verra très souvent un sujet sauter à pieds joints par dessus les vulgaires phénomènes du petit hypnotisme et se lancer d'emblée dans le somnambulisme le plus profond ; et si vous permettiez qu'on s'aventure un peu plus loin, peut-être votre sujet ne tarderait-il pas à montrer cette *lucidité* surhumaine que vous dédaignez et ces *prestiges* même qui vous renverseraient, si vous aviez la faiblesse d'y croire.

Les expériences de Cahagnet et du Potet n'inspirent aucune confiance à M. Schneider. Nous comprenons ses doutes et nous les partageons. Méfions-nous de ces gens sans foi ni convictions, dont la prétendue science est un métier, qui d'abord les fait vivre et finit par les enrichir.

Rappelons-nous pourtant les célèbres disputes qui divisèrent si longtemps ces deux magnétiseurs ; rappelons-nous les controverses de Billot et Deleuze, les combats homériques de tant d'autres qui réciproquement se trainaient dans la boue et s'entredévoraient pour de simples questions de doctrine. Croit-on que ces rivaux acharnés, s'ils n'avaient pas séparément obtenu les mêmes résultats, ou des résultats analogues, ne se fussent pas traités d'imposteurs, avant de discuter sur les explications ? Seuls, les faits qui semblaient contredire leurs théories particulières étaient attaqués dans leurs détails, mais non contredits pour le fond.

En parcourant leurs ouvrages, on ne tarde pas à se convaincre que, par des moyens très variés et souvent contraires, tous étaient arrivés aux mêmes convictions sur la réalité des faits.

Nous ne ferons guère qu'indiquer ces divers phénomènes, car, en beaucoup de cas, de l'aveu même des expérimentateurs, il y avait dans leurs pratiques autre chose que de simples passes magnétiques; plusieurs ne faisaient nullement mystère de leurs évocations plus ou moins directes et de leurs pactes. Il n'en est pas moins vrai que c'est par le magnétisme qu'ils en sont arrivés à ces coupables agissements, et pas un ne s'est aperçu du changement de direction qu'avaient pris ses expériences.

Si le lecteur a pu conserver jusqu'ici quelques doutes sur l'origine extranaturelle au moins de quelques phénomènes attribués à l'hypnose, qu'il lise attentivement, dans les ouvrages de Bizouard, du marquis de Mirville, du chevalier Gougenot des Mousseaux, les chapitres consacrés au magnétisme transcendant ; qu'il parcoure les livres de du Potet, de Cahagnet, de Billot, de Deleuze, de Chambellan, de Ferdinand Barreau, de Bachelet, d'Ordinaire, d'Almignana, pour ne citer que les principaux parmi les français, et tout en faisant la part des exagérations et des écarts de l'imagination, il ne tardera pas à reconnaître la réalité de ces coups frappés avec intelligence, de ces bruits divers physiquement inexplicables, de ces transports d'objets, observés par Bachelet, de la suspension éthérée des personnes ou des choses obtenue par Cahagnet d'abord, par du Potet ensuite, malgré les moqueries et les sarcasmes

dont ce dernier avait, dans le principe, accablé son confrère,
par Home plus récemment.

Et que penser encore de tous ces apports de fleurs, de
couronnes, de plantes médicinales tombant d'elles mêmes
sous les yeux de Billot, de Posin, de Delafond ? Que dire
de ces évocations d'esprits ou d'âmes séparées des corps,
se révélant aux somnambules, conversant avec eux, se
faisant reconnaître à des signes inconnus des sujets et des
assistants, et que plus tard on reconnaissait exacts ; que
penser de ces *revenants* répondant aux questions sur les
sciences les plus diverses, révélant le passé, l'avenir,
émaillant leurs discours de vérités, d'erreurs, de malices,
de grossièretés, dans le but évident de séduire, de tromper
et d'éloigner du vrai ?

Transition à peine sensible entre l'hypnose et le spiritisme, entre les apparitions subjectives et les visions d'apparence bien matérielles, que les adeptes ne furent pas
longtemps à constater eux-mêmes de leurs yeux, de leurs
mains et de tous leurs sens.

Nous retrouverons plus tard ces signes non douteux
d'une intervention surhumaine et nous les jugerons. Contentons-nous, pour le moment, de constater ces affinités
peu rassurantes et voyons les dangers les plus immédiats
qui accompagnent et suivent les expériences les plus vulgaires.

§ V. — *Dangers de l'hypnotisme*

Nous avons parcouru les prétendus bienfaits de l'hypnotisme. Quelques guérisons incomplètes et laborieuses de
symptômes isolés, insolites, bizarres, souvent aussi inexplicables que les remèdes qui les transforment plutôt qu'ils
ne les font disparaître.

Nous eussions pu insister davantage sur les insuccès et

les aggravations produites par cet entrainement stupide, inutile, volontiers nous dirions cruel et coupable dont nos grands hôpitaux sont devenus le théâtre. Quoi de plus navrant que ce spectacle de femmes et de jeunes filles attendant chaque matin avec impatience l'arrivée de leur maître pour commencer leurs crises! Le chef approche, elles comptent ses pas, tendent l'oreille au vague murmure de ses paroles, tous les yeux sont fixés sur la porte qu'il doit ouvrir, la serrure grince, il apparaît, il parle... D'un bout de la salle à l'autre, c'est une exclamation qui se répète, des cris, des rires, qui se répondent, et parfois des gambades, des contorsions, qui accompagnent chacune de ses paroles. Est-ce le supplice qui commence? Est-ce au contraire pour les malheureuses une heure de jouissance et de plaisir? Toutes semblent souffrir, et cependant, pour un observateur tranquille, toutes semblent appeler, désirer cette détente qui les soulage; elles la redoutent et vont à sa rencontre; elles résisteraient, peut-être si elles le voulaient fermement, mais elles sentent qu'elle va venir, c'est une habitude douloureuse qui leur manquerait; elles en éprouvent à la fois un contentement physique et une satisfaction d'amour-propre. Enfin on va s'occuper d'elles!

Il y a quarante ans, nos maîtres nous apprenaient que le meilleur moyen de calmer une crise nerveuse était de laisser la patiente se débattre, en se contentant de diriger ses mouvements, plutôt que de les comprimer. On devait chasser les importuns, et, par cette méthode, une personne laissée seule venait à bout d'une crisiaque que quatre hommes robustes n'avaient pu contenir. Le silence et la solitude faisaient le reste.

Moins on s'occupera d'une hystérique, nous disait-on, moins les accès seront fréquents, moins ils dureront, moins ils seront violents.

C'est encore aujourd'hui la pratique sage et prudente

que les médecins emploient et recommandent dans leur clientèle privée. Mais, depuis que l'hypnotisme a pénétré dans les hôpitaux, nos maîtres, enorgueillis du grand effet de leur personne sur ces pauvres marionnettes dont ils ont pu saisir les fils, ont pris leur rôle très au sérieux.

Le Dieu ! Voilà le Dieu ! Il s'arrête et promène sur la troupe en gaieté son regard olympien. Un mot, un geste, un signe, au besoin un coup de tam-tam, et les flots en furie s'apaiseront moins vite à la voix de Neptune que ces malheureuses surprises et congelées dans les poses les plus bizarres, les plus incommodes, les plus difficiles à garder, et qu'elles garderont tant qu'il plaira à leur *barnum* de ne pas les relever de leur obéissance.

Celui-ci satisfait passe d'un lit à l'autre avec la majesté d'un dompteur qui va montrer ses animaux. Chacune a son petit talent qu'elle exhibera, dans la salle de clinique, aux élèves et aux étrangers venus de tous les points du globe pour assister à ce curieux spectacle. Et quand toutes auront *travaillé* (nous faisons grâce des détails,) on les laissera, après chaque séance, un peu plus déséquilibrées, un peu moins saines de corps et d'esprit qu'elles n'étaient auparavant.

Qu'on nous cite donc une de ces guérisons merveilleuses que l'*hypnotisme opère*, dit-on, *si facilement* à Lourdes. Non, chers maîtres, soyez sincères, vous ne guérissez pas et vous n'avez jamais guéri ces *hystériques invétérées*. Toutes vos suggestions si puissantes n'ont jamais fait que modifier, changer, diversifier les différents symptômes. Nous ne faisions pas mieux de notre temps ; car la grande hystérie, vous le savez aussi bien que nous, est absolument incurable ; mais au moins on ne pouvait nous accuser de l'aggraver. Sondez votre conscience et dites-nous si vos petits succès valent la peine de s'exposer, comme vous le faites, à confirmer une maladie que vous ne pouvez guérir.

J'ai fait comme vous une fois dans ma vie ; je me suis **fait** hypnotiseur, sans le vouloir, presque sans le savoir, et je l'ai raconté longuement (Obs. XVII.) Je m'en accuse ici, comme d'une faute grave, que mon ignorance et le fol espoir d'arriver au succès pouvaient rendre excusable. Aujourd'hui l'expérience est faite, et pour rien au monde je ne voudrais recommencer. Puissent mes confrères et puissiez-vous vous mêmes arriver à la même conviction.

L'hypnotisme, au point de vue simplement médical, est certainement plus pernicieux qu'il n'est utile.

« Les phénomènes que l'on provoque par le magnétisme prennent souvent un développement effrayant, dit le baron du Potet ; le patient, tout à l'heure dans un état naturel, entre dans un état de convulsions extraordinaires ; il se roule par terre, crie et se débat ; et, dans ce moment, plus on le touche ou laisse toucher, plus on augmente ses angoisses...

» Des convulsions produites de cette manière ont duré quelquefois six à huit heures sans interruption, et les personnes ainsi affectées restaient malades pendant plusieurs jours, éprouvant un sentiment de brisement, accompagné d'une horreur profonde pour le magnétisme et le magnétiseur ; ce seul mot prononcé devant elles les agitait violemment. L'état de calme finit par revenir ; mais j'ai vu, dans quelques circonstances, graves à la vérité, les malades résister au repos, aux antispasmodiques, et persister pendant plusieurs semaines.

« Ne croyez pas que les femmes nerveuses éprouvent seules ces effets ; des hommes bien constitués, qui ne connaissent que de nom ces sortes de maladies, ont été désorganisés en quelques minutes et ont éprouvé tous les effets dont je viens de vous rendre compte. » (du Potet, *Traité complet du magnétisme animal*, p. 249.)

Les mêmes faits sont attestés, avec exemples à l'appui,

par MM. Demarquay et Giraud-Teulon, (*Recherches sur l'hypnotisme ou sommeil nerveux*, p. 45;) par le docteur Gilles de la Tourette, (*L'hypnotisme et les états analogues*, p. 307;) et par le docteur Charpignon, (*Physiologie du Magnétisme*, p.'303.) Voyez encore dans le livre intitulé : (*L'hypnotisme, ses effets et ses dangers*, par l'abbé A. Touroude, les paragraphes sur les troubles de la raison par l'hypnotisme, les funestes effets de l'hypnotisme sur le système nerveux, la persévérance des accidents produits par l'hypnotisme, l'hypnotisme cause de crises nerveuses et d'hystérie, le sommeil hypnotique devenu spontané et habituel, les dangers des expériences hypnotiques pour les spectateurs, etc. (p. 50 et suiv.)

Mais si, laissant de côté ces sérieux inconvénients de l'hypnotisme, qui nous seront peut-être contestés, nous abordons les vrais dangers qu'il peut causer au point de vue de la morale, nous ne tarderons pas à nous trouver en face de faits tellement graves qu'il paraîtra bien difficile de ne pas les condamner en bloc.

1º Il est certain que trop souvent des crimes ont été commis sur des hypnotisés.

Plusieurs individus, sur les rapports catégoriques des médecins, ont été condamnés pour des *viols* commis à la faveur du magnétisme. En 1865, le fameux Castellan fut accusé de *rapt* par l'hypnotisme et condamné à douze ans de travaux forcés. Vous approuvez les juges et vous avez raison. Pourquoi donc blâmez-vous les magistrats du moyen-âge ? Mais combien de crimes de ce genre peut-on soupçonner qui ne viendront jamais devant la justice?

Nous recommandons encore au lecteur, dans le livre de l'abbé Touroude, (p. 85); le chapitre de *l'hypnotisme au point de vue de la morale*, où les faits les plus terrifiants abondent.

De l'aveu de tous, les hypnotiseurs peuvent en toute sécurité, et le plus facilement du monde, *voler, capter un héritage, faire reconnaître une dette fictive, extorquer un testament.*

M. Liégeois prétend que, en présence même de l'abolition suggérée de la mémoire, la justice n'est pas désarmée ; c'est possible ; mais, pour commencer et conduire une enquête si difficile, il faudrait tout d'abord que ces crimes fussent portés devant la justice, et, si jamais la pratique de l'hypnotisme venait à se généraliser, combien passeraient inaperçus ! (V. Schneider, ouvrage cité.)

Que dire encore et que penser de la *révélation des secrets* et des *confidences compromettantes ?*

Un jour d'oubli sans doute, M. Liébault se laissa entraîner jusqu'à suggérer à une jeune fille qu'il était prêtre et qu'elle était elle-même une pénitente venue pour se confesser. « Cette petite, dit-il, prit son rôle au sérieux et me fit une confession de peccadilles... charmantes. »

Que dites-vous de l'expression, que pensez-vous de l'acte ?

M. Beaunis, qui raconte ce fait, put se payer lui-même une satisfaction encore plus... délicate. Il réussit, « alors qu'il était étudiant » (est-ce une excuse ?) à faire raconter à Mademoiselle X... toute sa vie passée. Entre autres choses, elle lui apprit qu'elle avait eu un enfant, fait que personne de son entourage ne soupçonnait. (Beaunis, *Le somnambulisme provoqué*, p. 204, 205.)

Associons-nous aux réflexions de l'abbé Schneider, à propos de ces actes d'une légèreté bien voisine de l'infamie: « Encore que des sujets aussi confiants soient très rares — rares aussi, je l'espère, les expérimentateurs aussi indiscrets ; — encore que les aveux ainsi obtenus ne méritent pas grande créance, car rien n'en certifie la véracité, cependant une conclusion me paraît s'imposer. N'y eut-il qu'une crainte sur un million de probabilités contraires, rien qu'à cause de l'appréhension du public, un homme tenu au secret professionnel, un médecin, *un prêtre* surtout ne doivent pas se laisser hypnotiser. » (Schneider, *L'hypnotisme*, p. 372.)

L'abbé Schneider nous semble même un peu coulant. L'appréhension du public est d'un poids bien léger auprès du cri de la conscience. Un médecin, un prêtre pécheraient gravement en s'exposant à divulguer un secret qui leur est confié ; mais le simple particulier qui ferait la même imprudence serait-il exempt de toute faute ?

2° Non seulement l'hypnotisé s'expose à devenir la dupe et la victime de son hypnotiseur, mais il peut devenir lui-même inconsciemment criminel. Voleur, faussaire, assassin, faux témoin ; l'hypnotisé peut être tout cela, non seulement pendant la crise, en état de somnambulisme, mais, au moyen des suggestions et des inhibitions, soit anté, soit posthypnotiques, dans son état en apparence normal, tout en vaquant à ses affaires, au cours d'une promenade ou d'une conversation toutes naturelles. « Tout à coup, dit l'abbé Schneider résumant les expériences nombreuses auxquelles se sont livrés la plupart des hypnotiseurs, une idée, *que les malheureux croient venir de leur propre fond*, leur monte à la conscience, puis l'obsède, puis l'envahit, en chasse tout ce qui résiste et pousse le pauvre automate à une vilaine et méchante action, que tout à l'heure il ne s'expliquera plus. Il a perdu le souvenir de la suggestion et pourtant il y obéit. On pourra lui faire ainsi commettre tel crime que l'on voudra. » *(Ibid.,* p. 376.)

Un sujet sur vingt en moyenne réalise des suggestions criminelles, au dire de M. Liébault :

Ainsi Cl..., suggestionné par M. Bernheim, se précipite et enfonce résolument un coupe-papier en métal dans une porte, où on lui montrait un personnage imaginaire qui l'avait insulté. (p. 81.)

MM. Gilles de la Tourette, Mesnet, Bottey, Voisin, Florel de Zurich, Focachon et bien d'autres que l'on pourrait citer ont provoqué des vols, des empoisonnements, des suicides, des vengeances à l'acide sulfurique, heureusement aussi imaginaires que les raisons qui les provoquaient.

M. Liégeois osa même employer un pistolet chargé... sans balle, quelle délicatesse ! pour faire assassiner M. M..., ancien magistrat, par Madame G... qui n'hésita pas un instant à lâcher la détente, malgré la présence de M. le commissaire central de Nancy, auquel elle avoua son crime avec la plus complète indifférence, affirmant que personne ne l'avait suggérée, qu'elle était seule coupable et résignée au sort qui l'attendait.

C'est un jeu, dira-t-on, l'hypnotisé s'en doute et se prête à vos expériences ; il sait pertinemment que c'est un simulacre. « Crimes de laboratoire tant que vous voudrez, répond l'abbé Schneider ; vous qui aimez la science avec passion, donnez un vrai poignard à la somnambule et prenez la place du mannequin... si vous l'osez. »

Dans la *Revue philosophique* de Mars 1892, M. Liégeois rapporte six nouveaux exemples et conclut hardiment « qu'il y a dans l'armée de terre, comme dans les équipages de notre flotte militaire, des soldats ou des marins suggestibles *à l'état de veille*, ou susceptibles, même *sans suggestion*, de tomber en *condition seconde spontanée*, d'oublier à certains moments qui ils sont et quels devoirs ils ont à remplir.... » On pourrait donc leur faire commettre inconsciemment « toutes sortes de crimes tant civils que militaires. »

Ce serait à désespérer de la France, si les autres pays

venaient à le savoir. Heureusement pour tout le monde, si de pareils faits se sont jamais produits, ils ont été partout tellement exceptionnels qu'on pourra sans danger négliger le remède inventé par l'auteur, et qui serait pire que le mal.

M. Liégeois propose sérieusement que chacun sache d'abord jusqu'à quel point il est hypnotisable, et, pour cela, se fasse hypnotiser par un homme compétent et honorable. Si l'on est bon sujet, on se fera suggérer avec force que *personne à l'avenir ne pourra par aucun moyen vous hypnotiser* de nouveau, et l'on renouvellera cette précaution une ou deux fois l'an !

Trouvera-t-on quelque beau jour, dans les lois existantes, le moyen d'imposer à tous les citoyens cet *hypnotisme obligatoire ?* Il n'en faut pas désespérer ; mais l'*abstention complète* ne serait-elle pas préférable à cette « *vaccination morale ?* » C'est l'expression même de M. Liégeois ; la comparaison laisse à désirer au point de vue de l'exactitude.

La vaccine est une affection très bénigne destinée à remplacer une maladie grave qui n'attaque habituellement le même individu qu'une fois dans la vie. Cette maladie toujours contagieuse et souvent épidémique constitue un fléau contre lequel toute société a le droit et le devoir de se défendre ; l'obligation de la vaccine se comprend. Mais nous hypnotiser pour nous préserver de l'hypnose, mettre en jeu une prédisposition latente, qui resterait toujours latente, sauf de rarissimes exceptions, tant qu'on s'abstiendrait de la provoquer, ce n'est plus préserver, c'est développer ou produire une maladie qu'on n'est pas sûr plus tard de pouvoir enrayer.

Encore une fois abstenons-nous ; c'est le plus sage.

3° Que faut-il penser de l'hypnotisme dans l'éducation ?

Ce fut dès le début un des grands arguments et le plus bel espoir des hypnotiseurs.

Sur 22 sujets atteints de défauts ou vices divers, tels que vol, mensonge, paresse, habitudes honteuses, cruauté, peur, colère, etc., M. Liébault affirmait, au Congrès scientifique de Nancy (1886), qu'il avait obtenu 10 guérisons, 8 améliorations, 4 insuccès. Nous voulons bien le croire ; mais nous ne serions pas fâché d'apprendre ce que sont devenus, au point de vue du caractère, de l'intelligence, de la mémoire et de la volonté, ces petites âmes *amoindries*... ou ces machines *perfectionnées*, s. g. d. g.

«Comment, s'écrie M. Trottin, on veut redresser, fortifier la liberté d'un enfant, et l'on commence par en supprimer l'exercice, par la débiliter pour l'avenir ! On a la prétention de remplacer la vertu par de simples habitudes cérébrales, la conscience par la suggestion, le travail de la formation humaine par la catalepsie ! Si c'est là le *summum* de la pédagogie, la pédagogie est un désastre pour la nature humaine. » *(Etude morale sur l'hypnotisme*, p. 70.)

« Si vous preniez la suggestion dans son sens large et élevé, ajoute M. Schneider, si vous entendiez agir par le milieu, par les condisciples, par les maîtres, par les avis, par les reproches, par l'émulation, par les châtiments, par la crainte ou par la persuasion, par le raisonnement ou par les sentiments, sur la tête et sur le cœur de l'élève, alors je vous approuverais : suggérez, suggérez encore, suggérez toujours ; mais ce n'est plus de l hypnotisme. » (p. 384.)

Pourquoi donc le savant abbé, qui vient d'écrire de si belles pages sur l'*éducation* comparée au *dressage*, hésite-il à condamner franchement le recours à l'hypnotisme, même quand on se trouve en présence de ces enfants « qui ont usé la patience des plus patients et lassé les dévouements les plus héroïques ? »

Directeur à bon droit regretté de l'Ecole Saint-Sigisbert à Nancy, n'a-t-il pas éprouvé que chez les jeunes enfants il n'y a pas d'apathie et de perversité incurables? Espère-t-il sincèrement que l'hypnose avec « son mode d'action purement physiologique (?) » sera plus efficace que les moyens moraux et religieux, malheureusement trop délaissés.

M. Bérillon, dont les expériences n'ont été ni plus ni moins heureuses que celles de M. Liébault, ne voudrait réserver ces procédés extrêmes que pour les maisons de correction. Hélas! avec la laïcisation croissante, si l'on doit supprimer dans toutes ces maisons l'enseignement et la pratique de la religion, il pourrait bien avoir raison. « Mieux vaut, comme l'insinue M. Schneider, l'idiotie que la férocité. » Nous croyons cependant que l'on pourrait mieux faire, et l'expérience acquise est là pour le prouver.

Puissent un jour nos législateurs le comprendre et se repentir !

4° Nous avons laissé entendre que, si la suggestion hypnotique a pu rendre quelques services au point de vue médical, la pratique de ce moyen n'était pas sans danger au point de vue de l'amoindrissement progressif de l'intelligence, de la volonté et du sens moral, chez ceux qui en abusent.

Qu'on interroge les aliénistes et qu'on leur demande combien, depuis quarante ou cinquante ans, ils ont reçu dans leurs maisons de ces malheureuses victimes de l'hypnotisme et de son frère le spiritisme !

Qu'on parcoure seulement les registres de la police et que l'on compte les suicides tentés et perpétrés par les adeptes de ces prétendues sciences !

« Un des effets les plus ordinaires du magnétisme,

dit un de ses partisans les plus chauds, est d'inspirer à ceux qui subissent son influence l'impatience et le dégoût de la vie; c'est de les pousser au *suicide par une sorte de fatalité*. Ils disent qu'ils seront plus heureux quand leur âme aura quitté leur corps. » (Aubert Gauthier, *Traité pratique du magnétisme*, p. 612.)

« Heureux ceux qui meurent d'une mort prompte, dit un autre, *d'une mort que l'Eglise réprouve!*... Tout ce qu'il y a de généreux se tue ou a envie de se tuer.» (du Potet, *Enseignement philosophique du magnétisme*, p. 107, 119.)

En veut-on des exemples? Voici l'attestation d'une victime citée par M. de Mirville *(Esprits,* t. II, p. 178, d'après M. des Mousseaux.)

« Dans mon régiment, alors en garnison à Versailles, s'était formée une société de magnétiseurs, à la tête desquels étaient V..., Z..., T... et moi.

« Z..., adjudant, vrai militaire, insouciant et gai, mais peut-être un peu sévère, est tout à coup atteint de tristesse. Il dit souffrir; il ne peut exprimer ce qu'il éprouve, et se brûle la cervelle.

« V..., homme d'une activité remarquable, s'arrête tout à coup, ne veut plus rien faire, dit qu'il souffre, refuse le service et se voit obligé de quitter le corps.

« T... commet une faute contre la discipline. Dans un de ses accès de tristesse, il aggrave sa faute et se fait sauter la cervelle.

« Pour ma part, continue le capitaine L... (dont le nom est cité en toutes lettres dans l'*Union magnétique*), au bout de quatre ans de lutte, je dus aussi quitter le corps et le magnétisme; car plusieurs personnes croyaient que j'étais fou, d'autres que je devenais ivrogne, bien que ces deux choses fussent également incompréhensibles, puisque je raisonnais encore et que je ne me voyais pas boire. » Inutile d'insister.

En résumé, nous croyons avoir justifié notre définition : L'hypnotisme est certainement un état anormal, qu'on peut, dans quelques-unes de ses manifestations, regarder comme naturel, mais dont certains phénomènes, à la longue et quelquefois d'emblée, dépassent les forces de la nature humaine.

Même parmi les symptômes qu'on rencontre habituellement dans les hôpitaux et qu'on n'essaye plus de nier il en est un bon nombre que les lois naturelles expliquent difficilement.

Entre les phénomènes de l'hypnotisme et ceux que nous avons rencontrés dans nos observations de somnambulisme et d'acrobatisme on doit convenir qu'il existe une grande analogie. Il semble même que l'hypnotisme ne soit que la reproduction *voulue, consentie, provoquée* de la même affection. Les phénomènes procèdent-ils de la même cause, sont-ils de même nature ? Il est temps de le rechercher.

Les médecins ont bien soupçonné dans l'hypnotisme deux formes distinctes qu'ils ont désignées par les appellations peu compromettantes de *grand* et de *petit hypnotisme ;* mais où commencent et finissent ces deux formes ? Quels sont les symptômes qui les caractérisent ? A ces questions, dans la pratique, ils ne répondent rien de précis, rien de certain ; ils ne paraissent pas s'entendre ; leurs solutions souvent sont même contradictoires.

Voyons si dans leurs théories nous trouverons enfin quelques éclaircissements.

§ VI. — *Théories de l'hypnotisme*

Le plan de cette étude ne nous permet pas d'entrer ici dans de grands développements, moins encore dans des réfutations qui demanderaient des volumes entiers pour être complètes. Nous nous contenterons d'une simple nomenclature accompagnée de quelques réflexions, et nous laisserons au lecteur le soin de juger à quel excès de crédulité, à quelles contradictions, à quelles aberrations peuvent arriver des savants sans boussole et sans guide, dont la préoccupation principale est de se passer avant tout du Dieu des Chrétiens et de la révélation.

Les diverses théories inventées par les savants pour expliquer le magnétisme peuvent se diviser en quatre classes principales. Nous examinerons successivement les explications fournies :

1° Par les fluidistes ;

2° Par les physiciens ;

3° Par les anatamo-physiologistes ;

5° Par les psychologues.

Et nous nous appesantirons davantage sur ces derniers, qui sont les plus récents et les plus sérieux.

I. *Les fluidistes*. — L'hypothèse la première en date est celle de l'éther ou du fluide universel inventé par les stoïciens et que MESMER fit revivre, en lui donnant le nom de magnétisme. Ce néologisme était à cette époque employé par les physiciens pour désigner l'agent impondérable qu'ils supposaient être la cause des phénomènes électriques.

Mais, pour Mesmer, ce prétendu fluide, principe de vie universellement répandu, infiniment subtil, *vivifiait* le monde tout entier et c'était par son influence seule que les corps et les intelligences réagissaient les uns sur les autres.

Si l'on s'en tient aux phénomènes physiques et chimiques, la théorie est acceptable et rend assez bien compte des actions et des réactions matérielles ; les physiciens et les chimistes l'admettent à titre d'hypothèse ; mais, appliquée aux animaux et à l'homme en particulier, on ne tarda pas à s'apercevoir que les mouvements inconstants et variables de ce fluide, à part quelques effets purement physiologiques, étaient loin de présenter les caractères toujours identiques et constants des lois de la nature.

Cependant ce système, sauf quelques modifications, fut adopté par les premiers adeptes du magnétisme.

Tardy de Montravel, Ricard, Chardel, Charpignon, Lafontaine, Gentil, etc., font de ce fluide, à la fois lumineux, phlogistique, nerveux ou galvanique, tantôt le principe ou le promoteur de la vie, tantôt la vie elle-même, l'âme de la nature, l'esprit universel, le trait d'union entre les âmes, entre l'âme et le corps, l'âme elle-même, Dieu lui-même.

Le chevalier de REICHENBACH, traduit par Cahagnet, ne voit dans ce fluide qu'une *force universelle* dont il a découvert le nom dans le sanscrit et qu'il appelle *od* ; mais en réalité son opinion ne diffère pas de celle de ses confrères. L'od aurait toujours existé sous les noms d'esprit divin, d'esprit universel, de fluide de vie, etc.

« Plus de doute, poursuit M. CAHAGNET, l'âme substantielle du monde est rendue sensible à l'œil nu, et ne peut être niée aujourd'hui. L'homme, étant parvenu à la voir, ne peut plus douter des *individualités corpusculaires* dont elle est composée. L'âme, l'esprit s'expliquent... Ce *fluide*, vanté par nos lucides et nié par nos adversaires, vient d'être scientifiquement prouvé. » (*Lettres odiques de Reichenbach,* traduites par Cahagnet, p. 101-102.)

Scientifiquement prouvé, et comment? Les lucides l'ont vu, senti, décrit, suivi ; on peut l'accumuler, le concentrer, le renfermer, le disperser, le diriger, etc. Malheureusement d'autres lucides ont vu tout autre chose ; on ne peut se fier aux lucides.

D'après Tardy de Montravel, ce fluide agit dans l'homme, tantôt comme *instinct physique* et *animal,* tantôt comme *instinct moral ;* il révèle dans le somnambulisme comme un *sixième sens* inconnu jusqu'ici, le *sens intérieur* qui a son siège principal dans l'estomac, d'autres diront dans le plexus solaire. Toutes les fois que le fluide circule indifféremment dans les nerfs de deux hommes qui communiquent ensemble, ces nerfs deviennent comme les cordes de deux instruments montés à l'unisson ; ainsi s'expliquent les sensations du somnambule qui *touche intérieurement* le mal de celui qui est en rapport avec lui aussi bien que son propre mal. (V. *Essai sur la pratique du somnambulisme,* p. 12 et suiv.)

M. Galart de Montjoye ne comprend pas comment l'âme peut transporter ce fluide au loin ; mais enfin cela est, et « cette portion du fluide rencontrant celui de la personne qu'on cherche à affecter, ils communiquent nécessairement ensemble, comme les autres fluides, etc... (V. *Lettre sur le magnétisme,* p. 121, 122.)

Dans tous ces effets mystérieux, la plupart des magnétiseurs sont d'accord pour reconnaître que, si le fluide est indispensable, la volonté du magnétiseur n'est pas moins nécessaire, pour en provoquer la sécrétion, l'émission, la communication ; Lafontaine est persuadé que c'est le fluide seul qui opère ; la volonté ne sert qu'à le produire et peut-être à le diriger. (V. *Art de magnétiser.)*

Mais comment ce fluide agit-il et peut-il donner aux somnambules ces facultés si extraordinaires de visions transopaques, de divination, de prévision, etc ?

DELEUZE essaye d'une explication « qu'il ne croit pas être opposée aux lois de la physiologie. »

Ce fluide d'une ténuité extrême « pénètre tous les corps quand il est poussé par une force suffisante ; il n'a pas besoin de passer par le canal des nerfs pour arriver au cerveau.» Ainsi le somnambule, au lieu de voir par l'action de la lumière sur la rétine, voit par le fluide, qui agit immédiatement sur l'organe interne de la vision. Même explication pour les autres sens.

Si les somnambules paraissent savoir beaucoup de choses qu'ils ignorent à l'état de veille, peut-être pourrait-on expliquer ce phénomène, comme Montravel, par l'*instinct* qui existe réellement chez certains animaux ; mais cette qualité *occulte* embarrasse l'auteur ; il préférerait s'en passer et ne voir en tout cela que des sensations plus délicates et des souvenirs plus distincts. Sensations de ce qui ne peut tomber sous les sens, souvenirs de ce qu'on n'a jamais appris !

Le somnambule *lit les pensées, saisit la volonté* ; rien n'est plus simple, il ne se fait pas un seul mouvement dans le cerveau du magnétiseur qu'il ne se répète sur le sujet ; ce sont deux cordes à l'unisson. Et pourquoi donc les autres cordes (ou les autres cerveaux) ne vibrent-ils pas de même, puisqu'ils baignent dans le même fluide ? On se garde bien de le dire.

L'explication de la *prévision* souffre plus de difficulté : Le somnambule voit l'effet dans sa cause ; (?) mais on ne peut admettre ici qu'une *pressensation* (sic) physique qui dérive de la délicatesse des organes. Telle est la première opinion de l'auteur, ou plutôt, comme il l'avoua plus tard, la *pre-*

mière manière, qu'il avait adoptée « pour se concilier les naturalistes et les physiciens. » (Deleuze, *Hist. crit. du magnét.* t. I, p. 189 et suiv.)

Dans une nouvelle étude *(Mém. sur la faculté de prévision)*, reconnaissant qu'on ne peut nier cette faculté chez les somnambules, il s'efforce de la considérer comme une fonction naturelle qui ne s'exerce que dans l'assoupissement ou l'inertie de toutes les autres. Comme la mémoire, elle a besoin en outre d'être excitée. Le point essentiel, sur lequel il insiste surtout, c'est de rejeter toutes les opinions qui tendraient au fatalisme ou qui font intervenir les esprits infernaux. On dit, continue-t-il, que tout est présent pour Dieu ; pourquoi l'âme, qui en est une *émanation*, n'aurait-elle pas le même pouvoir ? Si le temps et l'espace, comme Kant et ses disciples le prétendent, n'existent pas par eux-mêmes et hors de nous, il n'y a plus pour l'âme *dégagée* ni temps ni espace. *(Ibid.)*

On irait loin avec de pareils raisonnements ; mais il faudrait les appuyer sur autre chose que des hypothèses ou des doctrines inacceptables. Dieu étant un être éminemment *simple*, l'âme ne peut être une *émanation* de Dieu. Le lecteur nous dispensera de réfuter toutes ces erreurs.

Le docteur CHARPIGNON s'écarte sensiblement des hypothèses plus ou moins panthéistes de ses collègues : « L'homme est pour lui vivifié par un *impondérable particulier*, qui est une modification du fluide éthéré, comme la lumière, l'électricité, etc... Le somnambulisme se produit quand un même fluide (celui du magnétiseur) circule dans les appareils du système nerveux de la vie de relation et dans celui de la vie organique du magnétisé. L'organisme en étant saturé, un nouveau mode de sensations et de perception va se développer. » *(Physiologie du magnétisme, p. 34, 67.)*

Pour le même docteur, le somnambulisme lui-même, la transposition des sens, l'extase et la vue à distance, le don des langues, la prévision, l'apparition des vivants et des morts, les prestiges magnétiques, comme l'invisibilité de certains corps pour le somnambule ou la vue transopaque s'expliquent tour à tour par *le fluide*, par l'*action de l'âme*, et même, dans certains cas, par l'*intervention des esprits*. On sent son embarras.

Le fluide, lien nécessaire entre le corps et l'âme, permet à celle-ci de s'abstraire des sens et de percevoir directement les objets matériels et même les pensées ; condensé, il rend invisible pour le somnambule les personnes et les choses ; lumineux et subtil, il pénètre les corps et les rend transparents ; modifié par la volonté du magnétiseur, si celui-ci crée et retient dans sa pensée des formes et des « qualités substantielles, c'est là que l'âme du somnambule trouve ces fictions et s'en impressionne comme d'une réalité. » Voilà pour les *effets directs du fluide*.

Quant à ce qui regarde le magnétisé, la crise somnambulique tendant à relâcher les liens qui enchaînent l'âme aux lois organiques du corps, le fluide impondérable qui établit les rapports entre l'âme et l'organisme n'étant plus ni concentré ni modifié par les organes, circule partout, de sorte que l'âme peut être affectée par l'objet dont elle s'occupe, sans qu'il soit besoin des conditions physiologiques ordinaires. Ainsi s'expliquent *du côté de l'âme* la vue à distance et certaines prévisions.

M. Charpignon critique avec raison le sixième sens de Montravel ; mais la prévision du futur contingent et des actes dépendant de la volonté libre d'autrui est plus embarrassante. Quelques faits analogues à ceux que nous avons cités rendent l'auteur très anxieux ; il finit par conclure « que la prévision n'est pas un résultat nécessaire de l'état lucide : *une force intelligente* semble en disposer et ne la laisser briller que dans certaines circonstances. » Retenons cet aveu.

De même pour les apparitions ; entre les personnes vivantes, M. Charpignon pense qu'elles peuvent s'expliquer physiologiquement (?) ; mais, pour les apparitions de morts à vivants, « à moins d'invoquer les hallucinations, ce qui n'explique pas tous les cas, *il faut penser comme les spiritualistes.* » *(Ibid.. p. 409-411.)*

Pourquoi donc cet auteur, auquel on doit certaines pages que ne désavouerait pas un catholique, et qui se trouve conduit à faire de telles concessions, a-t-il tant de répugnance à voir cette même intervention des esprits dans certains faits tout aussi difficiles à expliquer, issus de la même cause et convergeants vers le même but ? Nous ne pouvons croire que sérieusement il trouve plus acceptables les hypothèses gratuites et si discutables qu'il essaye de lui substituer.

Pour MM. Delaage et Rogers, le fluide (fluide nerveux) prend une autre forme. L'homme est un composé de l'âme, de l'esprit et du corps ; l'âme est toujours unie au corps par un fluide très subtil et impondérable (*l'esprit)* qui circule dans tous les membres et s'échappe dans l'air avec des myriades de particules qui contiennent, chacune, réellement la personne tout entière. Quand la volonté magnétique les dirige, elles sont transportées instantanément et arrivent, sans déviation, quelle que soit la distance, à l'individu à qui elles sont adressées. L'œil de celui-ci reconnaît la personne d'où sont sorties ces parcelles microscopiques et qui la contiennent en vérité ; alors il croit la voir elle-même. Ainsi s'expliquent les apparitions, les évocations et les plus ténébreux phénomènes du magnétisme. (V. Rogers, *Philosophy of mystérious agents,* 1853 et Delaage, *L'Eternité dévoilée,* 1854, cités par Bizouard.)

L'abbé LOUBERT, en s'appuyant sur les anciens et sur les nombreux auteurs de toutes les écoles, qu'il cite pêle-mêle, pense que l'âme peut envoyer au loin des *émanations* bienfaisantes ou malfaisantes ; « ce qu'on nommait émanation, ajoute-t-il, nous l'appelons *fluide*.» Il se demande pourquoi la volonté n'agirait pas à distance, puisque c'est l'âme qui est le moteur. Il n'est même pas éloigné de penser que « l'âme serait pour quelque chose dans l'application de la force *psycho-physique* (sic) de l'homme » qui soulève les corps au moyen d'un aimant. (V. *Défense théologique du magnét*. p. 144.)

Les médications s'expliquent par l'*instinct*, qui n'existe que dans le somnambulisme, « parce que l'impressionnabilité organique ne permet pas pendant la veille la même réaction sensible. » Qu'en pensent les médecins qui se donnent tant de mal pour acquérir une science, pur instinct ?

La vue intérieure s'opère au moyen du *fluide vital* qui éclaire chaque organe successivement à mesure que le somnambule y porte attention. Oh ! si l'abbé Loubet avait connu les rayons X !

Pour la prévision, à quoi bon recourir aux démons et aux anges ? « On oublie que l'âme est aussi un esprit... Si on accorde aux esprits certaine prévision limitée, pourquoi décider si vite que l'âme ne peut naturellement, quoique *extraordinairement*, manifester quelque chose de ce que manifestent les esprits, elle qui est esprit ? Le corps et sa surface ne limitent pas la sphère d'action de l'âme. » *(Ibid.* p. 111, 117, 144.)

Toutes ces affirmations auraient besoin d'être prouvées. L'âme est esprit, inconstestablement ; mais elle n'est pas un pur esprit, et rien ne démontre, que, *dégagée* (?) ou *séparée* du corps, elle puisse et doive se comporter et agir comme les esprits qui ne sont pas substantiellement unis à un corps.

M. CHARDEL, magnétiseur et conseiller à la cour de cassation, voit dans la *lumière* une création particulière, une substance à part ; unie à la matière, elle forme un premier composé, le *fluide électro-magnétique* ou *vital* ; ainsi la vie de l'homme et de la terre elle-même se forme des rayons lumineux qu'ils absorbent et modifient, pour en faire le *fluide vital* ; en circulant avec le sang, et porté par lui au cerveau, ce fluide subit une seconde transformation et devient le *fluide nerveux*, véritable intermédiaire entre les organes et l'âme ; mais, en atteignant l'âme, ce nouveau fluide est encore modifié, *spiritualisé*, c'est le mot adopté par l'auteur.

Le fluide électro-magnétique donne la vie au corps, le fluide nerveux porte à l'âme les impressions du corps, et celle-ci renvoie à l'organisme, par l'intermédiaire de la vie spiritualisée, la sensibilité transformée en mouvements physiques.

En faisant ainsi connaître la formation de la vie (?), M. Chardel a la prétention d'avoir montré comment l'être spirituel fait mouvoir le corps. Tout s'explique alors, selon lui, le plus facilement du monde par le magnétisme.

Dans le *sommeil*, la vie spiritualisée s'éloigne du centre de l'affectibilité, en se rapprochant de l'être spirituel, pour éviter les sensations qu'apporterait le fluide nerveux.

Dans le *magnétisme*, la volonté projette au dehors cette vie spiritualisée, dernière modification de la lumière, devenue l'unique agent de l'âme, et, par cet effort, la vie spiritualisée envahit la circulation nerveuse du magnétisé dont elle modifie l'existence. Il peut arriver que la modification vitale soit telle, que le fluide, étant assimilé à l'action de l'âme, produise la lucidité et une foule de perceptions nouvelles.

« Dans la vie ordinaire, dit-il, on reçoit des rayons solaires l'image des objets, on voit passivement ; dans l'état magnétique on voit activement. Par sa volonté, le somnambule dispose de la lumière de sa vie pour aller chercher les images qu'il rapporte à ses yeux ; sa volonté *(et probablement aussi celle du magnétiseur)* envoie le fluide et le rappelle avec l'activité de la pensée, etc.)

Comment M. Chardel a-t-il pu s'assurer de l'origine, de la nature et des qualités de ce merveilleux agent ? Par l'expérience. Il cite une somnambule témoin de la mort d'une vieille femme : Cette somnambule vit la vie spiritualisée quitter les plexus, se réunir au cerveau…, puis bientôt l'âme l'entraîner comme un voile lumineux dont elle s'enveloppa. C'est peu concluant. De semblables visions ont bien l'apparence d'un rêve préparé par une suggestion préalable, à moins qu'elles ne soient produites par un agent heureux d'entretenir l'erreur. (V. Chardel, *Essai de psychol.-physiol.* passim.)

M. Chardel avait distingué la vie, de l'âme ; pour M. GENTIL, vie, âme, intelligence sont identiques, et ne sont pas autre chose que la *substance universelle*. Avec l'auteur, nous retournons à l'âme du monde et au panthéisme le mieux accusé.

Le fluide magnétique est l'air ambiant que nous respirons ; l'émission volontaire du magnétiseur augmente non seulement les forces du sujet, mais aussi son intelligence. Ce fluide ne se perd pas, il retourne enrichi d'idées à la masse vivifiante où l'homme l'a puisé. L'intelligence dans le somnambulisme *s'expand* ; l'âme s'est presque fluidifiée à l'unisson de la substance universelle qui l'a produite ; le somnambule vit dans l'éther et tend à se fusionner dans cette « Substance-Dieu. » (!) C'est là qu'il va découvrir toutes les merveilles de la nature, percevoir les choses les plus cachées, lire nos pensées et se les assimiler au point de les comprendre et de les exprimer dans une langue qu'il ne connaît pas. Cependant cette fusion, cette fluidification qui le font participer à l'*omnivoyance* et à l'*omniscience* de la matière universelle (*car tout est matière et Dieu en première ligne*) ne seront complètes et sans limites qu'après la mort, c'est-à-dire lorsque nous serons rentrés dans le fluide d'où nous sommes sortis. (Gentil, *Manuel élémentaire de l'aspirant magnétiseur*.)

On pourrait encore multiplier les citations et pénétrer plus avant dans la pensée des magnétiseurs fluidistes. Ce que nous en avons dit doit suffire à montrer leur embarras, leurs contradictions, leurs extravagances, leur insuffisance.

L'hypothèse du fluide, fût-elle absolument prouvée, n'avance en rien la solution de la question ; elle ne fait que reculer la difficulté. Qu'importe la présence ou l'absence d'un intermédiaire entre l'âme et le corps ? Ou cet intermédiaire est matériel et alors il n'explique rien ; si l'âme agit sur lui et par lui, pourquoi n'agirait-elle pas directement sur et par les organes ? ou ce fluide *spiritualisé* est lui-même un esprit, alors, de deux choses l'une, ou cet esprit est étranger, et selon l'expression du docteur Charpignon, « il faut penser comme les spiritualistes, » ou cet esprit se confond avec l'âme, et la difficulté demeure entière ; nous connaissons par expérience les facultés de l'âme et leurs limites, comment expliquer qu'elle les dépasse ?

L'âme du monde ou vie universelle était pour les anciens une vertu divine assez mal définie, répandue dans tout l'univers. Ils lui attribuaient les prodiges de la magie et les divinations auxquels ils croyaient fermement. Les moder-

nes en ont fait un fluide à la fois matériel et spirituel,
grand réservoir d'idées que notre volonté peut agiter,
mouvoir, diriger, auquel notre intelligence peut puiser,
notre mémoire se rafraîchir, et dans lequel tout notre être
un jour doit se fondre, mais non se perdre... Quelle est la
plus folle des deux doctrines ?

Nous ne pouvons nous arrêter à la réfutation de ces
inventions toutes gratuites et de ces systèmes philosophi-
ques, avec lesquels on complique les faits plutôt qu'on ne
les explique. Le lecteur nous accordera sans peine que ces
théories reposant sur des hypothèses sans preuves sont
pour le moins insuffisantes. Nous n'en demandons pas
davantage.

II. *Les physiciens.* — Aux phénomènes physiologiques et
psychiques produits par les magnétiseurs ne tardèrent pas
à s'ajouter des phénomènes qui semblaient relever plus
particulièrement de la physique. Nous voulons parler de
l'action de certaines pratiques sur les objets inanimés :
Bruits divers répétés à distance ; fleurs et paquets tombant
on ne sait d'où ; tables et guéridons tournant, valsant,
marchant, écrivant, sous l'influence de médiums plus ou
moins conscients ; meubles mûs et soulevés sans contact,
etc., etc. Nous avons vu que ces phénomènes peuvent
même se produire spontanément. De tous ces faits les
physiciens se sont émus ; chacun fournit sa théorie.

Les craquements sourds des articulations, le claquement
du long péronier, les décollements de M. FARADAY, les impulsions inconscientes du même auteur, les mouvements
naissants de M. BABINET, la tendance au mouvement de
M. CHEVREUL, eurent bientôt fait leur temps.

Les expériences entreprises pour prouver le bien fondé
de ces théories en démontrèrent l'inanité. On fit tourner

des·tables en appuyant les doigts sur des billes roulantes qui ne pouvaient transmettre aucun mouvement.

Du reste aucune de ces hypothèses ne pouvait rendre compte des soulèvements sans contact et des leçons d'arabe ou de sanscrit données à un membre de l'Institut par une table, avec des médiums qui n'en savaient pas le premier mot. (Voyez la Lettre de M. de Saulcy au marquis de Mirville, tome I, p. xi, *Des Esprits.*)

L'influence même de la volonté humaine, si grande... dans l'imagination de M. de Gasparin... qu'elle pourrait agir à distance et sans intermédiaire sur des corps inertes, parut aux gens sérieux le *nec plus ultra* de la fantaisie.

« Comment, lui répondait M. Thury son collaborateur, une force perturbatrice que posséderait l'organisme humain, une force de calibre à soulever des tables, et qui n'aurait jamais produit le plus petit dérangement, dans les milliers d'expériences exactes que les physiciens font journellement ! Leurs balances sensibles à un demi milligramme, leurs pendules dont les oscillations s'accomplissent avec une régularité mathématique n'eussent jamais ressenti la moindre influence de ces forces, dont le principe est toujours là présent, partout où il y a un homme et une volonté !... Or la volonté du physicien existe toujours pour que l'expérience marche selon les prévisions de la théorie.» (Thury, p. 9.)

On ne saurait mieux dire, et nos physiciens aux abois ne paraissent plus guère avoir de ressource que dans la *grande loi inconnue,* qu'ils se garderont bien de chercher, sûrs qu'ils sont de ne pas la trouver. « Ils voient bien, dit M. de Mirville, que cela n'a rien de *légal,* et certes ils ont raison... mais à ce mot de *loi* substituez celui de *caprices,* et tout sera dit. »

Caprice est, en effet, le seul mot capable de figurer l'in-

constance, l'irrégularité, la mobilité, la diversité, le désordre de ces phénomènes, et rien n'est plus contraire à l'idée
d'une *loi*. On parle bien au figuré des caprices de la nature;
mais ces caprices-là sont aussi bien réglés que ses phénomènes les mieux ordonnés. Un vrai caprice suppose toujours une intelligence et une volonté libre ; cette intelligence et cette volonté ne se montrent que trop dans les
caprices du spiritisme. Bien fou qui ne veut pas l'y voir.

Nous n'insisterons pas sur ces explications insuffisantes
de quelques phénomènes isolés, étrangers à notre sujet. Ils
s'en écartent en réalité moins qu'on ne pourrait le croire.
En agissant sur des sujets humains, les magnétiseurs n'en
sont-ils pas venus aux manifestations que les spirite savaient
provoquées en opérant sur des sujets inertes ? Ces deux
ordres de faits sont de même nature. Partis d'un même
principe, ils aboutissent au même résultat. On ne saurait
les séparer. Mais cette nouvelle étude nous entraînerait
trop loin. Nous en dirons un mot plus tard. Revenons pour
le moment à l'hypnotisme proprement dit.

III. *Les anatomo-physiologistes.* — Les explications ana-
tomo-physiologiques sont plus récentes et paraissent plus
sérieuses. Elles reposent en grande partie sur les belles et
consciencieuses études des anatomistes et des physiologistes modernes sur le cerveau et le système nerveux ; mais,
si elles parviennent à exposer le mécanisme possible de
certains phénomènes, elles sont loin d'en donner la raison
et la cause. Dans tous les cas elles ne dépassent pas, pour
la plupart, le champ de l'hypothèse.

Rumpf pense que l'hypnotisme est causé par des hyperé-
mies ou des anémies dans la substance grise du cerveau.
Nous le voulons bien, mais quelle est la cause de ces perturbations dans la circulation cérébrale ? Quel est l'agent

qui les produit, qui les délimite, qui les modère ou les accentue, qui les prolonge ou les fait cesser ?

Preyer, un autre allemand, suppose que l'activité exagérée des cellules cérébrales, causée par la concentration de la pensée sur une seule idée, détermine une formation anormale de produits oxydables, qui amènent l'engourdissement des cellules, en enlevant à la substance son oxygène. Soit encore : Voilà l'homme désoxygéné, concentré, engourdi, endormi, avec ses cellules ; comment va-t-il penser, remuer, agir et retrouver subitement son oxygène pour se réveiller au premier signe de son hypnotiseur ? Comment se fait-il que cette désoxygénation se localise et engourdisse certaines cellules plutôt que d'autres, selon la volonté d'un tiers le plus souvent très ignorant des réactions chimiques, des circonvolutions et des localisations cérébrales ?

Bien plus savante et plus spécieuse est la théorie de Brown-Séquard. Nous en empruntons l'exposé aux docteurs Cullerre et Bernheim, qui suivent les mêmes doctrines.

« On sait que l'excitation de certains nerfs produit non un mouvement, mais un arrêt de mouvement. L'excitation du nerf pneumogastrique arrête le cœur, celle du laryngé supérieur arrête la respiration... D'autres excitations d'ordre différent produisent des effets analogues ;... une simple piqûre du bulbe suspend immédiatement toutes les fonctions de l'encéphale ; l'excitation d'un nerf sensitif diminue la tonicité du sphincter anal ; l'excitation d'un nerf de la sensibilité générale diminue l'excitabilité réflexe de la moëlle et ainsi de suite. Ce sont ces faits et les faits analogues qui ont servi de base à la théorie de l'*inhibition* due à M. Brown-Séquard et que ce professeur du Collège de France formule de la manière suivante :

« L'inhibition (de *inhibere*, arrêter, retenir) est l'arrêt,
« la cessation, la suspension ou, si l'on préfère, la dispari-
« tion momentanée ou pour toujours d'une fonction, d'une
« propriété, ou d'une activité (normale ou morbide) dans
« un muscle, arrêt ayant lieu sans altération organique
« visible (au moins dans l'état des vaisseaux sanguins) sur-
« venant immédiatement ou bien peu après la production
« d'une irritation d'un point du système nerveux plus ou
« moins éloigné de l'endroit où l'effet s'observe. L'inhibi-
« tion est donc un acte qui suspend temporairement ou
« anéantit définitivement une fonction, une activité. »
(Brown-Séquard, *Préface de Neurypnologie de Braid*, tra-
duite par Jules Simon.)

« Ainsi donc, continue le docteur Cullerre, l'irritation
périphérique produite par les procédés hypnotiques, ou
l'irritation centrale produite par la suggestion déterminent
l'arrêt, l'inhibition de tout ou partie des fonctions nerveuses corticales *(du cerveau)*. Dans le cas où l'inhibition est
seulement partielle, comme dans le somnambulisme, et ne
s'étend qu'à certains réseaux de la couche corticale, on observe dans les autres des phénomènes de *dynamogénie*, c'est-
à-dire d'exaltation fonctionnelle. Ce qui explique l'acuité
sensorielle, la soudaineté et la précision des réactions
motrices, l'excitation de l'imagination et de certaines parties de la mémoire; en un mot l'exaltation des réflexes
cérébraux et intracorticaux. (*)

« Mais les réseaux psychomoteurs de la couche corticale

(*) On appelle réflexes des mouvements involontaires et inconscients provoqués par l'excitation extérieure d'un organe dont la
modification, avant d'être transmise au centre nerveux est renvoyée
à un autre organe qui se trouve lui-même instantanément modifié.
Ainsi le chatouillement de la luette produit subitement, irrésisti-
blement, automatiquement la contraction du voile du palais et du
diaphragme, sans que la conscience et la volonté y soit pour
quelque chose. Ainsi la patte d'une grenouille décapitée se meut
automatiquement pour écarter l'aiguille qui la pique; etc.

exercent eux-mêmes (à l'état normal) une action inhibitoire puissante sur les réflexes inférieurs ganglionnaires. Cette action inhibitoire étant supprimée par l'état hypnotique *(comment et pourquoi?)* il devra s'en suivre que les réflexes cérébrospinaux seront considérablement exagérés, et d'autant plus exagérés que plus de parties de la couche corticale seront frappées d'impuissance... »

Enfin, « c'est non seulement dans les centres inférieurs cérébrospinaux que se montre l'exagération des réflexes, mais c'est aussi, comme nous l'avons dit, dans les centres supérieurs eux-mêmes, ce qui constitue l'automatisme psychique, automatisme d'autant plus complet que l'inhibition frappe un plus grand nombre de zones corticales.

« Cette inhibition, qui arrête les fonctions supérieures psychiques, la volonté, la conscience, en favorisant l'exercice automatique des autres facultés, explique l'efficacité de la suggestion dont le mécanisme est désormais facile à comprendre. » (Cullerre, *Magnétisme et hypnotisme*, p. 250 et suiv.) Facile à comprendre !... le lecteur jugera. Voyons l'explication qu'en donne le docteur Bernheim :

« Le mécanisme de la suggestion en général peut se résumer dans la formule suivante: *accroissement de l'excitabilité réflexe idéo-motrice, idéo-sensitive, idéo-sensorielle*. De même que, par certaines influences, la strychnine par exemple, l'excitabilité sensitivo-motrice est accrue dans la moelle, de manière que la moindre impression à la périphérie d'un nerf se transforme immédiatement en contracture, sans que le cerveau modérateur puisse prévenir ou empêcher cette transformation; de même, dans l'hypnotisme, l'excitabilité idéo-réflexe est accrue dans le cerveau, de manière que toute idée reçue se transforme immédiatement en acte, sans que l'organe psychique de perfectionnement, l'étage supérieur du cerveau, puisse empêcher la transformation. » (Bernheim, p. 200.)

Si nous avons bien compris, l'hypnotisme serait à la fois un phénomène d'*inhibition*, réduisant l'âme à une impuissance relative par l'interruption de ses rapports directs avec certains organes, et un phénomène de surexcitation organique partielle et inconsciente par une action réflexe exagérée *(dynamogénie.)*

Le mécanisme est ingénieux, quoique compliqué, mais après tout ce n'est qu'un mécanisme. Le docteur Bernheim reconnaît lui-même que sa théorie est une simple formule. « Dans le domaine psychologique, dit-il, la cause et l'essence des phénomènes nous échappent. » Mais il semble à l'auteur que « cette formule, telle qu'elle est, sert au moins à concevoir un mécanisme que l'esprit ne peut interpréter rigoureusement. » Soit, mais un mécanisme, une formule ne sauraient expliquer ni produire un mouvement réel ; tout au plus pourraient-ils donner la raison des modifications possibles de ce mouvement.

Discutez tant qu'il vous plaira les formules si compliquées de l'échappement d'une pendule, tous vos calculs ne vous donneront pas la pendule ; expliquez-nous le mécanisme d'un métier, nous comprendrons très bien qu'un simple changement dans le diamètre d'une roue dentée en accélérera ou en retardera le mouvement, que la substitution d'une poulie folle à une poulie motrice arrêtera tout le système ; mais ce n'est pas cette explication qui arrêtera ou changera la marche de la machine.

La pendule, sans le ressort et sans le coup de pouce qui mettra en branle le balancier, ne marchera pas ; sans le moteur, la machine restera inerte ; sans mécanicien pour changer la roue du métier, il gardera sa marche primitive.

Sans doute chez l'hypnotisé la machine existe admirablement combinée ; le moteur lui-même, bien que les opi-

nions varient sur sa nature, fonctionne aussi régulièrement
que lui permet l'intégrité de l'appareil ; mais le mécanicien
qui pourra changer à son gré la marche du métier, quel
est-il ? Où est le contremaître qui, selon son caprice, dis-
tribuera la force et le mouvement, désengrènera telle roue
inutile pour activer ou surmener telle autre, au risque de
briser ou de détraquer le système ? — L'âme, nous dira-t-
on. — Nous connaissons bien l'âme et tout ce qu'elle peut
faire ; mais, dans l'hypnose, ce n'est plus l'âme du sujet qui
mène la machine, c'est celle de l'hypnotiseur, qui ne saurait
donner des facultés qu'elle-même ne possède pas. Les psychologues nous fourniront peut-être quelques explications ; nous les interrogerons tout à l'heure.

Constatons simplement que les dispositions anatomi-
ques, les propriétés des tissus, leurs connexions et leurs
fonctions ne sauraient donner lieu qu'à des hypothèses
plus ou moins plausibles sur le mécanisme des phénomènes, mais ne pourraient en aucune manière les produire
seules, ni expliquer leur production. Il faut chercher ailleurs. Les psychologues ont la parole.

IV. *Les psychologues.* — Les savants qui ne veulent voir
dans l'hypnose que des phénomènes principalement psychiques, c'est-à-dire ne relevant que d'un état particulier
de l'âme, peuvent se diviser en deux classes : Les premiers
veulent que l'imagination fasse tous les frais de la comédie ; les seconds cherchent dans la vie normale et dans les
diverses affections de l'âme des analogies plus ou moins
complètes avec les symptômes de l'hypnotisme, et, con-
tents de cet à peu près, ne voient dans les manifestations
de l'hypnose que des phénomènes naturels et normaux, où
toutes les facultés de l'âme prêtent tour à tour ou refusent
leur concours.

Parmi les premiers, se distingue particulièrement le

général baron d'HÉNIN DE CUVILLERS. Témoin, dans son
enfance, des prodiges qui s'opéraient dans le jansénisme, il
contracta le goût des études mystiques ; mais, enfant de
son siècle, il resta convaincu que les faits les plus extraordinaires s'expliquent physiquement et que la physiologie
et la psychologie normale en présentent de non moins
étonnants que le magnétisme ; tous ils sont naturels et dérivent de l'*imagination*. Quand ces faits paraissent à
l'auteur trop extraordinaires, il les nie simplement. Le
surnaturel pour lui c'est l'absurde, et l'absurde n'existe
pas.

« On admet, dit-il, les guérisons éclatantes, on convient
des effets de communication par enthousiasme, par imitation, qui sont produits par l'imagination ; on ne nie que
les miracles magnétiques. » (*Archives du magnét. animal,*
t. I, p. 85, 125 et suiv.)

« Il ne faut croire que ce que la raison démontre, dit-il
plus loin ; les faits invraisemblables, fussent-ils attestés
par des milliers de témoins, sont inadmissibles. » (*Ibid.,*
t. II, p. 227.) La conclusion est catégorique, mais est-elle
logique ?

C'est aux fluidistes surtout que le baron d'Hénin, armé
d'excellentes raisons, s'attaque avec acharnement, sans cependant se garantir des idées panthéistes qui accompagnent
leurs théories. Il ne peut admettre que la pensée et la volonté
agissent directement sur la matière, et que cette pensée et
cette volonté soient réellement un fluide tantôt matériel,
tantôt spirituel ; « c'est confondre, dit-il, les idées physiologiques et métaphysiques, et assimiler ce *fluide immatériel* aux fluides reconnus par la science. » (*Ibid.,* p. 78, 89.)
Qu'est-ce qu'un fluide immatériel ?

« Le baron d'Hénin, dit J. Bizouard, a pu suffisamment
montrer l'impossibilité d'attribuer à un fluide les divers

phénomènes du magnétisme, mais il n'a nullement réussi à les expliquer par l'imagination. »

Nous admettons sans peine, avec M. d'Hénin, que les questions faites à un somnambule sur le contenu d'une lettre fermée puisse « réveiller chez le crisiaque des circonstances et des antécédents connus concernant celui qui a écrit la lettre » (*Ibid.*, t. I, p. 97) ; mais il faut qu'il connaisse ces circonstances, et nous ne comprendrons jamais que le magnétisé puisse lire dans son imagination le vrai contenu de la lettre. Or, pour nier les faits de ce genre affirmés par tant de témoins, il ne suffit pas de crier à l'invraisemblance ou à l'absurdité.

Le docteur BERTRAND, lui aussi, attribue la plupart des faits magnétiques à l'imagination. La vue du fluide par les sujets lucides n'a pas d'autre cause.

Il n'a pas été témoin des faits les plus merveilleux, quoique il en ait vu de très étonnants ; mais, comme ses confrères, il s'arrête juste au point où son système devient insuffisant. Pour le reste il attend de nouvelles preuves, de nouveaux documents, d'autres expériences, et, pour les faits plus extrardinaires qu'il ne peut nier, « on ne peut, dit-il, leur donner qu'une simple adhésion qui n'entraîne pas l'idée de la nécessité de l'évènement... La conviction est entière et la conclusion forcée, quand il s'agit d'une démonstration rigoureuse qu'on ne trouve que dans les mathématiques ; mais, pour tout le reste, les preuves sont imparfaites. » (*Du somnambulisme*, p. 50.)

Avec une pareille tendance au scepticisme, les faits admis par lui ne laissent pas d'acquérir une grande importance. Bien qu'il ait dit : « Je crois le témoin d'un fait, si ce qu'il raconte n'a rien qui sorte des lois de la nature, » il ne dissimule pas toujours son embarras.

Les expériences dont il fut témoin, en 1820, à l'Hôtel-

Dieu, entreprises par le docteur Husson, dans le but de montrer l'existence du fluide par la *magnétisation à distance*, le laissent manifestement perplexe.

Un magnétiseur enfermé dans une armoire avait plusieurs fois de suite, à un signal convenu, endormi son sujet ; mais ce dernier, endormi chaque matin, sur le même siège, à la même heure, ne pouvait-il pas tomber en somnambulisme sans magnétisation ? On fit la contre-épreuve ; on fit asseoir le somnambule à la même place, on simula le signal, on se comporta en un mot, en l'absence du magnétiseur, comme on avait coutume de le faire en sa présence, et la malade ne s'endormit point. Il fallait renoncer à cette explication.

Bertrand propose une nouvelle expérience ; on devait diriger l'action magnétique, non seulement à l'insu de la malade, mais à l'instant où naturellement elle ne pouvait s'y attendre. Le somnambulisme survint à l'heure convenue.

Où trouver dans ces faits l'action de l'imagination ? Bertrand se tire d'affaire en affirmant que « toutes les expériences *concluantes* qu'il a faites ont eu un résultat négatif. » *(Ibid.,* p. 265.) Pour les savants n'y a-t-il donc de concluant que les faits favorables à leur opinion ?

Tous les sujets ne sont pas également sensibles ; la non réussite de l'un ne saurait infirmer les succès d'un autre. Et, qui sait ? un agent capable de varier son action au gré de chaque magnétiseur ne pourrait-il chercher à flatter leurs erreurs de peur de les conduire à la vérité ? Des faits nombreux sont de nature à le faire craindre ; mais on ne veut pas admettre un agent étranger capable de vouloir.

Quant aux phénomènes de *vue intérieure*, de *vue à distance*, ou de *description de choses cachées* que l'imagination ne saurait atteindre dans leur réalité, l'auteur se retranche derrière les erreurs si fréquemment commises par les somnambules. Cependant les expériences de Pététin sur la transposition des sens, il l'avoue franchement, « ne peuvent laisser le moindre doute. » Lui-même rapporte un fait semblable qui lui est personnel. « Mais les preuves qui seraient suffisantes, dit-il, pour convaincre de la réalité d'un phénomène ordinaire, doivent-elles encore suffire quand il s'agit de faits qui sortent de l'ordre de ceux qu'on observe tous les jours ? » *(Ibid.*, p. 64, 70, 32.) Quelles preuves lui faut-il donc ?

La *prévision* des crises morbides s'explique par le hasard, l'imagination des somnambules, la prévention des spectateurs, l'amour-propre des malades, etc. Il ne cite que ce qu'il a observé et « c'est bien assez admirable, dit-il, pour faire faire de sérieuses réflexions. » Nous sommes de son avis, et nous nous demandons avec lui comment l'imagination peut agir après le réveil sur un sujet dont la mémoire fait défaut.

Ce fait de l'oubli au réveil le tourmente, et la prévision qui révèle des évènements contingents est encore plus embarrassante.

« On ne peut cependant la révoquer en doute ; » il en cite plusieurs exemples, et finit par accepter avec quelques restrictions l'explication de Tardy de Montravel :

Si les animaux ont l'instinct de prévoir certains accidents qui doivent leur arriver ; si les oiseaux, en prévision de leur progéniture à venir, savent préparer leur nid ; si les guêpes fabriquent trois sortes de loges pour les trois espèces de guêpes qui doivent naître dans leur demeure, pourquoi l'homme serait-il seul privé de cette faculté de prévoir ? « Si on compare, sous le rapport psychologique, ce qui a lieu chez l'homme à ce qui doit se passer chez les animaux, on trouvera, dit-il, une différence réelle ; c'est que l'homme a la faculté d'apercevoir ce qui se passe en lui (?), tandis que les animaux sont incapaoles de rien connaître. »

Sans doute Bertrand veut dire que l'homme peut raisonner ses connaissances et que la bête ne le peut pas.

C'est justement parce que l'homme est intelligent que ses instincts sont moins développés. Ils lui sont inutiles parce que sa raison peut voir, prévoir, préparer, éviter les accidents de son existence ; mais cette prévision a des limites connues. L'instinct ne saurait prévoir que des évènements soumis à des lois invariables ; pas plus que les conjectures de la raison, il ne donnera la connaissance d'évènements soumis à la volonté libre.

Bertrand admet encore la *communication sympathique des symptômes des maladies*. Il a observé ce phénomène par le contact direct ; mais il n'a obtenu que des résultats négatifs au moyen d'un objet touché par le malade, et sur ce point il suspend son jugement. Il a fait toucher à des somnambules des objets appartenant à des personnes bien portantes et de suite ces somnambules éprouvaient divers symptômes produits uniquement par leur imagination.

Ce fait ne détruit pas les affirmations d'autres magnétiseurs qui, en usant du même procédé, ont réussi à faire connaître à leurs sujets des symptômes réellement éprouvés par des malades inconnus. Dans ces derniers faits l'imagination n'est pour rien, et ils sont trop nombreux et trop précis pour qu'on puisse les attribuer au hasard.

La communication des pensées au moyen d'un geste invisible ne peut être niée. C'est la fraude dont il faut le plus se méfier ; mais la volonté, même non exprimée, a pu dans certains cas être comprise et suivie par les somnambules. Le docteur Bertrand se faisait ainsi facilement obéir *ad mentem* pendant le sommeil ; dans l'état de veille, la volonté tacite n'avait au cune action sensible. S'il admet le premier phénomène, pourquoi récuser le second ? Celui-là est-il donc plus facilement explicable que celui-ci ?

Le cerveau pour lui est la corde qui vibre, quand on fait rendre un son à celle qui est à l'unisson. Mais la seconde corde ne vibre pas sans un intermédiaire. Cet intermédiaire quel est-il ? Comment agit-il, et pourquoi n'agit-il que chez les somnambules magnétisés ? Allons-nous revenir aux fluides ?

Bertrand cite encore des exemples de cette communication des pensées chez les possédés de Loudun, les camisards, etc. (toujours la même confusion) et il conclut « qu'il est absurde de supposer qu'une volonté étrangère agisse directement sur les organes d'un somnambule et sur ses déterminations ; mais il n'est pas rare, dit-il, que celui-ci connaisse la volonté et les pensées de celui avec lequel il est en rapport et qu'il soit alors déterminé à agir. » *(Ibid.,* p. 252.)

C'est constater le fait, ce n'est pas l'expliquer. Dans les faits que l'auteur vient de rappeler, il est constant que le sujet ne pouvait deviner la pensée des interlocuteurs. Or si le somnambule peut connaître sans signes la pensée du magnétiseur, comment la connaît-il ? Si la volonté de l'opérateur ne peut agir directement sur les organes du magnétisé, comment se fait-il que ce dernier a tant de mal à résister ? Qui le force à agir ?

La *surintelligence* des somnambules est niée en principe par le sceptique docteur : seules la mémoire et l'imagination sont plus vives et suffisent à l'explication des faits... *qu'il admet*. Passe pour la plupart de ces derniers; mais pourquoi rejeter ou altérer les cas plus importants que contredisent son opinion ?

Bertrand cite les discours des possédés, des convulsionnaires et des camisards; pourquoi ne pas ajouter que, chez ces derniers, c'était des enfants encore à la mamelle, des femmes ignorantes, de grossiers paysans qui faisaient ces discours hérissés de citations bibliques, sur les questions les plus ardues de la théologie ?

Pourquoi d'ailleurs vouloir toujours identifier les Cévénols, les Religieuses de Loudun et de Louviers, les convulsionnaires et les possédés en général avec les somnambules ? L'extase de ces derniers diffère sensiblement de celle des premiers par ses causes occasionnelles, son début, ses effets et ses suites. Il est facile de reconnaître, dans le magnétisme des phénomènes purement physiologiques ou pathologiques, pour lesquels on n'aurait aucune raison d'invoquer un agent étranger, s'ils étaient isolés ; on ne pourrait leur reprocher que de conduire souvent à des phénomènes et à des résultats suspects et dangereux ; mais tout un monde les séparerait encore des tours de force que manifestent les possédés, et que ni l'imagination, ni les fluides, ni aucune loi de la nature ne sauraient expliquer.

Bertrand ajoute qu'on ne peut donner la moindre confiance aux témoignages des crisiaques sur la cause de leur état, parce que ces témoignages sont simplement le résultat des idées dominantes pendant la veille. « En effet, dit-il, les magnétisés endormis par les fluidistes voient et sentent le fluide ; tout se passe autrement chez les somnambules endormis par les magnétiseurs qui ne croient pas au fluide ; c'est donc aux idées qui leur sont transmises qu'il faut attribuer ce que disent les somnambules. » *(Ibid.,* p. 419.) C'est une suggestion, diraient les modernes.

Dans certains cas, ils ont raison, et, « lorsque les crisiaques s'écrient avec ensemble qu'ils sentent l'influence surnaturelle à laquelle ils attribuent tout ce qui se passe en eux, » nous pensons comme Bertrand, « qu'il n'y faut voir *(d'abord)* que les effets d'imaginations blessées par la crainte des diables.» Jamais les théologiens n'ont considéré comme un signe de possession les affirmations des énergu- mènes. Ils demandent pour se prononcer des preuves plus sérieuses; mais, dût-on ajouter encore à l'imagination « l'exaltation de la vie intérieure » *(qu'est-ce que c'est ?)* et la « surexcitation du cerveau » jugées nécessaires par le savant docteur..., que de phénomènes encore inexpliqués !

« Quant à supposer, dit l'abbé Touroude, que l'imagina- tion individuelle de l'hypnotisé suffit pour déchaîner les crises hypnotiques, tous ceux qui ont tant soit peu étudié la question protesteront contre cette cause supposée. Il est évident que les personnes qui se font hypnotiser ne font pas le moindre effort d'imagination ; elles se contentent de donner leur consentement. Mais un simple consentement peut-il être une cause d'effets physiques?» (Touroude, *L'hypnotisme, ses phénomènes et ses dangers*, p. 190, chez Bloud et Barral.)

L'abbé SCHNEIDER, philosophe et théologien de mérite, catholique très orthodoxe, aussi convaincu que soumis, sera-t-il plus heureux dans ses explications ?

Il divise les phénomènes attribués à l'hypnotisme et les phénomènes analogues en cinq classes :

(a) Hallucinations positives ;

(b) Hallucinations négatives ;

(c) Hallucinations rétroactives ;

(d) Illusion de la liberté;

(e) Fractionnement de la personnalité.

Ce n'est pas tout ce que l'on trouve dans l'hypnotisme. Nous avons déjà vu que le docte abbé ne voulait pas croire à ce qu'il appelle les prodiges de l'hypnose ; mais ce qu'il admet est déjà en soi assez prodigieux... Ecoutons les explications :

« Nous ne nous rendons pas compte, dit-il, de la cause qui produit l'état où se manifestent ces phénomènes ; mais nous comprenons assez facilement comment ces phénomènes se réalisent naturellement, une fois que l'homme est hypnotisé. » (Schneider, *L'hypnotisme*, p. 241.)

Constatons tout d'abord, qu'à l'exemple de ses devanciers, M. Schneider semble se disposer à passer auprès de la question. Il nous expliquera peut-être les phénomènes de l'hypnose ; mais il s'excuse déjà de ne pouvoir nous dire ce que c'est que l'hypnose et qu'elle en est la cause. Or c'est précisément ce que nous cherchons. Le mécanisme nous est indifférent ; ce qui nous importe, c'est la cause efficiente de cet état, et personne encore n'a pu la donner d'une façon satisfaisante.

Nous essayerons cependant d'analyser avec soin cette nouvelle théorie de beaucoup supérieure à celles que nous avons parcourues jusqu'ici.

La loi de psychologie expérimentale sur laquelle s'appuie principalement le docte abbé est celle-ci, que « *toute représentation tend à s'objectiver et s'objective en effet, si elle n'est pas contredite... Toute image sans antagoniste tend à s'extérioriser.* » (*Ibid.*, p. 241, 242.)

« En même temps que l'idée, dit M. Fouillié, cité par l'auteur, est une force de réalisation et d'objectivation extérieure, sous la forme de *volition*, elle est une force d'objectivation interne sous la forme de l'*affirmation*. Toute idée, en effet, si, par hypothèse, elle est seule, s'affirme et affirme son objet. » (Fouillée, *Idées forces*, p. 277.)

« En d'autres termes, à moins d'être en opposition avec *des perceptions présentes* ou des *souvenirs avérés* ou des *témoignages certains*, toute image est naturellement accompagnée de la croyance à la présence de son objet... Toute image non contrariée devient sensation.» (Schneider, *Ibid.* p. 250.)

L'application aux phénomènes de l'hypnose de cette loi dite « d'antagomisme » nous aidera à mieux comprendre.

(a) *Hallucinations positives.* « L'hallucination, dit M. Schneider, n'est pas chose inouïe dans notre vie mentale ; tous nous avons été ou pouvons être hallucinés... sans le savoir. Témoin les erreurs d'optique. » *(Ibid., p. 245.)*

L'exemple est mal choisi. Ce qu'on appelle en physique les erreurs ou plutôt les illusions d'optique ne sont pas à proprement parler des hallucinations. Les illusions physiques ou physiologiques des sens sont bien, il est vrai, des sensations fausses ou plutôt faussées, dont l'objet n'existe pas tel que nous le percevons. Que l'imagination soit pour quelque chose dans quelques-unes de ces erreurs, c'est incontestable ; mais ces illusions sont toujours les mêmes ; les conditions qui faussent nos sensations sont soumises à des lois certaines et invariables qui reproduisent toujours, chez tous les hommes, les mêmes erreurs, sous la même forme, dans les mêmes circonstances. Une hallucination vraie, au contraire, est accidentelle ; elle n'atteint pas tout le monde, et dans les conditions où elle se produit, dans la forme qu'elle affecte, elle est variable à l'infini.

Les erreurs d'optique, comme celles des autres sens, telles que les comprennent les physiciens sont *normales ;* leur constance et leur universalité permettent de reconnaître facilement les lois qui les régissent et de les corriger ; tandis que les hallucinations véritables sont toujours *anormales* et n'ont pas d'autres lois que les caprices de notre imagination.

Un phénomène constant nous rapporte l'image brisée d'un bâton droit plongé dans l'eau, ou bien nous montre le soleil dix minutes avant son lever véritable ; la loi nous est connue. Grâce à la réfraction, nous voyons le soleil avant son lever et le bâton brisé. Nos sens ne nous trompent pas ; ils nous transmettent l'image qu'ils reçoivent.

Un même objet, suivant que nous le jugeons plus ou moins éloigné qu'il n'est réellement, nous semble plus grand ou plus petit ; un corps brillant laisse son image dans nos organes quelques dixièmes de seconde après sa disparition ; toutes ces sensations sont réelles en tant que sensations ; ce ne sont pas ici les sens qui sont en défaut, c'est le jugement qui, par ignorance ou inattention, ne tient pas compte des circonstances et des imperfections de l'organe.

Les autres exemples cités par l'abbé Schneider, qui se rapportent plutôt à l'ordre physiologique et psychique, ne paraissent pas non plus constituer tous une véritable hallucination.

Un homme à moitié endormi compte les heures jusqu'à 12, 13, 14 et se figure avoir entendu réellement les quatorze coups ; ne pourrait-on pas attribuer cette sensation à un simple rêve ou aux vibrations automatiques d'un organe entraîné par le rhythme et par l'habitude ?

Plusieurs élèves de M. Ladame de Genève regardent, distinguent, décrivent, dessinent un objet imaginaire dont le professeur leur a affirmé l'existence dans un microscope ; croit-on que tous étaient hallucinés, et ne doit-on pas faire ici la part de l'amour-propre et de l'émulation, qui entraînaient chaque étudiant à ne pas s'avouer inférieur à ses condisciples ?

Un gourmand assis devant un bon plat... en *sent d'avance le goût exquis* ; je le veux bien, mais je doute qu'il s'en contente.

La perspective d'une opération chirurgicale donne le frisson, des sueurs froides ; c'est encore vrai, mais pas un patient pour cela n'a senti le couteau au point de s'en croire à jamais délivré. Il se rend parfaitement compte que cette sensation, si vive qu'elle paraisse, est toute imaginaire.

Une ébauche de peinture, une esquisse incomplète, dont les lignes ont des lacunes, nous donne la sensation d'une image achevée, les traits nous semblent continus ; si nous fermons un œil, les images reçues par la rétine ne sont nullement ininterrompues dans les parties qui correspondent au *punctum cœcum*, que les physiologistes ont reconnu incapable de transmettre aucune sensation, etc. Dans ces derniers faits le rôle de l'imagination créatrice est plus sensible et justifie plus complètement la loi incontestable que notre auteur veut démontrer ; cependant on ne saurait nier qu'il y ait ici plutôt un phénomène d'habitude et de souvenir qu'une sensation hallucinative. L'imagination achève le dessin et nous le percevons entier parce que notre volonté supprime l'attention qui nous en montrerait les défauts. La recherche attentive du point noir laissé dans une image par le *punctum cœcum* nous le ferait vite découvrir, si nous pouvions fixer notre œil de telle sorte qu'il ne puisse, par ses mouvements inconscients, percevoir successivement toutes les parties de l'image.

Le professeur Ladame déjà cité prétend un jour, en se jouant, qu'il pourra reconnaître à l'odeur ou au toucher une carte mise en contact avec un des spectateurs. Un compère complaisant lui permet de réaliser l'expérience, et sur 600 personnes invitées à la répéter, 83 seulement affirment ne rien sentir. Peut-on conclure avec l'abbé Schneider que « 517 personnes ont, dans cette circonstance, éprouvé une hallucination plus au moins intense ? »

Qu'un facétieux convive s'avise de trouver à un mets quelconque un goût particulier, plusieurs de ses voisins « ne manqueront pas d'éprouver la même sensation imaginaire... » ou du moins diront l'avoir ressentie ; ce n'est pas la même chose.

Un mauvais plaisant, cité par Walter Scott, affirme qu'il voit remuer le lion de bronze qui décore la façade de l'hôtel de Northumberland, et aussitôt la foule s'imagine voir le lion remuer la queue.

Cette anecdote assez vraisemblable ne manque jamais d'être citée par les incrédules à propos de ces tableaux où certains personnages ont été vus remuant les yeux ou les lèvres. D'après quelques auteurs, cela tiendrait à la fixité du regard : « le clignottement a pour effet de répartir à peu près également le liquide lacrymal ; quand les yeux restent immobiles, le liquide soumis aux lois de la pesanteur s'accumule sur la paupière inférieure où il tremblotte ; de là viendrait l'erreur. » Mais, comme ajoute M. Schneider, « cette explication ne satisfait guère, car alors non seulement la bouche ou les yeux du personnage remueraient, mais tous ses membres et le tableau lui-même. » Faut-il donc pour cela conclure à l'hallucination ? Lorsqu'il s'agit d'un fait qui pourrait être miraculeux, on ne se prononcera pas sans que l'action divine n'ait été confirmée par d'autres faits incontestablement surnaturels. Quant au lion de Percy, admettons l'illusion, il n'y a pas d'inconvénient.

Elle serait comparable à celle de l'équipage de la *Belle Poule* qui distinguait, dans des branchages flottants, la silhouette du *Berceau* désemparé, et voyait même sur le pont jusqu'aux mouvements des matelots en détresse. Ces illusions ne sont pas rares. Elles sont non seulement naturelles, mais normales.

Dans les nuages, dans les reflets de la lumière sur les vitres, dans les arabesques des papiers de tenture, qui d'entre nous, fiévreux ou désœuvré, n'a pas cherché et vu des figures grimaçantes, des monstres, des armées, des troupeaux, des montagnes ?... Comme le bâtisseur de châteaux en Espagne, comme le rêveur tout éveillé, nous écartions *volontairement* les autres sensations actuelles, nos souvenirs, les témoignages extérieurs, les raisonnements qui pouvaient contredire notre rêve ; nous mettions à profit la loi psychologique que rappelle l'abbé Schneider, et nous jouissions, sans contrôle et sans trouble, des sensations internes que nous objectivions de notre mieux... Etions-nous des hallucinés ? Non, certes, car nous restions les maîtres de recourir à cet antagonisme des sensations qui, dit M. Schneider lui-même, « règle le mécanisme de la connaissance, dirige l'esprit et le préserve de l'absurdité » (Schneider, p. 241.) Nous conservions la faculté de résister à l'excitation passionnelle qui nous troublait, d'en appeler à notre intelligence, à nos souvenirs, au témoignage des autres ; en un mot, bien que nous refusions de nous en servir, nous conservions notre raison et notre volonté ; nous avions notre liberté.

Ce qui distingue l'hallucination des illusions plus ou moins subjectives de l'imagination, c'est justement l'impossibilité persistante où se trouve l'halluciné de comparer ses sensations, de les juger et de les corriger.

Qu'importe alors que nous soyons parfois et momentament le jouet de ces erreurs et de ces illusions des sens ou de l'imagination ? Elles sont capables, convenons-en, de nous troubler profondément ; mais tant que le sommeil, la maladie ou « cet *état particulier* dont nous ne pouvons nous rendre compte » et qu'on appelle l'hypnotisme, ne nous ont pas privés de la raison et de la liberté, ce trouble ne saurait durer.

Un procureur, chargé d'exhumer un enfant, se trouve mal à la vue du cercueil *dont l'odeur putride le saisit*, quoiqu'il fût absolument vide.

Il dut bien rire, en revenant à lui, de la finesse de son odorat.

Nous avons nous-même connu une dame qui racontait très plaisamment qu'un jour, dans un salon, elle perdit connaissance, suffoquée par l'*odeur insupportable* de jacynthes... artificielles complètement inodores.

Que ce soit là des hallucinations, nous ne demandons pas mieux ; mais il faut alors distinguer les hallucinations que l'on cherche, que l'on veut avoir, qu'on se donne ou qui vous surprennent, mais dont on peut se débarrasser instantanément par un acte de volonté ou d'attention, de celles qu'aucun souvenir, aucune contradiction, aucun raisonnement ne peuvent faire cesser. Entre ces deux ordres de phénomènes se trouve toute la distance qui sépare l'état normal du désordre le plus complet.

Comment un philosophe de la force de M. Schneider n'a-t-il pas saisi cette différence ? « Les joueurs d'échecs qui jouent mentalement » ou « les peintres qui copient, avec tous les détails des lignes et toutes les nuances des couleurs, un modèle absent, » peuvent-ils se comparer avec « tel sujet de M. de Rochas qui n'arrive plus à distinguer, ni par la vue, ni par le toucher, M. X... bien vivant, de la représentation imaginaire qu'il se fait de lui et qu'il place à côté ? » *(Ibib.,* p. 249, 250.)

« Le samedi 12 Juillet, M. Liébault suggère à Mademoiselle A. E... qu'à son réveil elle se verra en robe bleue et qu'elle verra son amie en robe rose (toutes deux sont en noir ;) la suggestion se réalise et disparaît de la façon suivante : sa robe lui a paru bleue jusqu'au dimanche soir ; le lundi matin, elle voit encore son amie avec une jupe rose, mais le corsage est noir, c'est seulement dans l'après-midi du lundi que l'hallucination disparut complètement. » *(Ibid.,* p. 253.)

Evidemment, pour qu'une pareille hallucination puisse

se prolonger si longtemps et ne cesse que progressivement, sans que les souvenirs, les témoignages des autres, la bizarrerie inexplicable d'un organe qui voit juste la couleur d'un corsage et faussement la couleur d'une jupe de même étoffe aient pu tirer le sujet de son erreur, il faut voir dans ce fait autre chose que l'*absence de contradiction* ; il y a en plus l'impossibilité de percevoir la contradiction.

Trouble des sens ou de l'intelligence, peu importe ; le jugement est faux, la volonté est nulle, la liberté absente, et cela d'une façon continue, fatalement, sur un point unique, insignifiant, variable, indifférent à toute passion, alors que sur tout autre objet l'intelligence est nette, les facultés intactes. Voilà ce qu'il faudrait nous expliquer.

Vous avez beau nous répéter que « l'hallucination suppose la prédominance d'une image à l'exclusion des autres et l'absence de tout contrôle. » Nous le savons bien ; mais ce que nous cherchons c'est comment et pourquoi, dans l'hypnotisme, le contrôle n'existe pas, comment et pourquoi les idées suggérées ne sont contrariées ni par d'autres sensations présentes, ni par des témoignages certains, et c'est justement ce que vous ne dites pas.

Ce n'est pas tout encore. Cette imagination si puissante, à laquelle en définitive aboutissent toutes les théories, cette imagination a des limites. Et si l'abbé Schneider n'avait pas restreint ses citations aux phénomènes de l'hypnotisme incomplet qu'il voudrait justifier, il se serait vite aperçu de l'insuffisance de sa théorie.

Les limites que l'imagination ne peut franchir ont été pratiquement tracées de main de maître par le P. de Bonniot. Nous ne saurions mieux faire que de reproduire les huit propositions qui les résument. Le lecteur attentif y pourra retrouver l'appréciation légitime de certains faits.

qu'on est généralement trop disposé à regarder comme naturels.

« 1º Une représentation sensible mais parfaitement ordonnée, dont les éléments mêmes n'ont jamais été perçus par les sens, ne peut être une œuvre de l'imagination, une hallucination.

«2º Une représentation sensible, mais parfaitement ordonnée, dont les éléments seuls, et non le type, ont été perçus par les sens, ne sera pas une hallucination, si l'imagination n'a pas précédemment combiné ces éléments dans le calme et sous la direction de la raison ; car l'imagination livrée à elle-même est condamnée au désordre.

« 3º La représentation sensible et exacte d'une langue jusque là inconnue n'est pas une hallucination, si cette langue est en même temps comprise par celui qui est le sujet de la représentation.

« 4º La représentation sensible et exacte d'un fait d'observation, d'un évènement historique, jusque là parfaite ment inconnu, ne peut être une hallucination.

« 5º La représentation sensible et exacte d'un évènement imprévu qui s'accomplit hors de la portée des sens, ou qui, dépendant d'une cause libre, ne s'est pas encore accompli, ne peut être une hallucination.

« 6º Une représentation sensible qui se trouve à la fois et de tout point identique en deux ou plusieurs individus, si elle n'a pas été préparée par la perception intérieure du même type, ne saurait être une hallucination.

« 7º La suppression de l'effet naturel d'un agent physique au moment même où il agit ne saurait jamais être l'effet de l'imagination.

« 8º Réciproquement, cet effet, constaté en l'absence de l'agent qui le produit naturellement, ne procède jamais de l'imagination.

« Nous n'avons pas la prétention, ajoute le R. P., d'enfermer tous les cas dans ces huit propositions. Du moins croyons-nous pouvoir dire que l'on ne négligera pas ces règles dans la critique des faits, sans manquer à la science la plus élémentaire non moins qu'au sens commun » (de Bonniot, *Le miracle et les sciences médicales*, p. 202, 203.)

Nous n'insisterons pas. Continuons l'analyse de la théorie de l'abbé Schneider.

(b) *Hallucinations négatives*. « Dans l'hallucination négative, au lieu de prendre une image pour une sensation, les sujets n'aperçoivent pas une perception, pourtant réelle, ou, la dépouillant de son objectivité, la prennent pour une simple image. » (Schneider, p. 254.)

Pour expliquer ce phénomène, le très savant abbé a recours à son procédé ordinaire ; il recherche les analogues, et il le fait avec une remarquable puissance d'analyse.

On retrouve, dit-il, les hallucinations négatives à l'état normal, chez les distraits et les passionnés. Pour qu'une perception se produise, il ne suffit pas que les sens soient affectés, il faut encore que *le sujet soit là*, pour recevoir la sensation ; or, dans la distraction comme dans l'abstraction, dans la dissipation, « l'âme occupée *ailleurs* n'est plus *ici*, dit l'abbé Schneider... Les lois de la physique et de la physiologie ne sont pas supprimées, les rayons lumineux, les ondes sonores se propagent toujours de la même façon, ébranlent de même nos organes ; les cellules cérébrales vibrent comme à l'état normal et pourtant la sensation ne se produit pas... Le système télégraphique fonctionne, la dépêche est transmise, arrive à destination, mais l'*agent* n'est pas là pour la recevoir. » (*Ibid.*, 260, 261, en note.)

En effet, « non seulement la présence de l'*agent* est nécessaire ; mais il faut encore que cet agent porte son *attention* sur la dépêche qui lui arrive... Le plein exercice des sens exige un effort du sujet, un travail personnel. Travail qui groupe d'abord les éléments et juge ensuite de la concordance qui les unit ou de la contradiction qui les sépare.

« Ainsi, dans la perception, le sujet attentif applique ses sens à l'objet, saisit et unit les images qui en viennent, les interprète et prononce sur leur conformité avec la réalité. Sans doute cela se fait spontanément, à la condition toutefois que l'attention ne soit pas portée ailleurs ; et, nul ne l'ignore, l'attention est au service de la volonté...

« Si, pour une cause quelconque, l'effort de l'attention ou le travail de l'intelligence qui juge ne se font pas au moins implicitement, la sensation matérielle existe toujours, mais la perception fait défaut. » *(Ibid.*, p. 262.)

Ces principes sont absolument conformes à l'expérience. Combien d'objets, à chaque instant, ne regardons-nous pas sans les voir ? combien de bruits que nous n'entendons pas frappent notre oreille ?

C'est ce que l'abbé Schneider appelle des hallucinations négatives. Les réflexions que nous avons faites à propos des hallucinations positives sont encore ici applicables. La perception à l'état normal dépend de notre volonté, dont nous restons les maîtres ; c'est ce qui distingue la non perception des distraits de l'hallucination négative, dans laquelle notre volonté nous échappe. Le docte abbé lui-même semble le reconnaître :

« Puisque la volonté, dit-il, joue un rôle dans nos jugements, elle n'est pas sans influence sur la perception qui est au moins un jugement rudimentaire... C'est en paralysant la volonté que l'hypnotiseur neutralise telle ou telle perception. Quand on est convaincu qu'on voit, on voit. Vous dites à l'hypnotisé qu'à son réveil il ne verra pas M. X..., il en est absolument persuadé. Dans la conviction de son impuissance, voudra-t-il, pourra-t-il faire l'effort néces-saire à la vision consciente ? De même, paralysé par la sug-gestion, il a perdu la conscience de son pouvoir moteur et par suite la puissance de remuer. » *(Ibid.,* p. 262, 263.)

De son côté, le P. de Bonniot dit aussi : « L'hypnotique éveillé a sa volonté paralysée dans une direction par la direction contraire de la conviction. C'est pour cela que, en présence de la personne désignée, il ne reçoit de cette personne que des commencements de sensations ; lui-même n'achève jamais ces rudiments, n'a de fait jamais véritablement conscience des impressions qui lui viennent de ce côté et ne se doute pas qu'il la voit, qu'il l'entend... » (de Bonniot, *Le miracle et ses contrefaçons,* cité par Schnei-der, *passim.)*

L'abbé Schneider conclut enfin :

« Ainsi toutes les hallucinations, soit positives, soit négatives, s'expliquent par le rétrécissement, l'amoindris-sement de l'esprit.

« Le rêveur que ne choquent point les plus flagrantes contradictions ; le fou qui, d'une part, se prétend Napoléon Iᵉʳ et mieux encore, et qui, d'autre part, vous demande de quoi bourrer sa pipe ; l'hypnotisé qui admet sans sourciller l'entrée d'une baleine ou d'un hippopotame dans sa chambre, tous ces hommes ont un champ de conscience trop restreint pour recevoir simultanément deux idées contraires, pour établir une comparaison, un jugement sensé. Chez eux l'adhésion de la volonté à l'unique idée présente se fait automatiquement ; aussi l'action suivra. » *(Ibid.,* p. 264)

Mécanisme assurément très ingénieux et très accepta-ble ; mais, encore une fois, ce n'est pas le mécanisme que nous cherchons, c'est le moteur, c'est le régulateur ou le perturbateur. Vous nous montrez bien dans l'hypnotiseur le contremaître de la machine ; mais nous, qui connaissons l'individu aussi bien que son médium, et qui savons par expérience jusqu'où va leur pouvoir normal et naturel, nous nous étonnerons toujours de les voir en dépasser les limites.

D'où vient donc à l'hypnotiseur cette puissance de s'emparer de la volonté et de la liberté d'un homme, de lui ravir une partie de son intelligence et de son jugement, d'*amoindrir* son esprit et de *rétrécir* sa conscience ? — C'est un fait, direz-vous, qu'on ne peut nier. — Nous ne le nions pas ; mais nous cherchons l'explication promise et nous ne la trouvons pas. Vous citez des faits analogues ; l'analogie peut expliquer le mécanisme, mais laisse le moteur dans l'ombre.

L'abstraction, la passion, la distraction, la dissipation sont des phénomènes que nous éprouvons tous les jours et qui, du plus au moins, *sont communs à tous les humains* : S'ils nous enlèvent ou amoindrissent une partie de nos facultés, ce « rétrécissement » de notre esprit et de notre conscience *est tout momentané, il n'est pas fatal, nous nous en rendons compte*, et, lorsqu'il est passé, nous conservons toujours le sentiment intime que *nous eussions pu l'éviter. Notre libre arbitre est intact*, et *notre volonté* elle-même, quoique surprise, n'en existe pas moins, en puissance, *tout entière à notre service.*

Le rêveur ordinaire « que ne choquent point les plus flagrantes contradictions » est *endormi*, et nous n'avons pas besoin d'étudier toutes les théories du sommeil pour affirmer que cet état est naturel et très normal. Notre propre expérience et celle des autres en sont garants, parce que *le sommeil est le même pour tous*, et tous à leur réveil savent reconnaître et corriger les extravagances de leurs rêves.

Le fou qui suit son idée délirante et ne s'aperçoit pas de

ses contradictions *est un malade* que ses organes ne servent plus ou servent mal. Les lésions, l'origine. l'évolution, la marche et la terminaison de cette maladie sont connues et prévues. Tous les hommes par leur nature sont exposés aux mêmes accidents, aux mêmes symptômes, aux mêmes troubles, aux mêmes lésions.

Mais l'hypnotisé *sain de corps et d'esprit*, qui, malgré les efforts que l'on fait pour éveiller son attention, ne peut, *sans l'ordre de l'hypnotiseur*, ni voir, ni entendre, ni sentir une personne que cet hypnotiseur lui a défendu de voir, d'entendre et de sentir, *n'est pas dans un état normal* comme le distrait ou le rêveur. La preuve en est que tous les hommes ne sont pas susceptibles d'être hypnotisés.

Ce n'est pas non plus un malade comme le fou, car ses organes sont intacts, son intelligence seule est atteinte ; elle n'a plus ni mémoire, ni libre arbitre, ni volonté, et cette mémoire, ce libre arbitre, cette volonté sont *au service du voisin !* C'est ce nouvel état qu'il faudrait expliquer, et c'est ce que l'abbé Schneider n'a pas encore fait.

(c) *Hallucinations rétroactives.* « Au lieu de projeter une image au dehors et d'en faire une perception, il arrive que l'hypnotisé la rejette dans le passé et en fait un souvenir ; c'est l'origine des hallucinations rétroactives. » (Pierre Janet, *Automatisme*, p. 147.)

Nous ne suivrons pas l'abbé Schneider dans l'admirable théorie de la mémoire, qu'il développe en quelques pages. Il faut les lire tout entières.

Contentons-nous de l'abréger en le citant, afin de bien comprendre ses conclusions et de les juger.

« On distingue dans la mémoire la *reviviscence* du phénomène, puis sa *reconnaissance* comme *mien* et comme *passé.*

« La première condition du souvenir est le renouvellement *(dans l'imagination)* du phénomène remémoré...

« Mais il ne suffit pas que l'image revive pour qu'il y ait souvenir parfait ; il faut en outre que le *renouveau* soit connu comme tel.

« En effet, le souvenir implique une multiple affirmation : cette image est une conception *répétée, passée, mienne* (et sur chacun de ces trois points, l'erreur reste possible.) *(Ibid.,* p. 279, 271.)

« *Reconnaître,* c'est affirmer d'un phénomène présent qu'il est la *reproduction d'un de nos actes passés.* »

Comment cette reconnaissance s'opérera-t-elle ? « Généralement les états remémorés sont plus faibles, et ils ne s'*imposent pas* comme les perceptions ; on les peut écarter. C'est donc par comparaison, par contraste avec les sensations actuelles, que s'opère ce recul dans l'existence antérieure. »

Mais affirmer que cette image n'est pas une perception réelle, ce n'est pas encore suffisant. Pour constituer *un souvenir,* il faut encore que cette perception imaginaire trouve sa place dans le passé. « Une image ne peut être admise comme souvenir à moins qu'elle ne cadre avec d'*autres souvenirs* déjà rangés en ordre. » *(Ibid.,* p. 272.)

« Nulle part, dit M. Taine, cité par notre auteur, on ne voit si bien cette opération que dans l'hypnotisme ; l'attention du patient, limitée et concentrée, ne porte alors que sur une suite d'idées ; celle-ci se déroule seule comme un chemin dans le désert ; toutes les autres sont engourdies pour un temps, et, partant, les souvenirs ordinaires manquent et n'exercent plus de répression : l'illusion n'est plus enrayée et poursuit son cours, faute de contre-poids normal ; la conception simple devient conception affirmative, et il se souvient à faux de meurtres qu'il n'a pas faits. » (Taine, *De l'intelligence,* t. II, p. 227 et 222.)

« En définitive, ajoute M. Schneider, c'est donc encore le vide de l'esprit, le rétrécissement de la conscience qui nous expliquent les faciles *hallucinations de la mémoire* chez l'hypnotisé...

« Par la volonté qu'*il supplée*, l'hypnotiseur agit sur le jugement et par le jument sur la mémoire et sur .a perception ; il peut ainsi changer une image en perception (hallucination positive), une perception en image souvent inconsciente (hallucination négative), et faire prendre un phénomène nouveau pour un phénomène répété ou inversement (hallucination rétroactive,) » *(Ibid.*, p. 274,)

On ne saurait mieux dire, et le problème se trouve ainsi très simplifié ; mais est-il résolu ?

Nous nous demandions comment un homme sain d'esprit et de corps pouvait en un instant perdre et retrouver l'intégrité des sens et jusqu'aux facultés essentielles de son esprit, l'intelligence, le jugement, la liberté, la mémoire, la volonté. Le P. de Bonniot, M. Taine, l'abbé Schneider nous expliquent très bien comment la suppression de la volonté seule, *accaparée par l'hypnotiseur*, peut rende compte de tous ces phénomènes ; mais la question demeure: Comment, pourquoi, par quelle puissance l'hypnotiseur peut-il momentanément, mais entièrement et fatalement s'emparer de la volonté d'un hypnotisé et la « suppléer, » soit avant, soit pendant, soit après l'hypnose ? Voilà ce qu'aucun des auteurs que nous avons interrogés ne nous a dit encore.

Les réviviscences, les défaillances, les « *maladies de la mémoire*, » comme dit M. Ribot, ne nous apprennent rien que des faits curieux ou bizarres que tout le monde peut éprouver, soit à l'état normal, soit à l'état de maladie, mais elles n'expliquent en rien cette puissance occulte et mystérieuse d'une âme sur quelques âmes, dans des circonstances spéciales, mais non définies, par des moyens, tellement variés, tellement inconstants, tellement peu en rapport avec les effets qu'ils produisent, qu'on ne saurait les rattacher à aucune loi naturelle.

En effet, les lois naturelles se distinguent toujours par leur identité, leur universalité, leur constance, leur perpétuité. Aucun de ces caractères n'existe dans l'hynose.

L'hypnose n'est donc pas l'effet d'une loi naturelle. Quelle est la cause ?

(d) *Illusion de la liberté*. « L'hypnotisé peut croire qu'il entend et ne pas entendre, qu'il ne voit pas et voir, qu'il se souvient et ne pas se souvenir, qu'il est double et rester simple, et aussi qu'il est libre et ne pas l'être.

« Pour *(se)* rendre compte de certains phénomènes subconscients, il a recours à un second moi ; pour *(se)* donner de ses actes une explication plausible, par habitude ou par suggestion, il les attribue à son libre arbitre. Au moment de l'action suggérée, le sujet est réduit à *une représentation qui d'elle-même s'actifie*. A cet automatisme pas d'obstacle, pas de retard, pas de témoin. L'hypnotisé ne peut pas agir et tout ensemble se regarder agir : il lui faudrait détourner pour l'observation une partie de la force mise tout entière à la production ; il n'en a ni le temps, ni le moyen, ni la pensée ; sa conscience est *trop petite* pour se replier sur elle-même. Ainsi l'hypnotisé ne peut pas simultanément être acteur et spectateur.

« Ne pourrait-il pas l'être successivement, grâce à la mémoire ? — Mais celle-ci *est au service de l'hypnotiseur*, et, docile aux suggestions, s'attribue ce qui ne lui revient pas, ne s'attribue pas ce qui lui revient...

« Laissé à lui-même, cherchant une explication, que trouvera-t-il ? Accoutumé à se reconnaître l'auteur de ses actions, spontanément il en revendique l'initiative et la responsabilité... Et le voilà qui reconstitue raisonnable-ment une conduite d'où étaient absentes et la raison et la liberté. » (Schneider, *L'hypnotisme*, p. 275, 276.)

On ne saurait mieux décrire le phénomène ; mais une description n'est pas une explication, et M. Schneider ne nous dit ni pourquoi, ni comment la conscience de l'hyp-notisé endormi ou réveillé « est trop petite pour se replier sur elle-même, » et demeure, avec la mémoire et la volonté, tout entière « au service d'hypnotiseur. »

(e) *Fractionnement de la personnalité*. Nous avons déjà dit un mot de ce phénomène à propos de la *condition dou-ble* ou *multiple*, qu'on observe dans le somnambulisme.

D'après les hypnotiseurs, il y aurait tantôt alternance, tantôt coexistence du *moi* principal et du *moi* secondaire.

La coexistence des deux moi semble, au premier abord, manifeste dans une observation du docteur Dufay, citée par Azam. En effet la somnambule dans ce cas se sentait bien réellement double puisqu'elle exprimait sa personna-lité par deux mots différents..

« En condition première, elle disait *je* ; en condition seconde, elle parlait nègre ; elle disait *moi*, et elle ajoutait en parlant de sa condition première : «Quand moi est bête.» Elle aurait pu dire : « Quand moi est bête, il dit *je*... » (Azam, p. 189.)

« Mais, en distinguant ainsi ses deux personnalités, ajoute l'abbé Schneider, elle affirmait l'unité de sa per-sonne ; seulement entre les deux formes alternatives de son *moi* ou de son *je*, il y avait une nuance, qu'elle avait trouvé le moyen d'indiquer en employant *je* dans un cas et *moi* dans l'autre... Quand je pense *un nombre*, je le pense *nombre* et je le pense *un ;* de même toutes les fois que le malade a conscience d'être plusieurs, il a par là même la

14

conscience de son unité; s'il compte ses *moi*, oserai-je dire, c'est qu'il n'y en a qu'un.» (Schneider, p. 284, 285.)

L'abbé Schneider a peut-être raison en ce qui regarde ce cas particulier et ses analogues; mais, pour compter ainsi, il faut avoir conscience de ces différents états; l'auteur est-il encore dans le vrai en disant que « dans aucun autre cas, parmi ceux auxquels on a appliqué trop légèrement les noms de *double conscience* et de *dédoublement de la personnalité*, on n'a jamais rencontré une personne (paraissant) vraiment double et se croyant simple à chaque moment de son existence? » *(Ibid.)* C'est justement ce phénomène qu'on rencontre le plus souvent.

La substitution de l'intelligence et de la volonté de l'hypnotiseur à celles de l'hypnotisé, admise par tout le monde et prouvée par les faits, conduit directement à une troisième hypothèse. Ne peut-il arriver *qu'une autre personnalité ait trouvé le moyen de se substituer à celles de l'hypnotiseur et du sujet, de s'emparer des organes de ce dernier et de le remplacer plus ou moins complètement?* Lorsque les faits dépassent évidemment les forces et les facultés des deux acteurs humains, l'intervention d'un tiers est nécessaire.

Pourquoi ne pas poser le problème dans son entier, et négliger l'hypothèse de ce tiers supérieur qui, si étrange qu'elle paraisse, n'est nullement absurde en elle-même? L'expérience la confirme, la science est conduite à l'admettre, les origines du christianisme l'expliquent, l'histoire et la révélation l'ont déclarée réelle, l'Eglise l'admet comme possible même de nos jours. Cette hypothèse vaut donc la peine d'être étudiée, d'autant plus qu'elle expliquerait merveilleusement tous les phénomènes de l'hypnotisme.

Cherchez, en dehors de l'intervention de cette personnalité étrangère, « d'où viennent ces perversions de l'idée du moi, comment se forment ces notions anormales ; » nous ne demandons pas mieux. Mais, quand vous aurez dit : « L'hypnotisé se croit double et il ne l'est pas, comme il croit à faux percevoir, se souvenir, etc.; » quand vous aurez ajouté : « Cette erreur de jugement, l'hypnotiseur l'impose parfois et presque toujours la favorise, au moins la suggère indirectement. » (Schneider, *Ibid.*), aurez-vous avancé d'un pas la question ?

L'hypnotiseur, toujours l'hypnotiseur, armé d'une puissance que vous n'expliquez pas, que le sens commun déclare impossible, dont le dépositaire n'a pas conscience, qu'il exerce il ne sait comment, qui lui échappe il ne sait pourquoi, dont les effets dépassent souvent ses facultés connues : voilà ce que nous voudrions vous voir expliquer.

Les physiologistes nous montrent les deux hémisphères cérébraux parfois désaccordés, devenus indépendants, et constituant ainsi deux centres de gouvernement, « une sorte de manichéisme psychologique, » comme dit M. Schneider ; ils peuvent expliquer par là le mécanisme qui permettrait à deux intelligences de se servir simultanément du même cerveau ; mais cette hypothèse hardie et gratuite ne nous donne pas la clef du mystère.

D'autres physiologistes ont recours aux *diminutions* et aux *déplacements* de la sensibilité. L'abbé Schneider invoque la « *décoordination nerveuse* constatée par les physiologistes, » ou plutôt par les pathologistes. C'est à peu près la même chose ; mais lui-même se demande : « comment l'intelligence (qui est une) ne veille pas sur ces opérations et ne rectifie pas ces erreurs ? *(Ibid.)*

Il répond avec les *Annales de philosophie chrétienne*, (Avril 1888, p. 99): « Parce qu'elle travaille sur des données incomplètes, ou séparées, ou fausses. D'après l'hypothèse, dit-il, *(ce n'est toujours qu'une hypothèse)*, l'organe de la connaissance sensible est séparé par quelque paralysie de ses connexions naturelles, ou se trouve, par un trouble interstitiel, divisé en deux ou trois organes fonctionnant à part. L'état intellectuel étant superposé au sens et ne vivant que de ce que lui fournit le sens, il est naturel que, si la connaissance sensible devient impuissante à réunir ses tronçons épars, la puissance intellectuelle ne puisse non plus établir entre ses actes un lien dont la sensation ne lui donne aucun indice. » (Citation de Schneider, p. 287.)

Notre auteur en conclut que, malades ou bien portants, nous pouvons tomber dans un état tel que nous nous donnions à nous-mêmes ou aux autres l'illusion de voir notre corps mû simultanément ou successivement par deux personnalités différentes, mais qu'en réalité notre *moi* reste unique et notre personnalité identique. Le fait est possible et nous avons déjà concédé, à propos du somnambulisme et ailleurs, que nous ne trouvions rien dans ce phénomène qui nous autorise à le juger surnaturel. Mais ici encore les auteurs passent à côté de la question ; parce qu'ils s'obstinent à laisser de côté les faits qui contredisent leur théorie.

Ce double ou triple *moi*, qu'il soit une création multiple de l'imagination ou une « décoordination nerveuse, » *reste toujours le même et ne saurait avoir d'autres facultés que le moi véritable.* Il ne saurait voir à distance ou à travers les corps opaques, deviner les pensées, prédire les évènements contingents, faire en un mot des tours de force et d'intelligence au-dessus de sa nature. Or tous ces phénomènes surnaturels, on les trouve chez les possédés, on les rencontre chez les hypnotisés et chez quelques malades ; ceux qui ne les présentent pas sont-ils dans un état naturel, quoique inexpliqué dans son origine ? Nous pouvons le croire ; mais que faut-il penser des autres ? L'hypnotisme ne saurait donner au magnétiseur et à son médium une puissance au-dessus de leurs forces.

S'ils font preuve de connaissances qu'ils ne peuvent avoir naturellement, s'ils montrent une puissance intellectuelle ou physique qui dépasse les forces de leur nature, il faut nécessairement admettre l'intervention d'un tiers plus fort et plus savant. La présence au moins accidentelle de ce tiers se trouve donc ainsi *expérimentalement* et *scientifiquement* démontrée.

§ VII. — *Licéité de l'hypnotisme*

Ne serait-il pas temps de rechercher enfin jusqu'à quel point il est permis de se livrer à l'hypnotisme ? Nous en avons déjà constaté les dangers matériels ; mais, s'il était possible de les écarter, que dirait la morale de ces pratiques mystérieuses ?

A cette question l'abbé Schneider répond par une série de propositions qui nous paraissent contenir et même dépasser le *maximum* des concessions qu'un moraliste et un chrétien puissent faire à l'hypnotisme. Nous reproduisons textuellement ses conclusions, en y ajoutant quelques réflexions nécessaires.

« 1° Vouloir hypnotiser une personne qui s'y refuse, c'est violer sa liberté, la léser dans le premier et le plus cher de tous ses biens. » Obtenir son consentement, sans lui dire à quoi elle s'expose. n'est-ce pas encore illicitement profiter de son ignorance ?

« 2° Hypnotiser dans l'intention d'abuser du sujet, qui peut offrir une proie facile à la lubricité, ou bien profiter de cet état pour lui arracher un secret, pour le pousser à une mauvaise action, est un attentat monstrueux, une infâmie.

« 3° Coupable aussi celui qui par ignorance, par imprudence ou par curiosité, provoque ou s'expose à provoquer
chez l'hypnotisé les accidents nerveux que nous avons
signalés plus haut. » C'est très bien ; mais dites-nous au
moins comment les éviter.

« 4° Certaines méthodes d'hypnotisation, certaines suggestions ou hallucinations sont immorales... Certaines
manipulations, soit pour faire passer le sujet d'une phase
à une autre, soit pour terminer une crise, sont indécentes.
(*) Les *rêves* (?) donnés à l'endormi sont loin d'être tous irréprochables. Enfin, et la chose est constante, les somnambules se prennent vite d'affection pour celui qui les fascine;
cet attachement peut dégénérer en passion violente et
irrésistible.

Ce seul danger ne condamne-t-il pas en principe le plus
grand nombre des hypnotiseurs et des hypnotisées ?

« 5° Celui-là non plus ne doit pas être innocenté qui,
sans *raison grave*, par simple curiosité, pratique ou subit
l'hypnotisme. La loi morale défend de porter atteinte,
même momentanément, à la raison, à la liberté, à la responsabilité, à la dignité, à l'intégrité de la personne
morale. Cette déchéance, cette incapacité morale n'est pas
plus excusable que l'ivresse. — Poursuivre un but scientifique est assurément fort louable, mais la fin ne justifie pas
tous les moyens ; la science n'est pas au-dessus de la
morale et ne dispense pas de la conscience. »

Comment l'abbé Schneider n'a-t-il pas remarqué que la
double culpabilité de l'hypnotiseur qui s'empare indûment

(*) Si l'abbé Schneider veut ici faire allusion à la *compression
des ovaires* dont plusieurs théologiens se sont alarmés, il y a exagération de sa part. Cette « manipulation » peut toujours se faire
d'une manière aussi convenable que le simple palper abdominal.
Dans les hôpitaux, les malades se rendent souvent entre elles ce
service, dont les effets n'ont rien qui puisse alarmer la morale.

de la conscience et de la volonté de son semblable, et celle de l'hypnotisé qui consent à s'en désaisir, constituait pour l'hypnotisme un *mauvais lieu* bien suffisant pour entraîner sa condamnation pure et simple ? Quelle « *raison grave* » pourrait-on invoquer pour laisser de côté ces considérations?

« 6° La pratique de l'hypnotisme, continue l'abbé Schneider, n'a rien, je crois, d'illicite, quand elle apparaît comme le seul ou le meilleur moyen de guérir une maladie grave, qu'on s'entoure de toutes les garanties requises et que l'intention et les procédés ne sont pas mauvais. On peut hypnotiser comme on peut chloroformer : les mêmes précautions s'imposent, les mêmes raisons militent pour l'hypnose et le chloroforme. »

Nous ne saurions laisser passer cette affirmation sans la faire suivre de quelques observations.

L'hypnose n'est pas absolument comparable au chloroforme et aux anesthésiques. Ces derniers, substances définies dans leur composition comme dans leurs effets, ont une action purement physique ou physiologique, toujours la même et proportionnelle à la quantité absorbée ; sauf quelques variations peu importantes dues aux tempéraments et aux prédispositions individuelles. Les contre-indications sont connues, les complications évitables. L'action de ces remèdes supprime, il est vrai, la raison et la liberté ; mais cette action très fugitive, à moins d'excès toujours coupables, n'altère en rien ces facultés pour l'avenir. Elle endort momentanément la conscience, mais elle met en même temps le sujet dans l'impossibilité d'agir et de commettre malgré lui n'importe quel acte délictueux. En peut-on dire autant du somnambule et de l'hypnotisé ?

Le chirurgien qui use du chloroforme n'a qu'un seul but: épargner au malade une douleur longue ou violente, une émotion qui pourrait compromettre le succès d'une opération ; on ne voit pas pourquoi il ne lui serait pas permis d'employer ce calmant *préventif* aussi bien que l'opium ou tout autre médicament dont l'effet sédatif, sur une souffrance *actuelle*, se traduira de la même manière, par le sommeil et l'engourdissement de toutes les facultés.

Mais en est-il de même pour un hypnotiseur, qui marche à l'aveuglette, avec des procédés dont il ne peut ni connaître, ni prévoir, ni régler les effets souvent pernicieux?

Si l'on tient compte des réticences de l'abbé Schneider et de ces réflexions, on conviendra que le seul cas où, selon lui, l'hypnotisme sera permis devra se rencontrer bien rarement, sinon jamais. Le sage s'abstiendra.

« 7° Les séances théâtrales d'hypnotisme sont inconvenantes et très dangereuses :

« (A) *Pour ceux qui s'y soumettent*. Le premier venu, par curiosité ou par fanfaronnade, monte sur la scène. Quel tempérament, quels antécédents a-t-il ? Qu'importe ? Donato, Hansen ou quelque autre aventurier de cette espèce veut un effet rapide. Pour vaincre la résistance nerveuse, pour avoir un sujet de cire ou de fer, il faut des moyens violents. Cette surexcitation, ces ébranlements retentiront longtemps sur un organisme déséquilibré et feront sentir profondément leur influence perturbatrice.

(B) *Pour les spectateurs eux-mêmes*. Les névrosés s'impressionnent vite, l'hypnose est contagieuse. L'occasion est bonne pour l'hystérie de se révéler. Et puis est-il prudent de montrer aux foules par quels procédés si simples on produit ces phénomènes étranges ? Les accidents ne sont pas toujours immédiats, ils n'en sont pas pour cela négligeables. Des enfants, des ignorants, des méchants recommenceront en petit comité ; les dangers et les abus se multiplieront en s'aggravant...

« Quant aux *somnambules extralucides* qui *consultent*, ils commettent le délit d'exercice illégal de la médecine (*et c'est la moindre faute*); — S'il s'agit de prédictions, de révélations, de double vue, de phénomènes préternaturels, c'est une œuvre de superstition, demensonge et de vulgaire escroquerie.» (Schneider, *L'hypnotisme*, p. 377 et s.) Voyez sur ce sujet le livre si consciencieux et si sage de l'abbé Touroude, déjà cité: *L'hypnotisme, ses phénomènes et ses dangers*, où l'auteur a réuni (p. 78 et s.) un grand nombre de faits qui justifient pleinement cette condamnation des séances publiques d'hypnotisme.

« 8° Pour compléter cette leçon de morale, M. Schneider se pose encore cette question : « Est-il permis de recourir à l'hypnotisme dans la procédure criminelle ? » Il répond :

« (a) Hypnotiser un prévenu, pour lui arracher des aveux ou des dénonciations qu'il refuse éveillé, n'est certainement pas permis. Là dessus avis conforme de tous les jurisconsultes et particulièrement de MM. Liégeois, Campile et Ladame. » *(Ibid.)*

En effet, si le juge doit se défier dans ses interrogatoires de tout ce qui pourrait suggestionner les témoins et les accusés, alors qu'ils sont dans leur état normal, quelle foi pourrait-on ajouter aux révélations d'un hypnotisé, auquel on peut faire dire et affirmer les choses les plus absurdes ?

« (b) L'accusé demandant l'hypnotisation comme supplément de preuve en sa faveur, continue notre casuiste, *on pourrait, semble-t-il, y recourir*, sauf à écarter toute simulation (*mais comment ?*) et à ne pas donner à l'expérience la valeur d'une preuve légale, puisque l'hypnotisé n'a plus, dans l'hypothèse, ni conscience ni liberté. A de rares exceptions près, l'expérience serait *plus embarrassante que concluante.* » *(Ibid.)*

Nous pensons, nous, qu'elle serait toujours plutôt un

embarras, et ne pourrait fournir aucune preuve acceptable.

« (c) La défense invoquant l'hypnotisme, comme cause
d'irresponsabilité, si la supposition est vraisemblable, on
ne voit pas, poursuit le même abbé, que la preuve doive
être refusée ? » *(Ibid.*, p. 382.)

Nous le voulons bien ; mais sera-ce une preuve ? Est-ce
la peine d'y recourir ?

CHAPITRE DOUZIÈME

Résumé de la IIme Partie

Si nous résumons ce que nous avons dit du diagnostic médical, nous ne trouvons guère que la négation absolue des faits, leur mutilation ou des plaisanteries ridicules et sans portée, des confusions indignes de la science, des hypothèses hasardées, absurdes, contradictoires, l'invention d'une maladie plus que douteuse, l'*acrobatisme*, créé tout exprès pour recueillir les faits embarrassants, mais qui ne tire d'aucun embarras, ou bien encore un état psycho-physiologique, l'*hypnose*, qui lui-même demeure inexpliqué dans ses causes et dans ses effets, et bien souvent semble sortir du cadre naturel de la physiologie.

L'Eglise, à l'autorité de laquelle on a dû recourir dès le principe, ne s'est pas encore prononcée sur les phénomènes de l'hypnotisme. Elle tolère l'exercice du magnétisme dans certaines conditions définies, dont la réunion possible est assez problématique; ce qui laisse à penser cependant que quelques théologiens regardent plusieurs de ces phénomènes comme naturels. Le plus grand nombre ne dissimulent pas leur méfiance et n'hésitent pas à en proscrire l'usage.

Nous ne serons pas plus sévère que l'Eglise, dont nous ferons connaître plus loin les décisions les plus récentes. Il est incontestable qu'un très grand nombre de phénomènes *isolés* provoqués par les passes magnétiques, l'hypnotisme, la suggestion, n'ont aucun caractère qui permette de les attribuer *certainement* à une action surnaturelle ; mais les observateurs qui ont expérimenté sérieusement ces pratiques ont assurément rencontré des faits qu'on expliquerait difficilement d'une autre manière.

Nous en avons indiqué quelques-uns : usage de langues inconnues, vue transopaque, vue à distance, divination de la pensée, connaissance du futur contingent, etc. ; mais que serait-ce si l'on faisait rentrer encore dans la même catégorie les phénomènes qui nous sont racontés dans les innombrables productions destinées à enregistrer les expériences du *spiritisme ?*

Mouvements imprimés aux objets inanimés par la seule imposition des mains ; réponses données par des tables au moyen de coups servant de signes conventionnels, et, plus directement, par un crayon attaché à leur pied ou mis entre les doigts d'un *médium* inconscient ; crayon qui semble courir sur une feuille de papier, comme s'il était conduit par une main étrangère, et rend en diverses langues, même inconnues des médiums et de l'assemblée, ses oracles mystérieux, sur la vie future, sur les secrets de l'avenir, sur la cause cachée des maladies, etc., etc. ; la matière inerte paraissant s'animer, tressaillant dans les tables et les autres meubles, comme sous une impression de joie et de colère ; ces mêmes meubles se jetant d'eux-mêmes sur les personnes présentes, les poursuivant, les acculant contre un mur, comme pour les écraser de leur poids, et retombant à leurs pieds sans leur faire aucun mal ; et toutes ces choses accompagnées parfois d'apparitions de lumières, de flammes, de mains mystérieuses, de fantômes visibles pour certaines personnes et même pour tous les assistants, de bruits insolites, de détonations, de voix semblables à celle de l'homme, de chants, de concerts, etc.; sans compter les troubles physiologiques, suspendant chez les spectateurs les fonctions régulières de la vie, produisant à volonté dans certains sujets l'insensibilité et la rigidité du cadavre, développant subitement certaines parties du corps, jusqu'à leur faire prendre des proportions énormes, amenant parfois des guérisons presque subites, et plus fréquemment des perturbations chroniques, des maladies incurables, le suicide et la folie !

Pas plus que le P. Matignon, auquel nous empruntons presque textuellement cet émouvant résumé, nous ne voulons nous porter garant de toutes ces expériences, « que le charlatanisme, le goût du merveilleux, la persuasion préalable qu'on va se trouver transporté dans un monde de prodiges, ont certainement surfaites. La plupart cependant attestées par des témoins de tout pays, de toute religion, qui se posent comme ayant vu de sang-froid, examiné avec toute la rigueur d'un esprit incrédule, ne peuvent être rejetées à priori. » (P. Matignon, *La question du surnaturel.*)

Sans donc rien préjuger pour le moment d'une question si difficile, nous dirons simplement que, s'il existe un magnétisme naturel et licite (ce qui est douteux), il est absolument certain qu'il en est un aussi qui sort des lois de la nature humaine et lui est supérieur.

Or, qui oserait nier que le petit hypnotisme ne puisse conduire au grand et au plus grand ? Tous trois ne font-ils pas partie d'un tout indivisible, ayant mêmes causes occasionnelles, mêmes symptômes, même origine, même nature ? Beaucoup de bons esprits le pensent, et, n'était la terrible question du surnaturel qui s'y rattache, et dont on a si peur, tout le monde penserait comme eux.

De là la grande réserve imposée par la morale et par

l'Eglise aux magnétiseurs. De là l'obligation pour le médecin de se tenir sur le qui-vive. Et, s'il est frappé comme nous-même de l'affinité qui existe entre le somnambulisme provoqué et les diverses affections que nous avons décrites, avant de se prononcer, son rôle sera d'examiner les faits, de les contrôler et de rechercher avec le théologien les signes propres à distinguer les phénomènes purement physiques ou physiologiques, des phénomènes surnaturels ; de diagnostiquer le magnétisme permis et utile, s'il existe, de celui qui serait illicite et dangereux, de distinguer les affections morbides d'ordre naturel de celles qu'une intervention surhumaine pourrait seule expliquer.

Or, il faut bien le reconnaître, dans cet ordre d'idées, rien encore n'a été tenté par les médecins libres-penseurs. Les limites que la plupart imposent à leur science ne leur permettent d'aller ni si haut, ni si loin : « L'au-delà, disent-ils, ne nous regarde pas. » C'est humiliant, mais que répondre ?

« Ils ne peuvent pourtant pas, dit le docteur Imbert-Gourbeyre, s'assimiler à ces brutes qui paissent l'herbe le long des voies ferrées et regardent stupidement passer les convois, sans s'inquiéter de la force qui les pousse : *Sicut equus et mulus quibus non est intellectus.* » (*) (*La stigmatisation*, t. II, p. 215.)

Un médecin, qui refuse systématiquement d'étudier ces questions, s'expose à de grossières méprises ; car il n'est guère possible aujourd'hui de dire sur les névroses quoi que ce soit qui ait le sens commun, sans connaître à fond la doctrine du surnaturel.

Faisons donc usage de notre raison. Il ne suffit pas de dire que la cause de l'hypnotisme ou de certaines maladies

---

(*) « Comme les chevaux et les mulets qui n'ont pas de raison. »

est inconnue ; il n'y a pas d'effet sans cause, et la vraie science justement consiste à rechercher et à reconnaître les causes. Or, si, dans l'hypnotisme et dans certaines maladies, il demeure prouvé que les phénomènes dépassent la puissance et du malade et du magnétiseur et du magnétisé, il faut absolument admettre l'intervention d'un *tiers* ; d'un tiers *intelligent*, car il en fait preuve, et d'un tiers *pur esprit*, car on ne lui connaît pas de corps. Ce tiers quel peut-il être ? Ses actes seuls nous le feront connaître, puisque il ne se révèle pas autrement.

Œuvres le plus souvent futiles, ridicules, grotesques, inutiles, ou manifestement grossières, impies, perfides, cruelles, dangereuses, criminelles... Peut-on les attribuer à Dieu ou à de bons esprits ? La sagesse, la bonté, la justice qui doivent les animer y répugnent absolument. Ces œuvres ne peuvent donc provenir que d'un esprit mauvais, méchant, ennemi de Dieu et des hommes. Cet être, la révélation et l'histoire nous l'ont bien fait connaître : on l'appelle le *Diable*.

Riez et moquez-vous tant qu'il vous plaira, libres-penseurs matérialistes, qui ne voulez croire ni à Dieu ni à diable, et pensez échapper à toute discussion par vos négations et vos sarcasmes. L'existence personnelle du démon est scientifiquement démontrée par trois faits indéniables qu'il vous faut bien admettre.

1° L'impuissance de la volonté et de l'imagination humaine à produire l'hypnotisme, au moins dans ses manifestations transcendantes ;

2° La nécessité de l'intervention d'un tiers dont l'intelligence dépasse les facultés naturelles de l'homme ;

Et 3° Ce tiers se révélant par des œuvres mauvaises, dans un milieu mauvais ou tout au moins suspect.

Ces trois faits ont été magistralement prouvés et déve-loppés par le docteur Imbert-Gourbeyre, dans son livre sur la *Stigmatisation*, (t. II, p. 216 et suiv.) Nous y ren-voyons le lecteur que nos raisonnements n'auraient pas convaincu.

Que reste-t-il donc à la libre-pensée pour expliquer ou rejeter ces faits ?

Une *physique* impuissante à reproduire les phénomènes qu'on lui attribue ;

Une *physiologie* qui divague le plus souvent en des hypothèses gratuites autant qu'absurdes et ne décrit qu'un mécanisme très contestable, sans s'occuper des causes qui le mettent en jeu ;

Une *pathologie* qui demeure incomplète de parti pris, et se complique de faits évidemment en dehors de sa compé-tence ;

Une *thérapeutique* si nulle dans ses indications et dans ses résultats qu'il est inutile d'en parler.

Voyons enfin si les théologiens qu'on a tant accusés d'ignorance, tant dédaignés, tant vilipendés ne seraient pas depuis longtemps en possession de la vérité.

TROISIEME PARTIE

LE JUGEMENT DE L'ÉGLISE

Catholique ferme et convaincu, lorsque je commençai l'étude de cette question des possédés, j'étais loin cependant d'avoir dépouillé tous les préjugés de mon éducation médicale.

« Convenez, disais-je un jour au marquis de Mirville, qu'au moyen-âge on a brûlé comme sorciers bien des fous, bien des hystériques, bien des malheureux incapables de se défendre, et ne connaissant peut-être pas mieux que leurs juges les crimes dont on les accusait.

« — Je ne nierai pas, me répondit l'auteur du livre *Des Esprits*, qu'il ait pu se produire quelques erreurs. L'ignorance et la perversité humaines sont capables de tout, et le vieil adage *Errare humanum est* sera sans doute éternellement vrai ; mais vous auriez tort de croire que ces erreurs fussent aussi communes qu'on l'a dit et qu'on le répète. Les exorcistes du moyen-âge étaient beaucoup plus forts et plus instruits que ceux de nos jours, et quiconque a pu assister à un exorcisme ne doutera pas que l'Eglise ne soit en possession d'un *criterium* qui ne peut faire défaut. D'ailleurs les simples possédés n'ont jamais été poursuivis par les tribunaux, et, contre les sorciers, on exigeait toujours les preuves matérielles de leurs maléfices et de leurs crimes. La torture, qui était dans les mœurs du temps, ne venait qu'ensuite, pour obtenir l'aveu des coupables. Si vous aviez seulement parcouru les volumineux dossiers de ces procès, vous seriez convaincu que les accusations de maléfices et de sorcellerie n'étaient pas portées à la légère. Du reste, avant de rendre l'Eglise responsable des erreurs et des cruautés qu'on lui reproche, il faudrait au moins étudier et connaître sa doctrine et ses règlements. Toutes les fois qu'ils ont été rigoureusement suivis, on peut assurer que l'erreur était presque impossible. »

J'étais loin de partager l'opinion de ceux qui considèrent le moyen-âge comme une époque d'ignorance et de superstition. Les monuments impérissables qu'il a laissés, les saints qu'il a produits, les œuvres qu'il a accomplies sont là pour protester contre une pareille imputation ; mais j'avouerai franchement que, sans connaître encore les merveilles de la suggestion, je doutais fort de la compétence des juges et des théologiens en fait de diagnostic médical. Et, me figurant quelque bon moine aux prises avec une demi-douzaine d'hystériques, comme on en peut voir dans nos hôpitaux, ce fut avec un sourire que j'accueillis la réponse du savant marquis.

Une étude plus approfondie ne tarda pas à me convaincre que de son côté se trouvait la raison et la vérité.

Lorsqu'il s'agit d'étudier une doctrine, n'est-il pas naturel de consulter surtout les livres classiques et approuvés, et d'en faire l'objet de ses recherches ? Les traités de théologie dogmatique, morale et mystique ne manquent pas. Les bibliothèques des séminaires en sont remplies, et l'on ne trouverait pas un curé de village qui ne puisse en procurer plusieurs ; mais ce moyen si simple et si facile ne pouvait convenir à nos savants, dont le siège était fait d'avance.

On préféra fouiller dans les bibliothèques, tirer de leur poussière des compilations sans valeur et sans autorité. On y recueillit d'abord les naïvetés de quelque bon moine ; on y joignit les amusantes, mais très excusables erreurs de plusieurs savants de l'époque, ou les stupides et cruelles ordonnances de quelque juge fanatique ; on se garda bien de noter les choses raisonnables et très orthodoxes qu'on y pouvait trouver ; mais, lorsqu'on eut brodé sur le tout quelque bonne superstition, bien ridicule, on nous fit une palpitante description de la question ordinaire et extraordinaire.

« Bon, cela fait toujours passer une heure ou deux, »

et sur le bûcher fumant d'Arnoulette Defrasnes ou d'Urbain Grandier, on nous dit : Voilà ce qu'enseignait l'Eglise au moyen-âge et à la renaissance ; voilà ce qu'elle faisait ; voilà ce qu'elle approuve et ce qu'elle enseigne encore aujourd'hui.

Nous avons déjà donné de nombreuses preuves de cette légèreté ou de cette perfidie, chez les savants libres-penseurs. Leurs études les plus récentes en fourniraient plus d'un exemple. Non seulement on ne trouvera nulle part une description complète de la possession, mais, dans un inextricable fouillis, on confondra perpétuellement les possédés, les fous, les sorciers et les hystériques ; on mêlera tous les symptômes ; on racontera sans ordre les faits évidemment pathologiques à côté des légendes les plus fantastiques, des supercheries les plus grossières, et, dans le tas, passeront confondus et mutilés les faits les mieux prouvés et les plus probants. On énumérera pêle-mêle les remèdes naturels, superstitieux et divins, et on les flétrira tous en bloc : « Cette multiplicité des remèdes, dit le docteur Regnard, montre leur faiblesse ; car, s'il y en avait un bon, il serait resté seul. » (Regnard, *Des mal. épidém. de l'esprit,* p. 15.)

L'auteur n'a certainement jamais assisté à un exorcisme et, s'il en a parcouru les comptes-rendus, c'est avec son parti pris habituel. Il n'en relève que les détails grotesques et ridicules. Il rit et fait rire ; mais il n'y a pas dans ces faits que des choses plaisantes, et se moquer n'est pas répondre.

Quelle est donc la doctrine de l'Eglise ?

———

CHAPITRE PREMIER

Le Dogme

Constatons tout d'abord que les données de la révélation et de l'histoire sur l'existence des bons et des mauvais esprits ne sont nullement contraires à la raison. Même en dehors de toute intervention surnaturelle, ne sommes-nous pas presque invinciblement conduits à reconnaître l'existence de créatures intermédiaires entre l'homme et la divinité ?

L'étude des êtres et des phénomènes que nous connaissons nous montre, dans le monde entier, depuis les plus infimes existances jusqu'à l'homme, toutes les classes des créatures intimement reliées entre elles comme les anneaux d'une chaîne immense et ininterrompue. L'abîme incommensurable qui nous sépare de Dieu ne serait-il donc qu'un vide affreux et insondable que le Créateur aurait oublié de combler ?

La seule raison qu'on puisse invoquer pour nier l'existence des êtres supérieurs à notre nature, c'est qu'*on ne peut les voir*. Mais, depuis le commencement du monde jusqu'en ces derniers temps, combien de faits ne sont-ils pas venus confirmer d'une manière inéluctable cette existence des esprits ?

Avant la découverte du télescope et de la photographie des espaces célestes, qui nous ont révélé tant de mondes inconnus, avant que le microscope nous ait montré les infiniment petits de la nature vivante, combien d'êtres que nous ne voyions pas et dont la science et la philosophie proclament aujourd'hui l'existence !

« La Religion, dit un philosophe de nos jours, est pour l'homme, lorsqu'il a la vue trop courte ou qu'il veut plonger ses regards dans les profondeurs inaccessibles, ce que les instruments scientifiques sont pour les organes naturels, lorsqu'ils se trouvent trop faibles ; elle lui découvre des vérités que sans elle il aurait à jamais ignorées. » (Perron, *Introduction philosophique à l'histoire de la religion.*) Sachons donc nous servir de ce télescope infaillible.

La foi en l'existence personnelle du diable et des mauvais esprits repose tout entière sur la triple révélation adamique, mosaïque et évangélique.

Toutes les nations, avant et après le déluge, quoique séparées, ont conservé la foi à l'existence des bons et des mauvais esprits, ainsi qu'à leur action sur l'homme et sur les choses.

Et l'Ancien Testament ne donne-t-il pas à cette croyance un solide fondement par le récit de la chute et de la déchéance originelle provoquée par le diable, que la femme doit écraser, en enfantant le Rédempteur promis, prédit et préparé ?

Enfin, dans l'Evangile, non seulement Jésus-Christ chassait les démons pour démontrer que « le règne de Dieu était descendu jusqu'à nous ; » (Saint Luc XI.) mais il donnait à ses disciples le même pouvoir, en récompense de leur foi, afin qu'ils pussent eux-même prouver la divinité de sa doctrine.

L'expérience et la révélation nous apprennent en outre

que les démons peuvent agir sur l'homme de différentes manières :

D'abord spontanément et directement par la *tentation*, l'*obsession* et la *possession*.

Et secondement, indirectement, par procuration, au moyen du *magisme* et de la *sorcellerie*.

Mais l'action diabolique, quels que soient sa forme et son degré, est toujours soumise à la volonté de Dieu et ne peut exister qu'avec sa permission, dans les limites fixées par sa justice et sa miséricorde.

§ I. — *La tentation*

La *tentation* n'est pas autre chose qu'un mouvement, une impulsion qui nous porte au mal.

Cette impulsion peut nous venir directement du diable. L'Ecriture, en effet, l'appelle le tentateur: « *Accedens tenta. tor...* » dit Saint Mathieu (Ch. IV,) « *is qui tentat,* » répète Saint Paul. (*Tim.* III.)

Dans la tentation simple, cette action a pour caractères spéciaux de ne jamais dépasser les rapports naturels qui peuvent exister entre notre âme et les esprits, d'être purement intérieure, sans jamais être accompagnée de ces phénomènes sensibles qui constituent à proprement parler l'obsession, et de laisser intacts nos organes, notre intelligence, notre volonté et notre libre arbitre : « *Latrare potest,* dit Saint Augustin, *sollicitare potest; mordere omnino non potest nisi volontem.* » (*) (*Cité de Dieu,* liv. 20, ch. 8.) Et Saint Paul nous assure que nous ne serons jamais tentés au-delà de nos forces : « *Fidelis autem Deus est, qui non*

(*) « Il peut aboyer, il peut exciter ; mais il ne peut mordre que celui qui le veut bien. »

patietur vos tentari suprà id quod potestis, sed faciet etiam cum tentatione proventum ut possitis sustinere. » (I Cor. 10, 13.)

Comment les anges et les démons peuvent-ils agir sur les âmes unies à nos corps ? « Les Pères et les Docteurs de l'Eglise enseignent tous que les purs esprits illuminent les âmes des hommes ; mais ils l'expliquent diversement. Les uns prétendent que les anges produisent en nous une lumière intellectuelle... les autres soutiennent qu'ils nous font participer à leur lumière ; d'autres qu'ils nous éclairent comme des miroirs répandant leur lumière dans un autre miroir qui leur est opposé. Quelques-uns disent que l'ange éclaire par sa parole. Ceux au contraire qui affirment que l'âme ne peut rien concevoir sans l'intermédiaire des images sensibles nient que les purs esprits puissent éclairer autrement qu'en répandant la lumière sur les choses et en agissant sur le sens interne (l'imagination) ; d'autres enfin prétendent que les anges peuvent directement agir sur l'intelligence, en répandant leurs rayons sur les espèces intelligibles. » (Cardinal Bona.)

De son côté, Saint Thomas pense que le démon, non seulement peut tenter extérieurement, comme il l'a fait au paradis avec Adam et Eve, et dans le désert avec Jésus-Christ, mais qu'il peut encore le faire intérieurement en excitant les deux facultés de l'imagination et de l'appétit sensitif, soit dans le sommeil soit à l'état de veille, par la représentation de certaines formes qui sont quelquefois la conséquence du mouvement local des humeurs. (Saint Thomas, *Summa theologica*, I^a II^ae, *quæstio 80. art. 2.*)

Les modernes diraient par l'excitation du système nerveux.

Quoi qu'il en soit, l'opinion commune est que Dieu seul peut *directement* connaître nos pensées : « C'est vous, Seigneur, qui connaissez les cœurs des hommes. » *(Actes, I, 24.)* « Dieu seul connaît les secrets des cœurs. » *(Psaume 43.)* Mais les anges et les démons peuvent toujours conjecturer et même savoir ce que nous pensons par nos gestes, notre attitude, etc.: « *Non debemus opinari dæmones occulta cordis rimari, sed ex corporis habitu et gestibus æstimare quid versemus interius.*» (Saint Jérôme.)

Il n'est pas impossible non plus que les démons, au moins quand ils pénètrent nos organes par la possession, ne puissent connaître nos pensées par les mouvements et les modifications qu'elles impriment dans ces organes ; mais cette opinion, admise par quelques-uns, reste douteuse.

§ II. — *L'obsession*

L'*obsession* diffère de la tentation surtout par les phénomènes sensibles et extérieurs qui l'accompagnent toujours et manquent dans la tentation. L'obsession est aussi, le plus souvent, plutôt une vexation qu'une véritable incitation au mal.

On appelle obsédés ceux que le diable assiège par dehors, mais dans lesquels il ne réside pas. (Schram.)

L'obsession est admise par tous les théologiens d'une manière générale. Beaucoup de saints ont eu à la subir, et de nos jours la vie du curé d'Ars en offre un remarquable exemple ; mais les formes que l'obsession peut revêtir sont extrêmement variables et toutes ne sont pas également admissibles et certaines ; elles demandent dans leur constatation beaucoup de tact, de prudence, de réserve. La supercherie les a souvent simulées.

Tantôt elles sont locales, (infestations, lieux fatidiques, maisons, montagnes, déserts, fontaines, marais hantés, champs de bataille, etc.) Elles consistent dans des bruits étranges, dans l'invasion subite et généralement momentanée d'insectes ou d'animaux immondes, le mouvement spontané d'objets matériels, des pluies de pierres, des apparitions effrayantes et prophétiques, ou même des désordres plus importants, des commencements d'incendie (V. *La vie du curé d'Ars*,) ou encore des visions de spectres, d'animaux, de personnes décédées, etc. Quelques démonologues ont donné à cette forme le nom de *circumsesion.*

Tantôt les obsessions affectent directement les personnes et se manifestent par des coups reçus, des souffrances variées, de véritables maladies, soit étrangères à la pathologie, soit simulant des affections morbides déjà connues, comme celles du muet et de la femme courbée de l'Evangile.

Enfin elles produisent parfois des excitations intérieures et surnaturelles que Dieu permet pour éprouver, grandir et glorifier les saints. (Exemple, Saint François de Sales se croyant voué à la damnation et guéri de cette obsession devant la Vierge noire de Saint Thomas de Villeneuve.)

Parmi les obsessions, les unes sont amusantes, risibles, séduisantes, ou même quelque temps bienfaisantes, (esprits badins, follets, lutins, familiers, tables tournantes, etc.) les autres sont agaçantes, pénibles, dangereuses, cruelles, homicides (spiritisme conduisant ses adeptes à la folie, à la mort violente, au suicide, incubes, empuses, vampires, nagual, etc.)

Les limites de cet ouvrage ne nous permettent pas d'entrer dans la discussion de ces différentes espèces d'obsession. Toutes sont admises comme possibles, plusieurs seulement comme vraisemblables; mais jusqu'ici les théologiens ont évité de se prononcer sur la réalité de quelques-unes qui sont plus rares et ne paraissent pas suffisamment prouvées.

Deux seulement relèvent plus directement de la médecine ; ce sont les maladies et les apparitions.

Nous avons déjà laissé voir ce que nous pensions des premières. Il ne suffit pas que les maladies soient extraordinaires ou bizarres pour qu'on puisse les attribuer aux vexations diaboliques. En nous occupant du diagnostic des possessions proprement dites, nous verrons à quels signes on pourra reconnaître l'action surnaturelle.

Quant aux apparitions, nous avons aussi rappelé les principaux caractères qui les distinguent des hallucinations. Il ne nous reste à résumer ici que les signes donnés par les théologiens pour différencier les apparitions diaboliques des apparitions d'ordre divin.

Le caractère général des premières est de présenter toujours quelque chose de défectueux dans la forme, même lorsqu'elles simulent les apparitions saintes, (Suarez,) et de ne pouvoir jamais se défaire entièrement et longtemps des apparences, des mœurs et des vices infernaux.

Le démon se montre généralement noir, commun, grotesque, bouffon, fantasque, difforme, immonde, menteur, effronté, déshonnête, arrogant, tumultueux, impie, lascif, cruel, violent, insidieux, rusé.

Dès lors on reconnaîtra facilement une apparition diabolique.

(a) A son horreur pour le signe de la croix, l'eau bénite, le nom de Jésus, etc. Cette horreur est quelquefois masquée par une *indifférence* qui contraste avec les marques de respect et d'amour toujours données par les apparitions d'ordre divin.

(b) L'apparition diabolique revient alors même qu'on lui a donné ce qu'elle demande ou qu'elle a rempli sa mission, comme de remercier d'un suffrage.

(c) Elle se montre au moindre rappel et ne tarde pas a établir tacitement ou directement des signes conventionnels auxquels elle obéit.

(d) Elle assigne une cause mensongère à sa venue, comme de consoler, d'éclairer, de guider, de protéger, et elle ne console pas, elle trouble, elle excite au mal, elle fait souffrir.

(e) Elle veut se faire passer pour un ange de lumière, ou pour l'âme de quelque scélérat, récemment décédé.

Très peu de théologiens se sont occupés des apparitions des âmes séparées. Sanchez, Delrio, Brognoli, de Tostat ne les croient possibles que par le ministère des anges ou des démons ; Benoît XIV, Baronius, Saint Pierre Damien, Schram sont d'un avis contraire et les croient véritables. Jamais on n'a parlé d'apparitions d'enfants morts sans baptême. Quant aux âmes des damnés, elles ont les mêmes intérêts que les démons et leur peuvent être jusqu'à un certain point assimilées.

L'Eglise ne paraît pas s'être prononcée sur la réalité de leurs apparitions ; l'opinion généralement admise est que le plus souvent les démons se donnent eux-mêmes pour des âmes damnées ou non, comme ils simulent d'autres fois des apparitions célestes.

(f) Les apparitions diaboliques se distinguent encore par leurs blasphèmes et leur impiété.

(g) Elles sont hautaines, orgueilleuses, impudiques, etc.

(h) Elles sont effrayantes et laissent une impression douloureuse, ou tout au moins troublante qui persiste jusqu'à la fin, même lorsque Dieu permet à Satan de se transformer en ange de lumière, comme Saint Paul nous en avertit (2 Cor., XI, 14.)

Dans les apparitions divines le trouble du début, qui les

distingue des hallucinations, ne dure jamais longtemps. Il est au contraire suivi d'une paix et d'une tranquillité très caractéristiques.

(i) Lorsque ce trouble manque dans les apparitions diaboliques, elles se font remarquer par un caractère de futilité, d'inutilité, de bizarrerie ou bien elles restent inconscientes pour le sujet.

(j) Leur forme est ridicule ou repoussante.

(k) Elles s'accompagnent de bruits étranges, de clameurs, de désordre ; elles effrayent même les animaux, preuve manifeste qu'elles ne relèvent pas de l'imagination et qu'elles ont parfois une réalité bien objective.

Les causes de l'obsession, les moyens de la reconnaître et de la combattre sont les mêmes que ceux qui regardent la possession ; nous les étudierons en parlant de cette dernière.

N'oublions pas cependant que l'obsession n'est pas toujours une punition ; des saints nombreux ont été obsédés. L'histoire de Job nous montre Dieu lui-même l'acceptant pour le juste à titre de défi, et la permettant pour éprouver son serviteur, augmenter ses mérites, édifier ses proches, humilier et confondre ses ennemis et le diable lui-même. (*Biblia sacra, Liv. de Job.*)

§ III. — *La possession*

Non seulement les démons peuvent agir sur le moral de l'homme ; non seulement ils peuvent l'assiéger et le vexer extérieurement ; ils peuvent encore agir sur son corps et dans ses organes d'une manière plus ou moins sensible, toujours avec la permission de Dieu et dans les limites qu'il leur a tracées.

Pour qu'il y ait possession véritable, deux conditions

sont nécessaires : 1° Que le démon puisse entrer dans un corps et y séjourner avec le pouvoir de le tourmenter ; 2° Qu'il puisse en outre se servir des organes, les paralyser ou les mettre en mouvement, *en substituant son activité propre à celle de l'âme humaine.*

C'est cette dernière condition qui distingue surtout la possession proprement dite de l'obsession.

Le marquis de Mirville avait coutume de comparer le pouvoir diabolique dans la possession à celle du propriétaire sur son bien, tandis que, dans l'obsession, le démon n'aurait pas d'autres droits que ceux de l'usufruitier. Cette explication, plus ingénieuse que scientifique, ne serait pas acceptée *théologiquement.* Ce serait plutôt le pouvoir d'un capitaine, après qu'il s'est emparé d'une citadelle, comparé à celui qu'il avait lorsqu'il l'assiégeait.

Je proposerais de dire qu'il y a seulement obsession toutes les fois que le patient, vexé et torturé dans tout ce qui l'entoure ou dans sa personne, conserve dans ses actes l'usage de ses organes, de sa raison, de son libre arbitre et de sa volonté ; la possession au contraire, tout en lui laissant en puissance l'usage de son intelligence et la faculté de vouloir, l'empêcherait d'exécuter au dehors l'acte qu'il voudrait accomplir, et, s'emparant de ses organes, le forcerait de produire, sciemment ou à son insu, des actes qu'il réprouve.

Du reste, cette distinction entre l'obsession et la possession est de peu d'importance, et, « quoique rigoureusement le sens de ces deux mots soit très différent, on qualifie souvent d'obsédés, dans le langage ordinaire, ceux qui sont réellement possédés du démon, tandis que les possédés et les énergumènes sont fréquemment appelés obsédés. » (Schram, *Théologia mystica.*) Le Rituel Romain comprend même ces deux classes sous une même dénomination : « *De exorcizandis obsessis à dæmonio.*»

Il est rare d'ailleurs que les possédés ne présentent pas quelques symptômes de simple obsession, et les obsédés accidentellement des phénomènes de possession.

La possession peut être *continue*, comme celle du Gérasénien de Saint Luc, ou *intermittente*, comme celle de Saül; elle est *générale* quand elle détient tout le corps et tous les organes, *incomplète*, lorsqu'elle n'en occupe qu'une partie ; telle était celle de la femme courbée et des muets de l'Evangile. La possession peut encore être *simple* ou *multiple*, selon qu'un seul démon ou plusieurs se sont emparé du patient ; elles sont parfois *épidémiques* et *contagieuses*, comme à Saint-Médard, à Loudun, à Morzine.

Parmi les possédés les uns sont *dangereux*, *cruels*, *calomniateurs*, *homicides* ; d'autres simplement *agaçants* et *inoffensifs* ; d'autres enfin peuvent simuler des *extases divines* et des *dons prophétiques*, des *apparitions*, des *stigmates*, capables de séduire les observateurs oublieux des caractères diaboliques que nous avons déjà notés et des signes distinctifs des extases divines que nous indiquerons plus loin.

Un des cas les plus remarquables de cette forme de possession fut sans contredit celui de la célèbre abbesse de Cordoue, Madeleine de La Croix, au seizième siècle. Vouée au démon dès l'âge de cinq ans, elle remplit l'Europe entière du renom de sa sainteté. Ses extases, pendant lesquelles on la vit plusieurs fois soulevée de terre, ses révélations, ses prédictions, ses miracles de guérison, constatés pendant près de quarante ans, avaient trompé les savants les plus illustres et les plus habiles théologiens. Les yeux se désillèrent lorsqu'elle laissa percer l'orgueil que lui inspirait sa réputation. Elle finit aussi par manifester une doctrine évidemment contraire à celle de l'Eglise ; elle voulait persuader à certaines personnes que les moines et les prêtres avaient des concubines et que ce n'était

pas un péché; elle engageait à faire gras les jours défendus et à travailler les jours fériés. Enfin, étant tombée
malade, elle fut prise de telles convulsions, lorsqu'on voulut l'administrer, et donna des signes si positifs de sa possession, qu'on recourut aux exorcismes. Tout le mystère
fut dévoilé, et Madeleine, non sans de grands combats, put
raconter sa vie d'iniquités et se convertir. (Voyez pour les
détails: Llorente, *Hist. crit. de l'Inquisition*, t. II, p. 103 et
suiv.) Cet auteur, esprit fort et sceptique ne saurait être
taxé d'exagération.

Lorsque nous nous occuperons plus particulièrement du
diagnostic, nous donnerons les signes qui doivent servir à
distinguer ces sortes de possession des miracles et des
révélations d'ordre divin.

Du reste, on se fait généralement une idée très fausse de
la possession. Les expressions usuelles de « fureur démoniaque, agitation d'énergumène, imprécation de possédé »
laissent dans l'esprit l'image d'un malheureux toujours en
fureur, se démenant du matin au soir dans les transports,
les convulsions et les hurlements. Ces symptômes ne se
rencontrent guère qu'accidentellement et sont presque
toujours provoqués par les objets bénits, les prières ou les
exorcismes; mais, presque aussi souvent, les démoniaques
se présentent avec un calme relatif qui pourrait facilement
en imposer à un observateur superficiel.

Presque tous, surtout au début de leur mal, ont des
intervalles de tranquillité souvent très longs, pendant lesquels ils ont l'usage *complet* et *normal* de leurs facultés. C'est
là, pour le médecin, ce qui les distingue des névrosés toujours plus ou moins déséquilibrés en dehors des crises. Lorsque les accès assez courts ne reviennent que de loin en loin
ou la nuit seulement, les possédés gardent la liberté de
travailler et de vaquer comme tout le monde à leurs

affaires, sans que le public et leur entourage puissent se douter de leur maladie, souvent sans qu'ils s'en doutent eux-mêmes.

Quelques auteurs peu recommandables ont encore imaginé un état de *possession latente* spéciale aux adeptes de certaines sectes. Il y a ici confusion entre les possédés et les sorciers ou magiciens. Ces derniers, véritables prêtres de Satan, ou serviteurs privilégiés du diable, peuvent avoir avec lui toute espèce de rapports, et par un pacte conventionnel, ont acquis la puissance de lui commander jusqu'à la mort comme à un esclave, mais ils ne subissent guère la possession qu'accidentellement et volontairement dans leurs rites secrets. Nous les retrouverons plus tard en parlant du culte infernal.

Ce qui caractérise cette dernière forme de possession, c'est qu'en général les sorciers *se souviennent* de tous leurs actes *franchement voulus et librement consentis*. On cite pourtant des exceptions.

Au contraire, le plus souvent, les possédés ordinaires ne conservent *aucun souvenir* de ce qui se passe dans leurs crises. L'âme humaine, remplacée dans ses actes par l'esprit possesseur, semble sommeiller, et c'est la sensation que les démoniaques accusent lorsqu'ils reviennent à eux; ils ont dormi.

D'autres fois le possédé n'a pas conscience de ce qu'il fait ou de ce qu'il dit pendant ses accès, mais il assiste, tant qu'ils durent, à des scènes fantastiques, où les démons et les sorciers jouent le rôle principal, et qui sont toujours plus ou moins en rapport avec ce qui se passe extérieurement. En revenant à lui, ce qu'il raconte explique alors certains détails que les assistants n'avaient pas compris.

Il est enfin d'autres énergumènes qui gardent la conscience de leurs actes et de leurs discours, mais se rendent parfaitement compte qu'ils n'en sont pas les maîtres et qu'une autre puissance s'est emparée de leurs organes qui ne peuvent plus leur obéir.

En somme la possession semble surtout et le plus souvent caractérisée par ce que les modernes appellent la *condition double* ou *multiple. Cet état peut-il exister en dehors de la possession ?* L'Eglise ne s'est pas prononcée sur cette question, et le doute est permis ; mais je ne le crois guère possible, malgré l'avis contraire de Goerres et de ses partisans, à propos du dédoublement et de la bilocation. Si les médecins voulaient étudier franchement et sérieusement ce phénomène au point de vue du diagnostic, je suis persuadé qu'ils ne tarderaient pas à reconnaître en lui un des signes sinon des plus probables au moins des plus caractéristiques de la possession.

De tout temps on a cru à la possibilité et à la réalité de la possession. Les livres saints sont remplis de faits qui justifient cette croyance :

« Nous lisons dans l'Evangile, dit Mgr Gousset, que Jésus-Christ chassait les démons des corps dont ils s'étaient rendus maîtres ou *possesseurs ;* et il donna le même pouvoir à ses disciples, en leur disant qu'ils chasseraient les démons en son nom : *in nomine meo dæmonia ejicient.* (Saint Marc, XVI, 17.)

« Les apôtres ont pris à la lettre cette promesse que leur avait faite leur divin maître et ils ont guéri plusieurs démoniaques. (V. *Actes,* XVI, XIX, 12.)

« Les Pères des premiers siècles attestent le même fait, le même miracle, comme ayant été opéré par des chrétiens, en faveur des païens qui étaient possédés du démon ; ils en prennent à témoin les païens eux-mêmes. Tertulien dit aux magistrats de Rome : « Qu'on fasse venir devant vos « tribunaux un homme qui soit reconnu pour être possédé

« du démon ; qu'un chrétien, quel qu'il soit, n'importe,
« commande à cet esprit de parler : il confessera et qu'il est
« véritablement démon, et qu'ailleurs il se donne fausse-
« ment pour un Dieu. S'il ne fait pas cette confession,
« répandez sur le lieu même le sang de ce téméraire chré-
« tien. Qu'y a-t-il de plus manifeste et de plus sûr qu'une
« pareille preuve ? Voilà la vérité elle-même avec sa simpli-
« cité et son énergie. Que pourriez-vous soupçonner ? De
« la magie ou de la fourberie ? Vos yeux et vos oreilles
« vous confondraient. Non, vous n'avez rien à opposer à
« l'évidence qui se montre nue et sans art.» (*Apologétique*,
n° XXIII.)

« Nous vous ferons remarquer, continue Mgr Gousset,
que les possessions sont très rares, et qu'elles n'ont jamais
lieu sans une concession particulière de Dieu, qui les permet pour éprouver les siens, ou pour punir l'orgueil du
pécheur ou pour manifester sa puissance : *ut manifestentur
opera Dei*, comme dit Jésus-Christ. (Saint Jean, IX, 3.) »
(Gousset, *Théologie dogmatique*, t. II, ch. 3.)

Telles sont, en effet, les principales raisons qui expliquent
la possession au point de vue de la justice divine.

Lors même que nous ne comprendrions pas les décrets
de la Providence, nous devrions encore nous abstenir de les
critiquer : « *Judicia Dei relinquenda*, dit Saint Jérôme. »
Mais Jésus-Christ lui-même nous affirme l'utilité de ces
manifestations que Dieu permet pour nous *montrer ses
œuvres :*

(a) Œuvres de *bonté* et de *condescendance*, qui éclairent
les incrédules et les ignorants en affirmant son existence,
en montrant sa puissance, en forçant le démon à se démasquer pour les convaincre :

« L'incrédulité des hommes est si grande, dit le P. Surin,
exorciste des possédés de Loudun, qu'il n'y a rien de plus

utile que de leur donner des preuves indubitables des vérités de la foi et de les forcer, en leur mettant le flambéau sous les yeux, de connaître les choses de Dieu. » (P. Surin, p. 51.) En effet de nombreuses conversions s'opérèrent à Loudun et ailleurs.

En 1565, le démon déclara par l'organe de Nicole Aubry, de Vervins, qu'il possédait cette femme par la volonté positive de Dieu, à l'effet de convertir les calvinistes ou de les endurcir dans l'hérésie ; qu'il la possédait malgré lui, et qu'il était très malheureux de parler contre lui-même. Or c'est par milliers que les calvinistes revinrent au catholicisme à cette occasion. (Voir *Le triomphe du Saint Sacrement, Histoire de Nicole de Vervins*, par l'abbé Roger, directeur du petit séminaire de Liesse, chanoine de Soissons.)

Telle fut encore, dans ces derniers temps, la possession d'Antoine Gay, par le démon Isacharon, qui se déclara à plusieurs reprises forcé par Dieu même d'affirmer les dogmes catholiques et de révéler à certains pécheurs leurs fautes secrètes pour amener leur conversion. « Votre Dieu, disait-il avec rage, voyant l'incrédulité des hommes, se sert des démons pour ranimer la foi. » (V. *Le diable apôtre*, par Victor C*** de Stenay, Delhomme et Briguet, éditeurs.)

A la suite d'un exorcisme, un incrédule nous disait : « Je ne croyais pas au diable et j'y crois ; je ne croyais pas à l'intervention du diable parmi les hommes et j'y crois ; je ne croyais pas à la puissance des prêtres sur le diable et j'y crois. Il me reste encore d'autres déductions à tirer ; mais j'ai besoin de me recueillir. » Quelques années plus tard il se convertit franchement.

(b) Œuvres d'*amour* envers les justes que Dieu éprouve, auxquels il donne l'occasion de satisfaire pour les autres et de mériter davantage pour eux-mêmes : « Voudriez-vous retomber dans le même état ? disait Saint Dominique à une femme qu'il venait de délivrer. — Je ne veux, répondit-elle, que ce que Dieu sait être utile à mon âme. » Et elle fut reprise aussitôt.

A cet exemple on peut joindre l'histoire de la plupart des extatiques stigmatisés qui furent livrés aux assauts du démon, et celui des nombreux saints obsédés, dont les souffrances augmentèrent les mérites, obtinrent la conversion de tant de pécheurs et la délivrance de tant d'âmes du purgatoire. (Voyez l'ouvrage si complet du docteur Imbert-Gourbeyre : *La stigmatisation*, Vic et Amat, rue Cassettte, 11, Paris.)

Notons encore l'acte héroïque du P. Surin demandant à Dieu d'être possédé à la place de la supérieure de Loudun qu'il était chargé d'exorciser et obtenant à ses dépens la délivrance de cette religieuse.

(c) Œuvres de *miséricorde* envers les pécheurs auxquels Dieu montre le triste sort qui les attend, afin de les ramener à lui et de les purifier par la souffrance.

« Nous devons toujours en voyant les possédés, dit Cassien, nous souvenir que tout ce qui nous arrive de la part de Dieu, soit de bien soit de mal, doit se recevoir comme venant de la main d'un père très charitable et d'un médecin très doux, qui ne nous ordonne rien que pour notre plus grand avantage. Aussi nous devons regarder ces personnes comme des enfants qu'on soumet à un maître pour les humilier, et croire que Dieu veut par là les purifier de leurs fautes, afin qu'ils sortent de cette vie exempts de toute souillure et n'ayant pas même à expier. » (*Septième conférence.*)

« Les bons, ajoute Louis Bail, en voyant les terribles effets de la possession, apprennent à craindre le péché et à faire pénitence de leurs fautes passées de peur de donner prise au diable. Les mauvais, quand ils sont devenus la proie du démon, comprennent mieux combien son joug est humiliant pour les âmes, commencent à soupçonner les supplices de l'enfer, et trouvent dans leurs souffrances un moyen de satisfaire à la justice divine, et de se préserver ainsi des flammes du purgatoire. »

(d) Œuvres de *justice* envers les démons eux-mêmes que Dieu châtie et qu'il humilie, qu'il chasse honteusement et qu'il contraint de montrer au grand jour leur méchanceté, leur abjection, leur rage et leur impuissance.

Parmi les causes occasionnelles de la possession la plus prochaine et la principale est sans contredit le péché, et en première ligne le péché originel qui nous a livrés au démon ; aussi les possessions sont-elles beaucoup plus nombreuses chez les idolâtres que chez les chrétiens ; protégés que nous sommes contre les démons par notre baptême et les exorcismes qui le précèdent. Cependant les excès personnels et les crimes mêmes des parents peuvent nous rejeter sous leur empire, et l'on a vu la possession être le châtiment d'une faute relativement légère. D'un autre côté, très souvent, le démon ne se donne pas la peine de frapper ceux qu'il sait déjà lui appartenir de plein droit : « *Dæmon pulsare negligit quos jure quieto possidere se sentit.* » (Saint Grégoire, *Morale*, liv. XXIV.)

Enfin l'obsession et la possession peuvent encore provenir de l'action d'un tiers. C'est ici le cas d'aborder la question du culte infernal et des maléfices.

§ IV. — *Le culte du démon ; la sorcellerie ou le magisme ; le spiritisme*

« *Dii gentium dæmonia* » dit le psalmiste. Les dieux des nations étaient des démons. Actuellement, les dieux des idolâtres ne sont pas autre chose ; mais si le vrai Dieu, pour punir les infidèles, permet aux démons d'entretenir l'erreur par certains prestiges, cette erreur n'est jamais invincible, et parmi les païens civilisés, nous avons vu des philosophes, par les seules forces de la raison, s'élever à une telle hauteur, s'approcher si près de la vérité, qu'on s'étonne aujourd'hui qu'ils ne l'aient pas trouvée. L'abus des grâces peut seul expliquer leur persistance dans l'erreur.

Pour les sauvages et le peuple ignorant, c'est à Dieu de juger jusqu'à quel point leurs superstitions sont excusables.

Les initiés aux *mystères* étaient seuls véritablement en rapport direct et voulu avec ces dieux infernaux. Vrais prêtres de Satan, quoique ils l'appelassent d'un autre nom, ils lui étaient consacrés et soumis ; ils en sentaient parfois l'influence manifeste, le priaient, l'adoraient, l'évoquaient, le conjuraient, et le démon leur accordait souvent l'accomplissement de leurs demandes, à des conditions immorales ou criminelles, lorsque la réalisation de leurs vœux pouvait servir ses plans. Presque aussi souvent il les trompait avec la permission de Dieu, lorsque les demandes et les promesses dépassaient les limites imposées par la Providence.

Nous ne nous attarderons pas à rechercher les différentes formes des fausses religions et de la magie dont elles sont infectées. Contentons-nous de dire que non seulement les livres saints font mention à chaque page de ces relations coupables de l'homme avec le démon, mais que les païens eux-mêmes y croyaient.

Depuis l'établissement du chistianisme, les souverains, les papes, les conciles, les pères de l'Eglise, les théologiens n'ont pas cessé d'affirmer la même croyance :

Minutius Félix, au deuxième siècle de l'Eglise, était l'interprète de tous lorsqu'il écrivait :

« Il y a des esprits malins et vagabonds qui ont gâté toute la beauté de leur origine... Les poëtes et les philosophes les appellent les démons. Ce sont eux qui opèrent les prodiges des magiciens, donnent de l'efficace à leurs enchantements et produisent les illusions qui les accompagnent... Les démons inspirent les devins... Ces furieux que vous voyez courir par les rues sont agités par ces damnables esprits... Plusieurs d'entre vous savent bien que les démons sont contraints d'avouer ces choses, lorsque nous les tourmentons pour les chasser et que nous les expulsons par des paroles qui les font souffrir et des prières qui les brûlent. »

Saint Cyprien, Arnobe, Tertulien, etc., ne parlent pas autrement.

Parmi les souverains qui sévirent contre les magiciens, on peut citer Constantin en 329, Valentinien et Arcade en 389, Théodose en 392, Justinien au sixième siècle, Charlemagne dans ses capitullaires en 805, Charles VIII dans ses ordonnances de 1490 et 1493, Louis XIV en 1672.

Les papes et les conciles justifiaient cette croyance. Citons :

Le décret du pape Eutychien au troisième siècle ;

Le célèbre canon *Caput Episcopi* du pape Damase (quatrième siècle) ;

Le concile de Laodicée, (366) ;

Le quatrième concile de Carthage (398) ;

Les conciles d'Agde (506), d'Orléans (511), du Trullo de Constantinople (602), de Reims (625), de Tolède (633), de Rome (702), de Tours (803), de Paris (829) ;

Les décrets de l'Inquisition et du Saint-Office, pendant le moyen-âge et la renaissance ;

La bulle d'Innocent VIII (1483) ;

La censure de la Faculté de théologie de Paris (1498) ;

Les brefs de Jules II et d'Adrien VI contre le Sabbat (20 Juillet 1523) ;

Les conciles de Milan (1565) et de Tours (1583).

De nos jours, la bulle de Léon XIII prescrivant aux prêtres et aux religieux une formule spéciale d'exorcisme qu'il engage à réciter chaque jour pour chasser le démon de l'Eglise prouve encore que ce grand pape est en communauté de foi avec tous ses prédécesseurs.

Les schismatiques et les hérétiques eux-mêmes avaient gardé la même croyance :

« Je suis pleinement convaincu, écrivait Luther, qu'Enser, Œcolampade et leurs pareils sont morts subitement sous les coups horribles du diable ; car rien n'est terrible comme ces combats. »

Au seizième siècle, c'est par milliers que l'Angleterre protestante a brûlé les sorciers. Ce n'est qu'à la suite des insuccès répétés de leurs exorcismes qui tournaient souvent à leur confusion, que les ministres y renoncèrent, en expliquant les grands succès des catholiques par leur entente avec Béelzébud. C'est la même insinuation que les pharisiens formulaient contre Jésus-Christ.

Quant aux théologiens catholiques, ce n'est guère qu'au XVIIIme et XIXme siècles qu'on rencontre des incrédules, non pas au sujet de ce que racontent l'Ancien et le Nouveau Testament. Ils admettent sans objection les possessions dans les premiers siècles de l'Eglise ; seuls les faits plus modernes trouvent auprès d'eux moins de créance. Pourquoi ce manque de logique ?

Le dogme reste tout entier ; mais on est péniblement affecté lorsqu'on voit des théologiens, comme Lieberman et le P. Debreyne, des catéchistes, comme Bertrand, Guillois, Bluteau, Mullois, poser presque en principe que les possessions ont complètement disparu et que la magie n'a jamais existé.

Les Arnobe, les Cyprien, les Jérôme, les Hilarion, les Augustin, se seraient-ils donc trompés ? Des philosophes et des théologiens de la force de Saint Thomas et de Saint Bonaventure se seraient-ils laissés prendre à de vaines apparences ? Concina, Médina, Delrio, Brognoli, Sandoval et tant d'autres, en se conformant à la doctrine et à la pratique de l'Eglise, qui dans ses rituels reconnaît, admet et combat les maléfices, auraient-ils enseigné et pratiqué l'erreur?

On ne peut expliquer cet abandon d'une doctrine si constante et si bien appuyée sur l'Ecriture et sur les faits, que par l'influence néfaste des philosophes du dernier siècle et la malice du démon lui-même. Pour encourager l'incrédulité, il affecte en ces derniers temps, de cacher son jeu et de donner à ses œuvres les apparences de maladies et d'affections toutes naturelles. Mieux instruits de ses anciens agissements, savants et théologiens eussent facilement déjoué cette nouvelle perfidie.

Le culte de Satan, qu'il soit direct comme dans le *magisme*, ou qu'il se rapporte aux astres *(astrolâtrie)*, au monde matériel *(cosmolâtrie)*, à des figures *(idolâtrie)*, à des animaux *(zoolâtrie)*, à des médiums encore vivants (*anthropolâtrie*), aux âmes séparées (*nécrolâtrie*) ou à des objets plus ou moins symboliques (*fétichisme*), fut toujours et partout accompagné de prestiges ; mais il ne constituait pas pour tous les adeptes la pratique de la magie. Les prêtres eux-mêmes n'étaient pas tous initiés aux mystères. Quelques privilégiés, par un pacte plus ou moins explicite avec les fausses divinités, en obtenaient certaines satisfactions passionnelles ou certains pouvoirs surhumains, qui ne dépassaient pas cependant la puissance et les facultés de leurs protecteurs. (Voyez sur ce sujet le livre de M. Gougenot des Mousseaux intitulé : *Dieu et les Dieux*, et surtout les troisième et quatrième volumes du livre *Des Esprits*, par M. de Mirville.)

Depuis l'établissement du Christianisme, la forme du culte Satanique, devenue plus secrète, a quelque peu changé et s'est compliquée de pratiques plus directement hostiles au Rédempteur, en singeant et défigurant les dogmes, les sacrements et le rituel de la vraie Religion.

Le véritable type de l'initié et du prêtre de Satan dans l'ère chrétienne fut sans contredit le magicien du moyenâge et de la renaissance, qu'on retrouve encore de nos jours dans les sorciers de nos campagnes et dans les mages de certaines sectes.

La magie consiste, à proprement parler, dans un pacte au moins implicite, par lequel un adepte recourt au démon et quelquefois se voue à lui, pour en obtenir des secours, des révélations, ou pour satisfaire ses passions de lubricité, de haine, de vengeance, de cupidité ou d'orgueil.

Le démon, en retour de la promesse qui lui est faite de se donner à lui pendant l'éternité, ou bien en récompense des crimes qu'il inspire, et qui atteignent le même but, se fait alors pendant cette vie le serviteur de son fidèle et lui procure ici bas toutes les jouissances qui sont en son pouvoir, non sans lui infliger parfois des châtiments mérités par des exigeances trop grandes ou une résistance trop persistante à ses suggestions. Dieu lui-même intervient quelquefois, dans sa miséricorde, en forçant le démon à se montrer à ses adeptes tel qu'il est, méchant, menteur et impuissant.

Avec le secours du démon, le sorcier peut acquérir le don de faire des prestiges qui flattent son orgueil. Il peut encore obtenir des satisfactions le plus souvent trompeuses, ou des révélations qui ne dépassent jamais les connaissances possibles du démon. Les prophéties diaboliques, dont le démon peut prévoir ou préparer l'accomplissement, ne se réalisent le plus souvent que d'une manière incomplète. Dieu et ses anges veillent à ce qu'il ne dépasse jamais les limites posées par la Providence. C'est pour cela que les plus belles promesses du démon ne sont presque jamais remplies.

Le père du mensonge entretient la crédulité de ses fidèles par de vains prestiges qui montrent sa puissance; mais cette puissance est limitée par Dieu qui ne lui permet pas de satisfaire complètement les passions de ses adeptes. De pareilles séductions seraient presque invincibles et deviendraient pour la société un danger permanent et inévitable. Le diable montre des trésors, donne de l'argent, indique les numéros qui doivent gagner dans les loteries; mais souvent les trésors ne se retrouvent pas, l'argent est faux, les numéros ne sortent pas, et les sorciers, comme les alchimistes du moyen-âge, s'épuisent à la recherche d'un trésor toujours promis, mais introuvable, et finissent ordinairement dans la misère la plus sordide.

Le sorcier, par ses simagrées, peut encore obtenir de vraies guérisons; cependant le démon, en ce cas, ne guérit guère que les maladies qu'il a données lui-même, et ne procure un bien qu'à la condition de laisser au sujet ou à d'autres un mal plus grand que celui qu'il enlève ; il entretient ainsi une foi coupable en sa puissance, et diminue au moins, s'il ne l'enlève pas, la foi au véritable Dieu.

Il n'est pas rare non plus de voir des personnes pieuses et croyantes recourir, en l'absence de tout pacte explicite, à des pratiques suspectes et en recueillir des effets qu'elles n'eussent jamais soupçonnés, souvent même très contraires à ceux qu'elles attendaient. Juste punition de leur ignorance coupable, de leur imprudence, de leur curiosité ou de leur légèreté.

Mais un autre pouvoir beaucoup plus sérieux, quoique également limité, est encore concédé aux sorciers par le diable qui y trouve son compte. Nous voulons parler de l'action extranaturelle des magiciens sur les individus et les choses extérieures.

Avec le secours de son maître, le sorcier peut nuire aux propriétés, aux animaux, aux individus. Cette puissance peut même aller jusqu'à causer la possession et jusqu'à l'homicide. Elle s'exerce au moyen de signes conventionnels, espèces de sacrements infernaux. Une parole, un geste, un objet matériel peuvent ainsi devenir des sacrements diaboliques. Les plus fréquemment employés sont le regard, l'attouchement, le souffle, certaines paroles ou préparations mystérieuses.

On les appelle *charmes* quand ils consistent en des formules, *enchantements* quand ils s'obtiennent par des chants, ou par la musique, *fascination* lorsqu'ils ont pour but de nouer ou de paralyser les membres, *divination* quand on s'en sert pour découvrir des secrets ou des évènements futurs, *sortilèges* pour jeter des sorts bons ou mauvais, *philtres* pour inspirer des passions coupables, *maléfices* pour faire du mal.

D'après Goerres, certains tempéraments, certaines maladies prédisposent à subir cette influence diabolique, soit active, soit passive. Cornélius à Lapide cite entre autres la mélancolie ou les passions tristes. « Les femmes y paraissent plus spécialement prédisposées par leur crédulité, leur curiosité, leur amour de la vengeance résultant de leur faiblesse ; *libidinis quoque œstu... nocturnis dæmonem complexibus vocant.* » (Liv. III, c. 12, 91.)

Cette prédisposition maladive ou physiologique à subir l'action diabolique peut exister véritablement ; mais elle est beaucoup moins active qu'on ne le croit généralement. Dans tous les cas, on ne saurait l'admettre comme cause dans la production des phénomènes d'ordre divin, (visions, extases, révélations, etc.) La maladie, le tempérament, les tendances individuelles, ne se peuvent manifester alors que par des modifications de peu d'importance dans la forme extérieure des phénomènes. (Voyez sur ce sujet les *Lettres au R. P. Hahn*, par l'abbé Touroude, 1886.)

Mais comment se fait-il qu'un Dieu infiniment bon, infiniment juste, puisse permettre, en dehors des lois naturelles, de pareilles infamies et en particulier la mort ou la possession d'un innocent par le seul caprice d'un criminel ?

Aux raisons que nous avons déjà données pour justifier la possession en général, il faut ajouter ici le *respect de notre liberté* que Dieu lui-même s'est imposé.

La puissance du démon est enchaînée, et, de son propre mouvement, il ne saurait agir sur l'homme que par la tentation ; mais l'homme reste libre, libre de choisir entre le bien et le mal, libre de nuire à ses semblables par tous les moyens naturels, libre même de recourir à la magie pour satisfaire ses passions, et Dieu le laisse user de ce pouvoir surnaturel, comme il permet à l'assassin de se servir du poison ou du glaive pour se débarrasser de son semblable.

De lui-même le démon ne pourrait que très accidentellement et par une permission spéciale de Dieu nuire à l'homme dans son corps ou dans ses biens ; mais, invoqué par un homme libre, Dieu lui laisse parfois, dans les limites qu'il juge à propos d'imposer, la faculté de remplacer le glaive ou le poison.

Dieu pousse même si loin ce respect de la liberté humaine qu'il consent, dans le sacrement de l'Eucharistie, à se laisser livrer par l'homme à son pire ennemi, et supporte en silence tous les outrages, toutes les humiliations qu'une communion indigne lui fait subir. *Patiens qui æternus.* (*)

Jamais le démon enchaîné ne pourrait directement s'emparer des espèces consacrées ; mais si l'homme, *auquel Dieu s'est donné*, ose les lui livrer, comme cela se pratique dans certaines sectes et dans les sabbats, elles lui appartiennent, ils peut les exposer à toutes les souillures. Quels châtiments attendent dans l'autre vie de pareils sacrilèges !

Ajoutons cependant, pour ce qui regarde les maléfices, que les sorciers ne réussissent pas toujours. Le démon leur résiste souvent s'il ne trouve aucun avantage à les exaucer; quelquefois aussi il se moque d'eux pour les punir ; Dieu enfin et ses anges sont là pour arrêter ces excès de pouvoir.

Peut-être ici serait-il à propos de dire un mot du *spitisme*, auquel s'adonnent avec tant de confiance et de crédulité des gens que les miracles évangéliques n'ont pu toucher. Des chrétiens plus ou moins pratiquants s'y laissent prendre eux-mêmes, sans se soucier des anathèmes de l'Ancien Testament et des condamnations de l'Eglise contre ceux qui consultent les morts ou les esprits.

(*) Il est patient, parce qu'il est éternel.

Troublés par les révélations de faits certainement ignorés des médiums, mais faciles à conjecturer naturellement, ou que les démons inspirateurs avaient peut-être eux-mêmes suggérés et préparés ; déconcertés par des prévisions qui ne dépassent jamais la prévision possible des esprits ; séduits par des prestiges qui se caractérisent suffisamment par l'inutilité et la facilité de leurs répétions, la plupart des adeptes se fient aveuglément à ces prétendus et dociles revenants, bien plutôt qu'à nos saints dont les miracles, opérés par Dieu même, ne se peuvent répéter au gré de leurs caprices.

« Faites-nous donc quelque prodige dans l'air, » disaient les pharisiens. Eussent-ils cru davantage ? Cela n'est pas probable ; car, semblables aux incrédules de nos jours, ils ne voulaient pas croire à des miracles qui confirmaient une doctrine si gênante.

Quant aux prestiges qui n'engagent à rien, ils croiront tout ce qu'on voudra. Les plus réfractaires à toute idée qui vient de Dieu sont souvent ceux qui se laissent prendre le plus facilement aux illusions charlatanesques et diaboliques. Tel qui se dit athée tremble au récit burlesque d'une légende d'outre-tombe, ou se livre plein de confiance à l'occultisme le plus douteux. Pourquoi, disent-ils ironiquement, les vrais miracles ont-ils cessé ?

Les vrais miracles n'ont pas cessé ; ils ne cesseront jamais ; car Jésus-Christ, qui nous a prévenus de l'avènement des faux prophètes, a donné comme signe de son impérissable Eglise que tous ceux qui croiront véritablement en lui feront des miracles comme lui et de plus grands encore que les siens. (Saint Marc, XIV, 17 et Saint Jean, XIV, 12.) Mais les miracles ne se font pas à volonté.

S'ils sont moins nombreux que dans la primitive Eglise, Mgr de Ségur dans ses *Réponses* en donne trois excellentes raisons :

« C'est premièrement que le but des miracles a été atteint, savoir : la conversion du monde et l'établissement de la Religion chrétienne.

« Secondement, c'est que le but atteint, n'ayant pu l'être sans des miracles et d'immenses miracles, atteste à tout jamais le fait même de leur réalité. Le monde converti au Christianisme sans preuves surnaturelles eut été lui-même le plus étonnant des miracles.

« Troisièmement enfin, c'est qu'il y a deux faits qui prouvent la divinité du Christianisme : les miracles et les prophéties.

« Les premiers chrétiens voyaient les miracles ; mais ils ne pouvaient voir l'accomplissement des prophéties de leur maître. Ils y croyaient cependant fermement et facilement à cause des miracles qu'ils voyaient.

« Nous autres, nous ne voyons pas les miracles qu'ont vus nos pères ; mais nous assistons à l'accomplissement des prophéties de l'Evangile, et ce que nous voyons nous fait admettre aisément les miracles que nous n'avons pas vus.

« Observons même que cette preuve tirée de l'accomplissement des prophéties est peut-être plus péremptoire que celle des miracles, en ce sens que le temps en augmente la force tous les jours.

« Ainsi la stabilité du siège de Saint Pierre, la permanence de la dispersion et à la fois de la conservation des juifs pendant dix-neuf siècles, etc, sont des faits bien plus probants que s'ils ne subsistaient que depuis trois ou quatre siècles. Et, si le monde dure encore quelques milliers d'années, cette preuve de la divinité de la Religion sera encore plus entraînante dans trois ou quatre mille ans qu'elle ne l'est de nos jours. »

Les spirites, auxquels ces preuves ne suffisent pas, cherchent à se mettre en relation avec des êtres d'un autre
monde qui, nous l'avons déjà vu, ne peuvent être que de
mauvais esprits. La grossièreté, l'inutilité, les contradictions de leurs révélations en sont la preuve.

Aux yeux de l'Eglise, cette recherche, même faite à la
légère, par simple curiosité ou dans un but scientifique,
sans mission spéciale, sans études préalables, en y atta-
chant une confiance qu'elle ne mérite pas, est une faute
grave. Pratiquement elle n'entraîne pas toujours la possession, mais elle a souvent produit l'obsession, et ceux qui
servent de *médiums* ont fréquemment donné des signes de
possession au moins partielle.

Qu'il nous suffise de signaler cette nouvelle forme de
l'action diabolique, qui s'écarte fort peu de celles que nous
avons plus spécialement étudiées. Si la pratique du spiritisme n'est pas un acte de magie, il y confine et y conduit.

Nota. — *Foi que l'on doit accorder aux différents prestiges
diaboliques*

Nous venons d'énumérer les faits généralement admis
par l'Eglise et les théologiens, comme révélant ou réalisant
l'intervention du démon dans les choses humaines. Cependant, en ce qui regarde le culte infernal généralement
tenu secret, les documents, dans leurs détails, laissent à
désirer. Il est certain qu'il a beaucoup varié et présente
encore aujourd'hui de nombreuses formes, suivant qu'il
est public ou qu'il reste privé, selon qu'il appartient aux
sociétés secrètes ou se confine chez les sauvages. Mais partout et toujours il porte les mêmes signes d'impiété, d'obs-
cénité, de grossièreté, de ridicule. Presque partout il
s'accompagne de prestiges, de maléfices, de crimes plus
ou moins odieux. Mais aucun de ces faits, *pris isolément,*
n'est imposé à la foi des fidèles.

L'Eglise n'a pas la prétention de porter son infaillibilité dans l'appréciation des faits particuliers, à moins qu'ils ne soient essentiellement liés au dogme ou à la morale ; son magistère ne s'exerce pas sur les questions *purement* historiques, car toute enquête faite par des hommes, malgré l'examen le plus consciencieux, peut être sujette à quelques erreurs de détail.

Même lorsqu'il s'agit de l'approbation d'une dévotion nouvelle ou de la canonisation d'un saint, si l'infaillibilité du pape est une vérité de foi divine et ecclésiastique, les faits qui doivent servir de base à cette approbation, à cette reconnaissance, non seulement isolément ne sont pas *articles de foi* ; mais ils peuvent, dans une certaine mesure, être livrés à l'appréciation des savants.

Les théologiens catholiques pensent donc que l'infaillibilité de l'Eglise ne s'étend pas jusqu'aux détails et aux faits sur lesquels elle appuie sa définition, et que, pour ces détails dans lesquels la foi et les mœurs ne sont pas intéressés, le pape pourrait parfois être induit en erreur.

On pourra donc, si l'on croit avoir des motifs sérieux pour les révoquer en doute, ne pas croire à certains faits, comme à tel ou à tel mystère du paganisme, au sabbat tel qu'il est décrit par les démologues sur les récits des magiciens, aux merveilles du spiritisme, à tel ou tel phénomène particulier, en dehors de ceux que racontent les livres saints, pourvu que, d'une manière générale, on ne nie pas l'action du démon dans les limites indiquées par les théologiens, ni la puissance que Jésus-Christ lui-même a donnée à son Eglise pour combattre cette action diabolique.

Mais, si nous devons croire aux définitions qu'impose l'Eglise, il serait au moins téméraire de rejeter en bloc tous les faits qui l'ont conduite à nous les proposer.

Du reste, les plaisanteries et les sarcasmes de nos savants modernes sont bien légers et bien insuffisants pour nous les faire rejeter à priori.

Nous avons déjà cité le docteur Regnard ; suivons-le dans la description et les explications qu'il donne du *sabbat*.

Ici encore ce seront les gravures qui feront tous les frais. Des images aussi naïves que primitives, tirées, dit-il, du Traité de théologie du R. P. Guaccius (XVIme siècle), de Tenier, de Barthelemy Sprenger, etc. (pourquoi pas aussi des caricatures de Callot ?) nous montreront successivement : Le *départ pour le sabbat* ; des sorcières en train de se graisser et d'enfourcher le manche à balai qui les entraîne par la cheminée : *La route du sabbat* ; une sorcière traversant l'espace sur un bouc aérien : *Le sabbat* et l'hommage à Satan ; *Le banquet*, *Le bal*, *L'outrage à la croix*, *Les maléfices*, préparés dans une chaudière où l'on fait cuire des enfants, *Le retour des sorcières à la maison* sous la forme d'animaux, etc. Avouons que ces images sont grotesques.

Mais il ne s'agit pas de savoir si les artistes ont bien ou mal rendu les faits qu'on leur a racontés, s'ils n'ont pas pris pour des réalités de simples hallucinations ou des légendes fantastiques, s'ils n'ont pas voulu s'amuser et faire rire ; il s'agit de juger les raisons qui permirent à tant de gens sérieux, théologiens, médecins, juges laïques, etc., de ne pas rejeter *à priori* ces faits.

Les explications des modernes sont-elles plus admissibles ? Les supercheries, les féeries, les sociétés secrètes, les assemblées politiques, etc., ont existé dans tous les temps; mais elles ne sauraient seules expliquer le sabbat et ses suites.

Que tout cet appareil de graisses magiques, de crapauds, de boucs, de balais, de musique infernale, de chaudières et le reste soit au premier abord absolument ridicule, personne ne le niera; mais les effets de ces absurdes comédies, s'ils sont véritablement et dûment constatés, ne le sont certes plus. Les maléfices constituent de véritables crimes contre lesquels la société a le devoir de se défendre. Avant de blâmer et de ridiculiser les juges, il serait bon d'examiner sérieusement les raisons qui les ont convaincus, si non de la réalité matérielle de tous les détails, au moins de la culpabilité des accusés...

Quelles sont donc ces raisons ?

1° Les aveux personnels et spontanés de la plupart des sorciers, qui se vantaient publiquement de leur puissance et de leurs méfaits; qui racontaient aux juges, soit dans leurs interrogatoires, soit à l'heure de la mort, après s'être réconciliés avec Dieu, les détails et les résultats de leurs pactes et de leurs relations sataniques.

C'était, dit-on, de malheureux hallucinés et des fous. C'est la première pensée qui dut venir à tout homme sensé; cependant comment ne pas croire à des résultats que l'enquête venait confirmer ? Nous avons déjà noté les différences qui distinguent les fous des sorciers. Vaines et innocentes hallucinations d'un côté, réalités trop palpables de l'autre. Même en admettant l'explication d'une « tendance générale » et d'une « préparation à ce genre de folie par les récits qui couraient dans le peuple, » (Regnard, *Ibid.*) on ne saurait rendre compte de ces hallucinations, se reproduisant à la fois chez plusieurs individus et représentant le même jour, à la même heure, dans le même lieu, les mêmes personnages, les mêmes actes, les mêmes discours, dans les mêmes circonstances.

Ces hallucinations, contrairement à ce qui se produit chez les aliénés, variaient continuellement, si non pour le fond, au moins pour les détails, et ces détails étaient contrôlés par des témoins qui ne pouvaient s'entendre, qui n'avaient à ces divulgations aucun intérêt, loin de là, qui paraissaient d'ailleurs dans leur bon sens, et dont quelques-uns étaient d'une intelligence bien au-dessus de la commune.

2° Ces révélations étaient quelquefois « provoquées par la torture. » *(Ibid.)* C'est vrai; mais cette pratique aussi cruelle que barbare fut souvent condamnée par l'Eglise, et puisqu'elle existait dans les mœurs de l'époque, pourquoi rejetterait-on ces dépositions, lorsqu'elles confirmaient les aveux spontanés des autres témoins, ou qu'elles apportaient de nouveaux détails confirmés plus tard par l'enquête ?

Pure suggestion, dit le docteur Regnard, suggestion de la part des juges, de la part des témoins, de la part de ces malheureux entre eux, autosuggestion ! *(Ibid.)*

De la part des juges, c'est leur supposer une bien forte dose de stupidité et d'ignorance que de les supposer incapables de distinguer la suggestion naturelle des aveux spontanés ou forcés d'une conscience coupable. Ils connaissaient aussi bien que nous les effets sur les esprits faibles d'un interrogatoire poussé trop vivement ou d'affirmations répétées avec insistance. S'ils ne les ont pas toujours évités, au moins les moralistes et les théologiens les ont-ils souvent avertis du danger qu'ils couraient de condamner des innocents.

L'instruction de la chambre apostolique, imprimée à Rome en 1657, reproche aux juges les vexations, les emprisonnements injustes, la torture qu'ils employaient trop facilement. Elle blâme les exorcistes qui avaient l'imprudence d'interroger le démon sur l'auteur du maléfice, et les magistrats qui ajoutaient une croyance trop prompte aux révélations du père du mensonge. Elle leur donne d'excellents conseils et semble prévoir les accusations des modernes incrédules. « Il ne faut pas, dit-elle, employer des *suggestions* capables de faire avouer aux accusés des choses auxquelles ils n'ont jamais pensé. » (V. Bizouard, t. III, p. 185.)

Il est vrai que les juges et les théologiens ne connaissaient ni le nom ni les expériences de l'hypnotisme moderne, mais ils savaient mieux que nous apprécier les effets qu'on lui attribue. S'ils étaient là pour se défendre, de quels noms qualifieraient-ils les grossières méprises de leurs accusateurs ?

Quoi ! des hommes qui naguère, il y a vingt ans, refusaient encore systématiquement de croire aux phénomènes du somnambulisme provoqué, s'imaginent avoir retrouvé le moyen d'endormir naturellement l'intelligence, la mémoire, la volonté, au point de s'emparer de ces facultés et de les diriger ! Et ces hommes sont tellement troublés par ces phénomènes connus, décrits, jugés des milliers d'années avant eux, qu'ils se croient eux-mêmes incapables de distinguer une suggestion d'un aveu spontané ! Et ces savants sans foi, sans loi, sans guide, qui font profession de ne croire que ce qu'ils veulent et ce qui leur plaît, voudraient en remontrer à des hommes dont la vie entière fut consacrée à l'étude de ces questions ! Chers maîtres, un peu de modestie !

Au moyen-âge, lorsqu'un sorcier avouait des choses absolument inconnues des juges et des témoins, et que les perquisitions en faisaient reconnaître l'exactitude, il fallait bien croire à leur réalité ; lorsqu'un possédé révélait des faits que tout le monde et lui-même ignorait, et que ces faits étaient ensuite reconnus vrais, on concluait, et l'on avait raison, que ces révélations ne pouvaient être *suggérées* par un esprit humain. Pas plus que la suggestion, l'autosuggestion, tout entière créée par l'imagination, ne pouvait inventer des choses vraies et complètement inconnues. En est-il autrement de nos jours ?

Oseriez-vous taxer de stupide injustice les tribunaux modernes qui condamneraient d'infâmes hypnotiseurs coupables de vols, de rapts ou de viols, de captations ou de suggestions criminelles ? Pourquoi blâmer ce que faisaient les juges du moyen-âge ?

3° Nous ne pouvons surcharger ce travail des innombrables observations qui fourmillent dans les auteurs ; mais les témoins, même étrangers à ces pratiques mystérieuses, ne manquaient pas. Plusieurs avaient assisté au départ des initiés, les avaient rencontrés sur la route, les avaient surpris dans leurs réunions ou les avaient suivis. Ils racontaient séparément ce qu'ils avaient vu, nommaient les acteurs, rapportaient leurs conversations, leurs paroles et leurs gestes, sans se contredire et sans se couper ; les accusés, avouaient en ajoutant d'autres détails également confirmés par l'enquête. Que faut-il donc de plus ?

Quelques témoins eux-mêmes avaient été victimes de leur ignorance ou de leur imprudence ; d'autres entraînés malgré eux avaient été abandonnés loin de leur demeure dans un état et à une distance que ne pouvaient expliquer ni l'ivresse ni la folie. Doit-on les récuser, quand leurs dépositions s'accordent avec celles des accusés ?

4° Des traces et des empreintes persistantes sur la neige et dans la boue venaient encore confirmer ces récits et les aveux des inculpés. Traces de pieds humains et d'animaux attestant le nombre et la qualité des acteurs ; traces qu'on ne pouvait suivre ni à l'aller ni au retour en dehors de l'enceinte. Que voudrait-on de plus probant ?

Pour ce qui est des *maléfices*, pourquoi n'eût-on pas cru aux aveux des coupables et aux dépositions des témoins ? On retrouvait aux endroits désignés les restes des victimes, les poudres, les onguents, les objets indiqués comme ayant servi à ces maléfices ; on constatait les effets annoncés de ces drogues sur les individus et sur les animaux maléficiés, leur innocuité chez les autres, la cessation du mal après leur destruction. Les crimes avoués étaient reconnus vrais jusque dans les détails inconnus que l'accusé avait révélés. Là encore on invoque la suggestion chez les sorciers et chez leurs victimes ; l'invoquera-t-on aussi chez les animaux et dans les corps inertes ? Qu'on se rappelle les expériences des spirites.

Les *métamorphoses* elles-mêmes, plus difficiles à croire, ont été plusieurs fois constatées et prouvées par des faits peu contestables. Ceux qui les admettent les expliquent, ou par la fascination des spectateurs (du Potet), ou par des vapeurs, des corps aériens qui enveloppent les victimes, ou bien encore le diable prend lui-même ces corps et ces apparences et porte ses victimes en lui (de Lancre.) Enfin les mystères du nagualisme donneraient peut-être encore une explication acceptable de tous ces faits.

Le *nagualisme* est une variété de possession commune chez les nègres de l'Afrique centrale et transportée par eux en Amérique. Elle consiste en une consécration particulière et un pacte conclu par l'initié avec le démon, sous la forme d'un animal ordinairement féroce, lion, tigre, crocodile, serpent, qui devient l'ami, le défenseur et pour ainsi dire la *doublure* de son maître ; à tel point que pas un accident n'arrive à l'un des deux, sans que l'autre n'en ressente le contre-coup. La moindre blessure qui frappe l'homme ou l'animal est immédiatement reproduite sur son conjoint. La mort de l'un entraîne la mort de l'autre, avec les mêmes lésions, les mêmes symptômes.

Les deux *socii* peuvent-ils se remplacer et se suppléer pour commettre un crime ou exécuter une vengeance ? Les missionnaires racontent à ce sujet des faits aussi terribles que stupéfiants. (V. de Mirville, *Des Esprits*, t. III, p. 357 et le P. Burgoa, *Description de Saint Domingue*, ch. LXXI.)

Il n'est pas jusqu'au *vampirisme* qui n'ait été constaté officiellement et juridiquement en Crète, en Pologne, en Hongrie.

Le vampirisme est caractérisé par des apparitions d'individus récemment décédés de mort violente, qui se montrent aux vivants et les font mourir en aspirant leur sang. Les cadavres des vampires exhumés, même au bout de plusieurs semaines, de plusieurs mois, paraissent frais et bien conservés ; les plaies sont saignantes, et dans plusieurs épidémies on ne fit cesser le fléau qu'en brûlant ou en empalant les cadavres. (V. de Mirville, *Des Esprits*, t. IV, p. 388.)

Voyez aussi dans le même auteur (t. V, p. 309): *La permanence des mystères, ou les derniers replis du serpent ;* en particulier le *Vaudoux* américain et ses milliers de victimes, cauchemar permanent, sous lequel disparaissent des populations tout entières. *Diabolus homicida fuit ab initio.* (*)

Expliquer le vampirisme, comme le fait le docteur Calmeil, par du mauvais pain, des écorces moulues et mélangées à la nourriture, ou même par l'ignorance, n'est-ce pas se moquer de ses lecteurs ? Si vous admettez le fait, avouez qu'il est inexplicable naturellement ou donnez-nous au moins des hypothèses acceptables.

Faut-il parler encore de l'*incubisme* et de ses effets ?

La plupart des médecins ne voient dans ces phénomènes que des rêves érotiques, des cauchemars ou des hallucinations amoureuses, comme celles qui accompagnent le folie et la période des attitudes passionnelles de l'hystérie. Les signes de possession qui suivent presque toujours le véritable incube suffisent à différencier ces deux ordres de

---

(*) Le diable fut homicide dès le commencement.

faits. Nous étudierons ces signes plus loin. Dans tous les cas ces phénomènes ne doivent être admis que sous le bénéfice de la plus grande réserve.

L'Eglise n'a pas voulu encore se prononcer sur ce qu'on devait entendre par les *Ben-Eloïm* (*filii Dei*) du chapitre VI de la Genèse : « *Videntes filii Dei filias hominum quod essent pulchræ, acceperunt sibi uxores ex omnibus quas elegerant... Gigantes autem erant super terram in diebus illis. Postquam enim ingressi sunt filii Dei ad filias hominum, illæque genuerunt, isti sunt potentes à seculo viri famosi.* »

Elle s'est contentée de condamner l'opinion de ceux qui pensèrent que ces fils de Dieu étaient de bons esprits, et l'explication hérétique de ceux qui supposèrent qu'il s'agissait ici d'une race d'hommes ou d'animaux intelligents différente de la nôtre.

L'Eglise en revanche laisse libre la croyance la plus commune et la plus universelle que ces Ben-Eloïm étaient des démons. Quelques Pères, en combattant cette explication, la considérèrent au moins comme admissible ; témoin Saint Augustin, qui après avoir essayé plutôt que formulé contre cette opinion une fin de non recevoir, convient « qu'il y aurait une souveraine imprudence à nier les faits, en raison de leur *réalisation quotidienne et publique.* » (*) (*Cité de Dieu*, l. XV, ch. XXIII.)

Quoi qu'il en soit de ce commerce infâme avec les démons auquel le P. Sinistrari a donné le nom de *démonia-*

(*) On préfère généralement aujourd'hui l'explication plus naturelle donnée par quelques Pères : « On entend communément par les *fils de Dieu*, dit M. Vigoureux, les descendants de Seth, auxquels on donne ce nom à cause de leur piété envers Dieu, et par les *filles des hommes*, les filles de la race pervertie de Caïn. » (*Annotation à la traduction française de la Genèse.*) Cette hypothèse n'a qu'un défaut, c'est de n'expliquer qu'imparfaitement la naissance d'une race physiquement si supérieure aux ancêtres des deux côtés.

lité, tous les théologiens le considèrent comme le pire de tous. La plupart admettent sa possibilité; quelques-uns affirment son existence et même, quoique sans preuves certaines, la réalité des fruits qui en résultent.

Les démons agissent-ils sur l'imagination seulement, ou prennent-ils un corps véritable? Ces deux modes d'action sont probables et possibles.

Cependant tous les théologiens sont d'accord pour affirmer que les démons ne peuvent être pères. Pour mieux tromper et séduire, ils simulent des passions qu'ils ne peuvent avoir, *sed non habent semen proprium ;* ils pourraient cependant *cujusdam hominis subripere semen, et incubantes in feminæ* CONSENTIENTIS *uterum proferre, unde conceptio ;* ou bien, en possédant le fruit dès le sein de sa mère, ils influenceraient son développement, lui donneraient ces formes étranges qu'on a plusieurs fois constatées (*faunes et satyres*) et pourraient l'associer plus tard dans une certaine mesure à leur puissance.

Quelques théologiens ne sont pas éloignés d'attribuer à cette *influence* les prodiges accomplis par les géants, les demi-Dieux, les faunes et les nymphes, dont l'existence très historique ne saurait être aujourd'hui contestée. Même de nos jours, bon nombre de docteurs paraissent se rallier à l'opinion de Bellarmin, de Suarez, de Maluenda, insinuant que telle doit être un jour la naissance de l'antéchrist et ils expliquent de la même manière l'existence de certains médiums. (Voyez sur ces naissances influencées l'appendice U, au chapitre XIV du t. IV, p. 269, *Des Esprits,* par M. de Mirville.)

Mais à quoi bon s'attarder à ces faits extraordinaires, sur lesquels l'Eglise n'a pas encore voulu se prononcer, et contre lesquels elle n'a cessé de prémunir la trop grande crédulité des juges et des fidèles ?

Sachons imiter sa prudente réserve et nous en tenir avec elle aux faits incontestables. Il est bon cependant de connaître ces phénomènes possibles quoique douteux ; car ils peuvent dans la pratique servir à l'appréciation des autres.

§ V. — *Les procès de sorcellerie*

Avant d'aborder l'étude des preuves sur lesquelles l'Eglise basera son diagnostic, qu'il nous soit permis de protester encore contre l'accusation de cruauté qu'on ne cesse de lui jeter à la face, à propos des procès de sorcellerie.

Dans ces procès, dit le docteur Regnard, écho de ses confrères, « on variait naturellement les supplices, et je crois que la *justice ecclésiastique* partage sur ce point le monopole des inventions avec la justice chinoise. » (*Des maladies de l'esprit*, p. 32.)

La torture n'est pas une invention de l'Eglise, et les *tribunaux ecclésiastiques* n'en ont jamais fait usage. Non seulement l'Eglise n'approuve pas cette barbare coutume ; mais elle l'a toujours condamnée en principe, et là où elle n'a pu la supprimer, elle a cherché de tout son pouvoir à la rendre moins cruelle. (V. Bizouard, t. III, ch. 2, p. 183.)

L'Eglise d'ailleurs était loin d'avoir toute sa liberté dans la conduite de ces procès. Dès 1390, par arrêt rendu à Paris, il fut jugé contre l'évêque de ladite ville que la connaissance du crime de sorcellerie appartient aux juges laïques, (Bizouard, t. II, p. 20) et de l'aveu même des auteurs les plus incrédules, « vers la fin du XVIᵐᵉ siècle, ce ne sont plus les inquisiteurs et les prêtres qui ont la direction des procès de sorcellerie ; la justice civile, au moins en

France, prend le premier rang. » (Ch. Richet, Article déjà cité de la *Revue des deux Mondes*, 1880.)

Les erreurs et les atrocités de cette époque, qu'on repro-che si amèrement à l'Eglise, ne lui sont donc pas impu-tables.

C'est de ce temps, du reste, que datent les livres de Lambert, Daneau, Bodin, Nicolas Remi, Bognet, de Lancre et de tant d'autres, où nos savants ont fait leurs plus déli-cieuses découvertes, sans remarquer que ces ouvrages, la plupart condamnés par l'Eglise, ne pouvaient fournir contre elle aucun argument de valeur.

« L'Eglise n'infligeait pas la peine de mort pour cause d'hérésie ou de sorcellerie ; mais c'était à elle de décider s'il y avait hérésie. Si elle était constante et si l'hérétique refusait d'abjurer, on l'abandonnait à la justice séculière. Vint même une époque où l'Etat, frappé des maux causés par la sorcellerie, décida que les juges laïques devaient seuls en connaître.» (V. Papon, *Recueil d'arrêts.*)

L'Etat avait-il donc le droit de poursuivre comme il l'a fait les hérétiques et les sorciers et de punir du bannisse-ment ou de la mort de simples erreurs que la bonne foi pouvait justifier ? Nous ne pouvons entrer ici dans le détail de faits historiques qui sont bien loin d'être tous excusa-bles ; mais, d'une façon générale, on peut dire que toute société légitime a le droit de se défendre contre ses enne-mis de l'extérieur et de l'intérieur, que le plus souvent les hérétiques et les sorciers n'étaient pas, dans l'Etat, de sim-ples victimes de l'erreur, mais bien des *factieux* ou des *criminels* que tout gouvernement a le droit de punir.

Fort bien, nous dira-t-on, mais qui nous assurera que l'Eglise, ou du moins ses représentants, ne se sont pas trompés ? Qui nous prouvera qu'ils n'ont pas pris pour une action diabolique de simples maladies ou des états purement physiologiques qu'ils ne connaissaient pas ?

Nous allons voir que l'ignorance des juges n'était pas aussi grande qu'on la suppose, et que d'ailleurs les preuves qu'ils exigeaient pour fixer leur diagnostic pouvaient les dispenser de ces connaissances médicales dont on fait aujourd'hui si grand bruit.

CHAPITRE DEUXIÈME

Le Diagnostic

La conduite de l'Eglise a pratiquement varié selon les temps et les circonstances.

Les apôtres et leurs successeurs immédiats, mis en présence des prêtres des idoles, des magiciens et des nombreux démoniaques qui pullulaient dans le paganisme, dûrent montrer dès les premiers siècles la puissance qui leur était donnée. Elle était telle que les simples chrétiens, armés d'une foi plus robuste que la nôtre, et secondés sans doute par une grâce toute spéciale, n'hésitaient pas à s'en prévaloir en toute occasion.

Leur confiance, justifiée par le succès, était si grande que Tertulien, nous venons de le voir, osait réclamer publiquement le dernier supplice pour tout chrétien qui ne réussirait pas à faire confesser aux démons leurs mensonges et leur imposture.

Bientôt cependant le pouvoir de combattre et de chasser les démons fut particulièrement dévolu aux exorcistes. L'ordre des exorcistes est le troisième des ordres mineurs, et, comme la coutume s'établit de bonne heure de ne donner les ordres mineurs qu'à ceux qui se destinent au sacerdoce, les prêtres ne tardèrent pas à être seuls admis à exercer ce pouvoir.

Aujourd'hui, l'exorcisme *public* et *solennel* ne peut plus s'exercer licitement que par l'autorisation expresse de l'évêque.

La discipline actuelle de l'Eglise interdit même l'exorcisme public et solennel, sous peine de péché grave, aux prêtres non autorisés par l'évêque, et, dans plusieurs endroits, la suspense est encourue par les délinquants. (Saint Ligori.)

Cette pratique est justifiée par la rareté relative des cas de possession et la difficulté de les reconnaître ; mais les règles générales n'ont pas varié, et les signes exigés de nos jours ne diffèrent pas de ceux que les Pères et les docteurs des premiers siècles avaient constatés et que réclamaient les théologiens du moyen-âge et de la renaissance.

A part les saints qui, par une inspiration subite et divine, reconnaissaient souvent au premier coup d'œil les œuvres du démon, et, le forçant à se démasquer, le chassaient au nom de Jésus-Christ, les exorcistes, avant d'user de leur pouvoir, examinaient soigneusement le sujet qu'on leur présentait et se gardaient autant que possible de compromettre l'autorité de l'Eglise et la foi des fidèles, en appliquant au hasard ce remède divin.

Les exorcismes probatoires, auxquels on recourait dans les cas douteux, n'étaient eux-mêmes permis que lorsque le soupçon était déjà justifié par une certaine probabilité.

Si l'on peut reprocher aux particuliers des abus, excusables peut-être en temps d'épidémie, ils furent toujours blâmés et réprimés par l'autorité ecclésiastique.

Le premier point sur lequel insistent tous les théologiens c'est de se méfier des contrefaçons, des supercheries et des mensonges, de la part des témoins et du patient lui-même. *Nemo præsumitur mulus donec probetur.* (*) Et, quoi qu'en

(*) Personne ne doit être présumé coupable jusqu'à ce qu'on en ait fourni la preuve.

disent les adversaires de l'Inquisition, on ne saurait trop louer sa prudence et le soin qu'elle prenait pour éviter de se laisser surprendre.

Tout faux témoin était condamné à une prison perpétuelle et ne pouvait être relevé de l'excommunication encourue qu'en jeûnant au pain et à l'eau le reste de ses jours.

« Quiconque accusera une personne d'avoir porté des sorciers ou seulement un chaudron au sabbat, et ne le prouvera pas, dèvra payer 2,500 deniers et même 5,000, s'il accuse une femme libre. » (*Malleus maleficorum* de Sprenger, code le plus universellement reçu vers la fin de l'Inquisition.)

« Il fallait qu'il fut plus clair que le soleil aux yeux du juge que l'accusé était coupable, et qu'il ne manquât pas d'autre preuve que l'aveu de ce dernier pour ordonner la torture. » (Delrio, *Dig. mag.*, cap. V.)

On se méfiait surtout des affirmations des possédés, parce qu'il n'y a aucune raison de croire à ce que dit le démon et parce que cet état peut être simulé.

Témoin Catherine Dupré simulant à Paris, à Beauvais, à Sailli, à Senlis, à Saumur, à Bressuire, dont elle était originaire, une série de guérisons, et disparaissant lorsqu'elle se savait recherchée par le P. Lebrun qui avait percé à jour ses supercheries.

Les signes de la possession ont été divisés par les théologiens en signes douteux, probables et certains.

1º *Signes douteux.* — Dans la première catégorie se rangent d'abord l'action préalable de se vouer au démon, les pratiques suspectes de magie, l'usage actif et passif des maléfices. (Schram, *Théologia mystica.*)

On remarquera que les théologiens, tant accusés de superstition, commencent par reléguer parmi les signes *douteux* les pratiques superstitieuses. En effet, la plupart de ces actes, insignifiants par eux-mêmes, ne deviennent coupables que par l'idée qu'on y rattache et la confiance qu'on leur accorde ; ils ne sont qu'un appel souvent très indirect aux esprits infernaux. L'ignorance est souvent une excuse, et ces appels d'ailleurs ne peuvent avoir leur effet qu'avec la permission de Dieu. Or, Dieu, dans sa sagesse et sa bonté, la refuse le plus souvent ; mais il peut aussi l'accorder pour confondre l'orgueil et la vaine curiosité des imprudents et des incrédules.

Ces pratiques superstitieuses, même en dehors de la faute de désobéissance qui les accompagne toujours et des effets surnaturels qui les suivent souvent, ne laissent pas d'être humainement dangereuses, en ce qu'elles peuvent frapper l'imagination au point d'amener naturellement des troubles psychiques et physiologiques que nul n'a droit de provoquer. Mais alors il n'est pas toujours facile de distinguer les phénomènes naturels des symptômes émanant d'une cause supérieure à notre nature. C'est pour cela que les théologiens considèrent comme un signe douteux ces pratiques, tout au plus propres à donner l'éveil et à provoquer la recherche de manifestations plus probantes.

Ici se pose une question : Doit-on considérer comme des actes superstitieux les préliminaires de l'hypnotisme ?

Un des caractères principaux de la superstition consiste à attribuer ou à demander des effets manifestes à des causes incapables de les produire ; n'est-ce pas le cas des simagrées plus ou moins scientifiques qu'emploient les magnétiseurs de ce siècle ? Si l'Eglise ne les a pas encore positivement condamnées, jamais non plus elle ne leur a donné une formelle approbation. Elle les tolère à peine dans certains cas bien définis et les regarde comme suspectes.

Est-ce à dire que nous devions aussi suspecter les hypnotiseurs et les regarder comme des sorciers sans le savoir, ou des adeptes plus ou moins conscients de la magie ? Nous nous en gardons bien ; beaucoup d'entre eux sont de très bonne foi, et n'ont pas d'autre but que des recherches scientifiques absolument permises, tant que les expériences n'ont provoqué aucun des résultats qui pourraient les mettre sur la voie d'une intervention extranaturelle, et qu'ils remplissent d'ailleurs les conditions imposées par l'Eglise.

Mais il ne faut pas oublier que la plupart de nos savants, par leur ignorance volontaire et leurs préjugés qu'ils ne veulent point abandonner, sont absolument réfractaires à toute idée étrangère à leurs connaissances restreintes, et méritent de se tromper et d'être trompés.

D'autres, comme le magnétiseur italien dont parle le chevalier Gougenot des Mousseaux, ne font nulle difficulté d'avouer leurs pactes et leurs relations avec « les *esprits ambiants*. »

D'autres encore, plus logiques et plus persévérants, ne tardent pas à provoquer des phénomènes qu'ils n'osent raconter sans de grandes réticences et des précautions malheureusement insuffisantes.

Tel M. du Potet, dont le volume de 300 pages in-8°, intitulé *La magie dévoilée* n'était vendu relié et scellé qu'au prix de cent francs. L'auteur voulait qu'on sût avant de l'acheter, que ce livre n'était point indispensable « à qui veut faire le bien et répandre le magnétisme ; » il prétendait qu'il ne sortît point des mains de l'acheteur ; il exigeait la promesse formelle que ce dernier n'en permettrait ni la copie, ni la reproduction même partielle... car il voulait éviter la responsabilité des faits d'autrui. (V. Bizouard, t. V, p. 498.) N'est-ce point assez pour inspirer de ces pratiques une grande méfiance ?

Et lorsqu'on voit le même auteur s'écrier dans le tome VIIIme du *Journal du Magnétisme* : « Non, non, il y a quelque chose ici qui dépasse notre raison. Le surnaturel se montre lors même que je voudrais en nier l'existence... Est-il sage de réveiller l'esprit de Python et d'apprendre aux hommes où il repose ? » Nous demanderons nous-même s'il est permis de s'engager dans une voie qui peut conduire à sa demeure.

Les théologiens rangent encore parmi les signes incertains de la possession les mœurs grossières et bestiales, *mores agrestes et ferini*. (Schram, *Théol. myst.*)

C'est, en effet, parmi les gens de la campagne et les sauvages que se recrutent le plus souvent les sorciers ; mais ce n'est pas seulement cette particularité que visent les théologiens. Ces mœurs grossières deviennent surtout un signe de possession, lorsque ni l'éducation, ni le milieu, ni la maladie ne peuvent les expliquer, ou qu'elles semblent inconsciemment se rapprocher des agissements des bêtes sauvages.

Si les médecins avaient voulu s'occuper plus sérieusement de ces questions, en ce qui les regarde, on pourrait sans doute ajouter à ces signes douteux une foule de symptômes, rares dans les névroses et très communs dans les possessions avérées. Nous en avons déjà souligné quelques-uns : La double condition, digne de figurer parmi les signes probables, les convulsions où le désordre est plus apparent que réel, et dont les mouvements inconscients mais ordonnés semblent manifestement dirigés par une intelligence étrangère vers un but facile à deviner ; l'absence complète du moindre trouble, soit intellectuel, soit physique, à la suite des crises ; l'instantanéité du retour à l'état normal, etc. Combien d'autres nuances, si l'on voulait se donner la peine d'y regarder, ne pourrait-on pas découvrir ?

Dans les maladies ordinaires, on ne saurait trop admirer la sagacité, la délicatesse, le tact et la finesse des médecins. Le moindre symptôme, le regard, le décubitus, la démarche, l'expression du visage, la respiration, la parole est souvent toute une révélation. Qui de nous, au premier aspect d'un malade dont les vagues et légers symptômes nous laissaient dans l'indécision, n'a pas diagnostiqué instantanément la fièvre typhoïde, sur ce fait que le malade accusait une surdité relative ? Sans doute aucun de nous ne se serait contenté de ce signe pour affirmer le diagnostic ; mais il suffisait cependant pour nous donner presque une certitude. Quelle fausse honte nous tient donc, jusqu'à nous faire négliger des nuances au prime abord si faciles à saisir, lorsqu'il s'agit de possession ?

Les profanes et les ignorants sont plus avancés dans cette voie que les savants eux-mêmes, et bien des signes que ces derniers rejettent avec dédain, recueillis par les simples, mériteraient peut-être un peu plus d'attention. Telles sont les crises provoquées par la présence du sorcier, la rencontre de ce dernier au retour de chaque pèlerinage, les lieux et les objets fatidiques, l'impression causée par le son des cloches ou le passage d'une procession, les mœurs et les manières des possédés toujours en rapport avec celles des démons, les blasphèmes et les obscénités de la part d'individus que leur éducation et leurs habitudes devraient éloigner de ces actes répréhensibles, etc.

Il importerait avant tout de ne pas négliger les antécédents et les origines de la maladie. Malheureusement les médecins, si soucieux de ces recherches dans les maladies ordinaires, semblent avoir pris à tâche de les rejeter lorsqu'ils sont en présence de phénomènes qui pourraient aller à l'encontre de leurs préjugés. *Aures habent et non audient.* Ils ont des oreilles ; mais ils n'entendent rien.

2° *Signes probables.* — Entre les signes douteux et les signes probables il est assez difficile de tracer une démarcation absolument fixe ; quelques auteurs les confondent dans une même classe. Les signes douteux peuvent être plus facilement simulés, ou se rencontrent dans certaines maladies ; les signes probables sont d'une simulation plus difficile et présentent des caractères propres qui les distinguent suffisamment des phénomènes analogues observés chez les simples malades.

L'appréciation peut varier. Ainsi le P. Schouppe indique parmi les signes probables les clameurs extraordinaires ou plutôt les vociférations contraires aux habitudes du sujet, *insolitæ vociferationes,* que d'autres regardent comme un signe douteux. Il y ajoute les hurlements de bêtes féroces ou les cris d'animaux, *ululatus belluini,* une effrayante altération des traits, *horribilis vultus* ; l'insensibilité des membres, *stupor membrorum ;* l'agitation continuelle, *ingens inquietudo ;* une force extraordinaire, des contorsions et des chutes par lesquelles le possédé tente parfois de se suicider, *variæ contorsiones et projectiones quibus sibi adimere vitam possessus aggreditur.* (Schouppe, *Elem. theol. dogm.)*

D'autres théologiens auraient peut-être considéré ces signes comme très incertains.

La plupart de ces sypmtômes, assez faciles à simuler, se retrouvent en effet dans certaines maladies, et pour qu'ils deviennent des signes probables, il faut qu'ils ne soient pas purement automatiques, comme dans les cas pathologiques, et qu'ils fassent au moins soupçonner la présence d'une intelligence étrangère qui semble les diriger.

Les *clameurs* des malades, par exemple, lorsqu'elles ne sont pas causées par la douleur, sont presque toujours involontaires (cris eucéphaliques); elles se succèdent régulièrement toujours les mêmes, sans qu'on puisse les interrompre ou les provoquer. Le démoniaque, au contraire, varie à l'infini ses vociférations. Ses cris sont provoqués souvent, sans le moindre signe de maladie, par des paroles tirées de l'Ecriture Sainte ou des objets bénits. Ce sont des blasphèmes ou des obscénités. L'exorciste les fait cesser au nom de Jésus-Christ.

Quant au *bouleversement des traits*, s'il est pathologique, il s'accompagne toujours de convulsions plus ou moins généralisées. Chez le possédé, l'altération persiste tout le temps de la crise, même en dehors des convulsions. Elle est remarquable par sa rigidité, qui prend parfois l'apparence d'un masque. La physionomie du malade conserve le même type, celle du possédé est méconnaissable, et chose étrange, elle varie avec chaque possesseur.

L'*insensibilité* des sens et de la peau, donnée comme signe de possession, fera sans doute sourire nos modernes observateurs. Ils ne manqueront pas de rapprocher de ce fait l'anesthésie des hystériques. Les théologiens des siècles passés ne connaissaient pas sans doute cette dernière ou la connaissaient mal ; mais on peut affirmer qu'ils ne l'auraient pas confondue avec celle des possédés ; car l'insensibilité qu'ils ont décrite ne ressemble en rien à l'anesthésie purement pathologique.

L'insensibilité des hystériques est persistante, et bien qu'elle varie souvent, on la retrouve presque toujours après chaque crise aux mêmes parties du corps, aux mêmes lieux d'élection.

Au contraire, l'anesthésie des démoniaques est toujours passagère, elle varie dans la même crise et semble assujettie à une volonté étrangère, soit de l'exorciste, soit de l'esprit possesseur. Après l'accès, elle disparait le plus souvent, excepté aux parties très limitées, révélées dans les exorcismes ou autrement, comme portant le signe du pacte diabolique. Sur ces parties, l'insensibilité, lorsqu'elle existe, persiste jusqu'à la disparition du signe.

Purs phénomènes de suggestion, dira-t-on. C'est possible dans certains cas, et les théologiens, sans connaître les merveilles de la *suggestibilité* moderne, en avaient sans doute le pressentiment ; car ils ne voient en eux que des signes à peine probables.

Enfin, pour ce qui regarde les *chutes* capables de causer la mort ou une lésion grave, il faut ajouter que le plus souvent elles sont inoffensives.

Dieu permet souvent au démon de vexer et de faire souffrir ses victimes, rarement il lui permet d'attenter à leur vie ou de leur causer des lésions capables de compromettre leur intégrité. De plus ces chutes extraordinaires ne sont jamais complètement automatiques comme celles que produisent les névroses et en particulier l'épilepsie. Elles sont presque toujours accompagnées d'une préméditation apparente et de malices d'autant plus caractéristiques qu'elles demeurent inconscientes de la part du patient.

A propos de la folie, nous avons déjà noté ces signes différenciels : d'un côté impulsions *maladives* ou purement automatiques, ou conscientes ; de l'autre *préméditation* manifeste et *inconscience ;* deux caractères qui sembleraient s'exclure et ne s'expliquent que par l'intervention d'un tiers.

Nous noterons donc avec les théologiens parmi les signes probables de la possession :

(a) Les *convulsions intelligentes* que nous avons décrites ;

(b) Les *mouvements physiologiquement impossibles* sans

exercice et sans entraînement préalable, comme la torsion du cou jusqu'à faire reposer le menton sur le dos, la nuque touchant les talons, etc.;

(c) Les *chutes* et les *coups* qui paraissent *prémédités*, ne laissent *aucune trace* ou à peu près, malgré leur violence et demeurent inconscients;

(d) Des *déformations* et des *douleurs* intolérables *subitement guéries* par le signe de la croix ou les autres sacramentaux;

(e) La *perte subite* des principaux sens et de la sensibilité instantanément rendus par une conjuration (signe imité, si non reproduit, par l'*hypnotisme :* mauvaise note pour ce dernier);

(f) L'action de *ramper* sur le ventre comme un serpent, sans s'aider des pieds et des mains (les mouvements de reptation doivent être très rares dans les névroses; je ne les ai vus indiqués nulle part);

(g) Les mouvements de *saut*, de *danse*, de *rotation*, d'*équilibre*, qui physiquement ou physiologiquement s'expliquent difficilement et qu'on retrouve dans le *corybantisme*, maladie fort suspecte;

(h) Les *cris d'animaux*, les *hurlements involontaires* et surtout *inconscients ;*

(i) Des *vomissements* de reptiles, d'épingles, de clous, de cheveux, de verre, etc., ou la présence d'insectes et d'animaux immondes qui naissent et disparaissent instantanément et sans cause; mais il ne faut pas oublier que ces vomissements et ces apparitions ont été souvent simulés;

(j) L'ingestion de *poisons* qui restent *inoffensifs ;*

(k) Des *visions* étranges et *diaboliques* qu'une simple aliénation mentale ne saurait expliquer;

(l) Des *colères* et des *fureurs* causées par la présence d'objets bénits, de personnes adonnées au culte, ou qui se produisent lorsqu'on veut faire entrer le sujet à l'église. Quelques possédés cependant peuvent, dans l'intervalle de leurs crises, se livrer à la prière et recevoir les sacrements; mais il est rare qu'ils n'en soient pas momentanément empêchés. Dans certains cas plus rares encore, le démon, pour donner le change, peut aussi simuler le calme et l'*indifférence* ;

(m) L'*impossibilité d'ingérer* ou de *digérer* les *boissons* ou la *nourriture bénites*.

Il serait facile d'augmenter cette liste des signes probables de la possession. Brognoli, dans son *Manuel des exorcistes*, en note plus d'un cent ; mais il observe que *ces indices tirent surtout leur force de leur accumulation, de leur répétition et des circonstances dans lesquelles on les observe*. Isolé chacun de ces phénomènes n'aurait qu'une valeur de peu d'importance.

3° *Signes certains.*— J'ai hâte d'arriver aux signes réputés *certains* à la condition d'avoir été observés, contrôlés, étudiés avec soin.

(A) Tous les théologiens s'accordent pour donner comme signe principal de la possession diabolique la faculté de *parler* ou de *comprendre une langue* étrangère et complètement *inconnue* du sujet. « *Si quis prius ignarus de renpente linguis loquatur peregrinis.* » (Schouppe, *Elem. theol. dogm.*)

Les médecins incrédules expliquent ces faits à leur manière :

M. Azam rapporte l'histoire d'une jeune hystérique (?), paysane ignorante, qui pendant ses attaques parlait un latin emprunté à son livre de messe, seul livre qu'elle eut lu en cette langue, vers l'âge de douze ans.

Coleridge raconte aussi qu'une servante illettrée, devenue folle (?), répétait dans ses attaques des sentences grecques tirées d'un père de l'Eglise qu'elle avait accidentellement entendu lire par le pasteur chez qui elle servait.

Ces faits et d'autres analogues ont-ils été suffisamment étudiés, et l'explication qu'on en donne est-elle bien légitime ? Les préjugés connus des auteurs qui les rapportent permettent d'en douter. Des détails plus circonstanciés seraient nécessaires pour se prononcer.

Dans tous les cas, il ne s'agit pas ici de quelques mots inintelligibles jetés au hasard ou murmurés d'une manière incompréhensible, ni de la vague réminiscence de locutions sans aucun sens et sans à propos. Les exemples que citent les théologiens ne peuvent laisser aucun doute sur leur pensée.

Un des plus remarquables fut ce jeune cochinchinois que M. de la Cour, missionnaire, aborda en lui parlant latin, persuadé, avec raison, qu'il ne pouvait avoir aucune notion de cette langue, et qui répondit sur-le-champ : « *Ego nescio loqui latine.* »

(B) A ce signe peut se rattacher le suivant qui consiste à voir un ignorant parler et discourir avec compétence des sciences les plus ardues et les plus difficiles : *Si legat (ignarus), scribat, cantet artificiose, de rebus sublimioribus, et aliunde ignotis, erudite respondeat. (Ibid.)*

Les somnambules et les magnétisés, nous l'avons vu plus haut, dans l'état de concentration intellectuelle où ils sont plongés, retrouvent, dit-on, parfois dans leur mémoire des langues apprises dans leur enfance, qu'il leur serait impossible de parler et de comprendre dans leur état normal. Il n'est pas rare non plus de les voir se livrer à certains travaux, et montrer alors une aptitude et une capacité supérieures à celles qu'ils auraient dans l'état de veille. L'absence de distractions, l'usage intensif d'une ou deux facultés à l'exclusion des autres suffisent pour expliquer jusqu'à un certain point cette supériorité momentanée ; mais, pour que ce signe ait de la valeur au point de vue de la possession, il faut que l'ignorance du sujet soit telle qu'on ne puisse expliquer ses actes ou ses discours par la moindre réminiscence.

Tels furent parmi les camisards ces enfants à la mamelle et parlant à peine qui se mettaient instantanément à discourir sur la Bible et les sciences théologiques.

(c) Les théologiens notent encore la connaissance des pensées secrètes, de faits cachés ou tellement éloignés que leur perception dépasse certainement les forces naturelles de l'homme, quoique elle n'excède pas la portée intellectuelle des démons, à la condition toutefois qu'on ne puisse attribuer ce pouvoir à la sainteté du sujet : *Si occulta et absentia, quæ naturaliter ab homine sciri non possunt, captum tamen dæmonis non excedunt, nec sanctitati ejusmodi hominis tribui possunt manifestet.* (Schram, *Theol. myst.*)

Telles sont beaucoup de divinations attribuées au magnétisme.

(d) Les magnétiseurs se vantent aussi d'imiter le signe suivant : l'obéissance à l'exorciste commandant *au nom de Jésus-Christ*, le mouvement ou le repos, la paralysie ou l'agitation de tel ou tel membre : *Si ad præceptum exorcistæ, sub adjuratione nominis Jesu, prompte obediat (diabolus) vexando vel non vexando, impediendo vel non impediendo hoc vel illud membrum.* (Schram, *Ibid.*)

Ce dernier signe sera encore plus important, si c'est une

maladie qui se déplace et si l'organisme tout entier obéit à
cette injonction. L'inhibition que les modernes croient
avoir inventée était, comme on le voit, connue depuis
longtemps.

Que faut-il donc penser alors du magnétisme, des suggestions et des inhibitions hypnotiques ? « C'est un jeu
pour le magnétiseur, dit le baron du Potet, d'ôter la vue
ou l'ouïe au magnétisé ou de faire qu'il voie un spectateur
avec une tête d'ours ou de chien. Un acte de la volonté
suffit. »

Lorsque nous parlerons de l'exorcisme, nous étudierons
en quoi ce remède se rapproche et diffère du magnétisme.
Rappelons seulement ici que la pratique du magnétisme
n'est que tolérée par l'Eglise dans des conditions détermi-
nées, dont la réalisation est assez problématique et qu'à
bon droit ses manifestations et ses effets restent suspects.
Au lieu d'être infirmées par le magnétisme, ces deux dernières règles n'en seraient-elles pas la condamnation ?
Nous répondrons plus tard à cette question.

(E) Un cinquième signe certain de la possession consiste
dans une force physique dépassant considérablement la
nature, en tenant compte de l'âge ou de la condition du
sujet : *vires supra œtatis seu conditionis naturam ostendere.*
(Jean Péronne, *Prælectiones theologicæ* et *Rituel Romain.*)

Nous ferons ici l'observation que nous avons déjà notée
à l'occasion des forces intellectuelles : Il ne s'agit pas d'une
simple exaltation des forces, comme celle qu'on rencontre
dans les convulsions ou les attaques de nerfs. Pour que ce
signe puisse apporter une certitude, il faut que les tours
de force ou de résistance dépassent véritablement les forces
de la nature humaine.

Par exemple, cette convulsionnaire de Saint Médard qui

« se couchait à terre, mettait une énorme planche sur elle, et faisait monter sur cette planche une vingtaine de personnes équivalant au moins à un poids de quatre milliers, (2,000 kilog.) et trouvait encore que cela ne pesait pas assez. » *(Dictionnaire des sciences médicales :* article Convulsions, par le docteur Montègre.) Et l'auteur ajoute : « Quelle que soit ma répugnance pour admettre de semblables faits, il ne m'a pas été possible de me refuser à les recevoir... Carré de Montgeron entoura ces prodiges de témoignages si nombreux et si authentiques, qu'il ne reste, après les avoir examinés, aucun doute à former. »

Témoin encore cette autre convulsionnaire, appuyée contre un mur, et recevant sur le ventre des centaines de coups portés avec un chenet du poids de vingt-cinq à trente livres, alors que vingt-cinq de ces coups suffisaient à percer le mur. *(Ibid.)*

(F) Au même ordre de faits se rattachent encore les phénomènes évidemment contraires aux lois de la physique, de la chimie, de la physiologie.

Exemple, ce cochinchinois déjà cité, montant les pieds en l'air contre un pilier de la chapelle et se suspendant à la voûte la tête en bas, sans le moindre soutien ; ou bien encore ces camisards et *la Salamandre* de Saint Médard qui restaient au milieu des flammes sans brûler, et même ces possédés, comme Nicole Aubry, qui demeurent si fortement attachés au sol, que plusieurs personnes ne peuvent les en arracher et leur faire faire un pas, à moins qu'un ordre positif de l'exorciste ne vienne à leur secours.

(G) Le P. Schouppe et quelques autres ajoutent encore l'impossibilité d'invoquer le nom de Dieu, de Jésus, de Marie et des saints : « *Si nomen Dei, Jesu, Mariæ et sanctorum nequeat invocare* », et l'horreur des choses saintes, de l'église, des Evangiles, etc., que nous avons classée parmi les signes probables, à cause de leur facile simulation. « *Si rerrum sacrarum, Ecclesiæ, Evangeliorum, etc, horrorem præ se ferat.* » (P. Schouppe, ouvrage cité.)

Cette impossibilité et cette horreur ne sont constantes que dans les exorcismes, et, dans ce cas, elles peuvent en effet être considérées comme un signe certain, surtout si elles sont accompagnées de la reconnaissance des objets bénits et des reliques, sans qu'on les nomme ; phénomène très commun et très important, auquel le docteur Imbert-Gourbeyre a donné le nom d'*hiérognose*. Mais, en dehors des exorcismes, cette hiérognose accompagnée d'horreur fait quelquefois défaut, ou reste intermittente ; son absence ne saurait autoriser à nier l'action diabolique ; sa présence ne donnerait qu'un signe probable, si l'hiérognose restait douteuse.

L'exemple que nous nous proposons de rapporter en appendice fera mieux comprendre cette distinction.

Tels sont les principaux signes admis par tous les théologiens et indiqués dans les rituels.

On pourrait peut-être y ajouter encore quelques phénomènes extérieurs perceptibles pour les assistants. Ces phénomènes, fréquents dans l'obsession, se présentent le plus souvent sous la forme de bruits et de coups frappés avec plus ou moins d'intelligence, de mouvements spontanés d'objets naturellement inertes, de visions et de sensations diverses, de flammes, de mains, de fantômes, perçus par les assistants. Lorsqu'on peut les constater et les contrôler sérieusement, ces phénomènes peuvent être d'un très grand poids dans les cas douteux, surtout s'ils se reproduisent assez souvent et assez longtemps pour qu'on puisse les étudier avec soin, et qu'ils soient identiquement perçus par plusieurs témoins non suspects.

Les théologiens cependant n'en parlent guère que pour mémoire et semblent leur attacher une importance secondaire, probablement parce que la fourberie, la maladie ou l'imagination peuvent les reproduire plus facilement, qu'ils prêtent à l'illusion et ne sont après tout que des signes d'obsession.

Nous en dirons autant des marques imprimées par le diable sur le corps des sorciers. Bien qu'elles aient été mises en doute par des théologiens sérieux, il paraît difficile de les rejeter absolument ; mais certains juges laïques y ont attaché une importance exagérée.

Tout ce qu'on en peut dire, c'est que l'impression de ce stigmate ne répugne ni à la philosophie, ni à la physiologie, ni à la théologie ; que le démon, singe de Dieu, peut chercher à contrefaire ainsi les caractères des sacrements, et qu'il doit désirer et chercher ce moyen de souiller le corps de l'homme. Il est certain que de nombreux sorciers ont avoué et montré ces stigmates, qu'ils y tenaient comme à un signe de ralliement et de la place qu'ils devaient occuper dans les assemblées. Pour le démon, ils pouvaient être encore un signe de pacte et de consécration, une marque de faveur ou de défiance.

Mais, à cause de la confusion facile et du peu de foi qu'on doit accorder aux dénonciations toujours suspectes des sorciers et du diable lui-même, ces stigmates, de l'aveu de tous, ne peuvent apporter qu'une présomption très douteuse.

On ne saurait accorder plus de confiance aux différentes épreuves par l'eau, le feu, le morceau judiciel, etc., condamnées définitivement par le concile de Latran en 1215. Les juges laïques ont d'ailleurs été seuls à user juridiquement de ces superstitions, lorsqu'elles étaient proposées ou acceptées par les accusés.

Elles constituent ce que les théologiens appellent la *tentation de Dieu* et doivent être rejetées, bien que souvent elles aient paru réussir par une action évidemment surnaturelle. (V. Bizouard, *Rapport de l'homme avec le démon*, t. II, p. 34.)

Nous résumerons donc la pensée des théologiens et de l'Eglise en disant que l'exaltation surhumaine des forces physiques ou intellectuelles et la manifestation de prodiges absolument contraires aux lois connues de la nature peuvent seules être considérées comme un signe certain de la possession.

4° *Signes distinctifs des manifestations divines.* — Mais, pour que notre diagnostic soit complet, il faut encore distinguer ces prestiges des miracles d'ordre divin, qui portent eux-mêmes quelques-uns de ces caractères.

Les théologiens n'y ont pas manqué et nous ne pouvons mieux faire que de citer ici le pape Benoît XIV, dans le chapitre II du livre IVme de son ouvrage *sur les béatifications et les canonisations des saints.*

« Le premier point d'où il faut partir est ce principe que l'Eternelle vérité ne peut jamais être en contradiction avec elle-même. Par conséquent, si, par les prodiges les plus merveilleux et les plus incontestables, elle a fondé la Religion, on ne peut raisonnablement lui en opposer d'autres. Cette opposition seule doit faire rejeter ces prétendus miracles comme des illusions de la crédulité ou des prestiges des démons.

« De ces observations (pressenties si non relevées par les théologiens) sont nées les cinq règles qui servent à l'Eglise romaine à distinguer les vrais miracles et qui se rapportent :

« 1° à leur *efficacité ;* souvent le merveilleux que le démon suscite n'a qu'une vaine apparence, parce qu'il fascine les sens, ou séduit l'attention par des ressemblances, tandis qu'un vrai miracle opère dans la réalité.

« 2° à leur *durée ;* souvent le prestige ne dure qu'un instant et tout rentre dans l'ordre. L'effet d'un vrai miracle est permanent.

« 3° à leur *utilité ;* des traits puérils et des changements qui n'aboutissent qu'à causer la frayeur ou l'étonnement ne sauraient être produits par un ordre particulier de la Providence. Dieu ne prodigue pas sa puissance en vain. A plus forte raison, la sagesse divine ne saurait se prêter à des scènes ridicules, indécentes, injustes ou pernicieuses.

« 4° au *moyen ;* c'est par la prière, l'invocation de l'Adorable Trinité, de la Sainte Mère de Jésus-Christ, ou des âmes bienheureuses que s'opèrent les miracles. C'est par de pieux désirs et des œuvres méritoires qu'on les obtient. Les faux prodiges se font par des évocations du démon, des artifices honteux ou des actions extravagantes.

« 5° à l'*objet principal* de leur but : Dieu ne peut avoir en vue que sa gloire et notre bonheur. Le triomphe de la vérité, le règne de la justice sont les seuls motifs dignes de sa bonté, toujours infiniment sage.

« Tous ces principes, dont l'application est si facile et si concluante, se réduisent à celui-là seul qui les contient tous : Le maître de la nature est le Dieu de la vérité ; il a parlé manifestement par mille et mille prodiges pour fonder la religion chrétienne. Il est impossible qu'il parle ou qu'il agisse pour la démentir.» (*Collection* Migne, Benoît XIV, *De la canonisation des saints.)*

En parlant des mœurs des démons, nous avons déjà noté les traits caractéristiques de leurs apparitions ; mais ces traits peuvent manquer accidentellement ou être mal accusés. Il ne suffit pas que ces caractères soient absents ou douteux, dans un cas particulier, pour qu'on en puisse conclure que le fait appartient à l'ordre divin. Nous avons promis au lecteur de relater ici, d'après le même auteur, les effets qui suivent ordinairement les apparitions divines et les font plus spécialement connaître. Il faut tenir notre promesse.

Benoit XIV commence par poser une première règle qu'il appelle la règle d'or : C'est l'*humilité* persistante du sujet avant, pendant et après la faveur reçue.

La seconde règle a trait aux fruits que les visions apportent au sujet et à son entourage ; si elles éclairent l'intelligence, produisent l'amendement des mœurs, portent à la piété, entretiennent la dévotion, alors elles viennent de Dieu. Celles que le démon procure blessent la foi et les bonnes mœurs, conseillent des choses mauvaises ou des choses bonnes en elles-mêmes, mais dont l'effet est d'empêcher un plus grand bien ; elles renferment des erreurs, ou des contradictions, ou des choses de vaine curiosité.

Pour aider à l'application de ces principes, le grand théologien signale douze points auxquels on doit particulièrement s'attacher.

1. Le visionnaire a-t-il désiré les visions ? cherche-t-il à les provoquer ? Si oui, on doit se méfier.

2. A-t-il reçu de son directeur l'ordre de les communiquer à des personnes instruites et craignant Dieu ? Si le visionnaire en parle à tout venant et sans discernement, tenez-vous en garde contre lui.

3. Le visionnaire pratique-t-il l'obéissance la plus absolue à ses guides spirituels ; fait-il des progrès dans l'amour de Dieu et l'humilité ?

4. Aime-t-il la fréquentation des personnes peu disposées à le croire ou qui le contrarient et l'éprouvent ? S'il recher-

che de préférence la compagnie de ceux qui l'écoutent et le flattent, c'est un mauvais signe.

5. Jouit-il habituellement de la paix et de la tranquillité de la conscience ? Son cœur est-il enflammé d'un zèle ardent pour la perfection ?

6. Ses directeurs n'ont-ils pas à lui reprocher quelque défaut marquant, en particulier la recherche de la vaine gloire ?

7. A-t-il reçu de Dieu la promesse que ses demandes raisonnables et légitimes seraient exaucées ? A-t-il obtenu de grandes grâces, après les avoir sollicitées avec confiance et assurance ?

8. Ceux qui l'approchent, supposé que leur perversité ne soit pas un obstacle à l'action de la grâce, sont-ils portés à l'amour de Dieu et de la vertu ?

9. Les visions ont-elles lieu après de ferventes prières ou après la communion ? Ont-elles excité le désir de souffrir pour la gloire de Dieu ?

10. Cette personne a-t-elle crucifié sa chair ? S'est-elle réjouie dans l'épreuve, la contradiction et l'adversité ?

11. A-t-elle aimé la retraite, fui la société des hommes ? S'est-elle dépouillée de toute attache naturelle ?

12. A-t-elle conservé la même égalité d'âme dans la bonne et dans la mauvaise fortune ?

13. Enfin les docteurs n'ont-ils rien trouvé dans ces visions qui fut contraire aux règles de la foi, ou qui parût répréhensible sous quelque rapport ? (V. le *Traité de la canonisation des saints*, par Benoît XIV, Lib. III, cap. LI, LII, LIII.)

Veut-on voir avec quelle rigueur ces règles sont appliquées ? On peut en lire un rude exemple dans le premier volume de *La Stigmatisation* par Imbert-Gourbeyre, p. 214. Nous le rapporterons presque textuellement.

Ursule Benincasa naquit à Naples, en 1547. Dès l'âge de dix ans, elle fut extatique... Le 3 Mai 1582, elle arrivait à Rome, se disant chargée d'une mission de la part de Dieu, pour le pape Grégoire XIII, qu'elle devait entretenir de la rénovation de l'Eglise et des moyens propres à conjurer les maux qui la menaçaient. Comme signe, elle donnait les extases dont elle était favorisée et que rien ne devait lui enlever.

Une commission composée de cardinaux, de prélats, de religieux, parmi lesquels Saint Philippe de Néri, qui possédait le don surnaturel de discerner les esprits, fut aussitôt nommée.

Dès la première séance, Saint Philippe, prenant la parole, se mit à la traiter de folle, d'orgueilleuse et d'hypocrite. « Est-ce que Dieu avait besoin d'une personne aussi vile pour lui confier une mission auprès d'un pape? Elle n'était venue à Rome que poussée par le démon, à l'effet de se faire passer pour sainte. » Ursule se jeta aux pieds du saint, confessant qu'elle méritait toutes ces injures, le priant de venir à son secours, si l'esprit mauvais la faisait agir, affirmant qu'elle voulait être bonne chrétienne et qu'elle était heureuse d'être venue à Rome pour qu'on la délivrât de tout esprit méchant. Puis elle entra immédiatement en extase. Après lui avoir inutilement fait subir toutes sortes d'épreuves pour la tirer de cet état, on lui signifia qu'on avait la certitude de son hypocrisie ; que ses extases n'étaient qu'un effet de maladie ou de sorcellerie et qu'on allait s'occuper de la châtier de ses méfaits. Ursule revint chez elle tranquille et remerciant Dieu.

Cette humilité et cette paix du cœur étaient une bonne note en sa faveur, mais elle pouvait feindre. Deux jours après, pendant une extase à la suite d'une communion, le cardinal de San Severino pratiqua sur elle les exorcismes, en grande cérémonie, en présence d'une assistance nombreuse. A ces paroles : « Je te commande au nom du Père, du Fils et du Saint-Esprit de me dire qui tu es, » Ursule se leva toute droite, en se soulevant de terre, le visage enflammé et terrible : « Je suis, dit-elle, celui qui suis, *Ego sum qui sum.* »

Le premier moment d'émotion passé, on continua les exorcismes et, pour suivre le programme, elle fut frappée, insultée, tirée par les cheveux ; on lui dit qu'elle méritait d'être brûlée pour avoir fait une telle réponse. Saint Philippe de Néri survint avec un crucifix qu'elle regarda avec amour et couvrit de baisers, et, quand on lui demanda ce que c'était, elle entra en extase en disant : C'est Jésus ! Ce furent les mêmes transports de piété quand on lui appliqua des objets bénits et des reliques. Les juges, très émus et fort étonnés, ne furent pas satisfaits.

Dans une autre séance, sur l'ordre des commissaires, Ursule se mit à disserter sur ce texte de Saint Paul : *Scio et humiliari, scio et abundare...*, qu'on avait tiré au hasard, et, malgré son ignorance très connue, elle émerveilla tous les auditeurs par son éloquence et l'élévation de ses pensées.

Plus tard pour éprouver davantage sa mission, on lui déclara qu'elle était dans l'illusion, que cependant, vu l'époque de la malaria, elle pouvait retourner à Naples, qu'on la ferait revenir, s'il était nécessaire, et qu'en attendant, l'on tâcherait de calmer le souverain Pontife fort irrité contre elle. Ursule refusa de partir, demandant à ses juges, si elle était dans l'illusion, de l'en faire sortir.

On appela de Naples à Rome son confesseur, auquel on fit entendre qu'elle était condamnée et qu'elle serait exécutée, elle et les siens, en place publique, si elle ne s'enfuyait immédiatement. Le confesseur, épouvanté, la supplia de partir. « Dites au cardinal, répondit-elle, que je ne quitterai Rome que sur un ordre écrit de sa main. Si j'ai commis quelque délit, je ne crains pas les châtiments. Je suis prête à verser tout mon sang pour qu'on me tire de l'erreur et de l'illusion où je puis être. C'est pour cela que je reste ici. »

Tant de persévérance et d'abnégation ne purent toucher les commissaires. On renvoya à Naples les personnes qui l'accompagnaient ; on ne lui laissa que sa sœur Christine et son neveu Luc Antonio. Bientôt même on la sépara d'eux, pour la mettre prisonnière chez un curé d'abord, vénérable vieillard, dont la mission était de l'éprouver, puis dans une maison de moniales dirigées par Saint Philippe, avec ordre de la surveiller exactement, de ne jamais la laisser seule, de se moquer de ses extases, de lui adresser force injures et menaces.

En même temps, on essayait d'intimider son frère et sa sœur, de les tenter par des promesses, par des trésors. Ils résistèrent à tout. Ursule leur avait expressément défendu d'accepter la moindre aumône.

Cependant Grégoire XIII ordonnait des prières dans les églises et monastères pour obtenir du ciel de savoir quel était le véritable esprit qui possédait Ursule. Les exorcismes continuaient, Saint Philippe priait, faisait prier et se livrait à de rudes pénitences pour arriver à découvrir la vérité. Ruses de toute espèce, mauvais traitements, examens médicaux, expériences physiques et morales, tout fut tenté jusqu'à interdire à Ursule messes, communions, prières, lectures spirituelles, signes de croix, oraisons mentales. Ursule se soumit à tout, mais les extases continuèrent. Parfois soulevée de terre avec une figure toute séraphique, on la trouvait transfigurée, tenant encore en main les ustensiles dont elle se servait pour accomplir les opérations les plus viles auxquelles on l'avait condamnée.

L'expérience durait depuis trois mois lorsqu'un jour elle tomba mourante sur le sol. Saint Philippe appelé est consterné, verse des larmes. Christine, en apprenant qu'on a laissé sa sœur trois mois sans communier, supplie qu'on lui donne de suite la communion, seul moyen, s'écrie-t-elle, qu'on ait de la guérir. Ursule, depuis longtemps déjà, ne prenait aucune nourriture. Saint Philippe doute du succès ; les médecins n'ont aucun espoir ; la communion ranime la moribonde à la stupéfaction de tous.

Une dernière expérience fut cependant tentée pour éprouver l'esprit d'Ursule. Au moment de la communion, un prêtre lui présenta une hostie qui n'avait pas été consacrée. Ursule se rejette en arrière : « Qu'est-ce que vous me donnez, mon Père, au lieu de mon Seigneur Jésus ? Voulez-vous que je prenne pour le bon Dieu une hostie non consacrée ? » On se rendit enfin.

L'examen des extases d'Ursule avait duré sept mois. On peut juger par cette histoire que l'Eglise et les saints n'admettent pas à la légère les faits surnaturels.

La cause de béatification fut introduite après la mort de l'extatique. L'Eglise la considère comme *vénérable*.

Que faut-il donc penser des règles que nous avons exposées ?

Aux catholiques convaincus et croyants nous rappellerons que si l'Eglise n'exige pas la foi à tel ou tel fait réputé miraculeux ou démoniaque, il n'en est pas de même pour la croyance au surnaturel en général. On peut bien dire : « Tel fait ne me paraît pas suffisamment prouvé, j'en doute, je n'y crois pas. ou je pense qu'il ne dépasse pas les forces de la nature, » Mais elle ne permettrait pas de nier toute espèce de miracle et de dire : « Il n'y a, il ne peut y avoir rien de surnaturel. »

Les règles qu'elle a posées sont donc sérieuses ; elles doivent être acceptées et suivies. le cas échéant, sous peine de s'exposer à tomber dans l'erreur.

Aux incrédules je dirai : « Examinez, jugez, expliquez, niez tant qu'il vous plaira ; mais convenez au moins qu'au point de vue de la raison, les règles que nous venons d'exposer avec l'Eglise sont sages, claires et précises, qu'elles ne peuvent prêter à l'équivoque, qu'elles satisfont l'esprit bien mieux que toutes vos hypothèses. Convenez qu'aucun de vos malades n'a présenté les phénomènes surnaturels qu'elle exige avant de se prononcer ; ou, si vous les avez rencontrés, ayez le courage de dire avec le bon sens qu'ils dépassent les forces de la nature et qu'on doit en chercher la cause ailleurs que dans la pathologie ordinaire, la physiologie ou l'histoire naturelle. »

Cependant il ne faut pas oublier que, dans les cas de possession véritable, la grande difficulté, pour le simple savant, viendra toujours du démon lui-même, qui ne négligera rien pour lui donner le change et l'induire en erreur. C'est donc avec une grande circonspection et à plusieurs reprises que le médecin et l'exorciste sérieusement jaloux d'arriver à la vérité devront examiner le malade.

Tous les rituels recommandent de se mettre en garde contre ces ruses des démons, dont le seul but est de tromper, et qui feront tous leurs efforts pour persuader aux observateurs que l'affection est toute naturelle : « *Sœpe conantur persuadere infirmitatem esse naturalem.* » (Rituel Romain.)

Les possédés de Morzine, dont on pourra voir l'histoire détaillée dans le second volume de M. de Mirville et dans le livre intitulé *Le merveilleux*, par Hippolyte Blanc (le fait se passe en 1857,) « virent un jour un médecin incroyant se diriger vers le village, avec l'intention de les interroger, et *ils jurèrent qu'ils ne lui montreraient rien;* ce qu'ils firent avec grand soin. »

« Tu es trop malin, me disait Clémence » (Obs. I,) lorsque je la pressais de répéter devant moi les tours de force qui auraient jugé la question. Je ne prétends pas en conclure que le fait de Clémence M... fut certainement diabolique ; mais rien n'est plus fréquent que cette ruse de l'esprit malin, en face des incrédules surtout. Elle explique bien des déconvenues de nos savants modernes et des académies.

Mais alors, si les plus savants sont les plus trompés, à qui se fiera-t-on ?

Eh bien, que les savants soient un peu plus modestes. Qu'ils avouent leur faiblesse et leur impuissance, qu'ils sachent dire dans certaines circonstances : « Je ne sais pas. » Dieu viendra à leurs secours ; car, s'il a pu permettre dans une certaine mesure l'action surnaturelle des mauvais esprits sur nous et sur nos biens, il nous devait contre eux un secours du même ordre, un moyen de les reconnaître et de les combattre sûrement. C'est ce que nous allons voir en étudiant enfin le traitement de l'Eglise.

En même temps que le remède nous y trouverons une nouvelle preuve de la réalité des possessions ; car un aphorisme déjà cité dit que souvent le traitement des maladies en montre la nature : « *Naturam morborum curationes ostendunt.* » (Hippocrate.)

CHAPITRE TROISIÈME

Les Remèdes

Les remèdes généralement efficaces contre les possessions se rapportent à cinq classes :

1° Les remèdes naturels ;

2° Les remèdes superstitieux et diaboliques ;

3° Les remèdes spirituels ;

4° Les remèdes ecclésiastiques ;

5° Le remède divin ou l'exorcisme.

§ I. — *Remèdes naturels*

Dès que, d'après les règles énoncées plus haut, on a quelque raison de se croire en présence d'un possédé, les théologiens recommandent de recourir d'abord à l'*usage de la médecine.*

Ce premier mode de traitement proposé par l'Eglise va sans doute étonner bon nombre de lecteurs. Quelques-uns n'y verront qu'un aveu d'impuissance. Avec un peu de réflexion cependant on reconnaîtra la sagesse de ce conseil.

« Le traitement médical, dit Schram, doit être tout d'abord tenté, parce que, sans danger, il pourra corriger les humeurs troublées et altérées par le démon. Il peut arriver en effet que le démon tourmente sa victime par une maladie toute naturelle, bien qu'il en soit l'auteur. Il peut se faire encore que sa puissance n'aille pas jusqu'à empêcher l'action des médicaments, et qu'il en soit réduit à renouveler la maladie ou à en donner une autre, surtout si l'on ajoute à ce traitement les remèdes spirituels. Dieu enfin peut permettre qu'une action étrangère, comme celle de la médecine, gêne l'action diabolique. Ainsi la harpe de David soulageait Saül, et la musique adoucissait tellement les souffrances de ce dernier que l'esprit du mal se retirait de lui. Aussi, disait Valérius, « ce n'est pas tout de chasser « le démon, il faut encore guérir la maladie.» Cependant, si les remèdes étaient reconnus inutiles, on devrait s'abstenir de toute médication, et Brognoli blâme aussi vertement le médecin, qui, persuadé de la réalité de la possession, aurait la prétention de chasser le démon par les seules forces de son art, que l'exorciste qui se mêlerait de traiter les démoniaques par les remèdes de la médecine. Aucun des deux ne doit empiéter sur le domaine de l'autre. » (Schram, *Théol. myst.*)

En somme certains médicaments peuvent gêner l'action diabolique, comme certaines maladies, certains tempéraments, peuvent la favoriser. C'est au médecin qu'incombe le devoir d'appliquer les premiers et de combattre les seconds ; mais son pouvoir ne peut aller plus loin.

A côté des médicaments proprement dits, il est encore d'autres moyens tout naturels qui ne sont pas à dédaigner. Tel est le *changement de domicile.* Nous ne l'avons vu nulle part enseigné comme remède par les théologiens ; mais nous avons plusieurs fois constaté son action manifeste dans la guérison des possédés. Telle fut par exemple la guérison progressive des derniers possédés de Morzine transportés loin de leur village dans plusieurs hôpitaux.

Y eut-il dans ce cas une nouvelle ruse du démon,

enchanté de donner le change aux savants incrédules qui traitèrent ces malheureux ? On peut le croire ; mais cependant, dans d'autres cas, la guérison suivit immédiatement le départ des malades et fut définitive, à la condition que l'absence fût assez prolongée. Les observations que nous avons publiées au commencement de ce livre nous en ont donné quelques exemples très remarquables, quoique peu concluants, en raison des doutes qui persistent sur la nature de ces affections.

Nous avons vu, d'ailleurs, que le démon a ses demeures privilégiées. Il est aussi des maléfices qui paraissent affectés à certains lieux, à certains objets. On comprend alors que l'éloignement suffise pour faire cesser les phénomènes.

Il est possible encore que, par l'ordre de Dieu, le démon ait une sphère d'action qu'il ne puisse franchir et qu'il soit enchaîné de telle sorte que sa puissance soit forcément bornée à une certaine étendue.

Enfin un maléfice conditionnel, donné dans le seul but de se débarrasser d'un voisinage désagréable, expliquerait peut-être encore cette particularité. C'est ce qu'on pourrait appeler un pacte d'expulsion ; l'effet obtenu, les vexations cessent le plus souvent ; mais elles continuent quelquefois ou retournent à leur auteur et l'obligent alors à renouveler le maléfice pour se débarrasser lui-même.

§ II. — *Remèdes superstitieux et diaboliques*

L'emploi de ces remèdes est absolument défendu par l'Eglise, non seulement dans le traitement des possessions, mais encore dans celui de n'importe quelle maladie. On comprendra que nous n'en rapportions aucun. Ce sont généralement des pratiques impies, burlesques, dégoûtantes, qui n'ont aucun rapport avec les effets qu'on en veut obtenir. Mais, à côté de ces actes évidemment coupables ou simplement ridicules, se trouvent encore certaines pratiques plus ou moins douteuses qui peuvent embarrasser les fidèles. On nous saura gré d'en noter ici quelques-unes.

Nous trouvons justement dans un manuscrit laissé par M. Delort, prêtre lazariste décédé récemment, des notes précieuses qui nous ont été communiquées et que nous avons déjà mises à profit. Nous ne pouvons mieux faire que de transcrire littéralement ce qui a trait à la question :

« 1° Est-il permis de demander au démon le moyen de faire cesser la possession, ou de mettre fin au pacte qui l'a déterminée ? — Non ; je ne veux pas, dit Saint Paul, que vous vous fassiez les associés des démons : *Nolo vos socios fieri dæmoniorum.* (I Cor. X, 20.) *Inimicitias ponam inter semen tuum et semen illius.* (Gen. III, 15.)

« 2° Est-il permis de supplier le démon de partir, de le lui demander comme une grâce ? — Non. (Saint Thomas.)

« 3° Peut-on accepter la substitution d'un autre homme à la victime, si le diable le propose ? — Non, malgré l'opinion de Sanchez et ses quatre conditions.

« 4° Est-il permis de demander au démon où sont cachés les maléfices ? — Oui. (Rituel Romain). On peut non pas le lui *demander* ; mais lui *ordonner* de les découvrir au nom de Jésus-Christ.

« 5° Est-il permis de demander le nombre et la qualité des esprits possesseurs ? — Oui, par voie d'autorité. Cette pratique est souvent utile, bien qu'on ne doive y attacher qu'une confiance relative.

« 6° Peut-on demander au démon le jour de son départ ? — Oui (Rituel), malgré l'opinion contraire de Brognoli.

« 7° La destruction matérielle du maléfice, prescrite par

le Rituel, est-elle indispensable pour forcer le démon à partir ? — Non, dit Suarez. Exemple de Saint Hilarion chassant un démon, malgré sa résistance basée sur la persistance du pacte.

« 8° Est-il permis de demander à un sorcier de faire cesser la possession ? — Il est permis d'obliger celui qui a jeté le maléfice à suspendre l'effet de son maléfice. »

Mais on y arrivera difficilement par ce que ordinairement le démon en ce cas exige une autre victime ou s'en prend au sorcier lui-même. Or « il n'est pas permis de demander aux sorciers de délivrer d'un maléfice par un autre. Cependant on pourrait accepter du sorcier des remèdes naturels, s'il en connaissait ; mais on doit se méfier grandement.» Pareille demande pourrait facilement entraîner à des pratiques superstitieuses, et le plus souvent ces prétendus remèdes ne servent qu'à aggraver le mal.

« Les bienfaits qui viennent du démon sont plus nuisibles que les blessures les plus graves : *Beneficia dæmonum omnibus sunt nociora vulneribus.* (Saint Léon, Serm. 19, *De poss.* » Malgré l'avis du savant religieux, nous croyons qu'il faut s'abstenir.

«9°Quand un magicien a un pacte écrit et signé en double, que faire quand il se convertit ? — Brûler l'écrit qu'il possède. On peut absoudre le pénitent sans avoir le double, parce qu'un contrat impie et sacrilège est nul de plein droit. Le consentement des deux parties n'est pas nécessaire pour le détruire.

« 10° Est-il permis de demander au démon son nom ? — Oui, cette pratique est recommandée par le Rituel. Bien que d'après Tostat, les démons n'aient pas de nom propre, ils en prennent le plus souvent. Notre Sauveur lui-même en reçut cette réponse : « *Est mihi nomen Legio*. Je m'appelle Légion. »

Cependant il arrive que les démons inférieurs, soit par orgueil, soit pour intimider les assistants, prennent les noms des plus puissants ; ils se donnent même quelquefois pour des anges de lumière. Vrais ou faux, la connaissance de leurs noms n'a guère d'autre avantage que de faciliter leur évocation ou les interrogatoires dans les exorcismes. Quelquefois cependant ce nom peut aussi, en renseignant sur le caractère et les tendances des démons, aider l'exorciste dans le choix des moyens d'expulsion.

« 11° Est-il permis d'ordonner au démon le plus fort d'entraîner les autres avec lui ? — Si on peut chasser le plus fort, on chassera les autres. Qu'on se rappelle la réponse de Jésus-Christ aux pharisiens qui l'accusaient de chasser les démons par Beelzébud. L'Eglise n'a pas coutume de se servir de l'aide des démons. Lucifer lui-même serait-il assuré de se faire obéir ?

« 12° Que faut il penser des questions inutiles ou curieuses adressées au démon ? — Elles sont toujours au moins des légèretés coupables. Elles seront des fautes graves, si on s'expose à voir Satan révéler des secrets importants ou dire des impiétés ; si on est dans la disposition de s'en rapporter au témoignage du démon ; si on sollicite sa réponse comme une faveur. (Saint Thomas, Saint Antonin, Suarez, Bonacina, Layman.) »

Nous avons indiqué plus haut les avantages très douteux et les sérieux dangers qui résultent de l'hypnotisme et de la suggestion. Bien que cette pratique n'ait pas été nominativement condamnée, nous sommes d'avis qu'on doit s'en abstenir. Nous donnerons plus loin les dernières décisions émanées de la Sacrée Pénitencerie et de la Chancellerie du Saint-Office.

§ III. — *Remèdes spirituels*

« Allez, disait notre Seigneur à un possédé qu'il venait de guérir, et ne péchez plus, de peur qu'il ne vous arrive quelque chose de pire. »

Le P. Surin, l'un des exorcistes de Loudun, avait bien compris ce conseil. Chargé spécialement de la prieure, Mme de Belciel, il s'attachait bien plus à la guérir de ses imperfections qu'à user contre les démons de sa qualité d'exorciste. Il espérait que le démon serait contraint de sortir le jour où il n'y aurait plus d'imperfections dans la religieuse possédée.

« Cette conséquence, dit le P. Delort, dans le manuscrit déjà cité, était outrée, peu théologique et trop absolue... Elle aurait eu sa raison d'être, si la possession, au lieu de provenir d'un maléfice, avait été la punition d'un vice ou d'une faute... Mais la possession n'est pas toujours un châtiment. Dès lors il est évident que la perfection progressive d'un possédé ne diminue pas forcément les effets de la possession démoniaque.

« Cependant l'innocence est à désirer pour donner plus d'efficacité au jeûne, à la prière, aux austérités, aux œuvres de miséricorde. Quiconque est en état de péché mortel ne mérite pas ; mais, dit Suarez, *Probabiliter inten-sior gratiæ habitus auget meritum ;* une grâce habituelle plus considérable augmente le mérite... »

Aussi tous les théologiens et le Rituel recommandent-ils aux possédés la confession fréquente et l'état de grâce habituel.

Notre Seigneur lui-même conseille le jeûne et la prière contre certains démons. Brognoli pense que ces pratiques sont surtout utiles, sinon indispensables, contre les *incubes* et les *succubes.*

Il semble, en effet, que chaque démon redoute surtout l'exercice d'une vertu qui lui est particulièrement opposée. Le démon de l'orgueil supportera la récitation d'un acte d'amour ; il bondira au *Quia respexit humilitatem...* du *Magnificat.*

Il sera donc toujours utile d'inspirer aux énergumènes la pratique des vertus contraires aux vices manifestés par les démons possesseurs.

§ IV. — *Remèdes ecclésiastiques*

Les remèdes ecclésiastiques ne sont pas autre chose que l'usage des Sacrements et des sacramentaux.

La distinction entre les remèdes spirituels et ecclésiastiques est-elle bien fondée ? Je l'ai trouvée indiquée dans le manuscrit déjà cité du P. Delort. Je la conserve pour la commodité de l'expression.

Tous les théologiens sont d'accord pour recommander l'usage des sacrements, et spécialement celui de la Pénitence et de l'Eucharistie, en observant les règles que la prudence impose en pareil cas.

Dans l'observation IVme que nous avons publiée au commencement de cet ouvrage, nous avons vu la Confirmation amener la guérison subite et complète d'un cas de possession. Les missionnaires ont rapporté des faits assez fréquents de possessions guéries également par le Baptême et par l'Eucharistie. Plusieurs de nos malades ont vu leur maladie cesser à l'approche de leur première communion, (Obs. I, IV et X,) et presque tous se sont bien trouvés des pèlerinages ou des autres pratiques de dévotion qu'ils ont entrepris.

Ces améliorations, bien qu'elles soient impuissantes à juger la question, ne doivent pas être dédaignées.

Dans les cas non invétérés, les sacramentaux ne sont pas moins efficaces; s'ils ne procurent pas toujours la guérison, ils soulagent souvent et sont au moins d'un grand secours pour le diagnostic.

Les sacramentaux proprement dits consistent en certaines prières et cérémonies, certains objets bénits qui ont pour effet d'effacer les péchés véniels, de remettre les peines temporelles dues au péché, d'éloigner et de chasser les démons, de guérir certaines maladies, d'écarter les fléaux.

On les rattache généralement à sept classes :

1° Le signe de la croix.

2° Certaines prières (entre autres le *Pater*, le symbole des apôtres, etc.)

3° L'eau bénite, les cendres bénites imposées au premier jour du carême.

4° Le pain bénit pris avec foi et respect.

5° L'absolution générale qui suit la récitation du *Confiteor* au commencement de la messe, avant la communion, à l'office de Prime et à celui des Complies.

6° L'aumône et toutes les œuvres de miséricorde.

7° La bénédiction du Très Saint-Sacrement et toute bénédiction ecclésiastique reçue directement ou attachée à certains objets, cierges, rameaux, scapulaires, croix, médailles, etc.

Les théologiens notent encore certaines pratiques qui se rapportent au même ordre d'idées. Telles sont l'invocation du nom de Jésus, l'application des reliques des saints et en particulier de la vraie croix, la récitation et le port des Evangiles, etc.

Combien de fois les incrédules ne se sont-ils pas moqués

de ces sacramentaux, des médailles, des scapulaires. des reliques, des *agnus* et de l'eau bénite ? La justification théologique de ces pratiques nous entraînerait trop loin et nous ferait sortir des limites que nous nous sommes proposées. Nous nous contenterons de conseiller aux incroyants l'expérimentation pure et simple. Ils ne sauraient la récuser sans renier leurs propres principes et leur science même, puisqu'ils ne lui reconnaissent pas d'autre base que l'expérience. Ils ne tarderont pas à se convaincre des incontestables effets de ces signes extérieurs et sensibles de la grâce.

Si, dans le cours ordinaire de la possession, ces pratiques paraissent parfois inefficaces, elles ne le sont jamais dans les exorcismes. Et comme souvent l'emploi des sacramentaux peut se faire secrètement, qu'on peut multiplier les expériences et les varier à l'infini, en leur substituant alternativement des objets purement profanes, on arrivera facilement à écarter toute idée de suggestion naturelle ou de supercherie de la part du patient.

Cependant Brognoli blâme sévèrement et déclare illicite la conduite de ces exorcistes qui veulent ruser pour découvrir la réalité d'une possession, et prennent des ossements d'animaux au lieu de reliques, ou pour rituel un livre de fables. Le démon plus fin qu'eux, voyant ces petites ruses, feint d'être tourmenté, et les assistants, connaissant l'origine de ces objets, croient que la possession est imaginaire ou simulée, et ne s'en occupent plus. (V. Bizouard, t. II, p. 154.)

Lorsqu'il existe d'autres signes certains de la possession, ces ruses accusent souvent un manque de foi ; elles peuvent alors devenir coupables et vaines. Dieu permet qu'elles ne réussissent pas pour punir les impies et les incrédules trop exigeants, et c'est pour cette cause que l'exaspération des énergumènes en présence des choses saintes et des sacramentaux est généralement classée dans les signes seulement *probables* de la possession.

Cependant l'usage des sacramentaux n'en est pas moins recommandé ; leur action est certaine lorsqu'ils sont employés avec foi, confiance et humilité, dans un but légitime. Pratiquement elle est d'autant plus manifeste qu'on en use par surprise ; et, contrairement à ce qui se passe dans l'hypnotisme, dont les suggestions répétées deviennent d'autant plus puissantes et faciles, l'énergumène semble parfois s'habituer à cette action et lui résister avec d'autant plus d'énergie qu'on la lui impose plus souvent, dans un but de curiosité ou par manque de foi.

Si nos savants voulaient pousser plus loin, je ne dis pas leurs expériences, qui trop souvent sont dangereuses et coupables, mais leurs études, ils ne tarderaient pas à trouver la contre-partie de ces pratiques avec des résultats non moins certains et palpables dans l'histoire de la magie ancienne et moderne.

Le diable aussi a ses sacramentaux. Qu'était-ce que le *phallus,* le *cteis,* les *serpents d'airain d'Eleusis,* l'*eau lustrale,* etc., qu'employaient avec tant de foi les païens ? Qu'était-ce que ces charmes, ces philtres, ces talismans des magiciens du moyen-âge ? Qu'est-ce encore de nos jours que ces tables et ces baquets mystérieux, ces passes et ces signes, ces aliments magnétisés et tant d'autres pratiques de nos hypnotiseurs ?... J'ai ri d'abord, comme beaucoup d'autres, de toutes ces simagrées antiques qui me semblaient absurdes ou surannées. Etonné de leurs effets, j'en ai cherché une explication naturelle et je la cherche encore sans la trouver. Expérimentateurs, méfiez-vous de vos pratiques au moins bizarres, et ne vous moquez pas de celles de l'Eglise.

(Voyez sur ce sujet les savantes recherches du marquis de Mirville dans les troisième, quatrième et cinquième volumes du livre *Des Esprits*. Voyez encore *Les hauts phé-nomènes de la magie* par le chevalier Gougenot des Mousseaux.)

§ V. — *Le remède divin, l'exorcisme*

« *Habete potestatem imponendi manus super energumenos, sive baptizatos, sive catechumenos :* Ayez le pouvoir d'imposer les mains sur les énergumènes, baptisés ou cathéchumènes. » (Paroles de l'évêque dans l'ordination des exorcistes.)

(a) *Définition et règles de l'exorcisme.* — Le P. Schram définit l'exorcisme : « une véritable évocation des démons, faite au nom de Dieu, et l'ordre formel, au nom de la même puissance, de déserter le corps des possédés. » (*Théol. myst.*)

L'exorcisme est-il une véritable *évocation ?* La présence sensible du démon dans le possédé n'est pas nécessaire à son expulsion. Cependant, il est rare qu'aux premières paroles du prêtre, ou dans le cours de l'exorcisme, le démon ne décèle pas sa présence. Il est alors très naturel que le rituel suggère des questions qui exigent une réponse ; mais nulle part il n'indique qu'on doive provoquer cette manifestation sensible de l'esprit par un commandement direct. Nous ferons connaître plus tard, dans l'appendice que nous préparons, les scrupules d'un exorciste autorisé sur ce point délicat. L'évocation directe ne serait-elle pas au moins accidentellement un acte de magie ?

Il est manifeste que l'exorcisme suppose toujours la présence du démon, puisqu'il s'adresse à lui. C'est donc bien en réalité une évocation, quoique *probablement* on doive s'abstenir de chercher à la rendre sensible. Le mot *adjuration* serait peut-être plus convenable et plus juste.

Quelle que soit à ce sujet l'opinion des théologiens, « ce pouvoir de chasser les démons exista toujours dans l'Eglise, soit en vertu d'une grâce *extraordinaire* et gratuite, qu'on peut rattacher au don des miracles, soit par l'entremise ordinaire des ministres qui ont reçu l'ordre des exorcistes. » (Schram, *Ibid.*)

On en trouve la preuve dans la Sainte Ecriture : « Jésus, assemblant ses disciples, leur donna la puissance sur les esprits impurs, afin de les chasser. » (Math. X, 1.) « Il en établit douze pour être avec lui, et pour les envoyer prêcher ; auxquels il donna la puissance de guérir les maladies et de chasser les démons. » (Marc, III, 14, 15.) « Or, les soixante et douze disciples revinrent avec joie lui disant : Seigneur, les démons même nous sont assujettis par la vertu de votre nom. » (Luc, X, 17.) « Les miracles accompagneront ceux qui auront cru, dit encore le Sauveur ; ils chasseront les démons en mon nom... » (Marc, XVI, 17.)

Et effectivement nous voyons les apôtres chasser les démons au nom de Jésus-Christ. (V. *Actes*, XVI, 18.) Ce pouvoir fut accordé même à leurs successeurs et s'exerça non seulement en vertu d'une force personnelle et miraculeuse, due à leur sainteté, mais par la simple foi aux paroles du Christ. Saint Mathieu lui-même nous l'apprend, en rapportant cette terrible sentence sortie de la bouche de Jésus-Christ : « Beaucoup diront en ce jour (du jugement) : Seigneur, Seigneur, n'avons-nous pas prophétisé et chassé les démons en ton nom ?... Et je leur dirai : Je ne vous connais pas. » (Math. VII, 22, 23.) Preuve manifeste que si la foi suffit à chasser les démons, elle ne suffit pas *seule* à conquérir le ciel.

Il n'est cependant pas permis à tout le monde de faire ces adjurations. Les Actes des Apôtres (XIX, 15) le prouvent péremptoirement, en racontant la punition sévère infligée par les démons eux-mêmes à de faux exorcistes.

« Or quelques-uns des exorcistes juifs, qui allaient de ville en ville, entreprirent aussi d'invoquer le nom du Seigneur Jésus sur ceux qui étaient possédés des malins esprits, en leur disant : Nous vous conjurons par Jésus que Paul prêche *de sortir d'ici.* Ceux qui faisaient cela étaient sept fils d'un juif prince des prêtres, nommé Scéva. Mais le malin esprit leur répondit : Je connais Jésus et je sais qui est Paul ; mais vous, qui êtes-vous ? Aussitôt l'homme qui était possédé d'un esprit furieux se jeta sur eux ; et s'étant rendu maître de deux d'entre eux, il les traita si mal qu'ils furent contraints de s'enfuir de cette maison tout nus et blessés. »

En dehors de ces faits assez rares, qui s'expliquent d'eux-mêmes, les Pères et les Conciles confirment ce pouvoir.

Nous avons déjà cité Tertulien. Saint Cyprien de son côté écrivait à Démétrianus proconsul païen : « Oh ! si vous vouliez écouter et voir combien les démons sont torturés sous le fouet spirituel de nos adjurations et comme ils sont chassés des corps qu'ils obsèdent par les traits acérés de nos paroles, avec quelles lamentations et quels gémissements, écrasés sous les coups vengeurs de la puissance divine, ils confessent le juge qui doit venir ! Venez vous-mêmes et vérifiez la réalité de ce que nous disons.»

Lactence affirme le même fait.

L'Eglise catholique a conservé cette doctrine dans ses rituels et, seule entre toutes, elle peut encore de nos jours montrer le succès de ces pratiques traditionnelles. (V. Schram, *Ibid.)*

En quoi consiste l'exorcisme ?

Nous ne nous arrêterons pas à discuter si l'exorcisme doit être dans son action rapprochée ou distinguée des sacrements ; s'il agit *ex opere operato aut ex opere operantis*. Ces deux opinions ont eu leurs partisans. Nous laisserons cette controverse, peu importante dans la pratique, aux hommes compétents, et nous nous contenterons de traduire le plus littéralement possible l'instruction abrégée que donne le Rituel romain, aujourd'hui seul autorisé pour les catholiques latins.

« Le prêtre, ou n'importe quel ministre légitime de l'Eglise, qui devra se livrer à l'exorcisme des possédés, sera aussi remarquable par sa piété et sa prudence que par la pureté de sa vie. Fort, non de sa propre vertu, mais de la puissance divine, mû seulement par la charité et l'humilité, dans ce religieux office, il se gardera de tout attachement aux choses de la terre. Aussi vénérable par la dignité de sa charge que par l'austérité de ses mœurs, il devra présenter toutes les garanties de l'âge mûr.

« Pour s'acquitter sûrement de son devoir, il se tiendra au courant des enseignements nombreux qui lui seront utiles et que nous omettons pour abréger. Il étudiera avec soin la pratique des auteurs les plus recommandés et se conformera scrupuleusement aux quelques avis que nous allons signaler.

« D'abord qu'il ne croie pas trop facilement à l'obsession diabolique et qu'il ait toujours présents à l'esprit les signes différentiels qui distinguent la possession des passions tristes et des autres maladies.

« Les signes de l'obsession consistent à parler ou à comprendre une langue inconnue, à connaître et à révéler des choses cachées ou qui se passent à distance, à montrer une force physique supérieure à la nature, à l'âge et à la condition du sujet. On pourrait encore ajouter d'autres phénomènes du même genre, qui seront d'autant plus à considérer qu'il se montreront plus nombreux.

« Pour mieux se rendre compte du résulat de ces pratiques, l'exorciste interrogera le patient après chaque séance sur les sensations qu'il aura éprouvées dans son esprit et dans son corps. Il cherchera à savoir quelles paroles semblent troubler davantage le démon et il les répétera dans la suite avec plus d'insistance.

« Qu'il prenne garde de se laisser surprendre par les ruses et les artifices habituels aux démons. Ils ont, en effet, coutume de répondre fallacieusement et de ne se manifester que difficilement, pour lasser la patience de l'exorciste ou lui donner le change sur la véritable cause de la maladie.

« D'autres fois, après s'être montrés, ils se cachent et laissent le corps libre de toute vexation, pour que le patient se croie délivré ; mais l'exorciste ne doit cesser d'agir que lorsqu'il aura constaté les signes de la délivrance.

« Souvent les démons suscitent toute espèce d'embarras pour empêcher le patient de se livrer aux exorcismes, ou bien ils s'efforcent de persuader que la maladie est naturelle. Quelquefois, au milieu même de l'exorcisme, ils endorment le possédé et lui montrent quelque vision, puis ils se retirent, pour qu'il se croie guéri.

« Quelques-uns avouent le maléfice ; ils en nomment l'auteur et indiquent le moyen de le neutraliser. Que le malade se méfie et n'ait dans aucun cas recours aux magiciens, aux sorcières, à d'autres ministres que ceux de l'Eglise, et qu'il s'abstienne surtout de toute pratique superstitieuse.

« Quelquefois le diable laisse en repos le possédé et lui permet même de recevoir la Sainte Eucharistie, pour qu'on le croie à jamais disparu.

« En un mot les ruses et les artifices du démon sont innombrables et l'exorciste doit toujours être sur ses gardes pour n'en pas devenir la dupe.

« Qu'il se rappelle la parole de Notre Seigneur, nous avertissant que certains démons ne peuvent être chassés que par le jeûne et la prière ; qu'il s'efforce, à l'exemple des Pères, d'employer autant que possible ces deux remèdes, et par lui-même, et par les autres, afin d'obtenir le secours divin.

« L'énergumène doit être exorcisé, si on peut le faire commodément, en secret, dans une église ou dans un autre lieu convenable et consacré au culte ; mais, si le patient est malade, ou que ce soit une personne notable, ou qu'il y ait quelque autre raison honnête, on pourra pratiquer l'exorcisme dans une maison privée.

« On recommande d'abord au possédé, si son état de corps et d'esprit le permet, de prier, de jeûner, de se confesser et de communier aussi souvent que le prêtre le jugera à propos. Pendant l'exorcisme, que l'énergumène se recueille, se recommande à Dieu et lui demande en toute humilité la guérison de ses maux. Et s'il est tourmenté plus cruellement, qu'il le supporte avec patience et ne désespère jamais du secours divin.

« Qu'il ait entre les mains ou devant lui un crucifix, et si l'on peut se procurer des reliques des saints décemment et sûrement protégées, on pourra les appliquer sur la poitrine ou sur le front du possédé ; mais on prendra garde que ces objets sacrés soient traités d'une manière indigne et que le démon ne puisse les détériorer. Dans aucun cas on ne devra faire servir à ces usages la Sainte Eucharistie, de peur d'irrévérence.

« Que l'exorciste ne se laisse pas entraîner au bavardage ou à des questions inutiles et indiscrètes. Il évitera surtout celles qui concerneraient l'avenir ou des choses secrètes étrangères à ses fonctions. Qu'il ordonne au contraire à l'esprit immonde de se taire et de ne répondre qu'à ses questions. Et si le diable voulait se donner pour l'âme de quelque saint, d'un mort, ou pour un bon ange, qu'il n'y ajoute aucune croyance.

« Quant aux questions nécessaires, elles ne regardent que le nombre et le nom des esprits possesseurs, le temps et la cause de l'obsession, ou quelque autre chose du même genre ; mais l'exorciste réprimera immédiatement avec mépris les plaisanteries, les rires et les impertinences du démon. Que les assistants, toujours en petit nombre, n'y fassent aucune attention ; qu'ils se gardent d'interroger le patient et se contentent de prier Dieu pour lui avec humilité et ferveur.

« Les exorcismes seront faits et lus sur le ton du commandement et de l'autorité, avec foi, humilité, ferveur, et plus on s'apercevra que le démon souffre cruellement, plus on le pressera avec insistance. Si l'on voit le patient s'agiter ou souffrir dans quelque partie du corps, s'il se produit un gonflement subit de quelque membre, l'exorciste fera sur cette partie le signe de la croix et l'aspergera avec l'eau bénite qu'il aura toujours sous la main.

« Il observera les paroles que le démon redoute le plus et il les répétera plus souvent. Et lorsqu'il en sera venu aux menaces, qu'il les multiplie coup sur coup en aggravant chaque fois la peine, et s'il croit gagner quelque terrain, qu'il persévère deux, trois, quatre heures, et même davantage, jusqu'à ce que la victoire s'en suive.

« Cependant l'exorciste se gardera de donner ou de prescrire aucun médicament. C'est au médecin qu'il doit laisser ce soin.

« S'il s'agit d'une femme, tant que durera l'obsession, il aura toujours près de lui des personnes honnêtes, et s'il se peut, proches parentes de la possédée. Enfin, toujours imbu des préceptes de la décence, il aura soin de ne rien dire, de ne rien faire qui puisse donner aux assistants l'occasion d'une mauvaise pensée.

« Pendant l'exorcisme, il se servira plutôt des paroles de la Sainte Écriture que de ses propres pensées ou de celles des autres. Il commandera au démon de dire d'abord s'il est retenu dans ce corps par une œuvre magique, par un maléfice ou par quelque pacte ; et si le patient en a reçu ou absorbé les signes matériels, il lui ordonnera de les rendre ou de les vomir ; s'ils existent hors du possédé, il faut que le démon dise où ils sont et qu'on les brûle dès qu'on les aura découverts.

« Le possédé sera prévenu de ne cacher à l'exorciste aucune de ses tentations.

« Si enfin il est délivré, on l'avertira de se garder de tout péché, de peur qu'il ne fournisse au démon l'occasion de revenir, et que le nouvel état de cet homme ne devienne pire que le premier. » *(Rituel romain.)*

Nous avons tenu à reproduire textuellement ces enseignements du Rituel peu connus des fidèles, pour montrer quelle prudence et quelle circonspection l'Église apporte dans ces délicates questions. Nous ne connaissons pas de meilleure réponse aux attaques et aux calomnies dont on ne cesse de la couvrir.

Quant à la manière de procéder aux exorcismes, le même livre va nous donner encore le manuel opératoire usité de nos jours ; mais il ne sera pas inutile de parcourir brièvement les différents usages qui se succédèrent dans la pratique.

Dans la primitive Église les moyens d'expulsion étaient des plus simples et des plus rapides. Le nom de Jésus prononcé avec foi, confiance et ferveur, quelques courtes prières, une adjuration au nom du Sauveur suffisaient ;

mais bientôt, la foi devenant moins vive, le succès fut plus difficile à atteindre et des exorcistes peu instruits recoururent, sans s'en douter, à des pratiques superstitieuses, ou se laissèrent tromper par de faux possédés, au grand détriment de leur considération et de la foi elle-même.

L'Eglise y mit bon ordre en restreignant les pouvoirs aux seuls exorcistes et en précisant quelques prières et certaines adjurations. Saint Clément *(Cons. Apost.* VIII, 6, 7, 31,) nous a transmis quelques formules employées dans le deuxième siècle : « L'évêque prie et prononce ces mots : « O toi qui as lié le fort armé et brisé ses armes, toi qui « nous a donné le pouvoir de marcher sur les serpents et « les scorpions... Fils unique du père, châtie les malins « esprits et délivre de leurs tourments les ouvrages de tes « mains, etc... »

Dans les siècles qui suivirent, on conserva encore certaines oraisons approuvées par l'Eglise, et qui se terminaient, non par *Christum Dominum nostrum*, mais par cette formule : *Per eum qui venturus est judicare vivos et mortuos,* afin de rappeler aux démons le dernier jugement et les tortures de l'enfer qui doivent leur faire plus d'impression.

Cependant, aux treizième et quatorzième siècles, des prêtres peu instruits avaient introduit de nouveau quelques pratiques supectes et, laissés à eux-mêmes, avaient composé des prières et des conjurations interminables, que nous pouvons trouver burlesques dans leur naïveté, mais qui n'en sont pas moins respectables puisqu'elles étaient tolérées, et qu'elles donnèrent plus d'un succès. Le *Malleus maleficarum* de Mengus en publie quelques-unes qui ne sont peut-être pas irréprochables, mais qui ne tardèrent pas à être corrigées par les théologiens, entre lesquels il faut citer le P. Thyrée *(De Dæmoniacis,* 1594) et Brognoli, professeur de théologie à Bergame, qui nous a laissé le *Manuale exorcistarum,* (1651.)

C'est en 1598, que l'imposture de Marthe Brossier ayant été reconnue à Orléans, l'évêque de cette ville défendit à ses prêtres de procéder aux exorcismes sans sa permission. « Défense, ajoute Bizouard, qui bientôt fut faite partout ; car les libres-penseurs, les impies et surtout les hérétiques, à cause de leur propre insuccès, devinrent très hostiles aux exorcismes de l'Eglise catholique. L'Eglise dût donc redoubler de vigilance, soit pour s'assurer de la réalité des possessions, soit pour surveiller les moyens mis en pratique pour les faire cesser... Les progrès du rationalisme ayant atteint plus tard quelques membres du clergé, ceux-ci, souvent aussi ignorants sur la matière des possessions que mauvais logiciens, tout en admettant la vérité de celles de l'Evangile, se montrèrent assez disposés à nier toutes celles qui se présenteraient de nouveau... Ces prêtres, sans doute, étaient des exceptions ; mais, jointe à d'autres causes, on vit cette répulsion, sinon abolir l'usage des exorcismes, du moins le restreindre de plus en plus. » (Bizouard, *Des rapports de l'homme avec le démon*, t. II, p. 163.)

Quoi qu'il en soit, l'Eglise a toujours professé qu'au point de vue de la juridiction, tout prêtre, ayant charge d'âme à cause d'un bénéfice ou d'une dignité, avait le pouvoir ordinaire d'exorciser les fidèles vivant sous son autorité, comme l'évêque dans son diocèse et le Pape par toute la terre.

Quant à l'interdiction portée par les évêques de faire dans leur diocèse des exorcismes solennels avant de les avoir informés et d'en avoir reçu l'autorisation expresse, elle doit être respectée ; mais de nombreux théologiens cités et approuvés par Brognoli pensent que cette réserve de l'évêque n'atteint pas les religieux exempts dans leur chapelle ou dans leur maison.

Saint Ligori se contente d'enseigner qu'un confesseur, persuadé que son pénitent est obsédé et ne dit pas franchement sès péchés, *peut* et parfois *doit* employer l'exorcisme sans solennité. Par exemple : « *Ego, auctoritate Domini nostri Jésu Christi, adjuro te, spiritus nequam — ut exeas — ut loqui sinas hunc servum Dei...* » (1)

D'après le P. Thyrée et Brognoli, « exorciser, quand la nécessité le demande, est non seulement un devoir de charité, mais de justice... Faire autrement, c'est pécher mortellement : *Secus faciens, peccat mortaliter, ut docet Joan. Baptista Possevinus.*» Brognoli ajoute même qu'on est alors tenu de tous les dommages causés par sa négligence ou par sa malice. Ainsi donc, si les curés négligent d'étudier la science de l'exorciste, s'ils ne veulent ni s'en acquitter ni en charger personne ; si un de leurs paroissiens est maléficié ou tué par le démon, ils pèchent mortellement et sont tenus de tous dommages, *dicti parochi mortaliter peccant et tenentur ad omnia damna.*

« A ceux qui diraient que ces fonctions sont trop lourdes et trop périlleuses, on leur rappellera l'axiome : *Qui sentit commoda debet sentire et onus* (2). Leur ignorance et leur défaut de courage ne sauraient les excuser.» (V. Bizouard, t. II, p. 143, 144.) On a d'ailleurs la ressource de se faire suppléer par d'autres.

Mais revenons à notre rituel :

« Le prêtre ou l'exorciste, quel qu'il soit, doit d'abord se confesser, ou tout au moins détester ses péchés dans le fond du cœur. La messe dite ou entendue, s'il peut le faire commodément, et le secours divin invoqué par de ferven-

---

(1) « Par l'autorité de Notre Seigneur Jésus-Christ, je t'adjure, esprit immonde — de t'en aller — de laisser parler ce serviteur de Dieu. »

(2) Celui qui profite des avantages doit aussi accepter la charge.

tes prières, il se revêt d'un surplis et d'une étole violette, dont une des extrémités entoure le cou du possédé, attaché devant lui s'il y a danger de le laisser libre. Il le munit, se munit lui-même ainsi que les assistants du signe de la croix, les asperge d'eau bénite et récite à genoux les litanies des saints. »

Puis, après l'antienne: « Ne vous souvenez pas, Seigneur, de nos péchés ou de ceux de nos pères; ne tirez pas vengeance de nos fautes, » il dit le *Pater*, le psaume 53: *Deus, in nomine tuo salvum me fac*, et fait à haute voix l'objurgation suivante :

« A toi, qui que tu sois, esprit immonde, et à tes compagnons, qui obsédez ce serviteur de Dieu, je t'ordonne, par les mystères de l'Incarnation, de la Résurrection et de l'Ascension de Notre Seigneur Jésus-Christ, par la descente du Saint-Esprit, par l'avènement de ce même Seigneur. de me dire quel est ton nom, de m'indiquer le jour et l'heure de ton départ et d'en donner un signe. Je t'ordonne de m'obéir à moi, ministre indigne de Dieu, et de ne toucher, en quelque façon que ce soit, aucun de ces assistants dans leurs personnes ou dans leurs biens.

On récite ensuite sur le possédé soit le commencement de l'Evangile de Saint Jean : « *In principio erat Verbum*, » soit celui de Saint-Marc où sont énumérés les signes qui suivront ceux qui auront cru : « Ils chasseront les démons en mon nom, ils parleront des langues nouvelles, ils prendront les serpents, et les poisons qu'ils boiront ne leur nuiront pas, ils imposeront les mains aux malades et les malades seront guéris;» soit encore un des deux Evangiles de Saint Luc qui racontent le retour des disciples étonnés de leur puissance au nom de Jésus-Christ et l'expulsion du démon muet, et l'on procède à l'exorcisme proprement dit.

Le rituel en donne trois formules, suivies de trois oraisons, et laisse à l'exorciste la faculté de les répéter en totalité ou en partie, ou de choisir encore certaines prières, comme le *Pater*, l'*Ave*, le *Credo*, le *Manificat*, le *Benedictus*, le symbole de Saint Athanase, quelques psaumes, etc.

Quant à la nature et à l'étendue de l'autorité donnée à l'exorciste, le rituel reste muet et semble laisser toute liberté aux opinions.

L'exorciste est-il le ministre et l'instrument de la toute puissance divine ?

N'est-il que l'interprète autorisé des supplications de l'Eglise à genoux ?

Agit-il comme juge ou plutôt comme arbitre entre l'âme et le démon, avec droit de faire ensuite respecter la justice ?

Chasse-t-il le démon de son propre mouvement, ou bien le force-t-il à s'en aller en lui rendant le séjour trop pénible ?

Se borne-t-il à aider le possédé dans sa lutte avec le démon, par ses lumières, ses conseils, ses encouragements, en mettant à profit les sacrements de l'Eglise, comme fit le Père Surin à Loudun ? *(Manuscrit de M. Delort.)*

Chacune de ces opinions semble avoir eu ses partisans et contient très probablement sa part de vérité, à la condition de n'être pas trop exclusive.

Nous avons déjà dit ce que nous pensions de la pratique du P. Surin. Que faut-il croire des douleurs infligées au démon ? Sont-elles réelles ? « *Obsecro te ne me torqueas*, (*) » s'écriait le démon à l'approche de Jésus, et dans les exorcismes il semble réellement souffrir et répète souvent la même supplication ; mais M. Delort se demande si les

---

(*) « Je t'en supplie, ne me fais pas souffrir. »

souffrances infligées par l'exorciste suivent le démon quand il déserte momentanément le corps du possédé. Le docte religieux ne le pense pas :

« L'Eglise, dit-il, n'a pas reçu le pouvoir d'augmenter les supplices des démons en tant que démons. L'exorciste doit donc se borner à prier Dieu, Saint Michel et les anges de maintenir le démon possesseur jusqu'à ce que, lassé de souffrir, il s'enfuie pour toujours. »

Du reste, il ne faut pas oublier que la souffrance imposée au démon n'est pas le seul moyen qu'on ait de le chasser. C'est peut-être de tous le moins efficace, bien que ses effets apparents soient plus sensibles et frappent davantage les assistants. « L'exorciste a le droit de commander, à l'exemple de Notre Seigneur. C'est Dieu qui a permis, c'est Dieu qui fait cesser, et l'exorciste est son ministre.» (M. Delort.)

Tous les théologiens sont d'accord pour blâmer l'exorciste qui se contenterait de prier le démon de sortir, ou lui demanderait les moyens qui doivent l'expulser. Toutes ces questions oiseuses et vaines qui exposent à n'entendre que des mensonges doivent être proscrites ; car le démon, plus fin et plus rusé, profite de la moindre faute.

On peut se demander encore, lorsqu'il y a plusieurs démons possesseurs, lequel est préférable de les attaquer séparément ou simultanément. Le premier moyen est plus efficace pour les faire souffrir ; le second a pour lui l'exemple des apôtres : « Il n'y a pas de forte partie contre Dieu, disait un des respectables exorcistes que nous avons vu à l'œuvre. Mille démons sont aussi vite chassés qu'un seul. »

(b) *Effets de l'exorcisme.* — Quelle que soit l'appréciation du lecteur sur ces pratiques, il se demandera sans doute quels en sont les effets. Nous avouerons franchement notre surprise devant les faits que nous révélèrent nos premières études sur ce sujet.

Comme chrétien, nous ne doutions nullement de l'efficacité des exorcismes. Nous les considérions comme une grâce spéciale accordée par Dieu aux signes et aux paroles prescrits par l'Eglise ; mais nous croyions cette grâce purement intérieure, comme celle des sacrements ; et si quelque effet extérieur pouvait être saisi, nous pensions que cette manifestation consistait uniquement dans la cessation progressive ou subite des phénomènes de l'obsession.

C'est, en effet, ce qui se passe quelquefois, et la guérison seule dans ce cas peut confirmer le diagnostic et l'efficacité du traitement ; mais cette terminaison est de beaucoup la moins fréquente, si même elle s'est jamais présentée dans toute sa simplicité.

Le plus souvent, dès la première séance, ou tout au moins dans les suivantes, l'exorcisme prend le caractère d'une véritable évocation. Les yeux du patient deviennent fixes, il frissonne, sa figure se décompose, ses traits se tirent et deviennent grimaçants, la physionomie est tellement altérée qu'elle est méconnaissable ; et, chose étrange, ce masque change toutes les fois que l'esprit envahisseur se dit lui-même être changé ; à tel point que, dans les possessions multiples, non seulement l'exorciste et les assistants peuvent reconnaître à l'expression de la face, au son de la voix, aux attitudes et aux manières du possédé, les différents esprits qui se succèdent dans le corps du même individu ; mais chaque démon, chez tous les possédés, conserve sa physionomie propre et les manières qui le caractérisent.

Dès lors, c'est en vain qu'on s'adresse au malade. C'est bien le même corps, mais c'est une autre personnalité. Aux questions qu'on lui adresse, c'est un autre esprit qui répond. Cet esprit se nomme, dénonce ses complices, et, sur l'ordre de l'exorciste, révèle les causes de la possession, indique l'auteur du maléfice, s'il existe, et, pressé de plus près, de crainte de mensonge, il finit par donner de la vérité les preuves les plus irrécusables ; tantôt en dévoilant des actes cachés, inconnus de tous les assistants et du possédé lui-même, tantôt en restituant dans les déjections du malade, ou autrement, les objets qui ont servi de signes sacramentels au pacte ; car c'est un fait d'expérience, que si la restitution de ces signes n'est pas absolument nécessaire à l'expulsion, tant qu'ils n'ont pas été découverts et détruits, l'effet de l'exorcisme reste douteux au point de vue de la guérison complète et définitive.

Mais ce n'est pas sans peine qu'on peut obtenir de l'esprit les indications nécessaires. Il crie, il insulte, il blasphème, il se raidit sous les menaces de l'exorciste ; il gémit, hurle, écume, bondit à l'audition de certaines paroles qui le font plus particulièrement souffrir. L'exorciste les répète, et à chaque insulte, à chaque blasphème, il lui inflige une réparation ou une souffrance nouvelle ; c'est le feu et la flamme de l'enfer, les douleurs de la passion de Notre Seigneur, la couronne d'épines, la flagellation, le crucifiement, le martyre de tel ou tel saint dont on lui impose les reliques et qu'il reconnaît sans qu'on les lui nomme ; ce sont les humiliations, le mépris, la honte, que certains démons redoutent plus que les souffrances physiques, etc. On voit alors le possédé se débattre et se tordre, dans son supplice, comme si véritablement il ressentait le châtiment par son maître.

A bout de force, il cède enfin, fait des aveux, des promesses, il demande grâce et pleure, ou bien il se révolte, et souvent l'exorciste lui-même et les assistants ne sont pas à l'abri, même en dehors des exorcismes, de plaisanteries et de coups plus ou moins dangereux qui vont quelquefois jusqu'à l'obsession.

C'est aussi dans le cours de cette lutte qu'on voit se produire ces phénomènes surhumains, ces prodigieux tours de force ou d'intelligence, dont nous avons cité quelques exemples, et qui ne peuvent laisser aucun doute sur l'origine et la nature de cette terrible affection. Le plus fréquent consiste dans l'intelligence complète du latin ou d'une autre langue que le patient n'a jamais étudiée.

Mais ce n'est pas tout, il faut encore que l'esprit annonce son départ et qu'il en donne un signe sensible : Tant que ce signe, le plus souvent *imposé* par l'exorciste (malgré l'avis de Brognoli), n'a pas été pas obtenu, quelle que soit l'amélioration apparente de la maladie, on ne peut ordinairement compter sur une guérison complète et radicale.

Les saints eux-mêmes, agissant directement sous l'inspiration divine, manquaient rarement de réclamer ce signe, et la vie des saints est remplie de faits miraculeux effectués dans ces circonstances. Les plus fréquents sont le transport instantané de pierres énormes ou de personnes à de grandes distances, le bris spontané des idoles, etc. ; mais qui lit aujourd'hui la vie des saints, et qui veut y croire ?

Eh bien, même de nos jours, ces faits prodigieux sont loin d'être aussi rares qu'on le suppose, et, si les exorcistes se contentent parfois d'une preuve morale, ou d'un acte écrit et signé du démon par la main du possédé, d'une promesse verbale appuyée d'un serment par le Dieu vivant, le plus souvent, on lui demande un acte évidemment surnaturel, par exemple d'allumer ou d'éteindre les cierges de l'autel, de briser une vitre de la chapelle, d'inscrire sur le corps du possédé le nom de Jésus, de Marie, ou d'un saint, ou quelque autre signe permanent de sa sortie.

Ce prodige commandé ou spontané fait rarement défaut.

« Demander un signe, dit M. Delort, comme le conseille

le rituel, est utile, car le démon ne mérite aucune confiance ; en imposer un semble dangereux. Le démon n'est
pas obligé de le donner ; comment l'y contraindre ? L'exorcisme a été institué pour chasser le démon, non pour le
soumettre à nos caprices. » (*Manuscrit* déjà cité.)

Brognoli pense même qu'il est inutile de demander un
signe : « La sortie est certaine quand le patient se sent
débarrassé, comme délié, plein de joie, sans douleur...
L'exorciste peut se borner à exiger du démon qu'à sa
confusion il crie trois fois en sortant : Jésus, vous me
chassez ! Ce qui convient d'autant mieux, ajoute le savant
professeur, que souvent, les signes demandés ayant été
donnés, la sortie n'avait point eu lieu. » (Brognoli cité par
Bizouard, t. II, p. 158.)

Peut-être dans ces cas le démon expulsé était-il rappelé
volontairement par l'énergumène, comme nous en citerons
un exemple, plusieurs fois répété dans notre appendice

Les réflexions de Brognoli n'en sont pas moins pleines
d'à-propos. Elles empêcheront l'exorciste de croire trop
vite à la victoire. Cependant cette demande et cette exi-
gence d'un signe furent fréquemment suivies du succès, et
l'on vit même les démons prendre, en sortant, les apparences d'insectes, ou d'animaux immondes qui s'éva-
nouissaient aussitôt, après avoir été vus de tous les assistants.

On ne saurait donc condamner ces pratiques, au moins
tolérées par l'Eglise (quelques-unes sont même conseillées
dans le Rituel) ; c'est à l'exorciste de juger de ce qu'il doit
faire, selon les circonstances et l'espèce de démons auxquels il a affaire.

Le P. Thyrée traite en neuf chapitres des signes de l'expulsion ; mais on doit toujours se méfier des ruses du
diable et des tentations dont il ne manque jamais d'assaillir

sa victime, prêt à profiter de la moindre faute, de la moindre imprudence pour regagner tout ce qu'il a perdu.

Quant au patient, nous l'avons déjà dit, parfois il assiste avec son intelligence à toutes les scènes que nous avons décrites ; il entend et comprend toutes les questions qu'on lui fait aussi bien que ses propres réponses ; mais il se rend parfaitement compte de la substitution d'une autre volonté à la sienne, et il s'en explique après la séance de la façon la plus claire et la plus formelle.

Mais ordinairement l'intelligence du malade est plus ou moins obscurcie, endormie, presque supprimée ; il ne se souvient de rien au réveil, ou ne peut que raconter que des visions fantastiques, souvent en rapport avec ce qui s'est passé, et explique ainsi certaines réponses et certains détails qu'on n'avait pas compris. L'esprit possesseur a presque toujours soin de lui cacher ses défaites et ses hontes.

(c) *Rapports et différences entre l'exorcisme et l'hypnose.* — Ici se place une objection sérieuse. Nous avouerons franchement que ce sommeil somnambulique ressemble assez parfois au sommeil hypnotique ou corybantique. Et, si l'on admet que ces derniers puissent avoir une cause naturelle, on ne voit pas au premier abord pourquoi l'imagination frappée de l'exorcisé, dans les conditions que nous avons décrites, ne serait pas entraînée et forcée par les cérémonies religieuses, comme elle l'est par les passes magnétiques, le baquet de Mesmer ou les différents modes de suggestion et d'inhibition employés de nos jours.

Si les magnétiseurs peuvent naturellement imposer leur pensée aux magnétisés, modifier, supprimer, exalter leur sensibilité, l'unique effet de l'exorcisme ne serait-il pas une suggestion toute naturelle, une démonomanie provoquée, une vraie séance d'hypnotisme abusant, à la fois, victime, acteurs et assistants ?

C'est aujourd'hui l'opinion courante parmi les princes de la science, bien que la plupart refusent encore d'admettre les suggestions mentales. Après avoir nié pendant plus d'un siècle, magnétisme, exorcisme, possessions, vaincus par l'évidence des faits, ils ont enfin trouvé la solution. Tout cela s'explique le plus naturellement du monde par le même agent : C'est du magnétisme, tout est dit.

Le professeur Charcot lui-même, dans ses cliniques de la Salpêtrière, n'a pas su se garder de cette confusion. Magnétiseur émérite et très puissant, il commençait par exposer à ses élèves la reproduction des tableaux de grands maîtres représentant des guérisons de possédés. Il leur faisait remarquer la pose tragique et impérative de l'opérateur, l'expression du malade, ses contorsions diverses qu'il comparait aux différentes phases de l'hypnose ou de l'hystérie ; puis, faisant entrer les malades, il reproduisait aux yeux des assistants les scènes qu'il venait de montrer. Pour lui, comme pour ses élèves et la plupart des aliénistes de nos jours, ces scènes sont identiques et s'expliquent très simplement par l'hypnotisme, que jusqu'à présent cependant ils n'ont pas encore expliqué.

Nous n'examinerons pas si l'imagination des peintres a reproduit exactement les scènes d'exorcisme. Il se peut qu'il y ait en apparence quelques rapports entre ces deux ordres de phénomènes. Nous avons vu que les pratiques du magnétisme sont plus que suspectes et que souvent elles sont la cause de manifestations surnaturelles se rapprochant beaucoup des possessions. La similitude pourrait donc alors s'expliquer, et, loin de devenir une objection, justifier simplement la défiance des théologiens en face de l'hypnotisme.

Le singe de Dieu serait capable de l'imiter jusque dans

son action surnaturelle, pour donner le change et faire croire à l'origine toute naturelle des miracles et des prestiges, des possessions et du remède divin.

Nous noterons les distinctions suivantes qui nous paraissent suffisantes pour séparer scientifiquement et pratiquement les phénomènes de l'hypnotisme de ce qui se passe dans l'exorcisme :

1º L'exorciste n'est pas un magnétiseur ; il n'a pas hypnotisé le sujet, il ne l'hypnotise pas, il n'est pour rien dans son état. Il n'a pas fait la possession, et de lui-même il se sait incapable de la faire cesser ; mais il est élu, ordonné, commandé pour la combattre. Il a une mission à remplir et les pleins pouvoirs de son maître ; il ne commande que par obéissance, il est délégué ; il remplit un devoir et il exerce un droit, à la condition que cette délégation lui soit transmise *hiérarchiquement*. C'est ce qui explique les insuccès et les déboires des faux exorcistes, des popes schismatiques, des protestants et même des prêtres catholiques qui se mêlent d'exorciser sans en avoir la permission.

L'hypnotiseur, lui, n'est pas un homme choisi et commandé ; c'est le premier venu ; il peut être un savant, mais ce n'est pas un saint ; est-ce même un homme remarquable par ses vertus ? Le plus souvent ce n'est qu'un imprudent curieux, un libre-penseur qu'aucune foi, aucune loi n'arrête ; n'a-t-il jamais été un lâche criminel ? Il ne trouve pas l'hypnose toute faite, c'est lui qui la fait ou qui la provoque. Quelles que soient ses intentions, il est toujours coupable en s'emparant (par des manœuvres, dont il ne connaît ni l'origine, ni les dangers, ni la puissance dans toute son étendue) de la conscience, de la volonté, de la liberté de ses semblables.

2º Aussi quelle différence entre les rapports de l'exorciste et de l'hypnotiseur avec le sujet qui leur est confié ! Sans parler des moyens d'action si différents dont ils disposent et qu'ils emploient, il existera toujours entre eux une différence radicale.

L'hypnotiseur, au premier abord. semble s'entendre au mieux avec le patient, même quand il le contrarie et le fait souffrir. Ce sont deux amis qui marchent de concert, et souvent on ne saurait dire lequel des deux est le véritable maître. Tantôt le magnétiseur garde l'apparence de l'autorité et du commandement, mais se fait en réalité le disciple de son élève ; tantôt, et dans ces temps modernes, c'est la forme la plus fréquente, l'hypnotisé semble obéir avec une telle ponctualité aux suggestions les plus ridicules, les plus absurdes, les plus criminelles, qu'on se demande si le prétendu maître n'est pas la dupe d'un plus malin qui se moque de lui.

Entre l'exorciste et le possédé, au contraire, il y a lutte ouverte, lutte souvent sournoise et pleine d'embûches, lutte parfois menaçante et terrible, où l'on sent cependant le véritable maître qui sera le vainqueur, parce qu'il est l'Invincible.

3° Quel que soit le procédé qu'emploie l'hypnotiseur, on pourra toujours plus ou moins le rapporter au système de la suggestion. Mais, dans l'exorcisme, le plus souvent, le possédé ignore son état, et si son entourage lui a persuadé qu'il était sous l'empire du diable, généralement la première pensée du prêtre consulté sera de nier cette intervention. Il opposera à cette croyance toutes les objections possibles, et ne pourra tenter l'exorcisme probatoire que lorsqu'on lui aura fourni des preuves au moins probables. S'il y avait de sa part une suggestion, elle agirait plutôt en sens contraire des phénomènes observés.

Dira-t-on que la cérémonie et ses préparatifs, que les prières et les conjurations sont elles-mêmes très suggestives et capables de confirmer le malheureux dans sa fausse persuasion? Comment donc alors l'exorcisme, si puissant pour suggérer la possession, l'est-il si peu pour la faire cesser?

La moindre affirmation de l'hypnotiseur pourra faire changer les convictions les plus tenaces de l'hypnotisé, et les objurgations répétées de l'exorciste mettront des semaines et des mois à se faire accepter! Pourquoi cette différence, si l'agent est le même? C'est que l'hypnotiseur est un *complice*, auquel l'agent obéit *bénévolement*, et l'exorciste un *adversaire*, à la puissance surnaturelle duquel l'agent n'obéit que *malgré lui*.

4° Quant à ce qui regarde le patient, nous noterons d'abord dans l'exorcisme l'absence complète des phases successives et régulières que présente l'hypnose. Les symptômes eux-mêmes sont très différents.

Le magnétisé, complètement subjugué par son magnétiseur, ne connaît que lui, n'entend le plus souvent que ses paroles, et ne peut entrer en relation avec qui que ce soit, sans sa permission; il est inconscient; l'exorcisé, au contraire, entend et voit tout ce qui se passe autour de lui. Qu'un assistant l'interroge ou l'attaque, les réponses du patient, sa rage, ses insultes, les crachats qu'il lui lance, les efforts qu'il fait pour le blesser, le mordre, l'égratigner prouvent assez qu'il a compris et qu'il veut se venger; si sa conscience le plus souvent est abolie, une autre l'a remplacée.

Contrairement à ce qui se passe dans le magnétisme, l'exorcisé assiste aussi parfois avec son intelligence à l'interrogatoire qu'on lui fait subir, il en garde le souvenir, et il se rend parfaitement compte qu'une autre personnalité s'est substituée momentanément à la sienne pour le faire parler et agir.

5° Nous rappelerons au lecteur ce que nous avons déjà

dit au sujet de l'explication naturelle de quelques symptômes par les névroses, la supercherie, le charlatanisme, etc. Ce n'est pas un symptôme isolé qu'il faut expliquer, c'est l'ensemble des faits depuis leur origine jusqu'à leur disparition. Or jamais l'hypnotisme et le magnétisme *naturels*, s'ils existent, ne pourront reproduire les phénomènes évidemment *surnaturels* que nous avons donnés comme signes certains de la possession. Jamais ils n'obtiendront, même accidentellement, le résultat et les effets constants de l'exorcisme : *l'aveu des circonstances* souvent *ignorées* du début de la maladie, la *révélation* des objets et des *signes sacramentels* qui l'ont causée, la *découverte* et la *restitution* de ces objets, le *signe du départ* et surtout la *guérison* souvent rapide et permanente, pourvu que le patient se conforme aux prescriptions de l'Eglise, et ne veuille pas lui-même par un consentement plus ou moins explicite persévérer dans son état.

Les hypnotiseurs ont-ils, dans des circonstances relativement assez rares, obtenu quelques-uns de ces phénomènes transcendants, comme la divination des pensées, la vue à distance, la compréhension des langues inconnues, le transport et l'apport de différents objets, etc ? Le fait paraît constant.

Mais leurs pratiques alors sont plus que suspectes et nous sommes en présence des signes certains de la possession. L'intervention du *tiers* est nécessaire et démontrée. Pour faire échouer les expériences, la présence d'un spectateur croyant, l'attouchement d'une relique ou d'un objet bénit sont parfois suffisants.

L'exorcisme amène la guérison ; l'hypnotisme, au contraire, ne fait qu'aggraver les symptômes. Nous avons vu ce qu'il fallait penser des bienfaits de l'hypnose.

6° Entre le prêtre et le magnétiseur, il existe pourtant

un point commun qui semble les rapprocher : « Tous deux n'ont qu'un pouvoir impersonnel, plutôt apparent que réel : Derrière eux se trouvent les puissances véritables qui agissent. » (Imbert-Gourbeyre, *La stigmatisation*, t. II, p. 297.) C'est Dieu dans l'exorcisme ; qui est-ce dans l'hypnose ?

7° Enfin (et cette dernière distinction s'adresse surtout aux catholiques) l'Eglise permet et recommande l'exorcisme, lorsqu'il est reconnu nécessaire, pourvu qu'on se conforme aux règles établies. Elle ne permet de magnétiser que dans des conditions qui vraisemblablement ne se sont jamais rencontrées et peut-être ne se rencontreront jamais.

Le 19 Mai 1841, Monsieur l'abbé Fontana, chancelier de l'évêché de Lausanne et Genève, s'adressant à la Sacrée Pénitencerie, rappelait les principaux phénomènes que nous avons décrits dans cet ouvrage : « Sommeil magnétique procuré par des attouchements, des passes, ou même par un simple commandement, exprimé ou non, fût-ce à distance de plusieurs lieues ; sommeil si profond que ni le bruit, ni le fer, ni le feu ne peuvent faire cesser ; connaissance dans ce sommeil, *nécessairement consenti*, de sciences et de choses qu'on n'a jamais étudiées ; descriptions de maladies et de lésions internes reconnues chez soi, et même chez les autres par un simple contact, ou de loin par l'examen d'une mèche de cheveux ; visions à distance, par le même procédé, de personnes absentes et inconnues, connaissance de leurs actes et de leurs maux, des phases de leur maladie, et application de remèdes souvent efficaces ; lecture par des personnes illettrées de livres ouverts ou fermés, appliqués sur la tête ou sur l'estomac, les yeux parfaitement clos ; enfin oubli complet au réveil et inconscience absolue de tout ce qui s'est passé et dit dans le sommeil.

« Le postulateur, en présence de tant de raisons capables de faire douter que de tels phénomènes, dont la cause occasionnelle est si peu en rapport avec les effets qu'elle produit, soient vraiment naturels.., *demandait* si, en admettant la réalité des faits précités, un confesseur peut en conscience permettre à ses pénitents ou à ses paroissiens :

« 1º D'exercer le magnétisme animal, caractérisé par les phénomènes indiqués plus haut et d'autres semblables, comme un art destiné à aider et à suppléer la médecine ;

« 2º De consentir à se faire mettre dans cet état de somnambulisme magnétique ;

« 3º De consulter pour soi ou pour les autres les somnambules ainsi magnétisés ;

« 4º De se livrer à un de ces trois actes, en ayant la précaution de renoncer formellement et de cœur à tout pacte implicite ou explicite avec le démon, à toute intervention diabolique, étant donné que, malgré cette précaution, plusieurs ont obtenu du magnétisme les mêmes effets ou des résultats analogues. » *(Lettre de l'abbé Fontana à la Sacrée Pénitencerie.)*

La Sacrée Pénitencerie, après avoir mûrement examiné les faits proposés, répondit le 1ᵉʳ Juillet 1841 :

« L'usage du magnétisme, *tel qu'il est exposé dans le cas présent*, n'est pas permis.

« C. Card. CASTRACANE, grand Pénitencier,
« P. H. POMELA, secrétaire de la S. P. »

Cette réponse ne paraissant point absolue, Mgr Gousset crut devoir, en 1842, consulter le Saint-Siège sur la même question, demandant « *si sepositis rei abusibus rejectoque omni cum dæmone fædere* (*), il était permis d'exercer le

(*) « En évitant l'abus du procédé et rejetant d'avance tout pacte avec le diable. »

magnétisme animal ou d'y recourir, en l'envisageant comme un remède que l'on croit utile à la santé. »

Cette consultation ne reçut pas de réponse immédiate. Son Eminence le cardinal de Castracane écrivit seulement en français à l'archevêque de Reims, en date du 22 Septembre 1843 :

« Monseigneur,

« J'ai appris par Monseigneur de Brimont que Votre Grandeur attendait de moi une lettre qui lui fasse savoir si la Sainte Inquisition a décidé la question du magnétisme.

« Je vous prie, Monseigneur, d'observer que la question n'est pas de nature à être décidée de sitôt, si jamais elle l'est, parce qu'on ne court aucun risque à en différer la décision, et qu'une décision prématurée pourrait compromettre l'honneur du Saint-Siège ; que, tant qu'il a été question du magnétisme et de son application à quelques cas particuliers, le Saint-Siège n'a pas hésité a se prononcer, comme on l'a vu par celles de ses réponses qui ont été rendues publiques par la voie des journaux.

« Mais, à présent, il ne s'agit pas de savoir si, dans tel ou tel cas, le magnétisme peut être permis ; mais c'est en général qu'on examine si l'usage du magnétisme peut s'accorder avec la foi et les bonnes mœurs.

« L'importance de cette question ne peut échapper ni à votre sagacité, ni à l'étendue de vos connaissances.

« Je vous remercie, Monseigneur, de ce que vous me donnez cette occasion de vous renouveler l'assurance, etc.

« Le Cardinal Castracane. »

Voici cependant une dernière décision émanée, le

4 Août 1856, de la Chancellerie du Saint-Office du Vatican et signée par le cardinal Macchi :

«...Comme, en outre de ces cas particuliers, il fallait prononcer sur la pratique du magnétisme en général, il a été établi comme règle à suivre, le mercredi 28 Juillet 1856 :

« En écartant toute erreur, tout sortilège, toute invoca-
« tion implicite ou explicite du démon, l'usage du magné-
« tisme, c'est-à-dire le simple acte d'employer des moyens
« physiques, non interdits d'ailleurs, n'est pas moralement
« défendu, pourvu que ce ne soit pas dans un but illicite
« ou mauvais en quoi que ce soit. Quant à l'application de
« principes et de moyens purement physiques à des choses
« ou à des effets vraiment surnaturels, pour les expliquer
« physiquement, ce n'est qu'une illusion tout à fait con-
« damnable et une pratique hérétique. »

Le cardinal Macchi continue : « ....Quels que soient l'art ou l'illusion qui entrent dans tous ces actes, comme on y emploie des moyens physiques pour obtenir des effets qui ne sont point naturels, il y a fourberie tout à fait condamnable, hérétique, et scandale contre la pureté des mœurs.»

Et il termine en engageant les Ordinaires à mettre tous leurs soins à écarter les abus du magnétisme et à les faire cesser, « afin que le troupeau du Seigneur soit défendu contre les attaques de l'homme ennemi, que le dépôt de la foi soit conservé intact et que les fidèles confiés a leur sollicitude soient préservés de la corruption des mœurs. » (Voyez le tome III du *Supplément à l'Encyclopédie catholique*, publié par M. de Chantrel et l'abbé Orse, avec collaboration. Article : *Magnétisme.*)

Il serait difficile pour un catholique de ne pas voir dans cette dernière déclaration la condamnation pure et simple du magnétisme, tel qu'il est généralement pratiqué. Quel est le magnétiseur qui pourrait se flatter de n'employer les *moyens physiques* dont il use qu'avec la certitude qu'ils n'amèneront jamais les phénomènes surnaturels si souvent et si facilement rencontrés dans la pratique du magnétisme ?

S'il ne les cherche pas et s'ils lui font défaut, à quoi lui sert l'emploi de ces moyens ? S'il les cherche ou s'ils se présentent et qu'il continue ses expériences, il est hérétique, et n'est-il pas déjà coupable de s'exposer et d'exposer les autres à de pareilles tentations?

Même avec l'intention formelle de s'arrêter à la première apparition de phénomènes douteux, nous avons vu qu'il n'était pas toujours le maître de les empêcher de se manifester et ensuite de les faire cesser.

On peut donc affirmer que, pour un catholique, l'exorcisme est une œuvre sainte et recommandée, tandis que le magnétisme est une pratique dangereuse, sujette à l'illusion et souvent hérétique, dont on doit s'abstenir sous peine de s'exposer grandement à pécher.

L'hypnotisme n'est pas nommé dans les réponses du Saint-Siège consulté seulement sur le magnétisme ; mais, en présence de l'opinion commune des savants que l'hypnotisme ne diffère pas du magnétisme, ne doit-on pas le considérer comme frappé du même coup et de la même réprobation ? C'est notre avis, conforme à celui de nombreux théologiens.

CONCLUSION

————

I

Quelles que soient les convictions que le lecteur ait con-
servées, un fait au moins me semble indiscutable, c'est
l'impossibilité de faire rentrer les phénomènes que nous
avons décrits dans le cadre pathologique des empoisonnements, de la folie, de l'hystérie, de l'épilepsie, de la chorée
simple, avec lesquels on avait jusqu'ici essayé de les confondre.

Seul le somnambulisme, soit spontané dans sa forme
corybantique, soit provoqué par l'hypnotisme et toutes ses
variétés, présente avec les possessions et les affections dont
nous avons donné quelques exemples des rapports qu'on
ne peut contester.

Nous trouvons, en effet, dans ces divers états un si grand
nombre de phénomènes communs, qu'au point de vue
pathologique, ils sembleraient ne constituer qu'une seule
et même espèce.

1º Quant à la marche de la maladie, d'un côté comme
de l'autre, nous rencontrons toujours le même *début subit*
et *sans prodromes*, des *rémissions irrégulières, instantanées,
complètes*, des *retours* non moins *brusques* et une *guérison*

toujours *prompte, entière, sans convalescence* et le plus souvent *sans récidive*.

2° Quant aux symptômes, nous constatons d'abord un premier *phénomène commun* bien caractéristique : c'est dans les crises l'*anéantissement de la volonté propre*, la *perte complète*, ou tout au moins le *trouble profond de la conscience et de la mémoire*.

Trouble poussé si loin qu'il constitue presque toujours comme une *condition d'existence nouvelle*, si différente de l'état normal que la *personnalité* du sujet semble *changée*.

L'individu, consciemment ou non, mais toujours *sans le vouloir* et sans *résistance possible*, semble avoir prêté ses organes à une intelligence dont les actes sont habituellement si contraires à ses idées, si différents de ceux qu'il fait ordinairement, si supérieurs le plus souvent à ceux dont il est capable, qu'on ne peut supposer qu'ils émanent de lui, et lui-même les désavoue dès qu'il en a connaissance.

Dans les cas où la personnalité se révèle et se prétend toujours la même, on rencontre le plus souvent un antagonisme bizarre entre les deux états : « Ne me dites pas, lorsque je serai réveillée, que vous me faites parler dans mon sommeil, nous recommandait Mme X... (Obs. XVII,) je ne consentirais plus jamais à me laisser endormir. » Et quelque temps après elle ajoutait : « Vous me rendormirez ce soir ; je serai peut-être plus lucide. »

Qui nous expliquera cette double volonté ? Est-ce le même esprit qui parle et qui agit, dans le sommeil et dans l'état de veille ? On pourrait en douter.

3° Un autre fait vient confirmer ce doute, c'est que les organes, indispensables au sujet pour agir et connaître, parfois semblent *inutiles* à celui qui s'en est emparé. Il les confond, les trouble, les supprime, ou il en change la destination, voit par les doigts, entend par l'estomac, absorbe en guise d'aliments les choses les plus indigestes, les plus répugnantes et ne s'en aperçoit pas.

4° Cependant au milieu de ce désordre, en dehors de ces troubles momentanés mais terribles, capables de bouleverser et de détruire tout l'organisme humain, nous retrouvons presque toujours la *persistance de la santé* et l'*intégrité de l'intelligence* du sujet.

Les jeûnes les plus prolongés, les macérations les plus imprudentes, les coups les plus violents, l'absorption des substances les plus nuisibles, souvent n'arrivent pas à compromettre l'économie. Cet état résiste même quelquefois aux agents physiques et chimiques, aux poisons, au venin des serpents.

Même chez les sujets que l'abus des suggestions hypnotiques, la violence et la répétition de leurs crises, ou des maladies inconnues ont forcé d'interner dans les hôpitaux spéciaux, cette persistance de la raison et ces retours subits et incompréhensibles à la santé déroutent la science et les savants. (Obs. X et XVII.)

5° L'intelligence d'emprunt, qui parait remplacer celle du sujet dans ses crises, fait souvent preuve de *connaissances qui sont étrangères* aussi bien à l'hypnotisé qu'à l'hypnotiseur et aux assistants. Elle ne saurait donc appartenir ni au sujet, ni à l'hypnotiseur, ni aux témoins...

Mais alors nous nous trouvons très logiquement conduits à constater l'intervention d'un tiers, et d'*un tiers supérieur à notre nature*, puisqu'il nous montre parfois une *puissance surhumaine* que scientifiquement on ne peut nier.

6° Ce tiers quel peut-il être? Nous l'avons déjà soupçonné à ses œuvres. On ne saurait trop insister sur ce signe, le plus important de tous.

Lorsqu'elle se manifeste spontanément, cette intelligence étrangère est remarquable par son caractère constant de puérilité, de futilité, d'inutilité, de bizarrerie grotesque et ridicule, qui semble bien voulu et ne ressemble en rien à l'incohérence de nos rêves ; elle se caractérise surtout par ses contradictions, sa fausseté, ses vices, son impiété et son *hostilité flagrante contre les dogmes catholiques* et les pratiques pieuses.

Elle se montre la même dans les milieux les plus variés. et quel que soit le but poursuivi par les observateurs. Qu'on l'interroge sur les questions sociales, scientifiques ou religieuses, qu'on l'étudie par amour de la science, par désœuvrement ou par curiosité, on ne tarde guère à reconnaître ces *tendances particulièrement anticatholiques.*

Elle favorise les hérésies. Lisez l'histoire des gnostiques, des montanistes, des alexandrins. des vaudois, des albigeois, des camisards, des jansénistes, des méthodistes américains, vous n'en trouverez pas une de quelque importance qui n'ait présenté accidentellement plusieurs de ces phénomènes.

Même lorsque, au début, cet intrus paraît singer et conseiller les pratiques et les cérémonies du catholicisme, il les fausse. les ridiculise, les rend plutôt odieuses que consolantes et finit par en dégoûter.

Si les expérimentateurs de nos hôpitaux ne retrouvent pas ce caractère chez leurs sujets, c'est que leurs préjugés les empêchent de le chercher et de le voir ; peut-être aussi, dans ce milieu sceptique, l'*étranger* cherche-t-il à masquer sa présence et surtout sa nature. Il n'en est pas moins vrai que, dans les cas les plus simples et les plus naturels en apparence, cette note se manifeste, soit dans l'origine suspecte de la maladie, soit par des blasphèmes insolites, des allusions que rien ne semble provoquer, comme celle du jeune Gustave, (Obs. X.) contrefaisant le diable en face d'un miroir, soit par la tendance au suicide, etc.

Evidemment toutes ces impulsions ne viennent ni de Dieu, ni des esprits restés fidèles. Nous avons déjà dit que le diable seul pouvait en être l'auteur, pour peu que les phénomènes dépassent la nature humaine. Qu'on se reporte aux signes de possession que nous avons donnés.

7° Enfin nous terminerons par un dernier caractère qui n'est pas le moins important.

On trouvera bien peu de médecins, même parmi les impies, qui osent condamner publiquement les prières de leurs malades : « Priez, priez tant que vous voudrez ; les prières ne font pas de mal. » Telle est la phrase stéréotypée que répètent les plus sceptiques et les croyants pusillanimes qui n'osent avouer leur foi. Plusieurs daigneront même condescendre jusqu'à admettre une certaine efficacité de la prière, à la condition que l'Être suprême, pour distribuer ses grâces, n'ait pas la prétention de se servir d'un autre canal que de celui de leur science. Agir directement, surnaturellement, sans eux, en dehors des lois qu'ils ont posées, allons donc ? Si la prière a dans ce cas quelque efficacité, c'est en leur obtenant l'inspiration du remède salutaire. C'est vraiment trop restreindre le pouvoir de Dieu que le subordonner ainsi à celui de la Faculté !

Lorsque la guérison d'une maladie naturelle arrive naturéllement, qu'on ait ou non prié, rien n'empêche assurément les médecins d'attribuer le succès à leurs soins ; mais, dans une affection où, de l'aveu de tous, les remèdes sont impuissants, comment ne pas être frappé de cette action incontestable et universelle des pratiques pieuses, des pèlerinages, des sacramentaux et des exorcismes ?

On ne saurait nier que dans l'espèce cette efficacité de la prière est bien plus marquée, plus fréquente, plus manifeste que dans n'importe quelle maladie. *Naturam morbo-rum curationes ostendunt.*

Comment nos maîtres, ordinairement si fins, si perspi-caces, n'ont-ils pas été frappés de ces traits généraux qui donnent aux phénomènes que nous étudions un tel air de famille ? Comment la science a-t-elle pu négliger ces singu-larités si caractéristiques ?

Devrons-nous dire enfin que toutes ces affections, som-nambulisme, acrobatisme, magnétisme, possessions, sont de même nature ? Beaucoup de bons esprits le pensent, et, nous venons de le voir, ils ne manquent pas de raisons pour justifier leur opinion.

A d'autres cependant il répugne d'admettre qu'un si grand nombre d'expérimentateurs, parmi lesquels se trou-vent incontestablement des savants honnêtes et de bonne foi, des chrétiens résolus d'avance à repousser tout com-merce illicite avec les esprits, se soient tous vus surpris et trompés par une ingérence occulte qu'ils ne cherchaient pas et qu'ils répudiaient.

Sans doute plusieurs furent imprudents, curieux, ou tout au moins légers dans leurs recherches. L'amour de la science et la charité ne justifiaient pas toujours leurs agissements ; mais de quel droit les accuserait-on de magie même inconsciente ?

Tant que des signes au moins probables d'une interven-tion diabolique ne se sont pas montrés, ne peuvent-ils pas en sûreté de conscience continuer des expériences qu'ils ont lieu de croire innocentes et utiles ?

Et lorsque le prêtre et le médecin se trouvent en pré-sence de ces mystérieuses affections dont les symptômes ne donnent que des signes douteux de possession, ou des ressemblances lointaines avec les troubles causés par les maléfices, devront-ils se presser de conclure au surnaturel et condamner sans preuves les incroyants de bonne foi ?

Ne serait-ce pas commettre la faute que nous reprochions tout à l'heure à nos adversaires et confondre à plaisir des espèces très distinctes, sur le seul fait de quelques ressemblances ?

Rome a parlé ; le doute n'est plus possible.

Il est certain que, dans les cas cités par nous et dans l'hypnotisme, ces ressemblances avec les possessions ne sont pas aussi lointaines qu'on voudrait bien le dire. Elles consistent moins dans la similitude des symptômes que dans l'origine, la marche et la terminaison de la maladie. Entre les faits qui peuvent passer pour naturels et ceux qui dépassent manifestement les lois de la nature, les différences, tout bien compté, seraient peut-être moindres que celles qui séparent, dans les autres espèces morbides, les formes bénignes des formes pernicieuses. Dans une maladie ordinaire, on ne les jugerait pas suffisantes pour constituer une espèce différente.

Cependant, dans le cas qui nous occupe, la question n'est pas aussi simple. Le composé humain ne reste plus toujours le seul support de l'affection morbide. L'âme et le corps peuvent subir naturellement une partie des modifications qu'ils manifestent ; mais un moment arrive ou la *participation* d'un tiers devient nécessaire. Quel est-il ce moment, et quels seront les signes qui le feront connaître ? La théologie les indique. Quelques-uns sont certains, d'autres probables, d'autres seulement douteux, d'autres symptômes sont tellement simples et communs qu'ils ne peuvent fournir aucune indication. Ces derniers peuvent-ils être parfois les prodromes ou les symptômes concomitants d'une affection surnaturelle latente qui se révèlera plus tard ? Nous nous le sommes déjà demandé, et ce simple doute suffit à justifier toutes nos appréhensions et les conseils que nous donnons à ceux qui ne craignent pas de provoquer ces phénomènes.

Mais entre ces divers symptômes, à peine suspects, et ceux qui ne doivent laisser aucun doute sur leur origine surnaturelle, se trouve un abîme que nous ne saurions combler par de simples suppositions.

Ce saut n'existe pas dans les maladies ordinaires; on peut sans grand inconvénient se hâter de conclure; souvent il est avantageux de précipiter le jugement; mais dans le cas qui nous occupe l'erreur serait plus grave. En affirmant à la légère l'identité de cause et de nature, on s'exposerait à compromettre une doctrine et des pratiques d'autant plus respectables qu'elles touchent à la foi.

Les remèdes ecclésiastiques et divins restant inefficaces justifieraient en apparence les préjugés de la science incrédule, les sarcasmes de l'impiété, l'indifférence des sceptiques; ils scandaliseraient les faibles. Sachons donc douter tant que le doute est légitime, et quelle que soit la répugnance que nous ayons à dire : Je ne sais pas, sachons nous abstenir tant que les signes nous manquent. C'est un premier devoir, que l'Eglise elle-même a voulu pratiquer en reconnaissant la licéité des « *moyens physiques non interdits d'ailleurs.* »

Mais cependant ne nous lassons pas d'étudier et d'employer tous nos efforts pour arriver à la certitude; surtout sachons franchement profiter de l'expérience des autres. Faire table rase et ne croire qu'à nos expériences personnelles, c'est le grand défaut des savants de nos jours. Acceptons humblement les faits dûment acquis et ne cherchons pas systématiquement à rester dans le doute; car un autre devoir nous oblige.

Nous ne serions pas moins coupables si, par apathie, respect humain ou entêtement, nous privions un de nos semblables du seul remède capable de le guérir. L'abstention complète, dans ce cas, de la part du médecin et du prêtre, serait non seulement un manque de charité; ce serait un déni de justice qui pourrait parfois en conscience les rendre responsables des dommages dont leur négligence serait cause.

Quant à la pratique de l'hypnotisme, sans nous prononcer sur la nature de *tous* les phénomènes qu'il produit, nous n'hésitons pas à en proscrire *absolument* l'usage.

Au simple point de vue de la médecine et de la morale, ce que nous avons dit est plus que suffisant pour justifier cette réprobation.

Au point de vue théologique, le dernier mot a peut-être été dit par une pauvre paysanne, complètement illettrée, mais favorisée de révélations extraordinaires, où la Sacrée Congrégation n'a rien trouvé de contraire à la doctrine catholique :

Interrogée sur ce qu'on devait penser du magnétisme, Catherine Emmerich répondit simplement : « La pratique du magnétisme confine à la magie. On n'y invoque pas le diable, mais il vient de lui-même.» (*Vie de Catherine Emmerich* par P. Schmoeger, t. I, ch. XXXII.) Peut-il être permis d'aller au devant de lui ?

Nous serions heureux que ce livre pût un jour, sinon contribuer à la condamnation définitive de l'hypnotisme et de toutes les pratiques similaires, au moins persuader à nos confrères d'y renoncer complètement.

II

Est-il bien nécessaire à présent de revenir sur nos observations? Le diagnostic que nous cherchions restera douteux pour la plupart, à peine probable pour quelques-unes; deux ou trois seulement nous ont donné des signes qu'on pourrait considérer comme certains, s'ils étaient plus nombreux. Je me reprocherai toujours de ne pas les avoir cherchés et étudiés avec plus de persévérance et de soin ; mais à cette époque j'étais moi-même presque incrédule en fait de manifestations surnaturelles.

Forcé de m'en tenir aux notes trop incomplètes à ce point de vue que j'ai recueillies, je me contenterai de signaler les phénomènes les plus marquants qui unissent entre elles ces diverses affections et les rapprochent en même temps des possessions diaboliques. Le lecteur ensuite jugera.

Signes douteux

Sur dix-sept observations, nous avons rencontré onze fois des *pratiques suspectes de magie* : (Obs. 1, 3, 4, 5, 6, 8, 11, 12, 13, 14, 15.)

Dans la 16ᵐᵉ observation, la présence d'un *cadavre abandonné* paraît avoir été la cause de l'obsession ;

Et, dans la 17ᵐᵉ, chez une hystérique, l'*hypnotisme*, état très suspect, fut l'occasion de phénomènes très difficiles à expliquer naturellement.

Cinq fois le *maléfice* a été inconsciemment révélé par le sujet lui-même dans les crises : (Obs. 1, 3, 5, 6, 8.)

Six fois les *jeteurs de sort* ont paru s'accuser spontanément dans le cours de la maladie : (Obs. 1, 3, 4, 6, 11, 14.) (*)

Deux fois nous avons noté des *cris d'animaux inconscients et involontaires :* (Obs. 7, 12.)

Sept fois la *présence dans certains lieux* ou *l'attouchement*

(*) Deux malades seulement peuvent avoir été entraînés par l'*imitation :* (Obs. 2 et 9). Un seul fut atteint à la suite d'une peur et d'une émotion : (Obs. 10). Une autre débuta sans cause connue : (Obs. 7).

d'objets divers eurent une influence manifeste sur la production des crises : (Obs. 1, 2, 3, 4, 5, 8 et 10.)

La plupart ont manifesté l'*abolition de la mémoire* pour tout ce qui se passait dans les crises : (Obs. 1, 2, 3, 5, 6, 8, 9, 11, 15, 17.) (*)

Dix ont eu des *hallucinations* ou des *visions* diverses d'hommes noirs, de vapeurs, de boules de feu, des *sensations* internes ou externes *rapportées à l'action d'un tiers :* (Obs. 1, 3, 4, 5, 6, 11, 12 (?), 13, 14, 15.)

Deux ont constaté la présence insolite sur eux ou dans la maison d'insectes et d'animaux immondes : (Obs. 12 et 13.

Signes probables

Quatre ont manifesté des *impulsions suicides inconscientes* quoique *intelligentes.* Phénomène que je ne puis m'empêcher de considérer comme un signe très probable de possession : (Obs. 1, 5, 6, 10.)

Toutes nos observations, excepté la 16ᵐᵉ, ont présenté plus ou moins accusés la *double condition* et l'*acrobatisme*, que les théologiens ont décrits, sans en faire cependant un signe spécial. (Obs. 1, 2, 3, 4, 5, 6, 7, 8, 9, 10, 11, 12, 13, 14, 15, 17.) Mieux étudiés et surtout mieux définis, peut-être pourra-t-on plus tard faire de ces phénomènes un signe plus certain. Cette opinion est personnelle.

Dans leurs crises presque tous nos malades ont *blasphémé*, onze principalement : (Obs. 1, 3, 4, 5, 6, 8, 9, 10, 11, 14, 15.)

Dix ont eu des *convulsions intelligentes* : (Ob. 1, 3, 4, 5, 6, 8, 9, 10.)

(*) Cinq seulement parurent se souvenir incomplètement de leurs accès : (Obs. 4 10, 12, 13, 14). Chez deux malades nous avons constaté l'influence de la volonté propre : (Obs. 4 et 7.)

Six ont accusé *l'horreur des choses saintes* ou *bénites*, l'aversion pour l'église et les personnes adonnées au culte : (Obs. 1, 3, 4, 5, 6, 11.)

Six, non seulement *ne pouvaient prier*, mais empêchaient les autres de le faire : (Obs. 1, 2, 3, 4, 5, 10.)

Quatre furent *guéris* momentanément *à l'époque de leur première communion :* (Obs. 1, 4, 9, 10.)

Quatorze furent améliorés ou guéris par des *pratiques pieuses:* (Obs. 1, 2, 3, 4, 5, 6, 7, 8, 9, 10, 11, 12, 13, 14.)

Et, dans l'observation 16me, les phénomènes d'obsession cessèrent après *l'inhumation en terre sainte* d'un squelette abandonné.

Trois malades *prédirent* leurs accès d'avance : (Obs. 8, 14 et 17.)

Signes certains

Une de nos malades fut *guérie instantanément et sans récidive par le sacrement de Confirmation,* en des circonstances qui ne permettent guère de douter d'une intervention surnaturelle dans la maladie et la guérison : (Obs. 4.)

Deux autres manifestèrent la *vision à distance* ou la *transposition des sens :* (Obs. 14 et 17.) Faits qui auraient eu besoin d'être constatés avec plus de soin.

Un autre *prédit* la guérison impossible à prévoir de son jeune frère : (Obs. 14.)

Une autre encore *voyait* ses organes intérieurs, *décrivait* leur état et *prédisait*, à jour et à heure fixes, la perte ou le retour de fonctions indépendantes de la volonté : (Obs. 17.)

Enfin, dans trois observations, nous avons constaté la manifestation de *phénomènes extérieurs* quoique *liés à la maladie* et *impossibles à expliquer* naturellement : (Obs. 11, 14 et 16.)

Le tableau suivant montrera approximativement pour chaque observation la valeur des signes qu'elle a présentés.

Observations	Signes douteux	Signes probables	Signes certains
I	... 5 ...	... 7 ...	... ...
II	... 2 ...	... 3 ...	... ...
III	... 5 ...	... 6 ...	... ...
IV	... 4 ...	... 6 ...	... 1 ...
V	... 5 ...	... 6 ...	... ...
VI	... 5 ...	... 5 ...	... ...
VII	... 1 ...	... 1 ...	... ...
VIII	... 4 ...	... 5 ...	... ...
IX	... ...	... 5 ...	... ...
X	... 2 ...	... 5 ...	... ...
XI	... 6 ...	... 5 ...	... 1 ...
XII	... 3 ...	... 2 ...	... ...
XIII	... 4 ...	... 2 ...	... ...
XIV	... 5 ...	... 3 ...	... 2 ...
XV	... 3 ...	... 2 ...	... ...
XVI	... 1 ...	... 2 ...	... 1 ...
XVII....	... 1 ...	... 2 ...	... 2 ...

Ces faits sont par eux-mêmes absolument insuffisants à donner au lecteur une conviction solide. Moi-même, si je n'avais, comme preuve de la possession, que ces faits isolés dont je fus le témoin, je me défierais assez de moi-même pour hésiter encore à poser une conclusion si grave ; mais il existe dans la science des milliers de faits analogues. Nous en avons résumé quelques-uns dans le cours de cette discussion. Quelque méfiance qu'on doive avoir de soi-même et des autres, il n'est pas admissible que tant d'observateurs divisés d'opinion, d'intérêts, de langage, séparés par le temps, l'espace, les conditions sociales aient pu tous se tromper en racontant des faits à la fois si variés et si ressemblants.

Appelé dans ces derniers temps comme aide et comme témoin dans un cas de possession certaine, dont les récidives se sont répétées depuis vingt-cinq ans d'une façon désespérante, malgré les exorcismes dont les miraculeux effets furent incontestables, nous avons vu notre foi confirmée de tout point, et nous y avons trouvé l'explication de bien des phénomènes qui répugnaient à notre incrédulité.

L'histoire complète de cette possession serait le couronnement naturel de l'œuvre que nous publions. Elle ne remplirait pas un volume moins important que celui que nous terminons. Nous espérons un jour la livrer au public.

Ce 27 Septembre 1896, en la fête de Saint Côme et Saint Damien, patrons des médecins chrétiens, je termine ce travail et je le dépose très humblement aux pieds de Marie Immaculée, reine des anges et terreur des démons, en la priant de le bénir ainsi que son auteur.

Bolbec (Seine-Inférieure), 27 Septembre 1896.

Dr Ch. HÉLOT.

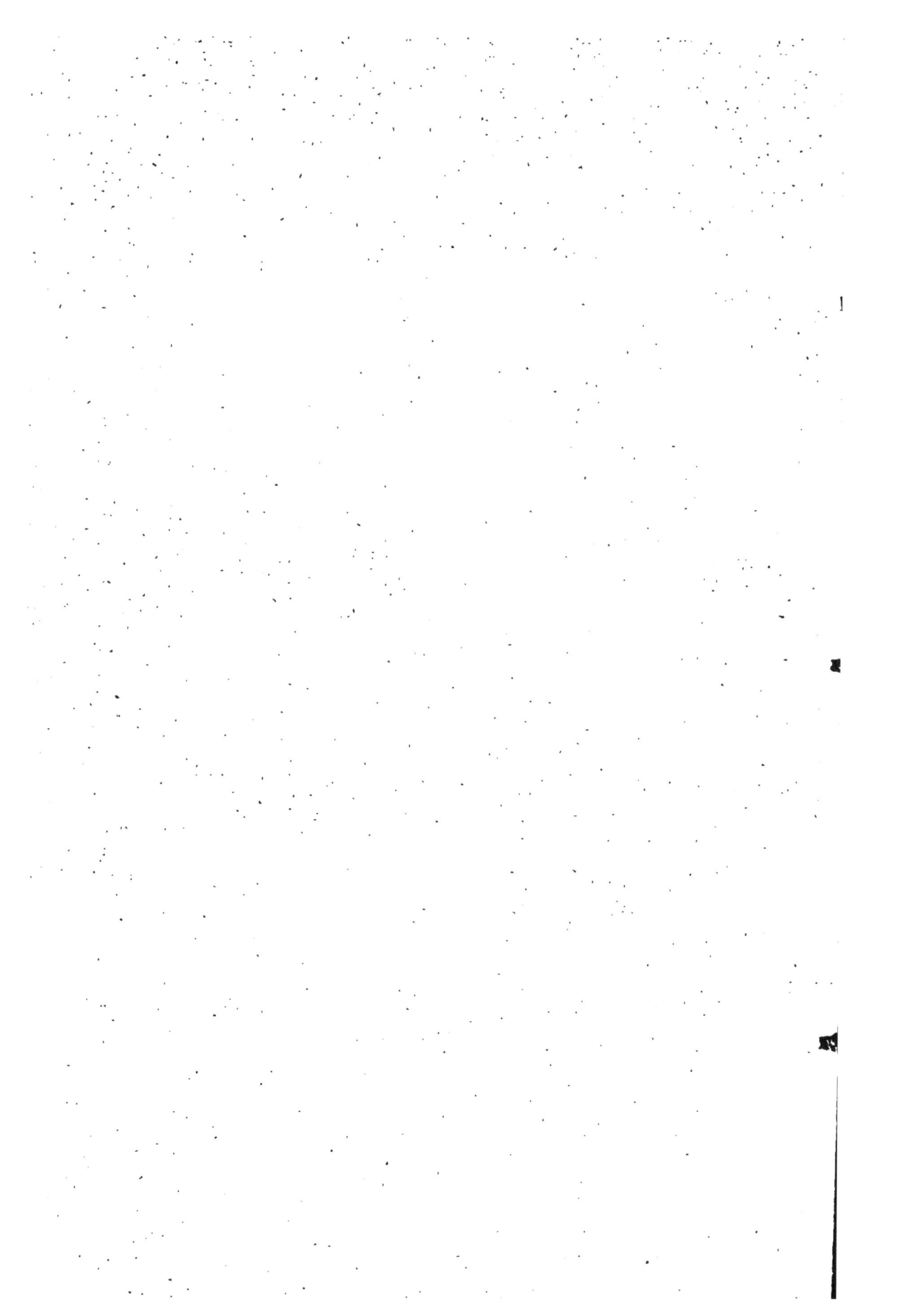

ERRATA

Nous notons ci-dessous plusieurs fautes d'impression dont quelques-unes ont été corrigées pendant le tirage, mais n'ont pu l'être sur tous les exemplaires.

Page 2, *ligne* 18 : de ces théologiens.... *lisez* : de théologiens
— 16 — 1 : Eglise................ — église
— 60 — 12 : rappelle de rien...... — rappelle rien
— 65 — 33 : immanité............ — immunité
— 70 — 10 : qui se jouent........ — qu'ils se jouent
— 91 — 10 : eussent............. — eût
— 102 — 2 : (en note) plus impos-
            sibles............. — moins possible
— 119 — 15 : des vaisseaux........ — les vaisseaux
— 128 — 2 : mais par............ — mais aussi par
— 132 — 24 : les instruits......... — les plus instruits
— 141 — 8 : hachisch............ — haschisch
— 141 — 22 : hachischinés........ — haschischinés
— 144 — 12 : pathogistes......... — pathologistes
— 144 — 23 : Flater.............. — Plater
— 151 — 29 : hazard............. — hasard
— 162 — 33 : relative de.......... — relative et
— 163 — 9 : (en note) diffuse de — diffuse, de forme
            forme, chronique.. — chronique
— 169 — 22 : peu considérer....... — peut considérer
— 180 — 14 : où à la fin.......... — qu'à la fin
— 180 — 21 : mille rien.......... — mille riens
— 188 — 15 : une autre mode...... — un autre mode
— 200 — 7 : pareils fait.......... — pareils faits
— 202 — 28 : des mots............ — de mots

Page 203 *ligne* 2 : désiquilibrés .... *lisez :* déséquilibrés
—   221 —   7 : physique .... —   psychiques
—   222 —   3 : Azan .... —   Azam
—   227 —   24 : sybiles............. —   sibylles
—   239 —   25 : Dumontpellier ..... —   Dumontpallier
—   253 —   12 : comme de la nature —   connue de la nature
—   '280 —   5 : les a vues.......... —   les a lues
—   314 —   2 : faiseurs .... —   faiseur
—   318 —   20 : Loubet .... —   Loubert
—   354 —   14 : spirite savaient...... —   spirites avaient
—   356 —   7 : (en note) y soit...... —   y soient
—   365 —   31 : importants que...... —   importants qui
—   372 —   18 : membrés .... —   membres
—   374 —   28 : sugessiion .... —   suggestion
—   381 — 6 et 7 : jument......... —   jugement
—   381 —   20 : rende .... —   rendre
—   384 —   7 : hynose .... —   hypnose
—   391 —   2 : désaisir .... —   dessaisir
—   405 —   10 : existances .... —   existences
—   407 —   25 : *volontem*............ —   *volentem*
—   410 —   8 : circumsesion........ —   circumsession
—   415 —   10 : emparé............. —   emparés
—   417 —   4 : peu recommandables —   peu recommanda-
                                            bles d'ailleurs,
—   427 —   33 : toutes les jouissances —   certaines jouissan-
                                            ces.
—   428 —   2 : exigeances.......... —   exigences
—   429 —   8 : à ceux.............. —   à ce
—   431 —   11 : *Patiens qui*......... —   *Patiens quia*
—   431 —   16 : ils peut............. —   il peut
—   431 —   23 : ces excès........... —   ses excès
—   431 — 25 et 26 : spitisme....... —   spiritisme
—   435 —   22 : à tel ou à tel........ —   à tel ou tel
—   442 —   27 : le folie............. —   la folie
—   443 —   3 : (en note) Vigoureux. —   Vigouroux
—   446 —   7 : Lambert, Daneau... —   Lambert Daneau
—   456 —   3 : eucéphaliques ...... —   encéphaliques
—   483 —   15 : expression.......... —   exposition
—   489 —   32 : rapprochée ou distin- —   rapproché ou dis-
                  guée............. —   tingué.
—   495 —   12 : nous a............. —   nous as
—   499 —   3 : *Manificat*........... —   *Magnificat*

—	500	—	27 : avons vu...........	—	avons vus
—	502	—	27 : châtiment par.......	—	châtiment imposé par
—	509	—	34 : rappelerons.........	—	rappellerons.
—	511	—	21 : peuvent faire.......	—	peuvent le faire
—	512	—	15 : formellement et.....	—	formellement d'esprit et

TABLE DES MATIÈRES

SECONDE PARTIE

TROISIÈME PARTIE

INDEX DES NOMS CITÉS

Bolbec (Seine-Inf^re). — Imprimerie Tastevin et Cie

ERRATA & ADDITA

Page 2, ligne 18 : les défaillances de théo- lisez : ces défaillances
logiens d'ailleurs re- d'un théologien
commandables ...... d'ailleurs re-
commandable.

— 3 — 28 : favorable .... — favorables.
— 16 — 1 : Eglise .... — église.
— 49 — 14 : la faire .... — le faire.
— 60 · 12 : rappelle de rien ...... — rappelle rien
— 65 — 33 : immanité .... — immunité.
— 70 — 10 : qui .... — qu'ils
— 71 — 4 : devint, mère........ — devint mère
— 78 — 19 : qu'on en .... — qu'on m'en
— 91 — 10 : eussent............. — eût
— 99 — 13 : elle laissait.......... — elle me laissait
— 102 — 2 et 3 de la *note* : plus impossible .... — moins possible
— 128 — 2 : mais par .... — mais aussi par
— 132 — 24 et 25 : les instruits..... — les plus instruits
— 141 — 8 et 20 : hachisch... ha- — haschisch... haschischinés........ chischinés
— 143 — 3 : phénomènes qui ..... — phénomènes intermittents et in-
conscients qui
— 144 — 12 : pathogistes .... — pathologistes
— 144 — 23 : Flater............. — Plater
— 145 — 27 : dans les rituels ...... — par les rituels
— 151 — 29 : hazard............. — hasard
— 157 — 1 : le témoignages ...... — le témoignage
— 157 — 23 : les passer sous silence. *Ajoutez* :
D'autant plus que cet objectivité de la sensation
rendue certaine par la perception identique
et simultanée de plusieurs témoins irrécusa-

bles a toujours été considérée comme le *cri-terium* le plus sûr pour distinguer les *faits réels* des *phénomènes subjectifs* ou des hallu-cinations.

Page 158, *ligne* 7 : choses si différentes. *Ajoutez* :

Enfin s'il existait un *sigillum objectivitatis* cer-tain, une particularité du fait facile à consta-ter et appréciable pour tout le monde (comme le mouvement spontané d'objets inanimés, l'audition de voix, de concerts, l'empreinte de la main d'une apparition sur une table, etc.) ces phénomènes bien prouvés seraient à eux seuls suffisants pour conclure à la réalité de l'apparition et par conséquent à l'absence d'une simple hallucination maladive.

— 162 — 33 : relative de.......... *lisez :* relative et
— 163 — 9 de la *note :* diffuse. de — diffuse, de forme
               forme, chronique.   chronique
— 169 — 22 : peu considérer ... .. — peut considérer
— 177 — 11 : *Périodes* .... — *Période*
— 180 — 21 : mille rien........ ... — mille riens
— 188 — 15 : une autre mode ...... — un autre mode
— 191 — 25 : Il n'a rien vu de ce qui
               se passe à Lourdes. *Ajoutez :*

Il est remarquable pourtant que le D' Charcot, dans ses livres et dans ses cours, évitait constamment de prononcer le nom de Lour-des et s'est toujours refusé à donner son avis sur les guérisons obtenues dans ce sanctuaire, même par des personnes sorties de son ser-vice. Cependant son dernier opuscule est évidemment destiné à fournir des arguments aux ennemis du surnaturel. Si Lourdes n'est pas nommé, c'est Lourdes qu'on vise à chaque page.

— 193 — 26 : catholique........... *lisez :* chrétien
— 200 — 7 : pareils fait .... — pareils faits
— 202 — 26 : des mots .. .. — de mots
— 203 — 2 : désiquilibrés .... — déséquilibrés
— 203 — 6 : les sujets .... — ces sujets
— 221 — 7 : le moi physique... ... — le moi psychique
— 222 — 3 : Azan................. — Azam

Page 222 *ligne* 29 : explication acceptable ? *ajoutez* : Cette hypothèse hardie ne rend nullement compte de
la suppression de la conscience.

— 226 — 24 : sybiles............... *lisez :* sibylles
— 228 — 20 : contre sa volonté.... *ajoutez :* même à distance
— 233 — 18 : *vertus dormitica* ..... *lisez : virtus dormitica*
— 238 — 17 : anormal .... — normal
— 239 — 25 : Dumontpellier........ — Dumontpallier
— 253 — 7 : regarder connue...... — regarder comme
— 253 — 12 : loi comme............ — loi connue
— 253 — 22 : que cette modification — que la modifica
soit .... tion de la loi soit
— 265 — 15 : reste efficace........ — reste inefficace
— 277 — 31 et 32 : un phénomène . — une suggestion
— 280 — 5 : les a vues .... — les a lues
— 280 — 9 : hyperestérie .... — hyperesthésie
— 281 — 28 : les sujets............. — les êtres
— 282 — 11 : seul chez............. — seul obtenu chez
— 306 — 18 : paoduire .... — produire
— 314 — 2 : faiseurs .... — faiseur
— 319 — 17 : Victor C*** de Setenay — Victor Comte de
Stenay
— 321 — 9 : prévoir.............. — prédire
— 328 — 24 : dangers les plus ...... — dangers plus
— 331 — 26 : persister .... *ajoutez :* ainsi
— 341 — 18 : anatamo............. *lisez :* anotomo
— 348 — 20 : Loubet............... — Loubert
— 356 — 12 : *Préface de*........... — *Préface de la*
— 356 — 7 de la *note* : soit.... .... — soient
— 365 — 31 : importants que .... — importants qui
— 371 — 9 : ininterrompues. ...... — interrompues
— 383 — 6 : le jument sur........ — le jugement sur
— 383 — 20 : peut rende...... — peut rendre
— 384 — 7 : hynose............... — hypnose
— 387 — 30 : rectifié .... — rectifie
— 390 — 14 : irrésistible........... *ajoutez :* »
— 391 — 2 : désaisir............. *lisez :* dessaisir
— 394 — *Ajoutez :*

Voyez cependant dans *Magnétisme et hypnotisme* du docteur Cullère, page 349, l'histoire
d'une fille accusée de vol, disculpée par une
révélation due à l'hypnotisme (Obs. du Dʳ

Dufay) et une autre (p. 344) des Dʳˢ Mottet et Mesnet, où un malheureux somnambule, poursuivi pour attentat à la pudeur, put aussi, grâce à ses hypnotiseurs prouver aux juges son inconscience et se faire acquitter.

Dans ces deux cas, les seuls à notre connaissance où l'hypnotisme ait réellement servi la justice, il est probable qu'on n'eût pas eu besoin d'y recourir, si les accusés n'avaient pas été préalablement entraînés et rendus somnambules par des manœuvres antérieures.

Page 395, *ligne* 19 : que quelques théologiens *lisez* : qu'on peut regarregardent   der

— 399 — 2 : reconnaitre.. .... — connaitre
— 405 — 12 : existances .... — existences
— 405 — 23 : des esprits............ — des invisibles
— 407 — 26 : *nisi volontem*........ — *nisi volentem*
— 410 — 8 : circumsesion........ — circumsession
— 414 — 24 et 25 : actes qu'il réprouve — actes consentis ou involontaires.
— 415 — 10 : emparé .... — emparés
— 415 — 30 : désillèrent .... — dessillèrent
— 420 — 23 : Victor C*** de Stenay. — Victor Comte de Stenay
— 427 — 33 : toutes les jouissances.. — certaines jouissances
— 428 — 2 : exigeances............ — exigences
— 430 — *Ajoutez* :

Une pareille puissance, quoique admise par tous les théologiens, répugne à beaucoup d'âmes simples qui se font une très fausse idée de la bonté et de la justice divines. Il faut partir de ce principe que :

1° lorsqu'il s'agit des justes, Dieu ne peut permettre une épreuve extraordinaire qu'en vue du bien et de la sanctification de leurs âmes. Saint Paul a dit : « *Diligentibus Deum omnia cooperantur in bonum*. Tout ce qui arrive aux amis de Dieu tourne à leur avantage. » Et un saint Père ajoute : « *Nulla nobis nocebit adversitas, si nulla adversatur iniquitas.* ». C'est-à-dire : « Aucune adversité ne nous sera nuisible, si aucun péché intérieur n'aide le mal venu du dehors. » Qui niera en effet que les saints n'aient tiré de grands avantages des vexations extérieures du démon ?

Mais 2° Quant aux pécheurs, déjà volontairement les prisonniers du diable, continue saint Paul, ils sont à sa merci. « *a diabolo captivi ducuntur ad ipsius voluntatem* » (II Tim. II, 26.) Il n'est pas alors surprenant que Dieu donne parfois carte blanche à Satan pour nuire à leurs corps.

Pour les justes, la mort elle-même serait un gain ; pour les pécheurs elle est un juste châtiment.

Page 431, *ligne* 11 : *qui œternus*		*lisez :*	*quia œternus*
— 431 — 16 : ils peut		—	il peut
— 431 — 23 : ces excès		—	ses excès
— 431 — 25 et 26 : *spitisme*		—	*spiritisme*
— 432 — 7 : leurs répétitions.....		—	leur répétition
— 434 — 17 : n'est pas un acte		—	n'est pas, au début, un acte
— 435 — 22 : à tel ou à tel		—	à tel ou tel
— 442 — 27 : le folie.............		—	la folie
— 443 — 3 de la *note* : Vigoureux.		—	Vigouroux
— 446 — 6 : Lambert, Daneau....		—	Lambert Daneau,
— 449 — 31 : *mulus*		—	*malus*
— 456 — 3 : eucéphaliques		—	encéphaliques
— 458 — 15 : mains (les mouvements..........		—	mains. Les mouvements
— 468 — 5 : connaître		—	reconnaître
— 483 — 15 : l'expression		—	l'exposition
— 489 — 32 : rapprochée ou distinguée		—	rapproché ou distingué
— 495 — 1? : a donné		—	as donné
— 499 — 3 : *Manificat*		—	*Magnificat*
— 500 — 27 : avons vu...........		—	avons vus
— 502 — 27 : chatiment par.......		—	chatiment imposé par
— 505 — 20 : somnambulique ressemble		--	somnambulique, si commun dans les exorcismes, ressemble

Page 509, *ligne* 34 : rappelerons . . . . *lisez :* rappellerons

— 511 —   21 : peuvent faire . . . . —   peuvent le faire

— 515 —   18 : s'exposer grandement à pécher. *ajoutez :*

> Nous croyons devoir insister sur cette illusion fréquente, même chez les confesseurs, qu'il suffit de renoncer à tout commerce avec le diable pour l'empêcher d'intervenir, ou du moins éviter toute espèce de péché. Outre la tentation très commune à laquelle on s'expose, de faiblir dans ses résolutions et de continuer ses expériences, même après en avoir obtenu des effets suspects, dans l'espoir d'en provoquer de plus extraordinaires, n'est-ce pas une faute très condamnable de s'adresser implicitement aux mauvais esprits par des actes dont les effets voulus et recherchés ne peuvent se produire sans leur intervention ?

> Les appeler par des signes qui ne peuvent s'adresser qu'à eux, même en les répudiant dans le for intérieur, c'est une imprudence coupable dont ils profitent très souvent, en répondant à cet appel. Voilà l'explication du succès apparent des pratiques superstitieuses qui définitivement tournent toujours à notre perte.

— 522 —   6 : négliger ces . . . . *lisez :* négliger des

CHEZ LES MÊMES EDITEURS

HISTOIRE ANECDOTIQUE DE LA FRANCE
par Ch. d'HÉRICAULT

Ouvrage publié en sept beaux volumes in-8 ou séries, formant un tout complet et se vendant séparément.

Chaque série ou volume orné de huit gravures hors texte.

Prix, 5 fr. ; *franco*, 5 fr. 50.

1re série : Les Origines du Peuple Français ;
2e série : Le Moyen-Age ; — 3e série : La Renaissance ;
4e série : L'Ancien Régime ; — 5e série : La Révolution ;
6e série : Le Régime Moderne ;
7e série : La Période Contemporaine.

Cette histoire composée surtout de documents résume *tous les travaux historiques du XIX⁰ siècle* ; elle est donc destinée à *compléter* toutes celles qui ont paru jusqu'ici.

Aussi érudite que les plus savantes, elle est, grâce au plan original et sagement moderne adopté par M. Ch. d'Héricault, d'une lecture plus *facile*, plus *intéressante* qu'aucune des précédentes. En tenant l'esprit sans cesse en éveil, elle impose à la mémoire les renseignements qu'elle fournit sur tout ce qui a constitué la vie nationale *depuis les plus lointaines origines jusqu'en 1870.*

Elle permettra ainsi aux jeunes esprits de s'emparer définitivement des notions historiques que leur ont données les livres de classe. Elle fixera et ornera leur mémoire comme leur imagination. Ils n'oublieront plus et comprendront mieux les faits que les livres n'ont pu qu'esquisser et les personnages qu'on leur a seulement nommés, quand ils auront vu *les uns et les autres colorés et vivants de la couleur* comme *de la vie qu'ils eurent réellement.*

C'est là un de ses mérites. Elle en a un autre encore.

Non seulement elle complète toutes les histoires publiées jusqu'ici, mais elle répond très exactement au besoin des lecteurs d'aujourd'hui.

La connaissance plus répandue des généralités de l'Histoire rend désirables les renseignements détaillés sur les hommes et les incidents. On veut avoir des lumières sur tout et connaitre particulièrement les *dessous*, les *intimités*, ce que les histoires générales ne disent pas. C'est cet instinct de notre siècle que la présente histoire satisfait. Aussi cet ouvrage s'adresse non seulement à ceux qui ne savent pas encore, mais à ce *grand public*, qui veut tout savoir. Aux uns et aux autres elle montre les détails et dans un tel relief, dans une telle lumière, qu'il est impossible désormais de les oublier.

Imp. Tastevin et Cie, Bolbec, (Seine-Inf.)

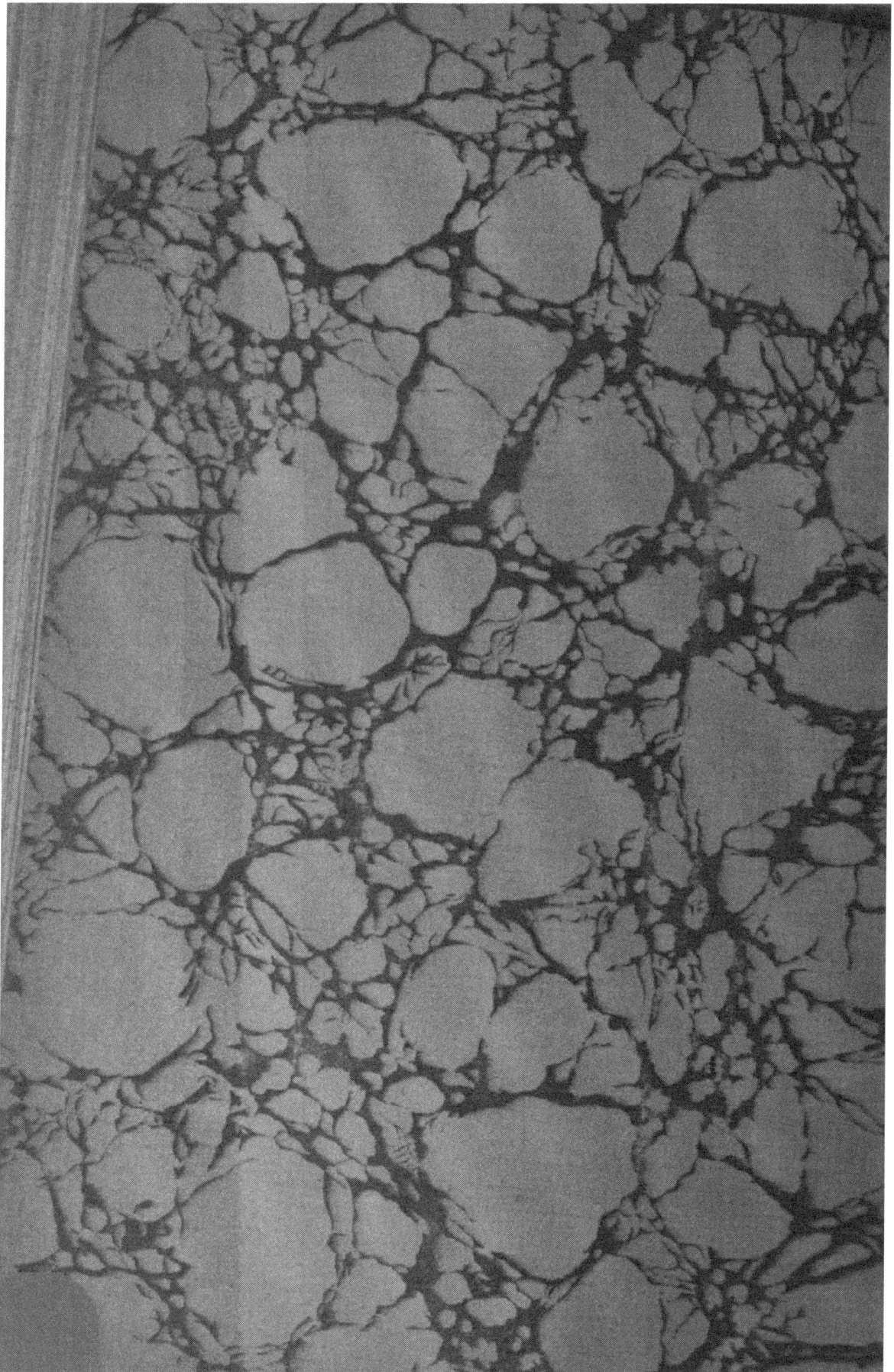

Lightning Source UK Ltd.
Milton Keynes UK
UKHW030711230119
336059UK00006B/246/P

COBBER
KAIN

COBBER
KAIN

THE RAF'S FIRST WWII ACE

RICHARD STOWERS

Richard Stowers wishes to thank Judith Pickard and her family, Hugh Keane, Mark Begbie, Jennifer Smith and Judy Ferri for their enthusiasm and support in producing this book.

Squadron personnel are usually known by their nicknames in the book. Many captions start with Eddie Kain's handwritten comments, taken directly from his photograph albums.

Photographs were sourced from the author's collection, ww2images.com, and albums held by Judith Pickard and the National Library of New Zealand.
Eddie Kain's log book is held in the National Library of New Zealand's collection.

Other books by Richard Stowers:

Kiwi Versus Boer
Forest Rangers
The New Zealand Medal to Colonials
Rough Riders at War
Blue Devils
Bloody Gallipoli
Waikato Troopers
Bomber Barron
Von Tempsky and the Forest Rangers

As with Richard's previous books, *Cobber Kain* combines his talents of research, writing and graphic design.

First published 2010 by Richard Stowers

This revised edition published 2012 by Wing Leader
PO Box 223, Walton on Thames, Surrey, KT12 3YQ
www.wingleader.co.uk

Printed in England by KnowledgePoint Ltd

ISBN 978-1-908757-02-9

Author's Collection

"In March, 1940, while on patrol with another aircraft, Flying Officer Kain sighted seven enemy bombers about 5000 feet above him, and while giving chase well into Germany, he was attacked from behind by an enemy fighter. Showing the finest fighting spirit, this officer out-manoeuvred the enemy and although his own aircraft was badly damaged he succeeded in bringing the hostile aircraft down. Thick smoke and oil fumes had filled his cockpit and although unable to see his compass, he skilfully piloted his aircraft inside allied lines in spite of being choked and blinded by the smoke."

Official citation for Distinguished Flying Cross

Terror of the skies

Throughout the Battle of France, Cobber Kain's ability as a fighter pilot had become legendary. With a flying ability second to none, Cobber, known to his family and close friends as Eddie, was driven forward by a passion which seemed to override all instincts of self-preservation. In the hectic fighting over France, he became a terror of the skies every time he stepped into a cockpit.

Eddie was determined to meet up with the Luftwaffe, whatever the odds, and to shoot down as many aircraft as possible with no thought for his personal safety. At his best, he was fearless and calculating in his attack, flying his Hurricane to the very limits of its performance and hitting the enemy before they knew what was happening.

His death-defying skills were not overlooked by the press. *The Times* of London wrote, "He disregarded all matters of personal safety when combat was joined, and some of his most brilliant successes were won through his terrific drive which sent him through any odds to achieve his immediate purpose."

His ability as a fighter pilot was never questioned. Paul Richey referred to him as 73 Squadron's "keenest" and a "split-arsed" pilot. His exceptional skills – together with luck – were to save him time and time again. He survived crash-landings, glided back to base in a shot-up Hurricane, combatted a fire in the cockpit, and escaped by parachute – each time he was able to report another enemy aircraft destroyed.

He was a man who became a legend in his own lifetime. Right from an early age, no one doubted that the young Eddie Kain would be anything but a pilot – he was fiercely passionate about flying.

Even before Eddie bagged his first victory, the press was interested in him. He was

The official caption reads: "The New Zealander from Wellington, who after getting at least one of the enemy, was shot down and escaped by parachute. He has now four or five enemy aircraft to his credit. A lucky Maori mascot can be seen attached to his identity discs." This Air Ministry photograph received wide coverage by the British press. Taken outside the mess at Rouvres, Eddie Kain is supporting himself on a walking stick while recovering from injuries received on 26 March 1940.

Author's Collection

Left: A three-aircraft section of Hurricanes 'attacking' the rear of a Battle light bomber, 19 April 1940. The photograph was taken from the rear gunner's position.
Author's Collection

Opposite: A classic fighter pilot pose. Eddie Kain stands in the cockpit of a Hurricane.
National Library of New Zealand

over six feet tall and swarthy. His untidy black hair and blue eyes gave him an imposing appearance. Some believed Eddie was too untidy in appearance to make a good Royal Air Force (RAF) pilot – his hair always wanted cutting, his trousers could always do with a press, and his flying boots wore out twice as fast as those of his colleagues.

But the streak of irresponsibility noticeable in him must have made correspondents think that he was someone worth watching. Eddie did not disappoint them and, unwittingly, found himself a celebrity. Wherever he went, London or Paris, he was besieged by autograph hunters, reporters and photographers.

In England, despite efforts by the Air Ministry to play down his 'ace' status, Eddie was big news. After all, he was the RAF's first ace of the war. His exploits, New Zealand background, youthful charm and engagement to a young British actress all fuelled the public's interest.

Eddie became a household name by early 1940. At the time Britain and France were slipping into another world war and desperately needed a hero. Fame and legends grew around him throughout France, Britain and the Commonwealth. He was also popular amongst his colleagues, being as much toasted in the messes of other RAF squadrons as he was in his own.

His family was very proud of him. A congratulatory cable, sent to Eddie by his mother when he was Mentioned in Despatches, reads, "Congratulations from whole family. All New Zealand applauds your pluck and success. Love mother Kain."

Noel Monks, a correspondent of the *Daily Mail*, wrote, "There were many splendid airmen fighters besides Cobber Kain in 1 and 73 Squadrons who were to cover themselves in glory in France. But there was some special quality in the whimsical boy from far-off New Zealand that endeared him to everyone who came in contact with him, not only as a great destroyer of Huns, but as a natural, friendly, unspoilt young man."

No one ever heard Eddie brag. No one ever knew him to go about with his chin stuck out, looking for trouble. When he was not in the cockpit of his Hurricane he was modest and self-effacing, and immensely popular. But when he was in the cockpit he was a killer.

When the end did come, it was tragic – almost unbelievable – even to those who had been half expecting it. His untimely death at the age of 21, when crashing after doing one last 'beat-up' before going on leave, only enhanced his legendary reputation. At the time he was exhausted and desperately needed rest, having been posted to the front for nine months and flying combat missions solidly for more than three weeks. Charles Gardner, BBC war correspondent, wrote, "If anyone deserved a rest, that boy does."

Many tributes were paid to Eddie after his death, epitomised by Wellington's *Dominion*, which stated: "This tall, big-boned New Zealander was known affectionately to his colleagues as the 'mad devil.' It was undoubtedly this streak of recklessness, controlled by cool thinking, which gave him so many victories in such a short time. Among the great air fighters the name Kain will be permanently inscribed."

Air mad

Edgar James Kain, or Eddie, was born in Hastings, New Zealand, on 27 June 1918. His parents were Reggie and Nellie Maria. Eddie had two older brothers, Maurice and Ken, and two sisters, Judy and Peggy. Shortly after Eddie was born, the family moved to Wadestown, Wellington, where Reggie operated an importing business. He also operated from premises in Christchurch. The business did well, assuring Eddie a comfortable childhood and good education.

Eddie first schooled at Croydon Preparatory School, a Church of England Diocesan boys' school in Eastbourne, Wellington. It was a tough routine for a boarder at Croydon, and there were no exceptions. The wake-up bell rang at 6am. Breathing exercises were followed by a cold shower in winter, or a quick dip in the sea in summer. Beds had to be made and clothes tidied. The pupils marched in single file to breakfast – the smallest boys at the front. Grace was in Latin and the boys ate alongside their teachers. After breakfast, every boy had a chore; then it was morning assembly taken by Claud Skelley, the headmaster. Skelley, a strict disciplinarian, was known to the boys simply as the "Bomb." Any boy who committed a misdemeanour was reminded of it during assembly.

At the time the country was gripped in a depression. If the fees at Croydon were modest, they were certainly well beyond the average household purse.

Sport played a big role in life at the school. Rugby, cricket, running and boxing seemed the main activities with all the pupils participating.

One of Eddie's pastimes was collecting birds' eggs. He often hunted around nearby Williams Park for specimens. He had no fear of heights, often climbing to tops of trees to check out nests. Once, he was caught taking ducks' eggs from the pond in the park. While

The Kain family, celebrating the birth of Judy, 1921. Back (l-r): Reggie (father) and Maurice.
Front: Ken, Judy, Nellie Maria (mother), Eddie and Peggy.

Judith Pickard

Kingsford Smith's
Southern Cross touched
down at Christchurch
completing the first flight
across the Tasman Sea.
Author's Collection

reaching for the nest he slipped and fell in. He was nabbed by the caretaker and promptly marched before the Bomb.

Eddie was somewhat brazen as a boy, always welcoming a challenge. Once, for a bet of sixpence, Eddie hung by his finger tips from a second storey window ledge at Croydon. He then let go one hand and gave his admirers a cheery wave – even as a boy he enjoyed an audience.

When Eddie became an 'old boy' he was considered a natural leader and a stalwart. He played in the Croydon rugby team taking part in inter-school tournaments. He loved his rugby and was considered a good loose forward.

Eddie also had interests outside the school. In 1928, Charles Kingsford Smith, in the *Southern Cross*, touched down at Christchurch completing the first flight across the Tasman Sea. His exploits inspired an upsurge of enthusiasm in the aero club movement, and in aviation in general, throughout New Zealand. The mania wasn't wasted on Eddie – when he was just 10 he became air mad.

Courtney Hall, a colleague of Eddie's, helped promote his interest. Hall always possessed an abundance of flying magazines from Britain and the United States. They both frequented movie theatres watching aviation classics like *Dawn Patrol* and *Hell's Angels*. Eddie also devoured books written about fighter pilots in the Great War. He even built model aeroplanes. He was hooked.

Eddie left Croyden at the end of 1932 and started secondary school as a boarder at Christ's College, Christchurch. He had no trouble making new friends which made up for being away from his family. A school friend later remembered Eddie: "He had a gregarious nature and one tended to feel pleased to be with him and to be doing whatever he wanted to do – even to be getting up and playing tennis at six in the morning. I suspect he never lost this friendly and leader-like nature. He liked people and, like most boys, liked fun, and was always on for any escapade, and more often than not was the instigator."

Eddie pursued rugby, cricket, athletics and rowing with eagerness, but did not have a distinguished academic record at the college. His school friend recalled, "But his subsequent work to become a pilot showed that he had the brains but very little inclination until he was motivated." Once, while sitting a matriculation examination, Eddie was completely unconcerned while everyone else was writing furiously. He had his feet on the desk, studying old photographs of college rugby teams on the wall.

Christ's College, Christchurch, where Eddie was a boarder during his secondary school years.
Author's Collection

One of his favourite pastimes at college was playing polo on bicycles. He was also a good marksman with a rifle and could 'knock off' a rabbit from a formidable distance. He became an enthusiastic member of the College Cadet Corps and attained the rank of corporal. While in the cadets he developed his shooting skills, becoming a crack shot with a service rifle.

During his years at Christ's College, Eddie became a mischievous and high-spirited boy. At home in the holidays, he was equally as much a handful. His mother recalled his mates nicknamed him Hurricane "because of his dash and recklessness."

The 1934 England to Australia air race rekindled Eddie's interest in flying. He couldn't wait to experience it for himself. While at Christ's College he would gaze at air force aircraft flying overhead from nearby Wigram airfield. He envied the pilots, taking trips to the airfield during weekends.

After only three years of secondary schooling, Eddie left Christ's College at the end of 1935. This meant that he did not matriculate, a prerequisite to obtaining a Short Service Commission in the RAF. To be accepted, he needed academic qualifications, notably in English and mathematics. It was now left to Eddie's family to convince recruitment authorities that he had what it took to become an airman. Besides, there was already some air force blood in the family – Lieutenant "Jumbo" Laidler, a noted English test pilot in the Great War, was an uncle of Eddie's, being married to Nellie Maria's sister.

Eddie's plan was to obtain an A licence through the Wellington Aero Club, then apply for a commission with the RAF. In early 1936 he started regular flying lessons in the club's de Havilland Moths at Rongotai Aerodrome, Wellington. Right from the start he showed promise as a skilled pilot. For advanced flying he continued in a Moth Major. He also enrolled at a tutorial school held at Victoria University to study mathematics. As an airman he now had the motivation to progress academically.

One summer holiday, Eddie and a mate travelled the North Island in an old car, staying at various places with friends. According to his mate, Eddie proved a daring driver, taking corners too fast and often driving with the throttle 'full on.' They stopped along the way

As a young man Eddie proudly
wears his newly acquired aero club
wings.
Judith Pickard

to shoot a few rabbits – his eye and quick reflexes were quite remarkable.

While in Wellington, Eddie was employed in his father's business as a clerk, working alongside his brother Maurice. A career in business certainly didn't appeal to him. Fortunately, his family supported his ambition to fly. During August of the same year, Eddie transferred from Wellington Aero Club to the Canterbury Aero Club, based at Wigram, to complete his training. After 5.40 hours solo flying he gained his A licence.

At the time, the RAF had been advertising for applicants for their four-year Short Service Commission, as part of their expansion programme. Applicants had to make their own way to London and there was no guarantee of acceptance. Eddie's father was due to go to England on business, so Eddie, his mother, and sister Judy accompanied him to England, leaving New Zealand by ship in November 1936. They crossed the Tasman and boarded P&O's *Orford* in Sydney, but not before Eddie put in a little flying at Sydney's Mascot Aerodrome. After passing through the Suez Canal, they disembarked at Southampton in England.

Their first appointment in London was to visit Bill Jordan, New Zealand High Commissioner to Britain, at New Zealand House. Jordan wished Eddie every success with his flying career and told him he was always welcome to visit.

The following day Eddie visited the Air Ministry facility in London and formally applied for his commission. He failed his medical, but was told to return after he had acclimatised himself. Apparently his blood pressure was too high. Maybe he had become a little 'soft' on the sea voyage. So he spent some weeks going for regular runs and generally getting fit before taking a second test. This time he passed and was posted to a Civilian Flying School. He was allocated the serial number 39534.

Fighters

Eddie's initial training was a 10-week course at Brough, near Hull in Yorkshire. The surrounding terrain was ideal for flying – flat with wide fields. After New Zealand's moderate climate, winter in this bleak landscape was a new experience for the young Kiwi.

On his first day Eddie was marched before Flight Lieutenant McNeill, who later recalled the moment, "He came along with three others in November, 1936 – Hobbs of South Africa, Holmes of Canada, and Horrigan, the Irish rugby international. With the four men standing before me, I called, 'Kain.' A lanky fellow stepped forward, saying, 'Oh hello boss!' I told him that Royal Air Force officers must be addressed as 'sir.' He replied, 'O.K. boss!' He was a competent pilot in three months."

His first flight was as second pilot in a Blackburn B2 trainer on 21 December 1936. These were side-by-side two-seater biplanes. He recorded the flight in his log book, "Effect of controls. Straight and level flying. Stalling, climbing, gliding." Flight time was 35 minutes.

Over the following weeks Eddie's flying duties included steep turns, spinning, advanced force-landings, gliding turns, instrument flying and cross country. There were even aerobatic flights.

Towards the end of the course Eddie was asked to state his preference – fighters or bombers? For Eddie there was no contest. He didn't care much about theories of long-term military strategy that usually involved bombers, he just wanted to fly exciting aircraft. His immediate answer was, "Fighters."

When the course finished on 5 March 1937, Eddie had completed over 25 hours dual and 30 hours solo flying. He passed "above average." On completion, Eddie was granted

Opposite: Trainee pilots
relax in their flying gear.
Eddie is seated in front
wearing a white scarf.

Judith Pickard

Eddie in front of a two-
seater Hawker Hart
Trainer, early 1937.

Author's Collection

his Short Service Commission for four years as an Acting Pilot Officer in the General Duties Branch of the RAF.

Next, Eddie attended a two-week disciplinary course at RAF Uxbridge. It was an introduction to 'square bashing,' or drill on a barracks square, and mess etiquette. There were lectures, parades, inoculations, aptitude tests and form-filling, but no flying. The pupils were outfitted in RAF uniforms – up until then they wore smart civilian clothing.

After a weekend's leave, Eddie reported to No. 5 Flying Training School at RAF Sealand, near Chester in Cheshire, starting on 22 March 1937. He was one of 36 officers in the intake. Sealand was not an ideal training base – adjacent to the Wirral and the Mersey, it did not enjoy good weather. Also, there were up to six other airfields in the vicinity making local airspace very crowded.

First, Eddie was issued his personal flying gear – overalls, Sidcot flying suit, goggles, scarf, leather flying helmet and gauntlets with silk inners. Next he was led to his locker. Parachutes were kept in the Flight Office. Dressed in all his gear, he shuffled out to his aircraft. He was intensely proud.

Aircraft flown were mostly Hawker Harts and Hawker Audaxes. There was lots of flying and plenty of time to relax. On Wednesday afternoons and Saturdays Eddie and mates would drive to neighbouring Chester and Liverpool, visiting pubs, theatres and cinemas. They also frequented local country pubs.

Amongst Eddie's friends were New Zealanders and Australians. On one visit to Liverpool an Australian pilot introduced Eddie to Joyce Phillips, an attractive and lively young actress with the Liverpool Repertory Company. She had been with the theatre company since 1936 and had also appeared in movies. Later, Eddie was introduced to her parents and two brothers on their family farm at Mollington, just north of Chester. While based at Sealand, he spent several leaves with them and became one of the family.

After some thirty hours of flying, aerobatics became more and more a part of the course. During June alone, Eddie completed at least 10 aerobatic flights, doing manoeuvres like loops, half rolls, and rolls off the top of loops. He enjoyed aerobatics. To him it was getting the most out of an aircraft while maintaining precision flying. However, he struggled to control his urge to break loose.

On 25 June he gained his flying badge – his coveted 'wings.' They were pinned on his left breast by the commander of Flying Training Command during a full ceremonial parade. He had passed the course with "above average" proficiency, but there was a comment made in his log book by his flight commander, "Aptitude to be over confident." Already Eddie was showing signs of being a fearless pilot. A few days later he was struck down with peritonitis. It was an unfortunate way to spend his month's leave between terms.

Eddie's next posting was to the Advanced Training Squadron at No. 10 Flying Training School at RAF Ternhill, near Market Drayton in Shropshire. Here the curriculum included navigation, and day, night and instrument flying. The noticeable difference from previous courses was that the unit was run like an operational squadron. There was plenty of flying, but for Eddie the highlights were the aerobatic flights which now included low flying, stall turns and slow rolls. He also learned formation flying.

Eddie was introduced to the Hawker Fury single-seater biplane – a sleek and gleaming fighter with a V-12 Rolls-Royce Kestrel engine. It was tiny but powerful, with a top speed of over 200 miles per hour in level flight. But Eddie could reach over 300 in a dive from 20,000 feet. It was a

Opposite: "Bill Kain, Peter, Jim, Tommy, Cobber." 73 Squadron B Flight, early 1938. (l-r): Bill Kain, Peter Walker, Jim Maudslay, Tommy Thomas and Eddie Kain.

Judith Pickard

perfect aircraft for aerobatics. Eddie flew more than 40 hours solo in the Fury.

Once, Eddie was caught stunting at just 800 feet above the base, when the rules clearly called for a minimum of 3000 feet. He was brought before the station commander and threatened with the 'bowler,' an instant dismissal from the service. But Eddie played down the threat as just red tape. He finally got off with a warning. The station commander explained that in times of peace, rules must be adhered to, which quickly indicated to Eddie that during times of war it was open slather.

The final part of the course was devoted to armament training, culminating in a short gunnery camp at RAF Penrhos, among the rugged hills of northern Wales. Here, Eddie proved himself an exceptional shot scoring consistently higher and better than most – probably as a result of all that rifle shooting in New Zealand.

When he departed Ternhill there was the usual comment made in his log book, "Average. Tends to be over confident." On leaving he was told of his next posting – 73 Fighter Squadron.

Noel Monks summed up Eddie's training: "No more willing pupil ever presented himself for training as an RAF pilot than Cadet E.J. Kain, and for the next two years he went through the mill that turns out the most thoroughly trained airmen in the world. He studied English, world history, aerodynamics, mechanics, maths, mechanical drawing, the construction of engines, airmanship, air navigation and wireless telegraphy. Then, in his second year, he crammed advanced navigation, armaments, flight routine, signals, law, meteorology, and the workings of the Army, Navy, and Air Force. In between all these studies he flew training aircraft."

Hey Cobber

73 was a young squadron, reforming in 1937 after two years' service during the Great War. Its renewal was part of the Air Ministry's re-armament policy to counteract the growing threat in Europe. 73 was based at RAF Digby, Lincolnshire, situated in a picturesque rural setting with large fields, hedgerows, copses, fens and dykes. Also based at Digby was 46 Squadron. Both belonged to No. 12 Group, responsible for defence of the North Sea coastal strip and the Midlands industrial hub.

Eddie was assigned to B Flight for assessment under Pilot Officer Tommy Thomas. He still had a lot to learn before he could be classified as a professional fighter pilot. On his first day at Digby he was introduced to the Gloster Gladiator, a single-seater biplane fighter, not dissimilar to the Fury but with an enclosed cockpit. At the time the Gladiator was Britain's main front-line fighter, until the monoplane fighters arrived.

Eddie was also introduced to a fellow New Zealander, Derek or Bill Kain, who was distantly related to Eddie's family. Bill Kain was married and lived off the base. The shared surname and nationality was to cause endless mix-ups in mail and identification. Another New Zealander, Patrick or Jamie Jameson was also stationed at Digby with 46 Squadron.

Eddie at Digby, 1938.

Judith Pickard

73 Squadron's wire blazer badge which was also worn on flight suits. The badge depicts a demi-talbot rampant, charged on the shoulder with a maple leaf. During the First World War the squadron was commanded by Major Hubbard, and his aircraft carried a representation of Old Mother Hubbard's dog looking into an empty cupboard. In order to retain its association with this unofficial badge, the squadron adopted a heraldic dog and put a maple leaf on it to associate with its Canadian personnel. The motto reads, "Tutor et ultor," ("Protector and avenger").

Eddie with Titch at Digby.
Judith Pickard

Opposite: Eddie flies
Gladiator I K7965
(foreground).

Judith Pickard

"Some of our kites."
A line up of Gloster
Gauntlets flown by 46
Squadron at Digby. Eddie
used the type for
aerobatics on a few
occasions.

Author's Collection

By now Eddie was known in the squadron as "Cobber." Apparently Eddie, being from the antipodes, constantly addressed his mates as "Hey Cobber," so the title was reversed on him. "Cobber" certainly suited him because of his friendly disposition and general lightheartedness, making him a vivid and memorable personality within the squadron. It was considered at the time that RAF officers were generally of the social élite – English public school, sound social connections and a private income. Backgrounds often involved hunting, riding and membership with country clubs. This never bothered Eddie – he had not an ounce of snobbery in his personality – he was simply natural, amicable and charming to all.

On a typical day off the base, the three New Zealanders and others would team up and go swimming and diving in the pool at Lincoln. They also played golf at Woodhall Spa, just northeast of Digby. Sometimes after golf, they would frequent tea dances at Abbey Lodge in Woodhall Spa. The dances proved popular for meeting girls. After the dances, which generally finished early, they would visit nearby pubs like the Gate Lea, for a few

*"Issy – Tub – Cobber."
Isabel Perry, Tub Perry
and Eddie, Sidmouth,
Devon, May 1939.*
Judith Pickard

*Eddie, Titch and Tub
Perry, Dartmoor, May
1939.*
Judith Pickard

beers and a fry-up. They did their best to live up to the image expected of young fighter pilots – dashing, carefree and bachelors, interested only in flying, sport and girls.

As well as playing golf, Eddie played rugby for the station team and the Lincoln Rugby First XV.

Eddie got to know another pilot from 46 Squadron, Ian or Widge Gleed. Like Eddie, he was an accomplished aerobatic pilot. Both Gleed and Pat Jameson flew in 46 Squadron's aerobatic team at the Hendon air pageant, during summer, 1937.

Welcoming sign for visiting pilots at RAF Digby.
Judith Pickard

73 Squadron had an operational strength of 10 officer pilots and six sergeant pilots, with eight pilots in each flight. Their commanding officer was Squadron Leader Eric Finch. Flight Lieutenant W.W.E. Oliver was in charge of A Flight and Pilot Officer Tommy Thomas was in charge of B Flight. The other pilot officers were Bill Kain, John Thomson, Ian Scoular, Jim Maudslay, Bill Pearce, Terry Forshaw, Fanny Orton and Eddie Kain. Among the sergeant pilots were George Phillips, Bert Speake and Cyril Campbell. At the time Scoular was the squadron adjutant.

In true RAF tradition, as a junior officer, Eddie shared the services of a batman who valeted his clothes and shoes, arranged his laundry, cleaned his room, woke him in the morning with a cup of tea and laid out his daily uniform.

In the officers' mess, procedures were discreet, quiet and orderly. Drinks were ordered in the ante-room from a servant, who brought them on a tray along with a bar book to sign. Bar bills averaged about £5 per month – anything in excess of this gained the attention of the commanding officer.

Meals at Digby were excellent – breakfast was traditionally English, lunch was a three-

*Eddie in Gladiator I K7965
(foreground), Digby 1938. Note
the large identification
numbers under the lower wing.*

Judith Pickard

*73 Squadron Gloster Mk I
Gladiators on the flight line at
Digby, 1938. Aircraft 7962 and
7956 are seen running up in
the foreground.*

National Library of New Zealand

*Eddie in Gladiator I
K7965, Digby 1938.*
Judith Pickard

*Two Gladiators after a
taxiing accident, Digby,
1939. The right-hand
aircraft is identified as
No. 6145, which Eddie
flew on a few occasions,
including going to
Doncaster and back on 19
May 1938.*
Judith Pickard

73 Squadron at Digby, 1938. Front row (l-r): Pilot Officers Terry Forshaw, Fanny Orton, Flying Officer John Thomson, Flight Lieutenant W.W.E. Oliver, Squadron Leader Eric Finch, Flying Officers Tommy Thomas, Bill Kain, Pilot Officers Bill Pearce and Eddie Kain.

National Library of New Zealand

course meal, and weekday dinners were a four- or five-course affair where officers wore mess dress, and talk of shop, religion, politics and women was forbidden.

Pilots took it in turns to be the duty pilot, to whom all pilots, either taking off or landing, had to report. Eddie did not relish the lonely chore of being stuck in a hut out on the airfield. The young officers also shared other duties like orderly officer, messing officer or officer in charge of night flying.

Eddie relished the performance data of the Gladiator – it was powered by a Bristol Mercury IX nine-cylinder radial engine, developing 840hp at 14,000 feet. At the time it was considered a large fighter which weighed just over two tons in take-off state. What Eddie liked most was its roomy cockpit – he needed it for his big frame. But the cockpit was not heated and became freezing above 25,000 feet. It was armed with four .303-inch machine guns.

Eddie in front of a Gloster Gladiator Mk I, Digby 1938.
Judith Pickard

After learning how to handle a force-landing in a Gladiator, it did not take long before Eddie checked out the aircraft's performance. He could get airborne in about 170 yards, reach 3000 feet in 90 seconds, 10,000 in four and a half minutes, and 15,000 in seven, and belt along at a maximum speed of 245 miles per hour. At tree-top level it was down to 200. But for Eddie the real test was aerobatics. He later recalled, "I always had a weakness for aerobatics. The Gladiator was an excellent machine for turning inside out." He quickly became recognised as the aerobatic master of 73 Squadron. His perseverance with aerobatics was rewarded by being selected, along with Cyril Campbell, to perform at the 1938 Empire Air Day.

In June 1938, the squadron flew to RAF Sutton Bridge for a three-week camp. It was an opportunity to see how good their gunnery skills were. They fired on ground targets and drogues towed behind target tug aircraft. Against the ground target, Eddie came in low, held his fire until the last possible moment, then let rip. Against the drone, he went in close, firing short accurate bursts. His aiming was instinctive like an experienced hunter. He achieved the squadron's highest score at the camp.

Hurricane men

The next step up for Eddie was his introduction to the Hawker Hurricane, the RAF's first 'modern' monoplane fighter. On 4 July 1938, nine were delivered to 73 Squadron at Digby. Eddie and the other pilots gawked in wonderment at the new super fighter. It was a huge advancement on the Gladiator – monoplane, retractable undercarriage, camouflage, heated enclosed cockpit and a top speed of over 300 miles per hour in level flight. Eddie was particularly pleased to see the eight Browning machine guns. At the heart of the Hurricane was a 1030hp Rolls-Royce V-12 Merlin engine.

Eddie was one of the first to try out the new fighter. The very next day he took L1566 up for a 15-minute 'experience on type' familiarisation flight.

It wasn't long before Eddie had one up to 25,000 feet and was diving it near vertically at over 400 miles per hour. He was excited by the speed, but "almost scared stiff." In the manoeuvre the aircraft suffered stoved-in undersides and a torn-off wireless aerial – he had pulled out of the dive so hard that even the ultra-strong Hurricane couldn't handle the strain. He received a serious reprimand from the CO who, as a consequence, was threatening to have Eddie posted to another unit. Eddie was not concerned by the threat – he had experienced worse at school. He was more concerned about the possibility of a war in Europe and being posted to a second-line unit.

The senior officers were uneasy about Eddie's over-enthusiastic flying. They preferred good, solid pilots. Eddie had become known in the squadron as the "mad devil" – fond of stunt flying, but skilled. His reputation as an aerobatic pilot had obviously grown.

On Summer Bank Holiday, Monday, 1 August, Eddie and Flying Officer Jim Maudslay walked into the hangar and asked the ground crew for their Hurricanes, in which they took

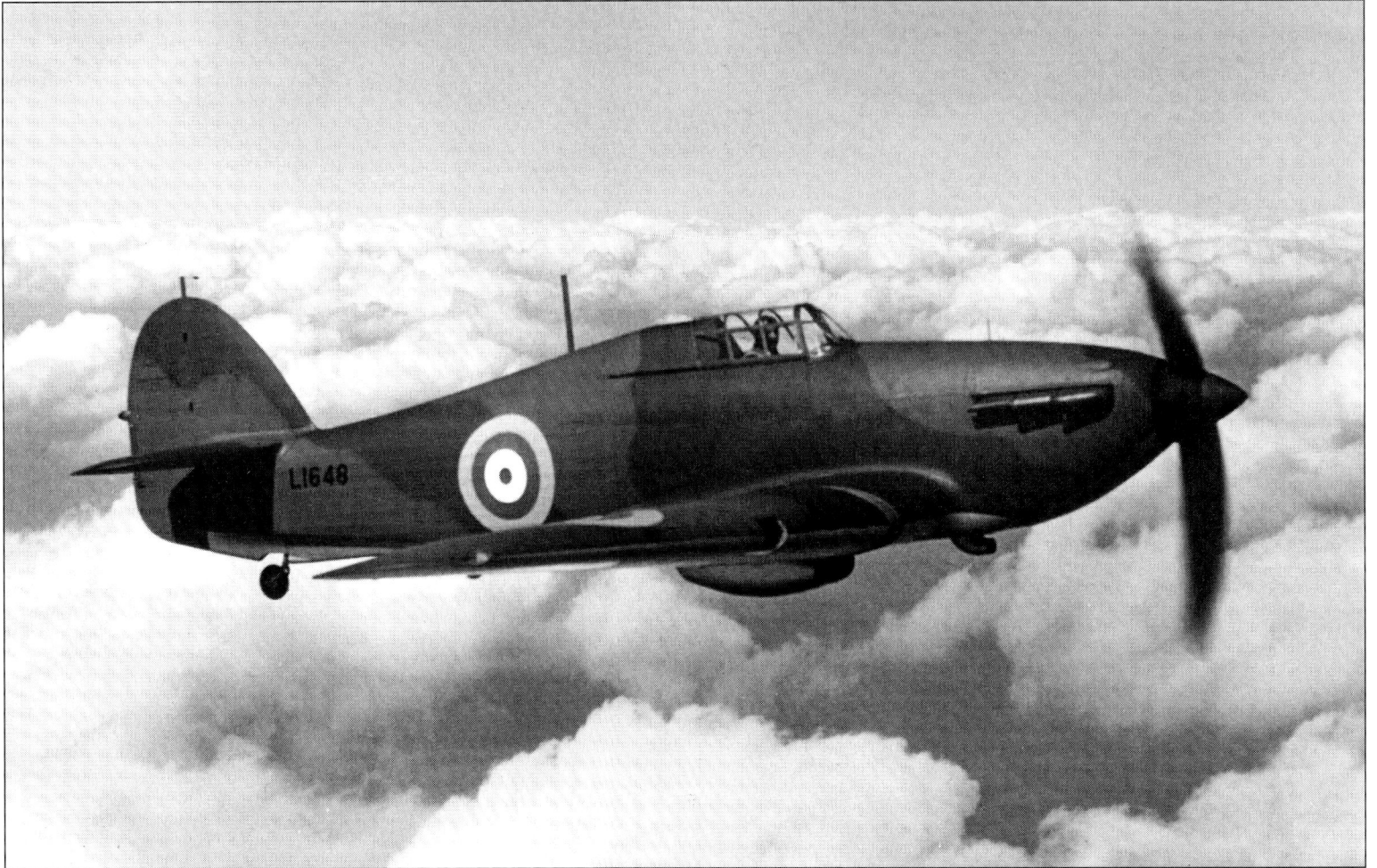

Opposite: RAF's first 'modern' monoplane fighter – the Hawker Hurricane. Eddie was particularly pleased to see the eight Browning machine guns. The photograph well-illustrates the Watts two-bladed fixed-pitch wooden propeller which was replaced by three-bladed variable pitch versions in France.

ww2images.com

An air-to-air view of a 73-Squadron Hurricane above the Lincolnshire countryside, 1939.

Judith Pickard

off shortly after. The two returned the aircraft in due course, the ground crew refuelled them, and pushed them back into the hangar – and that was that. But it transpired that the two had flown up to Blackpool and walked along the beach on Bank Holiday, the busiest day of the year.

On their return flight they came across an army range where Territorials were practising, so they dived on the targets. The officer in charge was not amused and took the number of Maudslay's aircraft. At the time aircraft registration numbers were painted under the wings in two-foot lettering – there would be no mistake. Probably to cover his tracks, Eddie only wrote in his log book, "Formation. Landings, etc."

Maudslay was eventually caught up with, and placed under open arrest on 7 October for "low flying." Of the two pilots, he was the senior officer, so took full responsibility for the incident. After appearing before a court martial in December, Maudslay was duly dismissed

Terry Forshaw, Tony Lamarque, Tommy Thomas, Fanny Orton and Eddie (nearest the camera), in the squadron office at Digby, 1938.

Judith Pickard

from the service. Eddie's punishment was being grounded, having to perform orderly officer duties for a period of time. He was lucky not to be dismissed.

During summer of 1938, some new faces arrived at 73 Squadron – Tony Lamarque, Ginger Paul, Peter Walker, Claud Wright, Tub Perry, George Phillips and Sidney Stuckey.

From 5-7 August the squadron was involved in Home Defence Exercises. It was valuable experience for the pilots who tested the Hurricanes under real conditions. They managed to make interceptions and fire their eight Brownings.

Eddie took two weeks' leave from 21 August, spending it with the Phillips family at Mollington. Soon after his return he was put on an operational schedule. Leave restrictions were imposed – Hitler was on the move in Europe and war threatened. The squadron was held in readiness for the Czech crisis in mid September.

By the end of the month, the time of Prime Minister Chamberlain's conference with

Hitler in Munich, both 73 and 46 Squadrons were ready for war with aircraft dispersed around Digby airfield.

On 1 October, Digby stood down. But the squadron's preparations for war continued. On 10 October, 10 Hurricanes carried out high-altitude air-firing trials off Skegness in Lincolnshire. Eddie was impressed with the eight guns. Each could fire 20 rounds per second for about 16 seconds. The object of the eight guns was to build up a lethal bullet density by concentrating the fire on one point.

The squadron undertook numerous other exercises over the coming months, including home defence interceptions, fighting area attacks, battle climbs and night training which included searchlight co-operation. Eddie revelled in every aspect of the squadron's preparations for war, honing his skills to meet whatever challenge he might face.

The ever-cheerful face of Eddie Kain. RAF Digby.
Judith Pickard

Late in October the squadron competed for the inter-squadron Sassoon Trophy Cup. They didn't gain any place but Tony Lamarque achieved the squadron's first crash-landing in a Hurricane.

Eddie enjoyed aerobatics in the robust Hurricane – "an excellent machine for turning inside out." At the end of October, Eddie, Cyril Campbell and Fanny Orton gave a formation flying display at Norwich during the town's civic week.

One weekend, Eddie strolled into the hangar with his girlfriend of the moment. He persuaded her to climb into a Hurricane cockpit while he and a fitter each climbed onto a wing. Telling her that the fitter would answer any queries, he excused himself and jumped to the ground, leaving the fitter to describe items in the cockpit. Meanwhile, Eddie walked quietly to the tail section whereupon he grabbed the elevators and pumped them vigorously up and down. The control column did what any control column would do under such treatment – it suddenly jolted back and forward. The girl screamed, the fitter nearly fell off

the wing, and Eddie draped himself across the tailplane with tears rolling down his face. His only comment was, "Now you know why they call it a joystick."

Late in the year Eddie took up a squadron Miles Magister two seater, with a member of the ground crew as duty crewman in the front cockpit. Once they got to 300 feet, Eddie rolled through 180 degrees and continued climbing inverted. It was of course a great joke to shake a passenger loose from his breakfast, but the passenger held on. Then Eddie performed some aerobatics before heading to Lincoln to buzz the cathedral, flying as near to it as possible.

On the way back he spotted a goods train and dived down to the back of it. After throttling back, he crept forward just above the wagons. They were approaching the engine when the fireman, turning to pick up a shovel-full of coal, spotted them. His mouth fell open and he nudged the driver, who turned and shook his fist at them. The fireman then climbed up on the coal and attempted to swat the aircraft with his shovel. At the time the train was approaching a tunnel, so Eddie wisely pulled away and headed for home.

Squadron Leader Eric Finch does 'the rounds' on a bicycle. Digby 1939.
Author's Collection

The duty crewman was glad to step down from the aircraft.

Leave restrictions were lifted in time for Christmas, which Eddie spent with squadron mates. He didn't visit the Phillips as Joyce had become engaged to a Territorial Army officer. He turned down an invitation to an engagement celebration, but still valued his friendship with the family.

The squadron had its first fighter versus bomber exercise mid January 1939, in the heart of winter. But rain, cloud, wind and poor visibility frustrated the fighter pilots. In March, neighbouring 46 Squadron was re-equipped with Hurricanes, and Eddie's mate, Pat Jameson, was put in command of B Flight.

In early May, Squadron Leader Brian Knox took over command of 73 Squadron. Knox was from Dublin, and was quickly nick-named Red Knox because of his red hair. He immediately instilled his own particular brand of fighting into the pilots – he had no use for fighter pilots who could not shoot and fight as well as they could fly.

While on a night tactical exercise on 10 June, operating out of RAF Speke, Eddie heard a crash followed by the roar of air rushing into the fuselage. Because it was dark, he had no idea what had happened. He was having trouble holding the Hurricane steady, so he made

"Fanny Orton, Cobber Kain and Peter Walker having a busy time listening for the enemy! We got caught out like this once or twice and the aerodrome bombed before we woke up!" Relaxing in the sun while on an exercise, with a tender and Hurricanes in the background, and a wireless in the foreground.
Author's Collection

"Sorry. I hit a bump." The result of Eddie's night-flying accident on 10 June 1939.

Author's Collection

"War week." Back row (l-r): Peter Walker, Fanny Orton, Jim Maudslay, Ginger Paul and Tommy Thomas. Front row: Bill Kain and Eddie Kain with Titch.

Author's Collection

for the flight path as quickly as possible. Fighting the stick all the way, he pulled back the canopy in case of a crash. After dropping his undercarriage, he came in on the flare path. The wheels didn't hold and the aircraft bellied on the grass, slewing around. Everything then went silent. He quickly unclipped his harness and clambered from the aircraft.

The problem had been caused by the radio/transmitter panel coming off, letting the wind into the fuselage. While landing, Eddie was so distracted by the instability, he forgot the correct undercarriage locking procedure. Fortunately, the Hurricane only suffered minor damage to the starboard wing.

Red Knox accused him of selecting 'wheels up,' and then putting the selector lever to 'down' again when he realised his mistake. After a prolonged argument, Eddie bellowed at the top of his voice, "I did not effing well put my undercart up!" The CO replied, "Speak to me like that again and you will find yourself in your room under arrest."

Tony Lamarque also experienced an accident in June – he stalled his Hurricane, the

engine stopped, and he spun into the ground. He suffered mortal injuries and died the next day.

Since the Munich crisis the previous September, the Air Ministry had made plans to deploy an Advanced Air Striking Force (AASF) to France in order to bring the RAF's short-range bombers within striking distance of Germany. The basis of the force was to be 10 Battle light bomber squadrons. With them would go six Hurricane squadrons, among which 1 and 73 Squadrons were to form 60 Wing.

Eddie was promoted to the rank of flying officer on 21 July 1939. It brought increased responsibilities and salary. To date he had accomplished over 200 hours on Hurricanes, 20 of them at night.

Four days later he crashed again at night. When landing he hit a small ridge in the flare

A 73 Squadron Hurricane that came to grief at Digby after hitting a perimeter fence when landing.
Author's Collection

Digby RAF Station, Lincolnshire.

Judith Pickard

At Sutton Bridge, May 1939.
Eddie is in a white flight suit
with headgear and parachute.

Judith Pickard

path while travelling at 50 knots. The undercarriage could not take the shock and collapsed. Eddie was shaken and received cuts to his hands. The aircraft was subsequently written off. After an enquiry, the CO simply said, "Flare path must be laid more carefully in future." Eddie wrote home, "For once the blame was not attributed to me, but to the state of the airfield." It is interesting to note that Eddie didn't record his two recent crashes in his log book.

Shortly after the accident Eddie developed yellow jaundice and was confined to sick quarters for two weeks. Some say it was brought on by the shock of the crash. While in bed he heard on the BBC news that Moscow had announced a non-aggression pact with Berlin. Someone in the ward joked, "That means war by Christmas." Everybody laughed.

On 24 August, 73 Squadron was ordered to mobilise for war. Eddie was still recovering from his illness, and had only started to get up for a few hours a day. There was some doubt about him accompanying the squadron to France.

The new medical officer, Flight Lieutenant Richard Outfin, gave Eddie a thorough examination. When Eddie asked if he was fit to fly, Outfin fired the same question straight back at him – to which the answer was, "Yes." The doctor wrote a quick note and handed it to Eddie. "Give this to the CO," he said. Eddie scrambled from the room before the doctor could change his mind. Ever since then, Eddie and Outfin were close friends.

The AASF was to operate in the northeast zone of the British sector along the French border with Luxembourg and Germany. They were to be based around Reims. The British Expeditionary Force's (BEF) Air Component, a reconnaissance and army co-operation group, was also to go to France. On 1 September, the British Army, Navy and Air Force mobilised.

Just after 11am, 3 September, 73's officers gathered in the mess to hear Chamberlain's broadcast to the nation. He announced that from 11 o'clock a state of war existed between Great Britain and Germany. All Eddie heard was – there really was going to be a war!

Going to France with the squadron were 20 pilots: Squadron Leader Red Knox, the new CO; Flying Officers Lucky Lovett and Ian Scoular, COs of A and B Flights; Pilot Officer Ginger Paul, Adjutant; Flying Officers Bill Kain, Fanny Orton, Eddie Kain; Pilot Officers Ian Brotchie, Peter Walker, Claud Wright, Tub Perry, Tommy Tucker, Dickie Martin, Smooth Holliday, Peter Ayerst; Sergeants Titch Pyne, Cyril Campbell, George Phillips, Bert Speake, Sidney Stuckey.

Moving a complete squadron to another country wasn't a simple task. The next day, 4 September, an advance party of about 80 airmen left Digby by train to catch a ferry to Le Havre. They were under command of two ground staff officers: Flight Lieutenant Charles Press, Armaments Officer, and Pilot Officer Dick Williams, Equipment Officer.

On 6 September, 12 Hurricanes flew south to RAF Duxford. They landed and refuelled before dispersing around the airfield. The pilots stayed close to their aircraft – since they were at war with Germany, they half expected enemy aircraft to fly over. Lunch came and went. During the afternoon they were stood down while further aircraft arrived from Digby.

At 11am, 9 September, 16 Hurricanes led by Red Knox left for France. After refuelling at RAF Tangmere, they flew to Beachy Head and out over the Channel. They landed at Octeville airfield at Le Havre, one hour 15 minutes after take-off. 1 Squadron was already there.

The Phoney War

As 73 Squadron touched down at Octeville airfield, Le Havre, 1 Squadron was busy digging trenches, so there was little opportunity to mix. There was little opportunity in the evening either – 1 Squadron took off for nearby Cherbourg at 5pm. On the side of the airfield was an old convent which 1 Squadron had used as billets. 73 Squadron's officers quickly took it over while the rest of the squadron were billeted in hangars at nearby Bleville.

That night the boys went out on the town. As a result of the goodwill generated by 1 Squadron, wherever they went, free drinks were lined up for them. There were dozens of Americans in town, all trying to get away from Paris in case the Germans invaded.

Eddie flew his first squadron patrol on 11 September. They flew first to Caen then patrolled Cherbourg harbour, alternating with 1, 85 and 87 Squadrons to maintain a standing patrol over the harbour and protect the ships bringing the BEF to France. The weather was good and they saw no enemy activity. They returned to Le Havre the following morning.

Over the next few days the squadron was busy at the airfield, digging defensive trenches and erecting tents. The main party and transport still hadn't arrived from England.

At 8pm on 16 September, Eddie and other pilots attended a guest night held in the French officers' mess in Le Havre. It was a gesture by the officers of the French Air Force and local English residents. It ended in a brawl between members of 1 and 73 Squadrons, and Ginger Paul of 73 suffering some damage to his jaw. The French officers and locals left with mixed opinions about Commonwealth airmen.

Noel Monks aptly summed up the squadron's stay in Le Havre, "The boys of 73 look

Opposite: "Then to work digging ourselves in." Eddie is front left. Octeville airfield, Le Havre.

Judith Pickard

The Phoney War was an early phase in the Second World War – in the months following the German invasion of Poland in September 1939 and preceding the Battle of France in May 1940 – that was marked by a lack of major military operations in Europe. Various European powers had declared war on one another but neither side had committed to launching a significant attack.

"Pete, Doc, Fanny, Ginger, Cobb." (l-r): Peter Walker, Doc Outfin, Squadron Medical Officer, Fanny Orton, Ginger Paul and Eddie, relax in the sun at Le Havre.

Judith Pickard

back with tenderness on their two weeks' stay in Le Havre. They had a great time, no work, plenty of sunshine, pretty girls and cheap wine. It was a great war."

On 29 September 73 and 1 Squadrons flew to Norrent-Fontes, a village near Lillers in northeast France. Eddie referred to the place as Rely, which was a neighbouring village. Bill Kain was requested by the French Army to fly to Calais to give the French anti-aircraft batteries a good look at a Hurricane. Their aircraft identification skills were obviously in need of practice, as Bill's propeller was shot off, forcing him to land on the beach where his wheels sank in. The Hurricane ended up on its nose, but Bill was unhurt. The aircraft was written off after being covered by the incoming tide.

The first few days at Norrent-Fontes were fine, with meals taken in the open and lounging on the grass in the sun between spells of trench digging. Then the rain came for the next couple of weeks, resulting in little flying. 73 and 1 Squadrons took alternate days at five minutes' readiness. On 4 October Eddie took off hunting unsuccessfully for French anti-aircraft guns, probably in sympathy for Bill.

On 9 October 73 Squadron transferred to Rouvres (or Rouvres-en-Woëvre), close to Etain and east of Verdun.

The 15 serviceable Hurricanes took off around 8.20am in flights of three: Squadron Leader Red Knox led in Hurricane V with Ginger Paul (C) and Cyril Campbell (D) as his

wingmen. Then came Ian Scoular (Z) with Ian Brotchie (U) and Titch Pyne (S), Bill Kain (K) with Tub Perry (J) and Sidney Stuckey (B), Fanny Orton (C) with Claud Wright (E) and George Phillips (W), and finally Eddie Kain (P) with Peter Walker (F) and Bert Speake (A).

They took off in poor weather which deteriorated the further they flew east. After an hour in the air the cloud was down to ground level on the higher ground. Realising the potential danger of continuing in the worsening conditions, Red Knox looked for an emergency airfield. He spotted Verdun's small civil airfield through a break in the cloud and, after telling the others to circle above the cloud, he led his section down. After inspecting the airfield and concluding it was not suitable for 15 fighters, he climbed back above the cloud. Running short on fuel, he then found and landed his section in a field 10 miles northeast of Verdun. Knox then promptly took off to fetch the others.

The others, not convinced the CO had found a safe airfield, then force-landed in a field near Verdun. Peter Walker ran his aircraft into Eddie's on the ground, damaging a wing and a prop.

Opposite: "Still no sign of war! So after lunch 40 winks on the lawn." 73 Squadron pilots relax and listen to music in the convent garden at Le Havre.

Judith Pickard

"Machines dispersed. 73 Squadron arrives Octeville [airfield], Le Havre." (l-r): Tub Perry, Ian Scoular and Lucky Lovett walking out to dispersal. Eddie's personal aircraft, P for Paddy, can be seen to the right with its engine cowling removed.

Judith Pickard

Fanny Orton and Eddie relax in the sun at Le Havre.

Author's Collection

Outside their lodgings at Norrent-Fontes. Eddie is at left.

Judith Pickard

"A good day's exercise." Digging in at Norrent-Fontes. (l-r): Fanny Orton, Peter Ayerst, Tommy Tucker, Dickie Martin, Smooth Holliday and Eddie.

Judith Pickard

"Lunch is served. An outdoor life but a good one." Living under canvas at Norrent-Fontes before the rain came.

Judith Pickard

"A quick toilet then down to the drome." Eddie at Norrent-Fontes.

Judith Pickard

"The days are colder and winter draws on." Norrent-Fontes.

Judith Pickard

"The resident spy!"
A local ambles past 73
Squadron's camp at
Norrent-Fontes.
Judith Pickard

"At last the order to
move. This time the
'Western Front.' 5am that
morning we pack and
burn our rubbish (chester
drawers)." Leaving
nothing for the Germans
– last day at Norrent-
Fontes.
Judith Pickard

Four pilots – Fanny Orton's section and Ian Brotchie, on realising how close they were to Rouvres, decided to make another attempt without refuelling. After taking off they flew in the direction of Rouvres given by French civilians at Verdun. But they missed their destination and hurriedly turned back to Verdun. Orton ran dry and had to dead-stick into the field, finishing on the aircraft's nose. He climbed from the cockpit unhurt but the Hurricane suffered substantial damage. Claud Wright, Ian Brotchie and George Phillips all managed to land again, with Phillips stalling into the ground after avoiding overhead cables on his final approach.

All Eddie had to say of the incident in his log book was, "Rely – Rouvres. Force-landed. 1.45 hours."

Remarkably, all the pilots came through the episode unscathed and were billeted in Verdun for the night. Later they found out they had been given the wrong position for Rouvres, an error of about 20 miles! For a few days the squadron strength was down to 11 serviceable aircraft.

It is amazing that more pilots didn't come to grief, as early in the war non-commissioned pilots were neither permitted to attend briefings nor supplied with maps. Their job while flying was to maintain contact with their section leaders who were fully-briefed commissioned officers.

Also on 9 October, 1 Squadron moved from Norrent-Fontes to Vassincourt, near Bar-le-Duc, about 50 miles southeast of Reims. 67 Wing's headquarters, referred to as "Wing," set up in a house in Bussy-la-Côte, two miles from Vassincourt.

73 squadron arrived in Rouvres the following day. While the Hurricanes circled the village, the pilots wisecracked to each other by radio: "Hell! Get a look at this dump," said one. "Blow me down! We're in the Never-Never," said another.

After landing they were billeted around the village. The mayor offered his mairie, or village hall, to the squadron as a temporary mess. The 200 inhabitants of the village were in two minds about the arrival of these strange young men from Angleterre. There were men and women in the little village who remembered the last war, so their hearts grew

*"At Verdun we ran into bad weather.
The squadron broke up and force-landed
about the countryside." Sergeant George
Phillips crash-landed at Verdun after
narrowly missing overhead cables,
9 October 1939.*

Judith Pickard

Eddie with two French officers who billeted him when he made a force-landing at Verdun, 9 October 1939.

Judith Pickard

"The French rally around. Tub and Bill." Tub Perry (second from left) and Bill Kain (right) with French officers, Verdun, 9 October 1939.

Judith Pickard

heavy at first sight of the boys of 73 Squadron. But as the weeks passed, there began for the locals a period of prosperity and liveliness such as they had never known before.

At the first opportunity the locals led Red Knox and his men to a little monument standing outside the village. It told of a day in 1914 when the Germans, sweeping down towards Verdun, passed through Rouvres. They wanted food, rest and information. The villagers refused to offer information, so 27 old men, women and children were led away and shot on the spot of the monument before the Germans marched on. "Vive la France," the inscription ended. During the squadron's stay in Rouvres, the monument was passed daily by the pilots en route from their billets in the village to the airfield. It became a silent inspiration to them all.

Paddy Brady, a squadron fitter's mate already on detention for a misdemeanour, reached a new level of notoriety on the day, as he arrived in the village escorted by two military policemen. The three travelled from Norrent-Fontes stopping along the way for libation. In Rouvres he was billeted on the top floor of the village hall above the new officers' mess. That evening he answered an urgent call of nature out an open window. Unfortunately for him a group of officers, including the CO, were standing immediately below. Brady received a verbal reprimand at a full squadron parade the following morning.

Eddie scrambled with five other pilots on 15 October in an effort to catch a Junkers Ju 86 seen at 12,000 feet. But the enemy aircraft escaped into cloud before the Hurricanes could reach it. It was the first enemy aircraft seen by Eddie while in France. Later in the day he helped escort a Blenheim on a long-range reconnaissance over the Argonne forest.

In the officers' mess one evening, Doc Outfin spoke with Noel Monks who was visiting. During the conversation he pointed out to Monks a tall, strapping pilot in flying

Village signpost.
Judith Pickard

boots and a fleece-lined flying jacket across the room. "See that big chap," the doctor said. "Well, keep your eyes on him if you want a story. He's a wizard. If he lives, he's going to be a greater ace than [Billy] Bishop, [Eddie] Rickenbacker, or anyone. They are all good boys in this squadron, but that chap is a born leader, a natural flier." The pilot Doc Outfin was referring to was Eddie Kain.

A couple of days later a Fairey Battle light bomber parked up on the Rouvres airfield in readiness for a dawn reconnaissance the following day. The pilot spent most of the night drinking with Kiwis Eddie and Bill Kain and after finally making it to bed, was awakened by the two Kains bringing a live pig into his room!

On 25 October Eddie beat up some local Bofors anti-aircraft gunners, and on 30 October helped escort two Blenheims making a reconnaissance of the German-Luxembourg frontier. One of the Blenheims was shot down by German flak.

On the same day Eddie participated in a patrol that was disrupted by accurate 'friendly' French anti-aircraft fire. Sergeant George Phillips' aircraft was hit, forcing him to bail out, striking his leg on the tailplane in the process. He was hospitalised with a badly injured leg.

When Eddie returned to Rouvres, he couldn't resist the urge to buzz the airfield. He came in so low that the prop hit the ground throwing debris into the radiator intake. All he wrote in his log book was, "Hurricane P. Patrol. Broke prop low flying."

Later, a request was made by local French anti-aircraft gunners for silhouettes of the Hurricane.

With his preoccupation for low flying, Eddie was lured to the twin towers of Rouvres, the church and village hall, standing some 60 yards apart. When flying in the locality Eddie couldn't resist buzzing between them at speed. It seems Eddie was never reprimanded for the transgression, probably because his CO, Red Knox, was known to do the same! A local farmer often cursed the pair as they dived between the towers and continued at low level across nearby fields, forcing the farmer and his wife to hit the deck.

Later on 30 October, Eddie went up in Hurricane Z on his third operation for the day. He returned to his usual aircraft, Hurricane P, the following day, for a patrol to the north and south of Rouvres.

On the first night of November a concert was given in the airmen's mess. The programme was titled, "On active service. The lost squadron (No. 73) somewhere in France." Members of the squadron contributed, with Eddie doing his rendition of a Maori haka. The airmen saw another side of Eddie – the cool and calculating drills of the cockpit were replaced by a demoniac and primeval performance, which left Eddie exhausted and brought down the house.

On 5 November a French Curtiss Hawk fighter visited Rouvres, and a race was organised between it and Hurricane P flown by Eddie over a route from Etain to Rouvres, which the Curtiss won comfortably. The following day Eddie delivered despatches to 1 Squadron and returned to base. On the same day, Peter Ayerst was pounced by nine Messerschmitt 109s while on patrol and was lucky to escape with five bullet holes to his aircraft. The clash received publicity from both British and French reporters.

Eddie completed two local patrols on 7 November, each of about 1.40 hours. The first was in Hurricane X, and the second in his adopted P for Paddy. The war was hotting up for 73 Squadron with contacts being made with enemy aircraft on a daily basis.

Opposite: Map showing 73 Squadron's involvement in the Battle of France.

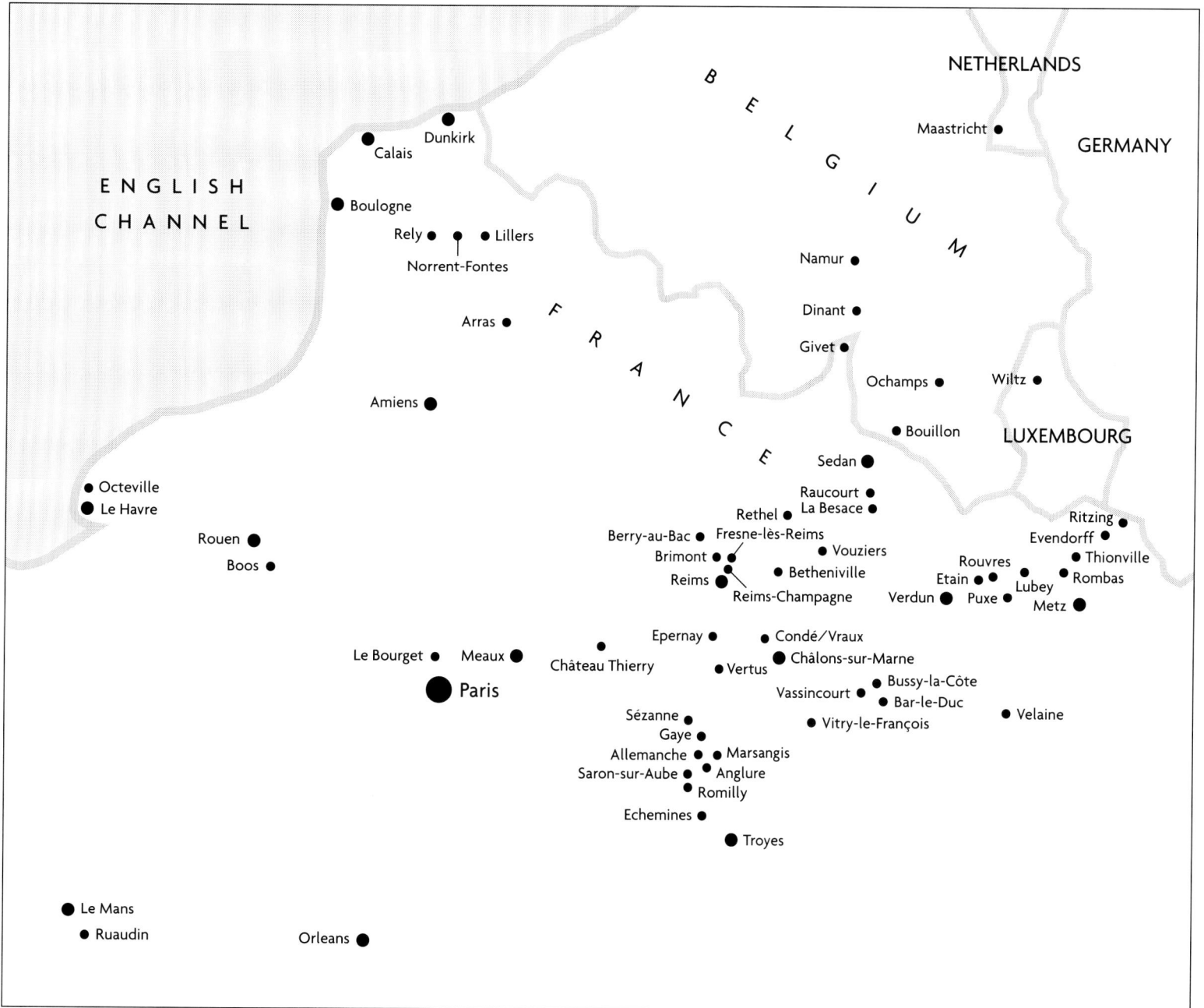

First blood

The morning of Wednesday 8 November was fine at Rouvres in northeast France. There was a light breeze and the sky was almost cloudless. A few airmen were working on a Hurricane engine and one or two others were waiting for the breakwagon to arrive with morning tea and biscuits. At about 10.30am a cry of "Allemand!" (German!) came from a local French lookout and every head turned skywards to see a dot at 16,000 feet. As it approached from the east they observed two fine vapour trails behind it, typical of enemy aircraft which had flown over previously.

There were three Hurricanes up that morning, each on an individual patrol, trying to intercept German reconnaissance aircraft. The three pilots were Claud Wright, Humph Humphris and Eddie. Two other Hurricanes sat on the ground in 'readiness.' Eddie was patrolling at 15,000 feet and noticed black bursts of anti-aircraft fire above the clouds behind him, about 2000 higher up. He quickly swung his Hurricane around in a climbing turn and opened the throttle. He scanned the sky from side to side until he picked up a Dornier 17 to his front.

By this time Eddie was being watched by everyone on the airfield. Many of them had gathered around the breakwagon. They could hear the wavering engine note of the approaching bomber, then suddenly there came the unmistakable noise of a Merlin at full throttle.

Meanwhile, Eddie was gaining on the Dornier. The excitement caused him to sweat. Droplets ran down his face under his leather helmet and down his oxygen mask. He forced himself to keep calm and flicked his gunsight to ON and switched his guns to FIRE position. He quickly checked his harness for tightness. He was much closer now.

Opposite: "Dornier 17. Lubey, 8-11-39. French viewing the wreckage." Lubey is a small village northeast of Rouvres.
Judith Pickard

"Dornier 17. Lubey, 8-11-39. Engine buried deep in the road still burning."
Judith Pickard

The Dornier's dorsal gunner opened fire and the bomber began to climb. If it could reach 27,000 feet, there was a chance the Hurricane might break off the action.

Eddie noticed the dorsal gunner's bullets were getting closer. He quickly decided to shoot out one of the engines and fired a two-second burst into the port engine from close range. He felt the recoil and thought he could smell cordite.

Quickly he broke upwards giving the German gunners a difficult target.

White vapour began to stream from the Dornier's port engine as it continued to climb, banking slightly and heading for a cloud. Both aircraft were now near their ceilings. Eddie turned and came in on the Dornier's flank. He aimed carefully and started firing from 250 yards. The bullets could be seen striking the fuselage and cockpit. He pulled away when only 50 yards from the bomber, narrowly avoiding a collision.

For a while the bomber continued to climb, then turned over in a steep dive. Eddie followed. He thought the German was attempting to escape so accelerated downwards. Both aircraft were approaching their terminal velocities. Eddie could see pieces of fabric tear from the Hurricane's wings.

It soon became clear the Dornier was not going to recover from the dive so Eddie eased back on the control column. He turned into a banked circle and watched the Dornier plunge vertically into a small village and explode. He then turned for the airfield.

The gathering on the ground had seen the whole engagement unfold before them.

At the time they didn't know which Hurricane pilot had attacked the Dornier. The sound of the crash and the black smoke which rose into the air was all that broke the silence until a cheer rang out. This was their first fight, their first shots in anger and their first victory.

There was some discussion as to who the victor might be before a Hurricane swooped across the airfield and up into a victory roll. It was only then they could see the letter P on the fuselage. Someone called out, "It's Cobber Kain!"

After Eddie landed and taxied to dispersal, airmen ran across the field to congratulate him and help him from the cockpit. He was soaked with sweat and exhausted, but took the fanfare graciously and went off to the mess to make his report. Soon after, a group including Eddie drove to Lubey village to inspect the crash site which fortunately had missed any houses. Peter Masefield, a reporter with *The Aeroplane*, and Charles Gardner of the BBC accompanied them.

They were relieved there were no civilian casualties. One squadron member commented on the good fortune, "Fortunately, beyond a bedridden woman who suddenly found the use of her legs again, a few broken windows, and a burnt-out cowshed, no damage was caused."

For Eddie the exhilaration of war soon evaporated when he saw the grisly reality close up – until then he had seen flying as fun and war as a hard, clean game. Blue smoke rose from the trench in the street made by the buried engines. From the trench came occasional popping sounds and an acrid smell. Debris and bits of bodies and uniform were scattered about the street.

Not far from Eddie lay the head of the pilot, still in its helmet, with wide-open eyes. He was sickened not so much by the remains of the dead German crew, as by the villagers prodding the human remains and shouting joyfully, "A bas les Boches! Cochons!" ("Down with the Huns! Pigs!")

The only trophies retrieved for the officers' mess were a machine gun, propeller blade and hub, a rudder, an identification disc and an oxygen bottle. Eddie secured a damaged Mauser pistol. Some official photographs were taken.

The Dornier 17 came from 1 Staffel Fernaufklaerungsgruppe 123 and was piloted by Ober-feldwebel Georg Stuehler. The observer was Oberleutnant Hans Kutter and radio operator Obergefreiter Heinrich Schneidmueller. The crewmen were buried two days later with full military honours. One coffin was sufficient for what was left of the three men.

Claud Wright had apparently been the first to give chase to the Dornier but his Hurricane was hit by French flak and dived away, streaming white vapour from its glycol tank. He managed to crash-land and returned to the squadron covered in oil. Humph Humphris crash-landed on landing at Rouvres, causing another write-off. Also on the day, Dickie Martin force-landed in neutral Luxembourg, his landing observed by French officers at the frontier. They later phoned 73 Squadron to give the news.

That evening the squadron celebrated with a makeshift concert in Rouvres and again Eddie was called upon to do the haka. He also proudly showed off his greenstone tiki, a good luck charm presented to him by his sister Peggy. Later in the evening Eddie was seen to be filtering his beer by drinking it through his balaclava. The only interruption to the evening was a local air raid warning, the first for Rouvres. It was not treated too seriously.

Eddie's victory was 73 Squadron's first of the war. Taking place at 27,000 feet, the action was believed to be the highest to date.

Eddie wrote in his official report of the engagement, "I have the honour to report an interception of a Dornier 17 first sighted at 18,000 feet over Metz heading southwest. I climbed to intercept and fired at 27,000 feet three bursts at 400 yards to 200 yards. Nothing happened for a moment, and then white smoke came from his port motor. I then broke away, but as he did not fall, I

Aircrew of Eddie's first victory. (l-r): Obergefreiter Schneidmueller, Oberleutnant Kutter and Oberfeldwebel Stuehler.
Author's Collection

climbed again and the Do 17 turned north and started to climb gradually towards a cloud. I then approached to 250 yards and continued firing until approximately 50 yards when he banked steeply right and spiralled to earth, emitting black and white smoke, and crashed about 10 miles northeast of Rouvres in a small village. I did not observe any of the crew escape by parachute."

All he mentioned in his log book was, "Patrol. Brought down Dornier 17."

As a result of Eddie's victory, war correspondents descended on Rouvres. Over recent months they had been driven to despair writing human-interest stories about the war to date and were desperate for some real action. Three packed cars of correspondents arrived at 73 Squadron and fell upon the airmen. After a few quick interviews they began to realise they had finally got their man. They heard stories of a young colonial pilot who was as much given to tricks as he was to fighting a war. One story was that in order to see if his section was awake, Kain would lead them into a slow roll. Another was to perform aerobatic displays over German anti-aircraft batteries.

When Eddie returned to the officers' mess he was confronted by a mob of correspondents. "Blow me down!" was his shocked but casual response. Then came a rush of questions. How did you feel about seeing the dead Germans? "Well, it was either them or me." How did you feel when the Germans were firing back at you? "I was too busy firing at the Dornier to worry about them." Present in the room was an AASF Censor who ensured that the rules of censorship were adhered to. It was Air Ministry policy to restrain on points of detail and not to identify the victor even by nickname or rank.

Noel Monks of the *Daily Mail* visited the mess during the evening, and noticed the rudder of a Dornier bomber with the swastika on it, hanging on the wall. He later wrote, "Flying Office Cobber Kain, the 'wizard' I was told to watch, had shot down his, and the squadron's, first enemy plane." Monks would eventually strike up a friendship with Eddie. In time Eddie responded more emotively to Noel, saying that during the engagement his heart was in his mouth, that he sweated profusely, and that his main fear was that his guns would jam.

Some of the reports that hit the press the following day were distorted in an effort to glorify the event and the war, as well as to conceal sensitive information. One account had Eddie on the ground scanning the sky with binoculars before running to his waiting Hurricane. One such account appeared in the *Los Angeles Times*: "With all the spectacular finesse displayed in his prankish acrobatics around the aerodrome, he brought down a giant Nazi reconnaissance plane today, and did everything but splatter it on his own aerodrome. He did bring it down not five miles from his home field where fellow pilots could see the first victory credited to their squadron. His manner of doing it was quite up to expectations. He was standing by on the aerodrome when he saw Archie shells bursting high in the air. He took off and more than five miles up encountered the enemy plane. He succeeded in out-climbing it and pounced suddenly down, riddling the plane and sending it into a terrific dive with death apparently at the controls as the three crew members failed to fire a single shot or make a move to halt the headlong dive. Downward it plunged to splatter in thousands of tiny pieces at the crossroads of the only two streets in a tiny French village."

But there was some method to their madness – the Air Ministry didn't want the Germans learning through the papers that the Hurricanes in France were on standing patrols, waiting in the air for German reconnaissance aircraft to appear. Of all the dailies, the article that appeared in *The Times* possibly gave the most accurate account.

The only details given out by the BBC alluding to the pilot's identity were that the victor was a New Zealander who was "tall, dark-haired, with a beaky nose."

On 10 November, Red Knox packed Eddie off to Paris for four days' leave with explicit instructions to relax and enjoy himself. Worse for wear, he arrived back at Rouvres on 13 November in time to meet Bill Jordan, New Zealand High Commissioner to Britain, Anthony Eden, Dominions Secretary, and officers of the three services, who were paying an official visit to the squadron. Eddie helped escort them around the base and proceeded with them to Metz where they stayed overnight.

As winter approached and opportunities to fly were limited, boredom set in amongst the men. Most of the young flyers missed hot baths. It was believed there was not one conventional bathroom in all of Rouvres, so Doc Outfin created a sauna for the men in an outbuilding on a nearby farm. To make the steam, water was poured over hot rocks placed in a fire built in an old petrol can. The sauna proved the perfect venue for the men to gather for some 'steamy' conversation and good fellowship. The alternative was to descend upon a hotel in distant Verdun and put themselves in the hands of pretty and vivacious chambermaids who were delighted to see "les aviateurs anglais."

When Noel Monks mentioned to Red Knox that he had a room at the Hôtel Lion d'Or in Reims with a bath and real running water, he got shouted down. So he issued an invitation to the mess to free baths whenever they happened to be in Reims. Thereafter, his room – Room 124 – became a rendezvous for weary, dirty, young fighter pilots. Never was an amenity more gratefully appreciated by the squadron. Eddie was just one of a long line to use that bath.

By mid November the officers' mess had moved from the village hall to an old house 100 yards down the sole village street. Noel Monks, in his book *Fighter Squadrons,* wrote of the cramped living conditions: "The house Red Knox took over as officers' mess would have accommodated, comfortably, a family of six. For eight months it served as a home to the 17 officers of the squadron. The CO had his bedroom in it. The other officers were billeted out in various houses along the street, but they had all their meals and spent all their non-flying time in the hideously papered three rooms of the house: the dining room, the bar room, and the sitting room."

Dick Williams, the squadron equipment officer, had got his carpenters to work and in an upstairs room they built a bar. Noel Monks commented: "That little homemade bar, with its humble stock of French beer, wine and champagne, did much to cheer the hearts of those strange young men from Angleterre during the weary months ahead. Belles and baths they still had not, but their pub was flesh and blood to them." The drinking hours and the quantity drunk were strictly controlled. The pilots knew that to go on patrol in a Hurricane with a hangover was asking for trouble. Doc Outfin would occasionally need to say, "Now lay off, son."

Over this period Doc Outfin had a busy time treating the pilots for stiff and chafed necks. The constant turning of their heads while on patrol strained their neck muscles and rubbed their necks raw. There was an appeal to sweethearts, wives and mothers for silk scarves, which duly arrived. They proved a great boon.

There were several clashes with French fighters over the Maginot Line. 73 Squadron pilots would be hurtling back to Rouvres after a patrol when they often ran into a bunch of French Curtiss fighters and would be mistaken for Messerschmitts. Hell would pop for a few minutes, until the Hurricane pilots dropped their undercarriages as a signal for the French to quit firing. As a result of these contacts, the Hurricanes' rudders were painted red, white and blue – just like the French aircraft.

It was a tough time for Red Knox to keep his pilots up to a high pitch. For any breaches of discipline or mistakes on patrol he tore a strip off the luckless pilots. He often did it for petty things too, much to the annoyance of the pilots. Sometimes, when Knox got fed up with the stresses of his command, he took a Hurricane up for a private beat-up, possibly flying between the twin towers of Rouvres.

On 22 November, Eddie was one of three pilots who flew to Mourmelon-le-Grande, the base of 88 Squadron which flew Battle aircraft. Their task was to practise for a special co-operation mission, but one Hurricane broke its tail wheel on arrival and the other two wouldn't restart. Eddie was flying P for Paddy.

The very next day, Thursday 23 November, Eddie scored his second victory. The weather was perfect with an almost cloudless sky. At about 10am a lone German reconnaissance twin-engined Dornier 17 flew high over Rouvres. It appeared to be heading to Verdun as it was chased across the sky by local anti-aircraft fire.

Eddie, while on morning patrol in Hurricane Z, spotted the bomber at 24,000 feet and quickly gained on it. In his first attack from the rear, he raked the twin tail and the underside, shooting the rear gun right out of the aircraft. The port engine was also hit and began to pour black smoke.

Opposite: A crowd gathers around Eddie's second victory, a Dornier 17, in a field near La Besace village.
Judith Pickard

The bomber then began to descend quickly with Eddie immediately behind it. On the way down he fired a couple more bursts. When he realised the bomber was going nowhere except down, he pulled up and watched it belly in a French field. With his mission accomplished, he booted it back to the airfield.

Once on the ground, Eddie, Red Knox, Henry Hall – the squadron adjutant – and an interpreter wasted no time in driving to the crash site near La Besace village, a few miles south of Sedan. They located the Dornier in a shallow depression. French officers and civilians were already at the scene. The fuselage was mostly burnt out by a fire believed to have been started by the crew.

While approaching the wreck, a French officer handed Eddie a souvenired pistol. It was taken from a crewman who was caught attempting to bury it, evidently fearing the consequences if French civilians or soldiers discovered he was armed.

It wasn't long before the press arrived, taking photographs of the wreck and the gathering crowd.

The downed aircraft was a Dornier 17 of 2 Staffel/Fernaufklaerungsgruppe 22 and was piloted by Unteroffizier Grundling. He and his crew had survived and were all in French custody. An article in the *Los Angeles Times* stated: "The wounded gunner suffered further serious injuries [in the crash-landing]. The pilot and observer crawled out and rescued the gunner. Then they poured gasoline on the plane. When an unarmed farmer approached and attempted to prevent the destruction, they menaced him with revolvers and burned the plane just before soldiers arrived to capture them."

Eddie wrote in his official report: "I saw white trails in the vicinity of Rouvres, and followed them to find a Dornier 17 flying at 24,000 feet. I carried out a normal attack from the rear and saw the port engine stop, giving off black smoke. I followed the aircraft down, firing further bursts, until it force-landed in a field. I saw nothing of the crew. The aircraft did not catch fire." His log book entry was just, "Interception patrol. Do 17."

RAF intelligence officers who later viewed the wreck concluded that Eddie's shooting was so good that each burst had made one large hole rather than a series of smaller ones.

Close-up of the nose and cockpit.

Author's Collection

Opposite: Eddie poses for photographs at the crash site of his second victory.

Author's Collection

Opposite: Snapshots taken by a French official photographer of Eddie's second victory.

Judith Pickard

Those big holes extended from tail to nose. They concluded that Eddie had utilised the eight machine guns to lethal density. One even compared Eddie's marksmanship with Mick Mannock of Great War fame, saying Eddie had the "Mannock eye."

Other successes for 73 Squadron on the day were: Fanny Orton claimed a Heinkel 111, Cyril Campbell a Dornier 17, and Ian Scoular and John Winn shared a Dornier 17. With four victories it was considered an excellent day for the squadron. None of 73 Squadron's pilots was injured and none of the Hurricanes was hit by enemy fire.

Eddie once again proved big news. This time he featured in British, Commonwealth and American newspapers. He was now regarded as the "best flyer in France." But the public still didn't know the mystery airman's identity. Maybe Charles Gardner's veiled announcement that evening of the "21-year-old New Zealander" narrowed the many possibilities to just one. Some 73 Squadron officers gathered around the radio to hear the announcement but all the available stations were jammed by the Germans. Perhaps they were sensitive about the day's tally.

A few days later, the successful pilots, including Eddie, attended a conference where they submitted their experiences to an intelligence officer. These were combined into a report which was distributed by Air Tactics to operational fighter squadrons. The pilots returned to Rouvres to hear the battered machine gun that Eddie shot clear out of the Dornier above La Besace had been recovered and presented as a trophy to the officers' mess.

Winter woes

As winter's grip tightened, flights and patrols became less frequent. Eddie achieved only nine flights during November, including seven patrols, totalling just 12.15 hours. December was similar with 10 flights, including nine patrols, totalling 11.55 hours.

Squadron command realised the importance of maintaining morale during the inactivity over winter, so organised entertainment for the men. A concert featuring Sir Seymour Hicks in Châlons-sur-Marne (or Châlons-en-Champagne) on the evening of 30 November was followed the next night by a benefit concert in the French airmen's canteen.

A squadron general meeting was held on 2 December to discuss activities over the Christmas season. These included arrangements for Christmas dinner, entertainment and sports, although an expected shipment of sports gear had not yet arrived from England.

Typically, Eddie found some amusements of his own to while away the idle days. He spent many hours attempting to train his recently acquired mongrel, Bitchy, and went for long country walks or wandered through nearby woods supposedly populated with wild boar. Many of the officers walked the picturesque country lanes, especially on Sundays, as the church parades held little appeal. Some managed to build relationships with the half dozen or so available women in the village. The men that were billeted with French families played games with the children, or offered to help with domestic chores like milking cows.

One would struggle to realise there was a war going on. Officers were planning their social itinerary as if it were peacetime back in England. Early in December, Eddie, along with Red Knox and Ginger Paul, lunched with officers from the 46th heavy artillery battery at Arrancy-sur-Crusne.

Winter was also a time for the squadron to receive replacement aircraft, improve early-

Opposite: "Before the snows." Pilots pose on the semi-sunken Duty Office at Rouvres.
Back row (l-r): Reg Perry, Humph Humphris, Bert Speake, Donald Sewell, George Phillips, John Winn, Henry Hall, Cyril Campbell and Sidney Stuckey.
3rd row: Fanny Orton, Ian Brotchie and Tommy Tucker.
2nd row: Tub Perry, Smooth Holliday and unknown Danish reporter (behind sandbags).
Front row: Peter Ayerst, Lucky Lovett and Eddie.
National Library of New Zealand

Opposite: Rouvres village green as seen from the Kippery. A coating of snow has arrived in the bottom photograph. The two buildings pictured on the left provide the twin towers of Rouvres, between which low-flying 73 Squadron pilots dared to fly.

Judith Pickard

warning systems, and attempt to improve telephone and radio communications. There was a constant threat of sabotage, so base security was beefed up. An operations room was excavated, sandbagged and camouflaged, and supplies and aircraft spares were assembled and stored in camouflaged tents.

The morning of 7 December was fine but with a hard frost. It was an opportunity to fly. A total of 11 aircraft flew patrols on the day. Eddie tried the Hurricane W which had the new variable pitch De Havilland three-bladed propeller fitted. He first took off at 8.45am and returned beaming about the improved performance. The new propeller improved handling, speed and climb. Eddie's verdict was "Excellent!"

The slight reduction in propeller diameter allowed him to get three inches closer to the deck on a low pass! In his log book he noted, "Patrol. Test V.P. [variable pitch]" He then completed a 90-minute patrol in the same aircraft, but despite reports of enemy aircraft in the area, none was sighted.

In the afternoon, Red Knox and ten others including Eddie drove to Epernay for the night to attend the visit of King George the following morning. Afterwards, Knox departed for England on leave while the rest returned to Rouvres to find the list of the first leave party posted in Dispersal Release Orders. The last paragraph of the orders warned, "Any airman contracting venereal disease will forfeit his leave!"

By 7 December, the squadron had only 11 serviceable Hurricanes out of a possible 15 available for operations – six from A Flight and five from B. Eddie's regular aircraft, P for Paddy, was having its 60-hour service and inspection at Rouvres.

On 9 December Eddie and fellow Kiwi, Bill Kain, took the squadron's Miles Magister aircraft to Nancy to examine a Dornier 17 and a Messerschmitt 109 that the French air force had rebuilt from crashes. While there, the weather deteriorated, so they decided to stay overnight. This gave them more time to examine the aircraft in detail. Eddie found the Messerschmitt's cockpit very cramped for his big frame.

There was no operational flying for 10 days from Sunday, 10 December, because torrential rain fell for four days and the airfield was too soft for the rest. During this time a little snow fell but soon melted away. Red Knox moaned, "They call this a flying field. If some of us do not break our necks landing here, we'll be lucky."

The bad weather lifted on 14 December allowing an RAF photographer to take a series of photographs of squadron life. These included one of "Elizabeth," the battered Hotchkiss sedan dubbed the "squadron's official transport." Owned by Tub Perry and Claud Wright, the sedan was an absolute monster with a thirst likened to a Merlin on full throttle. It was popular amongst the men as it could carry eight in reasonable comfort on outings to neighbouring towns like Verdun and Metz. (See photograph on page 115.)

On 20 December the weather improved enough for some flying. Eddie did a 'panic' patrol, taking one hour. He completed three patrols the following day and a further two on 22 and 23 December. All the flights were in Hurricanes X or W.

In perfect flying weather on 21 December, Flight Lieutenant Lucky Lovett dived on what he thought was a Dornier 17, but it turned out to be a French Air Force Potez 63. Sadly, two of the crew went down with the aircraft, but a third managed to bail out safely. Lovett later visited the airman in hospital – he had a broken leg and some burns. The Frenchman smiled bravely at Lovett, "C'est la guerre, mon ami," he said ("It is the war, my friend"). Red Knox tore a strip off the luckless Lovett. A court martial followed which found an error in identification. There was a reprimand for Lovett, but no blame was held against him.

The squadron suffered its first casualties on 22 December when Sergeants John Winn and Reg Perry were pounced by Messerschmitts from above, one of the attackers later being identified as the legendary Werner Molders. Both sergeants were shot down and killed. Noel Monks wrote, "A flying officer had taken up two sergeant pilots on the last patrol of the day. They were flying one on each side of the officer, thinking maybe of Christmas – and home. Flying at 20,000 feet, the three Hurricanes were bowling along when the officer switched on his radio to talk to his two colleagues. They did not answer. He swerved his machine to look behind … the two pilots were going down – in flames."

Both sergeants were killed outright. There were bullet wounds to the backs of their

Opposite: "Christmas eve, 1939, France," at Rouvres. (l-r): Doc Outfin, Fanny Orton, Ian Brotchie, Smooth Holliday and Peter Ayerst (both drinking), Lucky Lovett, Eddie and Dick Williams (rear right). Tommy Tucker is in front with his arm resting on the bar.

Judith Pickard

Dignitaries visit Rouvres airfield during winter. Eddie is fourth from left on top of mound.
Judith Pickard

heads which indicated that they didn't know what hit them. They were buried on Christmas Eve.

Christmas Day came and went without much celebration. Fog hung over Rouvres all day and snow fell. A game of football was organised and much beer was drunk. A shipment of Christmas puddings, crackers and cards failed to arrive in time so the men had to improvise. 30 turkeys were cooked by the village baker and dinner was served in two sittings at 5 and 6pm for the airmen. As always in air force tradition, the officers and NCOs waited on the men. The officers then dined at 8pm. This was followed by a movie screening in the village hall.

One of the few complaints about Christmas was the complete lack of female company. Eddie hinted at the imbalance in a letter home: "Our only complaint was the countryside abounded in mistletoe, but unlike Armentières, we hadn't got any mademoiselles."

Heavy snow finally came two days after Christmas. All squadron flying virtually came to a standstill. There were problems starting both aircraft and transport engines. More snow fell over the following days. The whole squadron gathered in the airmen's mess before midnight, New Year's Eve, to see the new year in. Also present was Dickie Martin who had recently escaped from Luxembourg – he had literally walked away in heavy fog.

Each night, the temperature dropped close to -20° Celsius. It was so cold in the mornings that one pilot commented that when he walked from his billet in the village hall to the airfield – a distance of about half a mile – he started with a dixie of steaming hot tea, but by the time he reached dispersal it would be coated with ice.

Men wore every stitch of warm clothing they could get their hands on. Because of frozen water pipes, they would go up to a month without a bath. A hand pump at a village horse trough still worked and men would strip to the waist in the street for a quick douche before rushing back indoors.

To keep amused, Eddie organised the squadron's ice skating team and managed to get some skating on local ponds. Once, a party of enthusiastic skaters ventured into a flooded neighbouring field but the snow proved too thick on top of the ice. With snow lying thick on the ground throughout January, flying proved difficult, and nearly all scheduled patrols were called off. Starting the Merlin engines was a major problem. To help overcome this, all aircraft were run up on every hour during the night. The engines usually had to be cranked by hand. Overnight snow and ice had to be scraped from the aircraft and soft snow removed from the runway. To stay warm in dispersal, airmen sometimes cut open four-gallon cans of petrol and set the frozen blocks alight.

"The Kippery." Squadron billet in Rouvres where Eddie lived.
Judith Pickard

Eddie's log book doesn't show any flying between 27 December 1939 and 24 January 1940. He went on two-weeks' leave from 2 January as a member of the 3rd leave party which travelled to the Channel in the newly-acquired squadron bus. They crossed by ferry from Le Havre and had to zigzag to avoid U-boat attack.

In England he stayed with Tub Perry for a few days at his family home, and the remainder of his leave was spent with Joyce Phillips and her family. Joyce was no longer engaged to

Opposite: "Cobber's souvenirs." Eddie examines a German machine gun with Joyce's younger brother while on leave at Mollington.

Judith Pickard

On leave at the Phillips' home at Mollington.

Judith Pickard

the Territorial Army officer. She had been working at the Liverpool Theatre and had just finished a production entitled *Repertory Rations* in which she played and sang in various sketches. Her relationship with Eddie had recently flourished as a steady flow of letters passed between them. Eddie took his puppy Bitchy to leave with the Phillips as conditions were too harsh for it in France.

When Eddie returned by air to Rouvres, he learned of a new initiative, Operation B19, which had been developed during Eddie's absence. Expecting a German invasion through the Luxembourg sector, the initiative was designed to draw enemy aircraft into the air and ultimately into combat. Decoy patrols would fly up and down the frontier hoping to attract the attention of the Luftwaffe. It meant that all aircraft had to be in readiness first thing each morning.

There was some squadron flying on 13 January, but soon after, the weather again turned for the worse, enough to thwart any German plans. So Operation B19 was cancelled just prior to Eddie's return. On 16 January Eddie took over temporary command of B Flight

*"Cob and Titch." On leave
at Mollington.*
Judith Pickard

from Ian Brotchie until Ian Scoular returned from leave. But it was all rather hypothetical as there was still no flying. In the squadron operations book was written, "No flying. Weather zero. Cloud 10/10 at 300 feet."

The lull in hostilities gave the airmen an opportunity to let their hair down. So they would drive to Verdun, Metz or Reims and have boozy celebrations. Usually Doc Outfin would tag along to keep an eye on them. Noel Monks wrote: "Once, at a restaurant in Verdun, the manager opened up his heart to the boys of 73 and, for a nominal fee of 10 francs each, offered to lock them down in his cellars for one hour. To every man on his feet at the end of that time he would give a case of champagne. It was terrific. The manager did not have to give away a single case of champagne. Doc Outfin, generously 'suffering' to be locked down in the cellar with his beloved boys, remembered afterwards – somewhat vaguely, as he told me – three flying officers lying comfortably beneath barrels of vintage wines, while into their open mouths trickled the precious juices." No one had to fly the next day, so no harm was done.

On another occasion, one correspondent wrote of his media colleagues: "after partaking of the squadron's hospitality, they had to make frequent trips to the tin-covered latrines at night. Lying in wait in the darkness would be Cobber and other pilots, armed to the teeth with beer bottles. The bombardment of bottles against the tin roof and walls must have made the correspondents think the war was very much nearer than in fact it was – at the very moment when they needed a little peace and quiet."

Friday, 19 January, was bitterly cold. A clear sky allowed some flying by A Flight. Eddie's six serviceable aircraft of B Flight wouldn't start. But the clear sky proved a one-day wonder

"The boys off to church" in Rouvres.

Judith Pickard

Eddie practises gunnery while visiting the Rouvres airfield defences. Colleagues can be seen watching from the rear.

Judith Pickard

"The village [Rouvres] from the aerodrome," with the twin towers showing through the mist. The airfield surface appears unserviceable. Red Knox moaned, "They call this a flying field. If some of us do not break our necks landing here, we'll be lucky."

Judith Pickard

as it closed in again overnight. Bad weather continued for four further days with snow falling steadily on 22 January.

The first break in the bad weather occurred on the afternoon of 24 January. Eddie managed to get up for 50 minutes in Hurricane Z for a weather test along the front – it was his first Hurricane flight since two days after Christmas. He decided that conditions were good enough to allow a patrol, so shot back to base to stir B Flight into action. After refuelling he took off again, accompanied by Ian Brotchie, Cyril Campbell and new boy Roy Marchand, who had recently joined the squadron. They remained in the air for 1.20 hours but sighted nothing of interest.

73 Squadron was up again the following day. The weather was good enough for flying

Right: Eddie's official combat report for the failed engagement on 25 January 1940. The official explanation for the non-firing of the machine guns was: "All guns failed to fire. All caps on cartridges were struck by firing pin, but insufficiently hard to ignite charge, due to sluggish forward movement of firing pin. Freezing up of guns due to excessive oil on recoil portions." On the day, the guns were firing a mixture of ball, armour-piercing and incendiary ammunition.

Author's Collection

and it seemed the Germans would take advantage of the window. Eddie's first patrol in Hurricane Z came to nothing. At 10.30am he took off again in Hurricane T and caught up with Sidney Stuckey and Pilk Pilkington from A Flight. They intercepted a Heinkel 111 at 27,000 feet over Stenay, northeast of Verdun, and immediately got into line to attack. Eddie went in first and quickly closed to 150 yards, pressed the gun button, but nothing happened. All his guns were frozen. He quickly broke off. Stuckey then went in and fired. His guns stopped working after 180 rounds each. No hits were observed. So Pilkington attacked but his deflector sight malfunctioned. Meanwhile, the Heinkel flew on into Germany after putting eight bullet holes in Kain's aircraft and one through Stuckey's airscrew.

Eddie touched down at Rouvres furious at the failure. His Hurricane was like a sieve. At the time it was not known if the squadron had the resources to make repairs – the aircraft was possibly a write-off. Eddie wrote in his log book, "Met He 111. Guns frozen at 27,000. A/c damaged." His log book also shows that he flew Hurricane T again in early February. An investigation found that Eddie's guns failed because they were over-oiled. In future, guns would be test-fired when aircraft reached a suitable altitude, preferably facing Germany!

Rain and heavy cloud returned on 26 January. As the snow thawed, roads and fields turned into quagmires. There was no flying for some days. Eddie completed a fruitless

No. 73 Squadron,
Royal Air Force.

25th January, 1940.   141

Officer Commanding,
No. 73 Squadron.

COMBAT REPORT.

Sir,

I have the honour to report that at 11.15 hours to-day I was leading Red Section "A" Flight, on a patrol of left front at 20,000 ft. when I observed anti-aircraft fire over Boulay, on proceeding there I noticed bursts further West and about Etain observed an aircraft approximately 6,000 ft. above me. I climbed after it and it turned North, at Stenay I caught up with it and observed that it was a Heinkel 111.

The enemy then flew towards Belgium so I flew on its Port side and forced it off its course, till it was flying approximatley due South.

I then approached from below and until I was within range and pressed my gun button, but the guns refused to fire, I stayed in this position for approximatley 1 minute with the sight on, but then broke away in desperation after being hit, and called Red 11 to carry on the attack, I flew off to the starboard and stayed approximately 600 yards behind the enemy and observed Red 11 attack, he fired three bursts which appeared to me to be at too great a range, but as I called him on the R/T, he broke away and returned to base, Red 11 then attacked, fired three bursts and broke away.   The enemy then flew on apparently unharmed towards Germany.   Its position approximatley COMMERCY.

I then flew after Red 11, who was flying West and obviously lost and returned to base.   On landing I was informed that Red 11, did not fire all his rounds and his explanation is contained in his report.

I have the honour to be,

Sir,

Your obedient Servant,

KAIN

Flying Officer. 39554.

A Flight's operations room showing pilots at 'readiness' keeping warm by a brazier, while a telephonist receives instructions from headquarters. The small bombproof room was constructed below ground level on the perimeter of Rouvres airfield. (l-r): George Phillips, Sidney Stuckey, Dickie Martin and Bert Speake.

Author's Collection

patrol on 29 January, before flying one of three Hurricanes to Reims to be put under cover for the night – they were expecting an exceptional frost the following morning. He managed to return to Rouvres in the morning, before the weather closed in bringing more snow. Ian Scoular had returned from leave and Eddie relinquished his temporary command of B Flight.

The squadron rations lorry was unable to get through as it was hampered by treacherous slush on the hills between Verdun and Rouvres. This meant no mail and not enough food to brighten the men's spirits.

With slightly warmer daytime temperatures in early February, a thaw came with the rain. Soon the airfield and neighbouring fields became impassable bogs. Overnight frosts turned everything to ice, followed each morning by more thawing and flooding. Any operational flying was impossible.

By 6 February most of the snow had disappeared, leaving large flooded areas on the airfield. Eddie had bought a new puppy from the village and tried without success to get it to answer to the name of Ibor, the squadron's call sign. Some smart pilot remarked, "You will have to teach it English before trying to train it."

Eddie and two others managed to take off on 7 February. All was recorded for propaganda purposes by the BBC who placed a microphone near the air-to-ground loudspeaker in the wireless hut. Permission had been granted by the RAF Censorship Department. In Charles Gardner's own words: "We were able to record all that Cobber said from the cockpit of his Hurricane. The quality, even from 5000 feet, was very good, and Kain's description of a fighter patrol flight from his place as it flew over the German frontier was grand broadcasting material." Of course, all that was said was contrived for the benefit of listeners back in Britain. After the flight Eddie was interviewed about his recent combats.

Once the arduous 'war' work was completed they all retired to the officers' mess for some well-earned refreshments. Gardner went on to say: "At the time 73 were famous for the variety of drinks they could offer, and this particular day, the bar was right up to form. It was Doc Outfin, I think, who persuaded me to taste a vile concoction called gin and onion, which, as far as I could see, consisted of neat gin, with peeled onions dropped in it. I had the taste of those onions for days." All Eddie managed to write in his log book recording the occasion was, "BBC. In town tonight?"

As the inclement weather continued, feeling confined to base, Eddie became desperate to continue with patrols. So he attempted to take off early on 10 February, only to become bogged down while taxiing to the runway. Eventually, in the afternoon, Ginger Paul and Roy Marchand got off on patrol leaving Eddie fuming in the duty tent. Later, Sidney Stuckey got off but came to a sudden halt in the mud while landing. His aircraft had to be dug out.

As the thaw progressed, squadron life started to improve at Rouvres. The first rations

Another miserable winter's day at Rouvres airfield.
Judith Pickard

lorry got through on 12 February and the following day Eddie managed to get up for a solo patrol. After only 10 minutes in the air he was recalled and instructed to lead Ginger Paul and Titch Pyne for a two-hour patrol along the front at 20,000 feet. No sooner had they landed, than the weather closed in once again and no further flying was possible for another week.

With the roads once again open, Eddie, Fanny Orton and four other pilots attended a cocktail party at Reims on 16 February given by the Air Officer Commanding and officers of AASF Headquarters, after which they gathered at the Hôtel Lion d'Or bar. Also at the bar was Charles Gardner who pumped Eddie for information about the recent failed Heinkel contact. By this time Eddie had learned to deal with journalists and was cautious about the information he gave out.

The next day Eddie, along with Ginger Paul, dined with the French 29th Tank Battalion at Bouligny, after which they attended a four-hour session in the local movie theatre. They then returned to the tankies' mess for yet another meal and refreshments.

Finally, on 20 February, Eddie got off the ground on a one-hour solo patrol. He chased a Messerschmitt 110 into Germany but never closed within firing range. The enemy aircraft eventually dived towards the ground, leaving Eddie with no choice but to turn back to base, landing at noon.

The following day Eddie put on a 30-minute official aerobatics display for visiting press. After one further uneventful patrol the following day, Eddie and the rest of the squadron were grounded for yet another week because of bad weather.

During February, word came through that Eddie had been Mentioned in Despatches (MID).

Previously in January, Red Knox had quietly recommended Eddie for the award of the Distinguished Flying Cross (DFC). In his recommendation, Knox wrote of Eddie's "devotion to duty, conspicuous gallantry, and a display of exceptional skill on the 8th and 23rd of November last, when he brought down a Dornier 17 on each occasion."

But instead of the DFC, the lesser award of Mentioned in Despatches was eventually approved, dated 20 January 1940. The award was announced in the *London Gazette* on 20 February 1940 (issue 34795, page 1056). For Eddie and the squadron, the award was both newsworthy and the cause of much celebration.

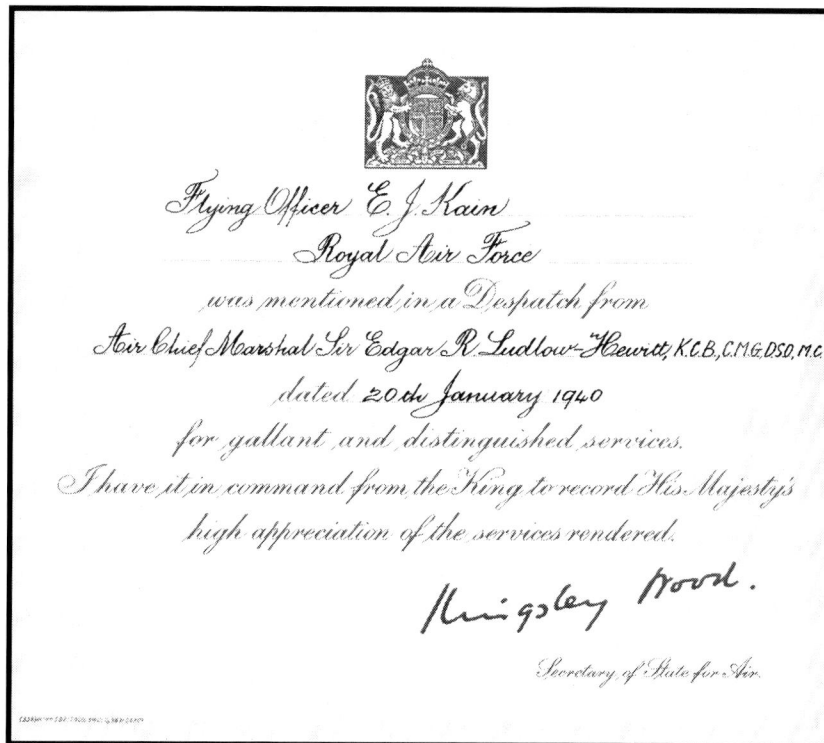

Mention in Despatches (MID), awarded to Eddie.
National Library of New Zealand

On 26 February the NAAFI Mobile Cinema Unit turned up at Rouvres, putting on two shows in the evening, *Glamour Girls* followed by *Daredevils*. Two days later a busload went to a concert in the Reims Opera House. The following day the padre put on a film show in the airmen's mess showing a cartoon followed by *Jack's the Boy*.

Eddie managed to clock up only 6.40 hours of flying during February. This followed just 7.10 hours in January. He hadn't had a victory since 23 November. But all this was about to change over the following days.

Monsieur Cobbaire

By the beginning of March the Hurricane squadrons were impatient for action. Although early signs of spring were emerging, the weather was still bad and the cold intense. As the Allied airfields became serviceable, German reconnaissance aircraft came to take photographs. With them came German fighters at 'ceiling,' but they were reluctant to engage the Allied fighters. The Hurricane boys still had to do all the chasing.

The first day of March was fine and a little warmer. It was not enough to allow any flying but helped dry out the airfield. CO Red Knox, and Lucky Lovett drove to Reims searching for airfields that could be used for emergency landings. Meanwhile, two French Potez 63s landed at Rouvres, as their home airfield, Buzy, was unserviceable.

The next morning Eddie led off five Hurricanes to fly as escort to the two Potez 63s. With him were Donald Sewell, Peter Ayerst, Roy Marchand and Leon Dibden. However, Leon had to return early to Rouvres with low oil pressure. Once in the air, Marchand and Ayerst continued escorting the French aircraft while Eddie and Sewell headed off in the opposite direction. Eddie then spotted anti-aircraft bursts and went to investigate.

Eddie later wrote of the resulting action: "There were two of us, and so I gave the order to the other pilot [Sewell] to close up and we went to have a look. About 5000 feet above us I saw some glints in the sun, and so I climbed above them and recognised them as seven Heinkels.

"As we approached they turned towards their own lines and we gave chase. They put their noses down and started to go like stink as we went after them. I was going flat out and I hardly dared to take my eyes off them, except for an occasional glimpse to see if my other man [Sewell] was up."

Opposite: "Sharp frosts." Eddie in front of a Hurricane at Rouvres airfield.
Judith Pickard

Eddie continued on for about three minutes, then gave a quick glance back to see if Sewell was still there. He noticed an aircraft about 100 yards behind him. "I thought it was my sergeant, and I was just going to call on the wireless to 'close in' when I heard him yell, 'Look out! Something's on your tail.'" The aircraft Eddie had presumed to be Sewell's was a Messerschmitt 109.

"The next thing I knew was 'wang' and I saw the tip of my wing disappearing into the blue. It had been hit by a shot from his cannon. I immediately did a steep turn to the right and saw the Hun had also turned and was climbing up for another attack. I managed to get in a short burst at him and he dived down and at the same time I was hit again from the rear by a second Messerschmitt."

"Tub [Perry] in my room
(Kippery)."
Judith Pickard

He learned later that the second aircraft had already shot down Sewell just after he had yelled to Eddie. Luckily, Sewell managed to make a landing at Brulange on the French side of the border.

Now fighting the two Germans by himself, Eddie had to push his Hurricane to its limits. "Then started a free-for-all, my chasing one and the other chasing me. It was when one of them climbed and flattened out at the top that I managed to get in a longish burst from behind, and sent him down, giving out black smoke, and later he burst into flames. Meantime, the other had got behind me, and that was when he got my engine with another cannon-shot which made a big hole in it."

Oil went over the windscreen and instruments as fumes filled the cockpit. The Messerschmitt dived below him. Eddie saw him go down and, hoping to get him in his

sights, stuck his nose down in pursuit, but as his engine was powerless, the aircraft was too sluggish to get a quick sight. "After that I expected him to come back and teach me to play the harp, but either he had used up all his ammunition or thought I was finished, because he didn't make another attack."

Eddie then found himself about 30 miles on the German side of the line, but with the help of a strong wind blowing towards France at 20,000 feet, he managed to glide over the line. The aircraft then caught fire.

"Flames began to lick back from the engine and fumes almost suffocated me, so I opened the hood and undid my safety harness, preparing to jump. Then I looked down and saw my parachute strap off my shoulders – it had slipped, and so I got back in again." Just then the flames went out and, after a long glide, Eddie managed to force-land on the edge of Metz airfield at about 12.25pm.

"I clambered out of the cockpit and more or less passed out because of the fumes." He later said in a conversation with Noel Monks, "I fell flat on my bloody face. I passed right out, like a cissy-boy." French soldiers arrived and took him to their sick quarters. They gave him a quick examination and fed him a few guzzles of brandy. A French pilot who also force-landed on the day, joined him to celebrate their luck. Later, Eddie was flown in a Blenheim back to Rouvres where the celebrations continued. Sewell had also arrived back at Rouvres.

Eddie's P for Paddy was a wreck and remained at Metz. Armourers later informed him that he had only fired 1200 rounds during the combat. B Flight claimed one enemy aircraft destroyed, but the day's successes were balanced by four force-landings, resulting in one pilot, Claud Wright, injured and three Hurricanes written off and one unserviceable. Replacement aircraft were immediately called for from England. Pilot Officer Mitchell, one of three pilots from 1 Squadron who had recently been attached to 73 Squadron, was killed on the day while attacking a Dornier over Metz. His death saddened all the Hurricane pilots in France.

Eddie's log book entry for the action reads: "March 2. Hurricane P. Self. Escort Potez.

Eddie (left) and Donald
Sewell inspect belts of
.303 ammunition.
Judith Pickard

BBC war correspondent and author, Charles Gardner (right), became a friend of Eddie, interviewing him on several occasions. They are seen here at Reims on their way to Paris.
Author's Collection

Chased 7 He 111s into Germany. Attacked by 2 Me 109s. Shot down 1 Me and set on fire by the other. Force-landed at Metz. P write-off. 2.20 [hours]."

The wheels of the propaganda machine turned again when it was stated in a BBC bulletin the following day, "The Messerschmitts were sent crashing behind the German lines by a New Zealand pilot flying a Hurricane. Though part of his wing was shot away by cannon fire and his engine was partially disabled, he sent one of the enemy planes down in flames and put the other out of control so that it had to land." Eddie was amused by the announcement.

The opinion amongst the squadron was that both Eddie and Donald Sewell owed their lives to seat armour. Apparently one bullet was stopped by the armour immediately behind Eddie's back. Three new replacement aircraft arrived on 3 March. None of them had armour, so a damaged Hurricane at Rouvres was cannibalised for its armour and two further sets were available from stores.

A few days later Eddie travelled to Paris to feature on a *Home and Empire* broadcast, talking with BBC's Charles Gardner. Apparently he was to appear on the broadcast anonymously, telling about a pilot's experiences on the front. He was still referred to as a "twenty-one-year-old New Zealander." But name or no name, people in Britain and around the world wanted to hear from him. Eddie travelled to Reims where he met up with Gardner before the two drove to Paris. During the interview Gardner managed to persuade Eddie to tell his life story followed by an account of his recent combat. Then Gardner

"These three airmen have between them accounted for four Dorniers." (l-r): Ian Scoular, Eddie and Cyril Campbell each accounted for a Dornier on 23 November 1939, with Eddie having previously claimed another on 8 November. Scoular shared his with John Winn.

Author's Collection

almost identified his guest by stating, "I can't tell you his name, but he is known in the squadron as 'Cobber' which is New Zealand for 'pal.'"

After the broadcast, the two decided to see Paris by night. They met other air force personnel and celebrated the occasion. Gardner then drove Eddie back to Reims on 9 March from where he returned to Rouvres – just in time to hear his voice over the BBC that evening. He had not missed too much flying while away, as the weather had mostly been foul. But the squadron's preparations for a possible airfield attack had been improved – everyone carried gas respirators and steel helmets, and the air-raid warning system was beefed up. The fight was finally coming to Rouvres.

While Eddie was away, Red Knox again recommended him for the DFC, with a different recommendation presented to the Air Officer Commanding-in-Chief, British Air Forces in France.

Also while he was away, German propaganda leaflets were dropped over Rouvres. Written in French, they warned French soldiers that they carried the brunt of the fighting while the Tommies enjoyed their women. There certainly was some truth in that!

Weather conditions were definitely improving with the longer days. The squadron was in the process of receiving new Hurricanes, all with armour, variable-pitch propellers and other modifications. Eddie was able to get away on seven patrols over the next three days. Pilot Officer Lloyd Bishop was lost on 12 March after going in vertically with the engine full out. He had complained about oxygen problems above 20,000 feet the previous day and it was assumed that he had passed out at altitude and gone straight in. His body was later recovered and buried at Metz. It was said the engine travelled some 20 feet into the ground.

On 14 March, a violent gale whipped across the airfield. It was only quick thinking that saved the exposed aircraft from certain destruction – large Crossley lorries were moved to shield them. Men even sat along the wings to secure them. It was learned later that six RAF aircraft elsewhere were blown over. The following day was calm again, allowing patrols to get under way in the afternoon. Eddie took off at 3.45pm leading Roy Marchand and Titch Pyne. They were relieved just after five at 20,000 feet, when Eddie led his section back to base.

While Eddie was on patrol, a signal came through from headquarters that sent a buzz of excitement around the squadron. He had just climbed from the cockpit when he was summoned to Red Knox's office. Knox, straight-faced, handed him the signal: "On the recommendation of the Air Officer Commanding-in-Chief, British Air Forces in France, Flying Officer Edgar J. Kain was awarded the Distinguished Flying Cross 'for exceptional gallantry and devotion to duty in the execution of air operations.'"

The full citation was recorded in the *London Gazette* (issue 34820, page 1849) at the end of the month. The entry stated: "Air Ministry, 29 March 1940. Royal Air Force. The King has been graciously pleased to approve of the under-mentioned award in recognition of gallantry displayed in flying operations against the enemy: Awarded the Distinguished

Opposite: Eddie reads a congratulatory telegram from the Commander in Chief, outside the officers' mess, 27 March 1940. The telegram reads, "Heartiest congratulations on your well-earned decoration. Yours. Barratt. C in C." (l-r): Lucky Lovett, Eddie, Titch Pyne and Fanny Orton. Another telegram, received from his mother, read, "Sincere congratulations from us all. You have made us very proud. Good luck and love. Mother Kain."
Author's Collection

Flying Cross. Flying Officer Edgar James Kain (39534). 'In March, 1940, while on patrol with another aircraft, Flying Officer Kain sighted seven enemy bombers about 5000 feet above him, and while giving chase well into Germany, he was attacked from behind by an enemy fighter. Showing the finest fighting spirit, this officer out-manoeuvred the enemy and although his own aircraft was badly damaged he succeeded in bringing the hostile aircraft down. Thick smoke and oil fumes had filled his cockpit and although unable to see his compass, he skilfully piloted his aircraft inside allied lines in spite of being choked and blinded by the smoke.'"

Eddie was elated. He learned that Knox was responsible for the recommendation. He was one of the first fighter pilots to receive the DFC during the Second World War, and the first from 73 Squadron. He would go on to become the first RAF ace of the war. Fighter ace status is when an airman is credited with shooting down a number of enemy aircraft, usually five, during aerial combat. To date, Eddie had only accounted for the destruction of three enemy aircraft, so it seems the decoration was not a mandatory award for becoming an ace, but rather for bravery during a single action.

A telegram arrived for Eddie from Buckingham Palace, "His Majesty the King, on the recommendation of the Air Officer Commanding-in-Chief BAFF, has been graciously pleased to approve the following award, for exceptional gallantry and devotion to duty in the execution of air operations, awarded the Distinguished Flying Cross. F/O E.J. Kain. No. 39534."

Eddie and his colleagues needed to celebrate so the officers' mess was speedily opened. Eddie was their hero. There were plenty of toasts. They then set off for Verdun to attend a concert by the Fol de Rols party in the Salle de Fétes. Afterwards, the airmen, along with the cast of the show, attended a dinner party where "Monsieur Cobbaire" was the centre of feminine attention. Henry Hall, the squadron adjutant, recalled, "a spontaneous gesture of enthusiastic admiration from the female members of the Fol de Rols," which had Eddie in shrieks of laughter and a little embarrassed.

Eddie awoke the following morning feeling unwell. Not attributing it to the previous evening's celebrations, he wandered along to the temporary medical officer, Flying Officer Buroughs, who suggested he had flu and confined him to bed. A day later Eddie developed a rash which was diagnosed as German measles. An epidemic was sweeping through air force and army units in the area. Peter Ayerst also came down with measles. Both officers were told they would be grounded for at least 10 days, and were transferred by ambulance to No. 4 Casualty Clearing Station at Epernay, about 60 miles from Rouvres.

Eddie bedridden with German measles.
Judith Pickard

After being discharged from hospital and waiting for their squadron transport to collect them, Eddie spied Moët et Chandon's champagne house across the road. So he and Ayerst ambled over to pay a visit. The firm was delighted to see the two young pilots and forced them, against their wishes of course, to sample the various vintages in their cellars. They finished up in the board room with what appeared to be the directors. When their transport eventually arrived, they were completely shot away, and it seemed appropriate that the only squadron vehicle that could be spared on the day was the ambulance!

Ace fighter pilot

While Eddie was at Epernay recovering from German measles, Red Knox, Commanding Officer of the squadron, received orders to return to England and be replaced by Squadron Leader Kenneth McEwan. Also, Pilot Officer Donald Scott, Claud Wright's replacement, had arrived at Rouvres with only 20 hours' experience on Hurricanes. This aspect was disturbing because new inexperienced pilots were known to be accident prone.

There were other changes – 73 and 1 Squadrons shared a new rota system which meant that on every third day, one flight was free from duty, and, Ian Scoular was on a fighter tactical course in England, so B Flight was under the command of Ian Brotchie.

Eddie returned to Rouvres on 24 March and was told to wait two more days before returning to flying duties. 26 March was a busy day for the squadron – morning patrols sighted a number of aircraft but the few resulting contacts were unsuccessful. Eddie took off at five minutes before noon leading Donald Sewell and Titch Pyne. They had just reached 10,000 feet when they were recalled – Fanny Orton's and Lucky Lovett's sections were in a combat near the base and might need help. Eddie's section landed and awaited developments, but the combat came to nothing.

At 1.40pm Eddie led off again in P for Paddy, this time leading Tub Perry and Titch Pyne. Their brief was a defensive patrol of the left centre front at 20,000 feet. While well over the border they spotted nine Messerschmitt 109s above them. Eddie later told Noel Monks: "I shouted into my microphone 'Messerschmitts ahead. Let's go!' The Messerschmitts came at us in twos trying to get on our tail, but it ended up with us on their tails. I got one right in my sights and gave him a full burst. Down he went in flames." Eddie had turned into the stream of enemy aircraft which started to climb, and gave a burst at the leader who

Opposite: Pilots gather for a casual photo on "Elizabeth." Front bumper (l-r): Henry Hall (Squadron Adjutant) and Peter Ayerst. Right running board: Tommy Tucker, Fanny Orton and Lucky Lovett. Left running board: Ian Brotchie, Eddie, Smooth Holliday and George Phillips. Across the back: Humph Humphris, John Winn and Sidney Stuckey. Unseen in the driver's seat is Tub Perry, owner of the vehicle, along with Claud Wright.

National Library of New Zealand

pulled up, turned on his back, and spun away in flames.

He then noticed five more Messerschmitts working around behind him, so he turned hard right and took a sight on the nearest one. He fired a quick burst at the aircraft before it dived away, then made three deflection shots at another enemy aircraft which slowly turned ahead of him, before getting directly behind it and giving it a longer burst. "He gave me a bit of a chase but I got him." The enemy aircraft turned on his starboard side and dived vertically towards earth.

By then the sky was full of aircraft darting in different directions. Eddie could see only swastikas flashing by. He was too busy to notice that both Tub Perry and Titch Pyne had bagged an enemy aircraft each. After getting his second Messerschmitt, Eddie let down his guard for just a moment to look for his two wingmen. "I breathed deeply then yoicks! the hood over the cockpit was ripped off. A Messerschmitt cannon had let go at me. My engine caught fire. Flames and oil came into the cockpit and I found myself in a steep dive from 24,000 feet."

Eddie passed out for a few seconds then, on coming to, put his left arm out of the cockpit. It seemed minutes before he could draw it in again. Bending forward to turn off the petrol, he scorched his face. He then pulled back on the stick and managed to come out of the dive. Quickly he undid his straps, rolled over and slipped from the cockpit. The rush of cold air felt good on his face.

Next he realised that he hadn't pulled the rip-cord to release the parachute. Owing to his glove being covered in oil, he couldn't get hold of the grip. While tearing at the glove he passed through a cloud – everything was white and very light. "This must be heaven," he thought. After removing a glove he tugged the rip-cord and came out the bottom of the cloud at 10,000 feet hanging sideways from the parachute – his left-shoulder strap had come loose. He remembered he was somewhere above the German border. In an endeavour to glide the parachute towards France, he pulled on a shroud to spill air out of the canopy, pushing him to the south.

In a later interview with Alan Mitchell, Eddie continued, "I came down with a wallop in no-man's-land [at Ritzing]. Picking myself up, I ran like the devil to a small wood and from there I could see a village. I decided not to make for it, but to walk towards the sun, going cautiously. A minute or two later a French officer came running up with a revolver."

Eddie had just convinced the officer that he was an "aviator l'anglais," when French soldiers rushed up and pushed their bayonets against the pair's stomachs. When the French officer sorted out the dilemma, he took Eddie to his mess at Evendorff for some brandy. A French doctor treated a bullet wound in Eddie's hand and the holes in his legs caused by cannon-shell splinters. He then learned that the village he nearly made for was occupied by Germans.

When Eddie arrived back at Rouvres in a French staff car, he was given food and attended to by Doc Outfin. When asked what was wrong with his leg, Eddie casually replied, "I dunno, Doc. Some things went in and I don't think they came out." There were 21 pieces of shrapnel in his leg. Outfin removed some and left the others to work their own way out.

While being treated, Eddie learned more about the afternoon's action. Titch Pyne claimed a Dornier 17 and Tub Perry claimed a Messerschmitt 109 and a probable Dornier 17. Lucky Lovett returned with holes in his wings but claimed a Dornier 17, and Fanny Orton, like Eddie, claimed two Messerschmitt 109s. In total, there were 14 combats on the day, claiming seven enemy aircraft destroyed, for the loss of no squadron personnel. The day proved a great introduction for the new CO.

Smelling of oil, surgical dressings and brandy, Eddie was carried on a stretcher by fellow officers to the sergeants' mess to farewell the old CO and the welcome the new. Feeling exhausted, but satisfied, he hung around as long as possible before slipping off on a stretcher to his billet. It was quite a day for a boy of 21.

After the day's action, Eddie was classified as an ace fighter pilot with five confirmed victories, and recognised as the first RAF ace of the Second World War. Eddie is sometimes incorrectly credited as being the first Allied ace of the war. This distinction went to Stanislaw Skalski of the Polish Air Force who reached ace status in September 1939.

The next day, 27 March, the base was swarming with journalists, drawn by the activities

Opposite: Eddie Kain
(left) and fellow New
Zealander, Bill Kain. The
shared surname and
nationality was to cause
endless mix-ups in mail
and identification.
Author's Collection

of the previous day. Fanny Orton and Tub Perry made recordings for the BBC, helping alleviate the recent attentions given to Eddie, who was walking around the base with the aid of a walking stick. His face was moderately burnt and one hand was bandaged. Operational flying was out of the question for some weeks while he recovered.

Eddie's official report is quite different from the above description, giving less embellishment while providing more factual information. After shooting down the two Messerschmitts, "I then took observations about me and the sky appeared clear so I looked for my other two machines and my approximate position. I was just turning towards the south when my cockpit was hit by a cannon shell and another hit my gravity tank.

"The explosion on my hood rendered me slightly unconscious, but I came to diving steeply, my cockpit full of smoke and flames. After a while, I managed to pull out of the dive and tried to bend down and turn my petrol off, but the flames were too severe and burnt my face, so I headed into France to gain as much ground as possible, and when the flames got too intense I decided to abandon aircraft.

"I got out from the port side and pulled my rip cord about 12,000 feet. I came out of the clouds about 10,000 feet and seeing I was very near the frontier, I tried slipping the air to get me down more quickly.

"I landed at Ritzing alongside a wood; there was meanwhile a lot of firing going on about me, so I gathered my parachute and scrambled towards the wood, where I hid it. I then headed south not knowing whether I was in France. After a while a French captain challenged me at the point of a pistol and asked my nationality.

"I told him I was English and we set off for the village of Evendorff, and while on our way there, about 10 French soldiers surrounded us and demanded our identity. The captain established this point and then took me to Evendorff on the back of his motorcycle.

"At their mess a French doctor cleaned me down and dressed my wounds. I then went to see my machine which was situated approximately three miles northwest of Evendorff, and found that it was burnt out.

"They then brought me back to Ibor [squadron call sign] by car."

Flying is his life

Eddie hobbled back on duty on 28 March, although he wasn't allowed to do much. *The Times* newspaper of London ran a story about the "gallant RAF fighter" after the battle: "Although he had shrapnel wounds in his leg and left hand, the 21-year-old New Zealand pilot who had just brought his 'bag' to five, was today (28th March) back with his squadron. He was hobbling about with the aid of a walking stick, but except for this he seemed none the worse for his recent alarming experience at the end of his great fight against an overwhelming number of Me 109s. ... He has won a great reputation for fearlessness and quick thinking in the face of danger. This was his third narrow escape from death." The article gave Eddie hero status.

That evening Eddie's DFC was announced to the press in London. Admirers finally had a name for their legendary Kiwi pilot. Within hours his identity was cabled around the world by news agencies. BAFF fought back by putting an immediate ban on the use of his name or nickname by correspondents stationed in France. But outside France the connection had already been made between the name and recent combats – it was no longer possible to guard Eddie from publicity. The Air Ministry published details of his DFC along with his name in the *London Gazette*, for all to see. Correspondents in France overcame the ban to calling Eddie "Cobber" or the "21-year-old New Zealander," by referring to him as "Pal" or "the flyer known to his French colleagues as 'Ami.'" They considered the whole business ludicrous as they already had a captive audience.

The Air Ministry were aware of the risks of the media creating what they considered bubble reputations. Noel Monks and others believed Eddie approached the ministry unselfishly asking for a transfer to another squadron, stating that it was not good for

A quick delivery to dispersal in the squadron lorry.
Front (l-r): Bill Kain, Titch Pyne and Ginger Paul and Tommy Tucker. Ian Scoular is behind Pyne and Cyril Campbell is rear right.
Rear: Dim Marchand, Peter Ayerst, Ian Scoular, Eddie and Tubby Campbell.
Author's Collection

morale that he should attract all the attention, while fellow pilots, just as able but perhaps not so lucky, were side-lined. The gesture was typical of the modest New Zealand flyer. But the ministry apparently turned him down.

About this time Eddie's mother, Nellie Maria Kain, was interviewed by *Daily Mail*'s New Zealand correspondent: "Cobber's mother was very proud of her air-mad son, but she hopes he will be careful." When she was reminded of Eddie's recent combat, she replied, "It's great news, but it's hard to forget the risks he is taking. Ever since he was 10 he has been air-mad, and I know he is thoroughly enjoying himself. Here in New Zealand he is nicknamed Hurricane because of his dash and recklessness. As he flies Hawker Hurricanes I suppose they changed it to Cobber, the usual nickname for New Zealanders."

Even Eddie's mother, half a world away, knew he was living dangerously. But he proved a hit to his mum in other ways. "He never writes about the war, but his letters are always full of descriptions of Paris fashions which he knows I like. He seems impressed with Paris, and his letters are full of the beauties of that city when he has been there on leave. There is no sweetheart in New Zealand and he hasn't mentioned a girl in any of his letters. Flying is his life."

Tub Perry was killed on 29 March. He was Eddie's best mate – so much so that the two 21-year-olds were once seen slogging out their differences in the officers' mess! He always introduced himself as, "The genial J.G. Perry at your service."

While over Germany he chased a Dornier 17 down from 19,000 feet and at 2000 feet left it with one engine knocked out and the rear gunner silenced. Ian Brotchie and Donald Sewell were present during the engagement. After Tub pulled out of the action he found he had lost his bearings and after flying around by himself for over an hour trying to locate an airfield, he exhausted his fuel supply. So he force-landed on what looked like a suitable field with his wheels down, but in fact it was boggy. The Hurricane flipped on its back, breaking Tub's neck. He was released from the cockpit by French soldiers who rushed to the accident, but he ceased breathing shortly after.

Not often did sentiment creep into 73 Squadron's official operations book. An entry on

29 March read, "Pilot Officer J.G. 'Tub' Perry was accidentally killed today. This has come as a great shock to us all, officers and men alike, for Tub Perry was universally liked and undoubtedly the most popular officer in the squadron." He was buried at Metz, beside Sergeants John Winn and Reg Perry. A French bugler played the *Last Post*.

Eddie was devastated at the loss. To him a better fellow never breathed – his follies were proverbial and his good nature tripped him up continually. Just recently, Tub had confided in Eddie that he was "gaining confidence" in combat.

Two days before his death, Tub bathed in Room 124 of the Hôtel Lion d'Or, after making a recording for the BBC. He remarked to Noel Monks as he fixed his tie in a full-length mirror in the wardrobe, "You wouldn't think such a cissy-looking guy as I could shoot down Huns, would you?" Monks believed he was maligning himself, as he looked as manly a man as Ginger Rogers looked a feminine woman.

Eddie (left) and Donald
Sewell discuss tactics
while walking to
dispersal.
Author's Collection

Eddie (left) and Donald Sewell discuss tactics while walking to dispersal.
Author's Collection

After Tub's death, Eddie's spirits waned. After 10 days in hospital, one day back on operations, wounded, followed by the prospect of a further period of resting – and having his best mate killed – he was at an all-time low. When his wounds had healed sufficiently, he was granted 10-days' leave in England. He needed it.

Eddie's leave came on 1 April, the day after he helped bury his best mate Tub. But it was delayed a day because the new CO, Kenneth McEwan, persuaded him to stay for the formal visit of the Air Officer Commanding, Air Marshal Sir Arthur Barratt, and his staff. They were coming to Rouvres to compliment the squadron after the recent period of air combat. Of course it was appropriate that Eddie be present.

Eddie managed a lift to the airfield with Ian Brotchie, Peter Ayerst and Cyril Campbell, in time to greet their distinguished visitors. The squadron paraded before them and Barratt made a 10-minute flag-waving speech on the recent "magnificent show." In part he praised the ground crews for their efforts. "They have had a hell of a job through the winter, and though their work is not as spectacular as that of the pilots, it is just as vital to the welfare of the Service and to the shooting down of as many Huns as possible."

Later, while chatting with Eddie, Barratt enquired, "Why are you not wearing your

DFC ribbon?" to which Eddie replied, "I didn't think I had to put it on until I received it, sir." "You will put it on at once," retorted Barratt. "Decorations are to be worn as soon as they are announced."

On that day Eddie was suffering from a stomach upset, having only a slice of toast with Bovril for dinner and a dose of Macleans stomach powder. His condition was not helped when his latest dog, Ibor, proudly arrived at his feet dragging a putrid piece of offal!

But Eddie didn't hang around after Barratt's visit, making his way to Reims on the first leg of his leave. He was wearing his DFC ribbon.

Charles Gardner caught up with Eddie in Reims. Gardner thought he looked tired and ill, and very nervous. He kept picking the scar on his hand and couldn't keep still for a minute. Gardner had some sympathy for Eddie's present position – having to live with the strain of daily patrols as well as being the centre of a media dispute over individual publicity, which was no fault of his. Gardner wrote, "If anyone was to blame, we were, because the correspondents were writing some sort of story about him every day." Naturally this upset other pilots who thought they were doing as much to fight the war as Eddie was – so Eddie got it from both directions.

Also on Eddie's mind was the forthcoming visit to Tub Perry's mother, while in England, to explain how he died. It must have passed through Eddie's mind many times since Tub's death – how easy it was to die. It could quite easily have been Eddie in that aircraft. Fighter pilots lived on a knife edge – after all, they were mere mortals. Eddie was thinking of Joyce Phillips too. He had recently written to tell her that he was on his way to see her.

Engagement by media

On 4 April, Eddie's first day of leave, he visited Tub Perry's mother on the family farm in Sussex, before heading north to London. First he visited Bill Jordan, New Zealand High Commissioner to Britain, at his residence in the Strand. He congratulated Eddie on the award of the DFC. A select group of journalists and photographers were present. Afterwards they dined at Simpson's in the Strand.

While on leave, Eddie still had up to 20 pieces of shrapnel in his leg. He commented to a journalist in London, "The shrapnel makes my leg go stiff now and again, but it does not hurt. Sometimes I see a piece of metal glistening on the skin, and I pick out a piece of shrapnel."

Eddie caught the three o'clock train to Peterborough to meet up with Joyce. He booked in at the Bull Inn on Westgate, just around the corner from Joyce's residence, a three-storey brick townhouse on Geneva Street.

Sensing a romance, the media caught up with the couple over the following days. One reporter irritated Eddie when he asked if he named his aircraft Paddy after a fiancée in New Zealand. Incensed at the rumour, he replied that his fitter, an Irishman, christened his aircraft, and that after two had been shot down,

Joyce Phillips with Titch.
Judith Pickard

127

COBBER LUNCHED IN TOWN TO-DAY
Then Saw Himself in Film
By Our Air Correspondent

"COBBER," Britain's first air ace of the war, was walking about London to-day with 20 pieces of shrapnel in his left leg and one piece in his left hand—mementoes of his most recent battle with the Messerschmidts on the Western Front.

The young New Zealander spent his first day's leave by having lunch at a West End restaurant, then going to a cinema to see a news film of himself and then down to a Sussex farm to see the mother of a flying pal who was recently killed in battle.

"The shrapnel makes my leg go stiff now and again," he said to me, "but it does not hurt.

"Sometimes I see a piece of metal glistening on the skin, and"—he laughed—"I pick out a piece of shrapnel."

Cobber has just come out of hospital. His Hurricane was shot down by cannon shell from a German fighter that got on his tail while he was fighting another Nazi.

The Hurricane caught fire and when the cockpit got too hot he took to his parachute.

"I HATED PARACHUTE"

"But how I hated using a parachute. It was the first time. I didn't get out of the machine until it was well and truly hot.

"When my ten days' leave is over I shall be quite keen to go back there, as I badly want to raise my score of five enemy airplanes.

"You see, there is a British sergeant pilot with three to his credit, and as things are hotting up over there just now, it may be that already he has passed my score.

"What do I really think of the German-fighter pilots? I can only tell you what we have come across and that is that whenever they are in vastly superior numbers they do not mind 'playing'—having a scrap.

"But whenever we come across them in the same numbers as our own force they promptly put their noses down and run for home.

THEY HIT AND RUN

"They don't seem to want to employ acrobatics in fighting. They seem to stick to the tactic of diving down on their opponent, firing a burst, and climbing rapidly away.

"Another favourite trick is for several of their fighters to scrap with ours while two or three other Messerschmitts go up high and circle, waiting to dive on a British machine that becomes separated from the rest.

"That's how they got me last time.

"London? went on Cobber, "I do not know anybody here.

"Paris is my favourite city so far. There you get to know people promptly.

"I've heard that there is a news film taken of me here in London. I've been told that people have been known to clap.

"Well, I'm going to a cinema this afternoon. As nobody has recognised me, I hope to get away with it.

"I shall sit there and get a kick out of clapping myself just for fun.

"Cobber" is Flying-officer E. J. Kain, aged 21, 6 feet tall, quiet, diffident, and he's hand-grip is like an iron clamp.

When I saw him in the restaurant he sat in a corner, well away from the crowd.

Caption: "Cobber" in London to-day.

the present machine was Paddy III. Then the reporter pressed them both for details on their relationship. Eddie stated that he was just a close friend of the family. But Joyce let more out, "We are definitely not engaged. I don't believe in getting married until the war is over." At this point the reporter rushed off to the nearest telephone.

Joyce was now a member of the Royal Court Repertory Players at Peterborough's Empire Theatre. She was cast as Cecily Cardew in *The Importance of Being Earnest*. After one evening's performance they arrived just before midnight at a dance in the town hall. The couple were spotted immediately, which led to Eddie being introduced to different people and signing autographs.

They were filmed at the Odeon Theatre in Peterborough by British Movietone News, which Joyce laughed off as "doing their bit" for the war effort. Then Eddie was presented on the front steps of the theatre with a copy of a recent film of himself taken in France. The moment was recorded by the media and Movietone.

The wartime romance was rapidly becoming a sensation in national and international newspapers. A *Sunday Express* reporter caught up with Joyce backstage and during the interview that followed, she

Left: A London newspaper article featuring Eddie.
Judith Pickard

Below: Wherever Eddie went in England he was hounded by the press. Here, Eddie is photographed outside Simpson's in the Strand, 4 April 1940. (Photograph copied from a newspaper article.)
Judith Pickard

Opposite: Eddie out for a stroll with Joyce's younger brother at Mollington.
Judith Pickard

talked about coping with Eddie's chances of survival. "When Cobber went to France I was terrified that something might happen to him, for he was so daring. But after the first scares I grew accustomed to him bringing down Jerries, and now I should be the last to believe that he would not come out safely. That's how war gets you eventually. You must never believe anything bad can happen to those you love."

While Joyce stayed in Peterborough to work, Eddie travelled alone on 8 April to call on old friends in Birmingham before he visited Joyce's parent's home at Mollington, near Chester. While there, Eddie heard of Germany's invasion of Norway. It seemed to him that the war was at last hotting up – not a Phoney War after all. With the prospect of a recall to France at anytime, he felt a little more urgency about what he must do next – so he promptly returned to Peterborough and to Joyce in Geneva Street. Joyce later told a local reporter, "That evening Eddie proposed to me at my digs. I accepted!" Excited about their news, they first phoned Joyce's parents and sent a telegram to Eddie's, telling them that they expected to marry in July, just three months away.

They borrowed a friend's car and drove to Birmingham to choose an engagement ring. While they were in the city a main bearing in the car's motor collapsed. Joyce was worried about getting back in time for her next performance, but luckily was chauffeur-driven back by another friend in a sports car, arriving just in time. Meanwhile, Eddie went directly to London by train, and Joyce joined him there after the show. It was Eddie's last night in England before flying back to France.

Joyce returned to Peterborough and, in an interview where her diamond ring was admired by the media, she spoke from the heart, "Naturally I worry about Cobber, but he has as good a chance as the next man, except that men of his type go out looking for trouble. I am wonderfully happy and have never been so thrilled in my life."

"Joyce. 'Rose Farm,' Great Mollington, near Chester, Summer 1939." This snap was possibly Eddie's favourite photograph of Joyce as it was kept in his personal album while in France.

Judith Pickard

Newspapers made the most of the engagement story. It was engagement by media. But Eddie wasn't keen at all about the publicity. The announcement in the media only fuelled the general hysteria about him. He had been lionised and honoured, both officially and unofficially, but it was not all enjoyable for him. He liked a little attention, but not this.

An Australian journalist, F.E. Baume, understood what was happening to Eddie: "Poor Cobber is getting the works from the London press. He can't move without being photographed; he finds himself willy-nilly on society pages and in gossip columns. If he wants a quiet lunch at Simpson's, a group of middle-aged male autograph hunters rush after him. If he stands on a street corner for a moment, his six feet two of New Zealand

Cobber relaxes while on
leave at Mollington.
Judith Pickard

brawn is at once noticed and he gets no peace. If he goes to a theatre he is mobbed and asked to step up to the stage. Many a time he had confided to a friend he would have given the earth to have got back quietly to Wellington. England, like New Zealand, is proud of the achievements of this young flyer, who has five German machines to his credit so far. But the English popular press seems to lose all sense of proportion when it has a lion to deal with. Instead of being a grand time for him, Cobber's first leave for many months has left his face red."

Away from Joyce, Eddie felt alone and somewhat defenceless. Perhaps, to escape all the media attention in England, he was pleased to be returning to the front.

Calm before the storm

Eddie returned to the squadron on 14 April. Right from that day his colleagues thought he was a changed man. Some of the previous recklessness had gone from him. He had a keener desire to live than before.

Ever since Eddie bailed out at 12,000 feet, he realised he was a mortal after all. Like most men in their youth he thought himself indestructible – he always came back – bad luck only happened to the other chaps. But that had all changed now. If anything, he had matured a little. He had someone else to think about, and he wanted to be there for her.

The staff of British Air Forces in France were right to be concerned about the extra pressures put on Eddie. They knew from bitter experience, mostly from the Great War, that a pilot whom the public adored for his brilliant flying would one day be tempted to outperform the myth – simply because it was expected of him.

The extra pressures the media had recently put Eddie under culminated in an outburst directed at Fanny Orton on his return, "Why couldn't you be a colonial, then you'd be a bloody hero too!" There was nothing malicious in the statement – Eddie had a high admiration for Orton's ability. He just wanted some of the media's attention to go elsewhere.

Three days before Eddie's return, the squadron was ordered to Reims-Champagne airfield, just to the north of Reims, in a bid to defend the town, the AASF Headquarters and nearby Battle light-bomber bases. Their present position at Rouvres was also starting to attract too much attention from the Luftwaffe. The Hurricanes took off at 5pm with the first road convoy leaving two hours later, amid farewells from the locals who seemed genuinely sorry to see the last of the "aviateurs anglais." Likewise, 1 Squadron moved to Berry-au-Bac, northwest of Reims. At Reims there was no suitable officers' accommodation,

so they were billeted in the Hôtel Lion d'Or – much to their delight. All further leave was cancelled.

Noel Monks summed up the highlights of Reims: "To the boys of the two fighter squadrons, the cathedral town of Reims was spree town. It was their Paris. There were shops, champagne bars, dozens and dozens of pretty girls, cinemas, and restaurants where ten-course meals could be had. There was also the Hôtel Lion d'Or." In Reims champagne was cheaper than beer in England, so it flowed freely.

A few days later the squadron was told to prepare for a return to Rouvres, but the order never came. The squadron CO, Squadron Leader Kenneth McEwan, was replaced by Squadron Leader Hank More. There was little operational flying at Reims-Champagne so the men tried to amuse themselves in other ways. On 16 April they attended a concert which they rated as very poor. The next day was dull with only some practice flying. 73 Squadron's first Hurricane fitted with the new Rotol constant-speed propeller was delivered on the same day, with the ferry pilot saying that 32 further aircraft would be in France over the following 10 days. 1 Squadron received their first at Berry-au-Bac on the same day.

After Eddie's return, the squadron celebrated his engagement in 'squadron style' in Reims. At the end of the party the boys attached a hawker's cart to the back of the van as they moved off. The wheels had steel treads and, as the cart was being towed at no ordinary rate, the noise it made woke the whole street.

The move back to Rouvres with "all possible speed" came on 19 April. But first, an official photographer from the Air Ministry turned up at Reims-Champagne wanting air-to-air photographs of the squadron. He commandeered a Battle light bomber aircraft, sat in the rear gunner's position and took photographs of the Hurricanes in formation. The final shots were of a three-aircraft section attacking the rear of the Battle. When the photographer was finished, the Battle promptly dived down through the cloud leaving the three Hurricanes completely lost. One found its way back to Reims while the others managed to land at Rouvres before returning to Reims.

Eddie did three flights on the day, his first in over three weeks. All were in Hurricane Z and the longest was 2.15 hours. The squadron was back at Rouvres by 6pm.

They were now making contact with the enemy on a more-or-less daily basis. The Germans were flying 12- to 16-strong patrols and stayed around to fight. The squadron pilots were pleased with the new Rotol airscrews which gave the Hurricanes better climb and a higher ceiling than the De Havilland variable pitch propellers. The improvement went some way to help match the Messerschmitt 109s in performance and ceiling.

Eddie completed a patrol on 21 April but made no contact with enemy aircraft. It was a good day for the squadron – six confirmed and four probables for one minor casualty. The squadron thought it a marvellous present for Hitler who celebrated his birthday the previous day. A telegram arrived from headquarters, "A grand birthday present for Hitler. Splendid!" Fanny Orton got two 'certs,' taking his personal tally to five confirmed victories, the same as Eddie. At the end of the day Eddie wandered over to Orton and congratulated him with enthusiasm. Now that Orton was an ace, surely the DFC would follow for him.

Tuesday, 23 April, started with a hazy sky but was fit for flying. Eddie was determined to raise his tally as soon as possible. At 8.50am two B Flight sections took off. Ian Scoular led the first with Peter Ayerst and Titch Pyne, and Eddie, flying Hurricane Q, led the second with Cyril Campbell and Donald Sewell.

A twin-engined Messerschmitt 110 was spotted and Eddie forged ahead, getting behind it first. He fired from maximum range and saw smoke come from the port engine but the burst failed to slow it. The Messerschmitt promptly dived steeply towards Germany. Eddie would later claim one enemy aircraft damaged.

But the Me 110 was probably a decoy, as three Messerschmitt 109s dived down from above. Pyne and Campbell were stragglers from the two sections as they were flying older Hurricanes with two-bladed propellers.

The Me 109s opened cannon fire on them before they could take evasive action. Pyne force-landed at Metz and ended up in hospital with shrapnel wounds to his shoulder, and Campbell bailed out near Thionville and was admitted to hospital in Rombas with

Opposite: "The Commanding Officer, with his back to the camera, asks his pilots how they got on after a series of dogfights with enemy bombers and fighters. The CO has just landed." The CO, Hank More, appears to be chatting to Eddie (with open tunic). To Eddie's immediate right is Fanny Orton (partially obscured). Titch Pyne is at left with a bulging map pocket. To Eddie's left is Des Roe. Partially obscured behind More is Ginger Paul.

Author's Collection

splinter wounds and burns.

Hank More, the CO, later wrote to headquarters explaining that Pyne and Campbell were shot down because they didn't have variable pitch propellers and couldn't keep up with the others. Scoular and Eddie also came under criticism from More for not maintaining adequate formation discipline. More then issued orders that if patrols got split up for any reason when near the German border, all aircraft were to return immediately. Commonsense had prevailed.

There was very little operational flying over the following week. With the lull in fighting the war seemed so far away. Or was it a calm before the storm? On most nights long BEF convoys passed through Rouvres en route to the Maginot Line. On 26 April Eddie and Ian Brotchie drove to Rombas to collect Cyril Campbell. Titch Pyne also returned to Rouvres.

The squadron learned that the battle to defend Norway was lost, which meant the BEF wouldn't be supplying any more men and equipment to that front. As a consequence, BEF leave, including that to the air force, was resumed. The first response to the resumption was a squadron party – Roy Marchand had been trying to get back to England to get married, and he was now allowed to go. His squadron colleagues gave him a riotous send-off and packed him on his way the following morning with a sore head.

With the possibility of a German invasion any day now, British and French military personnel stationed at Rouvres were increased considerably. The squadron, which consisted of about 25 flyers, had a full squadron strength of about 200. With gunners, signallers, engineers, soldiers etc, the grand total was nearer 500.

Towards the end of April, Eddie received a letter from an admirer in England. Written in one corner of the envelope was, "Privet." The mood was set. Verbatim, the letter read: "Dear Mr Kain, excuse me for writen to you as I have see your photo in the papper and all about you. I think you are swell boy and would like to corspond with you. that if you dont mind of course. if you let me have a photo of you self and will send you one in the next letter if there is one to be Returned. Will tell you all then wish you all the very best. Your

Turly Betty." When passed around the mess, Eddie was teased about the reference of "swell boy."

A directive that surely escaped scrutiny at headquarters arrived about the same time: "Any airmen interested in gardening are to hand their names in to the orderly room by 1200 hrs, 30-4-40. It is hoped to obtain a gardening grant if sufficient names are forthcoming." The initiative was probably intended to be cultural therapy for Tommies stranded in foreign fields.

On the last day of April Hank More flew two sorties practising mock attacks with B Flight. Eddie logged two one-hour flights. More later remarked in the squadron's operations book, "Very bad" for the first and, "Bad but better" for the second. Obviously, he was not impressed.

Eddie's monthly flying totals were 14 hours for March and 8.50 hours for April. His grand totals to date were 520.15 hours daytime and 29.35 hours nighttime flying in single-seater aircraft.

Fanny Orton had his big moment on 3 May, when word came through he had been awarded the DFC. At the time the news came through the pilots were already assembled in the sergeants' mess, so an immediate celebration was called for.

The ever-popular Doc Outfin received word that he was to be posted out of the squadron. He did not want to go and the squadron did not want him to go, as they felt that the good health of all its members was largely due to Outfin's care. With the spring campaign upon them, it was the very time they needed him!

Friendly rivalry existed between the squadron's two flights. Eddie's B Flight hoisted a 'brag flag' above their dug-out. It was a French tricolour over which the red, white and blue RAF roundel was painted. Below were 13 swastikas representing the flight's 13 victories to date.

Apart from a patrol flown on 3 May, foul weather virtually stopped all operational flying in the first week of May. Eddie got off the ground on 6 May to provide a moving target for local anti-aircraft batteries – a good opportunity for some low-level flying. An American correspondent described what followed: "One prize pilot, a New Zealander, scares the entire countryside to death with his magic touch at the plane's controls, which permits him to escape crashes by a whisker. At the request of the French, he dived at one of their anti-aircraft crews for practice. He came so close that everybody had to duck and a captain lost his hat while tumbling in the mud."

Eddie's services were also needed on the ground – two B Flight aircraft piloted by new boys were involved in an airfield accident. At the end of a practice flight, Mac McFadden landed across the nose of Leon Friend, forcing the latter to brake heavily. His Hurricane reared up on its nose, dug its propeller into the ground and turned upside down. Friend was caught in his straps and nearly choked before he was released. With limited workshop facilities at Rouvres, the aircraft was declared a write-off. Eddie weighed up the evidence

"Cobber gives the ack-ack gunners a little practice." An example of Eddie's low-level flying.
Judith Pickard

Fanny Orton (left) and Eddie relax while their aircraft are re-fuelled and re-armed. Both became aces in France.
ww2images.com

and judged that both be held responsible.

During the afternoon of 9 May, Eddie completed an uneventful patrol over Metz in Hurricane G, taking just 25 minutes. Recently, the Messerschmitt 109s and 110s had again been avoiding combat, staying high and experimenting with new flying formations. The new tactics were an ominous sign – any day now Germany would become more aggressive. The changes came the very next day, Friday, 10 May.

C'est la guerre

Friday, 10 May 1940

On 10 May, Neville Chamberlain, Prime Minister of Britain, resigned. The King, George VI, appointed Winston Churchill as his successor, and he immediately formed a new coalition government. Later in the day, German troops marched into Belgium, Holland and Luxembourg. What was known as the Phoney War was now just a footnote in history. Over the past eight months the major powers of Europe had declared war on one another, yet neither side had committed to launching a significant attack. But that was all about to change. "C'est la guerre."

On the day the RAF had a total of 416 aircraft in France – made up of four Hurricane, eight Battle, six Blenheim, two Gladiator, one Dragon Rapide and five Lysander squadrons. Of the 32 Battles that went out to bomb German armour columns, 13 were lost and many others were badly damaged. They flew at only 250 feet to avoid German fighters, but the height was ideal for the murderous flak put up by every available gun. Similarly, out of six Blenheims sent to Holland from Manston, southeast England, only one managed to stagger back.

For 73 Squadron, 10 May was a day too crammed with incident to do anything like justice to it. At 4am, three Dornier 17s appeared over Rouvres. An hour later, the CO Hank More, Lucky Lovett and Humph Humphris attacked 11 Dorniers, and Humphris shot one down. Lovett was hit and his aircraft set on fire. He crash-landed near Puxe and was pulled from the wreck before it exploded. He did not fly again in France. "Unlucky" Lovett would later be killed in the Battle of Britain on 7 September 1940.

At 6.30am the CO, with Fanny Orton, Dickie Martin, Des Roe and Humph Humphris, attacked a single Heinkel 111, which exploded in mid-air. While all this was going on, Eddie, along with Ginger Paul, took off at 5.25am on separate patrols. Paul, on his own at 18,000 feet near Rouvres, shot down one Dornier from a formation of eight. While returning to the airfield he caught up with five further Dorniers, but his guns were empty.

Eddie, by personal choice, headed to Metz in Hurricane Q, climbing to 20,000 feet. After circling for half an hour he was rewarded by a formation of nine Dornier 215 light bombers flying in Vs of three. He singled one out and made a diving attack, but overshot it. He quickly recovered, selected another, and fired into its engines and belly with several well-placed bursts, and it went down in flames.

Eddie followed it down and watched it crash heavily east of Metz. Meanwhile, the rest of the formation had disappeared, so Eddie headed for home. Like Paul, he met up with a further formation of seven bombers but had no ammunition left. He was pleased to see that Rouvres airfield hadn't been targeted in his absence and landed at 6.30am. There was no breakfast available so Eddie smoked a couple of Players to stave off his hunger. It had been a perfect morning for him. His personal tally now stood at six confirmed victories.

At 8.30am a signal came through ordering 73 Squadron to fall back to Reims. All the road transport got away by noon, and serviceable aircraft were off by 11.45am, leaving Donald Sewell and Humph Humphris behind with two temporarily unserviceable Hurricanes. They were to follow as soon as possible.

As predicted, the Rouvres airfield was attacked just after the squadron aircraft left. Ginger Paul had been delayed with a small aircraft fault and took off as bombs were bursting around him, only to arrive in the middle of an attack at Reims. It was reported that the medical officer, Doc Outfin, whose posting was cancelled at the last moment, had his hands full with hysterical French women after the attack on Rouvres.

Some of the squadron's Hurricanes managed some operational flying from Reims later

in the day. Eddie managed two patrols but no interceptions were made. On the day the squadron's claims were five confirmed and one damaged. A Flight achieved 23 sorties and B Flight 19 – Eddie flew three of these.

The other three Hurricane squadrons in France had a similarly eventful day. Urgent reinforcements were needed and Tangmere-based 501 Hurricane Squadron hastily crossed the Channel to Betheniville, to the east of Reims, in the afternoon.

That evening Eddie and Orton ate at the Hôtel Lion d'Or in town. They shared a sense of relief that at last the real thing was happening – there was no more waiting. It wasn't a late night for them – after a few glasses of champagne, a steak and a short chat with Charles Gardner, they returned to base and turned in. Tomorrow was going to be another big day.

As they slept, the German onslaught came on a narrow front between Dinant and Sedan on the right flank of the Allies' main concentrations and left of the Maginot Line. The German Blitzkrieg, or lightning war, planned to cross the Meuse River, capture Sedan and push towards the Channel coast in order to entrap the Allied Forces that were advancing east into Belgium.

Saturday, 11 May 1940

At dawn, all of 73 Squadron's pilots were on Reims-Champagne airfield, some sitting in their cockpits, waiting. First blood went to Fanny Orton after a 5.45am take off. He shot down a Junkers 88, one of five that were bombing the airfield and Reims town centre. Two bombs exploded within a hundred yards of the barracks causing a desperate scramble for the trenches. Orton's aircraft was hit by return fire but he was untouched.

On a morning defensive patrol, Eddie saw two Dornier 17s about to bomb Château de Polignac, home of AASF Headquarters. He later said to Noel Monks, "Boy, for once I sure was glad I wasn't an Air Vice-Marshal." He managed to dive on them, forcing them to scatter. The bombs that did fall missed the target. Eddie was in Hurricane Q and his flight time was 35 minutes.

At 9.30am a group of Hurricanes took off on a security patrol. Hank More led Des Roe and Dickie Martin while Eddie led Ginger Paul and Titch Pyne. Their instructions were to give cover to Battles bombing Wiltz in Luxembourg. En route they met seven Dornier 17s at 7000 feet and, against orders, attacked them without success. The patrol then continued towards Luxembourg, and as the cloud base was at 4000 feet, they decided to fly beneath it. Popping out below the cloud they pounced on a lone Dornier beneath them. The Hurricanes holed the Dornier but the rear gunner was too good, damaging two Hurricanes. The patrol also got hounded by anti-aircraft fire. Long German convoys could be seen on the roads below.

No sooner had they landed, than word came through that a large force of 40-50 enemy aircraft was heading in their direction. At 2.45pm both flights got away. For the first time since March, Eddie was in his personal aircraft, P for Paddy III. Although they didn't intercept the formation they were informed about, after continuing further north the Hurricanes ran into an enemy concentration of about 50 aircraft in two formations near Sedan. Immediately Hank More broke the squadron into separate flights for the attack.

Eddie destroyed a Dornier 215 and possibly a Messerschmitt 109 in the attack that followed. Then he concentrated on the bombers as ordered, until his aircraft was hit by cannon fire. He reacted immediately and turned to face the attacker. A Messerschmitt 110 had come up under him, got in behind him and let loose with its four 20mm cannon. There was serious damage to the tail section and fuselage – one hole was two feet long and shreds of fabric flapped about. Eddie knew it was time to go home.

During the scrap, Fanny Orton and Ginger Paul claimed a Messerschmitt 110 each and Ian Scoular a Junkers 88. There were also some 'probables.'

Eddie made it home safely. After an external inspection, Paddy III was declared severely damaged and, under the present circumstances at Reims-Champagne, possibly a write-off. To repair it would require many hours of work, and resources at the airfield were already stretched. Another Hurricane was written off and two damaged.

Later, squadron evening patrols proved uneventful. On the horizon columns of thick smoke told of the German bombers' handiwork.

For the day, the squadron tally was eight confirmed and three damaged. Both of Eddie's were later confirmed. Fanny Orton ended with three, and Ginger Paul, Ian Scoular and Pilk Pilkington, one each. Eddie's personal tally shot up to eight. He wrote in his log book, "Met 20-30 Do and 109s. Got Do 215 N.E. of Reims. PIII written off." Eddie was disappointed that he had lost his third P for Paddy. He would never fly P again.

Lately, the odds the pilots were having to face were enormous – about 10 to one in every scrap. They looked tired, unshaven and bedraggled at the end of the day. Because of the irregular times of their flights, many had missed regular meals. Arrangements were being made to have a kitchen-cum-mess in the orderly room so that the pilots could grab food on the run. In the evening a group of pilots, including Eddie, chose to drive into Reims knowing they needed to be back at the airfield around 4am.

But in the meantime they drank beer and ate steak at the Strasbourg restaurant, where Charles Gardner caught up with them. It was his only opportunity now to see the boys because correspondents had been banned from all airfields and bases since 10 May. To make his job easier, Gardner offered to buy the pilots their meals. Also, Noel Monks' bath in Room 124 was probably doing sterling service to the tired and dusty pilots.

During the evening, news about the British bomber boys filtered through. Throughout the day Battles and Blenheims of the AASF were attacking roads, troop concentrations and mechanised columns. No one knew what the true results were except that over half of the Battles sent out failed to return. The fighters had an equally tough task, but their chances of survival were much higher. Eventually, fatigue would prove to be their greatest enemy.

Sunday, 12 May 1940

Afraid of another early-morning bombing of the Reims-Champagne airfield, the squadron either stayed in the village of Fresne-lès-Reims, a few miles from the airfield, or slept in a wood neighbouring the airfield. In accordance with a new Wing duty rota worked out with 1 and 501 Squadrons overnight, the 73 Squadron pilots were relieved to learn they need not report for duties until 1pm. There would be a half-day's rest every two days for each squadron, in rotation.

But no one could sleep in after first daylight, as six German aircraft arrived overhead and bombed the airfield. Then a further 11 appeared and dropped more than 50 bombs. The result was a lot of craters and smoke, but the runway was still serviceable. Fortunately, there were no casualties.

Five defensive patrols were packed into the afternoon. At 2.25pm Hank More led off A Flight. When they landed an hour later, More was found to be wounded above his left eye. He had Doc Outfin dress it before continuing with ground duties. B Flight set out at 4.45pm. Eddie led in Hurricane Q, with Mac McFadden and Roy Marchand, fresh from a short holiday, following. A Flight's Ginger Paul and Leon Dibden flew as 'upper guard.' They were instructed to escort Battles attacking convoys at Bouillon, northeast of Sedan.

Eddie spotted a Henschel 126, a small reconnaissance aircraft – the eyes of the Stukas. He broke formation and gave chase. Henschels were not easy targets as they were slow and manoeuvrable at speeds well below the Hurricane's stalling speed. Eddie throttled right back, went in close and fired a short burst into the cockpit. It crashed near Bouillon. The action was like a turkey shoot. The patrol arrived back at base at 5.45pm. Eddie entered the claim in his log book on 13 May, the day after it happened. All he wrote was, "D.P. [Defensive Patrol] Shot He 126 Sedan."

Three further patrols in the evening were uneventful. Eddie's was the only squadron claim on the day. His personal tally climbed to nine, one more than Fanny Orton's.

The squadron could not relax – they were sure the Germans would strike at Sedan any time now. The scene was set for a mass battle. Barratt was deeply concerned about his depleted bomber squadrons – his Blenheim squadrons were shattered, and the Battles had suffered grievously attempting to destroy the Maastricht bridges over the Meuse River in the face of the German advance.

New sleeping quarters were found for the men in the tunnel of an old fort at Brimont,

a short distance northwest of the airfield, but unfortunately there was no provision for cooking or washing. The squadron learned that nine new pilots had departed Hendon, north of London, during the day and flown to Amiens.

Monday, 13 May 1940

The next couple of days were crucial in the Battle of France. On 13 May the German armies crossed the Meuse at Houx, near Dinant, north of Sedan. Before them the Junkers 87s – Stuka dive bombers – smashed the French defences, while German fighters dominated the skies above. Further south, panzers entered Sedan. Outmanoeuvred, Allied High Command was focused on the Low Countries, expecting the initial attacks in that area.

Not surprisingly, while the battle raged further to the north, Reims was left in peace. Although it was a quiet day for 73 Squadron, there was plenty of action at the front. Both flights were rostered for the morning, standing down in the early afternoon. The first patrol took off at 5.30am, chasing a Dornier 17 that was circling Reims at 10,000 feet. After a long chase the Dornier was damaged but not seen to crash. It was last seen with a French Morane on its tail.

At 6am a large enemy formation approached Reims, comprising nine Heinkel 111s, nine Dornier 17s, three Messerschmitt 109s and 15 Junkers 88s. B Flight took off in pursuit. The enemy put on speed as the Hurricanes approached, leaving the slower Heinkels vulnerable at the rear. Ian Scoular got one. Roy Marchand shot up an escorting Dornier 17 before he was hit by the rear gunner, forcing him to crash-land at Betheniville. He never flew again in France.

A Flight sighted two Heinkel 111s near Vouziers. They forced one down and the second one jettisoned its bombs and escaped. Orton led another A Flight patrol at 9am which was uneventful.

Just after 10am, enemy aircraft came in low over Reims-Champagne airfield with machine guns blazing. Eddie, Hank More and Titch Pyne ran for their Hurricanes. Eddie's ground crew had his engine running before he was strapped in. He quickly taxied out, joined by More and Pyne. All three charged into the air climbing quickly. They needed speed more than height and at 250 feet could see the raiders rushing away to the northwest. More signalled "after them" with his hand and before long they overhauled one of the aircraft, a Messerschmitt 110. More fired and chunks came off the aircraft before he realised in horror that it had roundels – it was a French Potez 637! He immediately stopped firing and veered away before pulling alongside the Potez.

More was successful in the afternoon when he shot down a Heinkel 111, with the crew bailing out, only to be shot by French soldiers on the ground. Three enemy aircraft were claimed by the squadron on the day. During the morning, eight replacement pilots arrived at Reims for the squadron, bring the squadron's operational strength up to 23.

Tuesday, 14 May 1940

There were no dawn raids on Reims-Champagne airfield on 14 May, but there was still a strong rumour of an airborne assault. The Allies were making an all-out effort to halt the Germans breaking through at Sedan. During the day the French were expended on attacks on the Meuse bridges, forcing Barratt to throw his remaining bombers against the bridges. Over half of the bombers were destroyed and the AASF ceased to be an effective bomber force. To make matters worse, the Belgian Air Force ceased to exist and the Dutch surrendered.

The pilots of 73 Squadron had little knowledge of the wider battle. All they knew was that Blenheims were flying from England to help stem the German breakout into France, and heavy fighter cover was required.

The day was fine with a few cumulus clouds about. There were alarms throughout the day but none was a serious threat to 73 Squadron. Hank More and Fanny Orton led off two sections of three hurricanes each at 4.45am to escort Blenheim bombers over Sedan. The bomber mission was aborted but Orton's section managed to pounce on five Dorniers about 1500 feet below them, resulting in two enemy aircraft damaged.

Eddie, in Hurricane E, and Ian Scoular led off sections at 11.15am, and headed for a German bomber formation attacking a convoy on the Givet-Namur road, right at the front line. Although the bombers were nowhere to be seen when Eddie's section arrived, they did spot four Messerschmitt 109s and dived on them from 18,000 feet, attacking the rear two aircraft from behind.

Eddie latched on to one and, according to More, followed his quarry through "a series of steep diving and climbing turns. Finally, by pulling his boost out, he kept up with him in a long steep dive and got in a long burst as the enemy pulled out." The Messerschmitt was seen to crash in a field. The other enemy aircraft was damaged by Eddie's wingmen before escaping, trailing black smoke.

Eddie then joined Scoular's section and continued the patrol. They observed a strong force of about 70 Messerschmitt 110s in seven layers which appeared to be escorting the bombers that attacked the convoy. Although they only had four Hurricanes, they attacked immediately. Hank More continued his account. The section "spent about a quarter of an hour alternately dodging and flying in and out among the enemy layers, firing off its ammunition until it was nearly all gone. Then, coming down low over the hilltops, it climbed back to 7000 feet and fired what was left of its ammunition in an astern attack on three Junkers."

The Hurricanes arrived back at base at different times. Eddie phoned in at 1.15pm saying he had landed at Romilly, to the south of Reims, to refuel and would return as soon as possible. Officially, Eddie claimed his tenth kill on the day. He didn't mention the victory in his log book – all that was written was, "D.P. N. [north] Belgium. Landed Romilly. Romilly – Reims." The flight took 2.05 hours.

Sadly, Titch Pyne and Des Roe didn't return. They were last seen diving on the bottom layer of Messerschmitts. Both were killed. To complete the worst day of the campaign for 73 Squadron, Leon Dibden was killed later in the day after a spectacular engagement over Sedan. Mac McFadden survived two further force-landings during the day. These, as well as his earlier force-landing on 11 May, caused his nerves to crack and a posting home was requested. He would later be killed in 1942.

The squadron claims for the day were five enemy aircraft destroyed – Dickie Martin with two Junkers 87s, Hank More and Donald Scott with one Junkers 87 each, and Eddie with one Messerschmitt 109.

After 14 May, England-based bombers took over day-bombing duties. The Germans were preparing for their thrust into the French heartland and only 67 Wing, comprised of 1, 73 and the newly arrived 501 Hurricane Squadrons, stood directly in the Luftwaffe's path. During the evening came the same warning of a possible aerial assault on Reims-Champagne airfield. Consequently, all surplus transport was strewn around the field as obstacles and the ground defences were reinforced by French soldiers, while local bridges were defended by machine-gun and anti-tank squads.

Just as Hank More was addressing his squadron before dusk, a lone twin-engined aircraft passed low over the airfield followed by a splutter of machine-gun fire. Fortunately someone yelled, "Don't shoot – it's French!" The Potez bomber was friendly.

Wednesday, 15 May 1940

The squadron, bivouacking in Fort de Brimont, was awoken early with an order from headquarters requiring them to be ready for an immediate move to a new airfield. Meanwhile, 501 Squadron was to move south to Allemanche, near Gaye.

A Flight took off on an early morning patrol at 5.30am followed by Eddie and Dickie Martin leading off B Flight sections at 7.45am on a security patrol. On their return to base about 8.30am, Eddie and Martin overtook a lone Dornier 17 which was chased by Eddie. After a brief encounter the entire crew was observed to jump from the Dornier, leaving the empty bomber in a gentle dive. Eddie didn't fire a shot!

In the middle of the day a number of pilots visited the Hôtel Lion d'Or for a spot of refreshment and a hot bath. Fanny Orton had to make it quick as he was required to lead

a defensive patrol for Allied bombers early that afternoon. He rushed off to find a bath as soon as he entered the hotel.

Ginger Paul and Eddie sat in the bar with Paul Richey of 1 Squadron. Richey had been shot down that morning and was looking rather bedraggled. With champagne, they enjoyed Eddie's latest victory.

During the afternoon, news came through that Fanny Orton had been killed, casting a pall over the whole squadron. In actual fact he had only been injured and burnt, and was safe in a French hospital. Sammy Salmon of 1 Squadron had been returning from an abortive attempt to rescue Paul Richey's damaged Hurricane, when he found himself on the ground underneath a scrap between Orton and three other pilots of 73 Squadron, and a dozen Messerschmitt 110s. He observed one Hurricane being badly shot up and coming in low before it shot up again to about 600 feet. The pilot then bailed out and his chute had just filled with air when it caught up in some nearby trees. Salmon ran across to help release him.

Noel Monks' version of events is more spurious: "Flying Officer Orton was shot down in flames. Badly burned, he bailed out at 300 feet and landed in a tree. Unable to move because of his injuries, young Orton was stuck up there with little hope of rescue when a pilot from No. 1 [Squadron], wounded in the neck, came drifting down on his parachute, and as he passed Fanny suspended in the tree he exclaimed, 'Good Lord! Flying Officer Orton, I presume.' Fanny's reply was unprintable. He was unconscious when some French soldiers, brought by the boy from No. 1, rescued him."

When Orton had bathed in a correspondent's room at the hotel earlier in the day, he left behind his silver chain. It carried his identification disc and silver lucky charm. The correspondent did his best to return the chain but because he had difficulty getting past security posts near the airfield, he ended up posting it to Orton through AASF Headquarters.

Orton was wounded seriously enough to make this his final flight with 73 Squadron, going straight back to England from the French hospital. Doc Outfin had the final word on Orton, "Fanny, the Scot, was a canny fighter, courageous without being too reckless.

Cool in action like Cobber Kain, he was equal to any odds thrown against him. He was a determined devil in the air. His aim was unerring." With a total of 17 victories, Orton would later be killed in action on 17 September 1941 while flying with 54 Squadron.

That evening, 27 German bombers converged on Reims-Champagne airfield, causing everyone on the field to run in all directions seeking trenches and gun pits. The bombers then swung away, looking for another target. Hank More scrambled at the head of B Flight, followed by Ian Scoular leading A Flight. More caught up with one of the Heinkels, forcing it down near Sedan, while other pilots made contact with the formation, claiming damage to some.

Later in the evening, a formation of enemy aircraft passed over the airfield after bombing Reims. The base's ack-ack opened up, and one shell burst right in the path of a Messerschmitt 110. It caught fire and plunged to earth. A great cheer rang out over the airfield.

Shortly after, the pilots drove to the Strasbourg restaurant for a meal. Again the correspondents mixed with the pilots, talking mostly about the day's fighting. 73 Squadron missed Fanny Orton while 1 Squadron mourned the lost of their great Australian pilot, Leslie Clisby, who was last seen on the previous day engaging six Messerschmitt 109s.

Afterwards, Eddie walked slowly into Noel Monks' Room 124 requesting a hot bath. Monks remembered, "I turned the bath on while he peeled off his clothes – for the first time in six days. He was dazed for want of sleep, and said hardly a word. He got into the bath, stretched out, and sighed loudly with the luxury of it. I started brushing the dirt from his tattered uniform, and rang for hot coffee." After 10 minutes Monks looked into the bathroom and Eddie was asleep with his chin resting on his chest. When the coffee arrived, Monks awoke him, and he uttered, "Blow me down! I dreamt I was back home in dear old New Zealand."

Eddie then told Monks about the time when he lost his Maori tiki, which had been given to him by his sister. The exact timing is not certain, but it appears to have occurred as recently as 11 April. After losing his lucky charm, Eddie was certain every patrol was going to be his last. He first noticed it missing when he was about to engage a Messerschmitt 110 at 20,000 feet. He had the enemy all lined up in his sights and reached inside his tunic to pat his tiki before 'squeezing the teat,' when he realised it was missing. In that split second when his mind got to think about where he had left it, the enemy dived away, and the next thing he knew bullets were thudding into his aircraft from the rear. He had a narrow escape. The tiki turned up two days later – an aircraftsman picked it up on the airfield.

Officially, Eddie claimed his eleventh kill on the day, and again he didn't mention the victory in his log book. All he wrote was, "Security Patrol." His flight time was 1.15 hours. Charles Gardner wrote in his diary, after catching up with Eddie at the Strasbourg that evening, "On Wednesday night I met Cobber again – how does that lad keep alive! He'd been in about 10 scraps, but, like all his squadron, was losing count of how many Germans he'd shot down."

Presumably Eddie's next entry, dated 16 May was meant to be dated 15 May, as it states, "Attacked by four Me 110s while taking off. Probable Me 110." Because of the relentless missions and tiredness, he was possibly not caring too much about accurate log book entries.

The squadron claims for the day were four enemy aircraft destroyed – Hank More with one Heinkel 111, Fanny Orton with two Messerschmitt 110s and Eddie with one Dornier 17. Orton's two were not on record but were generally accepted. But it wasn't just the enemy losing aircraft – the Hurricane squadrons in France had lost 71 over the previous four days.

With continual operational flying, and bustle and disorganisation on the ground, keeping accurate records was now proving difficult. Henry Hall, the Squadron Adjutant, recorded on the day, "The check upon 'bags' of individual pilots is almost impossible to keep now, but the CO [More], Kain and Orton almost daily add to their scores ... Indeed, there is no fuss these hectic days – pilots come in, there is a minute or two of excited comment, and then Flying Officer Gillie [Intelligence Officer] snares the reluctant pilot for the Daily Report."

The Germans were expected to drop parachutists around Reims during the night. Both 1 and 73 Squadrons stood by with rifles all night, ready to do battle. As if chasing about the skies all day wasn't enough for the pilots – now they had to sit up all night with rifles at the ready.

During the same night, all British war correspondents staying in Reims were assembled before dawn at nearby Château-Thierry. They were not allowed to take so much as a typewriter. All that Noel Monks managed to take with him were a miniature photograph of his wife and a signed photograph of Eddie. Bombs dropped as they left town.

Thursday, 16 May 1940

The Germans consolidated their bridgehead over the Meuse and began to extend into France. Facing rapid panzer thrusts and constant bombing, the French resistance was becoming disorganised at every level.

The squadron was roused at 1.30am and most of the transport was on the road south to Villeneuve, near Vertus, by 5am. Six Hurricanes flew a patrol from Reims, while a seventh, along with a Miles Magister, went directly to Villeneuve. Five Hurricanes that were either unserviceable or had no pilots to fly them, were torched at Reims-Champagne airfield. Doc Outfin, Dick Williams and Gillie were the last to leave – in the middle of an air raid on Reims.

A few days earlier, Bill Kain and Peter Ayerst had been sent to Gaye, south of Villeneuve, to make preparations for the arrival of the squadron. By now they were wondering what had happened to their squadron. But Hank More kept his options open. He was sure their stay in Villeneuve was only a temporary one and that soon they would move to Gaye.

The six pilots sent on patrol were Eddie, Ginger Paul and Ian Scoular in A Flight and Donald Scott, Dickie Martin and Hank More in B Flight. They took off at 3.45am, flew

Hurricane N2358 started its service with 1 and 43 Squadrons before being passed on to 73 Squadron at Rouvres, early 1940. It was probably flown by Eddie on a few occasions. It is pictured here with 1 Squadron at Vassincourt being refuelled by an Albion three-point bowser. The aircraft was shipped to the Finnish Air Force late 1940.

Author's Collection

as far as Namur before flying south to their new base at Villeneuve. Eddie remained around Namur for a further hour, hunting, before following the others. He landed at Villeneuve at 5.30am. After refuelling, More ordered a patrol of Reims which took off at 9am. The two-hour patrol proved uneventful.

During the afternoon, Ian Scoular flew a lone patrol while Eddie led a patrol to Châlons-sur-Marne, southeast of Reims, taking off at 3.45pm. On Eddie's return an hour later, he was greeted with the news that Fanny Orton was alive, but wounded in hospital. The loss of Orton had been heavy on Eddie's shoulders, so hearing he had survived was a great relief.

Unfortunately, available information on the day's flying activities is minimal. Eddie had entered four flights in his log book for the day, all mistakenly dated 17 May. The entries read: "Dawn patrol. Then to Villeneuve via Sézanne," for 1.30 hours; "D.P. Châlons [Châlons-sur-Marne]. Bombed," for 1 hour; "Patrol Vitry François [Vitry-le-François]. Bombed," for 45 minutes; "Patrol. Epernay," for 45 minutes.

Newly arrived Pilot Officer Chubby Eliot claimed two enemy aircraft destroyed (type unknown). It was the only squadron claim on the day.

Friday, 17 May 1940

During the morning, 1 Squadron moved south to Condé/Vraux, and 501 Squadron moved to Marsangis. Hank More was informed by headquarters that he was grounded, simply because he had recently done too much flying. He promptly replied that if he had to be grounded, then plenty of other squadron pilots should be sent home to rest. Subsequently, he was instructed to prepare a list of pilots overdue for a rest from operations. The final list included all the 'originals' left in France, including Eddie.

Six new Hurricanes – five with Rotol propellers and one with variable pitch – were delivered, with the ferry pilots being collected by an Anson for their return to England. These brought the squadron's serviceable aircraft strength up to 14.

The day was warm but cloudy. Despite having an uneventful day, the squadron patrolled until 1pm. Ian Scoular led the first section off at 6am, followed by Eddie at 7.30am. At 11.30am Dickie Martin led a two-section patrol.

Again at 7.25pm, Eddie led a section on an evening patrol of Châlons-sur-Marne followed five minutes later by a further section. This time Eddie found some action, meeting 15 Messerschmitt 110s stacked in fives. He attacked the top tier, seriously damaging one enemy aircraft. Soon afterwards, he was about to attack a lone reconnaissance Junkers 88 but was pounced by 10 Messerschmitt 109s. He immediately turned on them and shot one down before making good his escape from the others.

On his return Eddie was exhausted – he had been on the go for 13 hours. His personal tally had now grown to 12. There is no mention of the victory in his log book.

That evening the officers dined in 105 Squadron's mess not far from Villeneuve. It was a sobering time for the fighter boys, as many of the bomber boys were missing from dinner – their chairs were left empty. 105 Squadron's Battle aircraft at the time were suffering serious losses at the front.

Saturday, 18 May 1940

Ian Scoular led off a two-section patrol before 9am, during which Donald Scott chased a lone Dornier 17. Shortly after their return the squadron received instructions to proceed further south to Gaye mid afternoon. At alarming speed, the Germans had pushed out from Sedan, had crossed the Sambre-Oise canal and were fast advancing on the Cambrai-Péronne-Ham line.

For once, all 14 squadron aircraft were serviceable. It was a half-hour flight to Gaye. B Flight led by Ian Scoular went first at 1.25pm, followed by A Flight led by Eddie at 2.35pm. Eddie mentioned in his log book "D.P. Châlons to Gaye," a flight of 45 minutes – after a defensive patrol over Châlons-sur-Marne, Eddie led his flight to their new base at Gaye. Hank More and Chubby Eliot followed, and finally, Pilk Pilkington was the last to leave Villeneuve, following on after the last transport had departed.

Bill Kain and Peter Ayerst greeted the pilots as they arrived at Gaye. Bill described the airfield as "a flattish, largish field on which a nine-inch crop was flourishing." It was not the easiest airfield to approach and land on. One pilot commented the airfield had an "indifferent surface." Bill reckoned Eddie made the best approach and smoothest of landings.

For the first time in weeks the squadron was in high spirits. The surrounding open fields of corn, barley and clover were picturesque and the locals not yet harassed by German bombing. Hank More reported, "A dustier place could hardly be found, but it is nevertheless very pretty and a welcome change from Rouvres." Many of the local shops and cafés displayed signs reading, "No credit for English soldiers." The airfield was protected by a heavy ack-ack battery of quick-firing 3-inch guns. There were no trenches to shelter from bombing, and billeting proved a headache as Gaye was small. The men gathered at a local café for a meal and sing-song in the evening. Despite enemy aircraft passing high overhead, the men had a quiet night.

AASF was now situated at Troyes, further to the southeast, with 67 Wing's headquarters

stationed at Saron-sur-Aube, just to the south of Gaye. 1 and 501 Squadrons were now at Allemanche, the next village to the south of Gaye and near Anglure. The Hurricane squadrons now had the combined tasks of escorting the Battle bombers, protecting the AASF bases and providing cover over the frontier.

Before dusk, Eddie tested Gaye aerodrome with takeoffs and landings from different directions in a Miles Magister aircraft.

Sunday, 19 May 1940

The day would prove the biggest yet for Eddie, with a major air battle developing north of Reims.

The squadron took off on a security patrol at 10.30am and headed to Rethel, northeast of Reims. It was part of an escort operation for an Allied bomber attack on German columns north of the Aisne River. In all there were 13 Hurricanes – A Flight led by Eddie, B Flight led by Ian Scoular, and one stray aircraft from 501 Squadron that latched on to the formation. Eddie was to be in command of the squadron as Hank More remained behind at Gaye with administrative duties.

Flying north, Eddie, in Hurricane Z, was the first to spot an enemy formation coming in the opposite direction. The Hurricanes confronted two formations of Heinkel 111s plus five Junkers 88s, all escorted by three layers of Messerschmitt 110s higher up. The bombers appeared to be lining up for a bombing run.

With Eddie leading, the Hurricanes promptly attacked the Heinkel force which split in two with one Hurricane flight chasing each formation. Amazingly, the Messerschmitt escort continued on for several miles before it realised what was happening.

In Eddie's first head-on pass, he singled out a Junkers 88, held his fire until within 150 yards, then fired a short, accurate burst directly into the nose. He veered at the last possible moment – avoiding a collision – and twisted to the side in an effort to outwit the bomber's gunners. Eddie then looped in behind the bomber and fired again from close range into the port engine.

The German pilot was either hit or distressed, as the bomber quickly fell away with bits cascading off the nose and inner port wing.

Eddie watched it for a few seconds as it plunged out of control towards earth. But he didn't have time to dwell on his success – he swiftly looked around and saw Hurricanes and enemy aircraft tearing across the sky in all directions. He saw one Hurricane going down.

Suddenly he spotted a Messerschmitt 110 diving into the battle through a cloud, coming towards him. He sighted quickly and fired a deflection shot. Puffs burst along the Messerschmitt's long cockpit canopy and inner wings, and black smoke started to belch from an engine. The aircraft rolled on its back and kept diving. Eddie was certain it was a kill.

This was Cobber Kain at his best – fearless and calculating in his attack, flying his Hurricane to the very limits of its performance and hitting the enemy before they knew what was happening.

On the other side of the battle, Ian Scoular led his flight into the other bomber formation. He shot a tail clean off a Heinkel and watched it crash at Berry-au-Bac, northwest of Reims. He then shot at another which went down out of control. Then two more bombers went down, fired on by his flight.

Meanwhile, Eddie had been seeking out the best position to attack a straggler escaping to the north, then went in for the kill. He used nearly all his ammunition on the bomber before it started smoking, rolled over and plummeted to the ground. Looking around, he found himself on the outside of the battle and decided, with little remaining ammunition, not to re-engage. He teamed up with Donald Scott and a stray Blenheim and headed home.

Eddie and Scott arrived back at Gaye just before midday, at the same time as four B Flight Hurricanes. As Eddie climbed from his cockpit, two more landed. Another arrived a few minutes later. The 501 Squadron pilot had gone back to his base at Allemanche.

Eddie claimed three victories – a Junkers 88, a Messerschmitt 110, and a Heinkel 111. Three victories in one battle would normally cause a huge celebration, but for the moment he was more concerned about the three missing pilots, which included Pilk Pilkington.

Eddie's personal tally leapt to 15 victories. His log book entry read, "Security Patrol. Sedan. Got Ju 88, Me 110. N.E. Reims." His third victory was confirmed later. The squadron claims for the day were seven enemy aircraft destroyed: Ian Scoular with two Heinkel 111s, Ginger Paul with a Heinkel 111 and Dornier 17, and Eddie's three.

The best news on the day came through in the early evening – the three missing pilots had all crash-landed and were safe – so plenty of champagne flowed.

While the pilots were otherwise occupied during the day, the ground personnel dug urgently-required trenches around the airfield and village. Shovels were purchased in the village and the task commenced, only to be complicated by the unearthing of several coffins. The squadron's ambulance had a close shave when a bomb exploded near it at Frère Champenoise, northeast of Gaye, killing two horses pulling a refugee wagon.

In the evening Hank More, with the help of a little champagne, said that having the officers' mess beside a farm convinced him to be a farmer, postwar. All he had to do was "push the sheep and cows out to feed in the morning, shovel a bit of shit, send the dog to get them back in the evening while I sit by the fire drinking a beer or two – easy money!" At the time, the alternative lifestyle must have seemed far more attractive than living on a knife edge in aerial combat.

A lost cause

Monday, 20 May 1940

By now the Air Ministry in England had decided to start withdrawing all air operations from France. It could operate as effectively, and with a great deal more security, from bases on the English south coast.

It was another fine day. The pilots were in readiness at 4am, but there was no flying during the morning. Eddie and two other pilots made the only squadron operation on the day – a defensive patrol mid-afternoon lasting 55 minutes. His log book entry reads, "D.P. Troyes – Châlons."

Three German bombers came over during the afternoon and bombed a lorry from 1 Squadron which had gone to town to fetch beer. A signal arrived from headquarters informing 73 squadron that the concerts arranged for 14 and 15 May had been cancelled! Men complained about the lack of ablution amenities in Gaye, so arrangements were made for some of the men to have baths in nearby Sézanne.

After Reims, Gaye had all the appearances of a quiet backwater. But the squadron found the locals very friendly and hospitable – they were glad to have the young Englishmen in their village. Even the farmer who provided the airfield was not too upset about the loss of his crop. However, his daughter defied the attentions of even the most determined of the squadron flirts. Mail wasn't coming in or getting out. Eddie wrote daily to Joyce and the envelopes started to stack up. Recently, his letters had become just short notes – he was too busy and tired to write more.

The quiet day was a welcome break from the recent turmoil. The squadron now had 25 pilots on its strength, but only 15 of those were fit for operations. Over the past 10 days of the Blitzkrieg the pilots had slept about three hours daily. Their eyes were puffy and bloodshot, and living under constant stress made their behaviour somewhat quirky. To make matters worse, camp comforts were minimal and meals irregular. They were desperately in need of prolonged rest.

It was a difficult time for Doc Outfin. He knew most of the pilots intimately and detected all the signs of "change of demeanour." It was his job to interpret the symptoms and make recommendations to the CO. As the list of pilots requiring prolonged rest grew, headquarters sent their medical officer, Squadron Leader Everett, to see for himself.

Hank More described the outcome, "We were so tired it was all we could do not to fall asleep in our machines. Fortunately, our Air Vice-Marshal came to inspect us. When he saw three days' growth of beard on most of us, he understood without our saying a word, and had pilots sent out from England to relieve those who couldn't carry on."

During the evening the pilots threw an impromptu party in the officers' mess for Bill Kain, who was returning to England the following day, and for several 1 Squadron pilots visiting from Allemanche. It grew quite rowdy after midnight, but as it was in a house on the outskirts of Gaye, it did not matter. However, it did upset a French woman who lived next door. The party finally finished at 12.30am when a drunken airman got hold of a revolver.

The squadron was sorry to see Bill go, as he was an original and one of the squadron stalwarts. Bill would survive the war serving in North Africa and Britain as a squadron leader. While the partying carried on in Gaye, to the north the German onslaught had stunned the Allies by slicing through Amiens and beyond. They had also reached the English Channel, effectively locking the BEF and the remains of three French armies in a pocket. All hope of the Allied 'Big Push' had gone. 67 Wing also had its difficulties – no more Hurricanes were to be committed to France.

Tuesday, 21 May 1940

After a sleep-in, 12 Hurricanes, a maximum effort for the squadron, took off at 3.35pm and headed north on a defensive patrol of the new front line. As previously, A Flight was led by Eddie and B Flight by Ian Scoular. They patrolled along the River Aisne from Brienne-sur-Aisne to Vailly-sur-Aisne. They were looking for Junkers 87 dive-bombers, but none was seen – only their handiwork, as black smoke was seen rising from bombed fuel installations.

An order came through from headquarters to prepare for yet another move, this time to an airfield near Tours. Hank More commented, "We are becoming immune to such threats."

J.E.P. Thompson, one of the pilots who crash-landed on 19 May, returned from hospital to Gaye. After a quick check by Doc Outfin, he was diagnosed with shock and was to return to England as soon as possible. A fellow pilot noted, "Thompson was, to say the least, a bit peculiar, and in the end Doc Outfin had to use his authority."

Four officer and three sergeant pilots joined the squadron from England. The squadron needed to reform. Eddie could not pack his bags just yet, as the new men needed to be drilled in the techniques of operational flying. Because casualties and nervous collapses had taken a heavy toll of the original pilots, the new arrivals were to be the core of the rebuilt squadron.

Wednesday, 22 May 1940

Most of the ground fighting was now concentrated in the pocket in the northeast of France. As the Germans pushed west, the BEF fell back against the Channel and Dunkirk. Air fighter support for this theatre now came from bases in England. Subsequently, a respite in fighting came to the interior of France where 1, 73 and 501 Squadrons remained the sole RAF fighter units in France.

As no follow-up orders to move were received, 73 Squadron tried to get back to as normal routine as possible. Charles Gardner wrote after visiting Gaye on the day, "Everyone is under six hours' notice to get out."

A patrol was flown during the afternoon. However, Eddie stayed at the base helping to break in the new pilots which included some practice flying. No sooner had a practice patrol landed and dispersed after 5pm, than a formation of 16 German bombers flew over at 15,000 feet. Ack-ack opened up but no pilot could get airborne in time to catch them.

Gardner continued, "The aerodromes are established but only just – and anyway, we've precious few aircraft to put on them. Cobber is still going. Hank More is still flying all day. The memory of 73 and 1 Squadrons can never perish from our history."

Thursday, 23 May 1940

Again, the day's operational flying was in the afternoon. 12 Hurricanes took off for 'a big do' above Amiens, with one pilot claiming a kill and another a probable. They had to refuel en route at Boos, outside Rouen on the other side of Paris, and again on their return to Gaye. Chubby Eliot hit a ridge on his approach and left one wheel on the ground. The aircraft was a write-off but Eliot was unhurt. It was a long day for the pilots.

Eddie stayed behind at Gaye and early in the morning accompanied Pilk Pilkington in a Miles Magister to collect an aircraft. He then heard he was being sent back to England – he was to be one of seven pilots returning. The seven were Peter Ayerst, Ginger Paul, Dickie Martin, Cyril Campbell, Pilk Pilkington, Ian Scoular and Eddie. Henry Hall described their return to England as, "a rest and a reward for their efforts here." Eddie was delighted to learn that he was to be posted to 12 Group along with four of his closest colleagues – Scoular, Campbell, Martin and Paul. They were to be flying instructors at 6 OTU stationed at RAF Sutton Bridge in Lincolnshire.

The seven old hands left by lorry in the afternoon. As it pulled away from Gaye, Hank More, with his warped sense of humour, attacked it in his Hurricane. He scored several direct hits with bags of flour thrown from his open cockpit. Ironically, More had earlier warned Eddie that there were to be absolutely no aerobatic displays before he left Gaye!

The Hurricane carved out a reputation in France as a tough and reliable fighter.
Author's Collection

Written in the squadron operations book on the day was, "Pilot Officer Dickie Martin – 'the Enfant Terrible' – left today. The immature little man with the perpetual stare of wonderment and victor of five combats has gone, and left a void never to be filled."

The lorry took over three hours to reach Le Bourget, outside Paris, where the seven men were to catch a transport flight to England. On arrival they reported to a headquarters officer who, after consulting his list of names, drew Scoular and Eddie aside. He was sorry, but there had been a change in plans – the two were to go back to Gaye. The other five continued on their way to England.

When Eddie and Scoular returned to Gaye they approached More for an explanation. Apparently the squadron was down on experienced pilots and they couldn't be spared at the moment – especially as they were needed to orientate the new pilots. Apparently, it wasn't More's decision. Eddie and Scoular were disappointed, but that was the end of the matter.

Of the seven pilots that travelled to Le Bourget, all would survive the war except Pilkington and Eddie. Pilkington would go missing near Hazebrouck, France, while flying a Spitfire on 20 September 1941.

Friday, 24 May 1940

During the morning, the squadron flew back to Boos to mount a patrol over Amiens and Arras. Again they saw action, destroying one aircraft and damaging another. One squadron pilot had bailed out and another crash-landed at Boos.

Eddie has no log book entry for this day. Hank More had grounded him and Ian Scoular from operations and given them training duties. The two had been flying for two weeks since the German invasion and were exhausted. But while they were orientating new pilots, they received word from headquarters during the afternoon that they were back on flying duty. More was also released for flying duty, much to his satisfaction. Headquarter's feeble excuse was, "to provide some measure of continuity for the new men."

The release came too late for any flying on the day, so they waited for the next morning.

Saturday, 25 May 1940

The day was fine with clear blue sky. Hank More, Ian Scoular and Eddie wasted no time and were in the air just after 4.30am. More took B Flight with Eddie leading a section, and Scoular took A Flight – nine Hurricanes in all. Eddie was in Hurricane C as his recent regular aircraft, K, had crashed after the pilot bailed out the previous day.

On the way to the front the squadron landed at Boos to refuel. In the air again, A Flight flew a defensive patrol north of Rouen. B Flight patrolled the front. Not much is known about the action that followed, except that Eddie shot down a Dornier 17 bomber, but not before his undercarriage was damaged by return fire. He was advised by his wingman flying beneath him that bailing out was the best option – even More suggested bailing. But Eddie would have none of it – parachuting scared him stiff.

The right wheel locked down but the other wouldn't, no matter how much Eddie hand-pumped it. There was a huge risk the aircraft would crumple and explode on contact with the ground. On the airfield a fire tender and ambulance, or 'blood wagon,' stood by. More flew beside Eddie on the final approach. Eddie achieved a best-possible landing – he touched the right wheel down on the grass and moved the stick to the right letting the left-wheel strut touch only when the Hurricane had slowed. At 45 miles per hour the left wing slammed down, the strut folded and broke, the wing tip snapped and the aircraft spun around, throwing earth into the air.

The fire tender and ambulance rushed alongside, but Eddie needed no help to clamber from the cockpit. Hurricane C was written off. Eddie was going to need a new fighter.

Eddie managed a ride back to Gaye in a Miles Magister. The downed Dornier was his sixteenth personal victory. His was the only one for the squadron on the day.

In his log book Eddie wrote, "To Boos and patrol N. Rouen. Do 17. Broke up about 7000 [feet]." The patrol took 1.30 hours. In his log book, Eddie has penned small numerals beside some – but not all – of his victories. There is a small '12' beside today's entry. This was probably the squadron's official confirmed total. The other four victories to date were possibly later confirmations – if at all.

Strangely, this is the last entry in the log book in Eddie's hand. The next dozen or so entries are completed in heavy capitals, quite different from Eddie's casual writing style. Presumably these were completed by Ian Scoular, his Flight Commander, or by Hank More, his CO.

Sunday, 26 May 1940

The weather was cloudy but warm. Two early patrols were flown, followed by another with nine aircraft after breakfast. At 9.35am Ian Scoular led off B Flight, which included Eddie and three others, followed by four aircraft of A Flight. Hank More was grounded again, leaving him in a foul mood. The squadron's mission was to patrol above Ochamps aerodrome, in enemy-held territory to the northeast of Reims. The weather was bad in the area and anti-aircraft fire was accurate.

The patrol briefly engaged 24 Messerschmitt 109s with no known results. At 10.10am a Hurricane was seen to go down and crash. No one saw the pilot bail out. A few minutes later the patrol sighted a Henschel 126 – the eyes of the Stukas – and so always eagerly destroyed. Eddie was given the task, probably because he had already claimed a Henschel and knew how not to overshoot the slower aircraft. He attacked and after one short burst of machine-gun fire, watched the Henschel spin down and crash in flames near Bouillon.

When they arrived back at Gaye they were greeted with news that Humph Humphris, who had gone missing on 15 May, had been found lost, lonely and wounded in a French casualty clearing station. Eddie's personal tally had climbed to 17. As on the previous day, his was the only squadron claim on the day. The squadron's bag to date was officially 42 certain, 29 probable, and 8 doubtful.

That evening the squadron heard that Calais had fallen to the Germans after a desperate defence. Boulogne had fallen the day before. It seemed that Dunkirk was the only port left for the BEF to evacuate to England from – if they could survive the Luftwaffe's onslaught. From the snippets of news coming in, it was difficult to get a clear picture.

The French had over 40 divisions and supporting artillery to cover the 225-mile front line, but only three dozen tanks left to counter the German panzers. The Germans already had three spearheads across the River Aisne.

The boys of 73 Squadron now knew that their efforts in France were for a lost cause.

Monday, 27 May 1940

Another glorious spring day. The men hung around dispersal, sunbathing as much as the mosquitoes allowed. There'd been no mail now for five days. To lift the low morale, stories were circulated that outgoing mail had got through. But the food was now good and plentiful, which buoyed spirits.

During the day B Flight, along with 501 Squadron, operated out of Boos. While Eddie was on the ground at Boos, the sky turned dark with Heinkel bombers before the Hurricanes could be refuelled. The pilots were caught in the open. Eddie ran and jumped into a hole that was already occupied by Ginger Lacey of 501 Squadron.

Lacey later recalled he was joined by "a tall, hefty, shock-haired New Zealand flying officer from 73." The two pilots chain-smoked while sitting on drums until the noise abated, whereupon Eddie rose to his feet and said, "Looks as if the party's over." "Seems like it," replied Lacey. "I wonder what this place is?" Eddie looked about and uttered, "Look at that!" pointing at a crudely painted sign. All the time during the raid they had been sitting and smoking in an aviation fuel dump!

Within the hour, 501 Squadron caught up with a German formation. Slicing through an escort of 20 Messerschmitt 110s, they smashed 11 out of the 13 Heinkels below. Lacey got at least one.

73 Squadron returned to Gaye. Late in the afternoon Eddie was detailed to fly a base defence patrol with Pilot Officer Donald Scott and Sergeant Geoffrey Garton. They took off at 5.25pm. Five minutes later a Dornier 17 flew over the airfield at 25,000 feet. The ack-ack was accurate but the bomber escaped into cloud. After circling, Eddie spotted the bomber and, pulling his booster full on, he caught up to it above Meaux, just east of Paris, and shot it down.

Those at Gaye didn't know Eddie had chased the bomber. They saw nothing until Eddie landed at 6.25pm with both of his main fuel tanks dry.

The Dornier 17 was Eddie's last victory. His personal tally had climbed to 18.

The squadron's official tally for Eddie to date was now 14 confirmed victories and seven probables. Over the previous three days, his three victories were the only claims made by the squadron.

Eddie's final score testifies to the huge contribution he made to the squadron's success. Alan Mitchell, in his book *New Zealanders in the Air War,* states, "Cobber's was anything between 15 and 20 enemy aircraft destroyed." The media couldn't be relied upon for an accurate tally – they varied from 15 to as many as 40.

Throughout the Blitzkrieg, the squadron's intelligence officer had difficulties in obtaining full and detailed reports from pilots, and wasn't always able to cross-examine claims. Squadron papers and files became lost and claims could not be always verified in such a shifting campaign. German records for the same period, available after the war, were not dissimilar. Eddie did not care to press his claims – his log book testifies to that – possibly because the Air Ministry frowned upon any pilot having the appearance of 'an aircraft collector.'

But there was more to it – much more. Eddie's task was not just to destroy enemy aircraft. It was better to break up an enemy formation than to engage in personal combat. Also, to Eddie it was hardly relevant to claim an enemy aircraft destroyed, when the squadron lost pilots during the same action. This he proved on several occasions. There would always be more enemy aircraft – but the RAF could not afford to lose valuable pilots in a battle that was already regarded as lost.

For the pilots the Battle of France was not a successful air campaign – they fought in desperation, having to rely on poor intelligence and communications, provide cover for troops, escort Allied bombers, as well as attack enemy aircraft. At all times they were heavily outnumbered, sometimes as many as 10 to one, or more. On the ground the standard of aircraft maintenance was only what was possible in some isolated French field, and all the squadron's equipment had to be minimal and transportable.

Tuesday, 28 May 1940

The war news was getting worse. The squadron heard that Belgium had capitulated. Dunkirk alone resisted. But it was an evacuation, not a siege. During the night Battles went off to bomb the front. They had learnt that daytime raids were suicidal. 73 Squadron was again put on 12 hours' notice to move. After six days without mail, a backlog arrived from England, but few men had time to read their mail, anyway.

Tactically, at the moment, 73 Squadron was supporting the French Army to the north of Rouen. Just after 5.30am, two sections from B Flight, one led by Eddie and the other by Ian Scoular, set out for Boos, a 45 minute flight. The weather was not ideal, with a mixture of sun and heavy rain. After refuelling at Boos, they flew a patrol over the left front line above Rouen lasting 1.20 hours, before returning to Gaye in the evening. The only enemy contact on the day was when they approached Gaye at 6.30pm and a bomber was spotted at 15,000 feet. Chubby Eliot climbed hard but it escaped into cloud.

Wednesday, 29 May 1940

Word came through that the squadron's next move was to Echemines, directly south of Gaye and nearer to Troyes – but the final order still hadn't arrived. When the time came, the squadron was to base itself at Le Mans, southwest of Paris, and use Echemines as a satellite airfield.

For the pilots it was business as usual. Hank More was allowed to fly operations again, but he grounded Eddie and Ian Scoular. B Flight took off for Boos at 6am. On their return, one pilot managed to shorten his propeller blades while another bent a wing-tip while landing. Their day on the left front line was unsuccessful.

An officer and a gentleman

Thursday, 30 May 1940

Again Eddie was grounded, but so was the whole squadron – the day's weather conditions were unsuitable for operations. It was as dull and overcast as the gloom Eddie felt. Sleep was not coming easily for him. Right now, his heart was in England with his mates. He was also missing Joyce – after all, he was getting married soon.

As well, Eddie was upset, as Doc Outfin was leaving the squadron that very day. He was one of the last originals still with the squadron. Eddie was going to miss him. It was also tough for Outfin – he was attached to the squadron and to Eddie in particular. Sadly, Doc Outfin, or Richard Outfin, would later be killed when he was a passenger in a captured Italian float plane delivering vaccine to partisans in Yugoslavia on 29 April 1944. At the time he was a Wing Commander.

Eddie, Dick Williams and Ian Scoular, three of the originals still with the squadron, co-ordinated their duty rosters in order to take a day's leave to go to Paris with Outfin, to soften his blow of leaving.

Realising the visit to Paris could be the last for some time, Eddie tidied himself up. He had a haircut, shave, and put on his number one uniform. It bore the DFC ribbon.

The four drove to Paris in the morning. Outfin had to catch a train to Cherbourg that night, so they had most of the day to themselves. First they had a quiet lunch then strolled around, savouring the sights of Paris.

They caught up with Paul Richey, who was nursing a neck wound, Billy Drake, another pilot from 1 Squadron, Noel Monks and Charles Gardner, along the pavement on Champs-Elysées. Monks was accompanied by his American wife. They arranged to meet at Maxim's restaurant to celebrate Outfin's departure with a dinner party.

Noel Monks later wrote, "It was a grand party. Word got around that 'Monsieur Cobbaire' was dining in the famous restaurant, and people crowded in off the streets to cheer the young ace." The French press had taken Eddie up in a bigger way than the British correspondents were allowed to.

He had become France's first hero of the war. Monks remembered: "Several times when I was on leave in Paris with Cobber, he was mobbed by the French people, male and female, old and young, in the Champs-Elysées, or in the foyer of a theatre."

The dinner party was the last time Monks ever saw Eddie. He thought Eddie looked better than he had last seen him – he had on a brand-new uniform, his hair was cut short and his eyes were clear. "He looked an officer and a gentleman. The purple-and-white ribbon on his breast told, also, that he was a hero."

Paul Richey afterwards wrote of Eddie: "He stayed behind to help get things going, but was off in a couple of days time. He was on a few hours' leave now. He said they'd had their losses – about five killed and several wounded, I think – and in answer to my question, he told me his own personal score of Huns was 17. I noticed, but without surprise in the circumstances, that he seemed nervous and preoccupied, and kept breaking matches savagely in one hand while he glowered into the middle distance. Like the rest of us, he'd had enough for a bit."

Charles Gardner also noticed the distant stares in Eddie's face. He wrote in his diary: "Cobber said he was 'brassed-off,' especially after he had got halfway home once, only to be called back. … They'd all been flying half asleep, and had had to keep their eyes open with their hands, so exhausted were they by dawn-to-dusk fighting at odds of 10, 20, or even 50 to one against."

Eddie's last words to Gardner were, "See you in England," and as they all parted, Eddie's last words to Monks were, "Don't put it in the paper – but I'm getting married next week. That is, if I'm alive." A week later he was dead.

Friday, 31 May 1940

Eddie, Dick Williams and Ian Scoular arrived back at Gaye well after midnight. The next morning turned out to be a day of alternating bright and overcast spells. There was a little operational flying until in the evening when both flights flew overlapping patrols to cover Battles in the Châlons-sur-Marne area. Eddie took off at 6.45pm with B Flight, arriving back just before 8pm without seeing combat.

A Flight ran into Messerschmitt 109s, resulting in three Hurricanes being lost. One had crash-landed near Paris and was safe, while nothing was heard of the others. Later, it was learned that one pilot had become a prisoner of war.

According to Henry Hall, the squadron's victories to date were 45 certain, 31 probable and 8 doubtful. The majority of the haul went to Fanny Orton, Hank More, Ian Scoular and Eddie.

With a lot of stand-down time on their hands over recent days, the squadron got restless being cooped up at Gaye. Headquarters had placed Sézanne off limits, with no reason given, so the men travelled by liberty coach to Troyes. Two young French women set up shop in a nearby quarry, charging 10 francs a time for their favours. But they were eventually caught up with by command, and promptly moved on.

A menu from Maxim's restaurant souvenired by Noel Monks' wife. Word got around that "Monsieur Cobbaire" was dining in the famous restaurant.
Author's Collection

Saturday, 1 June – Thursday, 6 June 1940

The weather on the first day of June was dull and overcast. Three 73 Squadron pilots went missing on the day. The Hurricane of one was seen to burst into flames and crash over the front in the Reims-Châlons-sur-Marne area. Eddie did not partake in any flying – he

181

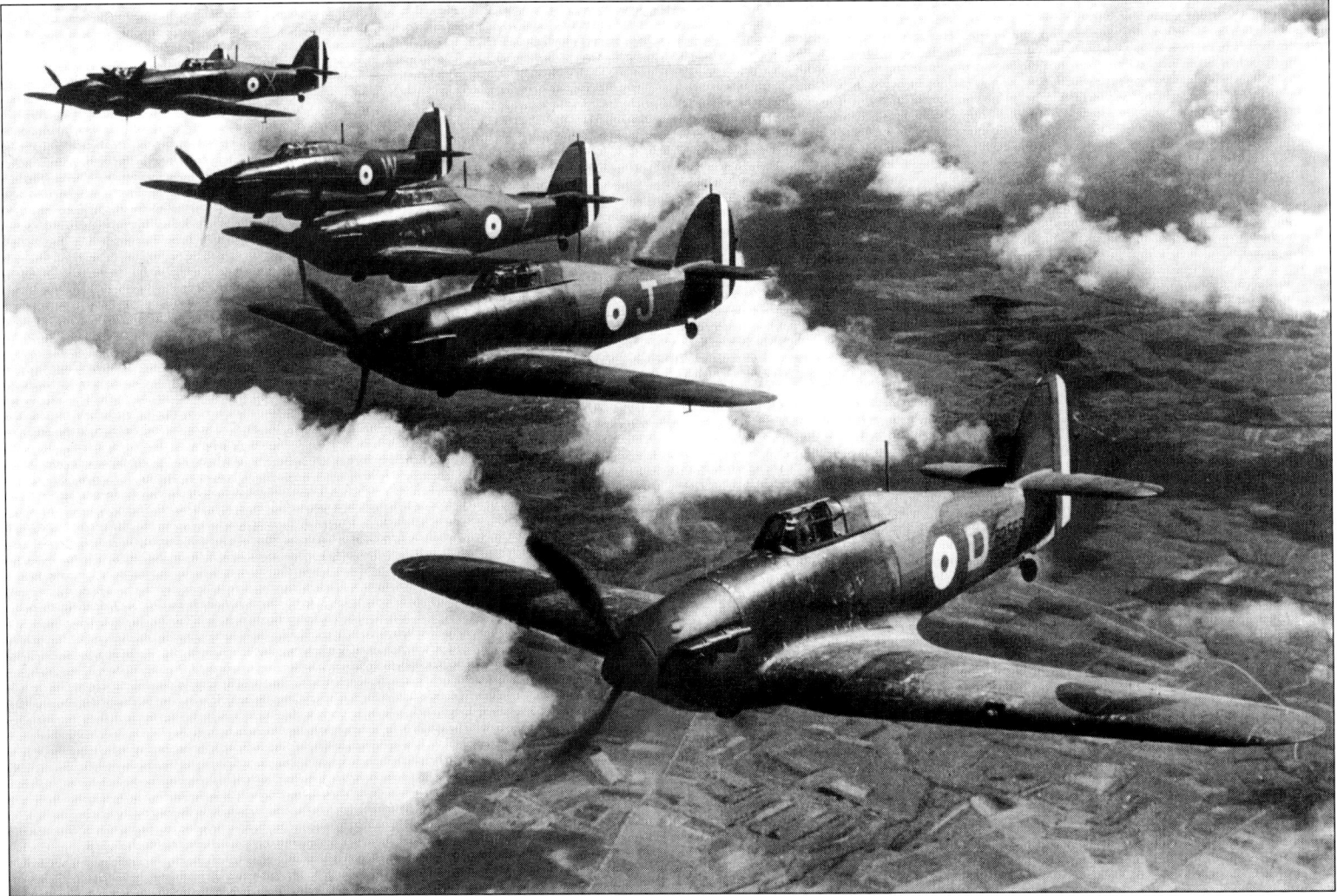

remained on the ground helping to instruct yet another draft of new pilots.

Pilot Officer Donald Scott later recalled Eddie's teaching ability: "I had developed quite an affinity with Cobber, who spent a lot of time teaching me the rules of air fighting. Looking into the distance to see the enemy before he saw you was fundamental, and the trick was to look at the most distant object that could be seen from the cockpit, then quickly cover all the sky. This routine had to be kept up the whole time one was on operations. It certainly worked well for me. I was never shot down throughout the war."

The next morning, 2 June, a lone Dornier 17 leisurely cruised towards Gaye at 5000 feet. Being so low it was at first thought to be friendly, and was well over the airfield before the perimeter ack-ack gunners fired on it. Their close salvoes forced the aircraft to climb almost vertically into cloud. Three pilots, including Hank More and Chubby Eliot, quickly got after it but the clouds hampered them.

The squadron reacted to the intrusion by sending defensive airfield patrols aloft during the day. However, no Hurricanes were up when another Dornier appeared at about 4pm. Again, it was chased into cloud and lost.

The recent visits by Luftwaffe reconnaissance aircraft meant that the squadron's short stay at Gaye would soon be over. Next morning the Hurricanes would fly south to Echemines. Meanwhile, the men were concerned about the wellbeing of Gaye after they left – they hoped German bombers would not avenge the squadron's stay by bombing the village. They wanted to thank the farmer on whose property the airfield was located, so they passed the hat around and gave the proceeds to his beautiful daughter. She blushed charmingly.

On the morning of 3 June, Eddie was up at 2.30am. Breakfast was at 3am and by 4.30am, 14 Hurricanes were on their way to Echemines. Hank More led the squadron on the 15 minute skip, while Eddie led B Flight. Ian Scoular went with the road convoy to Le Mans as one of his arms was swollen from a septic mosquito bite, preventing him from flying.

Only 12 Hurricanes were to operate from Echemines. The advance ground party that followed them had been allocated personnel and transport proportional to its needs. As the road convoys moved off, they were watched from the air by Hurricanes. Other Hurricanes went to the front on patrol where the squadron claimed one confirmed and one probable.

During the trip to Le Mans, one of the Crossley lorries was set on fire and completely burnt out. Apparently someone had been careless with a cigarette. The vehicle was carrying men's personal kit and only a little was rescued.

Once Eddie had landed at Echemines, he remained grounded for the rest of the day.

On 4 June, Eddie, in his tired state, was put on flying duty again, completing three patrols during the day. Written in his log book is "Patrol Epernay," flight time of 1.20 hours, "Cover patrol near Reims," flight time of 1.30 hours, and "Defensive patrol," flight time of 45 minutes. Defensive patrols, or base patrols, were now essential as Echemines was close to the front. Little else is known about these patrols.

News filtered through that Dunkirk had fallen. There was even a report of a heavy bombing raid on Paris. With the RAF's presence in France almost at an end, all Eddie wanted was to return to England. By now he was a veteran of over 80 fighter operations. The obvious signs of strain were there – he had developed nervous 'ticks' and mannerisms. He was visibly exhausted, impatient and struggled to concentrate on most tasks. He was at the end of his endurance.

Recalling how exhausted the squadron's pilots had become over recent days, Henry Hall, the adjutant, later wrote: "The pace was killing – pilots were up before dawn, and landed after numerous battles, in the half-light of dusk. Three hectic weeks of this, and even the best of them was cracking – the mess would have amused the uninformed visitor, with its stuttering pilots, for this was the first sign of nervous strain and overwork."

On 5 June, Eddie flew his last patrol. He took off at midday alongside Chubby Eliot and headed north towards the front line. A Messerschmitt 109 got on the tail of Hank More and was driven off by Eddie who took some damage from another Messerschmitt. After

using too much ammunition to continue the patrol, Eddie and Eliot returned to Echemines. Eliot flew airfield patrols during the afternoon, but Eddie remained on the ground.

During the evening, news came through that the Luftwaffe and panzers were fiercely attacking along the front. But the French strongly resisted. The German's objective was Paris and the interior. Word filtered through to Echemines that people in Britain did not believe that the RAF was still operating in France. The news was not good for squadron morale.

On 6 June, Eddie stayed on the ground at Echemines carrying out administrative duties. In the evening the whole squadron, including Eddie, flew from Echemines to Ruaudin, just to the south of Le Mans. Ian Scoular greeted Eddie on his arrival with news that they were to return to England as soon as their replacements arrived. Eddie was exhausted and could barely comprehend the good news – he could not believe that he was finally going home.

At the time there was no sign of their replacements. But later, while the two dined at the Café de L'Hippodrome, their mess, a tender arrived with 15 new pilots – perhaps their replacements were amongst them.

One more beat-up

Throughout the campaign in France, Eddie's pilot skills had become legendary. He flew the Hurricane to the very limits of its performance and didn't need much encouragement to put on an impromptu display.

Noel Monks, while staying at Reims, witnessed one such display over the town after Eddie chased off some German raiders: "I was watching from my window 40 Heinkels and Dorniers pass overhead, when I saw a lone Hurricane nosing into the sky after them from the direction of Reims-Champagne [airfield].

"I murmured instinctively, 'Cobber,' and watched the game British fighter, throttle full open, tear after the raiders. … It was ludicrous, really, the way those Huns scattered when the British ace, flying like a crazy thing, got among them. He was having the time of his life. Two of the raiders, a Dornier and a Heinkel, reeled out of the mix-up and went hurtling to earth [out of view] over beyond Reims. Then suddenly the others disappeared, in disorder, back the way they had come.

"I next saw the Hurricane streaking towards the town. When it seemed to be right above the Lion d'Or, the pilot did a mad series of loops and then traced the figure C with his exhaust in a mile-high climb."

Often when returning from patrols Eddie landed five minutes behind the rest of his section. First he circled the airfield at 100 feet with steep wings, momentarily straightening out and executing a flick roll, then continuing the circuit repeating the sequence. To all who watched, it was a stunning spectacle.

Apparently Eddie first saw a flick roll performed by a Czech pilot flying an American-supplied Curtiss Hawk for the French Escadrille Lafayette at Velaine, not far from Rouvres.

The manoeuvre was frowned upon by command. Flick rolling put extreme demands on the airframe, controls and pilot. Flying at near-stalling speed, Eddie would kick the rudder right over to its limit, pull the control column hard back and right over to one side at the same time. The Hurricane would cock its nose up and suddenly rotate on its axis. When the flick roll was completed, Eddie would centralise the controls quickly and the aircraft would lock into level flight once again.

With each flick roll the aircraft lost airspeed, and there was always the danger it would reach stalling speed. If this happened when the aircraft had enough height then a good pilot could correct it. But if the aircraft was too close to the ground, it would invariably crash. The Hurricane was an unforgiving aircraft when an error was made – the Hurricane's pilot's notes specifically forbid flick rolling.

After an early breakfast on Friday, 7 June, the squadron, led by Hank More and Eddie, returned from Ruaudin to Echemines. Once they landed, they were immediately refuelled and went on readiness. The news of the German onslaught was bad – the French flanks had collapsed and their defensive line had pulled back. French military leaders were calling for their soldiers to fight to the death.

Eddie was expecting to be in action that day. It was a fine summer's day and it was already warm. The pilots sat around the airfield, trying to relax, waiting to be scrambled.

Just before 10am the telephone rang – it was a call from Ruaudin. The message was that two of the new pilots who had arrived the night before were replacements for Eddie and Ian Scoular.

When Eddie heard the news, he yelled, "Whoopee!" in jubilation. At last he was free to return to England. Great excitement welled up inside him. With any luck he would see Joyce the next day at Chester – she would be at her family home by now, preparing for the wedding.

The squadron was expected to return to Ruaudin later in the day, but Eddie wanted to leave as soon as possible. He rushed off to collect his kit. He knew he could catch a transport flight out of Orleans and be in England by evening. But first he had to fly to Le Mans.

Word quickly got around the airfield that Eddie was going home. Many of the men wanted to wish him well, and many guessed that Eddie would put on a show before leaving – it was expected of him.

It was just after 11am. An air force orderly loaded a two-seater Miles Magister with Eddie's kit. Once he was done, the orderly reported to Eddie, "Gear aboard. Good luck, sir."

Eddie then left the group of young pilots standing on the runway and walked towards the Magister. "Cheerio, chaps. Be good," he called back to his colleagues as he climbed into the cockpit, settled and gave the mechanic the thumbs-up. The engine began to roar.

Suddenly, a mischievous grin spread over Eddie's face – to the left of the Magister sat a Hurricane. It was an older wooden two-blader rather than the Rotol variable pitch version he was used to.

Leaving the Magister's engine ticking over, Eddie pulled himself from the cockpit and rushed to the Hurricane. "One more beat-up, me lads," he yelled, to which Hank More replied, "Don't do anything foolish, Cobber. Take it quietly." He started the Hurricane, immediately took off and accelerated from view.

With the roar like a thunderclap the Hurricane shot back over the group of men barely 20 feet off the ground – upside down – and travelling over 300 miles per hour. Eddie then climbed to 1500 feet and dived back towards the men on the ground.

The Hurricane did a quick flick roll to the left – then another. The group of men suddenly stopped laughing and chatting. One said anxiously, "What the hell?" as the Hurricane went into a third roll, lost speed rapidly, stalled and quickly spun to the right. In those last seconds Eddie tried to right the aircraft but the left wing clipped the ground, causing it to pancake heavily. Some reports state that he was thrown from the cockpit and landed 60 feet from the aircraft.

The Hurricane promptly burst into flames. The men rushed to Eddie but he was already dead with a broken neck. The engine had separated and rolled some 40 yards.

Sergeant Maurice Leng, a pilot present at the time, described the end, "He came across the aerodrome, did a couple of flick rolls and hit the deck. That was it." Being a newcomer to the squadron, Leng didn't have much sympathy for Eddie's actions, "We all said, 'How sad,' but we also said, 'How stupid.'"

Paul Richey wrote: "Eddie's Hurricane roared down and beat up 73's aerodrome [southeast] of Paris. To finish up with, it did a couple of flick rolls in succession at 200 feet, and foolishly attempted a third with insufficient speed. Naturally it spun off. It straightened out promptly enough, but of course had no height and went in. So died Cobber."

Henry Hall wrote: "He took off and, perilously near to the ground, did three flick rolls – the third just about 10 feet too low. It was evident to the practised eye of the

The spade-grip control column recovered from the wreckage of Eddie's fatal crash.

Air Force Museum of New Zealand collection

Eddie is today buried in Choloy War Cemetery, situated about 3km west of Toul and 25km west of Nancy, in Meurthe-et-Moselle, east of Paris. (Plot reference 1A.C.8.)

Judith Pickard

onlooker that a crash was inevitable, and Cobber was extricated with a broken neck, his mascot flung some yards away."

By his use of the word 'extricated,' one assumes that Eddie was trapped in the cockpit when the aircraft burst into flames. This seems the more likely scenario, as Eddie's harness would have kept him in the cockpit, with the whiplash breaking his neck. Maybe, because of Eddie's hero status, the squadron personnel present at Echemines thought it best to keep these details quiet.

A telegram went home to Fleet Street, London, "Flying Officer Cobber Kain reported killed in France while taking off from aerodrome."

Doc Outfin later recalled: "I kept telling myself it couldn't be true. There was another Kain in the squadron, also from New Zealand, Bill Kain, a fine fellow. I thought perhaps they'd got the two mixed up. In the morning I read a report of Cobber's death in the *Daily Mail*, and I'm afraid I cursed roundly at everyone and everything for a week."

Shortly after noon on 8 June, 39534 Flying Officer Edgar James Kain DFC was buried at Troyes Cemetery. He was 21 years old. Hank More, Eddie's CO, and Donald Scott, his recent wingman, flew over from Echemines representing the squadron. It was a simple service. The rest of the squadron remained behind at 'readiness.' After the war he was re-interred in Choloy War Cemetery.

Eddie's family in New Zealand was informed by telegram. His father then wired Eddie's mother and sister, Judy, who were on an ocean liner in mid Atlantic on their way to England for Eddie's wedding. Once in England, Judy would stay on to serve throughout the war as a Women's Auxiliary Air Force (WAAF) radar operator along the southeast coast.

Three days after the accident Joyce was told by her mother that Eddie was dead. On the same day the BBC announced over the air waves that he had been killed in action.

Henry Hall had the unenviable job of sorting out Eddie's personal effects. "He was buried at Troyes and the melancholy task of checking his kit and personal possessions revealed the true extent of his worldwide popularity, for there were dozens of letters from Cobber's fans from every part of the English-speaking world."

To many, it did not seem possible there could be a war without Cobber Kain dashing to his Hurricane and soaring up into the heavens in search of a scrap.

Inscribed on Eddie's headstone is: "Cobber Kain, you inspired our little nation. New Zealand remembers. Adieu."

214

From:-   Officer Commanding, No. 73 Squadron, R.A.F.

To :-   Headquarters A.A.S.F. Royal Air Force.
           Base Personnel Staff Officer. H.Q.NO.2 Base Area.
           Headquarters No. 67 Wing, Royal Air Force.

Date:-   12th June, 1940.

Ref.:-   73S/209/6/P.1.

Flying Officer E.J. KAIN - 39534. D.F.C.

        With reference to this units signal P. 56 dated 7th June, 1940, herewith report on accident.

        Flying Officer E.J. KAIN took off from Echmines in a fixed pitch Hurricane at approximately 11.15 hours on 7th June, 1940, en route for LE MANS. He passed over the aerodrome at about 800 feet and went into a series of "Flick" Rolls to the left.   At the third roll the aircraft lost speed very rapidly and went into a spin to the right.   The spin was very fast and the aircraft straightened with a burst of engine, but was completely stalled and hit the ground.

        The aircraft burst into flames on impact and the pilot was thrown out some distance ahead of it.

        Death was instantaneous from Head injuries.

                    (Signed) J.W.C. MORE

                    Squadron Leader, Commanding,
                    No. 73 Squadron,   R.A.F.

Epilogue

Right: Nellie Maria Kain was presented with her son's DFC by the King, George VI, at Buckingham Palace on 4 September 1940. At right, she and Bill Jordan, New Zealand High Commissioner to Britain, admire the DFC in the same room as shown opposite. Eddie was also entitled to the 1939-45 Star and War Medal with Mentioned in Despatches oak leaf. His mother was presented with his Memorial Cross after the war.

Judith Pickard

Opposite: Bill Jordan admires Eddie's DFC ribbon, 4 April 1940.

Judith Pickard

The final entry in Eddie's log book states, "Local. Crashed." Opposite the entry, Squadron Leader Hank More wrote, "An exceptionally gallant and successful Fighter Pilot."

The serial number of the Hurricane Eddie was killed in is almost certainly Hurricane B, L1826. It was taken on charge by 73 Squadron at Digby on 18 February 1939, but for some reason, it did not go to France until 16 October. It was the last 73 Squadron Hurricane still fitted with its original two-blade fixed-pitch wooden propeller.

It has been said that Eddie was posthumously awarded one or more French decorations on 23 June 1940. They were believed to be bestowed upon him by order of the General Commandant en Chef des Forces Aériennes Françaises. Apparently, the awards were never communicated to London.

Judy Kain (left), Eddie's sister, and Joyce Phillips, Eddie's fiancée, in London. Both were members of the WAAF. When the photograph appeared in the Daily Express, the caption reported that "the two girls talked of Cobber and themselves. They played on the piano 'Somewhere in France with you.'"

Judith Pickard

Joyce Phillips fulfills the promise given by Eddie to present the colours to the 174th (2nd Manchester) Squadron of the Air Cadet Corps, at Bellevue Stadium, 20 July 1940.

Author's collection

Index of people